现代数学基础

12

数论 I

—— Fermat 的梦想和类域论

SHULUN

■ 加藤和也　黑川信重　斎藤毅　著
■ 胥鸣伟　印林生　译

高等教育出版社·北京

内容提要

本书起点低，但内容丰富，包括了现代数论的基本知识，如：椭圆曲线、p 进数、代数数域、局部–整体方法等。该书的主要目标是证明数论的顶峰之一：类域论。在以往的数论书籍中，代数数论、椭圆曲线、类域论是分开的三本书，但本书在有限的篇幅内，将三者巧妙地融为一体，使读者能很快地达到数论的一个顶峰。开篇通过介绍 Fermat 的工作，给出了现代数论的一些定理的背景和意义。对于初学者难以掌握的类域论，专门有一章介绍类域论的背景和主要定理的意义。类域论的主要定理通过应用 ζ 函数计算 Brauer 群而得到证明。本书的另一特点是先承认一些结论，然后推导出一些进一步的结果，而将它们的证明放在一起一个一个地进行。

本书的第零章通过介绍 Fermat 的工作和结果，从而窥见丰富的、深奥的数的世界。第一章以 Fermat 的工作为起点，介绍椭圆曲线的基本知识。第二章介绍 p 进数及二次曲线的 Hasse 原理。第三章介绍了 ζ 函数在整点的特殊值。这几章适合于仅知道群、环、域概念的低年级本科生。后面几章关于代数数论和类域论的内容适合于高年级本科生和研究生学习。

中文版序言

我们非常高兴看到我们的日文著作《数论》的中文版。我们十分感谢译者、编辑和出版者。

希望本书的中译本能吸引更多的中国读者探索数的奥妙，并进一步促进日中的学术交流。

全体作者代表
斋藤毅
2009 年 4 月

前 言

在本书出版的 1996 年前的 200 年, 即 1796 年, Gauss 将现代数论大大地向前推进了一步, 这距今实在是有些年头了。当时正值十几岁年龄段最后一年的 Gauss, 在是年的 3 月 30 日, 发现了正十七边形的作图法, 4 月 8 日又证明了被 Gauss 自己称为 "瑰宝" 的 "二次剩余互反律" (参看本书的 §2.2), 5 月 31 日则提出了关于素数分布的 "素数定理" 的猜想, 7 月 10 日又证明了所有自然数可表示为不多于三个的三角数之和 (参看本书的 §0.5), 到了 10 月 1 日则得到了对以后年代产生极大影响的关于有限域系数的方程的解的个数的结果, 等等许多的研究。所有这些都写在了《数论 I》及后续的《数论 II》中。

在由简单地列举 $1, 2, 3, 4, \cdots$ 而数出来的数世界里, 隐藏着许多使得年轻的 Gauss 着迷的奇特东西, 而一个时代的发现呼唤出下一个时代的更为深刻的发现。100 年后的 1896 年, 上述的素数定理得到了证明, 大约 120 年后, 二次剩余互反律在 "类域论" 中得到了发展, 大约 150 年后,Weil 在考察了上述 10 月 1 日的 Gauss 的结果后, 提出了对于 20 世纪的代数几何给予极大影响的 Weil 猜想。Gauss 所琢磨过的瑰宝经后来人们的琢磨更增添了光彩。即便在声称地球的秘境几乎已探索穷尽了的现代, 在数的世界里所充满的谜还远未被探索清楚, 使我们感到我们所有的并非是一个浅底的自然界, 而是显示出她的无限丰厚。

在本书中, 我们不仅重视数所具有的奇特性质, 而且也在探索现代的数论, 想要描绘出在它的深处的丰富多彩的世界。由于作者们才疏学浅, 有许多力所不能及之处, 如果读者们只要能因此而感受到数的不可思议之处, 以及自然界的丰富多彩, 我们就颇感荣幸了。

加藤和也, 黑川信重, 斋藤毅
1996 年 8 月

前言

写在单行本发行之际

本书是将岩波讲座“现代数学基础”的《数论 1》、《数论 2》、《数论 3》中的《数论 1》和《数论 2》合成一卷改版而成的。作者们的意图及愿望在前版的《数论 1》开篇的“前言”中已经阐明, 故将该“前言”再录于此。主要修改的是“附录 §C 素数的威力”, 补充了关于考虑局部域的好处。在本书中, 包含了作为现代整数理论核心的“代数数论”以及“类域论”。在这本《数论 I》中没有包含“岩泽 (Iwasawa) 理论”和“自守形式理论”, 对于它们请阅读本书的续篇《数论 II》(其前身是岩波讲座“现代数学基础”的《数论 3》), 如能那样, 我们将深感荣幸。

作者记识

2004 年 10 月 8 日

理论的概要及目标

讲讲本书的构成。

数论的基本点在于, 与数所具有的奇特性质相对照的, 竟是令人吃惊的简单和朴素。因为数的这种奇特性质在被称做现代数论鼻祖的 Fermat 的工作中已很好地表现出来了, 所以我们首先在第零章里介绍 Fermat 在数论方面的有关工作。能否清楚知道在 Fermat 所发现的每一个事实的背后究竟潜藏着怎样的世界, 请读者在以后的各章中去寻找答案吧。在第零章之后, 是现代数论中重要的对象。讲解了椭圆曲线 (第一章)、p 进数 (第二章和第六章), ζ 函数 (第三章和第七章)、数域 (第四章和第六章)、类域论 (第五章和第八章)。我们把同一个主题分成两章来讲, 在前一章中从易于接近之处着手而直奔其主题的核心, 后一章则进行全面的讲解, 这便是我们这样做的意图。譬如, 就类域论的理论而言, 我们以为按第八章那样的叙述是最完善的, 但要说起容易理解还要数第五章最为完善。在第一章中讲解了椭圆曲线, 就是说, 引进了在现代数论中越来越具重要性的数论的代数几何方向。由于从第一章到第四章能相当独立地进行阅读 (即非不懂前一章便读不了后一章, 也不是后面的章节比起前面的更不容易懂), 那么请从你认为容易读的地方开始读吧。

我们所讨论的许多重要的对象, 因实际可书写的篇幅不足, 许多只能忍痛割爱了。我们也不能叙述关于所见到的最新进展 "Diophantus 逼近论"、"超越数论" 了。

作为本卷的续篇的《数论 II》讲述了岩泽理论, 自守形式理论。另外, 丛书 "现代数学入门" 中的山本芳彦著的《数论入门》(岩波书店, 2003) 和本书合起来读的话, 我们认为可以补充本书的不足。

为了阅读本书, 作为预备知识希望读者掌握群、环、域的基础知识。对于在第四章中使用的 Dedekind 环理论我们在附录 §A 中有所概括。而在第五章及以后所用到的 Galois 理论, 则在附录 §B 中安排了 Galois 理论的一个概要。

建议读者实际地拿起笔和纸, 试着写下简单而质朴的例子。像在天文学中进行天文观测是重要的那样, 在数论中进行这样的 “观测” 也是重要的, 试着观测一下, 那么奇特的景象就搁在那里了。还有, 数论具有悠久的历史, 从历史中大有可学之处, 建议读者也关心一下数论的历史。

数学记号与用语

在本书中使用下列记号.

$\mathbb{Z}$ 全体整数

$\mathbb{Q}$ 全体有理数

$\mathbb{R}$ 全体实数

$\mathbb{C}$ 全体复数

所谓环是指具有乘法单位元 (记为 1) 的环, 而环同态则将 1 变到 1.

对于环 A, 用 $A^\times$ 表示 A 的可逆元 (具有关于乘法逆元的元) 全体所构成的乘法群. 特别地, 在 A 为域的情形, $A^\times$ 为 0 以外的所有元构成的乘法群.

目　　录

数论 II 的内容

第零章　序 —— Fermat 和数论

350 多年来没有得到证明的 Fermat 大定理 (Fermat's last theorem)

"当 n 不小于 3 时, 不存在满足

$$x^n + y^n = z^n$$

的自然数 x, y, z"

却由 Wiles 在 1994 年 9 月所证明. Fermat 大定理是 Fermat(1601—1665) 于大约 1630 年在自己读的一本书的空白边上写下的, Fermat 在此写了 "对此我发现了令人惊叹的证明, 但由于这里的空白太小记不下来" 这样的话. 以后尽管经过许多人的努力, 一直也没有能给出它的证明.

在此序章中, 我们将集中关注被称作 "近代数论开创者" 的 Fermat, 回顾 Fermat 的有关数论方面的论述, 以及它们在后来的数论里是如何发展的, 而且在本书中还要谈及如何用现代数学方法来处理这些论述.

§0.1　Fermat 以前

Fermat 大定理被写在古代数学家 Diophantus 所著的书《数论》中讨论方程式 $x^2 + y^2 = z^2$ 的有理数解部分的空白边上. Fermat 试着去做把方程式的 2 次改为 3 次, 4 次, 5 次的情形.

方程式 $x^2 + y^2 = z^2$ 的自然数解有

$$3^2 + 4^2 = 5^2, \quad 5^2 + 12^2 = 13^2, \quad 8^2 + 15^2 = 17^2$$

等等许多 (参照 §2.1). 因为这些自然数是按照三平方定理 (Pythagoras 定理) 形成如图 0.1 上的直角三角形的三条边的长度, 所以从古以来都对其重视有加. 在从近 4000

年以前的古巴比伦王国遗址出土的黏土板上, 写了许多满足这个方程 $x^2 + y^2 = z^2$ 的自然数, 如

$$119^2 + 120^2 = 169^2$$

等等. 这些是在 20 世纪中期被解读出来的. 想必写这些黏土板的人当初已经知道了找出这些 x, y, z 的方法了.

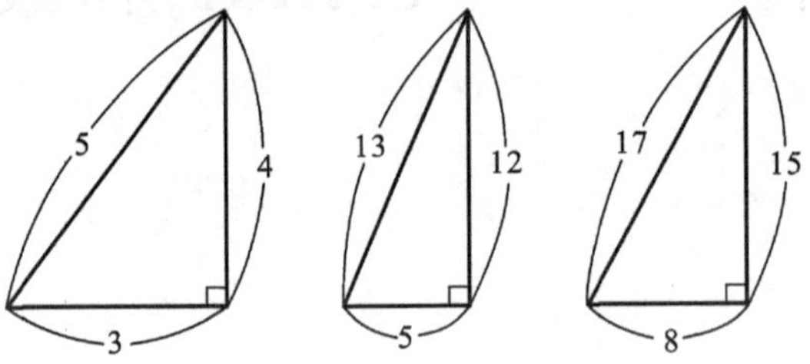

图 0.1 三平方定理 (Pythagoras 定理)

在古希腊, 出现了以被称为首先证明了三平方定理的 Pythagoras (公元前 6 世纪) 为首的许多卓越的数学家. Pythagoras 也被称为数论的鼻祖, 他强烈地感觉到数所具有的神秘性, 留下了 "万物皆数" 的话. Pythagoras 考察了音阶, 知道由具有漂亮的整数长度比的弦能产生出美妙的和声, 因而整数的比得到重视, 另一方面, 据说这时不是整数比的实数, 即无理数, 也开始被发现.

表现为整数比的数是有理数, 我们看到它们在由实数构成的数直线上没有空隙地满满地排列着, 但实际上却存在像 $\sqrt{5}$ 这样的不是有理数的实数. 这个事实用我们的肉眼难于判断, 而虽然只有经古希腊数学所得到的所谓 "证明" 方法之后才认知了这个事实, 但据说 Pythagoras 本人对于亲自证明了无理数存在这件事则深感惊恐, 因不知对此该如何解释而苦恼. (Pythagoras 把无理数存在这件事看成是神的失败, 从而禁止弟子们向外人说出此事, 据传说, 有破坏了禁令的弟子因冒犯神灵罪被乘船抛海而丧命.)

公元前 3 世纪左右写就的集古希腊数学之大成的 Euclid 的《几何原本》中, 关于数方面写了 "存在无限多个素数" 的证明以及关于最大公约数、最小公倍数等等 (《几何原本》全部 13 卷中的第 7 卷和第 9 卷) . 在《几何原本》中还谈及上述的无理数存在问题, 即关于 "以整数比 (有理数) 为出发点如何得出实数" 这样的问题, 从而展开了更高层次的实数理论的讨论 (《几何原本》第 5 卷). 这个使 Pythagoras 烦恼的, 而《几何原本》却讨论了很多的 "从有理数为出发点如何得出实数" 的问题, 在很远以后的 19 世纪才给出了完全的解答 (参看本书 §2.4) .

然而以 19 世纪所具有的实数理论还不足以给古希腊数学所提出的 "何为数" 的问题打上终止符. 到了 20 世纪, 用从有理数制造实数相近的方法, 在所有的素数 p, 人们以有理数为出发点给出了与实数世界完全不同的数的世界, 即 "p 进数的世界", 并且事实已证明 p 进数 (p-adic number) 世界跟实数一样的自然, 也是重要的数世

界. 有

$$\{p \text{ 进数}\} \supset \{\text{有理数}\} \subset \{\text{实数}\},$$

关于这种 p 进数我们将在第二章中讲解.

综合了古希腊数学流派的 3 世纪左右的数学家 Diophantus 写了叫做《数论》的书, 论述了关于方程式的有理数解问题. Diophantus 以后的数论到 Fermat 之前一直处在休眠状态. 由于在文艺复兴时代古希腊的自由精神活动受到高度重视, Diophantus 的《数论》被重新刻印, 从而使 Fermat 能阅读 Diophantus 的《数论》, 并受到激励, 研究起了数论.

Fermat 是法国图鲁兹地方的一个律师, 与 Descartes 同时独立地开创了用方程式来表示图形 (例如以方程式 $\frac{x^2}{a^2}+\frac{y^2}{b^2}=1$ 表示椭圆), 还用相近于微分法的思想去求函数的极大和极小, 从而得到了发现微分学的线索, 另一方面则在数论上留下了很大的业绩, 可以说他是 17 世纪前半叶最大的数学家.

下面介绍由 Fermat 发现并给出了证明的、与数相关的命题. 它们都或多或少地超越了古代的数学水平, 从而宣告了近代数论的诞生. Fermat 所写的证明几乎都没有流传下来, 但经过以后许多人的努力而成功地完成了对这些命题的证明. 这些命题是与方程的整数解和有理数解相关的一些命题. 初看起来, Fermat 的命题只是对各个相关方程的零星事实的罗列. 事实上, 与 Fermat 同时代的数学家们也都持有同样的看法.

然而, 像喜爱这些命题的 Fermat 大概也感觉到的那样, 考察方程的整数解或有理数解的许多问题都引导到数学的深处, 这些定理不过是深藏的数学矿脉的矿头罢了, 后来数学的发展证实了这点.

§0.2 素数与二平方和

Fermat 在他自己所持有的 Diophantus 的《数论》空白处, 对有关该书的他自己的研究成果写下了 48 条评注. 这些评注由 Fermat 的儿子在他死后整理出版."Fermat 大定理" 是这些评注中的第 2 条. (在足立恒雄所著《解读 Fermat》(日本评论社) 中对所有的评注都有介绍.)

在它们的第 7 条评注中, Fermat 得到了下面的命题 0.1, 0.2.

命题 0.1 如果 p 为被 4 除余 1 的素数 (例如 5, 13, 17 等等), 则存在斜边长为 p 三边为整数的直角三角形. 然而, 对于除以 4 余 3 的素数 (例如 3, 7, 11) 却不存在这样的直角三角形. □

在前面的图 0.1 中, 我们注意到这些是三边长为整数而斜边长为被 4 除余 1 的素数 5, 13, 17. 同样是被 4 除余 1 的自然数 21 (它不是素数) 却不是三边为整数的直角三角形的斜边. 如前所述, 从古代以来人们一直在考虑三边为整数的直角三角形, 但首先看出与素数的这种关系的是 Fermat.

命题 0.2 如果 p 为被 4 除余 1 的素数, 则存在满足

$$p = x^2 + y^2$$

的自然数 x, y. 例如,

$$5 = 2^2 + 1^2, \quad 13 = 3^2 + 2^2, \quad 17 = 4^2 + 1^2.$$

但是, 对于除以 4 余 3 的素数 p, 连满足 $p = x^2 + y^2$ 的有理数都不存在. □

这些 Fermat 的命题 0.1, 0.2 是在 20 世纪中被叫做 "类域论 (class field theory)" 的大理论 (将在第五章, 第八章中讲解) 的 "序曲". 利用复数 $i = \sqrt{-1}$ 进行考虑, 则命题 0.2 中被 4 除余 1 的素数有

$$\begin{aligned} 5 &= 2^2 + 1^2 = (2+i)(2-i), \\ 13 &= 3^2 + 2^2 = (3+2i)(3-2i), \\ 17 &= 4^2 + 1^2 = (4+i)(4-i) \end{aligned}$$

这样的形式, 它们在

$$\mathbb{Z}[i] = \{a + bi \mid a, b \in \mathbb{Z}\} \quad (\mathbb{Z}\text{为全部整数的集合})$$

中 (失去了作为不能分解为积形式的 "素数 (prime number)" 性质) 与分解为积形式有了关联. 在这里出现的 $2+i, 2-i, 3+2i$ 等是 $\mathbb{Z}[i]$ 的 "素元 (prime element)", 相当于 $\mathbb{Z}$ 中的素数. 正像通常人们把不为零的整数唯一写成素数积那样 (除了因子 ± 1), $\mathbb{Z}[i]$ 的非零元也能像通常那样唯一写成素元的积 (除了因子 $\pm 1, \pm i$). 除以 4 余 1 的素数在 $\mathbb{Z}[i]$ 中成了两个数的积, 而除以 4 余 3 的素数甚至在 $\mathbb{Z}[i]$ 中也是素元. 这些是隐藏在命题 0.2 背后的东西.

另外, 在命题 0.1 方面, 仍然可以根据 "在 $\mathbb{Z}[i]$ 中的素分解" 能够做出对

$$\begin{aligned} 5^2 &= (2+i)^2(2-i)^2 = (3+4i)(3-4i) = 3^2 + 4^2, \\ 13^2 &= (3+2i)^2(3-2i)^2 = (5+12i)(5-12i) = 5^2 + 12^2, \\ 17^2 &= (4+i)^2(4-i)^2 = (15+8i)(15-8i) = 15^2 + 8^2 \end{aligned}$$

的证明.

因此, 命题 0.1, 0.2 都反映了在数世界从 $\mathbb{Z}$ 到 $\mathbb{Z}[i]$ 推广时, 素数分解的情形由素数被 4 除时的余数所决定这个事实. 所说的 "数的世界在推广时素数的分解情形" 是 "类域论" 的主要课题, 故而 Fermat 的命题 0.1, 0.2 被称作 "类域论的序曲". 在后面的 §0.3 我们将再一次回到类域论.

§0.3 $p = x^2 + 2y^2,\ p = x^2 + 3y^2, \cdots$

Fermat 还发现了下面的事实.

命题 0.3 如果 p 为被 8 除余 1 或余 3 的素数, 则存在使

$$p = x^2 + 2y^2$$

成立的自然数 x, y. 例如

$$3 = 1^2 + 2 \times 1^2, \quad 11 = 3^2 + 2 \times 1^2, \quad 17 = 3^2 + 2 \times 2^2.$$

但是, 对除以 8 时余 5 或 7 的素数 p, 连使 $p = x^2 + 2y^2$ 成立的有理数 x, y 也不存在. □

命题 0.4 如果 p 为除以 3 余 1 的素数, 则存在满足

$$p = x^2 + 3y^2$$

的自然数 x, y. 例如,

$$7 = 2^2 + 3 \times 1^2,\ 13 = 1^2 + 3 \times 2^2,\ 19 = 4^2 + 3 \times 1^2.$$

然而, 对除以 3 余 2 的素数 p, 连满足 $p = x^2 + 3y^2$ 的有理数 x, y 都不存在. □

命题 0.5 如果 p 为被 8 除余 1 或 7 的素数, 则存在使

$$p = x^2 - 2y^2$$

自然数 x, y. 例如

$$7 = 3^2 - 2 \times 1^2, \quad 17 = 5^2 - 2 \times 2^2, \quad 23 = 5^2 - 2 \times 1^2.$$

然而, 对除以 8 余 3 或 5 的素数 p, 则甚至不存在有理数 x, y 使得 $p = x^2 - 2y^2$. □

这些命题的证明, 连同前面的命题 0.1, 0.2 的将在第四章中给出. 以现代数学的眼光看, 这些命题也同样可说成是类域论的序曲.

从

$$\begin{aligned} 3 &= 1^2 + 2 \times 1^2 = (1 + \sqrt{-2})(1 - \sqrt{-2}), \\ 7 &= 2^2 + 3 \times 1^2 = (2 + \sqrt{-3})(2 - \sqrt{-3}), \\ 7 &= 3^2 - 2 \times 1^2 = (3 + \sqrt{2})(3 - \sqrt{2}) \end{aligned}$$

等等中进行观察, 命题 0.3, 0.4, 0.5 分别反映出在域 $\mathbb{Q}(\sqrt{-2}) = \{a + b\sqrt{2} : a, b \in \mathbb{Q}\}$ ($\mathbb{Q}$是全体有理数), $\mathbb{Q}(\sqrt{-3})$, $\mathbb{Q}(\sqrt{2})$ 中的素数分解的情形. 与命题 0.2 合在一起, 表 0.1 是上述各个数世界中的可分解的素数.

表 0.1

数的世界	可分解的素数
$\mathbb{Q}(\sqrt{-1})$	除以 4 余 1 的素数
$\mathbb{Q}(\sqrt{-2})$	除以 8 余 1 或 3 的素数
$\mathbb{Q}(\sqrt{-3})$	除以 3 余 1 的素数
$\mathbb{Q}(\sqrt{2})$	除以 8 余 1 或 7 的素数

类域论所论及的是像表 0.1 那样: "有理数域 (rational number field) $\mathbb{Q}$ 扩张的方式以及它们之间相应的素数分解情形", 进一步说, 要论及的除了 $\mathbb{Q}$ 的扩张之外, 还有 " $\mathbb{Q}(\sqrt{-1}), \mathbb{Q}(\sqrt{-2})$ 的扩张及其扩张方式与在 $\mathbb{Q}(\sqrt{-1}), \mathbb{Q}(\sqrt{-2})$ 中已分解了的素数在扩域中的新分解情形之间的对应" . 详细的情形只有在第五章才看到.

类域论是在 Fermat, Gauss, Kummer, Weber, Hilbert 等许多人所做的贡献之后, 由高木贞治在 1920 年左右最后完成而到达了数论的一个顶峰.

另外, 还有对 $x^2+y^2=5, x^2+2y^2=7$ 等形如 $ax^2+by^2=c$ (a,b,c 为有理数) 的方程是否存在有理解的有趣的深刻理论, 所有这些将在第二章中考虑.

§0.4 Pell 方程

Fermat 也陈述证明了下述事实.

命题 0.6 设 N 为非平方的自然数 (就是说, 不是某个自然数的 2 次幂). 此时, 方程式

$$x^2-Ny^2=1$$

具有无限多个自然数的解. □

例如, 方程 $x^2-2y^2=1$ 具有

$$3^2-2\times 2^2=1,\ 17^2-2\times 12^2=1,\ 99^2-2\times 70^2=1$$

等等无限多个自然数的解.

称形如 $x^2-Ny^2=1$ 的方程为 **Pell 方程** (Pell equation).

从现代数学的观点看, 命题 0.6 与环 $\mathbb{Z}[\sqrt{N}]=\{a+b\sqrt{N}\mid a,b\in\mathbb{Z}\}$ 有关. 如果整数 x,y 满足 $x^2-Ny^2=1$, 把它改写为 $(x+y\sqrt{N})(x-y\sqrt{N})=1$ 时可以看出, $x+y\sqrt{N}$ 是环 $\mathbb{Z}[\sqrt{N}]$ 中的可逆元 (invertible element) (其倒数也是 $\mathbb{Z}[\sqrt{N}]$ 中元). 例如, $N=2$ 时, 我们已知 $\mathbb{Z}[\sqrt{2}]$ 的可逆元全体为无限集 $\{\pm(1+\sqrt{2})^n\mid n\in\mathbb{Z}\}$, $\mathbb{Z}[\sqrt{2}]$ 的可逆元为无限个, 从而其背后的事实是说 $x^2-2y^2=1$ 有无限多个自然数的解. 极其不同地, $\mathbb{Z}[i]$ 的全部可逆元为有限集合 $\{\pm1,\pm i\}$, 这样的可逆元集合的情形, 可用在第四章 "代数数论" 的重要定理 "Dirichlet 单位定理" (§4.2) 给予解释, 在 §4.2 中, 将使用 Dirichlet 单位定理 (Dirichlet unit theorem) 证明命题 0.6.

§0.5 3 角数, 4 角数, 5 角数, ···

Fermat 在 Diophtantus 的《数论》的空白处写下的第 18 条评注是下面的命题 0.7.

命题 0.7 当 $n \geqslant 3$ 时, 所有的自然数可表示为不超过 n 个 n 角数之和. □

这里的 n 角数 (n-gonal number), 按照图 0.2 所描画的正 n 角形中的角点 (即黑点的个数) 的数目. 从古代起, 这是些 Pythagoras 派感兴趣的数. 例如, 3 角数为 $1, 3, 6, 10, \cdots$, 即 $\frac{1}{2}x(x+1)$ (x 为自然数) 形式的数, 4 角数为平方数.

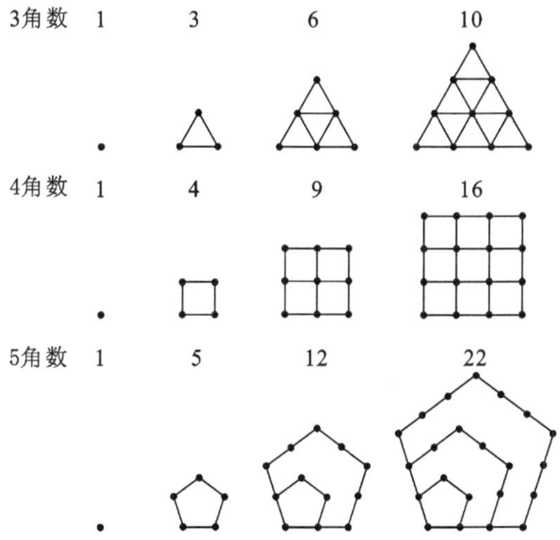

图 0.2 n 角数

在 Fermat 所记命题 0.7 的空白处, 写到了命题 0.7 是关系到数论的许多深刻的神秘之处, 并说关于这一点他自己有写一本书的打算. 虽然如此, 却并没有写出来.

我们仅把命题 0.7 中四角数部分抽出来作为下面的命题 0.8.

命题 0.8 设 n 为自然数, 则存在使

$$n = x^2 + y^2 + z^2 + u^2$$

成立的整数 x, y, z, u.

例如,

$$5 = 2^2 + 1^2 + 0^2 + 0^2, \quad 7 = 2^2 + 1^2 + 1^2 + 1^2, \quad 15 = 3^2 + 2^2 + 1^2 + 1^2.$$ □

18 世纪最伟大的数学家 Euler 在知道了 Fermat 的命题 0.7 时颇为激动, 另一方面也为 Fermat 所写的证明没有流传下来而觉得遗憾, 并成了 Fermat 在数论方面

的继承人. Euler 不断地把 Fermat 所断言的东西给出了证明, 然而对命题 0.8 的证明却大大地花了一番思索而未能给出. 命题 0.8 的证明在 1772 年由 Lagrange 继承了 Euler 的工作而解决.

在 1828 年, Jacobi 应用自守形式给出了命题 0.8 的新证明. Jacobi 的方法将在《数论 II》的 §9.7 的定理 9.22 中给予介绍. Jacobi 的方法能对 $n \geqslant 0$ 的所有整数具体地给出满足

$$n = x^2 + y^2 + z^2 + u^2$$

的整数 4 元组 (x, y, z, u) 的解的个数 $a(n)$. 这是一个强有力的方法. Jacobi 的这个方法使用了

$$\sum_{n=0}^{\infty} a(n) e^{2\pi i n z}$$

是自守形式这一事实. 这是自守形式应用于 "二次型数论" 的典型例子.

至此的命题 0.1—0.8 都是把整数或自然数表示为形如 x^2+y^2, $x^2+y^2+z^2+u^2$ (具有多个变量) 这样的二次型的问题, 二次型的算术便从解这样的一些问题中成长了起来.

§0.6 3 角数, 平方数, 立方数

到此为止我们所介绍过的 Fermat 的工作都是表示为 2 次幂的数, 从现在起要开始出现 3 次幂的数. 称某个自然数的 3 次幂的数为**立方数** (cubic number). Fermat 比较了立方数与 3 角数 (trigonal number), 立方数与 4 角数 (square number, 平方数), 叙述了下面的命题.

命题 0.9 除 1 以外的 3 角数均非立方数. □

命题 0.10 平方数加 2 成为立方数的只有 $5^2+2=3^3$ 的情形. □

命题 0.11 平方数加 4 成为立方数的只有 $2^2+4=2^3$ 和 $11^2+4=5^3$ 的两种情形. □

命题 0.9, 0.10, 0.11 分别是关于决定方程

$$\frac{1}{2}y(y+1) = x^3, \quad y^2+2 = x^3, \quad y^2+4 = x^3$$

的自然数解的命题.

要证明这些命题 (命题 0.1—0.8 亦如此), 不可能空手而为之, 多少都会触及高深的数学.

在本书的 §4.1 中将以代数数论的方法证明命题 0.10, 0.11. (把 $y^2+2=x^3$, $y^2+4=x^3$ 分别改写为

$$(y+\sqrt{-2})(y-\sqrt{-2}) = x^3, \quad (y+2\sqrt{-1})(y-2\sqrt{-1}) = x^3,$$

这便能利用 $\mathbb{Z}[\sqrt{-2}]$ 和 $\mathbb{Z}[\sqrt{-1}]$ 的数论进行证明了).

那么, 命题 0.9—0.11 说到底是讨论形如

(0.1) $\quad y^2 = \{x\text{的 3 次形式}\}$

(其中 (如果详细地说) 右端的三次形式没有重根) 的方程的整数解.(在命题 0.9 中, 如果重写 $\frac{1}{2}y(y+1) = x^3$ 为 $(2y+1)^2 = (2x)^3 + 1$, 则当将 $2y+1$ 换成 y 时便成了 (0.1) 的形状).

由形如 (0.1) 的方程所定义的曲线被称作**椭圆曲线** (elliptic curve) (图 0.3). 椭圆曲线并非是通常所说的椭圆, 而是因与计算椭圆的周长问题有关得到的名字. 这节的后面所介绍的 Fermat 的工作全是有关椭圆曲线的. 虽然 Fermat 并不具有椭圆曲线的思想, 但他是一个考察椭圆曲线非常多的人. 椭圆曲线是个具有非常丰富内含的数学对象. 关于椭圆曲线将在第一章以及《数论 II》的第十二章中讲解.

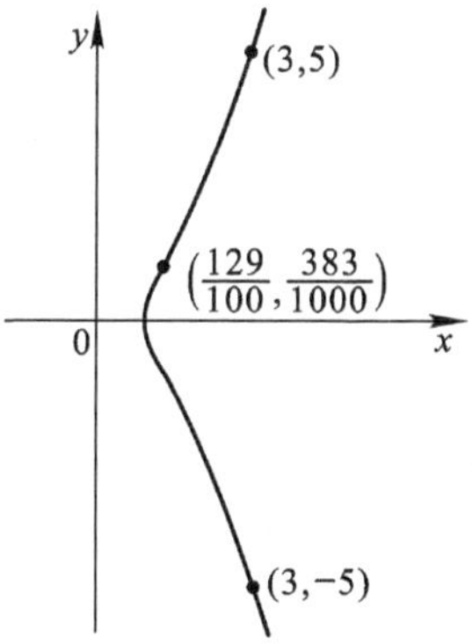

图 0.3 椭圆曲线 $y^2 = x^3 - 2$

§0.7 直角三角形与椭圆曲线

Fermat 在 Diophantus 的《数论》的空白处写下的第 23 条评注是下面的命题 0.12, 第 45 条评注则是下面的命题 0.13. 另外, Fermat 还在其他地方论述了下面的命题 0.14.

命题 0.12 在给出了一个三边为有理数的直角三角形时, 则可作出无限多个具有与其面积相同且三边为有理数长的直角三角形. □

例如, Fermat 说明了自己所作的具有与三边为 3, 4, 5 的直角三角形相同面积 6 的, 三边为 $\left(\dfrac{7}{10}, \dfrac{120}{7}, \dfrac{1201}{70}\right)$ 的直角三角形的方法.

命题 0.13 三边长为整数的直角三角形的面积不是一个平方数. □

命题 0.14 三边长为整数的直角三角形的面积不是一个平方数的二倍. □

命题 0.13 和 0.14 各自表明三边的长度为有理数而面积为 1 或 2 的直角三角形也不存在. (如果这样的三角形存在, 对三边都乘同一自然数, 则得到整数长的边, 而面积仍为平方数或平方数的二倍.)

像在 §1.1 中将指出的那样, 设 d 为正的有理数, 则给出一个三边为有理数而面积为 d 的直角三角形, 从本质上讲, 等同于给出了方程 $y^2 = x^3 - d^2x$ 除了 $(x, y) = (0, 0), (\pm d, 0)$ 之外的整数解. 命题 0.13, 0.14 分别表明, 当 $d = 1, 2$ 时方程 $y^2 = x^3 - d^2x$ 除 $(x, y) = (0, 0), (\pm d, 0)$ 之外不存在其他的有理数解 (对于 $d = 1$ 在 §3.1 对此有证明), 而命题 0.12 说的是, 方程 $y^2 = x^3 - d^2x$ 除 $(x, y) = (0, 0), (\pm d, 0)$ 之外如果还有其他的有理数解, 则具有无限多个有理数解.

关于椭圆曲线的方程 (假设系数为有理数) 是否有无限多个有理数解的判断方面, 有著名的被称作 Birch 和 Swinnerton-Dyer 猜想的极其重要的猜想 (参看《数论 II》的第十二章). 对此猜想现在正在取得各式各样的进展. 证明了费马大定理的 Wiles 就是从研究 Birch 和 Swinnerton-Dyer 猜想开始他的数学生涯的.

§0.8 Fermat 大定理

前面所介绍的 Fermat 所宣布的结论, 在后代人们的努力之下完成了它们的证明, 但只有一个 Fermat 大定理直到最后还留下未被证明, 故而它被称做 " 最后定理" (在我国, 按习惯一直叫它为 "大定理" —— 译者).

Fermat 对这个大定理在 $n = 4$ 的情形 (即不存在满足 $x^4 + y^4 = z^4$ 的自然数 x, y, z) 的完全证明有着清楚的了解. 之所以这样说, 是因为对自己的各个结论几乎都没有写下来的人来说, Fermat 罕见地把前述命题 0.13 的证明在 Diophantus 书的空白处写了下来, 从而作为这个证明的副产物自然地给出了 $n = 4$ 情形的证明 (参看 §1.1).

在 Fermat 的生涯中, 对大定理以外的本章所介绍的评注都数次告诉了他所熟悉的人; 而上了年纪以后, 一直要把 $n = 3$ 时的大定理作为自己所得到的重要结果让人知道. 从 Fermat 为向他人表明而写的书信 (证明的概要等) 来看, 关于这些结论, Fermat 或许得到了证明或近乎于证明的东西. 但是, 关于 n 为不小于 5 的 Fermat 大定理, 除 Fermat 在那本 Diophantus 的书的空白处作为自己笔记而写下的东西外, 并没有告诉过其他任何人; 此后, 人们在努力中终于明白 Fermat 大定理的证明是件极其困难的事. 现在看来, Fermat 以为证明了大定理的事是一时想错了吧.

后代人们在努力进行 Fermat 大定理的证明时, 也带给了数学多次的发展, 其中特别重要的是 19 世纪中期 Kummer 的研究, 以及当今证明了 Fermat 大定理的 Wiles 的研究. Fermat 方程

$$x^n + y^n = z^n$$

在把 n 次本原单位根 $\cos\frac{2\pi}{n}+i\sin\frac{2\pi}{n}$ 记为 ζ_n 时, 可写成

$$x^n=(z-y)(z-\zeta_n y)\cdots(z-\zeta_n^{n-1}y)$$

所谓的 "积 = 积" 的形式. 于是, 在环

$$\mathbb{Z}[\zeta_n]=\{a_0+a_1\zeta_n+\cdots+a_r\zeta_n^r \mid r\geqslant 0,\quad a_0,\cdots,a_r\in\mathbb{Z}\}$$

中, 如果成立与整数环 $\mathbb{Z}$ 同样的素元唯一分解理论, 并把上面的 x, $z-\zeta_n^k y$ $(k=0,1,\cdots,n-1)$ 等看成是素元的乘积, 便能够证明 Fermat 大定理; 事实上, 对几乎所有的 n, 在 $\mathbb{Z}$ 以及 §0.2 中出现的环 $\mathbb{Z}[i]$ 上成立的法则 "0 以外的所有的元能像通常那样唯一地被素分解 (factorization in prime elements)" 在 $\mathbb{Z}[\zeta_n]$ 中均完全不成立.

Kummer 发现在 $\mathbb{Z}[\zeta_n]$ 中可用 "素理想分解 (factorization in prime ideals)" (§4.2) 来代替素元分解, 从而开启了将在第四章中介绍的代数数论领域 (探索像 $\mathbb{Z}[\zeta_n]$ 这类环的有关法则的理论) , 使得能够对许多 n 证明 Fermat 大定理 (参看 §4.4).

Kummer 在这一研究中仔细地考虑了 p 进数, 发现了在 $\mathbb{Z}[\zeta_n]$ 的数论、p 进数、以及 18 世纪 Euler 所发现的 ζ 函数

$$\sum_{n=1}^{\infty}\frac{1}{n^s}$$

(参看第三章) 这三个对象之间存在着奇妙的联系. 到了 20 世纪, 这发展成为我们将要在《数论 II》中讲解的岩泽理论 (Iwasawa theory). Wiles 拓展了岩泽理论, 以及我们将在《数论 II》中讲到的自守形式理论, 还有相关的椭圆曲线的算术, 运用他所进行的深入考察, 这一次终于证明了 Fermat 大定理.

Wiles 的关于 Fermat 大定理的证明详情在岩波讲座 "现代数学的进展" 的《Fermat 猜想》卷中有介绍,《数论 II》的 §12.2 也有概述.

前面我们已叙述了 Fermat 的工作与现代数学的关联. 近代数论的创始者 Fermat 是一个感觉到数世界奥秘深度的人. 依照古希腊 Pythagoras 所说 "万物皆数" 的思路我们或有所悟: 现在深层的数论正和有关宇宙及基本粒子的深层物理学联系了起来. 数世界的深度吸引了以 Pythagoras, Fermat 为首的人们, 在那里表现出了我们所在宇宙的深度. Fermat 以来的 350 年, 数论随时间在前进, 人们越来越明白在那个地方藏着很深刻的东西.

习题

0.1 证明对不小于 2 的自然数 n, 5 的 n 次根为无理数.

0.2 指出 $\sqrt{2}+\sqrt{3}$ 为无理数.

0.3 将素数 29, 37, 41, 53 表示为 x^2+y^2 (x, y 为整数)的形式.

0.4 Diophantus 说, "三边长是整数的直角三角形的斜边长为 5 与 13 的积, 故由 $65^2 = 63^2 + 16^2 = 56^2 + 33^2$ 知, 三边长为整数的两个不同直角三角形斜边长可为 $65 = 5 \times 13$". 像 §0.2 那样, 利用在 $\mathbb{Z}[i]$ 中的素元分解说明它.

0.5 由 $17^2 - 2 \times 12^2 = 1, 99^2 - 2 \times 70^2$ 等等 $x^2 - 2y^2 = 1$ 的自然数解作分数 $\dfrac{x}{y}$ 有 $\dfrac{17}{12} = 1.416, \cdots, \dfrac{99}{70} = 1.414\,28\cdots$ 等, 得到了与 $\sqrt{2} = 1.414\,21\cdots$ 非常靠近的数.

说明其理由.

0.6 指出有无限多个既为三角数又为平方数的数.

第一章　椭圆曲线的有理点

本章的目的是介绍椭圆曲线并介绍数论中有关椭圆曲线的重要的 Mordell 定理的证明的主要部分.

§1.1 Fermat 与椭圆曲线

(a) $x^4+y^4=z^4$ 与椭圆曲线

像在 §0.7 所讲过的那样, Fermat 在 Diophantus 书的空白处写下了“不存在三边长为整数而面积为平方数的直角三角形” (命题 0.13) 的证明. 而且在其证明中实际上完成了对下面命题的证明.

命题 1.1　*不存在满足* $x^4+y^4=z^4$ *的自然数* x, y, z. □

试着把 Fermat 对命题 0.13 的证明以现代的风格改写一下, Fermat 便能通过对椭圆曲线 $y^2=x^3-x$ 进行的考察作出解释. 像在本节的 (c) 小节将要说明的那样, 命题 0.13 等价于下面的命题 1.2. 因此, 命题 1.1 也可以归结到命题 1.2.

命题 1.2　$y^2=x^3-x$ *的有理数解只有*

$$(x, y)=(0,0),\ (\pm 1,0). \quad □$$

命题 1.1 归结到命题 1.2 可理解如下. 如果存在满足

$$x^4+y^4=z^4$$

的自然数 x, y, z, 由于它们 $\left(\text{将 } y^4 \text{ 移项, 再乘以 } \dfrac{z^2}{y^6} \text{ 即知}\right)$ 满足

$$\left(\frac{x^2 z}{y^3}\right)^2 = \left(\frac{z^2}{y^2}\right)^3 - \frac{z^2}{y^2},$$

故存在满足方程 $y^2 = x^3 - x$ 的 $y \neq 0$ 的有理数. 这与命题 1.2 矛盾, 因此如果证明了命题 1.2, 那么命题 1.1 便得到了证明. 命题 1.2 的证明 (将 Fermat 在 Diophantus 的书的空白上所写的命题 0.13 的证明重新改叙) 将在本节的 (d) 小节中给出.

(b) 椭圆曲线

在序章中曾说过, Fermat 所说 " 1 以外的三角数非立方数" 可以通过关于 $y^2 = x^3 + 1$ 的整数解的观点进行解释, Fermat 还宣称 $y^2 = x^3 - 4$ 的自然数解只有 $(x, y) = (2, 2), (5, 11)$. 我们现在把这些曲线

$$y^2 = x^3 - x, \quad y^2 = x^3 + 1, \quad y^2 = x^3 - 4$$

的图像画出来 (图 1.1) .

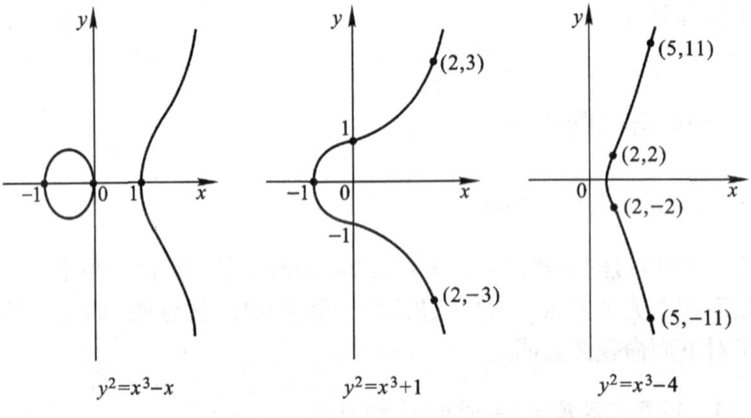

图 1.1　椭圆曲线

称它们为有理数域 $\mathbb{Q}$ 上的**椭圆曲线**. $\mathbb{Q}$ 上的椭圆曲线是由形如下面的方程给出的曲线:

$$(*) \qquad y^2 = ax^3 + bx^2 + cx + d \quad (a, b, c, d \in \mathbb{Q}),$$

其中 $a \neq 0$, 而且右端的三次式没有重根.

当 K 为特征非 2 的域时, 将 $(*)$ 中 "$a, b, c, d \in \mathbb{Q}$" 换作 "$a, b, c, d \in K$", 则成了 "$K$ 上椭圆曲线" 的定义. 本章中专门考察 $\mathbb{Q}$ 上的椭圆曲线, 而特征 2 时的椭圆曲线则不予叙述. 对

$$y^2 = x^3, \quad y^2 = x^2(x + 1)$$

之类的右端具重根的我们则不称之为椭圆曲线. 在它们的图像 (图 1.2) 中可看出所引起的不正常的地方, 即具有奇点 (在这些曲线中的点 $(0,0)$).

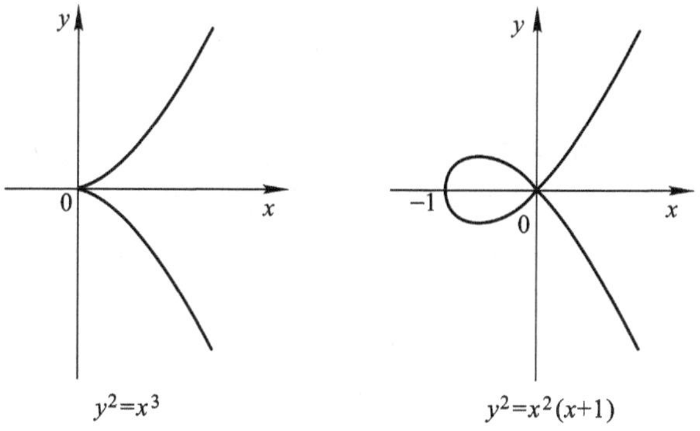

图 1.2 非椭圆曲线的图像

在图 1.1 中画上的点 "•" 是各条椭圆曲线上的整点 (x 坐标和 y 坐标均为整数的点). x 坐标和 y 坐标均为有理数的点被称为有理点. 了解椭圆曲线的整点 (integral point) 和有理点 (rational point) 是 Fermat 所喜欢的课题, 实际上这也是在本书中进行讨论时所关联到的数学的深层次的地方.

图 1.1 的椭圆曲线的整点仅仅是记以 • 的点. (对于 $y^2=x^3+1$ 的这个断言蕴含了命题 0.9. 对于 $y^2=x^3-4$ 的这个断言则相当于命题 0.11, 其证明将在 §4.1 中给出.)

我们已经知道, 一般说来, 椭圆曲线上的整点并非有限个 (Mordell, Siegel). 另外, 不是椭圆曲线的 $y^2=x^3$, $y^2=x^2(x+1)$ 不成立整点的有限性, 事实上 (n^3,n^2) $(n\in\mathbb{Z})$ 为 $y^2=x^3$ 的无限多个整点, 而 $(n^2-1,n(n^2-1))$ $(n\in\mathbb{Z})$ 是 $y^2=x^2(x+1)$ 的无限多个整点, 可以考察到这些曲线图形的变异与整数理论的变异的相关性.

另一方面, $\mathbb{Q}$ 上的椭圆曲线的有理点既可是有限个也可是无限个. 图 1.1 上, $y^2=x^3-x$ 的有理点 (根据命题 1.2) 只是记为 • 的点, $y^2=x^3+1$ 的有理点也是记为 • 的点, 但 $y^2=x^3-4$ 的确存在 $\left(\dfrac{106}{9},\dfrac{1090}{27}\right)$ 等等无限多个有理点. 围绕着椭圆曲线的有理点, 无论是 §1.3 的 Mordell 定理, 还是将在《数论 II》§12.1 中介绍的 Birch 和 Swinnerton-Dyer 猜想等等重要的定理及猜想现在都在进行着活跃的研究.

(c) 直角三角形和椭圆曲线

有关直角三角形的 Fermat 的命题 0.13 等价于 "不存在三边长为有理数而面积为 1 的直角三角形". 它等价于关于椭圆曲线的命题 1.2 的断言可由下面的引理 1.3 中 $d=1$ 的情形得到.

引理 1.3 *设 d 为正有理数, 则下列条件 (i)–(iii) 等价*

(i) *存在三边长为有理数而面积为 d 的直角三角形.*

(ii) 存在以三个有理数的平方构成公差为 d 的等差数列.

(iii) $y^2 = x^3 - d^2x$ 存在除 $(x, y) = (0, 0), (\pm d, 0)$ 以外的其他有理数解. □

例如, 三边为 3, 4, 5 的直角三角形的面积为 6, $\left(\frac{1}{2}\right)^2, \left(\frac{5}{2}\right)^2, \left(\frac{7}{2}\right)^2$ 成为公差为 6 的等差数列. "对什么样的数 d 存在由有理数的平方的三个数构成公差为 d 的等差数列?" (根据引理 1.3, 它等价于问题 "什么样的数 d 能构成三边为有理数的直角三角形的面积") 是自古以来就引起兴趣的问题, 可以在 1000 年前的阿拉伯的数学文献中看到它. (这时在欧洲被遗忘的古代数学被输入到阿拉伯文化之中, 并且一点一点地成长, 到了文艺复兴时代又反过来输入回到欧洲.)

引理 1.3 可由下面的引理 1.4 得到. 引理 1.3 的条件 (i), (ii), (iii) 分别地由引理 1.4 在 $K = \mathbb{Q}$ 的情形下 A_d, B_d, C_d 各为非空集合的断言得到.

引理 1.4 设 K 特征非 2 的域, 取 $d \in K$, 并令集合 A_d, B_d, C_d 为

$$A_d = \{(x, y, z) \in K \times K \times K \mid x^2 + y^2 = z^2,\ \frac{1}{2}xy = d\},$$
$$B_d = \{(u, v, w) \in K \times K \times K \mid u^2 + d = v^2, v^2 + d = w^2\},$$
$$C_d = \{(x, y) \in K \times K \mid y^2 = x^3 - d^2x,\ y \neq 0\}.$$

于是, A_d, B_d, C_d 间存在相互一一的映射. □

实际上, A_d 与 B_d 间可构造互逆的一一映射

$A_d \to B_d : (x, y, z) \mapsto \left(\frac{y - x}{2}, \frac{z}{2}, \frac{x + y}{2}\right)$,

$B_d \to A_d : (u, v, w) \mapsto (w - u, w + u, 2v)$.

例如, $(3, 4, 5) \in A_6$ 对应于 $\left(\frac{1}{2}, \frac{5}{2}, \frac{7}{2}\right) \in B_6$, 而 $\left(\frac{1}{2}\right)^2, \left(\frac{5}{2}\right)^2, \left(\frac{7}{2}\right)^2$ 构成了公差为 6 的等差数列. $(5, 12, 13) \in A_{30}$ 对应于 $\left(\frac{7}{2}, \frac{13}{2}, \frac{17}{2}\right) \in B_{30}$, 而 $\left(\frac{7}{2}\right)^2, \left(\frac{13}{2}\right)^2, \left(\frac{17}{2}\right)^2$ 构成了公差为 30 的等差数列.

另外, B_d 与 C_d 之间的一一映射的存在性由下面的引理 1.5 中的 $a = d, b = 0, c = -d$ 的情形得到.

引理 1.5 设 K 为特征不为 2 的域, 取 a, b, c 为 K 中不同的元, 令集合 $B, \tilde{C}, C$ 为

$$B = \{(u, v, w) \in K \times K \times K | u^2 + a = v^2 + b = w^2 + c\},$$
$$\tilde{C} = \{(x, y) \in K \times K | y^2 = (x - a)(x - b)(x - c)\},$$
$$C = \{(x, y) \in K \times K | y^2 = (x - a)(x - b)(x - c), y \neq 0\}$$
$$= \tilde{C} - \{(a, 0), (b, 0), (c, 0)\}.$$

于是,

(1) 存在互逆的映射 $f: B \to C$, $g: C \to B$:

$$f(u,v,w) = (u^2 + a + uv + vw + wu, (u+v)(v+w)(w+u)),$$
$$g(x,y) = \left(\frac{1}{2y}\{(x-a)^2 - (b-a)(c-a)\}, \frac{1}{2y}\{(x-b)^2 - (a-b)(c-b)\}, \frac{1}{2y}\{(x-c)^2 - (a-c)(b-c)\}\right).$$

(2) 存在映射

$$h: B \to \tilde{C}: h(u,v,w) = (u^2 + a, uvw).$$ □

引理 1.5 的证明是不需费工夫的简单验证, 故省略之.

注记 1.6 在引理 1.5 中, 复合映射 $h \circ g: C \to \tilde{C}$ 被称为椭圆曲线 $y^2 = (x-a)(x-b)(x-c)$ 的 "2 倍映射"(参看 §1.2). 这个 $h \circ g$ 的像 (因 g 为一一的, 故与 h 的像一致), 由 h 的定义便能明白, 与下列集

$$\{(x,y) \in K \times K | y^2 = (x-a)(x-b)(x-c),\ x-a, x-b, x-c \text{ 都是 } K \text{ 中的平方元}\}$$

相同. 我们在后面要用到这个事实.

从上面我们明白了命题 0.13 与命题 1.2 等价.

(d) 命题 1.2 的证明

证明 $y^2 = x^3 - x$ 的有理解只有 $(0,0), (\pm 1, 0)$.

对于有理数 a , 设其既约分式表示为 $a = \dfrac{m}{n}$; 我们定义其**高** (height) $H(a)$ 为 $\max(|n|, |m|)$.

这里的 $\max(a,b)$ 表示 a, b 中大的那个数. 但是当 $a = b$ 时表示 a (即 b). 又, $\min(a,b)$ 则表示 a, b 中小的那个数, $a = b$ 时表示 a (即 b). 例如,

$H\left(-\dfrac{5}{8}\right) = 8$, $H\left(\dfrac{7}{2}\right) = 7$, $H(0) = 1$ $\left(\text{因为 0 的既约分数表示为 } \dfrac{0}{1}\right)$.

假设 $y^2 = x^3 - x$ 存在有 $(0,0), (\pm 1, 0)$ 以外的其他有理数解, 并选取其中 x 坐标的高度的最小者, 以 (x_0, y_0) 记之. 证明的方法是构造一个不同于 $(0,0), (\pm 1, 0)$ 而其 x 坐标的高比 x_0 还要小的 $y^2 = x^3 - x$ 的有理解, 从而导出矛盾. Fermat 把在其研究中经常使用的不断构造同一个方程的 "更小的解" 从而导出矛盾的方法称之为 "无限下降法" (infinite descent).

证明由下面的三个步骤 (i),(ii),(iii) 组成.

(i) 证明可取 $x_0 > 1$.

(ii) 于是取 $x_0 > 1$. 证明由 $(x_0 - 1)x_0(x_0 + 1) = x_0^3 - x_0 = y_0^2$ 为有理数的平方从而推导出实际上 $x_0 - 1, x_0, x_0 + 1$ 全都是有理数的平方的结论.

(iii) 在引理 1.5 中, 考虑 $K = \mathbb{Q}, a = 1, b = 0, c = -1$ 的情形. 在此可以考虑映射

$$h \circ g: C - \{(x,y) \in \mathbb{Q} \times \mathbb{Q} \mid y^2 = x^3 - x, y \neq 0\} \to \tilde{C} = \{(x,y) \in \mathbb{Q} \times \mathbb{Q} \mid y^2 = x^3 - x\}.$$

从 $x_0-1,\ x_0, x_0+1$ 是有理数的平方, 并由注记 1.6 知, 存在使 $h\circ g(x_1,y_1)=(x_0,y_0)$ 成立的 $(x_1,y_1)\in C$. 此时, 我们来证明 $H(x_1)<H(x_0)$.

首先证明步骤 (i): 可取 $x_0>1$ 的原因. 假设 (x,y) 为不同于 $(0,0)$ 的 $y^2=x^3-x$ 的有理解, 则 $\left(-\dfrac{1}{x},\dfrac{y}{x^2}\right)$ 也是个有理解, 且 $H(x)=H\left(-\dfrac{1}{x}\right)$. 因此可取 $x_0>0$, 再由 $(x_0-1)x_0(x_0+1)=y_0^2>0$ 知 $x_0>1$.

下面是步骤 (ii). 取 $x_0>1$, 并表其为既约分数 $x_0=\dfrac{m}{n},\quad m>n>0$ 的形式, 如果 m,n 均为奇数, 则令

$$x_0'=\frac{x_0+1}{x_0-1}=\frac{(m+n)/2}{(m-n)/2}.$$

而 $(x_0', 2y_0/(x_0-1)^2)$ 也是 $y^2=x^3-x$ 的有理解. 因

$$H(x_0')\leqslant\max\left(\frac{m+n}{2},\frac{m-n}{2}\right)<\max(m,n)=H(x_0),$$

故与 $H(x_0)$ 的最小性不合, 从而 m,n 中至少有一个为偶数, 再由 $\dfrac{m}{n}$ 的既约性知, m,n 中必定有一个为奇数. 因

$$(x_0-1)x_0(x_0+1)=\frac{mn(m-n)(m+n)}{n^4}$$

为有理数的平方, 故乘以 n^4 后知 $mn(m-n)(m+n)$ 为整数的平方.

问题 1　在这里我们用到了 "如果整数 a 为某个有理数的平方, 则 a 为整数的平方" 这个事实; 请给出此事实的证明.

下面, 我们要指出 $m,n,m-n,m+n$ 两两互素 (即无公共素因子). 所担心的只是 $m-n$ 和 $m+n$ 是否互素, 它们的公共素因子应除尽 $2m=(m-n)+(m+n)$ 和 $2n=(m+n)-(m-n)$, 所以只能是 2. 但是, 因 $m-n, m+n$ 均为奇数, 故 2 也不是公因子.

按照下面的引理 1.7 中 $k=2$ 的情形, 知道 $m,n,m-n,m+n$ 中每一个都是平方数. 因此, $x_0=\dfrac{m}{n}, x_0-1=\dfrac{m-n}{n}, x_0+1=\dfrac{m+n}{n}$ 中每一个都是有理数的平方.

引理 1.7　*设 k 为一自然数, 又设 $a_1,\cdots,a_r$ 为两两互素的自然数且其积 $a_1\cdots a_r$ 为某个自然数的 k 次幂. 此时则对各个 $i=1,\cdots,r$, a_i 也为某个自然数的 k 次幂.* □

问题 2　证明引理 1.7 (提示: 考虑各个 a_i 的素分解).

下面转向步骤 (iii). 我们取依照步骤 (iii) 所描述的那样的 x_1,y_1 并证明 $H(x_1)<H(x_0)$. 由 $h\circ g$ 的定义得到

$$x_0=\frac{(x_1^2+1)^2}{4(x_1^3-x_1)}.$$

设 $x_1=\dfrac{r}{s}$ 为既约形式, 则

$$x_0=\frac{(r^2+s^2)^2}{4rs(r^2-s^2)}.$$

这里的分子与分母的公约数不大于 4. (理由: 容易知道分子分母的共同的素因子如果存在必是 2. 因此其最大公约数是 2 的幂. 但是, r^2+s^2 为偶数时, r,s 必定都为奇数, 因而 r^2,s^2 都在除以 4 时余 1, 从而 r^2+s^2 除以 4 余 2, 而 $(r^2+s^2)^2$ 不能被 8 除尽.) 故

$$H(x_0) \geqslant \frac{1}{4}(r^2+s^2)^2 \geqslant \frac{1}{4}\max(|r|,|s|)^4 > \max(|r|,|s|).$$

这里最后的 $>$, 由 $x_1 \neq 0, \pm 1$ 从而 $H(x_1) \geqslant 2$ 得出.

命题 1.2 得证. 在这个证明中使用了将在 §1.2 中讲述的椭圆曲线的群结构与"高" 的思想. 实际上, 像在注记 1.6 中所看到的, 证明的步骤 (iii) 用了 "2 倍映射". 另外, 在步骤 (i),(ii) 中对应于椭圆曲线 $y^2 = x^3 - x$ 上点 $P(x,y)$ 的这条椭圆曲线的点 $Q\left(-\frac{1}{x}, \frac{y}{x^2}\right)$, $R\left(\frac{x+1}{x-1}, \frac{2y}{(x-1)^2}\right)$, 便是由所谓的椭圆曲线的群结构得到的, 即

$$Q = P + 点(0,0), \quad R = -P + 点(1,0).$$

§1.2 椭圆曲线的群结构

从有理数域上的椭圆曲线的已知有理点出发, 我们有求出其他有理点的方法. 考虑在图 1.1 中展示的椭圆曲线 $y^2 = x^3 - 4$. 在此椭圆曲线的有理点 $(2,2)$ 处引一条切线, 它与此曲线的其他交点为有理点 $(5,11)$. 连接点 $(2,2)$ 与点 $(5,-11)$ 的这条直线交此曲线于第三个点, 得到有理点 $\left(\frac{106}{9}, -\frac{1090}{27}\right)$. 能够有这种过程的背景是椭圆曲线具有群结构 (group structure) 的原因. 讨论这个群结构是 §1.2 的目的.

(a) 椭圆曲线群结构的定义

设 K 为特征非 2 的交换域, 考虑 K 上的椭圆曲线 E 的方程

$$y^2 = ax^3 + bx^2 + cx + d$$

(其中 $a,b,c,d \in K, a \neq 0$, 右端的三次式没有重根). 这个方程在 K 中的解集合为

$$\{(x,y) \in K \times K \mid y^2 = ax^3 + bx^2 + cx + d\},$$

我们以某个点 O 附加在这个集合上, 即

$$E(K) = \{(x,y) \in K \times K \mid y^2 = ax^3 + bx^2 + cx + d\} \cup \{O\},$$

则在其中可自然地引进交换群的结构. 现叙述如下. 这里的点 O 并非点 $(0,0)$, 是完全新的一个附加点. (关于点 O 的意义我们将在以后叙述.) $E(K)$ 的群结构 (写成加法形式) 大体上说可按照下面的公理 (i)—(iii) 定义.

(i) O 为单位元.

(ii) 当 $P, Q \in E(K)$, $P \neq O, Q \neq O$, 连接 P, Q 的直线与这条椭圆曲线交于第三个点, 设其为 $R(x, y)$, 则点 $(x, -y) \in E(K)$ 为 $P+Q$ (图 1.3).

(iii) 当 $P \in E(K)$, $P \neq O$, 设其坐标为 (x, y), 则 P 的逆元为 $(x, -y)$.

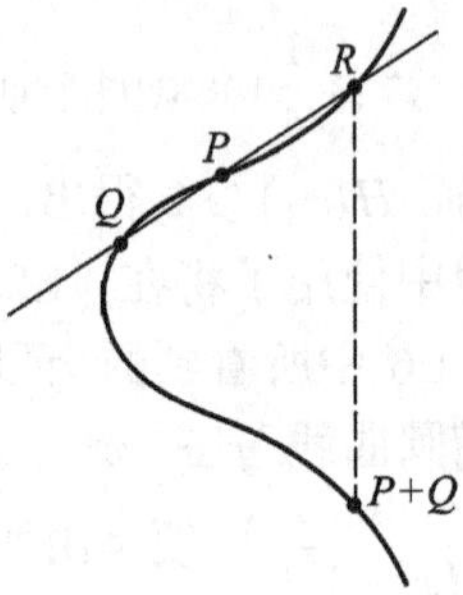

图 1.3

例如, $K = \mathbb{Q}$, 而椭圆曲线为 $y^2 = x^3 - 4$ 时, 取 $P = (2, 2)$, $Q = (5, -11)$, 则 $P + Q = \left(\dfrac{106}{9}, \dfrac{1090}{27}\right)$. 我们正确地叙述了 $E(K)$ 的元 P, Q 的和 $P + Q \in E(K)$ 的定义. (在上述的 "公理" 中, 当 P 与 Q 相同时该如何等细节已经省略了).

$P = O$ 时我们定义 $O + Q = Q$, 而 $Q = O$ 时定义 $P + O = P$. 当 $P \neq O, Q \neq O$ 时, 设 P 的坐标为 (x_1, y_1), Q 的坐标为 (x_2, y_2). 先假定 $x_1 \neq x_2$. 此时连接 P 和 Q 的直线由方程

$$y = \frac{y_2 - y_1}{x_2 - x_1}(x - x_1) + y_1 \tag{1.1}$$

给出. 现来求此直线与这条椭圆曲线的交点; 将 (1.1) 代入 $y^2 = ax^3 + bx^2 + cx + d$ 中, 得到形如

$$qx^3 + rx^2 + sx + t = 0 \quad (q, r, s, t \in K,\ q \neq 0)$$

的三次方程. 因为 $x = x_1, x = x_2$ 都是这个方程的解, 故 $qx^3 + rx^2 + sx + t$ 被 $(x - x_1)(x - x_2)$ 除尽, 从而可以因式分解为下面的形式:

$$qx^3 + rx^2 + sx + t = q(x - x_1)(x - x_2)(x - x_3),\ x_3 \in K.$$

在直线方程 (1.1) 中令 $x = x_3$ 并设 y 所取值为 y_4, 又令 $y_3 = -y_4$, 则 (x_3, y_4) 便是刚才公理 (ii) 中所说的 "第三个交点" , 而点 (x_3, y_3) 即是 $P + Q$. 实际的计算表明,

$$\begin{aligned} x_3 &= \frac{1}{a}\left(\frac{y_2 - y_1}{x_2 - x_1}\right)^2 - \frac{b}{a} - x_1 - x_2, \\ y_3 &= -\frac{y_2 - y_1}{x_2 - x_1}x_3 + \frac{y_2 x_1 - y_1 x_2}{x_2 - x_1}. \end{aligned} \tag{1.2}$$

考虑另一个情形 $x_1 = x_2$. $y_1 = -y_2$ 的情形被定义为 $P + Q = O$. 设 $x_1 = x_2, y_1 \neq -y_2$. 此时, $P = Q$, $y_1 \neq 0$. 这种情形在公理 (ii) 中所叙述的连接 P 和 Q 的

直线被解释为在点 P 处的此椭圆曲线的切线

$$y=\frac{3ax_1^2+2bx_1+c}{2y_1}(x-x_1)+y_1. \tag{1.3}$$

如果想要求出此直线和这条曲线的交点, 则可将 (1.3) 代入到 $y^2=ax^3+bx^2+cx+d$ 中, 从而得到了形如

$$qx^3+rx^2+sx+t=0 \quad (q,r,s,t\in K, q\neq 0)$$

的三次方程. 由于 (1.3) 是切线方程, 故 $x=x_1$ 是此方程的二重根, 因此有形如

$$qx^3+rx^2+sx+t=(x-x_1)^2(x-x_3) \qquad (x_3\in K)$$

的因式分解. 设直线方程 (1.3) 在 $x=x_3$ 时 y 的值为 y_4. 令 $y_3=-y_4$, 则定义 (x_3,y_3) 为 $P+Q(=P+P=2P)$. 进行计算, 有

$$\begin{aligned}
x_3&=\frac{1}{4ay_1^2}(a^2x_1^4-2acx_1^2-8adx_1+c^2-4bd),\\
y_3&=\frac{1}{8ay_1^3}\{a^3x_1^6+2a^2bx_1^5+5a^2cx_1^4+20a^2dx_1^3\\
&\quad+(20abd-5ac^2)x_1^2+(8b^2d-2bc^2-4acd)x_1\\
&\qquad\qquad+(4bcd-8ad^2-c^3)\}.
\end{aligned} \tag{1.4}$$

例如, 在 $K=\mathbb{Q}$, $y^2=x^3-4$ 的情形, 令 $P=(2,2)$ 则 $2P=(5,-11)$.

在上面定义了和 $P+Q$ 后, 可以证明 $E(K)$ 关于该和 $+$ 成为交换群. (证明结合律则非常艰难. 虽然用代数几何或代数函数论可以得到结合律的漂亮证明, 但我们不在这里介绍了.)

问题 3 指出 $\{P\in E(K)\mid 2P=O\}$ 由 O 和 $E(K)$ 的不等于 O 点而其 y 坐标为 0 的点组成. K 为代数闭域时, 证明有群同构

$$\{P\in E(K)\mid 2P=O\}\cong \mathbb{Z}/2\mathbb{Z}\oplus\mathbb{Z}/2\mathbb{Z}.$$

设 K 为特征 $\neq 2$ 的域, a,b,c 为 K 中互不相同的元. 考虑椭圆曲线

$$y^2=(x-a)(x-b)(x-c).$$

我们有 $\{P\in E(K)\mid 2P=O\}=\{O,(a,0),(b,0),(c,0)\}$ (参看问题 3). 在引理 1.5 中的映射

$$h\circ g: C=E(K)-\{O,(a,0),(b,0),(c,0)\}\to \tilde{C}=E(K)-\{O\}$$

正是 2 倍映射. 将 $h\circ g$ 的定义与给出 2 倍映射的 (1.4) 式相比较便能证明这个断言.

(b) 点 O 的意义

来考察点 O 的意义. 首先叙述当 K 为实数域 $\mathbb{R}$ 情形时, 被称做 "无穷远点" (point at infinity) 的点 O 在图形上的意义. $K=\mathbb{R}$ 时,

$$\{(x,y)\in\mathbb{R}\times\mathbb{R}\mid y^2=ax^3+bx^2+cx+d\}$$

为该椭圆曲线的图像, 而点 O 可以解释为位于沿该椭圆曲线朝上方向的无限远处, 同时也位于沿该椭圆曲线朝下方向的无限远处的点 (为同一个点 O).

这种想法与和 $P+Q$ 的定义是一致的. 例如, 考虑一下 $y^2=x^3-4$ (图 1.1). 点 $(2,2)$ 与点 $(2,-2)$ 的和按定义为 O. 取 P 为 $(2,2)$, 而 Q 为与 $(2,-2)$ 非常靠近而又不同于它的点. 当 Q 从图形的下方不断靠近 $(2,-2)$ 时, $P+Q$ 则在这条椭圆曲线的图形朝上方向无限远处运动, 而当 Q 从椭圆曲线的上方不断靠近 $(2,-2)$ 时, $P+Q$ 则在这条曲线的朝下向无限远处运动. 因此在 Q 与 $(2,-2)$ 重合的一瞬间, $P+Q$ 则位于沿该椭圆曲线朝上方向的无限远处, 同时也位于该曲线朝下方向的无限远处. 我们自然认定这条椭圆曲线在上下的无限远处 (汇集在点 O) 连接起来了. 至于 $P+O=P$, 椭圆曲线上的点在朝无限远处运动时, $P+Q$ 也在走近 P 而最终重合.

下面给出 K 为特征非 2 的域时点 O 的意义. 我们将 $E(K)$ 按下面的方式视为与集合

$$X=\{\text{比值}(x:y:z)|x,y,z\in K,\ x=y=z=0\text{不成立},\ y^2z=ax^3+bx^2z+cxz^2+dz^3\}$$

一致: 将满足 $y^2=ax^3+bx^2+cx+d$ 的 $(x,y)\in K\times K$ 与比值 $(x:y:1)\in X$ 视为相同, 将 $O\in E(k)$ 与比 $(0:1:0)\in X$ 视为相同. 进而, 称比例 $(x:y:z)$ 与 $(x':y':z')$ 相等, 如果存在 K 中某个不为 0 的元 c 使 $x'=cx, y'=cy, z'=cz$. 在这个 X 中, 我们感觉 O 与 $E(K)$ 中其他点具有相同的存在状态. (X 嵌入在由全体比值 $(x:y:z)$ 构成的 "二维射影空间" 之中.)

$K=\mathbb{R}$ 时, 如果给予 X 以自然的拓扑, 椭圆曲线上的点不断向上趋向于无限或者向下趋向于无限时, $(x,y)=$ 比值$(x:y:1)=$ 比值 $\left(\dfrac{x}{y}:1:\dfrac{1}{y}\right)$ 实际上收敛于 $O=(0:1:0)$.

(c) 例子

用例子来看看 $\mathbb{Q}$ 上椭圆曲线的有理点 $E(\mathbb{Q})$ 的群结构的样子.

例 1.8　$y^2=x^3-x$ 的情形, $E(\mathbb{Q})=\{O,(0,0),(\pm1,0)\}$ 的元素全满足 $2P=O$ (参看问题 3). 于是, 作为群,

$$E(\mathbb{Q})\cong\mathbb{Z}/2\mathbb{Z}\oplus\mathbb{Z}/2\mathbb{Z}.$$

□

例 1.9 $y^2 = x^3 + x$ 的情形, 令 $P = (2,3)$, 我们已知有 $2P = (0,1), 3P = (-1,0), 4P = (0,-1), 5P = (2,-3), 6P = O$ (图 1.4). $E(\mathbb{Q})$ 仅有这些点, 尽管在本书中我们将不证明这一事实, 于是作为群有

$$E(\mathbb{Q}) \cong \mathbb{Z}/6\mathbb{Z}. \qquad \square$$

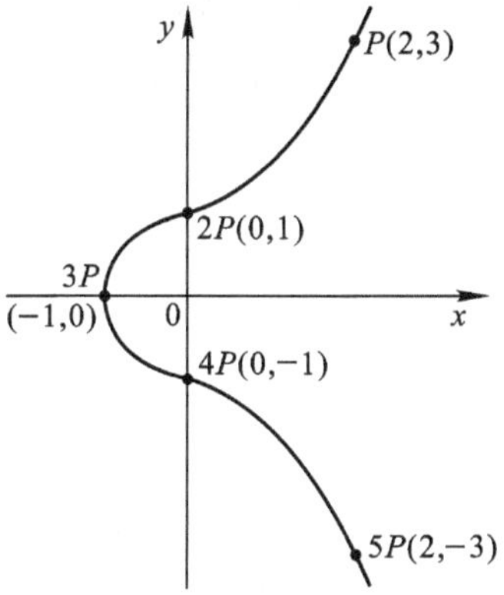

图 1.4 $y^2 = x^3 + 1$

例 1.10 $y^2 = x^3 - 4$ 的情形. 令 $P = (2,2)$, 有 $2P = (5,-11)$, $3P = \left(\frac{106}{9}, \frac{1090}{27}\right)$. 尽管本书将不予证明, 但作为群有

$$\mathbb{Z} \xrightarrow{\cong} E(\mathbb{Q}) : n \mapsto nP. \qquad \square$$

例 1.11 $y^2 = x^3 - 2$ 的情形. 令 $P = (3,5)$, 则 $2P = \left(\frac{129}{100}, \frac{383}{1000}\right)$. 尽管本书将不予证明, 但作为群有

$$\mathbb{Z} \xrightarrow{\cong} E(\mathbb{Q}) : n \mapsto nP. \qquad \square$$

(d) Fermat 的方法

在序章 §0.7 中我们曾说过 (命题 0.12), 对于给定的三边长为有理数的直角三角形, Fermat 写下了可以构造无限多个具有与所给三角形相同面积, 而三边长也为有理数的直角三角形的方法. 这个方法即可从取定 d 为正有理数并用引理 1.4 的记号, 对给定的 $(x,y,z) \in A_d$ 有

$$\left(\frac{2xyz}{y^2 - x^2}, \frac{y^2 - x^2}{2z}, \frac{z^4 + 4x^2y^2}{2(y^2 - x^2)z}\right) \in A_d$$

而看出. 通过引理 1.4 的一一映射 $A_d \cong C_d$ 进行考察, 可以确认将 $(x,y,z) \in A_d$ 对应于这一元的映射 $A_d \to A_d$ $\left(\text{例如 } (3,4,5) \text{ 映到 } \left(\frac{120}{7}, \frac{7}{10}, \frac{1201}{70}\right)\right)$ 就是椭圆曲线 $y^2 = x^3 - d^2x$ 的 2 倍映射而非其他.

在 §1.1 中介绍的命题 1.2 的证明就是这样进行的, Fermat 是个运用了椭圆曲线 2 倍映射 (但还没有达到椭圆曲线具有群结构的思想) 的人.

Fermat 在使用 2 倍映射时, 能够得到强有力结果的原因是存在这样一种现象, 与有理点 P 的 x 坐标的高 (§1.1 中的 $H(x)$) 比较, $2P$ 的 x 坐标的 "高" 通常要远远变大. (例如, 在椭圆曲线 $y^2 = x^3 - 4$ 上, 如取 $P = (5, 11)$, $2P$ 的 x 坐标为 $\dfrac{785}{484}$ 且因其分子分母为既约, 故其高为 785.) 这个现象在 §1.1 的命题 1.2 的证明末尾出现过. 在下面一节将出现的 Mordell 定理的证明中这也是一个关键点 (Mordell 的证明的思想恐怕也受到了 Fermat 的影响吧).

§1.3 Mordell 定理

(a) Mordell 定理的内容

所谓 Mordell 定理 (Mordell's theorem) 是指在 1922 年 Mordell 所证明的下面的定理.

定理 1.12 设 E 为 $\mathbb{Q}$ 上的椭圆曲线, 则 $E(\mathbb{Q})$ 为有限生成 Abel 群.

根据 "Abel 群基本定理" (fundamental theorem on Abelian groups), 有限生成 Abel 群同构于

$$\mathbb{Z}^{\oplus r} \oplus \text{ 有限 Abel 群 } (r \geqslant 0) \tag{1.5}$$

($\mathbb{Z}^{\oplus r}$ 表示 r 个 Abel 群 $\mathbb{Z}$ 的直和).

称这个 r 为这条椭圆曲线的秩 (rank). 例如,

$$y^2 = x^3 - x,\ y^2 = x^3 + 1,\ y^2 = x^3 - 4,\ y^2 = x^3 - 2$$

的秩分别是 $0, 0, 1, 1$ (参看 §1.2 的例 1.8—例 1.11). 虽有猜想说有理数域上的椭圆曲线的秩能够任意大, 但现在仍是个未解决的问题.

另一方面, (1.5) 中的 "有限 Abel 群" 部分, 即是由 $E(\mathbb{Q})$ 的阶有限的元素组成的子群, 依照 Mazur 在 1977 年所证明的结果, 它必定同构于下面 (i),(ii) 的群中的一个.

(i) $\mathbb{Z}/n\mathbb{Z}$, 其中 $1 \leqslant n \leqslant 10$ 或者 $n = 12$.

(ii) $\mathbb{Z}/n\mathbb{Z} \oplus \mathbb{Z}/2\mathbb{Z}$, 其中 $n = 2, 4, 6, 8$.

(另外, 已经知道以上 (i),(ii) 中任一个群均同构于 $\mathbb{Q}$ 上某个椭圆曲线的阶数有限的元全体构成的群.)

这一节将给出 Mordell 定理证明的主要部分.

(b) Mordell 定理的证明思路

Mordell 定理的证明使用下面的两件事实而完成.

(I) 弱 Mordell 定理 (weak Mordell theorem). 它说的是 $E(\mathbb{Q})/2E(\mathbb{Q})$ 为有限群.

(II) $E(\mathbb{Q})$ 中点的 “高” 的性质.

(I) 将在后面说明. 现在叙述 (II). 在 §1.1 中, 有理数 x 的高 $H(x)$, 当 x 写成既约分数形式 $x=\dfrac{m}{n}$ 时定义为 $\max(|m|,|n|)$. 对于 $\mathbb{Q}$ 上的椭圆曲线 E 以及 $P\in E(\mathbb{Q})$, 当 $P\neq O$ 时定义其高 $H(P)$ 为 P 的 x 坐标的高, 而定义 $H(O)=1$. 定理的证明将使用下面的关于高的性质 (II A),(II B).

(II A) 对于正实数 C,

$$\{P\in E(\mathbb{Q})\mid H(P)\leqslant C\}$$

为有限集合.

这由对任意正实数 C, $\{x\in\mathbb{Q}\mid H(x)\leqslant C\}$ 为有限集合的不证自明的事实得到.

(II B) 存在满足下面 (1),(2) 的正实数 C.

(1) 对任意 $P\in E(\mathbb{Q})$,

$$C\cdot H(2P)\geqslant H(P)^4.$$

(2) 对任意 $P,Q\in E(\mathbb{Q})$,

$$C\cdot H(P)H(Q)\geqslant \min(H(P+Q),H(P-Q)).$$

这里的 (1) 就是 §1.2 末尾所说的 “$H(2P)$ 通常远大于 $H(P)$” 的现象.

由 (I), (II A), (II B) 便可以得到 Mordell 定理的证明. 更准确地说, 我们有下面的事实.

命题 1.13 设 $Q_1,\cdots,Q_n\in E(\mathbb{Q})$ 满足 “$E(\mathbb{Q})/2E(\mathbb{Q})$ 中每一个元都等于某个 Q_i 的像” , 又设正实数 C 满足 (II B) 的 (1),(2). 设 M 为 $H(Q_1),\cdots,H(Q_n),C$ 中的最大值. 则 $E(\mathbb{Q})$ 由

$$\{P\in E(\mathbb{Q})\mid H(P)\leqslant M\}$$

(根据 (II A), 它为有限集合) 生成.

[证明] 假设存在不由 $\{P\in E(\mathbb{Q})\mid H(P)\leqslant M\}$ 生成的 $E(\mathbb{Q})$ 的元, 这些元中的高最小者记为 P_0. 有 $H(P_0)>M$. P_0 在 $E(\mathbb{Q})/2E(\mathbb{Q})$ 中的像必与某个 i 的 Q_i 的像相同. 对于这个 i, 必有 P_0+Q_i,P_0-Q_i 属于 $2E(\mathbb{Q})$. 取这两个中高较小的那个记为 R, 并设 $R=2P_1$, $P_1\in E(\mathbb{Q})$. 由 (II B) 的 (1) 有

$$H(P_1)^4\leqslant C\cdot H(R)\leqslant M\cdot H(R).$$

由 (II B) 的 (2) 有

$$H(R) \leqslant C \cdot H(P_0)H(Q_i) \leqslant M^2 H(P_0).$$

由上面这些便得到了

$$H(P_1)^4 \leqslant M^3 H(P_0).$$

由 $H(P_0) > M$ 得到 $H(P_1)^4 < H(P_0)^4$. 从而 $H(P_1) < H(P_0)$. 根据 $H(P_0)$ 的最小性, P_1 应由 $\{P \in E(\mathbb{Q}) \mid H(P) \leqslant M\}$ 生成. 由于 P_0 为 $2P_1 + Q_i$ 或者 $2P_1 - Q_i$ 中的一个, 故 P_0 也仍是由 $\{P \in E(\mathbb{Q}) \mid H(P) \leqslant M\}$ 生成的. 引出矛盾. 命题 1.3 得证. ∎

问题 4　设 A 为 Abel 群. 如果 A 为有限生成则 $A/2A$ 为有限群. 但是, 请说明由 $A/2A$ 为有限群不一定得到 A 是有限生成的. (因此, Mordell 定理不只是由弱 Mordell 定理推出的, 因此证明中高的思想是不可或缺的.)

(c) Mordell 定理证明的主要部分

这节的剩余部分将对形如

$$y^2 = (x-a)(x-b)(x-c) \quad (a, b, c \text{ 为互不相同的有理数})$$

的椭圆曲线证明 (I) (弱 Mordell 定理). 还要证明 (II B). 因此, 在本节中我们将完成对此类形式的椭圆曲线的 Mordell 定理的证明. 本节从这里开始变得很复杂, 建议读者在最初阅读本书时, 跳过这些证明而直接进入到第二章.

命题 1.14　*设 a, b, c 为互不相同的有理数, 考虑由*

$$y^2 = (x-a)(x-b)(x-c)$$

所定义的椭圆曲线. 定义映射

$$\partial : E(\mathbb{Q}) \to \mathbb{Q}^\times/(\mathbb{Q}^\times)^2 \times \mathbb{Q}^\times/(\mathbb{Q}^\times)^2 \times \mathbb{Q}^\times/(\mathbb{Q}^\times)^2$$

为: 对 $P \in E(\mathbb{Q})$, 若 $P \neq O$, 记 P 的 x 坐标为 x, 则

$$\partial(P) = \begin{cases} (\overline{x-a}, \overline{x-b}, \overline{x-c}) & P \neq O, (a,0), (b,0), (c,0) \\ (\overline{(a-b)(a-c)}, \overline{a-b}, \overline{a-c}) & P = (a,0) \\ (\overline{b-a}, \overline{(b-a)(b-c)}, \overline{b-c}) & P = (b,0) \\ (\overline{c-a}, \overline{c-b}, \overline{(c-a)(c-b)}) & P = (c,0) \\ (1,1,1) & P = O \end{cases}$$

(这里的 "$-$" 表示 $\bmod (\mathbb{Q}^\times)^2$). 于是,

(1) ∂ 为群间的同态.

(2) ∂ 的核等于 $2E(\mathbb{Q})$.

(3) 设 G 为 $a-b, b-c, c-a$ 的分母或分子的素因子以及 -1 生成的 $\mathbb{Q}^\times/(\mathbb{Q}^\times)^2$ 的子群. 于是, ∂ 的像包含在 $G\times G\times G$ 中. □

按照命题 1.14, 对于在命题 1.14 中所处理的椭圆曲线成立弱 Mordell 定理. 实际上, 命题 1.14 表明了 $E(\mathbb{Q})/2E(\mathbb{Q})^2$ 经过 ∂ 被嵌入在有限群 $G\times G\times G$ 中.

来进行命题 1.14 的证明.

[命题 1.14 (1) 的证明] 现在来证明 ∂ 第一个分量 $E(\mathbb{Q})\to\mathbb{Q}^\times/(\mathbb{Q}^\times)^2$ 为同态. (对第二, 第三个分量的证明相同.) 设 $P, Q\in E(\mathbb{Q})$, 并设 $P, Q, P+Q$ 不是 O 或 $(a,0)$. ($P, Q, P+Q$ 其中一个等于 O 或 $(a,0)$ 的情形, 此断言的证明简单, 故略去.) 令 P 的坐标为 (x_1,y_1), Q 的坐标为 (x_2,y_2), $P+Q$ 的坐标为 (x_3,y_3). 我们只需证明

$$(x_1-a)(x_2-a)(x_3-a)\in(\mathbb{Q}^\times)^2.$$

(之所以这样说, 因为这意味在商群 $\mathbb{Q}^\times/(\mathbb{Q}^\times)^2$ 中 (x_3-a) 与 $(x_1-a)(x_2-a)$ 相同.) 设连接 P 与 Q 的直线方程为 $y=\lambda x+\mu$, 则

$$(x-a)(x-b)(x-c)-(\lambda x+\mu)^2=0$$

为求出此直线与这条椭圆曲线交点的方程. 因此,

$$(x-a)(x-b)(x-c)-(\lambda x+\mu)^2=(x-x_1)(x-x_2)(x-x_3).$$

在这里令 $x=a$ 则有

$$(x_1-a)(x_2-a)(x_3-a)=(\lambda a+\mu)^2\in(\mathbb{Q}^\times)^2.$$ ■

命题 1.14 (2) 由 §1.1 的注记 1.6 得出.

在证明命题 1.14 (3) 前先作些准备.

定义 1.15 对于素数 p 及有理数 $t\neq 0$, 将 t 写成 $t=p^m\dfrac{u}{v}, m\in\mathbb{Z}$, 其中 u, v 都是整数且不能被 p 除尽, 定义 m 为 t 的 p 进赋值, 它是个整数, 记为 $\mathrm{ord}_p(t)$. 下面的 (i),(ii) 成立.

(i) $\mathrm{ord}_p(st)=\mathrm{ord}_p(t)+\mathrm{ord}_p(s)$.

(ii) 不为 0 的有理数 s, t 如满足 $\mathrm{ord}_p(s)\neq\mathrm{ord}_p(t)$, 则

$$\mathrm{ord}_p(s+t)=\min(\mathrm{ord}_p(s),\mathrm{ord}_p(t)).$$

[命题 1.14 (3) 的证明] 设素数 p 不是 $a-b, b-c, c-a$ 中任一个的分子分母的素因子. 对于 $y^2=(x-a)(x-b)(x-c)$ 的 $y\neq 0$ 的有理数解 (x,y), 只需证明 $\mathrm{ord}_p(x-a), \mathrm{ord}_p(x-b), \mathrm{ord}_p(x-c)$ 全都是偶数就足够了. 根据 $y^2=(x-a)(x-b)(x-c)$ 和 (i), 有

$$(*)\qquad \mathrm{ord}_p(x-a)+\mathrm{ord}_p(x-b)+\mathrm{ord}_p(x-c)\quad 是偶数.$$

假设 $\mathrm{ord}_p(x-a), \mathrm{ord}_p(x-b), \mathrm{ord}_p(x-c)$ 中有一个为负数, 因为 $x-a, x-b, x-c$ 中任两个的差的 ord_p 都为 0, 由 (ii) 得到 $\mathrm{ord}_p(x-a) = \mathrm{ord}_p(x-b) = \mathrm{ord}_p(x-c)$. 由此及 $(*)$ 知, $\mathrm{ord}_p(x-a), \mathrm{ord}_p(x-b), \mathrm{ord}_p(x-c)$ 均为偶数. 如果 $\mathrm{ord}_p(x-a), \mathrm{ord}_p(x-b), \mathrm{ord}_p(x-c)$ 其中有一个为正数, 又因为 $x-a, x-b, x-c$ 中任意两个的差的 ord_p 都为 0, 由 (ii) 知 $\mathrm{ord}_p(x-a), \mathrm{ord}_p(x-b), \mathrm{ord}_p(x-c)$ 中另外两个为 0. 根据 $(*)$, $\mathrm{ord}_p(x-a), \mathrm{ord}_p(x-b), \mathrm{ord}_p(x-c)$ 全为偶数. ∎

下面证明 (II B). 因为如果一开始就写出细节会使人难以理解, 所以我们首先叙述证明的梗概.

设 E 为 $\mathbb{Q}$ 上的椭圆曲线, 且其方程为

$$y^2 = ax^3 + bx^2 + cx + d.$$

(II B)(1) *的证明方法*. 考虑除去 $2P \neq O$ 的 $P \in E(\mathbb{Q})$ 就可以了. 也就是说, 如果能找到正实数 C 使对所有满足 $2P \neq O$ 的 $P \in E(\mathbb{Q})$ 成立 $C \cdot H(2P) \geqslant H(P)^4$ 就足够了. 这是因为如果取比 C 大, 而且比所有满足 $2P = O$ 的 P(所有这些点最多只有 4 个) 的 $H(P)^4$ 都大的 C', 则对于所有的 $P \in E(\mathbb{Q})$ 成立 $C' \cdot H(2P) \geqslant H(P)^4$. 定义多项式 $f(T), g(T)$ 为

$$f(T) = aT^3 + bT^2 + cT + d,$$
$$g(T) = \frac{1}{4a}(a^2T^4 - 2acT^2 - 8adT + c^2 - 4bd),$$

设满足 $2P \neq O$ 的点 $P \in E(\mathbb{Q})$ 的坐标为 (x, y), 则根据 (1.4), $2P$ 的 x 坐标可表示为 $\dfrac{g(x)}{f(x)}$. 我们在后面将证明 $f(T)$ 与 $g(T)$ 是互素的多项式 (即不能被公共的一次或一次以上的多项式除尽). 于是, 如果证明了下面与椭圆曲线完全无关的引理 1.16 就完成了这个证明.

引理 1.16 *设 $f(T)$ 和 $g(T)$ 为系数在 $\mathbb{Q}$ 中的互素多项式. 设 d 为 $f(T)$, $g(T)$ 的次数中最大者 (两个次数相同时则取其为相等的次数). 此时存在某个正实数 C, 使得对满足 $f(x) \neq 0$ 的所有有理数 x 成立*

$$H(x)^d \leqslant C \cdot H\left(\frac{g(x)}{f(x)}\right). \qquad \square$$

我们将在后面证明这个引理.

(II B)(2) *的证明方法*. 对于

(i) $P, Q \in E(\mathbb{Q})$, $P = O$ 或 $Q = O$ 的情形.

(ii) $P, Q \in E(\mathbb{Q})$, $P + Q = O$ 或 $P - Q = O$ 的情形.

(iii) $P, Q \in E(\mathbb{Q})$, $P \neq O, Q \neq O, P + Q \neq O, P - Q \neq O$ 的情形. 只要分别证明对所有这样的 P, Q 存在正实数 C, 满足 $H(P+Q) \cdot H(P-Q) \leqslant C \cdot H(P)^2 H(Q)^2$ 就可以了.

情形 (i), 是显然的.

情形 (ii), 问题成为: 对于所有 $P \in E(\mathbb{Q})$ 存在正实数 C 满足

$$H(2P) \leqslant C \cdot H(P)^4.$$

由前面讲述过的 P 的 x 坐标与 $2P$ 的 x 坐标的关系知道, 如果证明了下面的与椭圆曲线完全无关的引理 1.17, 则此问题便能得以解决.

引理 1.17 设 $f(T), g(T)$ 为系数在 $\mathbb{Q}$ 中的多项式, d 为自然数, $f(T)$ 的次数与 $g(T)$ 的次数都不大于 d. 于是有正实数 C, 对所有使 $f(x) \neq 0$ 的有理数 x 成立

$$H\left(\frac{g(x)}{f(x)}\right) \leqslant C \cdot H(x)^d. \qquad \square$$

情形 (iii), 像以后将要证明的, 对系数在 $\mathbb{Q}$ 中的二元多项式 $f(S,T), g(S,T), h(S,T)$, 设其每一个关于 S 和 T 的总次数都是 2 , 则下面的断言成立: 设 $P, Q \in E(\mathbb{Q}), P \neq 0, Q \neq 0, P+Q \neq 0, P-Q \neq 0$, 且 P 的 x 坐标为 x_1, Q 的 x 坐标为 x_2, $P+Q$ 的 x 坐标为 x_+, $P-Q$ 的 x 坐标为 x_-, 并令 $s = x_1+x_2$, $t = x_1x_2$, $s' = x_+ + x_-$, $t' = x_+x_-$, 则 $f(s,t) \neq 0$ 且

$$s' = \frac{g(s,t)}{f(s,t)}, \qquad t' = \frac{h(s,t)}{f(s,t)}.$$

对于有理数 u, v, 按下面的方式定义数对 (u, v) 的高 $H(u, v)$. 在将 u, v 表示为既约分数时, 记它们分母的最小公倍数为 n; 令 $u = \dfrac{m}{n}$, $v = \dfrac{m'}{n}$, 定义

$$H(u,v) = \max(|m|, |m'|, |n|).$$

于是, 问题可归结为下面的一个与椭圆曲线完全无关的引理 1.18. 这就是说, 对于在引理 1.18(2) 中出现的实数 C, 成立

$$\begin{aligned} H(x_+)H(x_-) &\leqslant 2H(s',t') \text{ (根据引理 1.18(1))} \\ &\leqslant 2C \cdot H(s,t)^2 \text{ (根据引理 1.18(2))} \\ &\leqslant 4C \cdot H(x_1)^2 H(x_2)^2 \text{ (根据引理 1.18(1))} \end{aligned}$$

现将 $4C$ 表示为 C 就行了.

引理 1.18 (1) 对于任意有理数 u, v, 有

$$\frac{1}{2}H(u)H(v) \leqslant H(u+v, uv) \leqslant 2H(u)H(v).$$

(2) 设 $f(S,T), g(s,T), h(S,T)$ 为系数在 $\mathbb{Q}$ 中的二元多项式, d 为自然数, $f(S,T)$ 的次数 (关于 S 和 T 的总次数), 以及 $g(S,T)$, $h(S,T)$ 的次数都不大于 d. 此时, 存在某个正实数 C, 使

$$H\left(\frac{g(s,t)}{f(s,t)}, \frac{h(s,t)}{f(s,t)}\right) \leqslant C \cdot H(s,t)^d$$

对满足 $f(s,t) \neq 0$ 的所有有理数 s, t 均成立. $\square$

引理 1.17 和引理 1.18 都将在后面证明.

我们从这里开始来叙述 (II B) 的证明的细节. 首先, 对于在 (II B)(1) 的证明方法中用到的 $f(T)$ 与 $g(T)$ 互素的事实, 我们有

$$g(T) = \frac{1}{4a}f'(T)^2 - \left(2T + \frac{b}{a}\right) f(T)$$

($f'(T)$ 为 $f(T)$ 的微分 $3aT^2 + 2bT + c$)(通过直接计算可弄清), 因为 $f(T)$ 没有重根, 于是作为多项式的 $f(T)$ 和 $f'(T)$ 互素, 故由此便得到了所需要事实. 另外, 在 (II B)(2) 的证明中的情形 (iii) 里, 所存在的 $f(S,T), g(S,T), h(S,T)$ 可设为

$$\begin{aligned} f(S,T) &= S^2 - 4T, \\ g(S,T) &= \frac{1}{a}(2aST + 2aS + 4bT + 4d), \\ h(S,T) &= \frac{1}{a^2}(2a^2T^2 - 2acT - 4adS + c^2 - 4bd). \end{aligned}$$

这是根据 (1.2) 式所给出的椭圆曲线上点的加法确定的.

在完成了引理 1.16, 1.17, 1.18 的证明之后, (II B) 的证明便算完成了. 我们从简单的开始依次进行证明 (引理 1.16 较难, 其他相对较易).

[引理 1.18(1) 的证明] 将 u, v 表示为既约分数的形式 $u = \dfrac{m}{n}, v = \dfrac{m'}{n'}$, 于是

$$u + v = \frac{mn' + m'n}{nn'}, \quad uv = \frac{mm'}{nn'},$$

这里的 $mn' + m'n, mm', nn'$ 的最大公约数为 1. 事实上, 如果 l 为所有 $mn' + m'n, mm', nn'$ 的一个公共素因子, 由 l 除尽 mm' 知它除尽 m 或者 m'; 不妨设其除尽 m, 又由其除尽 $mn' + m'n$ 知其除尽 $m'n$, 但 m 与 n 互素, 故 l 除尽 m'. 另一方面, 因为 l 除尽 nn' 故除尽 n'. 这与 m' 与 n' 互素的事实相矛盾. l 除尽 m' 同样导出矛盾. 因此证明了 1 是它们的最大公约数. 这样, 根据高的定义我们有

$$H(u + v, uv) = \max(|mn' + m'n|, |mm'|, |nn'|).$$

另一方面,

$$H(u)H(v) = \max(|mm'|, |mn'|, |nm'|, |nn'|).$$

由此得知 $H(u + v, uv) \leqslant 2H(u)H(v)$. 要证明 $\dfrac{1}{2}H(u)H(v) \leqslant H(u + v, uv)$. 只要证明 $\dfrac{1}{2}|mn'|$ 与 $\dfrac{1}{2}|m'n|$ 不大于 $\max(|mn'+m'n|, |mm'|, |nn'|)$ 就可以了. 考虑 $\dfrac{1}{2}|mn'|$ (对 $\dfrac{1}{2}|m'n|$ 证明相同). 只需设 $mn' \neq 0$, 并考虑除以 mn'. 令 x 为 $\dfrac{n}{m}$, y 为 $\dfrac{m'}{n'}$, 于是如果证明了

$$\frac{1}{2} \leqslant \max(|1 + xy|, |x|, |y|)$$

对所有的实数 x, y 均成立便得到所要的结果.

为此, 如果有 $|x| < \dfrac{1}{2}$ 且 $|y| < \dfrac{1}{2}$, 那么则成立 $|1+xy| \geqslant 1 - \left(\dfrac{1}{2}\right)^2 \geqslant \dfrac{1}{2}$. ∎

[引理 1.17 的证明] 将 $f(T), g(T)$ 乘以不为 0 的同一整数, 可设 $f(T), g(T)$ 的系数均为整数. 这时, $f(T), g(T)$ 的系数的绝对值中最大的一个的 $(d+1)$ 倍记为 C. 令

$$f(T) = \sum_{i=0}^{d} a_i T^i, \quad g(T) = \sum_{i=0}^{d} b_i T^i.$$

将满足 $f(x) \neq 0$ 的有理数 x 表示为形如 $\dfrac{m}{n}$ 的既约分数时, 由

$$\frac{g(x)}{f(x)} = \frac{\displaystyle\sum_{i=0}^{d} b_i m^i n^{d-i}}{\displaystyle\sum_{i=0}^{d} a_i m^i n^{d-i}},$$

有

$$H\left(\frac{g(x)}{f(x)}\right) \leqslant \max\left(\left|\sum_{i=0}^{d} a_i m^i n^{d-i}\right|, \left|\sum_{i=0}^{d} b_i m^i n^{d-i}\right|\right) \leqslant C \cdot H(x)^d.$$ ∎

[引理 1.18(2) 的证明] 以同一非零整数相乘, 可设多项式 $f(S,T), g(S,T), h(S,T)$ 为整系数多项式. 此时, 它们的系数的绝对值中最大者的 $\dfrac{1}{2}(d+1)(d+2)$ 倍记为 C. 令

$$f(S,T) = \sum_{i,j} a_{ij} S^i T^j, \quad g(S,T) = \sum_{i,j} b_{ij} S^i T^j, \quad h(S,T) = \sum_{i,j} c_{ij} S^i T^j$$

(这里的 (i,j) 为遍历 $i \geqslant 0, j \geqslant 0, i+j \leqslant d$ 的整数组), 对于使 $f(s,t) \neq 0$ 的有理数 s, t, 令 s 和 t 的既约分数表示的分母的最小公倍数为 n, 并令 $s = \dfrac{m}{n}, t = \dfrac{m'}{n}$, 这时,

$$\frac{g(s,t)}{f(s,t)} = \frac{\displaystyle\sum_{i,j} b_{ij} m^i (m')^j n^{d-i-j}}{\displaystyle\sum_{i,j} a_{ij} m^i (m')^j n^{d-i-j}}, \quad \frac{h(s,t)}{f(s,t)} = \frac{\displaystyle\sum_{i,j} c_{ij} m^i (m')^j n^{d-i-j}}{\displaystyle\sum_{i,j} a_{ij} m^i (m')^j n^{d-i-j}}.$$

于是,

$$\begin{aligned}
&H\left(\frac{g(s,t)}{f(s,t)}, \frac{h(s,t)}{f(s,t)}\right) \\
&\leqslant \max\left(\left|\sum_{i,j} a_{ij} m^i (m')^j n^{d-i-j}\right|, \left|\sum_{i,j} b_{ij} m^i (m')^j n^{d-i-j}\right|, \left|\sum_{i,j} c_{ij} m^i (m')^j n^{d-i-j}\right|\right) \\
&\leqslant C \cdot H(s,t)^d.
\end{aligned}$$ ∎

[引理 1.16 的证明]　以同一非零整数乘以 $f(T), g(T)$, 可设它们均为整系数多项式. 我们将在稍后证明存在非零整数 R, 整数 $e \geqslant 0$, 以及整系数多项式 $c_j(T)$ $(j = 1,2,3,4)$, 使对每一个 j, $c_j(T)$ 的次数都不大于 d, 并且满足

$$\begin{cases} c_1(T)f(T) + c_2(T)g(T) = R, \\ c_3(T)f(T) + c_4(T)g(T) = RT^{d+e}. \end{cases} \tag{1.6}$$

记 C 为 $c_j, j=1,2,3,4$ 的系数的绝对值中最大者的 $2(e+1)$ 倍. 对于使 $f(x) \neq 0$ 的有理数 x, 我们来证明 $H(x)^d \leqslant C \cdot H\left(\dfrac{g(x)}{f(x)}\right)$. 设 $x = \dfrac{m}{n}$ 为既约分数表示. 这里我们记

$$f(T) = \sum_{i=0}^{d} a_i T^i, \quad g(T) = \sum_{i=0}^{d} b_i T^i, \quad c_j(T) = \sum_{i=0}^{e} c_{ij} T^i.$$

而

$$f(x)n^d = \sum_{i=0}^{d} a_i m^i n^{d-i}, \quad g(x)n^d = \sum_{i=0}^{d} b_i m^i n^{d-i}, \quad c_j(x)n^e = \sum_{i=0}^{e} c_{ij} m^i n^{e-i}$$

均为整数. 由 (1.6) 有

$$\begin{cases} (c_1(x)n^e)(f(x)n^d) + (c_2(x)n^e)(g(x)n^d) = Rn^{d+e}, \\ (c_3(x)n^e)(f(x)n^d) + (c_4(x)n^e)(g(x)n^d) = Rm^{d+e}. \end{cases} \tag{1.7}$$

由 (1.7), $f(x)n^d$ 与 $g(x)n^d$ 的最大公约数可以除尽 Rn^{d+e} 和 Rm^{d+e}, 又因为 m 与 n 互素, 故可除尽 R.

由

$$\frac{g(x)}{f(x)} = \frac{g(x)n^d}{f(x)n^d} \tag{1.8}$$

得到

$$H\left(\frac{g(x)}{f(x)}\right) \geqslant R^{-1} \max(|f(x)n^d|, |g(x)n^d|). \tag{1.9}$$

(这是证明的关键点. 这里 (1.8) 右端的分子分母不好约分成既约分数, 从而只能断言 $H\left(\dfrac{g(x)}{f(x)}\right)$ 大于某个数.)

另一方面, 由前面 $c_j(x)n^e$ 的表达式知

$$|c_j(x)n^e| \leqslant 2^{-1} C \cdot H(x)^e.$$

于是, 由 (1.7) 得到下面的 ⩽:

$$\begin{aligned} R\cdot H(x)^{d+e} &= R\cdot\max(|m|^{d+e},|n|^{d+e}) \\ &\leqslant C\cdot H(x)^{e}\max(|f(x)n^{d}|,|g(x)n^{d}|). \end{aligned}$$

即

$$H(x)^{d}\leqslant CR^{-1}\max(|f(x)n^{d}|,|g(x)n^{d}|). \tag{1.10}$$

根据 (1.9), (1.10), 我们有

$$C\cdot H\left(\frac{g(x)}{f(x)}\right)\geqslant H(x)^{d}.$$

最后来证明满足 (1.6) 的 $e,R,c_j(T)$ $(j=1,2,3,4)$ 的存在性. 因为 $f(T)$ 与 $g(T)$ 为互素的多项式, 故存在系数在 $\mathbb{Q}$ 中的多项式 $u_1(T),u_2(T)$ 使得

$$u_1(T)f(T)+u_2(T)g(T)=1.$$

另外, 由 $f(T)$ 与 $g(T)$ 互素可容易推出 $f\left(\frac{1}{T}\right)T^{d}$ 与 $g\left(\frac{1}{T}\right)T^{d}$ 为 $\mathbb{Q}$ 上的互素多项式. 因此存在 $\mathbb{Q}$ 上的多项式 $v_1(T),v_2(T)$ 使得

$$v_1(T)f\left(\frac{1}{T}\right)T^{d}+v_2(T)g\left(\frac{1}{T}\right)T^{d}=1.$$

取 e 为一个不小于 $u_1(T),u_2(T),v_1(T),v_2(T)$ 中任一个的次数的整数, 取 R 为不为零的整数, 它使得 $Ru_i(T),Rv_i(T)$ $(i=1,2)$ 全为整系数; 如果取

$$\begin{aligned} &c_1(T)=Ru_1(T),\quad c_2(T)=Ru_2(T),\\ &c_3(T)=Rv_1\left(\frac{1}{T}\right)T^{e},\quad c_4(T)=Rv_2\left(\frac{1}{T}\right)T^{e}, \end{aligned}$$

则 $c_j(T)$ $(j=1,2,3,4)$ 为整系数多项式且次数 $\leqslant e$, 同时 (1.6) 成立. ∎

注记 1.19 对于 $E(\mathbb{Q})$ 中的点 P, 令

$$h(P)=\lim_{n\to\infty}\frac{1}{4^{n}}\log(H(2^{n}P)).$$

可以证明此极限存在, 并且还具有下列性质: 对 $P,Q\in E(\mathbb{Q})$ 令 $\langle P,Q\rangle=\frac{1}{2}(h(P+Q)-h(P)-h(Q))$, 则成立 $h(P)=\langle P,P\rangle$, 更进一步, $\langle\ ,\ \rangle$ 具有像下面那样的 “内积” 性质 (设 $P,Q,R\in E(\mathbb{Q})$):

(i) $\langle P,Q\rangle=\langle Q,P\rangle$,

(ii) $\langle P,Q+R\rangle=\langle P,Q\rangle+\langle P,R\rangle$,

(iii) $\langle P,P\rangle\geqslant 0$, 而 $\langle P,P\rangle=0$ 仅限于阶数为有限的点 P.

小结

1.1　椭圆曲线是由方程 $y^2 = (x$的 3 次式$)$ (但右端没有重根) 给出的曲线.

1.2　椭圆曲线 (附加上点 O) 具有交换群结构.

1.3　有理数域上的椭圆曲线的有理点全体 (算上点 O) 构成有限生成 Abel 群 (Mordell 定理).

1.4　在研究有理数域上的椭圆曲线的有理点时, 应用有理点的 "高" 的性质是非常重要的.

习题

1.1　E 为椭圆曲线 $y^2 = x^3 + 1$ 时, 求出

$$\{P \in E(\mathbb{C}) \mid 3P = O\}.$$

1.2　在椭圆曲线 $y^2 = x^3 - 4$ 上, 有理点 P 的 x 坐标写成 $\dfrac{m}{n}$ 时, 利用 $2P$ 的 x 坐标为 $\dfrac{(m^3 + 32n^3)m}{4(m^3 - 4n^3)n}$ 证明

$$144 \cdot H(2P\text{的 } x \text{ 坐标}) \geqslant H(P\text{的 } x \text{ 坐标})^4.$$

并用此结果证明 $y^2 = x^3 - 4$ 存在无限多个有理点.

1.3　设域 K 的特征非 2 或 3, 取 $k \in K^\times$, 令

$$X = \{(x, y) \in K \times K \mid x^3 + y^3 = k\},$$
$$Y = \{(x, y) \in K \times K \mid y^2 = \frac{4k}{3}x^3 - \frac{1}{3}, x \neq 0\}.$$

证明存在从 X 到 Y 上的一一映射

$$X \to Y : (x, y) \mapsto \left(\frac{1}{x + y}, \frac{x - y}{x + y}\right).$$

1.4　设 K 为特征非 2 的域, $k \in K^\times$, 令

$$X = \{(x, y) \in K \times K \mid y^2 = x^4 + k\},$$
$$Y = \{(x, y) \in K \times K \mid y^2 = x^3 - 4kx,\ (x, y) \neq (0, 0)\}.$$

证明存在由 X 到 Y 上的一一映射

$$X \to Y : (x, y) \mapsto (2(x^2 + y), 4x(x^2 + y)).$$

1.5 设 K 为特征非 2 的域, $k \in K^{\times}$. 设 E 为 K 上的椭圆曲线 $y^2 = x^3 + kx$, 以及 E' 为 K 上的椭圆曲线 $y^2 = x^3 - 4kx$. 定义映射

$$f : E(K) \to E'(K),\ g : E'(K) \to E(K),$$

其中

$$f(x,y) = \left(x + \frac{k}{x}, y\left(1 - \frac{k}{x^2}\right)\right)\ (x \neq 0),\ f(0,0) = f(O) = O,$$

$$g(x,y) = \left(\frac{x}{4} - \frac{k}{x}, \frac{y}{8}\left(1 + \frac{4k}{x^2}\right)\right)\ (x \neq 0),\ g(0,0) = g(O) = O,$$

证明 $g \circ f : E(K) \to E(K)$ 和 $f \circ g : E'(K) \to E'(K)$ 均是 2 倍映射. 另外, 验证与习题 1.4 的映射复合

$$X \to Y \subset E'(K) \xrightarrow{g} E(K)$$

为映射 $(x,y) \mapsto (x^2, xy)$.

1.6 应用习题 1.4, 1.5 以及命题 1.2, 求下面方程的全部有理解:

(i) $y^2 = x^3 + 4x$, (ii) $y^2 = x^4 - 1$, (iii) $y^2 = x^4 + 4$.

第二章　二次曲线与 p 进数域

在前一章中我们考察了椭圆曲线上的有理点, 本章中我们将考察比椭圆曲线更简单的对象二次曲线的有理点. 一条二次曲线是否具有有理点, 如果有, 又该如何描述全部有理点, 完全解决这些问题是本章的课题. 然而, 尽管说是"更简单", 但关于二次曲线是否具有有理点的问题上, 平方剩余符号、以及在 §0.1 中涉及的 p 进 (p-adic) 数都起着本质的作用. 介绍在数论中重要的 p 进数也是本章的目的.

§2.1　二次曲线

(a) 二次曲线的有理点

方程

$$x^2+y^2=z^2$$

的整数解, 如果 $z\neq 0$, 将该方程换为 $\left(\dfrac{x}{z}\right)^2+\left(\dfrac{y}{z}\right)^2=1$, 则决定了圆 $x^2+y^2=1$ 上的有理点. 例如, $3^2+4^2=5^2$ 决定了圆 $x^2+y^2=1$ 的有理点 $\left(\dfrac{3}{5},\dfrac{4}{5}\right)$, $5^2+12^2=13^2$ 决定了 $\left(\dfrac{5}{13},\dfrac{12}{13}\right)$.

反过来, 如果给出了圆 $x^2+y^2=1$ 上的有理点, 在消去了分母后便得到了 $x^2+y^2=z^2$ 的 $z\neq 0$ 整数解. 那么, 圆 $x^2+y^2=1$ 的有理点大体上是怎样的呢? 实际上, 如我们在下面所说的那样, 存在有无穷多个.

另一方面, 考虑圆 $x^2+y^2=3$. 实际上这里根本就没有有理点. 读者试比较一下图 2.1 和图 2.2, 能试着判断右边的那个圆完全没有有理点吗? 这自然不能, 因为人们的视力不能区分这样的事. 在这些图中, 有理数浸没在实数之中. 在这种情形下,难以看清有理数的真实状况, 但是有必要弄清有理数比起实数来所具有的不同威力, 并在此之后还要讲述 "素数的威力".

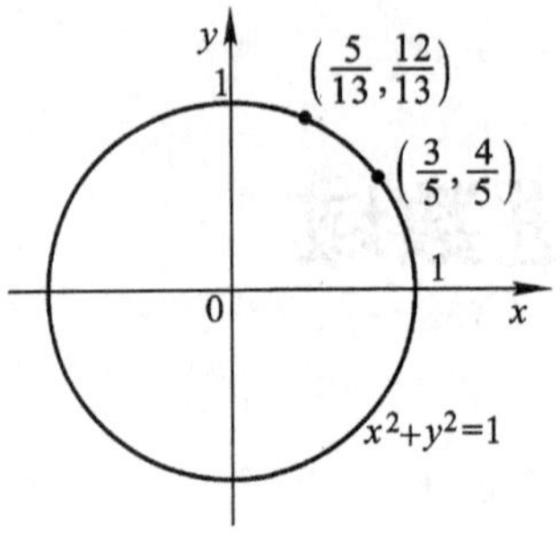

图 2.1

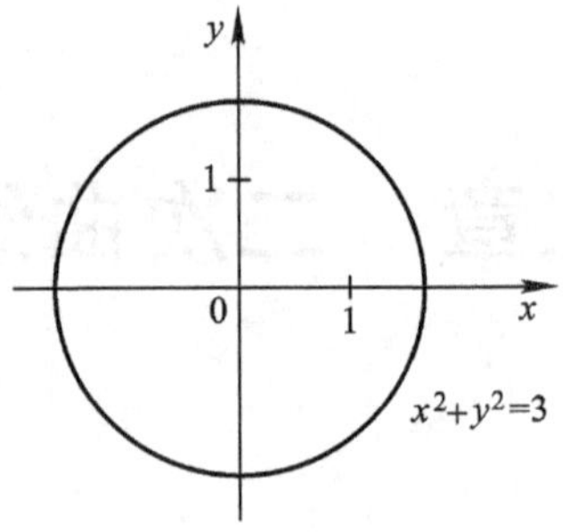

图 2.2

在本章中考察当 a, b, c 为已给定非零有理数时的二次曲线 (quadratic curve)

$$ax^2 + by^2 = c. \tag{2.1}$$

在 §2.1 中我们将讲述, 在这条二次曲线 (2.1) 上, 如果存在一个有理点 (像 $x^2 + y^2 = 1$ 那样), 则存在无限多个有理点, 并且能够具体地求出所有这些点. 比这些更深刻的是关于二次曲线 (2.1) 有没有有理点的判别法 (§2.3 所给出的定理 2.3). 定理 2.3 的意思是说, 当把实数的威力连同 "素数的威力" 放在一起时, 有理数的真实面貌就清楚地浮现了出来, 从而能很好地了解二次曲线的有理点.

如果对此进行深入研究, 那么像在 §2.4 将介绍的, 对于每个素数 p, 存在可与实数的世界相媲美的 "p 进数世界", 可以说成 "在实数世界考虑二次曲线的有理点时, 如果同时考虑对全部素数 p 的 p 进数世界, 则它可得到较好的理解". 譬如, $x^2 + y^2 = -1$ 没有有理点可以从它在实数世界没有解知道, 而 $x^2 + y^2 = 3$ 没有有理点, 仅靠实数的威力还弄不清楚, 但如果放在素数 2 及素数 3 的威力下, 则可从它在 2 进数或 3 进数的世界中无解得到解释. 我们将在 §2.5 中对此加以说明.

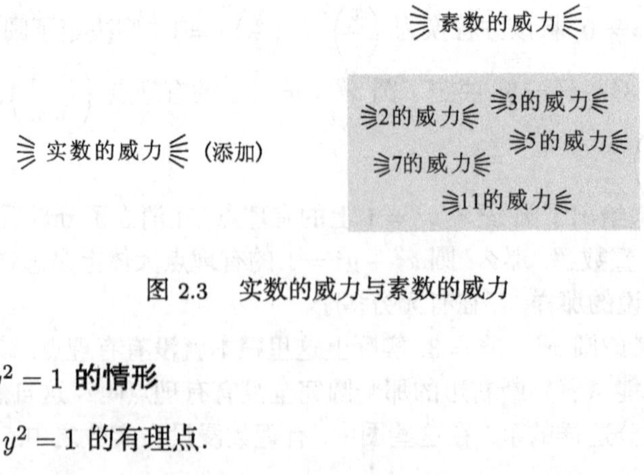

图 2.3 实数的威力与素数的威力

(b) $x^2 + y^2 = 1$ 的情形

考虑 $x^2 + y^2 = 1$ 的有理点.

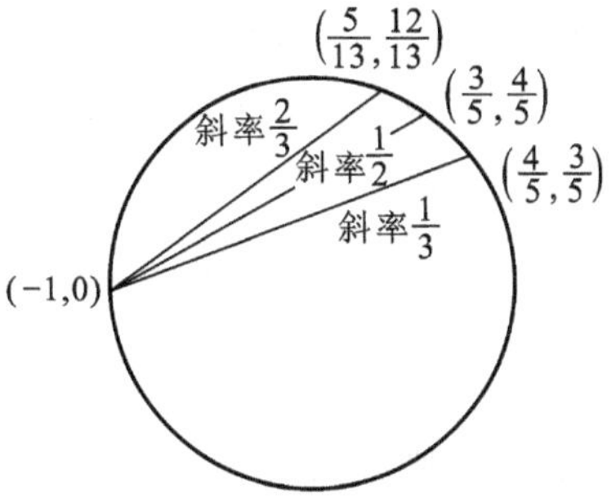

图 2.4 $x^2+y^2=1$ 的有理点

设圆 $x^2+y^2=1$ 上有有理点 (x,y) 且 $(x,y)\neq(-1,0)$ 时, 该点与 $(-1,0)$ 的连接直线的斜率为 $\dfrac{y}{x+1}$, 这是一个有理数. 反之, 在给定一个有理数 t 时, 通过 $(-1,0)$ 而具斜率 t 的直线与此圆的交点的坐标为 $\left(\dfrac{1-t^2}{1+t^2},\dfrac{2t}{1+t^2}\right)$. 这是个有理点.

例如, 若 t 取 $\dfrac{1}{5}$, $\dfrac{1}{4}$, $\dfrac{1}{3}$, $\dfrac{1}{2}$, $\dfrac{2}{3}$ 时, 得到的相应有理点分别为

$$\left(\frac{12}{13},\frac{5}{13}\right),\ \left(\frac{15}{17},\frac{8}{17}\right),\ \left(\frac{4}{5},\frac{3}{5}\right),\ \left(\frac{3}{5},\frac{4}{5}\right),\ \left(\frac{5}{13},\frac{12}{13}\right).$$

如果 $t=\dfrac{5}{12}$, 所得有理点为 $\left(\dfrac{119}{169},\dfrac{120}{169}\right)$, 消去 $\left(\dfrac{119}{169}\right)^2+\left(\dfrac{120}{169}\right)^2=1$ 的分母, 便得到了在序言那一章中所提到的古巴比伦王国出现的 $119^2+120^2=169^2$. 总之可以表示为:

$$\begin{aligned}\{\text{圆 } x^2+y^2=1 \text{ 除去 } (0,-1) \text{ 以外的有理点}\} &\underset{1:1}{\leftrightarrow} \{\text{有理数}\},\\ (x,y) &\mapsto \frac{y}{x+1}\\ \left(\frac{1-t^2}{1+t^2},\frac{2t}{1+t_2}\right) &\leftarrow t\end{aligned}$$

这样互逆的一一对应.

(c) 具有有理点的二次曲线的情形

a,b,c 不全为 0 的二次曲线

$$ax^2+by^2=c$$

具有一个有理点的情形, 可以用上面相同的方法求出所有的有理点. 设它的那一个有理点为 $Q(x_0,y_0)$ 时, 我们有

$$\{(x,y)\mid x,y\in\mathbb{Q},ax^2+by^2=c\}\underset{1:1}{\leftrightarrow}\mathbb{Q}\cup\{\infty\}-\{\text{最多两个元}\}:$$

这里 $ax^2+by^2=c$ 的有理点 P 对应于从 Q 到 P 连接直线 (称做直线 QP) 的斜率. 但是, 当 $P=Q$ 时, 直线 QP 被解释为在点 Q 的该曲线的切线. 又, 当直线 QP 平行于 y 轴时, 其斜率被解释为 ∞. 至于 "最多两个元" 是说, 当 $-\dfrac{a}{b}$ 为有理数的平方时, 从 $\mathbb{Q}\cup\{\infty\}$ 中去掉了 $\pm\sqrt{-\dfrac{a}{b}}$, 而当不是如此时, 则不从 $\mathbb{Q}\cup\{\infty\}$ 中去掉任何点. 当 $-\dfrac{a}{b}$ 为有理数的平方时, 曲线 $ax^2+by^2=c$ 为双曲线, $\pm\sqrt{-\dfrac{a}{b}}$ 为其渐近线的斜率.

至于这个 1-1 对应的存在理由则与 $x^2+y^2=1$ 的情形相同. 如果过 Q 而斜率为 $\mathbb{Q}\cup\{\infty\}$ 中元的直线不是该二次曲线的切线且斜率不是 $\pm\sqrt{-\dfrac{a}{b}}$ 时, 则该直线与这条二次曲线存在不同于 Q 的一个交点, 并且这个点 P 是个有理点. (实际上, 求交点的问题成为解具有有理系数的二次方程, 而因为 Q 是已给的此方程的有理解, 故剩下的解按照 "根与系数关系" 也是个有理数. 这就是 P 为有理点的理由.)

又, 上面的 "最多两个元" 的例外可以按下面的办法消解. 令

$$X=\{\text{比 } (x:y:z) \mid x,y,z\in\mathbb{Q},\ ax^2+by^2=cz^2 \text{ 但不是 } x=y=z=0\},$$

与 §1.2(b) 的方法相同, 将满足 $ax^2+by^2=c$ 的 $(x,y)\in\mathbb{Q}\times\mathbb{Q}$ 等同于比 $(x:y:1)\in X$, 则前面的 1-1 对应被扩张为 1-1 对应

$$X \underset{1:1}{\leftrightarrow} \mathbb{Q}\cup\{\infty\}.$$

$-\dfrac{a}{b}$ 为有理数 r 的平方时, $r\in\mathbb{Q}$ 对应于 X 中的元 $(1:r:0)$.

"二次曲线如果具有一个有理点, 则可描述出其他的所有有理点" 这个断言可以如下推广到特征非 2 的域 K 上的二次曲线. 设 $a,b,c\in K^\times$, 当满足 $ax^2+by^2=c$ 的 $(x,y)\in K\times K$ 存在时, 同样得到 1-1 对应

$$X=\{\text{比 } (x:y:z) \mid x,y,z\in K,\ ax^2+by^2=cz^2,\ \text{但不是 } x=y=z=0\} \underset{1:1}{\leftrightarrow} K\cup\{\infty\}.$$

问题 1 求 $x^2+y^2=5$ 除 $(\pm1,\pm2),(\pm2,\pm1)$ (符号可以不按顺次) 之外的有理点.

问题 2 在序章的 §0.1 中出现的巴比伦王国的 $119^2+120^2=169^2$ 所对应的直角三角形的直角的两条夹边长的比 $\dfrac{119}{120}$ 与 1 非常接近, (写下它的巴比伦王国的人按 $x^2+y^2=z^2$ 解的比的大小顺序进行了排列, 在表的开始就排出了其比值非常接近 1 的例子.) 请给出 x 与 y 的比它更接近于 1 的 $x^2+y^2=z^2$ 的整数解.

§2.2 同余式

如果有理系数的二次曲线 $ax^2+by^2=c$ 有一个有理点, 按前一节的方法能求出全部的有理点, 但判断是否具有有理点是比它要深刻得多的问题; 这是与诸如二次剩余符号, 同余式 (congruence) 有关的话题. 在此我们来讲述同余式.

(a) 同余式及其基本性质

对于自然数 m 及整数 a, b

$$a \equiv b \mod m$$

(读为 "a 与 b 除 m 同余" 或者 "a 同余 b 模 m") 的意思是说 $a-b$ 是 m 的整数倍. 例如,

$$28 \equiv 3 \mod 5, \quad 35 \equiv 0 \mod 5.$$

关于同余式, 在此我们仅止于进行复习. 从同余式的基本性质复习到二次剩余的互反律 (quadratic reciprocity law). 容易明白成立下面的事实.

(2.2) $a \equiv a \mod m$

(2.3) 若 $a \equiv b \mod m$, 则 $b \equiv a \mod m$.

(2.4) 若 $a \equiv b \mod m$, $b \equiv c \mod m$, 则 $a \equiv c \mod m$.

(2.5) 若 $a \equiv b \mod m, c \equiv d \mod m$, 则 $a+c \equiv b+d \mod m$, $ac \equiv bd \mod m$.

为了显示同余式在考虑方程的整数解和有理解时的有效作用, 我们举个简单的例子. 例如, 当 a 为整数且 $a \equiv 3 \mod 4$ 时, 可以指出不存在使 $x^2+y^2=a$ 成立的整数 x, y. 如果存在这样的整数, 则有 $x^2+y^2 \equiv 3 \mod 4$. 但是, 因为 $0^2 \equiv 0, 1^2 \equiv 1, 2^2 \equiv 0, 3^2 \equiv 1 \mod 4$, 无论取任何整数 x, y, 都不能满足 $x^2+y^2 \equiv 3 \mod 4$.

上面的同余式性质 (2.2),(2.3),(2.4) 所说的关系 "$\equiv \mod m$" 是个 "等价关系", 据此以及 (2.5), 将满足 $a \equiv b \mod m$ 的 a, b 看作相同后, 得到了由 m 个元构成的环 $\mathbb{Z}/m\mathbb{Z}$; 对于所说的这些事实, 我们认为读者是已经知道了的. 例如, $\mathbb{Z}/6\mathbb{Z}$ 由 6 个元 0,1,2,3,4,5 组成, 按照 $3+4=7=1, 2\times 3=6=0$ 等运算形成了环.

我们省略了下面命题的证明.

命题 2.1 设 m 为自然数.

(1) $\mathbb{Z}/m\mathbb{Z}$ 为域等价于 m 为素数.

(2) 设 p 为素数. (此时记域 $\mathbb{Z}/p\mathbb{Z}$ 为 $\mathbb{F}_p$.) 于是, $\mathbb{F}_p$ 的非零元全体形成的乘法群 $\mathbb{F}_p^\times$ 为阶数为 $p-1$ 的循环群.

(3) 设 a 为整数, 则 a 在 $\mathbb{Z}/m\mathbb{Z}$ 中的像为 $\mathbb{Z}/m\mathbb{Z}$ 中的可逆元等价于 a 与 m 互素.

(4) (中国剩余定理 (Chinese remainder theorem)) 设 $m=p_1^{e_1}\cdots p_r^{e_r}$ 为 m 的素因子分解 ($p_1, ..., p_r$ 为不同的素数), 则得到自然的同构

$$\mathbb{Z}/m\mathbb{Z} \xrightarrow{\cong} \mathbb{Z}/p_1^{e_1}\mathbb{Z} \times \cdots \times \mathbb{Z}/p_r^{e_r}\mathbb{Z}.$$

(由左到右的映射为将以 $\mod m$ 看待的整数, 按照对各个 i 以 $\mod p_i^{e_i}$ 来看待这个数的映射.) 就是说, 对各个 $i=1,\cdots,r$ 如果给出了整数 a_i, 则存在整数 b 使得

$$b \equiv a_i \mod p_i^{e_i} \quad (i=1,\cdots,r)$$

(这即说明从左到右是满映射). 如果 b' 满足与 b 的同一条件, 则成立 $b \equiv b' \mod m$ (它说明此映射为单射). □

(b) 二次剩余的互反律

在域 $\mathbb{F}_5$ 中, 存在有 -1 的平方根. 实际上因 $2^2 = 4 \equiv -1 \mod 5$, 在 $\mathbb{F}_5$ 中 2 是 -1 的平方根. 但是在 $\mathbb{F}_7$ 中能够确定不存在 -1 的平方根. 事实上, 当 p 为奇素数时, 在 $\mathbb{F}_p$ 中存在 -1 的平方根的充要条件是 $p \equiv 1 \mod 4$. 为了回答关于对怎样的素数 p, 在 $\mathbb{F}_p$ 中存在 5 的平方根, 3 的平方根等这一类的问题, Gauss 于 1796 年证明了二次剩余的互反律. 首先复习二次剩余符号.

设 p 为奇素数, a 为不被 p 除尽的整数; 二次剩余符号 $\left(\dfrac{a}{p}\right) \in \{\pm 1\}$ 定义为, 当在 $\mathbb{F}_p$ 中存在 a 的平方根时 (即 $x^2 \equiv a \mod p$ 的整数 x 存在时), 令 $\left(\dfrac{a}{p}\right) = 1$, 当其不存在时, 令 $\left(\dfrac{a}{p}\right) = -1$. 例如, $0^2 \equiv 0,\ 1^2 \equiv 4^2 \equiv 1,\ 2^2 \equiv 3^2 \equiv 4 \mod 5$, 故而

$$\left(\frac{1}{5}\right) = \left(\frac{4}{5}\right) = 1, \quad \left(\frac{2}{5}\right) = \left(\frac{3}{5}\right) = -1.$$

由命题 2.1 (2) 知, 商群 $\mathbb{F}_p^\times/(\mathbb{F}_p^\times)^2$ 同构于阶数为 2 的乘法群 $\{\pm 1\}$. $\left(\dfrac{a}{p}\right) \in \{\pm 1\}$ 正是 a 的类在群同构 $\mathbb{F}_p^\times/(\mathbb{F}_p^\times)^2 \cong \{\pm 1\}$ 中的像. 因此,

$$\left(\frac{ab}{p}\right) = \left(\frac{a}{p}\right)\left(\frac{b}{p}\right)$$

对于不能被 p 除尽的整数 a, b 成立.

定理 2.2 设 p 为奇素数.

(1) (二次剩余的互反律) 设 q 为与 p 不同的素数, 则

$$\left(\frac{q}{p}\right) = (-1)^{\frac{p-1}{2}\cdot\frac{q-1}{2}}\left(\frac{p}{q}\right).$$

(2) (第一补充律)

$$\left(\frac{-1}{p}\right) = (-1)^{\frac{p-1}{2}} = \begin{cases} 1 & p \equiv 1 \mod 4 \\ -1 & p \equiv 3 \mod 4. \end{cases}$$

(3) (第二补充律)

$$\left(\frac{2}{p}\right) = (-1)^{\frac{p^2-1}{8}} = \begin{cases} 1 & p \equiv 1, 7 \mod 8 \\ -1 & p \equiv 3, 5 \mod 8. \end{cases}$$ □

(2) 是刚才关于在 $\mathbb{F}_p$ 是否存在 -1 的平方根的判别法则. 作为 (1) 的例子, 设 p 为非 2 非 5 的素数, 则在 $\mathbb{F}_p$ 中存在 5 的平方根的充要条件为 $p \equiv 1$ 或 $4 \mod 5$, 这由

$$\left(\frac{5}{p}\right) = (-1)^{\frac{p-1}{2}\frac{5-1}{2}}\left(\frac{p}{5}\right) = \left(\frac{p}{5}\right)$$

得到 $\left(\left(\frac{a}{5}\right)\right.$ 已经计算过了$\left.\right)$. 另外, 设 p 为非 2 非 3 的素数, 则在 $\mathbb{F}_p$ 中存在 3 的平方根的充要条件是 $p \equiv 1$ 或 $11 \mod 12$, 这由

$$\left(\frac{3}{p}\right) = (-1)^{\frac{p-1}{2}\frac{3-1}{2}}\left(\frac{p}{3}\right) = (-1)^{\frac{p-1}{2}}\left(\frac{p}{3}\right)$$

以及 $\left(\frac{1}{3}\right) = 1$, $\left(\frac{2}{3}\right) = -1$ 得到.

问题 3 设 p 为非 2 非 3 的素数, 证明在 $\mathbb{F}_p$ 中存在 -3 的平方根的充要条件是 $p \equiv 1 \mod 3$.

问题 4 设 m 为整数, p 为不除尽 $2m$ 的素数, 证明在 $\mathbb{F}_p$ 中 m 的平方根存在与否只由 $p \mod 4|m|$ 决定 (就是说, 若取 p' 为不能除尽 $2m$ 的素数且 $p \equiv p' \mod 4|m|$, 则成立 "$\mathbb{F}_p$ 中存在 m 的平方根 $\Leftrightarrow$ $\mathbb{F}_{p'}$ 中存在 m 的平方根").

§2.3 二次曲线与二次剩余符号

(a) 二次曲线有理点的有无

我们将叙述关于二次曲线 $ax^2 + by^2 = c$ $(a, b, c \in \mathbb{Q}^\times)$ 上是否存在有理点的判别定理 2.3. 该定理的证明要到 §2.6 中才给出. 对方程两边除以 c, 那么只要考虑 $c = 1$ 的情形就够了.

对于 $a, b \in \mathbb{Q}^\times$, 我们将对每个素数定义 $(a, b)_p \in \{\pm 1\}$, 并定义 $(a, b)_\infty \in \{\pm 1\}$. 称 $(a, b)_v$ (v 为素数或 ∞) 为 Hilbert 符号 (Hilbert symbol). $(a, b)_p$ 的定义将在后面给出, 而且当 p 为奇素数时, 我们将会用到二次剩余符号 $\left(\frac{-}{p}\right)$ 来进行定义. 另外, 我们定义

$$(a, b)_\infty = \begin{cases} 1 & a > 0 \text{ 或 } b > 0 \\ -1 & a < 0 \text{ 且 } b < 0. \end{cases}$$

容易弄清下述事实, 即

$$(a, b)_\infty = 1 \Leftrightarrow \text{存在实数 } x, y \text{ 使 } ax^2 + by^2 = 1.$$

为了能存在满足 $ax^2 + by^2 = 1$ 的有理数 x, y, 必须首先要存在满足它的实数, 这可以用 $(a, b)_\infty$ 来判断. 然而, 就凭这一点当然不能判断有理数解的有无, 它不在 "实

数的威力” $(,)_\infty$ 范围之中, 对于各个素数 p 有 “素数的威力” $(,)_p$, 来区分有理解的有无. 所说的便是下面的定理.

定理 2.3 设 $a,b\in\mathbb{Q}^\times$. 存在满足 $ax^2+by^2=1$ 的有理解 x,y 的充要条件是成立 $(a,b)_\infty=1$ 并且对所有的素数 p 成立 $(a,b)_p=1$. □

(b) Hilbert 符号的定义与性质

在叙述 Hilbert 符号 $(a,b)_p$ (p 是素数) 之前稍做点准备. 对于素数 p, 定义 $\mathbb{Q}$ 的子环 $\mathbb{Z}_{(p)}$ 为

$$\mathbb{Z}_{(p)}=\left\{\frac{a}{b}\;\middle|\;a,b\in\mathbb{Z},\ b\text{ 不被 }p\text{ 除尽}\right\}.$$

对于 $n\geqslant 1$, 自然同态 $\mathbb{Z}\to\mathbb{Z}/p^n\mathbb{Z}$ (以 $\bmod p^n$ 对待) 可扩张为环同态 (ring homomorphism)

$$\mathbb{Z}_{(p)}\to\mathbb{Z}/p^n\mathbb{Z},$$

$$\frac{a}{b}\mapsto\frac{a}{b}\frac{\bmod p^n}{\bmod p^n}\quad(a,b\in\mathbb{Z},\ b\text{ 不被 }p\text{ 除尽})$$

(用到了 $b \bmod p^n$ 为 $\mathbb{Z}/p^n\mathbb{Z}$ 中可逆元的事实). 这一同态也可以这样来理解: 自然同态 $\mathbb{Z}/p^n\mathbb{Z}\to\mathbb{Z}_{(p)}/p^n\mathbb{Z}_{(p)}$ 是同构, 而上面的那个同态恰是复合

$$\mathbb{Z}_{(p)}\to\mathbb{Z}_{(p)}/p^n\mathbb{Z}_{(p)}\overset{\cong}{\leftarrow}\mathbb{Z}/p^n\mathbb{Z}.$$

$\mathbb{Z}_{(p)}$ 的元 x 在 $\mathbb{Z}/p^n\mathbb{Z}$ 中的像以 $x \bmod p^n$ 记之.

$\mathbb{Z}_{(p)}$ 的可逆元全体 $(\mathbb{Z}_{(p)})^\times$ 等于 $\left\{\frac{a}{b}\;\middle|\;a,b\in\mathbb{Z},a,b\text{ 不能被 }p\text{ 除尽}\right\}$. 非零有理数可以唯一地表示为 p^mu ($m\in\mathbb{Z},\ u\in(\mathbb{Z}_{(p)})^\times$).

对素数 p 与 $a,b\in\mathbb{Q}^\times$, 我们来定义 Hilbert 符号 $(a,b)_p$. 记

$$a=p^iu,\ b=p^jv\quad(i,j\in\mathbb{Z},\ u,v\in(\mathbb{Z}_{(p)})^\times),$$

令

$$r=(-1)^{ij}a^jb^{-i}=(-1)^{ij}u^jv^{-i}\in(\mathbb{Z}_{(p)})^\times.$$

若 $p\neq 2$, 令

$$(a,b)_p=\left(\frac{r\bmod p}{p}\right)$$

(右端为二次剩余符号). 若 $p=2$, 令

$$(a,b)_2=(-1)^{\frac{r^2-1}{8}}\cdot(-1)^{\frac{u-1}{2}\cdot\frac{v-1}{2}}.$$

在这里 -1 的指数 (属于 $\mathbb{Z}_{(2)}$) 按照 $\mathbb{Z}_{(2)}\to\mathbb{Z}/2\mathbb{Z}$ 看作 $\mathbb{Z}/2\mathbb{Z}$ 中的元.

命题 2.4 设 v 为素数或 ∞.

(1) $(a,b)_v=(b,a)_v$.

(2) $(a,bc)_v=(a,b)_v(a,c)_v$.

(3) $(a,-a)_v=1$. 若 $a\neq 1$, 则 $(a,1-a)_v=1$.

(4) 设 p 为奇素数, $a,b\in(\mathbb{Z}_{(p)})^\times$, 于是成立

(4-1) $(a,b)_p=1$.

(4-2) $(a,pb)_p=\left(\dfrac{a \bmod p}{p}\right)$.

(5) 设 $a,b\in\mathbb{Z}_{(2)}^\times$, 则成立

(5-1) $$(a,b)_2=\begin{cases}1 & a\equiv 1 \mod 4 \text{ 或 } b\equiv 1 \mod 4\\ -1 & a\equiv b\equiv -1 \mod 4.\end{cases}$$

(5-2) $$(a,2b)_2=\begin{cases}1 & a\equiv 1 \mod 8 \text{ 或 } a\equiv 1-2b \mod 8\\ -1 & \text{其他的情形.}\end{cases}$$ □

这个命题由 Hilbert 符号的定义出发, 无需特别地开动脑筋便可得到, 故略去证明.

(c) Hilbert 符号的乘积公式

下面的定理使用 Hilbert 符号重写了二次剩余的互反律及其补充定律.

定理 2.5 设 $a,b\in\mathbb{Q}^\times$. 于是, 除去有限个 v 外 $(a,b)_v$ 都等于 1 , 且

$$\prod_v(a,b)_v=1.$$

在这个积中, v 遍历 ∞ 及所有的素数. □

注记 2.6 根据这个定理, 要弄清定理 2.3 的条件即 "对所有的 v, $(a,b)_v=1$" 是否成立, 只要验证对 ∞ 和素数中的一个 v 以外的其他所有的 v 能成立的话就可以了.

[定理 2.5 的证明] 对于 $(a,b)_v$ 在除去有限个 v 外都为 1 这个论断, 可根据命题 2.4(4-1) 以及除去有限个素数 p 外都有 $a,b\in(\mathbb{Z}_{(p)})^\times$ 这个事实得到. 对于遍历所有 v 的那个积为 1 的论断, 根据命题 2.4(1),(2),(3)(考虑 a,b 的素因子分解), 若能对下面的 (i)—(iii) 情形得到证明即可.

(i) a,b 为相异的奇素数.

(ii) a 为奇素数,b 为 -1 或 2.

(iii) $a=-1$, b 为 -1 或 2.

(i) 的情形. 根据命题 2.4 有

$$(a,b)_v=\begin{cases}\left(\dfrac{b}{a}\right) & v=a\\ \left(\dfrac{a}{b}\right) & v=b\\ (-1)^{\frac{a-1}{2}\frac{b-1}{2}} & v=2\\ 1 & \text{其他的 } v,\end{cases}$$

结果 $\prod_v (a,b)_v=1$ 不是别的, 正是二次剩余的互反律 (定理 2.2(1)).

(ii) 的情形. 根据命题 2.4, 有

$$(a,-1)_v=\begin{cases}\left(\dfrac{-1}{a}\right) & v=a\\ (-1)^{\frac{a-1}{2}} & v=2\\ 1 & \text{其他的 } v,\end{cases}$$

$$(a,2)_v=\begin{cases}\left(\dfrac{2}{a}\right) & v=a\\ (-1)^{\frac{a^2-1}{8}} & v=2\\ 1 & \text{其他的 } v,\end{cases}$$

于是, $\prod_v (a,b)_v=1$ 不是别的, 正是补充定律 (定理 2.2(2),(3)).

(iii) 的情形. 由计算一看就明白了:

$$(-1,-1)_v=\begin{cases}-1 & v \text{ 为 } 2 \text{ 或 } \infty\\ 1 & \text{其他的 } v\end{cases}$$

$$(-1,2)_v=1 \quad \text{所有的 } v. \qquad \blacksquare$$

注记 2.7 将二次剩余的互反律改成定理 2.5 的形式时 (由 Hilbert) , 就看出二次剩余的互反律表现了 "实数的威力" 与 "素数的威力" 的协调性.

(d) 例子

应用定理 2.3 来具体确定一条二次曲线是否有有理点.

作为准备我们注意下面的事实. 设 $a,b,c\in\mathbb{Q}^\times$, 则下面的 (I), (II) 等价.

(I) 存在 $x,y\in\mathbb{Q}$ 使 $ax^2+by^2=c$.

(II) 存在 $x,y,z\in\mathbb{Q}$, $(x,y,z)\neq(0,0,0)$ 使 $ax^2+by^2=cz^2$.

(I)⇒(II) 显然 (取 $z=1$ 即可). 反过来, 设

$$ax^2+by^2=cz^2,\ x,y,z\in\mathbb{Q},\ (x,y,z)\neq(0,0,0).$$

如果 $z \neq 0$, 那么 $a\left(\frac{x}{z}\right)^2 + b\left(\frac{y}{z}\right)^2 = c$. 如果 $z = 0$ 而 $x \neq 0$, 那么有 $a = c\left(\frac{z}{x}\right)^2 - b\left(\frac{y}{x}\right)^2$, 由 §1.1 的结果知, 二次曲线 $a = cu^2 - bv^2$ 有无限多个有理点, 因此具有 $u \neq 0$ 的有理点. 这样有 $a\left(\frac{1}{u}\right)^2 + b\left(\frac{v}{u}\right)^2 = c$.

命题 2.8 设 p 为素数.

(1) 存在 $x, y \in \mathbb{Q}$ 使得 $p = x^2 + y^2$ 的充要条件是 $p \equiv 1 \bmod 4$ 或者 $p = 2$.

(2) 存在 $x, y \in \mathbb{Q}$ 使得 $p = x^2 + 5y^2$ 的充要条件是 $p \equiv 1$ 或 $9 \bmod 20$ 或者 $p = 5$.

(3) 存在 $x, y \in \mathbb{Q}$ 使得 $p = x^2 + 26y^2$ 的充要条件是 $p \equiv 1$ 或 $3 \bmod 8$ 并且 $p \equiv (1, 3, 4, 9, 10, 12$ 中的一个$) \bmod 13$. □

[证明] 设 $a \in \mathbb{Q}^\times$. 对于是否存在 $x, y \in \mathbb{Q}$ 使得 $p = x^2 + ay^2$ 的问题, 如果我们将方程改写为 $pz^2 = x^2 + ay^2$ 或 $x^2 = pz^2 - ay^2$, 则由上述的 (I) 与 (II) 的等价性可以知道, 这个存在性问题与 $(p, -a)_v = 1$ 对所有 v (所有 v 是指 ∞ 与所有的素数) 成立与否的问题相同. 根据注记 2.6, 不用验证 $v = p$ 的情形也可以.

(1) 的证明. 像在定理 2.5 的证明中已计算过的那样知, 若 $v \neq 2, p$, 则 $(p, -1)_v = 1$, 若 $p \neq 2$, 则 $(p, -1)_2 = (-1)^{\frac{p-1}{2}}$. 由此得到 (1).

(2) 的证明. 根据命题 2.4(4-1), 当 $v \neq 2, 5, p$ 时, $(p, -5)_v = 1$. 若 $p \neq 2$, 则 $(p, -5)_2 = (-1)^{\frac{p-1}{2}}$. 若 $p \neq 5$, 则 $(p, -5)_5 = \left(\frac{p}{5}\right)$. 由上面这些计算得到了 (2).

(3) 的证明. 根据命题 2.4(4-1), 若 $v \neq 2, 13, p$, 则 $(p, -26)_v = 1$. 若 $p \neq 2$, 当 $p \equiv 1$ 或 $3 \bmod 8$ 时, $(p, -26)_2 = 1$; 而当 $p \equiv 5$ 或 $7 \bmod 8$, 时, $(p, -26)_2 = -1$. 若 $p \neq 13$, 则 $(p, -13)_{13} = \left(\frac{p}{13}\right)$. 根据对 $\mathbb{Z}/13\mathbb{Z}$ 中元的平方的实际计算知, 当 $a \equiv 1, 3, 4, 9, 10, 12 \bmod 13$ 时, $\left(\frac{a}{13}\right) = 1$; 而当 $a \equiv 2, 5, 6, 7, 8, 11 \bmod 13$ 时, $\left(\frac{a}{13}\right) = -1$. 由此得到 (3). □

命题 2.8 中考虑了方程的有理数的解, 但是其整数解又怎样呢? Fermat 曾叙述过 (§0.2) 存在满足 $p = x^2 + y^2$ 的 $x, y \in \mathbb{Z}$ 的充要条件为 $p \equiv 1 \bmod 4$ 或者 $p = 2$. 这与存在有理数解的条件一致. $p = x^2 + 5y^2$ 整数解的存在条件与有理解的存在条件也一致, 但关于 $p = x^2 + 26y^2$, 尽管按命题 2.8(3), 在 $3 = x^2 + 26y^2$ 中存在有理解 $\left(例如, 3 = \left(\frac{1}{3}\right)^2 + 26\left(\frac{1}{3}\right)^2\right)$, 但它却确实不存在整数解. 在此出现的存在整数解的条件与存在有理解的条件或一致或不一致的情形与类域论有关, 我们将在第五章中涉及.

问题 5 Diophantus 的《数论》中写了 $15x^2 - 36 = y^2$ 没有有理数解的话. 这是正确的. 运用定理 2.3 来验证它.

§2.4 p 进数域

Hilbert 符号 $(,)_\infty$ 的意思是说, 对于 $a, b \in \mathbb{Q}^\times$,

$$(a,b)_\infty = 1 \Leftrightarrow \text{存在 } x, y \in \mathbb{R} \text{ 使得 } ax^2 + by^2 = 1.$$

对于每个素数 p, $(a,b)_p$ 具有相似的解释. 就是说, 对于每个素数 p 存在 $\mathbb{Q}$ 的扩域 $\mathbb{Q}_p$, 其具有可与 $\mathbb{R}$ 相比拟的重要性 (我们称此扩域为 p **进数域** (p-adic number field) 或 p **进域**, 称其元素为 p **进数**), 使得对 $a, b \in \mathbb{Q}^\times$ 有

$$(a,b)_p = 1 \Leftrightarrow \text{存在 } x, y \in \mathbb{Q}_p \text{ 使得 } ax^2 + by^2 = 1$$

成立. p 进域在数论中非常重要. 我们的这个 §2.4 就是要介绍 p 进数域.

p 进数是由 Hensel 于 1900 年前后引进的. 当考察一直以 “数即实数” 的漫长的数学史时, 对于在不久前, 方才感觉到被称作 p 进数的数世界存在的我们来说, 好似处于只见过白昼天空的人在凝望夜空时的惊讶状态. 在那里有着与白昼完全不同的数学景色. 在这个夜空中, 发射出的 “素数 p 的威力 (这个词的日文也可翻译为 “素数的光辉”, 故作者给了这样的比喻——译注) ” 的 $\mathbb{Q}_p$, 如果将实数域 $\mathbb{R}$ 比作太阳的话, 它们就像是在阳光下隐藏不见的那些夜空中的星辰, 有着对应于各种素数 p 的 $\mathbb{Q}_p$ 那样无数的星星, 像各种各样的星辰可与太阳媲美那样, 各种 $\mathbb{Q}_p$ 也可与 $\mathbb{R}$ 媲美. 在夜空中可一眼望尽远方, 而通过 p 进数世界, 我们开始看见非常深远的数学景色了.

我们之所以要叙述三种引进 p 进数域的方法 (后面的 (b),(c),(d)), 是想让读者按照适合自己的引进方法去熟悉 p 进数域.

(a) 关于 p 进数的远近感觉

作为数的世界, $\mathbb{Q}_p$ 与 $\mathbb{R}$ 有着完全不同得远近感. 在 $\mathbb{Q}_p$ 中, p 靠近于 0, 数列 $p^2, p^3, p^4, \cdots$ 逐渐地趋向 0. 我们来描述这个远近感的 “感觉” . 在 $\mathbb{Q}_p$ 中的远近感是 “来自同余式的远近感” , 而 “来自同余式的远近感” 的意思如下.

譬如, 以 mod 5 将整数分类时, 整数被分进了 5 个房间 ($\equiv 0 \bmod 5$ 的房间, $\equiv 1 \bmod 5$ 的房间, $\cdots$), 从而产生了进入同一房间的整数是相近的感觉. 进一步, 如果以 mod 25 分类, 则以 mod 5 分成的 5 个房间又分别被进一步分成满足 $\equiv 1 \bmod 25$ 的整数的小房间, 满足 $\equiv 6 \bmod 25$ 的整数的小房间, 满足 $\equiv 11 \bmod 25$ 的整数的小房间, 等 5 个小房间. 1 与 6 与 51 进入了按 mod 5 分类的同一房间, 而按 mod 25 分类的话, 1 和 6 却分别进入了不同的小房间, 51 和 1 则进入了同一小房间. 于是产生了 6 比 4 离 1 近, 51 又比 6 离 1 近这样的感觉 (图 2.5).

当 p 为素数时, 整数 a, b 对于非常大的 n 若有 $a \equiv b \bmod p^n$, 会感到它们非常靠近. 把这种感觉方式可以当作 p 进的远近感后, 在深入追究这种 p 进远近感时, p 进数将像下面要叙述的那样表现出来.

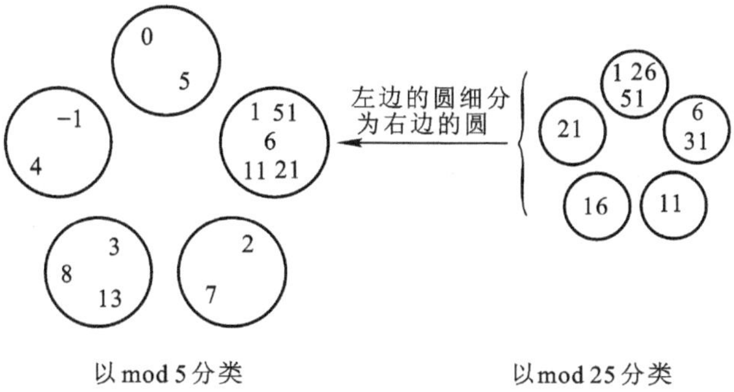

图 2.5 按 mod (5 的幂)分类

我们现在知道的 "数的远近感" 是实数世界 (排列在数直线上的数) 的远近感, 以及按同余式的远近感两类. (无论怎样, 都有数的加法和乘法两个并立的远近感. 在同余式的情形中, 所谓 "两个并立" 是指同余式的性质 (2.5)) 在这个按同余式的远近感之中, 为什么重视上面那样的 mod p^n (p 是素数) 形式同余式的远近感呢? 下面是回答.

设 m 为自然数, 设其素因子分解为 $m = p_1^{e_1} \cdots p_r^{e_r}$ ($p_1, \cdots, p_r$ 为相异的素数). 对于整数 a, b, $a \equiv b \mod m$ 等价于对所有 $i = 1, \cdots, r$ 成立 $a \equiv b \mod p_i^{e_i}$. (这是中国剩余定理 (命题 2.1(4)) 的结论.) 于是, mod m 的远近感是由 " mod 素数的幂" 的远近感 "合成" , 所以按 " mod 素数的幂" 形式的同余式得到的远近感是带有根本本性的.

设 p 为素数. 有理数 a 的 p **进赋值** (p-adic valuation) $\mathrm{ord}_p(a)$ 定义如下. 像定义 1.5 那样, 在 $a \neq 0$ 的情形, 将其表示为

$$a = p^m \frac{u}{v} \quad (m \in \mathbb{Z}, u, v \text{ 为不被 } p \text{ 除尽的整数})$$

时, $\mathrm{ord}_p(a) = m$. (就是说, $\mathrm{ord}_p(a)$ 是 a 恰好被 p 的以它为指数的幂除尽.) 令 $\mathrm{ord}_p(0) = \infty$. 下面的公式成立.

(2.6) $$\mathrm{ord}_p(ab) = \mathrm{ord}_p(a) + \mathrm{ord}_p(b).$$

(2.7) $$\mathrm{ord}_p(a+b) \geqslant \min(\mathrm{ord}_p(a), \mathrm{ord}_p(b)).$$

(2.8) $$\text{如果 } \mathrm{ord}_p(a) \neq \mathrm{ord}_p(b), \text{那么 } \mathrm{ord}_p(a+b) = \min(\mathrm{ord}_p(a), \mathrm{ord}_p(b)).$$

(在这里, 规定 $\infty + \infty = \infty, \infty \geqslant \infty$. 对所有的整数 n, $\infty + n = n + \infty = \infty, \infty \geqslant n$)

前面谈到的对于整数的远近感可以推广到有理数, 当有理数 a, b 的 $\mathrm{ord}_p(a-b)$ 非常大时, 则想成是 "按 p 进非常靠近" .

定义有理数数列 $(x_n)_{n\geqslant 1}$ 按 p 进收敛于有理数 a (p **进收敛**) 为

$$\text{当 } n \to \infty \text{ 时}, \mathrm{ord}_p(x_n - a) \to \infty.$$

例如, $p=5$ 时, 令

$$x_n = 1 - 5 + 5^2 - 5^3 + \cdots + (-5)^n.$$

数列 $(x_n)_{n\geqslant 1}$ 在实数世界的通常的意义下虽然是发散的, 但可以证明它按 5 进则收敛于 $\dfrac{1}{6}$. 由于一般地, 对 $a \neq 1$ 成立

$$1 + a + a^2 + \cdots + a^n - \frac{1}{1-a} = -\frac{a^{n+1}}{1-a},$$

(令 $a=-5$) 于是,

$$x_n - \frac{1}{6} = \frac{(-1)^n 5^{n+1}}{6}.$$

因此, 当 $n \to \infty$ 时,

$$\mathrm{ord}_5\left(x_n - \frac{1}{6}\right) = \mathrm{ord}_5\left(\frac{(-1)^n 5^{n+1}}{6}\right) = n + 1 \to \infty.$$

这样的 p 进收敛完全不同于通常的收敛. 现在我们把 $(x_n)_{n\geqslant 1}$ 按 5 进收敛于 $\dfrac{1}{6}$ 记为

$$\sum_{i=0}^{\infty}(-5)^i = \frac{1}{6}\ (\text{按 5 进}). \tag{2.9}$$

在实数世界的事实

$$\text{若}\ -1 < x < 1,\ \text{则}\ \sum_{i=0}^{\infty} x^i = \frac{1}{1-x}$$

中, 我们以不经意的样子令 $x=-5$ 的话, 便有了关于按 5 进收敛的 (2.9) 的正确式子.

问题 6　设 p 为素数, c 为有理数, $\mathrm{ord}_p(c) \geqslant 1$. 证明此时成立

$$\sum_{i=0}^{\infty} c^i = \frac{1}{1-c}\quad (\text{按 } p \text{ 进}).$$

(就是说, 令 $x_n = \sum\limits_{i=0}^{n} c^i$, 则按 p 进 $(x_n)_{n\geqslant 1}$ 收敛于 $\dfrac{1}{1-c}$.)

(2.9) 式具有下面的那种 “具体意义” . 对于每个 $n \geqslant 1$, 在 $\mathbb{Z}/5^n\mathbb{Z}$ 中求 6 的逆元时, 它告诉了我们 $1-5+5^2-\cdots+(-5)^{n-1}$ 是 6 的逆元. 例如, 在 $\mathbb{Z}/25\mathbb{Z}$ 中 $1-5=-4$ 为 6 的逆元, 在 $\mathbb{Z}/125\mathbb{Z}$ 中 $1-5+5^2=21$ 为 6 的逆元, 事实上 $6\times 21 = 126 \equiv 1 \bmod 125$.

问题 7　以 (2.9) 说明为什么 $1-5+5^2-\cdots+(-5)^{n-1}$ 是 6 在 $\mathbb{Z}/5^n\mathbb{Z}$ 中的逆元.

问题 8 求在 $\mathbb{Z}/3^4\mathbb{Z}$ 中 4 的逆元.

以上的 "p 进收敛" 可以看成如下那样的 "在度量空间中的收敛"：对于有理数 a 当 $a \neq 0$ 时, 定义其 p **进绝对值** (p-adic absolute value) $|a|_p$ 为

$$|a|_p = p^{-\mathrm{ord}_p(a)},$$

($|0|_p = 0$). $|a|_p$ 是 "在 p 进意义下的 a 大小度量" . 例如,

$$|p|_p = \frac{1}{p}, \quad |p^2|_p = \frac{1}{p^2}.$$

这样一来, p 进绝对值很好地表现了 $p, p^2, p^3, \cdots$ 按 p 进收敛于 0 的事实. (这里 §2.4 的讨论对于用任意 $0 < r < 1$ 的数 r 定义的 p 进绝对值 $|a|_p = r^{\mathrm{ord}_p(a)}$ 仍然成立. 但是, 取 $r = \dfrac{1}{p}$ 最自然, 这在后面的条目 (C) 的最后部分有所说明).

由 ord_p 的性质 (2.6),(2.7), 我们有

(2.10) $$|ab|_p = |a|_p |b|_p,$$

(2.11) $$|a+b|_p \leqslant \max(|a|_p, |b|_p) \quad (\text{因而}, |a+b|_p \leqslant |a|_p + |b|_p).$$

令有理数 a 与 b 之间的 p **进度量** (p-adic metric) $d_p(a,b)$ 为

$$d_p(a,b) = |a-b|_p,$$

d_p 满足

(2.12) $d_p(a,b) \geqslant 0$. 当且仅当 $a = b$ 时 $d_p(a,b) = 0$.

(2.13) $$d_p(a,b) = d_p(b,a).$$

(2.14) $$d_p(a,c) \leqslant d_p(a,b) + d_p(b,c).$$

于是 $\mathbb{Q}$ 成为了关于 d_p 的**度量空间** (metric space). 称有理数的数列 $(x_n)_{n\geqslant 1}$ 按 p 进收敛于有理数 a 是说

$$d_p(x_n, a) \to 0 \ (\text{当 } n \to \infty \text{ 时}),$$

如果使用度量空间的语言就是 $(x_n)_{n\geqslant 1}$ 相对于度量 d_p 收敛于 a.

(b) 作为 $\mathbb{Q}$ 的完备化引进 $\mathbb{Q}_p$

在实数世界里, 像

$$1.4,\ 1.41,\ 1.414,\ 1.4142,\ \cdots \to \sqrt{2} \notin \mathbb{Q}$$

这样的有理数数列可以收敛于非有理数. 仅在有理数世界的范围里, 像上面数列那样"可以收敛"的数列不具有在其中的极限, 这是个不完全的世界. 如果从 $\mathbb{Q}$ 来看, 所谓 $\mathbb{R}$ 可以说是 (关于通常收敛意义下的) 使"可以收敛"的有理数数列能够收敛的 $\mathbb{Q}$ 的扩张.(这个"可以收敛"的意思下面有确切的论述.)

对于 p 进收敛, 在有理数世界的范围里, "可以收敛"的数列的极限可以不在其中, 它也是个不完全的世界. 按照 p 进收敛的"可以收敛"的有理数数列能够有极限的 $\mathbb{Q}$ 扩张就是 $\mathbb{Q}_p$. $\mathbb{R}$ 与 $\mathbb{Q}_p$ 在这一点上是基于同样动机得到的 $\mathbb{Q}$ 的扩域. 我们首先从复习 $\mathbb{R}$ 的正确定义开始, 然后再引进 $\mathbb{Q}_p$ 的定义.

如在 §0.1 中所叙述的那样, 古希腊人所烦恼的"从有理数去看, 实数是什么 (即以有理数为根本如何正确定义实数)"的问题, 直到 19 世纪好不容易才得到解决. 在此介绍 19 世纪末 Cantor 用"可以收敛"数列的极限定义实数的方法.(在 Cantor 之前, Dedekind 以"有理数的分割"得到了实数的定义. 这可解释为, 例如, 实数 $\sqrt{2}$ 把有理数集合分割为 $\{x \in \mathbb{Q} \mid x < \sqrt{2}\}$ 和 $\{x \in \mathbb{Q} \mid x > \sqrt{2}\}$ 这两部分.)

定义有理数数列 $(x_n)_{n\geqslant 1}$ 为 Cauchy 序列 (这就是前面所说过的, 通常意义下的"可以收敛"的数列) 是说如果它满足下面的条件 (C).

(C) *对任意的正有理数 ε, 存在序号 N 使得*

$$\text{如果 } m, n \geqslant N, \text{ 那么 } |x_m - x_n| < \varepsilon$$

成立.

在有理数世界里, (通常的收敛的意义下) 收敛于有理数的数列是个 Cauchy 数列, 也有前面的 $1.4, 1.41, 1.414, 1.4142, \cdots$ 这样的 Cauchy 序列不收敛于有理数. 然而在实数世界里, Cauchy 数列与收敛性等价. 此时反过来表达这个思想, 定义"所谓实数就是收敛于此实数的有理数的 Cauchy 序列", 这便是 Cantor 的定义方法. 准确地说, 设 S 为全部 Cauchy 序列的集合, 在 S 中定义一个等价关系: 称 $(x_n)_{\geqslant 1}$ 与 $(y_n)_{\geqslant 1}$ 为等价是说, 如果"对任意的正有理数 ε, 有序号 N 使得

$$\text{如果 } n \geqslant N, \text{ 那么 } |x_n - y_n| < \varepsilon$$

成立". 于是定义 $\mathbb{R}$ 为 S 以此等价关系分类所得到的商集合. (上述"等价"的结果是"收敛于同一实数".) $\mathbb{R}$ 中的加法和乘法定义为

$$(x_n)_{n\geqslant 1} \text{ 的类} + (y_n)_{\geqslant 1} \text{ 的类} = (x_n + y_n)_{n\geqslant 1} \text{ 的类},$$
$$(x_n)_{n\geqslant 1} \text{ 的类} \cdot (y_n)_{\geqslant 1} \text{ 的类} = (x_n \cdot y_n)_{n\geqslant 1} \text{ 的类}.$$

可以证明 $\mathbb{R}$ 对于这些运算成为一个域.

现在终于到了定义 $\mathbb{Q}_p$ 的时候了. 称有理数数列 $(x_n)_{n\geqslant 1}$ 为 p 进 Cauchy 序列 (即关于 p 进收敛的"可以收敛"数列) 是说, 如果它满足下面条件 (C_p).

(C_p) *对任意正有理数 ε, 存在序号 N 使得*

$$\text{若 } m, n \geqslant N, \text{ 则 } |x_m - x_n|_p < \varepsilon$$

成立.

令有理数的 p 进 Cauchy 序列的集合为 S_p, 在 S_p 中定义一个等价关系如下, $(x_n)_{n\geqslant 1}$ 和 $(y_n)_{n\geqslant 1}$ 称为是等价的, 如果 "对任意正有理数 ε, 有序号 N 使得

$$若\ n \geqslant N,\ 则\ |x_n - y_n|_p < \varepsilon$$

成立." 以此等价关系对 S_p 分类所得到的商集合定义为 $\mathbb{Q}_p$. 在 $\mathbb{Q}_p$ 中的加法和乘法法则像前面对 $\mathbb{R}$ 的情形那样同样地定义. 可以证明 $\mathbb{Q}_p$ 在这些运算下是个域.

由 $\mathbb{Q}$ 得出 $\mathbb{R}$ 及 $\mathbb{Q}_p$ 的方法都是一般所说的 "度量空间的完备化 (completion of a metric space)", 按通常的距离将 $\mathbb{Q}$ 看为度量空间时的完备化便是 $\mathbb{R}$, 按 p 进度量将 $\mathbb{Q}$ 看为度量空间的完备化便是 $\mathbb{Q}_p$.

将有理数 a 等同于 $\mathbb{Q}_p$ 中的 "每项恒等于 a 的数列 (这是一个 p 进 Cauchy 序列) 的类" 的元, 于是 $\mathbb{Q}$ 被嵌入在 $\mathbb{Q}_p$ 中.

在 $\mathbb{Q}$ 中所定义的 p 进赋值 ord_p, p 进绝对值 $|\ \ |_p$, p 进度量 d_p 都可以延拓到 $\mathbb{Q}_p$ 中. 对于 $\mathbb{Q}_p$ 的元 a 按下面的方式定义 $\mathrm{ord}_p(a) \in \mathbb{Z} \cup \{\infty\}$. 如果 $a = 0$, 则令 $\mathrm{ord}_p = \infty$. 如果 $a \neq 0$, 设有理数的 p 进 Cauchy 序列 $(x_n)_{n\geqslant 1}$ 的类为 a. 对于充分大的 n, $\mathrm{ord}_p(x_n)$ 是固定不变的, 这可用 (2.6)—(2.8) 证明 (证明略). 定义这个固定的值为 $\mathrm{ord}_p(a)$. 这个 $\mathrm{ord}_p(a)$ 不依赖这样的 p 进 Cauchy 序列 $(x_n)_{n\geqslant 1}$ 的选取而是由 a 本身决定.

对 $\mathbb{Q}_p$ 的元 a, 当 $a = 0$ 时定义 $|a|_p = 0$, 当 $a \neq 0$ 时定义 $|a|_p = p^{-\mathrm{ord}_p(a)}$, 对于 $a, b \in \mathbb{Q}_p$ 定义 $d_p(a, b) = |a - b|_p$. 这些在 $\mathbb{Q}_p$ 中被定义的 ord_p, $|\ \ |_p$, d_p 对于所有的 $a, b \in \mathbb{Q}_p$ 也满足 (2.6)—(2.8), (2.10)—(2.14). $\mathbb{Q}_p$ 被看成关于这个 d_p 的度量空间, 因而也被看成了拓扑空间.

$\mathbb{Q}_p$ 中元的序列 $(x_n)_{n\geqslant 1}$ 收敛等价于说 $(x_n)_{n\geqslant 1}$ 满足前述的条件 (C_p). $\mathbb{Q}$ 在 $\mathbb{Q}_p$ 稠密 (就是说, $\mathbb{Q}_p$ 的每个元都是 $\mathbb{Q}$ 中元构成的序列的极限). 事实上, 对于 $\mathbb{Q}_p$ 中的元 a 与有理数数列 $(x_n)_{n\geqslant 1}$ 而言, $(x_n)_{n\geqslant 1}$ 收敛于 a 与 $(x_n)_{n\geqslant 1}$ 是个 p 进 Cauchy 序列且其类为 a 等价.

在 $\mathbb{Q}_p$ 中无限和的收敛法则与 $\mathbb{R}$ 中的无限和相比起来倒是稍许简单一些.

引理 2.9 设 $a_n \in \mathbb{Q}_p$ $(n \geqslant 1)$. 在 $\mathbb{Q}_p$ 中和 $\displaystyle\sum_{n=1}^{\infty} a_n$ 收敛 (即令 $s_n = \displaystyle\sum_{i=1}^{\infty} a_i$ 时, $(s_n)_{n\geqslant 1}$ 收敛) 的充要条件为当 $n \to \infty$ 时, 在 $\mathbb{R}$ 中有 $|a_n|_p \to 0$ (即 $\mathrm{ord}_p(a_n) \to \infty$). □

在 $\mathbb{R}$ 中, 当 $n \to \infty$ 时, 虽然 $|\dfrac{1}{n}| \to 0$ 但 $\displaystyle\sum_{n=1}^{\infty} \dfrac{1}{n}$ 并不收敛, 故而情况更加复杂. 与其不同, 在 $\mathbb{Q}_p$ 中成立 $|x + y|_p \leqslant \max(|x|_p, |y|_p)$, 而在 $\mathbb{R}$ 中 $|x + y| \leqslant \max(|x|, |y|)$ 并不成立.

[引理 2.9 的证明] 像上面所说过的那样, $(s_n)_{n\geqslant 1}$ 收敛与 $(s_n)_{n\geqslant 1}$ 满足条件 (C_p)

等价, 而后者与 $|a_n|_p \to 0$ 等价的事实则可应用 p 进绝对值的性质 (2.10), (2.11) 而得到. ∎

(c) 使用逆向极限引进 $\mathbb{Q}_p$

令

$$\mathbb{Z}_p = \{a \in \mathbb{Q}_p \mid \mathrm{ord}_p(a) \geqslant 0\}.$$

$\mathbb{Z}_p$ 是 $\mathbb{Q}_p$ 的子环. (这由 $\mathrm{ord}_p : \mathbb{Q}_p \to \mathbb{Z} \cup \{\infty\}$ 满足 (2.6),(2.7) 而得到.) 称 $\mathbb{Z}_p$ 的元为 p **进整数** (p-adic integer).

在本小节 (c) 中, 可以用所谓 "逆向极限" 的思想来把握 $\mathbb{Z}_p$, 故而可以叙述不同于已经做过的方法引进 $\mathbb{Q}_p$.

稍许一般性地我们来叙述 "逆向极限" 的定义.

定义 2.10 当给出由集合 X_n $(n = 1, 2, 3, \cdots)$ 和映射 $f_n : X_{n-1} \to X_n$ $(n = 1, 2, 3, \cdots)$ 构成的系统

$$\cdots \xrightarrow{f_4} X_4 \xrightarrow{f_3} X_3 \xrightarrow{f_2} X_2 \xrightarrow{f_1} X_1$$

时, 称乘积集合 $\prod\limits_{n\geqslant 1} X_n$ 的子集合

$$\{(a_n)_{n\geqslant 1} \in \prod_{n\geqslant 1} X_n \mid \text{对所有的 } n \geqslant 1 \text{ 有 } f(a_{n+1}) = a_n\}$$

为该系统的**逆向极限** (inverse limit), 记为 $\varprojlim\limits_{n} X_n$. □

在定义 2.10 中, 取 $X_n = \mathbb{Z}/p^n\mathbb{Z}$, 取 f_n 为从 $\mathbb{Z}/p^{n+1}\mathbb{Z}$ 到 $\mathbb{Z}/p^n\mathbb{Z}$ 的自然投影, 我们来考虑系统

$$\cdots \to \mathbb{Z}/p^4\mathbb{Z} \to \mathbb{Z}/p^3\mathbb{Z} \to \mathbb{Z}/p^2\mathbb{Z} \to \mathbb{Z}/p\mathbb{Z}$$

的逆向极限 $\varprojlim\limits_{n} \mathbb{Z}/p^n\mathbb{Z}$ 的意义. $\varprojlim\limits_{n} \mathbb{Z}/p^n\mathbb{Z}$ 的元 $(a_n)_{n\geqslant 1}$ 具有下面的意义.

$a_1 \in \mathbb{Z}/p\mathbb{Z}$ 在以 $\bmod p$ 的观点看待时, 它是全体整数被分成的 p 间房间中的一间.

a_2 是满足 $f_1(a_2) = a_1$ 的 $\mathbb{Z}/p^2\mathbb{Z}$ 的元. 这表明在以 $\bmod p^2$ 的观点看待时, a_1 所在房间被分成了 p 小间, 而 a_2 在其中的一小间.

a_3 是满足 $f_2(a_3) = a_2$ 的 $\mathbb{Z}/p^3\mathbb{Z}$ 中的元. 这表明在以 $\bmod p^3$ 的观点看待时, a_2 所在房间被分成了更小的 p 个小间, 而 a_3 则在这些更小的小间中的一间.

如此这般, 某个房间中的小房间, 这些小房间中的一个更小的小房间, $\cdots$, 等等不断地确定下去, 便给出了 $\varprojlim\limits_{n} \mathbb{Z}/p^n\mathbb{Z}$ 中的元.

实际上, 这个 $\varprojlim\limits_{n} \mathbb{Z}/p^n\mathbb{Z}$ 与 $\mathbb{Z}_p$ 同构. 首先来给出映射 $\varprojlim\limits_{n} \mathbb{Z}/p^n\mathbb{Z} \to \mathbb{Z}_p$. 取 $(a_n)_{n\geqslant 1} \in \varprojlim\limits_{n} \mathbb{Z}/p^n\mathbb{Z}$, 对于每个 $n \geqslant 1$ 取整数 x_n, 使得 x_n 在 $\mathbb{Z}/p^n\mathbb{Z}$ 中的像为 a_n, 则

x_n 全都属于 a_1 所在房间, $n \geqslant 2$ 的 x_n 全都属于 a_2 所在小房间, $n \geqslant 3$ 的 x_n 全都属于 a_3 所在更小的房间, $\cdots$. 这给了我们 "$(x_n)_{n\geqslant 1}$ 收敛到某个元" 的感觉. 实际上, 因为 "当 $m, n \geqslant N$ 时, 成立 $x_m \equiv x_n \mod p^N$ (即 $|x_m - x_n|_p \leqslant \dfrac{1}{p^N}$)", 故 $(x_n)_{n\geqslant 1}$ 是个 p 进 Cauchy 序列, 从而在 $\mathbb{Q}_p$ 中收敛. 因为对所有的 n, $\mathrm{ord}_p(x_n) \geqslant 0$, 所以这个极限属于 $\mathbb{Z}_p$.

将 $(a_n)_{n\geqslant 1} \in \varprojlim\limits_n \mathbb{Z}/p^n\mathbb{Z}$ 按此方式对应于 p 进 Cauchy 序列 $(x_n)_{n\geqslant 1}$ 的极限 $\in \mathbb{Z}_p$, 便得到了映射 $\varprojlim\limits_n \mathbb{Z}/p^n\mathbb{Z} \to \mathbb{Z}_p$.

引理 2.11 上面所定义的映射

$$\varprojlim_n \mathbb{Z}/p^n\mathbb{Z} \to \mathbb{Z}_p$$

为满单射. □

此引理的证明将在后面给出.

现在叙述使用逆向极限引进 $\mathbb{Q}_p$ 的方法. 首先以逆极限 $\varprojlim\limits_n \mathbb{Z}/p^n\mathbb{Z}$ 定义 $\mathbb{Z}_p$. 在定义 2.10 中如果 X_n $(n \geqslant 1)$ 全是环, 而 f_n 全为环同态, 则对于 $\varprojlim\limits_n X_n$ 中的元 $(a_n)_{n\geqslant 1}$ 和 $(b_n)_{n\geqslant 1}$ 的和与积分别按 $(a_n + b_n)_{n\geqslant 1}$ 与 $(a_n b_n)_{n\geqslant 1}$ 定义, 从而在 $\varprojlim\limits_n X_n$ 中引进了环的结构. 于是现在定义的 $\mathbb{Z}_p$ 具有了环的结构. 然后再证明 $\mathbb{Z}_p$ 为整环. 在此, 我们定义 $\mathbb{Q}_p$ 为整环 $\mathbb{Z}_p$ 的分式域 (商域).

这个引进方法的思想是将 $\mathbb{Z}/p^n\mathbb{Z}$ 中的 n 渐渐变大后从而得到 $\mathbb{Z}_p$, "对于各个 n 以 $\mod p^n$ 看待整数, 然后就可到达 $\mathbb{Q}_p$".

在证明引理 2.11 前, 先证明下面的命题. 在下面的讨论中, $\mathbb{Q}_p$, $\mathbb{Z}_p$ 是指小节 (b) 中以完备化定义的那个 $\mathbb{Q}_p$, 以及在本小节 (c) 一开始所定义的 $\mathbb{Z}_p$.

引理 2.12

(1) $\mathbb{Z}_p$ 在 $\mathbb{Q}_p$ 中, 且既为开集又为闭集.

(2) 设 m 为整数, 则

$$p^m\mathbb{Z}_p = \{a \in \mathbb{Q}_p \mid \mathrm{ord}_p(a) \geqslant m\}.$$

(3) $\mathbb{Z}_{(p)} \subset \mathbb{Z}_p$, 在 $\mathbb{Q}_p$ 中有 $\mathbb{Q} \cap \mathbb{Z}_p = \mathbb{Z}_{(p)}$.

(4) 对于所有的整数 $m \geqslant 0$, 有

$$\mathbb{Z}/p^m\mathbb{Z} \xrightarrow{\cong} \mathbb{Z}_{(p)}/p^m\mathbb{Z}_{(p)} \xrightarrow{\cong} \mathbb{Z}_p/p^m\mathbb{Z}_p.$$

(5) $\mathbb{Z}_p$ 为 $\mathbb{Z}_{(p)}$ 在 $\mathbb{Q}_p$ 中的闭包, 也是 $\mathbb{Z}$ 的闭包. □

[证明] 由于 (1),(2),(3) 及 (4) 的第一个同构的证明容易, 故而略去.

证明 (4) 的第二个同构. 因为根据 (2), (3) 有 $\mathbb{Z}_{(p)} \cap p^m\mathbb{Z}_p = p^m\mathbb{Z}_{(p)}$, 故 $\mathbb{Z}_{(p)}/p^m\mathbb{Z}_{(p)} \to \mathbb{Z}_p/p^m\mathbb{Z}_p$ 为单射. 另外设 $a \in \mathbb{Z}_p$, 由 $\mathbb{Q}$ 在 $\mathbb{Q}_p$ 中稠密, 故存在 $x \in \mathbb{Q}$ 使得 $\mathrm{ord}_p(x-a) \geqslant m$. 由于 $x - a \in p^m\mathbb{Z}_p$, $m \geqslant 0, a \in \mathbb{Z}_p$, 故 $x \in \mathbb{Q} \cap \mathbb{Z}_p = \mathbb{Z}_{(p)}$. 因此 $a = x + (a-x) \in \mathbb{Z}_{(p)} + p^m\mathbb{Z}_p$. 从而 $\mathbb{Z}_{(p)}/p^m\mathbb{Z}_{(p)} \to \mathbb{Z}_p/p^m\mathbb{Z}_p$ 为满射.

证明 (5). 因 $\mathbb{Z}_p$ 为闭集合, 故只要断言 $\mathbb{Z}, \mathbb{Z}_{(p)}$ 在 $\mathbb{Z}_p$ 中稠密就够了, 这可从 (2),(4) 得到. ∎

[引理 2.11 的证明] 对于 $\mathbb{Z}_p$ 的元 a, 令它在同态

$$\mathbb{Z}_p \to \mathbb{Z}_p/p^n\mathbb{Z}_p \cong \mathbb{Z}/p^n\mathbb{Z} \quad (\text{引理 } 2.12(4))$$

下的像为 a_n, 于是得到映射

$$\mathbb{Z}_p \to \varprojlim_n \mathbb{Z}/p^n\mathbb{Z} : \ a \mapsto (a_n)_{n \geqslant 1}.$$

容易验证, 这个映射与引理 2.11 的映射是互逆的. ∎

在这里我们来解释 p 进绝对值的定义是 "自然的" 这句话. 在实数域 $\mathbb{R}$ 中, 实数 a 的绝对值 $|a|$ 是 a 倍映射 $\mathbb{R} \to \mathbb{R} : x \mapsto ax$ 的 "模 (倍率)". 就是说, 设 I 为长度是 l 的区间, 则 $aI = \{ax \mid x \in I\}$ 为长度是 $|a|l$ 的区间. 另一方面, 在 $\mathbb{Q}_p$ 中, p 进数 a 的 p 进绝对值 $|a|_p$ 是 a 倍映射 $\mathbb{Q}_p \to \mathbb{Q}_p : x \mapsto ax$ 的 "模". 例如, 由于 $p\mathbb{Z}_p$ 是 $\mathbb{Z}_p$ 的指数为 p 的子群, $p\mathbb{Z}_p$ 的大小可以说是 $\mathbb{Z}_p$ 大小的 $\dfrac{1}{p}$ 倍. 使用 p 倍映射则将 $\mathbb{Z}_p$ 的大小变成了 $\dfrac{1}{p}$ 倍. 结果, $|p|_p = \dfrac{1}{p}$ 这个定义就是说, 在 $\mathbb{Q}_p$ 中 p 倍映射的模为 $\dfrac{1}{p}$. 这仍然具有自然的味道. 对于这里所说的 "模 (module)" 将在 §6.2 中再次进行讨论.

(d) 由 p 进展开引进 $\mathbb{Q}_p$

这种 $\mathbb{Q}_p$ 的引进方法是令

$$\mathbb{Q}_p = \left\{ \sum_{n=m}^{\infty} c_n p^n \;\middle|\; m \in \mathbb{Z}, c_n \in \{0, 1, \cdots, p-1\} \right\}.$$

例如, $\mathbb{Q}_5$ 中的元是由形如

$$2 \times \frac{1}{5} + 3 \times 1 + 4 \times 5 + 2 \times 5^2 + 4 \times 5^3 + 1 \times 5^4 + \cdots$$

的那些元定义的. 实际上, 设 $m \in \mathbb{Z}$, $c_n \in \mathbb{Z}$ $(n = m, m+1, m+2, \cdots)$, 则和 $\sum\limits_{n=m}^{\infty} c_n p^n$ 在 "小节 (b) 里引进的 $\mathbb{Q}_p$" 中收敛 (引理 2.9), 从而成为 "小节 (b) 里引进的 $\mathbb{Q}_p$" 中的元. 反之, "小节 (b) 里引进的 $\mathbb{Q}_p$" 中的元 a 可以唯一地展开为 $\sum\limits_{n=m}^{\infty} c_n p^n (m \in \mathbb{Z}, c_n \in \{0, 1, \cdots, p-1\})$ 这样的形式, 我们将在下面证明它.(称其为 $\mathbb{Q}_p$ 中元的 p **进展开**.)

取整数 m 使得 $\mathrm{ord}_p(a) \geqslant m$. 我们有 $p^{-m}a \in \mathbb{Z}_p$, 因为 $\mathbb{Z}/p\mathbb{Z} \xrightarrow{\cong} \mathbb{Z}_p/p\mathbb{Z}_p$, 故而存在整数 $c_m \in \{0, 1, \cdots, p-1\}$, 使其在 $\mathbb{Z}_p/p\mathbb{Z}_p$ 中的像与 $p^{-m}a$ 的类相等. 因为 $p^{-m}a - c_m \in p\mathbb{Z}_p$, 故 $\mathrm{ord}_p(a - p^m c_m) \geqslant m+1$. 依照同样的讨论, 存在整数 $c_{m+1} \in \{0, 1, \cdots, p-1\}$ 使得 $\mathrm{ord}_p(a - p^m c_m - p^{m+1}c_{m+1}) \geqslant m+2$. 按此反复进行的话, 则得到了展开式

$$a = \sum_{n=m}^{\infty} c_n p^n \quad (c_n \in \{0, 1, \cdots, p-1\}).$$

认真考察上面的讨论可以看出, 各个 c_n 的选取是唯一的, 故而 a 的 p 进展开也是唯一的.

注意 2.13　按照同样的讨论, 设 S 为使复合映射 $S \to \mathbb{Z}_p \to \mathbb{Z}_p/p\mathbb{Z}_p$ 为满单射的 $\mathbb{Z}_p$ 的一个子集 (上面的 $\{0, 1, \cdots, p-1\}$ 可作为 S 的例子), 则可证明 $\mathbb{Q}_p$ 中的每个元可以唯一地表示为

$$\sum_{n=m}^{\infty} c_n p^n \quad (m \in \mathbb{Z},\ c_n \in S)$$

的形式.

问题 9　在日常生活中使用的实数是其 10 进展开, 代替 10 也可使用对任意的自然数 $N \geqslant 2$ 的 N 进展开, 特别地, 可以用对素数 p 的 p 进展开. 看一看这种实数的 p 进展开与 p 进数的 p 进展开有什么不同.

§2.5　p 进数域的乘法构造

在实数域中有指数函数和对数函数, 它们给出了实数所构成的加法群与正实数所构成的乘法群之间的同构:

$$\text{加法群 } \mathbb{R} \cong \text{乘法群 } \{t \in \mathbb{R} \mid t > 0\} : x \mapsto e^x, \quad t \mapsto \log(t).$$

(e 为自然对数的底, log 为自然对数.) 在 $\mathbb{Q}_p$ 中有着同样的情形吗? 在这一节里, 我们将在 $\mathbb{Q}_p$ 中引进指数函数, 对数函数, 并运用它们来决定出非零 p 进数所构成的乘法群 $\mathbb{Q}_p^\times$ 的结构 (命题 2.16, 命题 2.17). $\mathbb{R}^\times$ 的元 a 在 $\mathbb{R}^\times$ 中为平方元的充要条件是 $a > 0$. $\mathbb{Q}^\times$ 中哪一些元是平方元呢? 本节的命题 2.18 将对此问题给出解答. 例如, $\mathbb{Q}_5^\times$ 中与平方元 1 (5 进地) 靠近的 6 和 11 也是平方元, 与平方元 4 靠近的 -1 也是平方元. 在 $\mathbb{R}^\times$ 中与在 $\mathbb{Q}_p^\times$ 中一样, 靠近平方元的元仍是平方元. (这意味着在 $\mathbb{R}$, $\mathbb{Q}_p$ 中的代数学要比在 $\mathbb{Q}$ 中的代数学简单.)

(a) 在 $\mathbb{Q}_p$ 中的指数函数, 对数函数

在 $\mathbb{R}$ 或 $\mathbb{C}$ 中, 有

$$e^x = \sum_{n=0}^{\infty} \frac{x^n}{n!} \quad (\text{这也同时可写为 } \exp(x))$$

(右端必定是收敛的), 以及当 $|t-1|<1$ 时有

$$\log(t) = \sum_{n=1}^{\infty} \frac{(-1)^{n-1}}{n}(t-1)^n.$$

考虑在 $\mathbb{Q}_p$ 中类似的东西.

命题 2.14

(1) 设 $x \in \mathbb{Q}_p$, 则

$$\sum_{n=0}^{\infty} \frac{x^n}{n!} \quad (\text{记为 } \exp(x))$$

收敛的充要条件是, 当 $p \neq 2$ 时 $x \in p\mathbb{Z}_p$, 当 $p=2$ 时 $x \in 4\mathbb{Z}_2$. (就是说, 在 $\mathbb{Q}_p$ 中的指数函数与在 $\mathbb{R}$ 或 $\mathbb{C}$ 中的情形不同, 它不能在整个 $\mathbb{Q}_p$ 上收敛).

(2) 设 $t \in \mathbb{Q}_p$, 则

$$\sum_{n=1}^{\infty} \frac{(-1)^{n-1}}{n}(t-1)^n \quad (\text{记为 } \log(t))$$

收敛的充要条件是 $t-1 \in p\mathbb{Z}_p$.

(3) 设 x_1, x_2 属于上面 $\exp(x)$ 的收敛区域, t_1, t_2 属于上面 $\log(t)$ 的收敛区域, 则

$$\exp(x_1+x_2) = \exp(x_1)\exp(x_2), \quad \log(t_1t_2) = \log(t_1)+\log(t_2).$$

(4) 若 $p \neq 2$ 取 $m \geqslant 1$, 若 $p=2$ 取 $m \geqslant 2$, 则 exp 与 log 给出群的互逆的同构

$$\text{加法群 } p^m\mathbb{Z}_p \cong \text{乘法群 } 1+p^m\mathbb{Z}_p = \{1+p^m a \mid a \in \mathbb{Z}_p\}. \qquad \square$$

为了证明命题 2.14, 我们首先证明下面的引理.

引理 2.15

(1) 对于整数 $n \geqslant 0$, 有

$$\mathrm{ord}_p(n!) = \sum_{i=1}^{\infty} \left[\frac{n}{p^i}\right].$$

其中对于实数 x, $[x]$ 为 "Gauss 记号", 表示不大于 x 的整数中的最大者.

(2) 设 c 为实数. 当 $n \to \infty$ 时, 使 $nc - \mathrm{ord}_p(n!) \to \infty$ 成立的充要条件为 $c > \dfrac{1}{p-1}$, 而 $n \to \infty$ 时, $nc - \mathrm{ord}_p(n) \to \infty$ 成立的充要条件是 $c > 0$.

(3) 设 $c > \dfrac{1}{p-1}$, 则对所有的 $n \geqslant 1$ 有

$$nc - \mathrm{ord}_p(n!) \geqslant c.$$

[证明]　我们略去 (1) 的证明. 现证明 (2). 根据 (1),

$$nc - \mathrm{ord}_p(n!) \geqslant nc - \sum_{i=1}^{\infty} \frac{n}{p^i} \geqslant nc - \frac{n}{p-1}.$$

如果 $c > \dfrac{1}{p-1}$, 则它 (当 $n \to \infty$ 时)$\to \infty$. 又, 令 $n = p^m$, 则根据 (1) 有

$$nc - \mathrm{ord}_p(n!) = p^m c - \sum_{i=1}^{m} p^{m-i} = p^m \left(c - \frac{1}{p-1}\right) + \frac{1}{p-1}.$$

使其 $\to \infty$ 必须有 $c > \dfrac{1}{p-1}$. 另外, 设 $\log_p(n)$ 为实数域中以 p 为底的 n 的对数, 因 $\mathrm{ord}_p(n) \leqslant \log_p(n)$, 故

$$nc - \mathrm{ord}_p(n) \geqslant nc - \log_p(n).$$

它在 $c > 0$ 时 $\to \infty$. 令 $n = p^m$, 则

$$nc - \mathrm{ord}_p(n) = p^m c - m,$$

要它 $\to \infty$ 必须有 $c > 0$.

下面证明 (3). 我们有 $\mathrm{ord}_p(n!) < \displaystyle\sum_{i=1}^{\infty} \frac{n}{p^i} = \frac{n}{p-1}$, 因为比 $\dfrac{n}{p-1}$ 小的整数不大于 $\dfrac{n-1}{p-1}$, 故 $\mathrm{ord}_p(n!) \leqslant \dfrac{n-1}{p-1}$. 于是,

$$nc - \mathrm{ord}_p(n!) - c \geqslant (n-1)\left(c - \frac{1}{p-1}\right) \geqslant 0.$$ ∎

[命题 2.14 的证明]　将引理 2.15(2) 应用于

$$\mathrm{ord}_p\left(\frac{x^n}{n!}\right) = n\,\mathrm{ord}_p(x) - \mathrm{ord}_p(n!),$$

$$\mathrm{ord}_p\left((-1)^{n-1}\frac{(t-1)^n}{n}\right) = n\,\mathrm{ord}_p(t-1) - \mathrm{ord}_p(n),$$

并根据引理 2.9 便得到了 (1), (2). (注意 $\dfrac{1}{p-1}$ 在 $p = 2$ 时为 1, 在 $p \neq 2$ 时 < 1.) (3) 的证明与在 $\mathbb{R}$ 或 $\mathbb{C}$ 的情形一样.

下面证明 (4). 由引理 2.15(3) 得到

$$\text{当}\, x \in p^m\mathbb{Z}_p,\ n \geqslant 1\,\text{时, 因}\, \operatorname{ord}_p\left(\frac{x^n}{n!}\right) \geqslant m,\ \text{故}\ \exp(x) \in 1 + p^m\mathbb{Z}_p,$$

$$\text{当}\, t \in 1 + p^m\mathbb{Z}_p,\ n \geqslant 1\,\text{时, 因}\, \operatorname{ord}_p\left((-1)^{n-1}\frac{(t-1)^n}{n}\right) \geqslant m,\ \text{故}\ \log(t) \in p^m\mathbb{Z}_p.$$

对于在这个范围内的 x, t, 可以像在 $\mathbb{R}$ 或 $\mathbb{C}$ 中一样地证明 $\log(\exp(x)) = x$, $t = \exp(\log(t))$ 成立. ∎

(b) $\mathbb{Q}_p^\times$ 的构造

命题 2.16

(1)如果 $p \neq 2$, 那么 $\mathbb{Q}_p^\times \cong \mathbb{Z} \oplus \mathbb{Z}/(p-1)\mathbb{Z} \oplus \mathbb{Z}_p$.

(2) 如果 $p = 2$, 那么 $\mathbb{Q}_p^\times \cong \mathbb{Z} \oplus \mathbb{Z}/2\mathbb{Z} \oplus \mathbb{Z}_2$. □

这个命题可以由下面的命题以及 $\mathbb{F}_p^\times \cong \mathbb{Z}/(p-1)\mathbb{Z}$ (命题 2.1(2)) 得到.

命题 2.17

(1) $\mathbb{Q}_p^\times$ 的元可唯一地表示为 $p^n u$ ($n \in \mathbb{Z}$, $u \in \mathbb{Z}_p^\times$) 的形式. 即

$$\mathbb{Z} \oplus \mathbb{Z}_p^\times \xrightarrow{\cong} \mathbb{Q}_p^\times : (n, u) \mapsto p^n u.$$

($\mathbb{Z}_p^\times$ 表示 $\mathbb{Z}_p$ 中可逆元的乘法群.)

(2) 令 $G = \{x \in \mathbb{Z}_p^\times \mid x^{p-1} = 1\}$. 设 $\mathbb{Z}_p^\times \to \mathbb{F}_p^\times$ 为自然环同态 $\mathbb{Z}_p \to \mathbb{Z}_p/p\mathbb{Z}_p = \mathbb{F}_p$ 所诱导的群同态, 则复合映射 $G \to \mathbb{Z}_p^\times \to \mathbb{F}_p^\times$ 为满单射, 且 $\mathbb{Z}_p^\times$ 为子群 G 与子群 $1 + p\mathbb{Z}_p$ 的直积.

(3) 若 $p \neq 2$, 乘法群 $1 + p\mathbb{Z}_p$ 与 $\mathbb{Z}_p$ 同构. 若 $p = 2$, 则乘法群 $1 + 2\mathbb{Z}_2$ 为子群 $\{\pm 1\}$ 与子群 $1 + 4\mathbb{Z}_2$ 的直积, 而 $1 + 4\mathbb{Z}_2 \cong \mathbb{Z}_2$.

[证明] (1) 容易由 $\mathbb{Z}_p^\times = \operatorname{Ker}(\operatorname{ord}_p : \mathbb{Q}_p^\times \to \mathbb{Z})$ 和 $\operatorname{ord}_p(p) = 1$ 得到. 至于 (3), 如果 $p \neq 2$, 则按照 exp 与 log 有 $1 + p\mathbb{Z}_p \cong p\mathbb{Z}_p$, 再由 $\mathbb{Z}_p \xrightarrow{\cong} p\mathbb{Z}_p : a \mapsto pa$ 即得; 如果 $p = 2$, 则按照 exp 和 log 有 $1 + 4\mathbb{Z}_2 \cong 4\mathbb{Z}_2$, 再由 $\mathbb{Z}_2 \cong 4\mathbb{Z}_2$ 即得. 下面来证明 (2). 因为 $\mathbb{Z}_p^\times \to \mathbb{F}_p^\times$ 的核为 $1 + p\mathbb{Z}_p$, 故只要证明复合映射 $G \to \mathbb{F}_p^\times$ 为满单射就足够了. 对于单射, 如果能说明 $G \cap (1 + p\mathbb{Z}_p) = \{1\}$ 即可. 若 $p = 2$, 则因 $G = \{1\}$ 而自明. 若 $p \neq 2$, 则由 $1 + p\mathbb{Z}_p \cong \mathbb{Z}_p$ 是除去单位元外不具有有限阶的元这个事实得到. 现证明 $G \to \mathbb{F}_p^\times$ 为满射. 如果 $p = 2$, 则因 $\mathbb{F}_2^\times = \{1\}$, 故设 $p \neq 2$. 取 $a \in \mathbb{F}_p^\times$, 又设 $u \in \mathbb{Z}_p$, 其在 $\mathbb{F}_p$ 中的像为 a. 因 $a^{p-1} = 1$, 故 $u^{p-1} \in 1 + p\mathbb{Z}_p$. 令

$$v = \exp\left(\frac{1}{p-1}\log(u^{p-1})\right),$$

$w = uv^{-1}$, 则 $v^{p-1} = \exp(\log(u^{p-1})) = u^{p-1}$, 因此 $w \in G$; 另外, 因 $v \in 1 + p\mathbb{Z}_p$, 所以 w 在 $\mathbb{F}_p^\times$ 中的像等于 a. ∎

(c) 在 $\mathbb{Q}_p$ 中的平方元

命题 2.18 将 $\mathbb{Q}_p^\times$ 中的元 a 写为 $p^n u$ $(n \in \mathbb{Z}, u \in \mathbb{Z}_p^\times)$ (命题 2.17(1)) 时, a 在 $\mathbb{Q}_p^\times$ 为平方元的充要条件是它满足下面的条件 (i),(ii):

(i) n 为偶数.

(ii) 如果 $p \neq 2$, $u \bmod p\mathbb{Z}_p \in \mathbb{F}_p^\times$ 为 $\mathbb{F}_p^\times$ 中的平方元.

如果 $p = 2$, $u \equiv 1 \mod 8\mathbb{Z}_2$.

[证明] 根据命题 2.17(1), a 在 $\mathbb{Q}_p^\times$ 中为平方元等价于 n 为偶数而 u 在 $\mathbb{Z}_p^\times$ 为平方元. 如果 $p \neq 2$, 则因

$$1 + p\mathbb{Z}_p = \exp(p\mathbb{Z}_p) = \exp(2p\mathbb{Z}_p) = \{\exp(p\mathbb{Z}_p)\}^2,$$

故 $1 + p\mathbb{Z}_p$ 的元在 $\mathbb{Z}_p^\times$ 中为平方元. 因为 $\mathbb{Z}_p^\times/(1 + p\mathbb{Z}_p) \cong \mathbb{F}_p^\times$, 所以 $p \neq 2$ 的情形下定理得以证明. 如果 $p = 2$, 因为

$$1 + 8\mathbb{Z}_2 = \exp(8\mathbb{Z}_2) = \exp(2 \cdot 4\mathbb{Z}_2) = \{\exp(4\mathbb{Z}_2)\}^2,$$

故 $1 + 8\mathbb{Z}_2$ 的元为 $\mathbb{Z}_2^\times$ 中的平方元. 由 $\mathbb{Z}_2^\times/(1 + 8\mathbb{Z}_2) \cong (\mathbb{Z}/8\mathbb{Z})^\times \cong \mathbb{Z}/2\mathbb{Z} \oplus \mathbb{Z}/2\mathbb{Z}$, 从而 $p = 2$ 情形的定理得证. ∎

下面的命题可由命题 2.16 得到, 也可由命题 2.18 得到.

命题 2.19

(1) 如果 $p \neq 2$, $\mathbb{Q}_p^\times/(\mathbb{Q}_p^\times)^2 \cong \mathbb{Z}/2\mathbb{Z} \oplus \mathbb{Z}/2\mathbb{Z}$.

(2) $\mathbb{Q}_2^\times/(\mathbb{Q}_2^\times)^2 \cong \mathbb{Z}/2\mathbb{Z} \oplus \mathbb{Z}/2\mathbb{Z} \oplus \mathbb{Z}/2\mathbb{Z}$. □

问题 10 设 a 为满足 $a \equiv \pm 1 \mod 5$ 的整数. 证明在 $\mathbb{Q}_5$ 中存在 a 的平方根.

问题 11 证明在 $\mathbb{Q}_p$ 中存在 -1 的平方根的充要条件是 $p \equiv 1 \mod 4$.

问题 12 证明 $p \neq 2$ 时, $\mathbb{Q}_p$ 的 2 次扩域总共只有三个. 求出 $\mathbb{Q}_5$ 的全部三个 2 次扩域.

§2.6 二次曲线的有理点

本节首先证明在 §2.4 一开始所叙述的

"设 $a, b \in \mathbb{Q}^\times$, 并设 p 为一素数, 则 $(a,b)_p = 1 \Leftrightarrow$ 存在 $x, y \in \mathbb{Q}_p^\times$ 使得 $ax^2 + by^2 = 1$ 成立"

(它包含在下面的命题 2.20 中). 利用它可给出定理 2.3 的证明.

(a) $\mathbb{Q}_p$ 上的二次曲线

Hilbert 符号 $(\ ,\ )_p : \mathbb{Q}^\times \times \mathbb{Q}^\times \to \{\pm 1\}$ 可自然地扩张到 $\mathbb{Q}_p^\times \times \mathbb{Q}_p^\times \to \{\pm 1\}$. 对于 $a, b \in \mathbb{Q}_p^\times$, 将它们写为

$$a = p^i u, \quad b = p^j v \quad (i, j \in \mathbb{Z},\ u, v \in \mathbb{Z}_p^\times).$$

令

$$r=(-1)^{ij}a^jb^{-i}=(-1)^{ij}u^jv^{-i}\in\mathbb{Z}_p^\times.$$

我们定义, 当 $p\neq 2$ 时

$$(a,b)_p=(\frac{r \mod p}{p}),$$

而当 $p=2$ 时,

$$(a,b)_2=(-1)^{\frac{r^2-1}{8}}\cdot(-1)^{\frac{u-1}{2}\cdot\frac{v-1}{2}}.$$

对于这个 $(\ ,\ )_p:\mathbb{Q}_p^\times\times\mathbb{Q}_p^\times\to\{\pm1\}$, 在将 $(\mathbb{Z}_{(p)})^\times$ 换作 $\mathbb{Z}_p^\times$ 时, 可清楚地看出命题 2.4 仍然原封不动地成立.

命题 2.20 对于 $a,b\in\mathbb{Q}_p^\times$, 下面的 (i) 和 (ii) 等价.

(i) $(a,b)_p=1$.

(ii) 存在满足 $ax^2+by^2=1$ 的 $x,y\in\mathbb{Q}_p$.

[证明] 我们首先假定存在 $x,y\in\mathbb{Q}_p^\times$ 满足 $ax^2+by^2=1$, 来证明 $(a,b)_p=1$. 如果 $x=0$, 则 $b\in(\mathbb{Q}_p^\times)^2$, 如果 $y=0$, 则 $a\in(\mathbb{Q}_p^\times)^2$, 在这两种中的任何一个情形都有 $(a,b)_p=1$. 设 $x\neq0$, $y\neq0$. 我们有 $(a,b)_p=(ax^2,by^2)_p=(ax^2,1-ax^2)_p$, 由于对于 $(\ ,\ )_p:\mathbb{Q}_p^\times\times\mathbb{Q}_p^\times\to\{\pm1\}$ 命题 2.4(3) 成立, 故 $(ax^2,1-ax^2)_p=1$.

下面我们假定 $(a,b)_p=1$, 来证明存在 $x,y\in\mathbb{Q}_p$ 满足 $ax^2+by^2=1$. 由于 (i),(ii) 中任何一个的成立还是不成立都只与 $a,b\in\mathbb{Q}_p^\times$ 在 $\mathbb{Q}_p^\times/(\mathbb{Q}_p^\times)^2$ 的像有关. 因此, 通过把 $(\mathbb{Q}_p^\times)^2$ 的元乘到 a,b 上, 可以假设 a,b 是 $\mathbb{Z}_p^\times$ 或者 $p\cdot(\mathbb{Z}_p^\times)$ 中的元. 当 a,b 同时是 $p\cdot(\mathbb{Z}^\times$中元$)$ 的情形, 以 $-ab^{-1}$ 替代 a, 则对 (i),(ii) 的成立还是不成立都没有影响.

(实际上, 对于 (i) 我们有

$$(-ab^{-1},b)_p=(a,b)_p\cdot(-b,b)_p=(a,b)_p\quad(\text{命题 } 2.4(3)).$$

对于 (ii), 由 $ax^2+by^2=1$ 可知 $-ab^{-1}u^2+bv^2=1$ 的解, 在 $y\neq0$ 的情形令 $u=xy^{-1},v=\dfrac{1}{by}$ 时便可得到, 而在 $y=0$ 的情形则由 $u=\dfrac{(b-1)x}{2},v=\dfrac{b+1}{2b}$ 得到. 另外, 由 $-ab^{-1}u^2+bv^2=1$ 的解同样地也可得到 $ax^2+by^2=1$ 的解.)

因此, 只要验证 $a\in\mathbb{Z}_p^\times$, $b\in p\cdot\mathbb{Z}_p^\times$ 和 $a,b\in\mathbb{Z}_p^\times$ 这两种情形就可以了.

(一) $a\in\mathbb{Z}_p^\times,b\in p\cdot\mathbb{Z}_p^\times$ 的情形.

如果 $p\neq2$, 则 $(a,b)_p=1$ 表明 $a \mod p\in\mathbb{F}_p^\times$ 为平方元. 按照命题 2.18, 存在 $t\in\mathbb{Q}_p^\times$ 使 $t^2=a$. 于是有 $a\left(\dfrac{1}{t}\right)^2+b\cdot0^2=1$. 在 $p=2$ 的情形, $(a,b)_p=1$ 意味着 "$a\equiv1 \mod 8\mathbb{Z}_2$ 或者 $a\equiv1-b \mod 8\mathbb{Z}_2$" (这是因为对于扩张到 $\mathbb{Q}_2^\times\times\mathbb{Q}_2^\times$ 上的 Hilbert 符号, 命题 2.4(5-2) 仍然成立的缘故.) 如果 $a\equiv1 \mod 8\mathbb{Z}_2$, 则存在 $t\in\mathbb{Q}_2^\times$ 使得 $t^2=a$ (命题 2.18), 故 $a\left(\dfrac{1}{t}\right)^2+b\cdot0^2=1$ 成立. 如果 $a\equiv1-b \mod 8\mathbb{Z}_2$, 则存在 $t\in\mathbb{Q}_2^\times$ 使得 $t^2=\dfrac{1-b}{a}$ 成立 (命题 2.18). 故有 $at^2+b\cdot1^2=1$.

(二) $a, b \in \mathbb{Z}_p^\times$ 的情形.

设 $p \neq 2$. 因为按假定 $(a,b)_p = 1$ 成立, 故必须证明 $ax^2 + by^2 = 1$ 在 $\mathbb{Q}_p$ 中有解. 设 $\bar{a}, \bar{b}$ 分别为 a, b 在 $\mathbb{F}_p$ 中的像; $\mathbb{F}_p$ 的子集合 $\{\bar{a}u^2 \mid u \in \mathbb{F}_p\}$ 和 $\{1 - \bar{b}v^2 \mid v \in \mathbb{F}_p\}$ 的元素的个数都为 $\dfrac{p+1}{2}$, 所以它们的公共部分非空. 因此, 存在使 $ax^2 \equiv 1 - by^2 \mod p\mathbb{Z}_p$ 成立的 $x, y \in \mathbb{Z}_p$. 如果 $x \not\equiv 0 \mod p\mathbb{Z}_p$, 根据命题 2.18, 则存在 $t \in \mathbb{Q}_p^\times$ 使得 $t^2 = \dfrac{1 - by^2}{a}$. 结果 $at^2 + by^2 = 1$. 如果 $x \equiv 0 \mod p\mathbb{Z}_p$, 则 $1 \equiv by^2 \mod p\mathbb{Z}_p$, 于是根据命题 2.18, 存在 $t \in \mathbb{Q}_p^\times$ 使得 $t^2 = b$, 从而 $a \cdot 0^2 + b\left(\dfrac{1}{t}\right)^2 = 1$ 成立.

设 $p = 2$. 由 $(a,b)_2 = 1$ 得到 $a \equiv 1 \mod 4\mathbb{Z}_2$ 或者 $b \equiv 1 \mod 4\mathbb{Z}_2$. 不妨设 $a \equiv 1 \mod 4\mathbb{Z}_2$ ($b \equiv 1 \mod 4\mathbb{Z}_2$ 的情形可同样进行). 此时, 或 $a \equiv 1 \mod 8\mathbb{Z}_2$ 或 $a \equiv 5 \mod 8\mathbb{Z}_2$. 如果 $a \equiv 1 \mod 8\mathbb{Z}_2$, 按照命题 2.18, 存在 $t \in \mathbb{Q}_2^\times$ 使得 $t^2 = a$, 故 $a\left(\dfrac{1}{t}\right)^2 + b \cdot 0^2 = 1$. 如果 $a \equiv 5 \mod 8\mathbb{Z}_2$, 则因 $4b \equiv 4 \mod 8\mathbb{Z}_2$ 得 $a \equiv 1 - 4b \mod 8\mathbb{Z}_2$. 于是, 根据命题 2.18, 存在 $t \in \mathbb{Q}_2^\times$ 使得 $t^2 = \dfrac{1-4b}{a}$ 成立, 从而有 $at^2 + b \cdot 2^2 = 1$. ∎

(b) 定理 2.3 的证明

根据命题 2.20, 定理 2.3 可改写为如下形式. 将 $\mathbb{R}$ 写成 $\mathbb{Q}_\infty$, 则

“设 $a, b \in \mathbb{Q}^\times$, 以下的 (i),(ii) 是等价的命题:

(i) $ax^2 + by^2 = 1$ 在 $\mathbb{Q}$ 中有解.

(ii) $ax^2 + by^2 = 1$ 对于所有的素数 v 以及 $v = \infty$ 在 $\mathbb{Q}_v$ 中有解.”

因为 “若 (i) 则 (ii)” 是显然的, 故只需证 “若 (ii) 则 (i)” , 即设 $a, b \in \mathbb{Q}^\times$, 对所有素数 v 及 $v = \infty$, 方程 $ax^2 + by^2 = 1$ 在 $\mathbb{Q}_v$ 中均有解, 我们要证明该方程在 $\mathbb{Q}$ 中有解.

对 a, b 乘以非零的有理数的平方, 则 $ax^2 + by^2 = 1$ 无论在 $\mathbb{Q}$ 中有无解还是在 $\mathbb{Q}_v$ 中有无解也都没有任何变化. 因此只要设 a, b 为整数, 且不被 1 以外平方数除尽就可以了. 下面便设 a, b 为不被 1 以外的平方数除尽的非零整数, 并对 $\max(|a|, |b|)$ 进行归纳法证明.

首先如果 a, b 中有一个为 1 的话, 则显然 $ax^2 + by^2 = 1$ 在 $\mathbb{Q}$ 中有解.

在 $\max(|a|, |b|) = 1$ 的情形, 因为按假设该方程在 $\mathbb{R}$ 中有解, 故 $a > 0$ 或者 $b > 0$. 因此 $a = 1$ 或者 $b = 1$. 从而知道该方程在 $\mathbb{Q}$ 中也有解.

现在设 $\max(|a|, |b|) > 1$. 由于这个问题对于 a, b 是对称的, 不妨设 $|a| \leqslant |b|$. 因为 b 不为 1 以外的平方数除尽, 故 $|b|$ 是互不相同的素数的乘积.

现证明 $a \mod b$ 为 $\mathbb{Z}/b\mathbb{Z}$ 中的平方元. 如果它不成立, 则存在 b 的某个素因子 p 使 $a \mod p$ 不是 $\mathbb{F}_p$ 中的平方元. (根据的是中国剩余定理.) 于是, $p \neq 2$, 且 $(a,b)_p = \left(\dfrac{a}{p}\right) = -1$ 成立, 由此知 $ax^2 + by^2 = 1$ 在 $\mathbb{Q}_p$ 中无解. 这与假设矛盾, 故 a

$\mod b$ 为 $\mathbb{Z}/b\mathbb{Z}$ 中的平方元. 从而有整数 r 使得 $r^2 \equiv a \mod b$. 因为 $\mathbb{Z}/b\mathbb{Z}$ 中的元可取 $\mathbb{Z}$ 中满足 $-\frac{|b|}{2} \leqslant n \leqslant \frac{|b|}{2}$ 的 n 为代表, 故可假定 $0 \leqslant r \leqslant \frac{|b|}{2}$ 即可. 令

$$r^2 - a = bc, \quad c \in \mathbb{Z}.$$

如果 $c = 0$, 则 $a = r^2$, 从而 $a\left(\frac{1}{r}\right)^2 + b \cdot 0^2 = 1$, 故其在 $\mathbb{Q}$ 中有解. 现设 $c \neq 0$. 我们有

$$|c| = \left|\frac{r^2 - a}{b}\right| \leqslant \left|\frac{r^2}{b}\right| + \left|\frac{a}{b}\right| \leqslant \frac{|b|}{4} + 1 < |b|.$$

(最后的不等号由 $|b| \geqslant 2$ 得到.) 根据下面的引理 2.21, 只需考虑方程 $ax^2 + cy^2 = 1$ 就可以了. (注意对任意 v 有 $(a,b)_v = (a,c)_v$, 因 $(a,b)_v(a,v)_v = (a,bc)_v = (a,r^2-a) = 1$ —— 译注.) 如果 $|a| < |b|$ (因为 $|c| < |b|$), 则可使用归纳法. 如果 $|a| = |b|$ (因为 $|c| < |b|$), 则化到了 $|a| < |b|$ 的情形. ∎

引理 2.21 设 K 为域, $a, b, c \in K^{\times}$, $r \in K$, $r^2 - a = bc$. 这时两个集合

$$X = \{(x,y,z) \in K \times K \times K \mid ax^2 + by^2 = z^2, (x,y,z) \neq (0,0,0)\},$$
$$Y = \{(x,y,z) \in K \times K \times K \mid ax^2 + cy^2 = z^2, (x,y,z) \neq (0,0,0)\}$$

之间存在满单射.

[证明] 定义映射 $f: X \to Y$, $g: Y \to X$ 为

$$f(x,y,z) = (rx + z, by, ax + rz),$$
$$g(x,y,z) = \left(\frac{rx - z}{r^2 - a}, \frac{y}{b}, \frac{-ax + rz}{r^2 - a}\right),$$

则可验证 $g \circ f$, $f \circ g$ 各自为 X, Y 的恒等映射. ∎

小结

2.1 在有理数域上的二次曲线具有一个有理点的情形, 这条曲线具有无限多个有理点, 而且这些有理点全都能够求出来. (但这一章最重要的论题并不是这个 2.1, 而是后面的 2.2, 2.3.)

2.2 对每个素数 p, 存在有理数域的 p 进数域的扩张, 我们将这些 p 进数域看作与实数域具有同等的重要性. 在 p 进数域中存在像实数域中那样的 "收敛" 概念, 但这是与实数域中的收敛情形极不相同的收敛.

2.3 有理数域上的二次曲线具有有理点的充要条件是, 该曲线的方程在实数域中有解, 并且对于所有的素数 p 它在 $\mathbb{Q}_p$ 中也有解. 在 $\mathbb{Q}_p$ 有无解可以用与二次剩余符号相关的 Hilbert 符号进行判断.

习题

2.1 举出有理数的数列的例子, 它在 $\mathbb{R}$ 中收敛于 1, 而在 $\mathbb{Q}_2$ 中收敛于与 0. 另外再举出有理数的数列的例子, 使其在 $\mathbb{Q}_3$ 中收敛与 1, 而在 $\mathbb{Q}_2$ 中收敛于 0.

2.2 令

$$\mathbb{Z}\left[\frac{1}{p}\right] = \left\{\frac{a}{p^n} \mid a \in \mathbb{Z},\, n \geqslant 0\right\},$$

从 $\mathbb{Z}\left[\frac{1}{p}\right] \Big/ \mathbb{Z}$ 到 $\mathbb{Z}\left[\frac{1}{p}\right] \Big/ \mathbb{Z}$ 的所有的群同态 $\mathrm{Hom}\left(\mathbb{Z}\left[\frac{1}{p}\right] \Big/ \mathbb{Z}, \mathbb{Z}\left[\frac{1}{p}\right] \Big/ \mathbb{Z}\right)$ 中按以下运算确定了一个环结构: 元 f, g 的和规定为 $(f+g)(x) = f(x) + g(x)$ $\left(x \in \mathbb{Z}\left[\frac{1}{p}\right]\right)$, 其乘积规定为复合 $f \circ g$. 证明, 在此情形下, 作为环有

$$\mathbb{Z}_p \cong \mathrm{Hom}\left(\mathbb{Z}\left[\frac{1}{p}\right] \Big/ \mathbb{Z}, \mathbb{Z}\left[\frac{1}{p}\right] \Big/ \mathbb{Z}\right).$$

2.3 求 $\mathrm{ord}_3(4^n - 1)$ $(n \in \mathbb{Z})$. (提示: 使用 3 进数域的 $\exp, \log$, 考虑 $4^n - 1 = \exp(n \log(4)) - 1$, 并应用命题 2.14 (4).)

2.4 设 p 为素数, 证明下面的断言.

(1) $x^2 = -2$ 在 $\mathbb{Q}_p$ 中有解 $\Leftrightarrow p \equiv 1, 3 \mod 8$.

(2) $x^2 + y^2 = -2$ 在 $\mathbb{Q}_p$ 中有解 $\Leftrightarrow p \neq 2$.

(3) $x^2 + y^2 + z^2 = -2$ 对任意的 p 在 $\mathbb{Q}_p$ 中都有解.

第三章 ζ

本章要介绍数论中重要的 ζ 函数 (zeta 函数).

§3.1 ζ 函数值的三个奇特之处

$$1+\frac{1}{2^2}+\frac{1}{3^2}+\frac{1}{4^2}+\frac{1}{5^2}+\cdots=\frac{\pi^2}{6} \tag{3.1}$$

(π 为圆周率) 是在 1735 年左右由 Euler 发现的公式. Euler 为求出左边这个无限和, 作了长年的努力, 当他发现这个和与圆周率有关时非常激动.

$$1-\frac{1}{3}+\frac{1}{5}-\frac{1}{7}+\frac{1}{9}-\frac{1}{11}+\cdots=\frac{\pi}{4} \tag{3.2}$$

被称为 Leibniz 公式, Leibniz 在 1673 年发现它时, 深感自然界的神秘, 据说因此而下决心从律师, 外交官转到了数学的道路上. 仅就这个 Leibniz 公式而言, 此前稍早已由 Gregory 发现, 而更早以前的 1400 年左右, 也已由印度数学家 Madhava 得到了.

所有这些公式, 还有 Euler 得到的其他公式

$$1+\frac{1}{2^4}+\frac{1}{3^4}+\frac{1}{4^4}+\frac{1}{5^4}+\cdots=\frac{\pi^4}{90}, \tag{3.3}$$

$$1-\frac{1}{3^3}+\frac{1}{5^3}-\frac{1}{7^3}+\frac{1}{9^3}-\frac{1}{11^3}+\cdots=\frac{\pi^3}{32}, \tag{3.4}$$

$$1-\frac{1}{2}+\frac{1}{4}-\frac{1}{5}+\frac{1}{7}-\frac{1}{8}+\cdots=\frac{\pi}{3\sqrt{3}}, \tag{3.5}$$

以及 Dirichlet 的公式

$$(3.6)\quad 1-\frac{1}{3}-\frac{1}{5}+\frac{1}{7}+\frac{1}{9}-\frac{1}{11}-\frac{1}{13}+\frac{1}{15}+\cdots(\text{正负号按 8 个这样地反复}) \\ =\frac{1}{\sqrt{2}}\log(1+\sqrt{2}),$$

都是总称为 ζ **函数** (zeta function) 的一组函数的取值公式. 这是些越琢磨越觉得具有奇妙味道的公式. 在这一节中我们要阐述有关 ζ 函数取值所具有的三个奇特的现象. 但在这之前先来讲述所谓 ζ 函数是什么. 令

$$\zeta(s)=\sum_{n=1}^{\infty}\frac{1}{n^s}=1+\frac{1}{2^s}+\frac{1}{3^s}+\frac{1}{4^s}+\frac{1}{5^s}+\cdots.$$

因 Riemann 在 19 世纪对此函数作出了重要研究, 而将 $\zeta(s)$ 命名为 **Riemann ζ 函数** (Riemann zeta function). (3.1), (3.3) 分别是

$$\zeta(2)=\frac{\pi^2}{6},\quad \zeta(4)=\frac{\pi^4}{90},$$

即对于 $\zeta(s)$ 的取值公式. 另外再设 N 为自然数, 从环 $\mathbb{Z}/N\mathbb{Z}$ 的所有可逆元构成的乘法群 $(\mathbb{Z}/N\mathbb{Z})^\times$ 到所有非零复数的乘法群 $\mathbb{C}^\times$ 的一个群同态

$$\chi:(\mathbb{Z}/N\mathbb{Z})^\times\to\mathbb{C}^\times$$

被称为 ($\bmod N$ 的) 一个 **Dirichlet 特征** (Dirichlet character). 令

$$L(s,\chi)=\sum_{n=1}^{\infty}\frac{\chi(n)}{n^s}.$$

称其为 (关于 χ 的) **Dirichlet L 函数** (Dirichlet L function). 但是这里的 $\chi(n)$ 当 n 与 N 互素时表示为 $\chi(n \bmod N)$, 而当 n 与 N 不是互素时表示 0. 公式 (3.2),(3.4) 每一个都是关于 $\bmod 4$ 的 Dirichlet 特征

$$\chi:(\mathbb{Z}/4\mathbb{Z})^\times=\{1 \bmod 4,\ 3 \bmod 4\}\to\mathbb{C}^\times, \\ \chi(1 \bmod 4)=1,\quad \chi(3 \bmod 4)=-1$$

的 Dirichlet L 函数的取值公式

$$L(1,\chi)=\frac{\pi}{4},\quad L(3,\chi)=\frac{\pi^3}{32}.$$

公式 (3.5) 是关于 $\bmod 3$ 的 Dirichlet 特征

$$\chi:(\mathbb{Z}/3\mathbb{Z})^\times=\{1 \bmod 3,\ 2 \bmod 3\}\to\mathbb{C}^\times, \\ \chi(1 \bmod 3)=1,\ \chi(2 \bmod 3)=-1$$

的 $L(s,\chi)$ 的取值公式

$$L(1,\chi)=\frac{\pi}{3\sqrt{3}}.$$

而公式 (3.6) 是关于 mod 8 的 Dirichelet 特征

$$\chi:(\mathbb{Z}/8\mathbb{Z})^{\times}=\{1 \bmod 8,\ 3 \bmod 8,\ 5 \bmod 8,\ 7 \bmod 8\}\to\mathbb{C}^{\times},$$
$$\chi(1 \bmod 8)=\chi(7 \bmod 8)=1,\ \chi(3 \bmod 8)=\chi(5 \bmod 8)=-1$$

的 $L(s,\chi)$ 的取值公式

$$L(1,\chi)=\frac{1}{\sqrt{2}}\log(1+\sqrt{2}).$$

这些 $\zeta(s)$ 也好, $L(s,\chi)$ 也好, 都是总称为 ζ 函数的一组函数的例子. 正如"所谓数论就是研究 ζ 函数的"所说的那样, ζ 函数在数论中是重要的.

ζ 函数值的第一个奇特之处, 就像 (3.1)—(3.6) 所表现出的那样, 左端和右端的样子相差极其悬殊却令人意外地相等, 并且居然存在这样的 ζ 函数的取值公式. 虽然有着各种各样的 ζ 函数, 但像

$$\begin{aligned}&\zeta\text{函数在 “ } s=\text{整数” 的值}\\&=\text{有理数 } \times\text{“圆周率的幂及类似于 } \log(1+\sqrt{2})\text{ 的数”}\end{aligned}$$

的这种类型的公式已经知道了很多. 例如 Euler 在 r 为不小于 2 的偶数时证明了

$$\zeta(r)=\text{有理数}\times\pi^{r}\quad(\text{§3.2 推论 3.9}).$$

ζ 函数值的第二个奇特之处是, ζ 函数在"$s=$ 整数"的值与 p 进数世界有关联, 这从最初的定义是想象不到的. 譬如, 上面所说的 r 为正偶数时的 $\zeta(r)\pi^{-r}$ 虽为孤立的有理数, 但是可以证明这个有理数当 r 变动时具有某种 p 进连续性. 这个事实是由 Kummer 在 19 世纪开始考虑, 到了 1964 年前后, 由于久保田 –Leopoldt 的研究而变得明确了. 看到了这第二个奇特之处时, 原来 ζ 函数的真正故乡竟然位于实数世界和 p 进数世界两地之上, 我们感觉到了一个仍然未知的世界.

ζ 函数值的第三个奇特之处是, ζ 函数值具有微妙的数论上的意义. 譬如 Leibniz 的公式 (3.2), 像我们将在 §4.3 中要讲的那样, 它表明了"$\mathbb{Z}[i]$ 是具素数分解的整环". 这可以用 19 世纪 Dirichlet 所发现的所谓"类数公式"(在 §4.3 和 §7.5 中论述) 得到; 到了 20 世纪后半叶, 人们捕捉到了较之于这种"类数公式"更加深刻的 ζ 函数值的意义, "岩泽 (Iwasawa) 理论"因此而发展了起来.

在 §3.2 中, 我们将讨论关于 $\zeta(s), L(s,\chi)$ 在"$s=$ 正整数"的值的"第一个奇特之处", 并证明公式 (3.1)—(3.5). (对于公式 (3.6) 的证明可参看习题 3.3.) 在 §3.3 中, 这些 ζ 函数被解析延拓到整个复平面, 我们将讨论在"$s=$ 负整数"的值的"第一个奇特之处". 在 §3.3 的最后面将涉及第二、第三个奇特之处. 对于第二、第三个奇特之处将在《数论 II》的"岩泽理论"那一章中详细讨论.

这章的标题不是“ζ 函数”而取为单独的一个“ζ”的原因是, 当考察 ζ 函数时, 感觉“ζ 在函数以外还有什么东西”, 故而干脆去掉“函数”这两个字.

§3.2 在正整数处的值

(a) $\zeta(2)$

首先, 对于下面 Euler 的定理, 我们给出 Euler 所给出的证明中的一个.

定理 3.1

$$\zeta(2)=\frac{\pi^2}{6}.$$

[证明] 利用 Euler 所发现的 sin 函数的乘积公式

$$\frac{\sin(\pi x)}{\pi x}=\prod_{n=1}^{\infty}\left(1-\frac{x^2}{n^2}\right). \tag{3.7}$$

比较 (3.7) 两端在 $x=0$ 的 Taylor 展式. 根据 $\sin(x)$ 的 Taylor 展式

$$\sin(x)=x-\frac{x^3}{3!}+\frac{x^5}{5!}-\frac{x^7}{7!}+\frac{x^9}{9!}-\cdots,$$

我们有

$$(3.7)\text{的左端}\ =1-\frac{\pi^2}{3!}x^2+\ (4\ \text{次以上的项}).$$

另一方面, 展开 (3.7) 的右端

$$(3.7)\ \text{的右端}=1-\left(\sum_{n=1}^{\infty}\frac{1}{n^2}\right)x^2+\ (4\ \text{次以上的项}).$$

因此,

$$\sum_{n=1}^{\infty}\frac{1}{n^2}=\frac{\pi^2}{3!}=\frac{\pi^2}{6}.$$

■

(b) 在一般的正整数的值

下面的定理 3.4, 3.8 不只限于 $\zeta(2)$, 而是有关 $\zeta\ (s)$ 或 $L(s,\chi)$ 在正整数的值.

定义 3.2 定义具有理数系数的有理函数 $h_r(t)$ $(r=1,2,3,\cdots)$ 为

$$h_1(t)=\frac{1+t}{2(1-t)},$$

$$h_r(t)=\left(t\frac{d}{dt}\right)^{r-1}(h_1(t))\qquad(r\geqslant 1).$$

□

例如,

$$h_2(t)=\frac{t}{(1-t)^2},\ h_3(t)=\frac{t+t^2}{(1-t)^3},\ h_4(t)=\frac{t+4t^2+t^3}{(1-t)^4}, \tag{3.8}$$

对于所有的 $r\geqslant 1$ 有

$$h_r(t)\in\mathbb{Q}\left[t,\frac{1}{1-t}\right].$$

命题 3.3 设 $x\in\mathbb{C}$, $x\notin\mathbb{Z}$, 令 $t=e^{2\pi ix}$.
(1) $h_1(t)=-\dfrac{1}{2}\cdot\dfrac{1}{2\pi i}\displaystyle\sum_{n\in\mathbb{Z}}\left(\frac{1}{x+n}+\frac{1}{x-n}\right)$.
(2) 在 $r\geqslant 2$ 时,

$$h_t=(r-1)!\cdot\left(-\frac{1}{2\pi i}\right)^r\sum_{n\in\mathbb{Z}}\frac{1}{(x+n)^r}.$$

[证明] 在 (3.7) 的两端取 $\dfrac{1}{\pi}\dfrac{d}{dx}\log(\ )$, 得到

$$\cot(\pi x)=\frac{1}{2\pi}\sum_{n\in\mathbb{Z}}\left(\frac{1}{x+n}+\frac{1}{x-n}\right). \tag{3.9}$$

这里的 $\cot(y)=\dfrac{\cos(y)}{\sin(y)}$, 由

$$\sin(y)=\frac{e^{yi}-e^{-yi}}{2i},\ \cos(y)=\frac{e^{yi}+e^{-yi}}{2}$$

知道

$$\cot(\pi x)=\frac{i(e^{\pi xi}+e^{-\pi xi})}{e^{\pi xi}-e^{-\pi xi}}=-2ih_1(t)\quad(t=e^{2\pi ix}),$$

从而得到了命题 3.3(1). 在此 (1) 的两端运用 $\left(t\dfrac{d}{dt}\right)^{r-1}=\left(\dfrac{d}{2\pi idx}\right)^{r-1}$ 便得到了命题 3.3(2). ∎

由命题 3.3 便可推出下面的定理 3.4, 3.8.

定理 3.4 设 N 为不小于 2 的自然数, χ 为 mod N 的 Dirichlet 特征. 取 r 为自然数, 并假定 $\chi(-1)=(-1)^r$. 令 $\zeta_N=e^{2\pi i/N}$. 于是有

$$L(r,\chi)=\frac{1}{(r-1)!}\cdot\left(-\frac{2\pi i}{N}\right)^r\cdot\frac{1}{2}\sum_{a\in(\mathbb{Z}/N\mathbb{Z})^\times}\chi(a)h_r(\zeta_N^a).$$ □

由定理 3.4 可推导出 §3.1 的公式 (3.2), (3.4), (3.5).

例 3.5

$$
\begin{aligned}
&1-\frac{1}{3}+\frac{1}{5}-\frac{1}{7}+\frac{1}{9}-\frac{1}{11}+\cdots\\
&=\frac{1}{(1-1)!}\cdot\left(-\frac{2\pi i}{4}\right)\cdot\frac{1}{2}\cdot(h_1(i)-h_1(i^3))\\
&=\left(-\frac{2\pi i}{4}\right)\cdot\frac{1}{2}\cdot\left(\frac{1+i}{2(1-i)}-\frac{1-i}{2(1+i)}\right)\\
&=\left(-\frac{2\pi i}{4}\right)\cdot\frac{1}{2}\cdot i=\frac{\pi}{4}.
\end{aligned}
$$

□

例 3.6

$$
\begin{aligned}
&1-\frac{1}{2}+\frac{1}{4}-\frac{1}{5}+\frac{1}{7}-\frac{1}{8}+\cdots\\
&=\frac{1}{(1-1)!}\cdot\left(-\frac{2\pi i}{3}\right)\cdot\frac{1}{2}\cdot(h_1(\zeta_3)-h_1(\zeta_3^2))\\
&=\left(-\frac{2\pi i}{3}\right)\cdot\frac{1}{2}\cdot\frac{i}{\sqrt{3}}=\frac{\pi}{3\sqrt{3}}.
\end{aligned}
$$

□

例 3.7

$$
\begin{aligned}
&1-\frac{1}{3^3}+\frac{1}{5^3}-\frac{1}{7^3}+\frac{1}{9^3}-\frac{1}{11^3}+\cdots\\
&=\frac{1}{(3-1)!}\cdot\left(-\frac{2\pi i}{4}\right)^3\cdot\frac{1}{2}\cdot(h_3(i)-h_3(i^3))\\
&=\frac{1}{2}\cdot\left(-\frac{2\pi i}{4}\right)^3\cdot\frac{1}{2}\cdot\left(\frac{i-1}{(1-i)^3}-\frac{-i-1}{(1+i)^3}\right)\quad(\text{根据 }(3.8))\\
&=\frac{1}{2}\cdot\left(-\frac{2\pi i}{4}\right)^3\cdot\frac{1}{2}\cdot(-i)=\frac{\pi^3}{32}.
\end{aligned}
$$

□

定理 3.8 设 r 为正偶数, 则

$$
\zeta(r)=\frac{1}{(r-1)!}\cdot\frac{1}{2^r-1}\cdot(2\pi i)^r\cdot\frac{1}{2}\cdot h_r(-1).
$$

□

推论 3.9 设 r 为正偶数, 则 $\pi^{-r}\zeta(r)$ 为有理数. □

这是因为 $h_r(t)$ 是系数为有理数的有理函数, 故其在 -1 的值 $h_r(-1)$ 是有理数. 由定理 3.8 可推导出公式 (3.1), (3.3).

例 3.10

$$
\begin{aligned}
\zeta(2)&=\frac{1}{(2-1)!}\cdot\frac{1}{4-1}\cdot(2\pi i)^2\cdot\frac{1}{2}\cdot\frac{-1}{(1+1)^2}\quad(\text{根据 }(3.8))\\
&=\frac{\pi^2}{6}.
\end{aligned}
$$

□

例 3.11

$$
\begin{aligned}
\zeta(4)&=\frac{1}{(4-1)!}\cdot\frac{1}{2^4-1}\cdot(2\pi i)^4\cdot\frac{1}{2}\cdot\frac{-1+4-1}{2^4}\quad(\text{根据 }(3.8))\\
&=\frac{\pi^4}{90}.
\end{aligned}
$$

□

注意 3.12 对于 $\zeta(3),\zeta(5),\zeta(7),\zeta(9),\cdots$ 定理 3.8 没有说什么. Apéry 在 1978 年证明了 $\zeta(3)$ 为无理数. $\zeta(5),\zeta(7),\zeta(9),\cdots$ 或许也是无理数, 以及当 r 为 3 以上的奇数时, $\zeta(r)$ 或许 (与 r 为偶数的情形相反) 不是由有理数与圆周率经四则运算得到的数等一些猜测, 但还没有被证实.

[定理 3.4 的证明] 利用命题 3.3 我们来改写 $\displaystyle\sum_{a\in(\mathbb{Z}/N\mathbb{Z})^\times}\chi(a)h_r(\zeta_N^a)$. 如果 $n\geqslant 0$, 则

$$\sum_{a=1}^{N-1}\frac{\chi(a)}{\left(\dfrac{a}{N}+n\right)^r}=N^r\sum_{Nn<m<N(n+1)}\frac{\chi(m)}{m^r}.$$

如果 $n<0$, 则令 $n'=-n-1\geqslant 0$ 时有

$$\sum_{a=1}^{N-1}\frac{\chi(a)}{\left(\dfrac{a}{N}+n\right)^r}=(-1)^r\sum_{a=1}^{N-1}\frac{\chi(a)}{\left(\dfrac{N-a}{N}+n'\right)^r}=N^r\sum_{Nn'<m<N(n'+1)}\frac{\chi(m)}{m^r}.$$

故而根据命题 3.3 得到

$$\sum_{a\in(\mathbb{Z}/N\mathbb{Z})^\times}\chi(a)h_r(\zeta_N^a)=(r-1)!\cdot\left(-\frac{N}{2\pi i}\right)^r\cdot 2\cdot L(r,\chi).$$ ∎

[定理 3.8 的证明] 考虑定理 3.4 的 $N=2$, 及 χ 为明显同态 $\chi:(\mathbb{Z}/2\mathbb{Z})^\times\to\mathbb{C}^\times$ 的情形. 对于正的偶数 r, 我们有

$$L(r,\chi)=\frac{1}{(r-1)!}\cdot\left(-\frac{2\pi i}{2}\right)^r\cdot\frac{1}{2}\cdot h_r(-1).$$

另一方面,

$$L(s,\chi)=\sum_{\substack{n=1\\ n\text{为奇数}}}^{\infty}\frac{1}{n^s}=\zeta(s)-\sum_{n=1}^{\infty}\frac{1}{(2n)^s}=\left(1-\frac{1}{2^s}\right)\zeta(s).$$

定理 3.8 由此得出. ∎

问题 1 在命题 3.3 (1) 中令 $x=i$, 并以此来证明

$$\sum_{n\in\mathbb{Z}}\frac{1}{n^2+1}=\pi\cdot\frac{e^{2\pi}+1}{e^{2\pi}-1}.$$

问题 2 用命题 3.3 (2) 中 $r=2,x=i$ 的情形以及问题 1 的公式证明下面的公式:

$$\sum_{n\in\mathbb{Z}}\frac{1}{(n^2+1)^2}=\frac{\dfrac{\pi}{2}e^{4\pi}+2\pi^2e^{2\pi}-\dfrac{\pi}{2}}{(e^{2\pi}-1)^2}.$$

上面的两个问题虽然不是关于 ζ 函数值的公式, 但属于与 $\zeta(2)=\dfrac{\pi^2}{6}$ 同一个世界, 可以把它们想成是“飘过来的 ζ 的香气”.

§3.3 在负整数处的值

(a) 解析延拓

当考虑 $\zeta(s)$ 或者 $L(s,\chi)$ 中的 s 为复变数的情形时，按下面的命题 3.15 所说的那样，它们从原来的无穷级数的收敛区域超越出来，被解析延拓到整个复平面，从而可以考虑它们在负整数的值. 为了观察在负整数取值的性质，方便的办法是引进下面的 "部分 Riemann ζ 函数" 及 "Hurwitz ζ 函数".

定义 3.13 对于自然数 N 及整数 a，定义

$$\zeta_{\equiv a(N)}(s) = \sum_{\substack{n=1 \\ n\equiv a \bmod N}}^{\infty} \frac{1}{n^s}$$

(其中的和遍历所有满足 $n \equiv a \mod N$ 的自然数 n). 称其为 (关于 $a \mod N$ 的) **部分 Riemann ζ 函数** (partial Riemann zeta function). □

例如，

$$\zeta_{\equiv 1(4)}(s) = 1 + \frac{1}{5^s} + \frac{1}{9^s} + \frac{1}{13^s} + \frac{1}{17^s} + \cdots .$$

定义 3.14 对于正实数 x 令

$$\zeta(s,x) = \sum_{n=0}^{\infty} \frac{1}{(x+n)^s}.$$

我们称其为 **Hurwitz ζ 函数** (Hurwitz zeta function). □

(另外，$\zeta_{\equiv a(N)}(s)$ 仅仅是本书使用的记号，在其他地方是否通用我们不得而知.)

按照定义成立下面的事实.

(3.10) $$\zeta_{\equiv a(1)}(s) = \zeta(s),\ \zeta(s,1) = \zeta(s).$$

(3.11) 对于 mod N 的 Dirichlet 特征 χ，

$$L(s,\chi) = \sum_{a=1}^{N} \chi(a)\zeta_{\equiv a(N)}(s).$$

(对与 N 不是互素的整数 a 令 $\chi(a) = 0$.)

(3.12) 对于自然数 N 及满足 $1 \leqslant a \leqslant N$ 的整数 a 有

$$\zeta\left(s, \frac{a}{N}\right) = N^s \cdot \zeta_{\equiv a(N)}(s).$$

命题 3.15

(1) 定义 $\zeta(s)$, $L(s,\chi)$ (χ 为 Dirichlet 特征), $\zeta_{\equiv a(N)}(s)$ (N 为自然数, a 为整数), 以及 $\zeta(s,x)$ (x 为正实数) 的无限和对于 $Re(s) > 1$ 的复数 s 绝对收敛，在这个 s 的范围内它们是 s 的全纯函数.

(2) $\zeta(s)$, $L(s,\chi)$, $\zeta_{\equiv a(N)}(s)$, $\zeta(s,x)$ 作为 s 的函数可被解析延拓 (analytic continuation) 为整个复平面上的亚纯函数. 它们在 $s \neq 1$ 为全纯并且成立

$$\lim_{s\to 1}(s-1)\zeta(s)=1,\ \lim_{s\to 1}(s-1)\zeta_{\equiv a(N)}(s)=\frac{1}{N},\ \lim_{s\to 1}(s-1)\zeta(s,x)=1.$$

(3) 如果 $\chi:(\mathbb{Z}/N\mathbb{Z})^\times \to \mathbb{C}^\times$ 的像不为 $\{1\}$, 则定义 $L(s,\chi)$ 的无穷和 (按 $1,2,3,\cdots$ 的顺序增大) 当 $\mathrm{Re}(s)>0$ 时对于复数 s 收敛. 在此 s 的范围内它是 s 的全纯函数. 对于 (与 (2) 合在一起的) 这样的 χ , $L(s,\chi)$ 在整个复平面为全纯. □

命题 3.15 的证明将在本节末尾给出.

(b) 在负整数的值, Bernoulli 数, Bernoulli 多项式

在下面的定理 3.18 中, 我们将讲述部分 Riemann ζ 函数在不大于零的整数取有理数的值, 且其值可由 Bernoulli 数, Bernoulli 多项式表示的事实.

定义 3.16 定义 **Bernoulli 数** (Bernoulli number) B_n $(n=0,1,2,3,\cdots)$ 为

$$\frac{x}{e^x-1}=\sum_{n=0}^{\infty}\frac{B_n}{n!}x^n.$$ □

进行计算得到

$$\begin{aligned}\frac{x}{e^x-1}&=\frac{x}{x+\dfrac{x^2}{2!}+\dfrac{x^3}{3!}+\cdots}=\frac{1}{1+\dfrac{x}{2!}+\dfrac{x^2}{3!}+\cdots}\\&=1-\left(\frac{x}{2!}+\frac{x^2}{3!}+\cdots\right)+\left(\frac{x}{2!}+\frac{x^2}{3!}+\cdots\right)^2-\cdots.\end{aligned}$$

由此知道

$$\begin{aligned}&B_0=1,\ B_1=-\frac{1}{2},\ B_2=\frac{1}{6},\ B_4=-\frac{1}{30},\ B_6=\frac{1}{42},\\&B_8=-\frac{1}{30},\ B_{10}=\frac{5}{66},\ B_{12}=-\frac{691}{2730},\ B_{14}=\frac{7}{6},\cdots.\end{aligned}\tag{3.13}$$

另外, 由 $\dfrac{x}{e^x-1}-1+\dfrac{x}{2}$ 是偶函数 (在 $x\mapsto -x$ 下不变) 这个容易弄清的事实知道

(3.14) n 为不小于 3 的奇数时 $B_n=0$.

所有的 B_n 均为有理数.

定义 3.17 定义 **Bernoulli 多项式** (Bernoulli polynomial) $B_n(x)$ $(n=0,1,2,\cdots)$ 为

$$B_n(x)=\sum_{i=0}^{n}\binom{n}{i}B_i x^{n-i}.$$

这里 $\dbinom{n}{i}=\dfrac{n!}{i!(n-i)!}$. □

由 (3.13) 我们得到

$$(3.15)\quad \begin{aligned} &B_0(x)=1,\ B_1(x)=x-\frac{1}{2},\ B_2(x)=x^2-x+\frac{1}{6},\\ &B_3(x)=x^3-\frac{3}{2}x^2+\frac{1}{2}x,\ B_4(x)=x^4-2x^3+x^2-\frac{1}{30},\cdots \end{aligned}$$

$B_n(x)$ 是具有有理系数的多项式. 我们还有

$$B_n(0)=B_n.$$

定理 3.18

(1) 对于自然数 r 和正实数 x,

$$\zeta(1-r,x)=-\frac{1}{r}B_r(x).$$

(2) 对于自然数 r,N 与满足 $1\leqslant a\leqslant N$ 的整数 a, 有

$$\zeta_{\equiv a(N)}(1-r)=-\frac{1}{r}N^{r-1}B_r\left(\frac{a}{N}\right). \qquad \square$$

推论 3.19 当 N 为自然数, a 为整数, m 为不大于 0 的整数时, 我们有

$$\zeta_{\equiv a(N)}(m)\in\mathbb{Q}.$$

特别地, 对于不大于 0 的整数 m, $\zeta(m)\in\mathbb{Q}$. $\square$

从定理 3.18(2) 便可明白此推论.

例 3.20 根据定理 3.18(2) 与 (3.15),

$$\begin{aligned} \zeta_{\equiv a(N)}(0)&=-\frac{a}{N}+\frac{1}{2},\\ \zeta_{\equiv a(N)}(-1)&=-\frac{a^2}{2N}+\frac{a}{2}-\frac{N}{12},\\ \zeta_{\equiv a(N)}(-2)&=-\frac{a^3}{3N}+\frac{a^2}{2}-\frac{Na}{6}. \end{aligned} \qquad \square$$

推论 3.21 取 N 为自然数, 并设 $\chi:(\mathbb{Z}/N\mathbb{Z})^\times\to\mathbb{C}^\times$ 为像非 $\{1\}$ 的 Dirichlet 特征, 则

$$L(0,\chi)=-\frac{1}{N}\sum_{a=1}^{N}a\chi(a). \qquad \square$$

此推论由例 3.20 的第一个公式及 $\sum_{a=1}^{N}\chi(a)=0$ 的事实 (问题 3) 得出.

问题 3 设 G 为一个有限群, 且 $\chi:G\to\mathbb{C}^\times$ 是像非 $\{1\}$ 的同态. 证明

$$\sum_{a\in G}\chi(a)=0.$$

定理 3.18(2) 由定理 3.18(1) 及 Hurwitz ζ 函数与部分 Riemann ζ 函数值之间的关系 (3.12) 得到.

定理 3.18(1) 的证明将在本节最后面给出. 但我们首先要说明, 从 Hurwitz ζ 函数和 Bernoulli 多项式所具有的性质来看, 定理 3.18(1) 的成立是自然的.

Bernoulli 多项式在数学中最初出现在对 k 次幂的求和公式中. 一般地, 当取 r, x 为自然数时, 成立公式

$$\sum_{n=0}^{x-1} n^{r-1} = \frac{1}{r}(B_r(x) - B_r). \tag{3.16}$$

(公式 (3.16) 由 J.Bernoulli 和关孝和发现.)

例如,

$$1+2+3+4+\cdots+(x-1) = \frac{1}{2}(x^2 - x) = \frac{1}{2}(B_2(x) - B_2),$$

$$1+2^2+3^2+4^2+\cdots+(x-1)^2 = \frac{1}{3}\left(x^3 - \frac{3}{2}x^2 + \frac{1}{2}x\right) = \frac{1}{3}(B_3(x) - B_3).$$

另一方面, Hurwitz ζ 函数按其定义满足

$$\zeta(s, x+1) - \zeta(s, x) = -\frac{1}{x^s},$$

因此对于自然数 x 成立

$$\sum_{n=1}^{x-1} \frac{1}{n^s} = -\zeta(s, x) + \zeta(s). \tag{3.17}$$

综合起来说, 对 k 次幂求和时, 当 k 是正时, 便可用 Bernoulli 多项式表示; 当 k 是负时, 则可用 Hurwitz ζ 函数表示. 如果想一想这个事实, 那么就会感觉 $\zeta(1-r, x) = -\frac{1}{r}B_r(x)$ 是自然的了.

现在简单地叙述一下和公式 (3.16) 成立的理由. 考虑在多项式环 $\mathbb{C}[x]$ 上的线性算子

$$D : \mathbb{C}[x] \to \mathbb{C}[x] : \ f(x) \mapsto \frac{d}{dx}f(x),$$

根据 Taylor 展开的理论知道, 对于所有的 $f(x) \in \mathbb{C}[x]$, 线性算子 $e^D = \sum_{n=0}^{\infty} \frac{D^n}{n!}$ 满足

$$e^D(f(x)) = f(x+1).$$

由 B_n 的定义有

$$D = (e^D - 1)\sum_{n=0}^{\infty} \frac{B_n}{n!} D^n. \tag{3.18}$$

如果将 (3.18) 作用于 x^r, 则由于

$$\sum_{n=0}^{\infty}\frac{B_n}{n!}D^n(x^r)=\sum_{n=0}^{r}\binom{r}{n}B_n x^{r-n}=B_r(x),$$

故得到

$$rx^{r-1}=B_r(x+1)-B_r(x). \tag{3.19}$$

因此求和公式 (3.16) 便容易由此得到了.

问题 4 在 (3.17) 中令 $s\to 1$, 则对于自然数 x 成立

$$\sum_{n=1}^{x-1}\frac{1}{n}=\lim_{s\to 1}(-\zeta(s,x)+\zeta(s)),$$

但是若强行令 $x=\frac{5}{2}$, 那么我们感觉到左端意义不清楚: 不知 $\frac{1}{n}$ 从 1 加到 $\frac{3}{2}$ 是什么意思. 这时, 请求出它的右端.

推论 3.22

(1) $\zeta(0)=-\frac{1}{2}$.

(2) 如果 r 为不小于 2 的自然数, 则 $\zeta(1-r)=-\frac{1}{r}B_r$.

(3) 如果 m 为负的偶数, 则 $\zeta(m)=0$.

[证明] 根据定理 3.18(2), 对于自然数 r 有

$$\zeta(1-r)=-\frac{1}{r}B_r(1).$$

又由 $B_1(x)=x-\frac{1}{2}$ 得 $\zeta(0)=-\frac{1}{2}$. 如果 $r\geqslant 2$, 则由 (3.19) 得 $B_r(1)=B_r(0)=B_r$. 根据 (3.14), 当 r 为不小于 3 的奇数时, 因 $B_r=0$ 故 $\zeta(1-r)=0$. ∎

例 3.23 由推论 3.22 与 (3.13) 知

$$\zeta(0)=-\frac{1}{2},\quad \zeta(-1)=-\frac{1}{2^2\times 3},\quad \zeta(-3)=\frac{1}{2^3\times 3\times 5},$$
$$\zeta(-5)=-\frac{1}{2^2\times 3^2\times 7},\quad \zeta(-7)=\frac{1}{2^4\times 3\times 5}$$
$$\zeta(-9)=-\frac{1}{2^2\times 3\times 11},\quad \zeta(-11)=\frac{691}{2^3\times 3^2\times 5\times 7\times 13},$$
$$\zeta(-13)=-\frac{1}{2^2\times 3},\quad \cdots$$

□

(c) 命题 3.15 与定理 3.18(1) 的证明

[命题 3.15(1) 的证明] 考虑 $L(s,\chi)$. (对于 $\zeta_{\equiv a(N)}(s)$, $\zeta(s,x)$ 的证明是同样的.) 令 $\mathrm{Re}(s)=\sigma>1$, 则 $\left|\dfrac{\chi(n)}{n^s}\right|\leqslant\dfrac{1}{n^\sigma}$, 如果 $n\geqslant 2$, 则由 $\dfrac{1}{n^\sigma}\leqslant\displaystyle\int_{n-1}^{n}\frac{1}{x^\sigma}dx$ 得到

$$\sum_{n=1}^{\infty}\frac{1}{n^\sigma}\leqslant 1+\int_1^\infty\frac{1}{x^\sigma}dx=1+\frac{1}{\sigma-1}.$$

于是, 和 $\displaystyle\sum_{n=1}^{\infty}\frac{\chi(n)}{n^s}$ 绝对收敛, 这表明了对于任意的 $c>1$, 在 $Re(s)\geqslant c$ 的范围内其为一致收敛. 因为一致收敛的全纯函数的极限仍是全纯的, 故命题 3.15(1) 得证.

[命题 3.15(2) 与定理 3.18(1) 的证明] 对于命题 3.15(2), 只要对 $\zeta(s,x)$ 证明就足够了. 我们将它与定理 3.18(1) 一起证明.

作为准备, 先叙述 Γ 函数 (gamma function) $\Gamma(s)$. 对于满足 $\mathrm{Re}(s)>0$ 的复数 s, 定义

$$\Gamma(s)=\int_0^\infty e^{-t}t^s\frac{dt}{t}.$$

如果 s 为自然数, 则成立 $\Gamma(s)=(s-1)!$. 另外, $\Gamma(s)$ 亚纯地延拓到整个复平面, 其延拓仍被记为 $\Gamma(s)$, 这时 $\Gamma(s)$ 除在 $s=0,-1,-2,-3,\cdots$ 具有一阶极点外为全纯, 并且不具有零点. 再者, 对于整数 $m\geqslant 0$, 有

$$\lim_{s\to-m}(s+m)\Gamma(s)=(-1)^m\frac{1}{m!}.$$

$\mathrm{Re}(s)>1$ 时, 我们有

$$\begin{aligned}\Gamma(s)\zeta(s,x)&=\int_0^\infty e^{-t}t^s\frac{dt}{t}\sum_{n=0}^{\infty}\frac{1}{(x+n)^s}\\&=\int_0^\infty\sum_{n=0}^{\infty}e^{-t}\left(\frac{t}{x+n}\right)^s\frac{dt}{t}\\&=\int_0^\infty\sum_{n=0}^{\infty}e^{-(x+n)u}u^s\frac{du}{u}\quad\left(\text{令 } u=\frac{t}{x+n}\right)\\&=\int_0^\infty\frac{e^{-xu}}{1-e^{-u}}u^s\frac{du}{u}.\end{aligned}$$

就是说,

$$\Gamma(s)\zeta(x,s)=\int_0^\infty f(s,u)du\quad\left(\text{其中 } f(s,u)=\frac{e^{-xu}}{1-e^{-u}}u^{s-1}\right).$$

将

$$\int_0^\infty f(s,u)du=\int_0^1 f(s,u)du+\int_1^\infty f(s,u)du$$

分开来考察. 积分 $\int_1^\infty f(s,u)du$ 当 $u\to\infty$ 时, 因为 e^{-xu} 迅速地趋于零, 故对于所有的复数 s 其为全纯函数. 再考虑 $\int_0^1 f(s,u)du$. 由 $B_n(x)$ 的定义推导出

$$\sum_{n=0}^{\infty}\frac{B_n(x)}{n!}u^n=\frac{ue^{xu}}{e^u-1}.$$

因此,

$$\begin{aligned}\int_0^1 f(s,u)du&=\int_0^1\sum_{n=0}^{\infty}\frac{B_n(x)}{n!}\cdot(-1)^n u^{n+s-2}du\\&=\sum_0^{\infty}\frac{B_n(x)}{n!}\cdot\frac{(-1)^n}{s+n-1}.\end{aligned}$$

它延拓为整个复平面上的对 s 的亚纯函数, 并在一阶极点 $s=1,0,-1,-2,-3,\cdots$ 之外全纯.

如上所说, 我们知道了 $\Gamma(s)\zeta(s,x)$ 作为亚纯函数被延拓到了整个复平面, 而且除了在 $s=1,0,-1,-2,-3,\cdots$ 具一阶极点外均为全纯. 因此, $\zeta(s,x)$ 被延拓为整个复平面上的亚纯函数, 除在 $s=1$ 具一阶极点外为全纯.

对于整数 $n\geqslant 0$,

$$\lim_{s\to 1-n}(s+n-1)(\Gamma(s)\zeta(s,x))=\frac{B_n(x)}{n!}\cdot(-1)^n.$$

令 $n=0$, 因 $\Gamma(1)=1$, 故证明了

$$\lim_{s\to 1}(s-1)\zeta(s,x)=B_0(x)=1.$$

设 $n\geqslant 1$, 则因 $\lim\limits_{s\to 1-n}(s+n-1)\Gamma(s)=(-1)^{n-1}\cdot\dfrac{1}{(n-1)!}$. 故证明了

$$\zeta(1-n,x)=-\frac{B_n(x)}{n}.$$

∎

[命题 3.15(3) 的证明]　设 $\mathrm{Re}(s)>0$, 对于 $m\geqslant 0$ 令

$$f_m(s)=\sum_{n=1}^{N}\frac{\chi(n)}{(mN+n)^s}.$$

我们有 $L(s,\chi)=f_0(s)+\sum\limits_{m=1}^{\infty}f_m(s)$. 下面我们要证明

$$\sum_{m=1}^{\infty}|f_m(s)|\leqslant N\cdot|s|\cdot\left(1+\frac{1}{\mathrm{Re}(s)}\right). \tag{3.20}$$

(3.20) 表明和 $\sum\limits_{m=1}^{\infty}f_m(s)$ 对于任意正实数 C,C', 在 $\{s\in\mathbb{C}\mid |s|\leqslant C,\mathrm{Re}(s)\geqslant C'\}$ 中一致收敛, 从而表明在 $\mathrm{Re}(s)>0$ 的范围内收敛于全纯函数.

现在证明 (3.20). 因为 $\chi:(\mathbb{Z}/N\mathbb{Z})^\times \to \mathbb{C}^\times$ 的像不是 $\{1\}$, 故 $\sum_{n=1}^{N}\chi(n)=0$ (问题 3). 因而

$$f_m(s)=\sum_{n=1}^{N}\chi(n)\left(\frac{1}{(mN+n)^s}-\frac{1}{(mN)^s}\right).$$

由于

$$\frac{1}{(mN+n)^s}-\frac{1}{(mN)^s}=-\int_{mN}^{mN+n}\frac{s}{x^{s+1}}dx,$$

如果记 $\mathrm{Re}\,(s)$ 为 σ, 则有

$$\left|\frac{1}{(mN+n)^s}-\frac{1}{(mN)^s}\right|\leqslant n\cdot|s|\cdot\frac{1}{(mN)^{s+1}}\leqslant\frac{|s|}{m^{\sigma+1}}.$$

于是

$$|f_m(s)|\leqslant N\cdot\frac{|s|}{m^{\sigma+1}},$$

从而

$$\sum_{m=1}^{\infty}|f_m(s)|\leqslant N\cdot|s|\sum_{m=1}^{\infty}\frac{1}{m^{\sigma+1}}\leqslant N\cdot|s|\cdot\left(1+\frac{1}{\sigma}\right).$$ ∎

(d) 函数方程

在 §7.2 中将要介绍, 对于所取的 Dirichlet 特征 $\chi:(\mathbb{Z}/NZ)^\times\to\mathbb{C}^\times$, 以 $\chi^{-1}(a)=\chi(a)^{-1}$ 定义 Dirichlet 特征 χ^{-1}, 在 $L(s,\chi)$ 与 $L(1-s,\chi^{-1})$ 之间存在被称为**函数方程** (functional equation) 的关系. 在 Riemannζ 函数的情形, 由此关系可推出

"r 为不小于 2 的偶数时, $\zeta(1-r)=2\times(r-1)!\times\dfrac{\zeta(r)}{(2\pi i)^r}$".

例如, 令 $r=2$ 时,

$$\zeta(-1)=2\times1\times\frac{1}{(2\pi i)^2}\times\zeta(2)=-2\times\frac{1}{4\pi^2}\times\frac{\pi^2}{6}=-\frac{1}{12}$$

(参看例 3.23).

(e) 第二和第三个奇特之处

现在谈一下 ζ 函数值的第二和第三个奇特之处.

首先关于第二个奇特之处: 在 19 世纪 Kummer 证明了以下的命题. 此命题的 (2) 被称做"Kummer 同余式".

命题 3.24 设 p 为素数.

(1) 设 m 为不大于零的整数, 如果 $m\not\equiv1 \mod p-1$, 则

$$\zeta(m)\in\mathbb{Z}_{(p)}.$$

(2) 当 m, m' 为负整数时, 如果 $m \equiv m' \not\equiv 1 \mod p-1$, 则

$$\zeta(m) \equiv \zeta(m') \mod p\mathbb{Z}_{(p)}. \qquad \square$$

例 3.25 我们有 $-1 \equiv -5 \not\equiv 1 \mod (5-1)$, 根据例 3.23,

$$\zeta(-1) = 21 \times \zeta(-5) \equiv \zeta(-5) \mod 5\mathbb{Z}_{(5)}. \qquad \square$$

这个 Riemann ζ 函数在负整数的值所满足的关于 $\mod p$ 的同余式, 现在已被推广到了 Dirichlet L 函数在负整数的值满足的 $\mod p^n$ $(n \geqslant 1)$ 的同余式, 特别地已推广到取 p 进值的 p 进 L 函数 (p-adic L function) 理论 (久保田 -Leopoldt 的 p 进 L 函数理论).

问题 5 应用命题 3.24(1) 证明, 如果 m 为不大于零的整数, 在将 $\zeta(m)$ 表示为既约分数的形式时则其分母的素因子不大于 $2-m$. (例如, 观察例 3.23, 表出 $\zeta(-11)$ 分母的素数为 $2, 3, 5, 7, 13$, 均不大于 $2-(-11)=13$.)

对于第三奇特之处, 譬如, 在例 3.23 中, 出现在 $\zeta(-11)$ 的分子中的是素数 691, 这个事实给出了关于将 1 的 691 次根添加到 $\mathbb{Q}$ 所形成的域的数论信息, 我们将在 §4.4 中讲述它. 另外, 对满足 $\chi(-1)=-1$ 的 Dirichlet 特征的 $L(1,\chi)$ 或者 $L(0,\chi)$ 所具有的数论方面的意义也将在 §4.3 中讲述.

对于第二和第三个奇特之处, 也可在《数论 II》的 "岩泽理论" 这一章中看到.

ζ 函数的值在数学的各种各样场合表现出的很多出乎意料的事, 是个有着无限多兴趣的对象.

小结

3.1 Riemann ζ 函数在正偶数 r 的值具有有理数 $\times \pi^r$ (π 是圆周率) 的形式. 这个函数可以被延拓到整个复平面, 它在不大于零的整数的值为有理数.

3.2 作为 Riemann ζ 函数推广的 Dirichlet L 函数仍然具有相近的性质 (所谓 "相近" 表明仍有所不同, 准确的意思参看正文).

3.3 虽然是在后面的章节才出现, 但这些被统称为 ζ 函数的函数在整数的值都具有奇特的性质以及数论上的意义 (具体地说, 与 p 进数之间的关系, 以及在第四章出现的 "理想类群" 之间的关系).

习题

3.1 求下面的无限和.

(1) $$\left(1+\frac{1}{3}-\frac{1}{5}-\frac{1}{7}\right)+\left(\frac{1}{9}+\frac{1}{11}-\frac{1}{13}-\frac{1}{15}\right)+\cdots.$$

(2) $$\left(1-\frac{1}{3^2}-\frac{1}{5^2}+\frac{1}{7^2}\right)+\left(\frac{1}{9^2}-\frac{1}{11^2}-\frac{1}{13^2}+\frac{1}{15^2}\right)+\cdots.$$

3.2 (1) 证明当 $\mathrm{Re}\,(s)>1$ 时成立 $(1-2^{1-s})\zeta(s)=1-\frac{1}{2^s}+\frac{1}{3^s}-\frac{1}{4^s}+\frac{1}{5^s}-\frac{1}{6^s}+\cdots$.

(2) 利用 $\log(2)=1-\frac{1}{2}+\frac{1}{3}-\frac{1}{4}+\frac{1}{5}-\frac{1}{6}+\cdots$. 证明

$$\lim_{s\to 1+0}(s-1)\zeta(s)=1.$$

这里 $\lim\limits_{s\to 1+0}$ 表示的是在实轴上 s 从右边趋向于 1 时的极限.

3.3 设

$$\zeta_8=\cos\left(\frac{\pi}{4}\right)+i\sin\left(\frac{\pi}{4}\right)=\frac{1}{\sqrt{2}}+\frac{1}{\sqrt{2}}i.$$

对于 $a=1,3,5,7$ 令

$$s_a=\sum_{n=1}^{\infty}\frac{\zeta_8^{an}}{n}=-\log(1-\zeta_8^a).$$

根据对 $s_1-s_3-s_5+s_7$ 的计算, 证明公式 (3.6).

3.4 设 $x,c_1,\cdots,c_k$ 为正实数, 令

$$\zeta(s,x;c_1,\cdots,c_k)=\sum_{n_1,\cdots,n_k\geqslant 0}\frac{1}{(x+c_1n_1+\cdots+c_kn_k)^s}.$$

(称之为多重 Hurwitz ζ 函数.) 参照命题 3.15(2) 以及定理 3.18 的证明, 证明更一般情形下的以下事实.

(1) $\zeta(s,x;c_1,\cdots,c_k)$ 在 $\mathrm{Re}\,(s)>k$ 时绝对收敛, 作为 s 的函数是可以延拓为整个复平面上的亚纯函数, 且在 $1,2,\cdots,k$ 以外的点为全纯.

(2) 设 m 为不大于 0 的整数, $\zeta(m,x;c_1,\cdots,c_k)$ 则可写为, 除因子 $c_1\cdots c_k$ 外, 系数在 $\mathbb{Q}$ 上的 $x,c_1,\cdots,c_k$ 的多项式形式的数.

第四章　代数数论

代数数论 (在日本称之为代数的整数论 —— 译注) 是在 19 世纪中叶由 Kummer 开创, 而后由 Dedekind, Kronecker 等人发展起来的理论.

Kummer 的想法是希望用这个新理论去解决 Fermat 大定理 "当 n 不小于 3 时, 方程 $x^n + y^n = z^n$ 没有自然数的解". 将此方程改写为

$$x^n = \prod_{k=0}^{n-1} (z - \zeta_n^k y). \tag{4.1}$$

这里的 ζ_n 为 n 次本原单位根 $\cos\left(\frac{2\pi}{n}\right) + i\sin\left(\frac{2\pi}{n}\right)$, ζ_n^k 表示 ζ_n 的 k 次幂. (4.1) 的两边都是 "积 = 积" 的形式, 从而希望能试着考虑对两端运用关于数的乘积的 "素因子分解" 基本法则. 但是, 在这里因为出现的 ζ_n 并不是有理数, 故而 Kummer 不得不考虑包含了 ζ_n 的数世界是否存在素因子分解法则.

称有理数域的有限次扩域为 **(代数) 数域** (algebraic number field). 例如, 域 $\mathbb{Q}(\zeta_n)$ 是个数域. 代数数论要了解的是, 在有理数的世界里 "自然数有唯一的素因子分解" 等法则如何 (不断对其形式加以修改) 能推广到数域.

即便有理数域本身, 一旦进入到数域中考虑时, 一些停留在有理数域内部解释不清楚的事也可以得到清楚的解释. 实际上, Kummer 对于 Fermat 大定理 (这原本是有理数域内部的问题) 取得了巨大的成果 (参看 §4.4).

这一章要介绍代数数论的方法以及其重大成果.

§4.1　代数数论的方法

在这一节中, 我们将以前面所说的 "扩大考察数世界的代数数论的观点" 给出

在序言章中所介绍的几个 Fermat 断言的证明, 并且还要给出 $n=3$ 时 Fermat 大定理的证明.

(a) 命题 0.1—0.5 和命题 0.10, 0.11 的证明

我们将数世界从 $\mathbb{Z}$ 出发扩张到更大的环 $\mathbb{Z}[i]=\{a+bi \mid a,b\in\mathbb{Z}\}$, $\mathbb{Z}[\sqrt{-2}]=\{a+b\sqrt{-2} \mid a,b\in\mathbb{Z}\}$, $\mathbb{Z}[\zeta_3]=\{a+b\zeta_3 \mid a,b\in\mathbb{Z}\}$, $\mathbb{Z}[\sqrt{2}]=\{a+b\sqrt{2} \mid a,b\in\mathbb{Z}\}$ 上, 并考虑利用它们去证明所提及的这些命题. 下面要用到的事实是: 这些环具有与 $\mathbb{Z}$ 中素因子分解法则相同的**素因子分解**法则. 就是说, 如果 A 表示 $\mathbb{Z}[i]$, $\mathbb{Z}[\sqrt{-2}]$, $\mathbb{Z}[\zeta_3]$, $\mathbb{Z}[\sqrt{2}]$ 中任意一个, 则成立下面的 $(*)$.

$(*)$ A 的非零非可逆的元 a 可分解为形如

$$a=\alpha_1\cdots\alpha_r \quad (r\geqslant 1,\ \alpha_1,\cdots,\alpha_r \text{ 为 } A \text{ 中的素元})$$

的素元乘积, 并且这个分解在下面将叙述的意义下唯一.

这里的 "素元" 的定义是这样的: 前面的 $\mathbb{Z}[i]$, $\mathbb{Z}[\sqrt{-2}]$ 等每一个都是整环 (关于 "整环" 的定义参看附录 §A.1). 称整环 A 的元 α 为**素元**是说它满足以下的条件 (i), (ii).

(i) α 既非零也非可逆元.

(ii) 如果 $a,b\in A$ 且 $ab\in\alpha A$, 则或者 $a\in\alpha A$ 或者 $b\in\alpha A$, (这里的 $\alpha A=\{\alpha x \mid x\in A\}$. (ii) 说的是, 如果 ab 被 α 除尽, 则或者 a 或者 b 被 α 除尽.)

例如, $\mathbb{Z}$ 的素元为形如 "$\pm$ 素数" 的元.

上面所说的 "唯一性" 是指, 如果有 a 的另外的分解 $a=\alpha_1'\cdots\alpha_s'$ ($s\geqslant 1$, α_1', $\cdots,\alpha_s'$ 为 A 中素元), 则 $r=s$ 且如果适当地置换 $\alpha_1',\cdots,\alpha_s'$ 的指标, 则对于 $i=1,\cdots,r$ 成立 $\alpha_i'A=\alpha_iA$ (这等价于 $\alpha_i'=\alpha_i\times$ 可逆元).

称满足上面 $(*)$ 的整环为素分解整环, 或者唯一因子分解整环 (unique factorization domain). 在 §4.3 中, 将使用 ζ 函数来证明 $\mathbb{Z}[i]$, $\mathbb{Z}[\sqrt{-2}]$, $\mathbb{Z}[\zeta_3]$ 为素分解整环.

[命题 0.2 的证明] 命题 0.2 即是下面所说的 (1), (2).

(1) 如果 p 为被 4 除余 1 的素数, 则存在 $x,y\in\mathbb{Z}$ 使 $p=x^2+y^2$ 成立.

(2) 如果 p 为被 4 除余 3 的素数, 则不存在使 $p=x^2+y^2$ 成立的 $x,y\in\mathbb{Q}$.

(2) 已在命题 2.8 中证明过了. 因为对于 $\mathbb{Z}[i]$ 中的元 $\alpha=x+yi$ $(x,y\in\mathbb{Z})$ 有 $\alpha\bar{\alpha}=x^2+y^2$ ($\bar{\alpha}$ 是 α 的共轭复数), 故而 (1) 归结到表示在 $\mathbb{Z}[i]$ 中素数分解法则的下面命题 4.1 的 (1).

命题 4.1

(1) 如果 p 为除以 4 余 1 的素数, 则 $p=\alpha\bar{\alpha}$ (α 为 $\mathbb{Z}[i]$ 的素元, 从而 $\bar{\alpha}$ 也是 $\mathbb{Z}[i]$ 的素元), 且 $\alpha\mathbb{Z}[i]\neq\bar{\alpha}\mathbb{Z}[i]$.

(2) 如果 p 为除以 4 余 3 的素数, 则 p 也是 $\mathbb{Z}[i]$ 中的素元.

(3) $2=(1+i)^2\times(-i)$, $1+i$ 是 $\mathbb{Z}[i]$ 中的素元, 而 $-i$ 是 $\mathbb{Z}[i]$ 的可逆元.

(4) $\mathbb{Z}[i]$ 的素元全具有 (上面所出现的素元) $\times$ (可逆元) 的形式.

(5) $\mathbb{Z}[i]$ 的全部可逆元为 $\{\pm1,\pm i\}$.

[证明] 证明 (1). 设 p 为除以 4 余 1 的素数. 因为 $\left(\dfrac{-1}{p}\right)=1$ (定理 2.2(2)), 故存在满足 $a^2=-1 \mod p$ 的整数 a. 由

$$(a+i)(a-i)=a^2+1\in p\mathbb{Z}[i],\ a+i\notin p\mathbb{Z}[i],\ a-i\notin p\mathbb{Z}[i]$$

知 p 不是 $\mathbb{Z}[i]$ 中的素元. 另一方面, 因为 p 也不是 $\mathbb{Z}[i]$ 中的可逆元, 故可考虑 p 在 $\mathbb{Z}[i]$ 中的素元分解, 从而存在可以除尽 p 的 $\mathbb{Z}[i]$ 中的素元 α. 记 $p=\alpha\beta$, $\beta\in\mathbb{Z}[i]$. 因为 p 不是素元, 故 β 不是可逆元. 我们有

$$p^2=\alpha\beta\cdot\overline{\alpha\beta}=\alpha\bar{\alpha}\cdot\beta\bar{\beta},$$

由于 $\alpha\bar{\alpha}$, $\beta\bar{\beta}$ 为自然数, 故 $\alpha\bar{\alpha}$ 等于 p^2 的约数 $1,p,p^2$ 中的一个. 设 $\alpha\bar{\alpha}=1$, 那么 α 为可逆元, 矛盾. 设 $\alpha\bar{\alpha}=p^2$, 于是由 $\beta\bar{\beta}=1$ 得出 β 可逆, 又矛盾. 于是 $p=\alpha\bar{\alpha}$. 下面, 我们从假定 $\alpha\mathbb{Z}[i]=\bar{\alpha}\mathbb{Z}[i]$ 来导出矛盾. 取整数 $a\in\mathbb{Z}$ 使得 $(a+i)(a-i)\in p\mathbb{Z}[i]$, 因为 α 为素元, 所以或者 $a+i\in\alpha\mathbb{Z}[i]$ 或者 $a-i\in\alpha\mathbb{Z}[i]$. 取它们的复共轭, 并利用 $\alpha\mathbb{Z}[i]=\bar{\alpha}\mathbb{Z}[i]$, 我们发现 $a+i$ 和 $a-i$ 全都属于 $\alpha\mathbb{Z}[i]$, 从而 $2i=(a+i)-(a-i)\in\alpha\mathbb{Z}[i]$. 因此, $2,p\in\alpha\mathbb{Z}[i]$ 得到 $1\in\alpha\mathbb{Z}[i]$, 从而 α 为可逆元, 矛盾.

证明 (2). 设 p 为除以 4 余 3 的素数, α 为能除尽 p 的 $\mathbb{Z}[i]$ 中的素元, 令 $p=\alpha\beta$, $\beta\in\mathbb{Z}[i]$. 与前面一样我们有 $p^2=\alpha\bar{\alpha}\cdot\beta\bar{\beta}$, 且 $\alpha\bar{\alpha}\neq1$. 另外因不能将 p 写成 $p=x^2+y^2(x,y\in\mathbb{Z})$ 的形式, 故知 $p\neq\alpha\bar{\alpha}$. 于是, $\alpha\bar{\alpha}=p^2$, $\beta\bar{\beta}=1$, 从而 β 为可逆元. 这表明 $p=\alpha\beta$ 为素元.

证明 (3). 我们来证明 $1+i$ 是个素元. 取 α 为 $\mathbb{Z}[i]$ 中除尽 $1+i$ 的素元. 令 $1+i=\alpha\beta$, 于是 $2=(1+i)(1-i)=\alpha\bar{\alpha}\cdot\beta\bar{\beta}$. 因 $\alpha\bar{\alpha}\neq1$, 故 $\alpha\bar{\alpha}=2$, $\beta\bar{\beta}=1$, 那么, β 为可逆元. 因此, $1+i=\alpha\beta$ 为素元.

证明 (4). 设 α 为 $\mathbb{Z}[i]$ 中的任一素元. 考虑不为 1 的自然数 $\alpha\bar{\alpha}$ 的素因子分解, 那么, 由此可知 α 必除尽某个素数.

证明 (5). 如果 β 为 $\mathbb{Z}[i]$ 中的可逆元, 设 $\beta\gamma=1$ $(\gamma\in\mathbb{Z}[i])$, 于是 $1=\beta\bar{\beta}\cdot\gamma\bar{\gamma}$. 因此, $\beta\bar{\beta}=1$. 设 $\beta=x+yi$ $(x,y\in\mathbb{Z})$, 这表明 $x^2+y^2=1$, 而其整数解只有 $(x,y)=(\pm1,0)$, $(0,\pm1)$, 故得到 $\beta\in\{\pm1,\pm i\}$. ∎

[命题 0.1 的证明] 命题 0.1 说的是有关三边长为整数的直角三角形的斜边长能否为素数的问题.

设 p 为除以 4 余 1 的素数. 根据命题 4.1(1), $p=\alpha\bar{\alpha}$, α 为 $\mathbb{Z}[i]$ 中的素元. 令 $\alpha^2=x+yi$ $(x,y\in\mathbb{Z})$, 于是 $p^2=\alpha^2\bar{\alpha}^2=x^2+y^2$. 如果能证明这里的 $x\neq0$, $y\neq0$, 那么就知道了 p 是以 $|x|,|y|,p$ 为三边长的直角三角形的斜边长. 现假设 $x=0$ 或者

$y=0$, 作为复数, α 的辐角为 $\dfrac{\pi}{4}$ 的倍数, 即对于某个整数 m 有

$$\alpha = m\beta, \quad \text{其中 } \beta \in \{1, 1+i, i, -1+i\}.$$

这与 $\mathbb{Z}[i]$ 中素元分解的唯一性相抵触.

其次, 容易明白 $2^2 = x^2 + y^2$ 不具有 $x \neq 0,\ y \neq 0$ 的整数解.

最后, 设 p 为除以 4 余 3 的素数, 假定 $p^2 = x^2 + y^2$ $(x, y \in \mathbb{Z})$. 令 $\alpha = x + yi$, 则 $p^2 = \alpha\bar{\alpha}$. 根据命题 4.1(2) 知 p 也是 $\mathbb{Z}[i]$ 中的素元, 由素元分解的唯一性定理得到 $\alpha = p \times (\pm 1, \pm i$ 中的一个$)$. 于是证明了 $x = 0$ 或者 $y = 0$. ▮

[命题 0.11 的证明]　命题 0.11 说的是, 方程 $y^2 = x^3 - 4$ 的自然数解仅有 $(x, y) = (2, 2), (5, 11)$. 将此方程改写为

$$x^3 = y^2 + 4 = (y + 2i)(y - 2i).$$

我们注意到, $y + 2i$ 与 $y - 2i$ 相乘是一个三次幂. 后面将说明, 利用 $\mathbb{Z}[i]$ 中素元分解的断言可以由此证明 $y + 2i$ 和 $y - 2i$ 各自均为 $\mathbb{Z}[i]$ 中某个元的三次幂. 于是,

$$y + 2i = (a + bi)^3 \quad (a, b \in \mathbb{Z}). \tag{4.2}$$

将其右端展开并比较两端的虚部, 有

$$2 = 3a^2b - b^3 = (3a^2 - b^2)b. \tag{4.3}$$

于是 b 是 2 的约数, 从而为 $\pm 1, \pm 2$ 中的一个. 在 (4.3) 中由 $b = 1, -1, 2, -2$ 的情形分别得到 $3a^2 = 3, -1, 5, 3$, 因此

$$(a, b) = (\pm 1, 1) \quad \text{或者} \quad (\pm 1, -2).$$

由此, 从 (4.2) 得到 $y = 2, 5$, 然后将其代入原来的 $y^2 = x^3 - 4$ 就得出了 x.

对于上面证明中跳过的部分可以使用下面的引理 4.2.

引理 4.2　设 A 为 $\mathbb{Z}[i]$, $\mathbb{Z}[\sqrt{-2}]$, $\mathbb{Z}[\zeta_3]$, $\mathbb{Z}[\sqrt{2}]$ 中的任意一个, 并设 $\alpha_1, \cdots, \alpha_r, \beta$ 为 A 的非零元, k 为使 $\alpha_1 \cdots \alpha_r = \beta^k$ 成立的自然数. 另外进一步假设, 如果 $i \neq j$ 则 α_i 与 α_j 不被公共的素元除尽. 此时, 对各个 i, α_i, 可以写为 $\alpha_i = u_i\beta_i^k$, 其中 β_i 为 A 中的某个元而 u_i 为可逆元. □

这个引理与 §1.1 的引理 1.7 一样, 通过考虑各素元出现在 $\alpha_1, \cdots, \alpha_r, \beta$ 的次数便能得到证明.

于是, 我们便可由此来讨论所跳过的, 由 $x^3 = (y + 2i)(y - 2i)$ $(x, y \in \mathbb{Z})$ 推导出 $y + 2i, y - 2i$ 为 $\mathbb{Z}[i]$ 中的三次幂这个事实.

设 γ 为除尽 $y + 2i$ 与 $y - 2i$ 的 $\mathbb{Z}[i]$ 中的素元. 因为 γ 能除尽 $(y + 2i) - (y - 2i) = 4i = -i(1 + i)^4$, 故 $\gamma = (1 + i) \times$(可逆元). 因此, $y + 2i = (1 + i)^e\alpha$, $e \geqslant 1$, α 为

$\mathbb{Z}[i]$ 中不被 $1+i$ 除尽的元. 从而 $y-2i=(1-i)^e\bar{\alpha}$, 再由 $1-i=(-i)\times(1+i)$, 得 $y-2i=(\text{可逆元})\times(1+i)^e\bar{\alpha}$. 于是我们有

$$\alpha_1\alpha_2\alpha_3=x^3,$$
$$\alpha_1=(\text{可逆元})\times(1+i)^{2e},\ \alpha_2=\alpha,\ \alpha_3=\bar{\alpha}.$$

$\alpha_1,\alpha_2,\alpha_3$ 中两两无公共的素元. 根据引理 4.2, $\alpha_1,\alpha_2,\alpha_3$ 都具有 (可逆元)×($\mathbb{Z}[i]$ 的三次幂元) 这样的形式. 因此得到 e 为 3 的倍数. 这样一来, $y+2i=(1+i)^e\alpha$ 便成为 (可逆元)×($\mathbb{Z}[i]$ 的三次幂元). 然而,$\mathbb{Z}[i]$ 的可逆元 $\pm1,\pm i$ 全都是三次幂元, 故 $y+2i$ 便是 $\mathbb{Z}[i]$ 的三次幂元. ∎

[命题 0.3 的证明] 命题 0.3 说的是, 方程 $p=x^2+2y^2$ (p 为素数) 与 p 被 8 除时的余数的相关性. 如果 $p\equiv5,7 \mod 8$, 则 $(-2,p)_2=-1$, 从而不存在使 $p=x^2+2y^2$ 成立的有理数 x,y (参看命题 2.8 的证明).

另外, 设 $p\equiv1,3 \mod 8$. 我们来证明存在满足 $p=x^2+2y^2$ 的 $x,y\in\mathbb{Z}$. 对于 $\mathbb{Z}[\sqrt{-2}]$ 的元 $\alpha=x+y\sqrt{-2}$ $(x,y\in\mathbb{Z})$, 由于有 $\alpha\bar{\alpha}=x^2+2y^2$, 故如果能证明存在 $\alpha\in\mathbb{Z}[\sqrt{-2}]$ 使得 $p=\alpha\bar{\alpha}$ 就可以了. 对此, 利用 $\left(\dfrac{-2}{p}\right)=1$ 这个事实, 像在前面命题 0.2 的证明中那样, 只要将 $\mathbb{Z}[i]$ 换为 $\mathbb{Z}[\sqrt{-2}]$ 进行完全相同的讨论便证明了论断. ∎

[命题 0.10 的证明] 命题 0.10 说的是, 方程 $y^2=x^3-2$ 的自然数解只有 $(x,y)=(3,5)$. 可以把这个方程改写为

$$x^3=(y+\sqrt{-2})(y-\sqrt{-2}).$$

像前面命题 0.11 的证明那样进行, 能证明 $y+\sqrt{-2}$ 与 $y-\sqrt{-2}$ 分别是 $\mathbb{Z}[\sqrt{-2}]$ 中某个元的三次幂. (但是, 用 $\mathbb{Z}[\sqrt{-2}]$ 代替 $\mathbb{Z}[i]$. 而代替 $\mathbb{Z}[i]$ 中素元 $1+i$ 的是 $\mathbb{Z}[\sqrt{-2}]$ 中的素元 $\sqrt{-2}$, $\mathbb{Z}[i]$ 的可逆元为 ±1, $\pm i$, 代替的则是 $\mathbb{Z}[\sqrt{-2}]$ 中的可逆元 ±1.) 我们有

$$y+\sqrt{-2}=(a+b\sqrt{-2})^3\quad(a,b\in\mathbb{Z}).$$

展开上式右端并比较其虚部, 得

$$1=3a^2b-2b^3=(3a^2-2b^2)b.$$

于是 b 为 1 的约数, 从而 $b=\pm1$. 因此

$$(a,b)=(\pm1,1),$$

最后得到了 $y=\pm5$, $x=3$. ∎

[命题 0.4 的证明] 命题 0.4 说的是, 方程 $p=x^2+3y^2$ (p 为素数) 与 p 被 3 除的余数的相关性. 如果 $p\equiv2 \mod 3$, 则 $(-3,p)_3=-1$, 从而不存在有理数 x,y 满足 $p=x^2+3y^2$ (参看命题 2.8 的证明).

另外, 设 $p \equiv 1 \bmod 3$, 我们来证明存在满足 $p = x^2 + 3y^2$ 的 $x, y \in \mathbb{Z}$. 对于 $\mathbb{Z}[\sqrt{-3}] = \{a + b\sqrt{-3} \mid a, b \in \mathbb{Z}\}$ 中的元 $\alpha = x + y\sqrt{-3}$, 由于 $\alpha\bar{\alpha} = x^2 + 3y^2$, 故只要证明存在 $\alpha \in \mathbb{Z}[\sqrt{-3}]$ 使得 $p = \alpha\bar{\alpha}$ 就可以了. 利用 $\left(\dfrac{-3}{p}\right) = 1$ 的假定, 按照在前面命题 0.2 的证明中将 $\mathbb{Z}[i]$ 换做 $\mathbb{Z}[\zeta_3]$ 后完全一样的讨论, 便可证明存在 $\beta \in \mathbb{Z}[\zeta_3]$ 使得 $p = \beta\bar{\beta}$. 现在容易证明, $\mathbb{Z}[\zeta_3]$ 的每个元乘以 ± 1, $\pm\zeta_3$, $\pm\zeta_3^2$ (这些是 $\mathbb{Z}[\zeta_3]$ 中的全部可逆元) 中的某一个便可属于 $\mathbb{Z}[\sqrt{-3}]$. 令 $\alpha = u\beta \in \mathbb{Z}[\sqrt{-3}]$, $u \in \{\pm 1, \pm\zeta_3, \pm\zeta_3^2\}$, 于是 $p = \beta\bar{\beta} = \alpha\bar{\alpha}$. ▮

[命题 0.5 的证明] 命题 0.5 说的是, 方程 $p = x^2 - 2y^2$ (p 为素数) 与 p 除以 8 的余数的相关性. 命题 0.5 的证明与命题 0.2 的证明一样. 但是代替 $\mathbb{Z}[i]$ 的元 α 去考虑 $\bar{\alpha}$, 我们则对于 $\mathbb{Z}[\sqrt{2}]$ 的元 $\alpha = x + y\sqrt{2}$ $(x, y \in \mathbb{Z})$ 去考虑 $\alpha' = x - y\sqrt{2}$. 那么, 如果 $p \equiv 1, 7 \bmod 8$, 则对于某个 $\alpha = x + y\sqrt{2} \in \mathbb{Z}[\sqrt{2}]$ $(x, y \in \mathbb{Z})$ 有

$$p = \pm\alpha\alpha' = \pm(x^2 - 2y^2).$$

在 $p = -\alpha\alpha'$ 的情形, 我们取 $\beta = (1 + \sqrt{2})\alpha$, 便得到 $p = \beta\beta'$. ▮

问题 1 证明 $y^2 = x^3 - 1$ 的整数解仅为 $(x, y) = (1, 0)$.

问题 2 应用 $\mathbb{Z}\left[\dfrac{1+\sqrt{-11}}{2}\right]$ 为素分解整环的事实证明, $y^2 = x^3 - 11$ 的整数解仅为 $(x, y) = (3, \pm 4)$, $(15, \pm 58)$.

(b) $x^3 + y^3 = z^3$

我们来给出 Fermat 大定理在 $n = 3$ 的情形的证明. 这里的证明与 Euler 所给出的证明从本质上是一样的. 由于从最初就将证明细节写出来难以读懂, 故我们首先叙述证明的要点. 其方法是, 将前面在求 $y^2 = x^3 - 4$ 的整数解时所使用过的方法与在 §1.1 的命题 1.2 的证明中使用的 "无限下降法" 合并使用.

[证明] 假定存在 $x^3 + y^3 = z^3$ 的整数解, 取 x, y, z; $x \neq 0, y \neq 0, z \neq 0$ 为在所有整数解中使 $\max(|x|, |y|, |z|)$ 最小者. 然后证明存在满足 $\max(|x'|, |y'|, |z'|) < \max(|x|, |y|, |z|)$, $x' \neq 0, y' \neq 0, z' \neq 0$ 的解从而导出矛盾. 先讲述证明的要点.

(i) 首先, 证明只需取 y, z 为奇数即可, 从而设 y, z 为奇数.

(ii) 改写 $x^3 + y^3 = z^3$ 为

$$x^3 = (z - y)(z - \zeta_3 y)(z - \bar{\zeta}_3 y)$$

(注意有 $\zeta_3^2 = \bar{\zeta}_3$). 所有前面证明由 $x^3 = (y + 2i)(y - 2i)$ 得到 $y + 2i$, $y - 2i$ 各自为 $\mathbb{Z}[i]$ 中的三次幂元的类似考察, 便得到了下面的断言

(ii-1) 当 x 不能被 3 除尽时, 存在 $c \in \mathbb{Z}$, $\alpha \in \mathbb{Z}[\zeta_3]$, 使得

(1) $z - y = c^3$, (2) $z - \zeta_3 y = \bar{\zeta}_3\alpha^3$, (3) $z - \bar{\zeta}_3 y = \zeta_3\bar{\alpha}^3$.

(ii-2) x 为 3 的倍数时, 存在 $c \in \mathbb{Z}$, $\alpha \in \mathbb{Z}[\zeta_3]$ 使得

(1) $z-y=9c^3$, (2) $z-\zeta_3 y=(1-\zeta_3)\alpha^3$, (3) $z-\bar{\zeta}_3 y=(1-\bar{\zeta}_3)\bar{\alpha}^3$.

(iii) 此时令 $\alpha=a+b\zeta_3$ $(a,b\in\mathbb{Z})$.

(iii-1) 当 x 不被 3 除尽时, 根据 (ii-1) 的 (2)(3) 得出

$$y=a^3-3ab^2+b^3,\quad z=-a^3+3a^2b-b^3,$$

从而得到 $z-y=(a+b)(2a-b)(2b-a)$. 将其与 (ii-1) 的 (1) 进行比较得到

$$c^3=(a+b)(2a-b)(2b-a).$$

在此, 我们将证明 $a+b, 2a-b, 2b-a$ 两两互素. 因此 $a+b, 2a-b, 2b-a$ 分别为整数的三次幂, 令 $a+b=(z')^3$, $2a-b=(x')^3$, $2b-a=(y')^3$ $(x',y',z'\in\mathbb{Z})$, 则成立 $(x')^3+(y')^3=(z')^3$, $x'\neq 0, y'\neq 0, z'\neq 0$, $\max(|x'|,|y'|,|z'|)<\max(|x|,|y|,|z|)$.

(iii-2) x 为 3 的倍数时, 根据 (ii-2) 的 (2) (3) 有

$$y=a^3-6a^2b+3ab^2+b^3,\quad z=a^3+3a^2b-6ab^2+b^3,$$

从而得到 $z-y=9ab(a-b)$. 将此与 (ii-2) 的 (1) 进行比较, 得到

$$c^3=ab(a-b).$$

在此我们将证明 $a, b, a-b$ 两两互素. 于是 $a, b, a-b$ 分别为整数的三次幂, 令 $a=(z')^3$, $b=(x')^3$, $a-b=(y')^3$ $(x',y',z'\in\mathbb{Z})$, 则成立 $(x')^3+(y')^3=(z')^3$, $x'\neq 0, y'\neq 0, z'\neq 0$, $\max(|x'|,|y'|,|z'|)<\max(|x|,|y|,|z|)$.

现在叙述关于 (i), (ii), (iii) 的细节. 为此要做些准备 ((一)—(四)).

(一) $1-\zeta_3$ 是 $\mathbb{Z}[\zeta_3]$ 的素元 (其证明同于先前所给出的 $1+i$ 为 $\mathbb{Z}[i]$ 的素元的证明), 并有 $3=(1-\zeta_3)^2\times(-\bar{\zeta}_3)$.

(二) x, y, z 为两两互素. 就是说, x, y, z 中的两个被素数 l 除尽, 则由 $x^3+y^3=z^3$ 知剩下的另外一个也被 l 除尽, 从而 $\left(\frac{x}{l},\frac{y}{l},\frac{z}{l}\right)$ 也是 $x^3+y^3=z^3$ 的整数解, 这与 $\max(|x|,|y|,|z|)$ 的最小假定相反.

(三) 如果 $\mathbb{Z}[\zeta_3]$ 中素元 α 除尽 $z-y, z-\zeta_3 y, z-\bar{\zeta}_3$ 中的任意两个, 则 $\alpha=(1-\zeta_3)\times$(可逆元). 为什么这样呢? 譬如 α 除尽 $z-y$ 与 $z-\zeta_3 y$, 则 α 除尽 $(z-y)-(z-\zeta_3 y)=(1-\zeta_3)y$, 如果 α 不是 $(1-\zeta_3)\times$(可逆元) 的形式, 那么 α 必能除尽 y. 因为 α 能除尽 $y-z$ 从而既除尽 y 又除尽 z, 这与 (二) 中的断言 y 与 z 互素相矛盾. 对 α 除尽 $z-y$ 与 $z-\bar{\zeta}_3 y$, 或者除尽 $z-\zeta_3 y$ 与 $z-\bar{\zeta}_3 y$ 情形的讨论是同样的.

(四) 环 $\mathbb{Z}[\zeta_3]/2\mathbb{Z}[\zeta_3]$ 由 0, 1, ζ_3, $1+\zeta_3$ 的类这四个元构成, 0 以外的元为这个环中 1 的三次根. 在 $\mathbb{Z}[\zeta_3]$ 的全部可逆元 $\pm 1, \pm\zeta_3, \pm\bar{\zeta}_3$ 中, ± 1 在 $\mathbb{Z}[\zeta_3]/2\mathbb{Z}[\zeta_3]$ 中的像为 1 的类, $\pm\zeta_3$ 的像为 ζ_3 的类, 而 $\pm\bar{\zeta}_3$ 的像为 $1+\zeta_3$ 的类.

关于 (i)

根据 (二), x, y, z 中只能有一个偶数, 如有必要可将 (x,y,z) 换做 (y,x,z), $(z,-y,x)$, 从而假定 y,z 为奇数.

关于 (ii)-1.

根据 (一), (三) 以及 x 不能被 3 除尽的条件, $z-y, z-\zeta_3 y, z-\bar{\zeta_3}y$ 中任意两个不能被 $\mathbb{Z}[\zeta_3]$ 中同一个元除尽. 因此由引理 4.2 知, $z-y$, $z-\zeta_3 y$, $z-\bar{\zeta_3}y$ 分别为 $\mathbb{Z}[\zeta_3]$ 中的可逆元与一个三次幂元的乘积. 令 $z-y=u\beta^3$ (u 为 $\mathbb{Z}[\zeta_3]$ 中的可逆元, $\beta\in\mathbb{Z}[\zeta_3]$), 于是

$$(z-y)^2 = u\beta^3\bar{u}\bar{\beta}^3 = (\beta\bar{\beta})^3.$$

因此 $(z-y)^2$ 为整数的三次幂, 这表明 (若进行素因子分解便可明白) $z-y$ 也为整数的三次幂. 另外, 令 $z-\zeta_3 y = v\alpha^3$ (v 为 $\mathbb{Z}[\zeta_3]$ 中的可逆元, $\alpha\in\mathbb{Z}[\zeta_3]$). 如果能证明 $v=\pm\bar{\zeta_3}$ 就可以了. 以 $\bmod 2\mathbb{Z}[\zeta_3]$ 进行考虑, 由于 $y\equiv z\equiv 1 \bmod 2$, 故有

$$v\alpha^3 \equiv z-\zeta_3 y \equiv 1-\zeta_3 \equiv \bar{\zeta_3} \bmod 2\mathbb{Z}[\zeta_3],$$

因为 $\mathbb{Z}[\zeta_3]/2\mathbb{Z}[\zeta_3]$ 的非零元的三次幂等于 1((四)), 故 $v\equiv\bar{\zeta_3} \bmod 2\mathbb{Z}[\zeta_3]$, 于是, $v=\pm\bar{\zeta_3}$.

关于(ii-2).

因为 x 被 3 除尽, 所以也被 $1-\zeta_3$ 除尽, 并且 $x^3=(z-y)(z-\zeta_3 y)(z-\bar{\zeta_3}y)$. 于是

$$z-y\equiv z-\zeta_3 y\equiv z-\bar{\zeta_3}y \bmod (1-\zeta_3)\mathbb{Z}[\zeta_3],$$

因此 $z-y$, $z-\zeta_3 y$, $z-\bar{\zeta_3}y$ 都被 $1-\zeta_3$ 除尽. 因为 $z-\zeta_3 y\notin 3\mathbb{Z}[\zeta_3]=(1-\zeta_3)^2\mathbb{Z}[\zeta_3]$ (若 $z-\zeta_3 y\in 3\mathbb{Z}[\zeta_3]$, 则 z,y 都被 3 除尽, 这与 (二) 相矛盾), 如果令 $\mathrm{ord}_3(x)=m$, $\mathrm{ord}_3(z-y)=n$, 则 $x^3=(z-y)(z-\zeta_3 y)(z-\bar{\zeta_3}y)$ 意味着 $6m=2n+1+1$. 因此 $n\geqslant 2$. 于是成立

$$z-y=9r,\ z-\zeta_3 y=(1-\zeta_3)\varphi,\ z-\bar{\zeta_3}y=(1-\bar{\zeta_3})\bar{\varphi}$$

($r\in\mathbb{Z}$, $\varphi\in\mathbb{Z}[\zeta_3]$). 因为 $\left(\dfrac{x}{3}\right)^3=r\varphi\bar{\varphi}$, $r,\varphi,\bar{\varphi}$ 中任意两个没有 $\mathbb{Z}[\zeta_3]$ 中公共素元因子, 故由引理 4.2 知 $r,\varphi,\bar{\varphi}$ 各自都为 $\mathbb{Z}[\zeta_3]$ 的可逆元与一个三次幂的乘积. 因此, 我们有 $z-y=9c^3$ ($c\in\mathbb{Z}$), $z-\zeta_3 y=v(1-\zeta_3)\alpha^3$ (v 为 $\mathbb{Z}[\zeta_3]$ 的可逆元, $\alpha\in\mathbb{Z}[\zeta_3]$). 只要能证明 $v=\pm1$ 就可以了. 使用 $\bmod 2\mathbb{Z}[\zeta_3]$ 即有

$$1-\zeta_3\equiv z-\zeta_3 y\equiv v(1-\zeta_3)\alpha^3 \bmod 2\mathbb{Z}[\zeta_3].$$

因为在 $\mathbb{Z}[\zeta_3]/2\mathbb{Z}[\zeta_3]$ 中非零元的三次幂为 1, 故 $v\equiv 1 \bmod 2\mathbb{Z}[\zeta_3]$, 从而得到了 $v=\pm1$.

关于(iii-1).

首先要证明的是 $a+b, 2a-b, a-2b$ 两两互素; 如果 l 为除尽其中任两个的一个素数, 那么 l 便能除尽 $3a$ 和 $3b$. (因 $3a$ 可写为 $(a+b)+(2a-b)$ 等等之类的.) 然

而 l 除尽这三个数的乘积 $z-y$, 因此除尽它的倍数 x^3, 从而除尽 x. 根据假定条件, $l\neq 3$. 因此 l 除尽 a,b, 由 y,z 的 a,b 表达式知, l 除尽 y,z, 这与 (二) 矛盾. 其他的 $x'\neq 0, y\neq 0, z'\neq 0$ 以及 $\max(|x'|,|y'|,|z'|)<\max(|x|,|y|,|z|)$ 都容易证明.

关于(iii-2).

与 (iii-1) 的证明相同, 故略去. ∎

这个对 $n=3$ 时 Fermat 大定理的证明与椭圆曲线有关. 如果令 $X=\dfrac{x}{z-y}$, $Y=\dfrac{z+y}{z-y}$, 则方程 $x^3+y^3=z^3$ 可改写为

$$Y^2=\frac{4}{3}X^3-\frac{1}{3}.$$

若将此椭圆曲线记为 E, 那么, Fermat 大定理的 $n=3$ 情形等价于说 $E(\mathbb{Q})=\{O,(0,\pm1)\}$ (就是说 $E(\mathbb{Q})$ 是 3 阶群, 即表明 $E(\mathbb{Q})\simeq\mathbb{Z}/3\mathbb{Z}$). 设 $E(\mathbb{Q})$ 有元 Q, 其满足 $Q\neq O$, $Q\neq(0,\pm1)$, 我们在上面的证明中将 (x,y,z) 换做 (y,x,z) 或 $(z,-y,-x)$, 对应的就是把 Q 换做 $(0,1)-Q$ 或者 $(0,-1)-Q$. 寻找 (x',y',z') 的事, 对应于寻找 $P\in E(\mathbb{Q})$ 使 $Q=3P$, 而 $\max(|x'|,|y'|,|z'|)<\max(|x|,|y|,|z|)$ 则反映了 $3P$ 的高要大于 P 的高的事实.

§4.2 代数数论的核心

我们将要叙述的代数数论的核心内容有: 数域的整数环, 素理想分解, 代数数论的两大定理, 即 "类数的有限性定理" 和 "Dirichlet 单位定理".

(a) 数域的整数环

前一节所出现的环 $\mathbb{Z}[i]$, $\mathbb{Z}[\sqrt{-2}]$, $\mathbb{Z}[\zeta_3]$, $\mathbb{Z}[\sqrt{2}]$ 每一个都是所谓的数域的整数环.

现在来讲述 "数域的整数环" 的有关内容. 像在有理数域 $\mathbb{Q}$ 中的整数环 $\mathbb{Z}$ 那样, 在各个数域 K 内部具有被称做 "K 的整数环" 的子环 (记为 O_K). 例如, 如果 $K=\mathbb{Q}(\zeta_n)$, 已知有

$$O_K=\mathbb{Z}[\zeta_n]=\left\{\sum_{i=0}^{r}a_i\zeta_n^i \;\middle|\; r\geqslant 0, a_0,\cdots,a_r\in\mathbb{Z}\right\}.$$

O_K 的定义如下. O_K 是由 K 中的所有那些元 α 组成, 使得对于某个 $n\geqslant 1$ 以及 $c_1,\cdots,c_n\in\mathbb{Z}$, 它满足形如

$$\alpha^n+c_1\alpha^{n-1}+\cdots+c_n=0$$

的方程. (这里的关键之处是, 这个方程最高次 (n 次) 的系数为 1.) 称 O_K 中的元为 K 的整数. 或者, 为了和原来的整数有所区别, 称其为属于 K 的代数整数. 例如, 因

ζ_n 满足 $(\zeta_n)^n-1=0$, 故为 $\mathbb{Q}(\zeta_n)$ 的整数. 若使用抽象代数中的 "整闭包" 术语, 则 O_K 恰恰是 "$\mathbb{Z}$ 在 K 中的整闭包". 关于 "整闭包" 的一般理论, 可见附录的 §A.1.

K 为二次域 (即 $\mathbb{Q}$ 的二次扩域) 的情形, O_K 是下面那样的环. 记 $K=\mathbb{Q}(\sqrt{m})$, 其中 m 为不等于 1 的整数, 且不被 1 以外的平方数除尽, 则

$$O_K=\begin{cases}\mathbb{Z}[\sqrt{m}]=\{a+b\sqrt{m}\mid a,b\in\mathbb{Z}\} & m\equiv 2,3 \mod 4\\ \mathbb{Z}\left[\dfrac{1+\sqrt{m}}{2}\right]=\left\{a+b\dfrac{1+\sqrt{m}}{2}\;\middle|\; a,b\in\mathbb{Z}\right\} & m\equiv 1 \mod 4.\end{cases}$$

($m\equiv 1 \mod 4$ 时, $\frac{1+\sqrt{m}}{2}$ 为

$$\left(\frac{1+\sqrt{m}}{2}\right)^2-\frac{1+\sqrt{m}}{2}-\frac{m-1}{4}=0$$

的解.)

数域	$\mathbb{Q}$	$\mathbb{Q}(\sqrt{2})$	$\mathbb{Q}(\sqrt{3})$	$\mathbb{Q}(\sqrt{5})$	$\mathbb{Q}(\zeta_n)$
它的整数环	$\mathbb{Z}$	$\mathbb{Z}[\sqrt{2}]$	$\mathbb{Z}[\sqrt{3}]$	$\mathbb{Z}\left[\dfrac{1+\sqrt{5}}{2}\right]$	$\mathbb{Z}[\zeta_n]$

($\mathbb{Q}(\alpha)$ 为 $\mathbb{Q}$ 和 α 经四则运算所得到的全部数, $\mathbb{Z}[\alpha]$ 则为可以写成系数在 $\mathbb{Z}$ 中的 α 的多项式的全部数.)

数域的整数环 O_K, 作为加法群, 同构于 $\mathbb{Z}^{\oplus n}$ $(n=[K:\mathbb{Q}])$. 这就是说, 存在 $\alpha_1,\cdots,\alpha_n\in O_K(n=[K:\mathbb{Q}])$ 使得 O_K 中的每个元可以唯一地表示为 $c_1\alpha_1+\cdots+c_n\alpha_n(c_1,\cdots,c_n\in\mathbb{Z})$ 的形式. 这个论断可以由整闭包的一般理论如下地推导出来. 一般地, 设 A 为 Noether 整闭整环 (参看附录 §A.1), F 为 A 的分式域, K 为 F 的有限可分扩域, B 为 A 在 K 中的整闭包, 则由整闭包的一般理论知道, B 为有限生成的 A 模. 取 $A=\mathbb{Z}$ (从而 $F=\mathbb{Q}$) 时, 由于 $B=O_K$, 故 O_K 为有限生成 $\mathbb{Z}$ 模, 即有限生成 Abel 群. 根据有限生成 Abel 群的基本定理以及 O_K 不具有 0 以外的有限阶元的事实, 存在 $n\geqslant 0$ 使得成立 $O_K\cong\mathbb{Z}^{\oplus n}$. 这个 n 等于 $[K:\mathbb{Q}]$ 的断言则容易弄明白.

问题 3　证明上面所叙述的关于二次域的整数环的断言.

(b) 素元分解不成立的情形

在 $\mathbb{Z}$, $\mathbb{Z}[\sqrt{-1}]$, $\mathbb{Z}[\sqrt{-2}]$, $\mathbb{Z}[\zeta_3]$, $\mathbb{Z}[\sqrt{2}]$ 上所成立的素元分解法则 (§4.1 开始时的 $(*)$) 在数域的整数环中并不总成立. 譬如, 在 $\mathbb{Q}(\sqrt{-26})$ 的整数环 $\mathbb{Z}[\sqrt{-26}]=\{a+b\sqrt{-26}:a,b\in\mathbb{Z}\}$ 中, 不存在能除尽 3 的素元. 事实上, 我们有

$$3^3=(1+\sqrt{-26})(1-\sqrt{-26}),\qquad(4.4)$$

这表明 $1+\sqrt{-26}$ 与 $1-\sqrt{-26}$ 的积属于 $3\mathbb{Z}[\sqrt{-26}]$, 但每一个自身并不属于 $3\mathbb{Z}[\sqrt{-26}]$, 因而 3 不是 $\mathbb{Z}[\sqrt{-26}]$ 的素元. 假设 α 为除尽 3 的 $\mathbb{Z}[\sqrt{-26}]$ 的一个素元. 因为 3 不是素元, 故依照前面命题 4.1 证明的讨论可以得到 $3 = \alpha\bar{\alpha}$. 记 $\alpha = x+y\sqrt{-26}$ $(x, y \in \mathbb{Z})$, 便得到了 $3 = x^2 + 26y^2$. 容易知道并不存在这样的整数 x, y. 结果在 $\mathbb{Z}[\sqrt{-26}]$ 中素元分解的话题并不是那么顺当的, 故而引理 4.2 不适用 (4.4), 不管是 $1 + \sqrt{-26}$ 还是 $1 - \sqrt{-26}$ 都不是 $\mathbb{Z}[\sqrt{-26}]$ 的三次幂元.

(c) 素理想分解

如前面所说, 在数域的整数环中有时素元分解不成立, 然而, 整数环的美妙之处在于, 替代地成立所谓的 "素理想分解". 我们来说明什么是 "理想", "素理想".

定义 4.3 设 A 为交换环. 称满足下面 (i),(ii) 的 A 的子集合 $\boldsymbol{a}$ 为 A 的一个**理想** (ideal):

(i) 对于加法, $\boldsymbol{a}$ 是 A 的子群. (就是说, $0 \in \boldsymbol{a}$, 并且 "$a, b \in \boldsymbol{a} \Rightarrow a+b, a-b \in \boldsymbol{a}$".)

(ii) 如果 $a \in A$, $b \in \boldsymbol{a}$, 则 $ab \in \boldsymbol{a}$. □

例 4.4 (1) 对于交换环 A 的元 $\alpha_1, \cdots, \alpha_n$, $\{a_1\alpha_1 + \cdots + a_n\alpha_n \mid a_1, \cdots, a_n \in A\}$ 是 A 的一个理想. 称这个理想为 $\alpha_1, \cdots, \alpha_n$ 生成的 A 的理想, 记为 $(\alpha_1, \cdots, \alpha_n)$. 特别地, 对于 A 的元 α, $(\alpha) = \alpha A$. 称形如 (α) 的理想为**主理想** (principal ideal) (或者 (在日本) 称为**单项理想**).

以后对于理想 $(0) = \{0\}$, 简单地记为 0.

(2) $\mathbb{Z}$ 的理想只有主理想 (n) (n 为整数). 实际上, 如果 $\boldsymbol{a}$ 为 $\mathbb{Z}$ 的非零理想, 并设 $\boldsymbol{a}$ 中绝对值最小的非零整数为 n, 则容易证明 $\boldsymbol{a} = (n)$ 的断言.

像 $\mathbb{Z}$ 那样, 其所有理想均为主理想的整环被称作**主理想环** (principal ideal domain) (或者**单项理想整环**). 把主理想整环简略地记做 PID. $\mathbb{Z}[i], \mathbb{Z}[\sqrt{-2}], \mathbb{Z}[\zeta_3], \mathbb{Z}[\sqrt{2}]$ 都是主理想整环 (关于 $\mathbb{Z}[i]$, $\mathbb{Z}[\sqrt{-2}]$, $\mathbb{Z}[\zeta_3]$ 的情形参看 §4.3). □

定义 4.5 设 A 为交换环. 称 A 的理想 $\boldsymbol{p}$ 为素理想是说, 如果下面的 (i),(ii) 的断言成立.

(i) 如果 $a, b \in A$, $ab \in \boldsymbol{p}$, 则成立或者 $a \in \boldsymbol{p}$ 或者 $b \in \boldsymbol{p}$.

(ii) $1 \notin A$ (等价于 $\boldsymbol{p} \neq A$). □

例 4.6 (1) 设 A 为整环, α 为 A 的非零元, 则

$$(\alpha) \text{ 为素理想 } \Leftrightarrow \alpha \text{ 为 } A \text{ 的素元.}$$

(2) $\mathbb{Z}$ 的素理想为对于素数 p 的 (p) 以及 (0). □

定义 4.7 对于交换环 A 的理想 $\boldsymbol{a}$, $\boldsymbol{b}$, 定义它们的积 $\boldsymbol{ab}$ 为形如 $\sum_{i=1}^{n} a_i b_i$ ($n \geqslant 1$, $a_i \in \boldsymbol{a}$, $b_i \in \boldsymbol{b}$) 的全体元. $\boldsymbol{ab}$ 仍是 A 的理想. □

定理 4.8 设 K 为数域, $\boldsymbol{a}$ 为 O_K 的非零理想. 则 $\boldsymbol{a}$ 可被分解为下面的素理想的积形式:

$$\boldsymbol{a}=\boldsymbol{p}_1\cdots\boldsymbol{p}_r \quad (r\geqslant 1,\ \boldsymbol{p}_1,\cdots,\boldsymbol{p}_r \text{ 为 } O_K \text{ 中的非零素理想}),$$

并且这个分解在下述意义下唯一, 即如果 $\boldsymbol{a}$ 有另外的分解

$$\boldsymbol{a}=\boldsymbol{p}'_1\cdots\boldsymbol{p}'_s \quad (s\geqslant 0,\ \boldsymbol{p}'_1,\cdots,\boldsymbol{p}'_s \text{ 为 } O_K \text{ 中的非零素理想}),$$

则 $r=s$ 且如果适当地改换 $\boldsymbol{p}'_1,\cdots,\boldsymbol{p}'_s$ 的编号, 那么对于 $i=1,\cdots,r$ 成立 $\boldsymbol{p}'_i=\boldsymbol{p}_i$.□

称定理中 $\boldsymbol{a}$ 的分解为 $\boldsymbol{a}$ 的素理想分解. 我们经常将 $\boldsymbol{p}_1,...,\boldsymbol{p}_r$ 中相同的进行合并, 表示成

$$\boldsymbol{a}=\boldsymbol{p}_1^{e_1}\cdots\boldsymbol{p}_g^{e_r} \quad (g\geqslant 1,\ \boldsymbol{p}_i \text{ 为 } O_K \text{ 中非零的互不相同的素理想},\ e_i\geqslant 1)$$

的形式.

这个定理归结为数域的整数环 O_K 是个 **Dedekind 环** (Dedekind ring) (见附录 §A.1) 的事实. 在数论中颇为重要的这个定理属于代数学一般理论的 "Dedekind 环论" 所考虑的范围, 在本书中将不给予证明. 因为在附录中写有 Dedekind 环的概要, 故可参看, 至于详细内容请阅读环论方面的书. 简单说明一下. $\mathbb{Z}$ 为主理想整环 (例 4.4), 而因为一般的主理想整环都是 Dedekind 环, 故 $\mathbb{Z}$ 为 Dedekind 环; $\mathbb{Z}$ 在 K 中的整闭包从而也是 Dedekind 环 (附录 §A.1. 作为 Dedekind 环的这个性质可传递给其整闭包). 而在 Dedekind 环中所有非零理想均可唯一分解为素理想之积 (§A.2).

Dedekind 环中的理想可以用有限个元 $\alpha_1,\cdots,\alpha_n$ 写成 $(\alpha_1,...,\alpha_2)$ 的形式 (§A.1), 但由于 Dedekind 环并不仅限于主理想整环, 故不只是写成 (α) 的形式.

例 4.9 设 $K=\mathbb{Q}(\sqrt{-26})$, 考虑 $O_K=\mathbb{Z}[\sqrt{-26}]$ 的理想

$$\boldsymbol{a}=(3,1+\sqrt{-26}),\ \boldsymbol{b}=(3,1-\sqrt{-26}).$$

$\boldsymbol{a},\boldsymbol{b}$ 都是非主理想的素理想, 我们有

$$(3)=\boldsymbol{ab},\ (1+\sqrt{-26})=\boldsymbol{a}^3,\ (1-\sqrt{-26})=\boldsymbol{b}^3.$$

(4.4) 式的两端虽然在数世界里不能再进一步分解, 但是在理想的世界里

$$(3^3)=\boldsymbol{a}^3\boldsymbol{b}^3=((1+\sqrt{-26})(1-\sqrt{-26})),$$

从而具有 $\boldsymbol{a}^3\boldsymbol{b}^3$ 这样的素理想分解形式. □

定理 4.8 可以被推广为后面的关于 "分式理想的素理想分解" 的定理 4.12.

定义 4.10 设 K 为数域. 称 K 的子集合 $\boldsymbol{a}$ 为 O_K 的**分式理想** (fractional ideal) 是说, 它满足下面等价的条件 (i), (ii) 中的一个 (从而两者):

(i) 存在 O_K 中的非零元 c, 使得 $c\boldsymbol{a}$ 为 O_K 的非零理想.

(ii) $\boldsymbol{a}$ 为 K 的非零的有限生成的 O_K 子模.

对于 $K^\times$ 中元 α, 记分式理想 αO_K 为 (α). 称形如 (α) $(\alpha \in K^\times)$ 分式理想为**主分式理想** (principal fractional ideal). □

定义 4.11 设 K 为数域. 对于 K 的分式理想 $\boldsymbol{a}, \boldsymbol{b}$, 定义它们的积 $\boldsymbol{ab}$ 为形如 $\sum\limits_{i=1}^{n} a_i b_i$ $(n \geqslant 1, a_i \in \boldsymbol{a},\ b_i \in \boldsymbol{b})$ 的所有元. $\boldsymbol{ab}$ 仍是 O_K 的分式理想. □

定理 4.12 设 K 为数域, $\boldsymbol{a}$ 为 O_K 的分式理想, 则 $\boldsymbol{a}$ 可唯一地表示为

$$\boldsymbol{a} = \prod_{\boldsymbol{p}} \boldsymbol{p}^{e_{\boldsymbol{p}}},$$

其中 $\boldsymbol{p}$ 遍历 O_K 的所有非零素理想, $e_{\boldsymbol{p}} \in \mathbb{Z}$, 且除有限个 $\boldsymbol{p}$ 外有 $e_{\boldsymbol{p}} = 0$. O_K 的全体分式理想对于乘法构成一个群, O_K 是其单位, 分式理想 $\boldsymbol{a}$ 的逆元 $\boldsymbol{a}^{-1}$ 由

$$\boldsymbol{a}^{-1} = \{x \in K \mid x\boldsymbol{a} \subset O_K\}$$

给出. □

这个定理仍然是根据 O_K 是 Dedekind 环的事实由 Dedekind 环的一般理论得到 (附录 §A.2).

在 $\mathbb{Z}[\zeta_n]$ $(n \geqslant 1)$ 中素元分解法则不一定成立, 但唯一的素理想分解总成立, 这一事实是由 Kummer 在 1845 年左右指出的. 但是准确地说, Kummer 并没有用 "理想" 来考虑, 而是使用了类似的 "理想数" 来考虑. 数域的整数环的定义、理想的定义、一般数域的整数环上成立素理想的唯一分解的证明, 都是 Dedekind 在 1863 年左右做的. 在数论中产生的这个理想的思考方法, 在以代数几何为首的所有数学中成为了重要的思想.

(d) 理想类群与单位群

我们认为在代数数论中出现的群里最重要的群是 "理想类群", 其次重要的群则是 "单位群".

定义 4.13 设 K 为数域.

(1) K 的**理想类群** (ideal class group) 是指, O_K 的所有分式理想在乘法下构成的群 (定理 4.12) 关于所有主分式理想构成的子群 (定义 4.10) 所形成的商群. 记 K 的理想类群为 $Cl(K)$ 或者 $Cl(O_K)$.

(2) K 的**单位群** (unit group) 是指, O_K 的所有可逆元构成的乘法群 $O_K^\times$. □

引理 4.14 设 K 为数域, 则下面的 (i), (ii), (iii) 等价.

(i) $Cl(K)$ 是仅为单位构成的群.

(ii) O_K 为主理想整环.

(iii) O_K 的既非零也非可逆元的元可唯一地分解为素元的乘积 (在 §4.1(a) 所叙述的意义下). □

证明略去.

例 4.15 在 $K=\mathbb{Q}$ 的情形, $Cl(\mathbb{Q})$ 仅由单位构成, $\mathbb{Q}$ 的单位群为 $\mathbb{Z}^\times=\{\pm 1\}$. □

现在来叙述理想类群与单位群的意义和重要性.

理想类群或者单位群说的是 "数与理想的差异". 从数的群 $K^\times$ 到分式理想群的同态 $\alpha\mapsto(\alpha)$ 的余核是理想类群, 而核则是单位群; 余核、核的大小因而表达了这个同态离开同构有多么远. 另外, 根据引理 4.14, 理想类群可以说是表达了 "素元分解法则能成立的程度". 单位群也与素元分解的情况有关. 例如, 在 $\mathbb{Z}[\sqrt{2}]$ 中考虑 7 的分解时, 有

$$
\begin{aligned}
7&=(3+\sqrt{2})(3-\sqrt{2})=(5+3\sqrt{2})(5-3\sqrt{2})\\
&=(27+19\sqrt{2})(27-19\sqrt{2})=\cdots
\end{aligned}
\tag{4.5}
$$

等等. 由 $3+\sqrt{2}=(5-3\sqrt{2})(1+\sqrt{2})^2$ 可以明白, 7 的许多素元分解 (4.5) 是因为逐次地乘上了 $(1+\sqrt{2})^2$ 等 $\mathbb{Q}[\sqrt{2}]$ 的单位, 这在 §4.1(*) 的意义下可以有唯一的素元分解. 由于 $\mathbb{Q}(\sqrt{2})$ 的单位有无限多个, 因而感到 $\mathbb{Z}(\sqrt{2})$ 中素元分解的情形即 (4.5) 那样, 与 $\mathbb{Z}$ 中的素因子分解的情形不同. 因为 Fermat 还没有达到考虑环 $\mathbb{Z}[\sqrt{2}]$ 或者 "单位" 之类, 所以他的理解是 "之所以存在 $7=x^2-2y^2$, 如 $7=3^2-2\times 1^2=5^2-2\times 3^2=27^2-2\times 19^2=\cdots$ 这样的无限多个整数解, 是因为 $1=x^2-2y^2$ 存在无限多个整数解", 并使他导入了命题 0.6 中出现的 Pell 方程的研究.

因此, 可以说, 数域 K 的理想类群还有单位群揭示了 O_K 中数的法则与 $\mathbb{Z}$ 中的法则总体上有多少不同. 如果能牢牢掌握 "哪些法则是不同的" (譬如, 甚至是在 §4.1 中起了本质作用的素元分解法则不成立), 那么为了能够对此数域进行准确的考察, 故而了解理想类群或者单位群成为重要的事情. 这些群的重要性并不止于此, 从刚才所看到的, 理想类群或者单位群既与 ζ 函数相关又与类域论相关, 起着奇特的作用.

(e) 代数数论的两大定理

在这里将要介绍的两个大定理是关于理想类群和单位群这两个对于数域来说重要的群的两个定理, 即定理 4.16 及 4.21. 这些定理的证明将在 §6.4 中给出.

定理 4.16 数域的理想类群是有限群. □

定义 4.17 称数域的理想类群的阶数为该数域的**类数**(class number). □

例 4.18 令 $K = \mathbb{Q}(\sqrt{-26})$. 在 §4.3 中我们将证明 K 的类数等于 6. 令 $\boldsymbol{a} = (3, 1+\sqrt{-26})$, $\boldsymbol{c} = (2, \sqrt{-26})$, 则

$$\boldsymbol{a}^3 = (1+\sqrt{-26}),\ \boldsymbol{c}^2 = (2),$$

于是

$$\mathbb{Z}/3\mathbb{Z} \oplus \mathbb{Z}/2\mathbb{Z} \xrightarrow{\cong} Cl(\mathbb{Q}(\sqrt{-26}));$$
$$(m, n) \mapsto (\boldsymbol{a}\text{ 的类})^m (\boldsymbol{c}\text{ 的类})^n.$$ □

为了叙述定理 4.21, 有必要先讲实素点和复素点的定义.

定义 4.19 设 K 为数域.

(1) K 的实素点是指由 K 到 $\mathbb{R}$ 的一个域同态.

(2) K 的复素点是指由 K 到 $\mathbb{C}$ 的域同态 σ, 并使得 $\sigma(K) \subset \mathbb{R}$ 不成立. 我们约定这样的 σ 与其共轭 $\bar{\sigma} : K \to \mathbb{C} : x \mapsto \overline{\sigma(x)}$ 为同一个复素点. □

命题 4.20 令数域的实素点个数为 r_1, 复素点个数为 r_2, 则

$$[K : \mathbb{Q}] = r_1 + 2r_2.$$

[证明] 根据域论, 由 K 到 $\mathbb{C}$ 的域同态的个数等于 $[K : \mathbb{Q}]$, 其中其像属于 $\mathbb{R}$ 的有 r_1 个, 不属于 $\mathbb{R}$ 的有 $2r_2$ 个. ∎

定理 4.21 (Dirichlet 单位定理) 数域的单位群是有限生成 Abel 群. 更详细地说, 如果数域 K 的实素点个数为 r_1, 复素点个数为 r_2, 并令 $r = r_1 + r_2 - 1$, 则

$$O_K^\times \cong \mathbb{Z}^{\oplus r} \oplus (\text{有限循环群}).$$ □

这里所说的 "有限循环群" 部分指的是属于 K 的所有单位根构成的乘法群.

例 4.22 $K = \mathbb{Q}(\sqrt{2})$ 时, $r_1 = 2$, $r_2 = 0$,

$$O_K^\times \cong \{\pm(1+\sqrt{2}) \mid n \in \mathbb{Z}\} \cong \mathbb{Z} \oplus \mathbb{Z}/2\mathbb{Z}.$$ □

设 K 为一般的实二次域 (即二次域 $\mathbb{Q}(\sqrt{m})$, 其中的 m 为正有理数), 则 $r_1 = 2$, $r_2 = 0$, 并且因 K 仅有 ± 1 为其单位根, 因此存在 $O_K^\times$ 的元 ε 使得

$$O_K^\times = \{\pm\varepsilon^n \mid n \in \mathbb{Z}\}.$$

称满足上面条件的 ε 为二次域 K 的**基本单位** (fundamental unit). 例如, $1+\sqrt{2}$ 为 $\mathbb{Q}(\sqrt{2})$ 的基本单位.

例 4.23 $K = \mathbb{Q}(\sqrt[3]{2})$ 时, $r_1 = 1$, $r_2 = 1$, 有

$$O_K^\times \cong \{\pm(1-\sqrt[3]{2})^n \mid n \in \mathbb{Z}\} \cong \mathbb{Z} \oplus \mathbb{Z}/2\mathbb{Z}.$$

但在本书中将不予解说. □

例 4.24 设有 $r_1 + r_2 - 1 = 0$, 则只能 $K = \mathbb{Q}$ 或 K 为虚二次域 (即 $\mathbb{Q}(\sqrt{m})$, 其中 m 为负的有理数, 成立 $r_1 = 0$, $r_2 = 1$). 于是,

$$O_K^\times \text{ 为有限群} \Leftrightarrow K = \mathbb{Q} \text{ 或者 } K \text{ 为虚二次域}.$$ □

例 4.25 $K = \mathbb{Q}(\zeta_7)$ (ζ_7 为 7 次本原单位根) 时, 有 $r_1 = 0$, $r_2 = 3$, 且

$$\begin{aligned} O_K^\times &= \left\{ \pm \left(\frac{1-\zeta_7^2}{1-\zeta_7} \right)^m \left(\frac{1-\zeta_7^3}{1-\zeta_7} \right)^n \cdot \zeta_7^a \,\middle|\, m, n \in \mathbb{Z},\ a \in \mathbb{Z}/7\mathbb{Z} \right\} \\ &\cong \mathbb{Z}^{\oplus 2} \oplus \mathbb{Z}/2\mathbb{Z} \oplus \mathbb{Z}/7\mathbb{Z}. \end{aligned}$$ □

例 4.26 $K = \mathbb{Q}(\zeta_7 + \zeta_7^{-1})$ 时, 有 $r_1 = 3$, $r_2 = 0$, 且

$$\begin{aligned} O_K^\times &= \left\{ \pm \left(\zeta_7^3 \left(\frac{1-\zeta_7^2}{1-\zeta_7} \right) \right)^m \left(\zeta_7^6 \left(\frac{1-\zeta_7^3}{1-\zeta_7} \right) \right)^n \,\middle|\, m, n \in \mathbb{Z} \right\} \\ &\cong \mathbb{Z}^{\oplus 2} \oplus \mathbb{Z}/2\mathbb{Z}. \end{aligned}$$ □

其中的例 4.22 将在后面给予说明.

应用 Dirichlet 单位定理, 我们来给出有关 Pell 方程 (§0.4) 的命题, 特别是 Fermat 的命题 0.6 的证明.

命题 4.27 设 N 为非平方的自然数, 令 $P_N = \{(x, y) \in \mathbb{Z} \times \mathbb{Z} \mid x^2 - Ny^2 = \pm 1\}$, $P'_N = \{(x, y) \in P_N \mid x \geqslant 1,\ y \geqslant 1\}$.

(1) $\mathbb{Z}[\sqrt{N}]$ 的可逆元全体构成的乘法群 $\mathbb{Z}[\sqrt{N}]^\times$ 与集合 P_N 之间存在满单映射

$$\theta : P_N \to \mathbb{Z}[\sqrt{N}]^\times;\ (x, y) \mapsto x + y\sqrt{N}.$$

(2) P'_N 的元中其 x 分量最小者设为 (x_0, y_0), 则 (x_0, y_0) 也是 P'_N 中 y 分量最小的, 而且有

$$\begin{aligned} \mathbb{Z}[\sqrt{N}]^\times &= \{\pm(x_0 + y_0\sqrt{N})^n \mid n \in \mathbb{Z}\}, \\ \theta(P'_N) &= \{(x_0 + y_0\sqrt{N})^n \mid n \geqslant 1\}. \end{aligned}$$ □

由这个命题 4.27(2) 知道, $\mathbb{Z}[\sqrt{2}]^\times = \{\pm(1+\sqrt{2})^n | n \in \mathbb{Z}\}$. 原因在于 $(1, 1) \in P'_2$, 且其 x 分量还有 y 分量显然都是 P'_N 的元中最小的.

[命题 4.27 的证明] 证明 (1). 由于映射

$$\begin{aligned} &f : \mathbb{Z}[\sqrt{N}] \to \mathbb{Z} \\ &x + y\sqrt{N} \mapsto (x + y\sqrt{N})(x - y\sqrt{N}) = x^2 - Ny^2\ (x, y \in \mathbb{Z}) \end{aligned}$$

保持乘法运算, 故它把 $\mathbb{Z}[\sqrt{N}]$ 的可逆元映射到 $\mathbb{Z}$ 的可逆元 ± 1. 于是, 对于 $x, y \in \mathbb{Z}$ 由

$$x + y\sqrt{N} \in \mathbb{Z}[\sqrt{N}]^\times \Leftrightarrow x^2 - Ny^2 = \pm 1.$$

从而由此得到 (1).

为了证明 (2) 需要注意以下的事实: 设 $u = x + y\sqrt{N} \in \mathbb{Z}[\sqrt{N}]^\times$ $(x, y \in \mathbb{Z})$, 则

$$\{\pm u, \pm u^{-1}\} = \{x + y\sqrt{N}, x - y\sqrt{N}, -x + y\sqrt{N}, -x - y\sqrt{N}\}.$$

于是, 如果 $u \neq \pm 1$, 那么 $\pm u, \pm u^{-1}$ 之中只有唯一的一个属于 $\theta(P'_N)$.

现在应用 Dirichlet 的单位定理来证明 (2). 首先证明 $\mathbb{Z}[\sqrt{N}]^\times$ 为无限群. 令 $K = \mathbb{Q}(\sqrt{N})$. 容易明白有 $\mathbb{Z}[\sqrt{N}] \subset O_K$ 以及存在自然数 m 使得 $mO_K \subset \mathbb{Z}[\sqrt{N}]$. 根据 Dirichlet 单位定理, $O_K^\times$ 具有无限阶的元 u. 我们来证明对于某个 $n \geqslant 1$ 有 $u^n \in \mathbb{Z}[\sqrt{N}]^\times$. 因为 $(O_K/mO_K)^\times$ 是有限群, 所以存在某个 $n \geqslant 1$ 使得 u^n 在 $(O_K/mO_K)^\times$ 中的像为 1. 因此, $u^n - 1$, $u^{-n} - 1 \in mO_K$, 于是有 $u^n, u^{-n} \in \mathbb{Z}[\sqrt{N}]$, 从而得到 $u^n \in \mathbb{Z}[\sqrt{N}]^\times$.

那么, 因为 $\mathbb{Z}[\sqrt{N}]^\times$ 含有 $O_K^\times \cong \mathbb{Z} \oplus \mathbb{Z}/2\mathbb{Z}$ 的一个无限子群以及 ± 1, 故而存在 $\varepsilon \in \mathbb{Z}[\sqrt{N}]^\times$ 使得 $\mathbb{Z}[\sqrt{N}]^\times = \{\pm\varepsilon^n \mid n \in \mathbb{Z}\}$. 可取 $\pm\varepsilon$, $\pm\varepsilon^{-1}$ 中的某一个代替 ε, 使得 $\varepsilon \in \theta(P'_N)$. 设 $\varepsilon = x_1 + y_1\sqrt{N}$ (x_1, y_1 为自然数). 于是, 对 $n \geqslant 2$, 令

$$(x_1 + y_1\sqrt{N})^n = x' + y'\sqrt{N},\ x', y' \in \mathbb{Z},\ x' > x_1, y' > y_1,$$

这个 (x_1, y_1) 是 P'_N 的元中 x 分量最小者, 也是 y 分量的最小者, 并且

$$\theta(P'_N) = \{(x_1 + y_1\sqrt{N})^n \mid n \geqslant 1\}.$$

∎

最后, 我们来证明 Fermat 的命题 0.6.

[命题 0.6 的证明] 由上面所证明的 f 的像知道, 如果 $\alpha \in \mathbb{Z}[\sqrt{N}]^\times$, 则 $f(\alpha^2) = f(\alpha)^2 = (\pm 1)^2 = 1$. 于是, 按照命题 4.27(1) 的对应, 无限集合 $\{\alpha^2 \mid \alpha \in \mathbb{Z}[\sqrt{N}]^\times\}$ 所对应的 P_N 的子集中的元 (x, y) 必定满足 $x^2 - Ny^2 = 1$. 因此, 此方程存在无限多个自然数解 (x, y). ∎

§4.3 虚二次域的类数公式

知道一个数域的类数, 对于考察这个数域的数论是重要的. 在这一节里, 我们将叙述虚二次域的类数与在第三章中考察过的 ζ 函数之间的关系, 并利用此关系来比较简单地计算类数.

设 K 为虚二次域 (即不包含于 $\mathbb{R}$ 的二次域). $K = \mathbb{Q}(\sqrt{m})$, 其中 m 为不能被 1 以外的平方数除尽的整数, 且 $m < 0$.

令

$$N=\begin{cases}|m| & m\equiv 1 \mod 4\\ |4m| & m\equiv 2,3 \mod 4.\end{cases}$$

我们利用二次剩余的互反律对二次剩余符号 $\left(\dfrac{m}{p}\right)$ 进行计算, 知道存在唯一的 Dirichlet 特征

$$\chi:(\mathbb{Z}/N\mathbb{Z})^\times\to\{\pm1\}\subset\mathbb{C}^\times,$$

使得对于不能除尽 m 的所有素数 p 满足

$$\left(\frac{m}{p}\right)=\chi(p \mod N) \tag{4.6}$$

(参看第二章的问题 4). 这个 χ 可以像下面那样具体地表达出来.

对于与 N 互素的整数 a, 我们有

$$\chi(a \mod N)=\left(\prod_l\left(\frac{a}{l}\right)\right)\cdot\theta(a).$$

这里的 l 遍历所有除尽 m 的奇素数, $\theta(a)$ 如下面那样.

(1) $m\equiv 1 \mod 4$ 的情形, $\theta(a)=1$.

(2) $m\equiv 3 \mod 4$ 的情形, 如果 $a\equiv 1 \mod 4$, 那么 $\theta(a)=1$, 如果 $a=3 \mod 4$ 那么 $\theta(a)=-1$.

(3) m 为偶数的情形, 如果 $a\equiv 1, 1-m \mod 8$, 那么 $\theta(a)=1$, 若非如此, 则 $\theta(a)=-1$.

虽然这个 χ 的表示稍微有点复杂, 但就像将在 §5.2 中要说明的那样, 我们有 $K\subset\mathbb{Q}(\zeta_N)$ (ζ_N 为 1 的 N 次本原根), 于是使用 Galois 理论便能够简单地以复合映射

$$(\mathbb{Z}/N\mathbb{Z})^\times\cong\mathrm{Gal}(\mathbb{Q}(\zeta_N)/\mathbb{Q})\overset{(*)}{\to}\mathrm{Gal}(K/\mathbb{Q})\cong\{\pm1\}\subset\mathbb{C}^\times$$

(左端的同构将在 §5.2 中给予说明,$(*)$ 为 $\mathbb{Q}(\zeta_N)$ 的自同构在 K 上的限制) 定义.

定理 4.28　设 K 为虚二次域, 而 m, N, χ 如上所示. 设 h_K 为 K 的类数, w_K 为含于 K 中的单位根的个数. 于是,

$$h_K=\frac{w_K}{2}L(0,\chi)=\frac{w_K\sqrt{N}}{2\pi}L(1,\chi).$$ □

定理 4.28 证明将在 §7.5 中给出.

问题 4　证明 w_K 当 $K=\mathbb{Q}(\sqrt{-1})$ 时为 4, 当 $K=\mathbb{Q}(\sqrt{-3})$ 时为 6, K 为其他的虚二次域时为 2.

根据推论 3.21, 有

推论 4.29 设 K,m,N 如上所示, 则

$$h_K=-\frac{w_K}{2N}\sum_{a=1}^{N}a\chi(a).\qquad\square$$

称定理 4.28, 推论 4.29 为虚二次域的**类数公式** (class number formula). 运用虚二次域的类数公式我们来试着计算几个虚二次域的类数.

例 4.30 $K=\mathbb{Q}(\sqrt{-1})$.

$$w_K=4,\ N=4,\chi:(\mathbb{Z}/4\mathbb{Z})^\times\to\mathbb{C}^\times\text{为 }\chi(1\mod 4)=1,\ \chi(3\mod 4)=-1$$

. 按照推论 4.29, 有

$$h_K=-\frac{4}{2\times4}\sum_{a=1}^{4}a\chi(a)=-\frac{1}{2}(1-3)=1.\qquad\square$$

另外, 运用定理 4.28 则有

$$h_K=\frac{w_K\sqrt{N}}{2\pi}L(1,\chi)=\frac{4\times2}{2\pi}\cdot L(1,\chi)=\frac{4}{\pi}\cdot L(1,\chi).$$

于是, Leibniz 公式

$$L(1,\chi)=1-\frac{1}{3}+\frac{1}{5}-\frac{1}{7}+\frac{1}{9}-\frac{1}{11}+\cdots=\frac{\pi}{4}$$

表示了 $h_K=1$ 这个事实.

想到 Leibniz 公式与 $\mathbb{Q}(\sqrt{-1})$ 的类数等于 1 有关的确有一种不可思议的感觉. 这是 "ζ 函数特殊值的第三个奇特之处" 的进入口.

例 4.31 $K=\mathbb{Q}(\sqrt{-3})$.

$$w_K=6,\ N=3,\chi:(\mathbb{Z}/3\mathbb{Z})^\times\to\mathbb{C}^\times\text{为 }\chi(1\mod 3)=1,\ \chi(2\mod 3)=-1.$$

根据推论 4.29,

$$h_K=-\frac{6}{2\times3}\sum_{a=1}^{3}a\chi(a)=-(1-2)=1.\qquad\square$$

另外, 应用定理 4.28, 有

$$h_K=\frac{6\times\sqrt{3}}{2\pi}\cdot L(1,\chi)=\frac{3\sqrt{3}}{\pi}\cdot L(1,\chi).$$

因此, Euler 公式 $L(1,\chi)=\dfrac{\pi}{3\sqrt{3}}$ 表明 $\mathbb{Q}(\sqrt{-3})$ 的类数等于 1.

另外, 即便不能确切地 $L(1,\chi)=\dfrac{\pi}{3\sqrt{3}}$, 也有可能由上面的 $h_K=\dfrac{3\sqrt{3}}{\pi}\cdot L(1,\chi)$ 得出 $h_K=1$. 这是因为, 根据

$$L(1,\chi)=1-\frac{1}{2}+\frac{1}{4}-\frac{1}{5}+\cdots<1,$$

有

$$h_K=\frac{3\sqrt{3}}{\pi}\cdot L(1,\chi)<\frac{3\sqrt{3}}{\pi}<2.$$

由于 h_K 是自然数, 故而得到了 $h_K=1$. 如此一来, 从虚二次域的类数公式 $h_K=\dfrac{w_K\sqrt{N}}{2\pi}L(1,\chi)$ 出发, 如果对 $L(1,\chi)$ 进行某种程度的近似计算 (因 h_K 为自然数), 有可能求出 h_K 来.

例 4.32 $K=\mathbb{Q}(\sqrt{-26})$.

$w_K=2$, $N=4\times 26=104$, 对于与 104 互素的整数 a, 利用命题 2.8 (3) 证明中对 $(\frac{a}{13})$ 的计算知道, 在 mod 104 下, a 同余于

$$1,3,5,7,9,15,17,21,25,27,31,35,37,$$
$$43,45,47,49,51,63,71,75,81,85,93$$

时, 也只在此时 $\chi(a)=1$. 由此经计算得到 $\sum_{a=1}^{104} a\chi(a)=-624$. 于是

$$h_K=-\frac{2}{2\times 104}\times(-624)=6. \qquad \square$$

问题 5 运用虚二次域的类数公式求 $\mathbb{Q}(\sqrt{-2})$, $\mathbb{Q}(\sqrt{-5})$, $\mathbb{Q}(\sqrt{-6})$, $\mathbb{Q}(\sqrt{-10})$ 的类数.

类数为 1 的虚二次域只有

$$\mathbb{Q}(\sqrt{-1}),\ \mathbb{Q}(\sqrt{-2}),\ \mathbb{Q}(\sqrt{-3}),\ \mathbb{Q}(\sqrt{-7}),\ \mathbb{Q}(\sqrt{-11}),$$
$$\mathbb{Q}(\sqrt{-19}),\ \mathbb{Q}(\sqrt{-43}),\ \mathbb{Q}(\sqrt{-67}),\ \mathbb{Q}(\sqrt{-163})$$

这九个. 这是在 1967 年由 Baker 和 Stark 所证明的. Gauss 猜想类数为 1 的实二次域有无限多个, 迄今为止也不知道其正确与否.

§4.4 Fermat 大定理与 Kummer

Fermat 大定理是要对一般的 n 证明

"如果 $n\geqslant 3$, 则 $x^n+y^n=z^n$ 的整数解 x,y,z 满足 $xyz=0$,"

这只需对于 $n=4$ 和奇素数的情形证明就够了. 其原因在于, 若取 m 为满足大定理的整数, 并设 $n=m\cdot r$ 为 m 的倍数; 若 $x^n+y^n=z^n$ 成立, 则因为 $(x^r)^m+(y^r)^m=(z^r)^m$, 从而得到 $xyz=0$.

由于对大定理的 $n=4$ 情形在第一章中、而 $n=3$ 的情形在本章 §4.1 中已给出了证明, 故在此我们只考虑 n 为大于等于 5 的素数 p 的情形. 从 Kummer 以来问题便被分成了两种情形来考察, 即 x,y,z 都不被 p 除尽的情形 (第一种情形) 和 x,y,z 中的一个被 p 除尽的情形 (第二种情形). Kummer 在 $\mathbb{Q}(\zeta_p)$ 的类数不被 p 除尽的假设下, 证明了 $n=p$ 情形的 Fermat 大定理. 我们在这里介绍在第一种情形下 Kummer 的证明.

(a) 第一种情形时的证明

命题 4.33 设 p 为不小于 5 的素数, 并假设 $\mathbb{Q}(\zeta_p)$ 的类数不被 p 除尽. 取不被 p 除尽的整数 $x,y,z\in\mathbb{Z}$, 则它们不满足方程

$$x^p+y^p=z^p. \qquad \square$$

不同于在 §4.1 中考察 $x^3+y^3=z^3$ 时的 $\mathbb{Q}(\zeta_3)$, 在这些 $\mathbb{Q}(\zeta_p)$ 之中很多都是不成立素元分解法则的 (实际上已经知道如果 p 为不小于 23 的素数, 则 $\mathbb{Q}(\zeta_p)$ 的类数不等于 1). 在这里我们遇到了难点. 在下面命题 4.33 的证明中, 我们将用考察理想类群以及单位群的办法以克服那些困难. 理想类群在命题 4.33 的假设中以 "类数" 的形式出现, 而单位群则在证明中起了重要的作用 (参看后面出现的引理 4.36). 在 §4.1 中使用素分解所证明的引理 4.2 在这里为下面的引理所代替.

引理 4.34 设 K 为数域, $\boldsymbol{a}_1,\cdots,\boldsymbol{a}_r,\boldsymbol{b}$ 为 O_K 的非零理想, k 为自然数. 设 $\boldsymbol{a}_1\cdots\boldsymbol{a}_r=\boldsymbol{b}^k$, 并且还假定 $i\neq j$ 时 $\boldsymbol{a}_i$ 与 $\boldsymbol{a}_j$ 互素 (就是说, 不存在 O_K 中能同时除尽 $\boldsymbol{a}_i$ 与 $\boldsymbol{a}_j$ 的非零素理想). 此时, 对于每个 i, 存在 O_K 的非零素理想 $\boldsymbol{b}_i$ 使得 $\boldsymbol{a}_i=\boldsymbol{b}_i^k$. $\square$

如果考虑 $\boldsymbol{a}_1,\cdots,\boldsymbol{a}_r,\boldsymbol{b}$ 的素理想分解中 O_K 的各个素理想出现的次数的话, 此引理便能得到证明. 这与引理 1.7 能够使用素因子分解, 引理 4.2 使用素元分解来证明是一样的.

下面引理 4.35 的证明将不在这里给出 (在 §6.3 中给出).

引理 4.35 设 p 为素数, 并记 ζ_p 为 ζ, 记 $\mathbb{Q}(\zeta)$ 的整数环为 A. 则

(1) $A=\mathbb{Z}[\zeta]$.

(2) $[\mathbb{Q}(\zeta):\mathbb{Q}]=p-1$ (左端为域的扩张次数).

(3) 属于 $\mathbb{Q}(\zeta)$ 的单位根只有 $\pm$(1 的 p 次根).

(4) $(1-\zeta)$ 为 A 的素理想, $(p)=(1-\zeta)^{p-1}$ 为在 A 中 (p) 的素理想分解.

(5) 对于 $1\leqslant i\leqslant p-1$, $(1-\zeta)=(1-\zeta^i)$. $\square$

[命题 4.33 的证明] 沿用引理 4.35 的符号 ζ, A. 假设 (x,y,z) 为 $x^p+y^p=z^p$ 的整数解, 且 $p\nmid xyz$, 我们将由此导出矛盾. 由于可以预先把 (x,y,z) 的最大公约数消除, 所以只要假设 (x,y,z) 的最大公约数为 1 就可以了. 根据方程 $x^p+y^p=z^p$ 知

道, x,y,z 中任两个的公共因子也能够除尽第三个, 故而 x,y,z 是两两互素的. 将 y^p 移项, 根据在 $A=\mathbb{Z}[\zeta]$ 中的分解, 我们得到

$$x^p=\prod_{i=0}^{p-1}(z-\zeta^i y). \tag{4.7}$$

利用类数不被 p 除尽的假定, 我们来证明存在满足

$$z-\zeta y=u\cdot a^p \tag{4.8}$$

的 A 的可逆元 u 以及 A 的元 a. 为此, 我们先证明 (4.7) 右端所出现的理想 $(z-\zeta^i y)$ $(0\leqslant i\leqslant p-1)$ 是两两互素的.

令 $0\leqslant i<j\leqslant p-1$, 并设 $\boldsymbol{p}$ 为 A 的非零素理想, 且它同时除尽 $(z-\zeta^i y)$ 与 $(z-\zeta^j y)$. 由 $z-\zeta^i y$, $z-\zeta^j y\in\boldsymbol{p}$ 知 $(\zeta^i-\zeta^j)y$, $(\zeta^i-\zeta^j)z\in\boldsymbol{p}$, 故而有 $\zeta^i(1-\zeta^{j-i})(y,z)\subset\boldsymbol{p}$. 因为 y,z 互素, 于是 $(y,z)=(1)$, 根据引理 4.35(5), 有 $(1-\zeta^{i-j})=(1-\zeta)$, 而又由于 $(1-\zeta)$ 为素理想 (引理 4,35(4)), 故 $(1-\zeta)=\boldsymbol{p}$. 那么, 从 (4.7) 得知 $x^p\in\boldsymbol{p}$, 从而 $x\in\boldsymbol{p}$. 由于 $\boldsymbol{p}\cap\mathbb{Z}=(p)$, 故 $p|x$, 这与假定 $p\nmid xyz$ 相悖.

因此, 根据引理 4.34 知道, 理想 $(z-\zeta^i y)$ $(0\leqslant i\leqslant p-1)$ 为 A 的某个理想 $\boldsymbol{b_i}$ 的 p 次幂.

令 $(z-\zeta y)=\boldsymbol{a}^p$, 则 $\boldsymbol{a}$ 在 $Cl(A)$ 中的类在做 p 次幂后为单位. 由于 $Cl(A)$ 是其阶不被 p 除尽的群, 故在 $Cl(A)$ 中取 p 次幂后为单位的元必是单位本身. 因此, $\boldsymbol{a}$ 为主理想. 设 $\boldsymbol{a}$ 的生成元为 a, 则 $(z-\zeta y)a^{-p}\in A^\times$. (4.8) 得证.

在向前走之前, 我们先证明可以假定 $y\not\equiv -z \mod p$. 倘若 $y\equiv -z\mod p$; 则进行替换 $x_1=-z$, $z_1=-x$. 于是成立 $x_1^p+y^p=z_1^p$. 如果证明了 $y\not\equiv -z_1\mod p$ 就可以了. 假设并非如此, 那么因为 $x\equiv y\equiv -z\mod p$, 代入 $x^p+y^p=z^p$ 便得到 $2x\equiv -x^p\mod p$. 由于 $p\neq 3$, 故 $x\equiv 0\mod p$, 这与假设矛盾.

为了由 (4.8) 导出矛盾, 我们要使用下面的引理 4.36, 4.37.

引理 4.36　设 p 为奇素数, ζ, A 同于引理 4.35 中所设, $\tau:\mathbb{Q}(\zeta)\to\mathbb{Q}(\zeta)$ 为取复共轭的映射, 令 $B=\{\alpha\in A\mid\tau(\alpha)=\alpha\}$, $\mu_p=\{\zeta^i\mid 0\leqslant i\leqslant p-1\}$, 则

$$A^\times=\mu_p\times B^\times. \qquad \square$$

这个引理将用 Dirichlet 单位定理在后面来证明.

引理 4.37　将 τ 所诱导的 $\overline{A}=A/pA$ 自同构仍以 τ 表示, 并令 $\overline{B}=\{\alpha\in\overline{A}:\tau(\alpha)=\alpha\}$, 则

(1) $\overline{A}$ 在 $\mathbb{F}_p$ 上的基底由 $\{\zeta^i\mid 1\leqslant i\leqslant p-1\}$ 给出.

(2) $\overline{B}$ 在 $\mathbb{F}_p$ 上的基底由 $\{\zeta^i+\zeta^{-i}\mid 1\leqslant i\leqslant \frac{p-1}{2}\}$ 给出.

(3) $\overline{A}^p=\{\alpha^p\in\overline{A}\mid\alpha\in\overline{A}\}$ 与 $\mathbb{F}_p$ 相同并包含于 $\bar{B}$ 中. $\square$

如果我们承认引理 4.36, 4.37, 那么便能证明从 (4.8) 可以导出矛盾. 首先, 根据引理 4.36 知道, 存在 $\zeta' \in \mu_p$, $v \in B^\times$ 使得 $u = \zeta' v$ 成立. 因有 $v \mod pA \in \overline{B}$, 又由引理 4.37(3) 知 $a^p \mod pA \in \overline{B}$, 故而 ${\zeta'}^{-1}(z - \zeta y) \mod pA = va^p \mod pA \in \overline{B}$. 按 ζ' 的情形分别考虑. 在下面的书写中我们省略了 $\mod pA$.

(一) $\zeta' = 1$ 时, $z - \zeta y \in \overline{B}$. 由 $z \in \overline{B}$ 得到 $y\zeta \in \overline{B}$. 根据引理 4.37(1),(2), 得到 $y \equiv 0 \mod p$, 与假设矛盾.

(二) $\zeta' = \zeta$ 时, $z\zeta^{-1} - y \in \overline{B}$. 由 $y \in \overline{B}$, 有 $z\zeta^{-1} \in \bar{B}$. 根据引理 4.37(1),(2) 得到 $z \equiv 0 \mod p$, 又与假设矛盾.

(三) $\zeta' \neq 1, \zeta$ 时, $z{\zeta'}^{-1} - y\zeta{\zeta'}^{-1} \in \overline{B}$. 根据引理 4.37(1),(2) 得到 $\zeta' = \zeta{\zeta'}^{-1}$, 故 $y \equiv -z \mod p$. 这与在证明中间得到的假定相悖.

于是, 在承认引理 4.36, 4.37 的情形下, 我们的目标命题 4.33 已得证.

下面, 我们来证明引理 4.36 和 4.37. 先证引理 4.37.

[引理 4.37 的证明] 根据引理 4.35 (1),(2) 以及 $1 + \zeta + \cdots + \zeta^{p-1} = 0$, A 在 $\mathbb{Z}$ 上的基底可取为 $\{\zeta^i \mid 1 \leqslant i \leqslant p-1\}$. 因此 $\overline{A} = A/pA$ 在 $\mathbb{F}_p$ 上的基底同样可取为 $\{\zeta^i \mid 1 \leqslant i \leqslant p-1\}$. 于是 (1) 得证. 因为 τ 把 ζ^i 变到 ζ^{-i}, 故由 (1) 得到 (2).

证明 (3). 取 $\alpha = \sum_{i=1}^{p-1} a_i \zeta^i \in \overline{A}$, $a_i \in \mathbb{F}_p$. 像在 $\overline{A}$ 那样的 p 等于 0 的交换环上, 其 p 次幂映射保持加法和乘法, 故而 $\alpha^p = \sum_{i=1}^{p-1} a_i \in \mathbb{F}_p$. 因此 $\overline{A}^p = \mathbb{F}_p$. 其他的断言是显见的. ∎

[引理 4.36 的证明] 只要能证明自然映射 $\mu_p \to A^\times / B^\times$ 是同构就可以了. 考虑群同态 $f: A^\times \to A^\times:\ f(\alpha) = \alpha/\tau(\alpha)$. 它的核 $\{\alpha \in A^\times \mid \alpha = \tau(\alpha)\}$ 等于 $B^\times$, 从而像 $f(A^\times)$ 与 $A^\times/B^\times$ 同构. 另一方面, f 在 μ_p 上的限制是个 2 次幂映射 $\mu_p \to \mu_p$, 从而是到 μ_p 上的同构. 那么, 只要证明 $f(A^\times)$ 等于 $f(\mu_p) = \mu_p$ 就好了.

我们从证明 $f(A^\times)$ 是有限集着手. 为此, 只要证明 $B^\times \subset A^\times$ 具有有限指数即可, 就是说证明 $A^\times$ 与 $B^\times$ 作为有限生成 Abel 群的秩 (当群 $\cong \mathbb{Z}^{\oplus r} \oplus$ (有限 Abel 群) 时, 称 r 为其秩) 相等. 令

$$K = \{\alpha \in \mathbb{Q}(\zeta) \mid \tau(\alpha) = \alpha\} = \mathbb{Q}(\zeta + \zeta^{-1}),$$

B 为 K 的整数环. 我们现在使用 Dirichlet 单位定理来计算 $A^\times$, $B^\times$ 的秩. 首先, $\mathbb{Q}(\zeta)$ 没有实素点, 而复素点的个数为 $\frac{1}{2}[\mathbb{Q}(\zeta):\mathbb{Q}] = \frac{p-1}{2}$. 因此根据 Dirichlet 单位定理知 $A^\times$ 的秩为 $\frac{p-1}{2} - 1$. 另外, K 没有复素点, 其实素点的个数为 $[K:\mathbb{Q}] = \frac{p-1}{2}$. 根据 Dirichlet 单位定理, $B^\times$ 的秩等于 $\frac{p-1}{2} - 1$. 于是像 $f(A^\times) \cong A^\times/B^\times$ 的有限性得到了证明.

如此一来, 像 $f(A^\times)$ 便由 $\mathbb{Q}(\zeta_p)$ 内 1 的幂根组成. 由引理 4.35(3) 知道, 属于

$\mathbb{Q}(\zeta)$ 的 1 的幂根全体为 $\{\pm\zeta^i \mid 0 \leqslant i \leqslant p-1\}$. 因为我们已经看到 $\mu_p \subset f(A^\times)$, 所以要有 $\mu_p = f(A^\times)$ 只需证明 $-1 \notin f(A^\times)$ 即可. 为此我们只要从假设 $\alpha \in A^\times$ 且 $\tau(\alpha) = -\alpha$ 得到矛盾就可以了. 根据引理 4.35(5) 知, τ 保持理想 $(\zeta-1)$ 不变, 由于 $A/(\zeta-1) \cong \mathbb{F}_p$, 故 τ 在 $A/(\zeta-1)$ 上诱导的作用为恒同映射. 这与 $\tau(\alpha) \equiv -\alpha \mod (\zeta-1)$ 矛盾. ∎

(b) Kummer 判别法

在 Kummer 的工作中出现的假设 "p 不能除尽 $\mathbb{Q}(\zeta_p)$ 的类数", 到底对哪些素数 p 成立呢? Kummer 将这个问题与 ζ 函数的值挂上了钩, 他证明了被称做 **Kummer 判别法** (Kummer's criterion) 的下面的定理.

"设 p 为素数, 则下面的 (i), (ii), (iii) 等价.

(i) p 不除尽 $\mathbb{Q}(\zeta_p)$ 的类数.

(ii) 对于所有的负奇数 m, 当将 $\zeta(m)$ 表示为既约分数时, 其分子不被 p 除尽.

(iii) 对于满足 $|m| \leqslant p-4$ 的所有负奇数 m, 当将 $\zeta(m)$ 表示为既约分数时, 其分子不被 p 除尽."

根据在 §3.3 中介绍过的 $\zeta(m)$ 与 $\zeta(1-m)$ 之间的关系知道, 上面的 (iii) 与下面的 (iii)′ 等价.

(iii)′ 对于不大于 $p-3$ 的所有正的偶数 r, 将有理数 $\zeta(r)\pi^{-r}$ 表示为既约分数时, 其分子不被 p 除尽.

我们以例 3.23 来试行确定一下条件 (iii), 由此定理, 对不大于 17 的全部素数 p 都满足 "p 不除尽 $\mathbb{Q}(\zeta_p)$ 的类数" 的条件, 而 691 则可除尽 $\mathbb{Q}(\zeta_{691})$ 的类数.

在这个 Kummer 判别法中所见到的 ζ 函数的值与理想类群之间的关系发展成了将在《数论 II》中要讲解的 岩泽(Iwasawa) 理论.

小结

4.1 称有理数域的有限扩域为数域. 从有理数域出发拓展到数域的考察被称为 "代数数论" 的强有力的方法.

4.2 像在有理数域中有整数环那样, 在数域 K 中可定义被称做 "K 的整数环" 的环 O_K. 在 O_K 中 "数的素元唯一分解" 不再成立, 取而代之的则成立 "理想的素理想唯一分解".

4.3 对于数域, 我们定义了它的理想类群和单位群这两个重要的群. 它们是表示 "数与理想之间的差别的大小程度" 的群. 对于这些群有 "理想类群为有限群" 的重要定理, 以及关于单位群大小的 "Dirichlet 单位定理" 的重要定理.

4.4 这些群与 ζ 函数之间有着关联, 在这一章中介绍了虚二次域的理想类群和 ζ 函数之间的关系 (虚二次域的类数公式).

习题

4.1 对于素数 p, 利用 $\mathbb{Q}(\sqrt{-7})$ 的类数为 1 的事实证明下面的 (i), (ii) 等价.

(i) 存在满足 $p = x^2 + xy + 2y^2$ 的整数 x, y.

(ii) $p \equiv 1, 2, 4 \mod 7$ 或者 $p = 2, 7$.

4.2 设 n 为自然数. 证明下面的 (i), (ii) 等价.

(i) 存在满足 $n = x^2 + y^2$ 的整数 x, y.

(ii) 对于除以 4 余 3 的所有素数 p, $\mathrm{ord}_p(n)$ 为偶数.

4.3 设 p 为除以 4 余 1 的素数, n 为自然数, 在三边长为整数的直角三角形中, 证明除去全等的三角形外, 存在唯一一个斜边长为 p^n, 而且三边长的最大公约数为 1 的三角形.

4.4 证明 $\mathbb{Q}(\sqrt{3})$ 的单位群为 $\{\pm(2+\sqrt{3})^n \mid n \in \mathbb{Z}\}$

4.5 设 $\boldsymbol{a}, \boldsymbol{b}$ 为 Dedekind 环 A 的分式理想 (参看附录 §A.2), 并设其素理想分解为

$$\boldsymbol{a} = \prod_{\boldsymbol{p}} \boldsymbol{p}^{a_{\boldsymbol{p}}},\ \boldsymbol{b} = \prod_{\boldsymbol{p}} \boldsymbol{p}^{b_{\boldsymbol{p}}}.$$

(这里的 $\boldsymbol{p}$ 遍历 A 的非零素理想, $a_{\boldsymbol{p}}$, $b_{\boldsymbol{p}}$ 为整数, 除去有限个 $\boldsymbol{p}$ 外全都有 $a_{\boldsymbol{p}} = b_{\boldsymbol{p}} = 0$). 证明, 如果令 $c_{\boldsymbol{p}} = \max(a_{\boldsymbol{p}}, b_{\boldsymbol{p}})$, $d_{\boldsymbol{p}} = \min(a_{\boldsymbol{p}}, b_{\boldsymbol{p}})$, 则对于 A 的分式理想 $\boldsymbol{a} \cap \boldsymbol{b}$ 和 $\boldsymbol{a} + \boldsymbol{b} = \{x + y : x \in \boldsymbol{a},\ y \in \boldsymbol{b}\}$ 具有素理想分解

$$\boldsymbol{a} \cap \boldsymbol{b} = \prod_{\boldsymbol{p}} \boldsymbol{p}^{c_{\boldsymbol{p}}},\ \boldsymbol{a} + \boldsymbol{b} = \prod_{\boldsymbol{p}} \boldsymbol{p}^{d_{\boldsymbol{p}}}$$

(参看 §A.2).

4.6 利用 $\mathbb{Q}(\sqrt{-5})$ 的类数 2 不被 3 除尽的事实证明 $y^2 = x^3 - 20$ 的自然数解只有 $(x, y) = (6, 14)$ (根据在 §4.4 中使用 $\mathbb{Q}(\zeta_p)$ 的类数不被 p 除尽的假定时的同样方法).

第五章　何谓类域论

在第零章中, 我们介绍了 Fermat 的 "除以 4 余 1 的素数具有 x^2+y^2 $(x,y\in\mathbb{Z})$ 的形式" 等等命题开启了类域论的序幕. 类域论是以这些 Fermat 的命题以及 Gauss 二次剩余的互反律 (§2.2 定理 2.2) 作为登山口而达到数论的一个山顶.

类域论将在第八章中才正式进行论述, 所以在本章中没有太多的必要作形式上的准备, 而是以例子为中心讲述类域论是怎么一回事.

在 §5.1 中, 我们将介绍在类域论背后所产生的现象的例子但不给出证明, 想让读者以轻松的心情眺望一下所出现的如此不可思议的现象. 在 §5.2 中, 将讲述类域论中与分圆域和二次域有关的内容. 然后站在这样的观点给出二次剩余的互反律的证明. §5.3 则讲了类域论大体的情形.

代数数论中出现的现象, 有些出现在一般的域论和环论中, 但有些则没有. 譬如, 数域的整数环中成立唯一的素理想分解等重要的性质在一般的 Dedekind 环中也有, 这包含在一般环论的内容之中. 相反地, 在整数环中存在的二次剩余互反律却在一般的环中没有. 类域论及在第七章将讲述的 ζ 函数, 仅在数域中存在而在一般的域中则没有. 所说的这些地方才是数论的本质, 是其精华所在.

§5.1　类域论的现象的例子

(a) 回顾

据第零章中的介绍, Fermat 发现了下面的一些现象. 对于素数 $p\neq 2$, 我们有

存在满足 $p=x^2+y^2$ 的 $x,y\in\mathbb{Z}\Leftrightarrow p\equiv 1 \mod 4$

存在满足 $p=x^2+2y^2$ 的 $x,y\in\mathbb{Z}\Leftrightarrow p\equiv 1,3 \mod 8$

存在满足 $p=x^2-2y^2$ 的 $x,y\in\mathbb{Z}\Leftrightarrow p\equiv 1,7 \mod 8$.

对于素数 $p\neq 3$, 我们有

存在满足 $p=x^2+3y^2$ 的 $x,y\in\mathbb{Z}\Leftrightarrow p\equiv 1 \mod 3$.

根据这些现象并考虑 §4.1 中所说的, 有

$$5=2^2+1^2=(2+\sqrt{-1})(2-\sqrt{-1}),$$
$$11=3^2+2\times 1^2=(3+\sqrt{-2})(3-\sqrt{-2}).$$

根据对此进行的考虑, 我们便能够抓住 "在二次域 $\mathbb{Q}(\sqrt{-1}),\mathbb{Q}(\sqrt{-2}),\mathbb{Q}(\sqrt{2}),\mathbb{Q}(\sqrt{-3})$ 的整数环中, 素数 p 分解为素元乘积的情形各自按照 $p \mod 4$, $p \mod 8$, $p \mod 8$, $p \mod 3$ 来决定" 这种现象. 由在 §4.1 中证明过的事实得到了下面的表 5.1.

表 5.1　$\mathbb{Q}(\sqrt{-1}),\mathbb{Q}(\sqrt{-2}),\mathbb{Q}(\sqrt{2}),\mathbb{Q}(\sqrt{-3})$ 中的素数 p 分解

域 \ 分解	满足 $p=\alpha\beta,\alpha,\beta$ 为素元, $(\alpha)\neq(\beta)$ 的素数 p	p 成为素元	满足 $p=\alpha^2\times$ 可逆元, α 为素元的 p
$\mathbb{Q}(\sqrt{-1})$	$p\equiv 1 \mod 4$	$p\equiv 3 \mod 4$	$p=2$
$\mathbb{Q}(\sqrt{-2})$	$p\equiv 1,3 \mod 8$	$p\equiv 5,7 \mod 8$	$p=2$
$\mathbb{Q}(\sqrt{2})$	$p\equiv 1,7 \mod 8$	$p\equiv 3,5 \mod 8$	$p=2$
$\mathbb{Q}(\sqrt{-3})$	$p\equiv 1 \mod 3$	$p\equiv 2 \mod 3$	$p=3$

在表 5.1 中出现的现象, 就像本章要说明的那样, 构成了类域论的部分现象. 在此表中出现的 $\mod 4$, $\mod 8$, $\mod 3$, 以及在类域论中由 $p \mod 7$ 或 $p \mod 20$ 而决定素数 p 的分解的域等等, 这些具有形形色色的分解法则的域都出现了 (表 5.2—表 5.6). 还有, 二次剩余的互反律 (§2.2 定理 2.2) 也是类域论中的一种现象. 在 §5.1 中我们可以看到类域论的这些现象的实例.

(b) 二次域中的素数分解

在一般的二次域中, 素数该如何进行分解呢? 在上面的 (a) 小节中出现的二次域 $\mathbb{Q}(\sqrt{-1}),\mathbb{Q}(\sqrt{-2}),\mathbb{Q}(\sqrt{2}),\mathbb{Q}(\sqrt{-3})$ 的每一个的类数都为 1, 这样的域的整数环是唯一分解整环, 因此素数可唯一地表示为这个环的素元的积.

但是, 譬如 $\mathbb{Q}(\sqrt{-5})$ 或 $\mathbb{Q}(\sqrt{-6})$ 的类数为 2, 则在它们的整数环 $\mathbb{Z}[\sqrt{-5}],\mathbb{Z}[\sqrt{-6}]$ 中, 素数不一定能表示为素元的积. 如同在 §4.2 所说, 在数域的整数环中, 代替素元分解, 我们不得不考虑取 "唯一的素理想分解", 因此在各种二次域的整数环中, 对于素数 p 我们考虑理想 (p) 的素理想分解, 这便是表 5.2 中的现象.

表 5.2 在各种二次域中素数 p 的分解

域 \ 分解	$(p)=\boldsymbol{pq}$, 为使 $\boldsymbol{p},\boldsymbol{q}$ 为素理想 $\boldsymbol{p}\neq\boldsymbol{q}$ 的 p	(p) 为素理想的 p	$(p)=\boldsymbol{p}^2$, 为使 $\boldsymbol{p}$ 为素理想的 p
$\mathbb{Q}(\sqrt{3})$	$p\equiv 1,11 \mod 12$	$p\equiv 5,7 \mod 12$	$2,3$
$\mathbb{Q}(\sqrt{5})$	$p\equiv 1,4 \mod 5$	$p\equiv 2,3 \mod 5$	5
$\mathbb{Q}(\sqrt{-5})$	$p\equiv 1,3,7,9 \mod 20$	$p\equiv 11,13,17,19 \mod 20$	$2,5$
$\mathbb{Q}(\sqrt{6})$	$p\equiv 1,5,13,19 \mod 24$	$p\equiv 7,11,13,17 \mod 24$	$2,3$
$\mathbb{Q}(\sqrt{-6})$	$p\equiv 1,5,7,11 \mod 24$	$p\equiv 13,17,19,23 \mod 24$	$2,3$
$\mathbb{Q}(\sqrt{-15})$	$p\equiv 1,2,4,8 \mod 15$	$p\equiv 7,11,13,14 \mod 15$	$3,5$

以 $\mathbb{Q}(\sqrt{-5})$ 为例, 譬如 $41,3,7,29$ 分别为使 $\equiv 1,3,7,9 \mod 20$ 成立的素数, 在 $\mathbb{Z}[\sqrt{-5}]$ 中有如下的素理想分解:

$$(41)=(6+\sqrt{-5})(6-\sqrt{-5}),\ (3)=(3,1+\sqrt{-5})(3,1-\sqrt{-5}),$$
$$(7)=(7,4+\sqrt{-5})(7,4-\sqrt{-5}),\ (29)=(3+2\sqrt{-5})(3-2\sqrt{-5}).$$

另外, 2,5 在 $\mathbb{Z}[\sqrt{-5}]$ 中有

$$(2)=(2,1+\sqrt{-5})^2,\ (5)=(\sqrt{-5})^2$$

这样的素理想分解.

再举 $\mathbb{Q}(\sqrt{-6})$ 的例子. $73,5,7,11$ 各为使 $\equiv 1,5,7,11 \mod 24$ 成立的素数, 在 $\mathbb{Z}[\sqrt{-6}]$ 中有如下的素理想分解:

$$(73)=(7+2\sqrt{-6})(7-2\sqrt{-6}),\ (5)=(5,2+\sqrt{-6})(5,2-\sqrt{-6}),$$
$$(7)=(1+\sqrt{-6})(1-\sqrt{-6}),\ (11)=(11,4+\sqrt{-6})(11,4-\sqrt{-6}).$$

再者, 2,3 在 $\mathbb{Z}[\sqrt{-6}]$ 中被素理想分解为

$$(2)=(2,\sqrt{-6})^2,\ (3)=(3,\sqrt{-6})^2.$$

表 5.2 所表现出的现象成为后面的定理 5.15.

在二次域中的素数分解与后面所说的事实有关: 对于素数 $p\neq 2,5$, 在 $\mathbb{Z}[\sqrt{-5}]$ 中 (p) 被分解为两个不同的素理想的乘积等价于存在满足 $a^2\equiv -5 \mod p$ 的整数 a, 即 p 成为形如 a^2+5 (a 为整数) 的数的素因子 (根据后面的引理 5.19). 因此, 如果有使 $a^2\equiv -5 \mod p$ 成立的整数 a, 对于这个 a,

$$(p)=(p,a+\sqrt{-5})(p,a-\sqrt{-5})$$

便是 (p) 在 $\mathbb{Z}[\sqrt{-5}]$ 中的素理想分解. 譬如, 因为 $1^2\equiv -5 \mod 3$, 故产生出先前所写出过的 (3) 的素分解 $(3)=(3,1+\sqrt{-5})(3,1-\sqrt{-5})$.

那么, 素数 p 是否是某个给定的多项式 (如 a^2+5 这样) 表出的数的素因子的问题 (参看 (f) 小节), 或者, 素数是否是诸如 x^2+y^2 这种形式 (参看 (g) 小节) 等等问题, 初看起来似乎是些与数域没有什么关系的问题, 然而却与在数域中素数的分解方式相关, 而这些分解的方法还表现为表 5.1 或者表 5.2 那样奇怪的规则 (类域论).

问题 1 证明 $\mathbb{Z}[\sqrt{-5}]$ 中理想间的等式 $(3)=(3,1+\sqrt{-5})(3,1-\sqrt{-5})$, 以及 $\mathbb{Z}[\sqrt{-6}]$ 中理想间的等式 $(5)=(5,2+\sqrt{-6})(5,2-\sqrt{-6})$.(提示: 当理想 I 由 α_i $(1\leqslant i\leqslant m)$ 生成, 理想 J 由 β_j $(1\leqslant j\leqslant n)$ 生成时, 理想 IJ 则由 $\alpha_i\beta_j$ $(1\leqslant i\leqslant m,\ 1\leqslant j\leqslant n)$ 生成, 可利用此事实.)

问题 2 应用 $3=x^2+5y^2$ 以及 $5=x^2+6y^2$ 不具有整数解的事实证明, 上面所表出的 $\mathbb{Z}[\sqrt{-5}]$ 的理想 $(3,1+\sqrt{-5})$ 以及 $\mathbb{Z}[\sqrt{-6}]$ 的理想 $(5,2+\sqrt{-6})$ 不是主理想.

(c) 分歧, 非分歧, 完全分解

类域论不仅仅以二次域即有理数域 $\mathbb{Q}$ 的二次扩域为考察对象, 而是要考察各种各样的数域的各种扩张. 为此我们要作些准备.

设 K 为数域, L 为其有限扩张. 迄今我们所考察的是 $K=\mathbb{Q}$, L 为二次域的情形, 现在要考虑将其一般化. 迄今我们所考虑的是素数在二次域是如何分解的, 一般地, 了解 K 的整数环 O_K 的非零素理想 (为简便起见, 常常简称其为 "K 的素理想") 在 L 中如何分解是件极其重要的事. 为此我们要引入关于这个分解情形的术语 "分歧, 非分歧, 完全分解".

设 $\boldsymbol{p}$ 为 O_K 的非零素理想, $O_L\boldsymbol{p}$ (也写作 $\boldsymbol{p}O_L$) 为 $\boldsymbol{p}$ 在 O_L 中生成的理想. $O_L\boldsymbol{p}$ 可表示为

$$O_L\boldsymbol{p}=\boldsymbol{q}_1^{e_1}\cdots\boldsymbol{q}_g^{e_g} \tag{5.1}$$

($\boldsymbol{q}_1,\cdots,\boldsymbol{q}_g$ 为 O_L 的互不相同的非零素理想, $e_i\geqslant 1$) 的形式.

定义 5.1 当 $e_1=\cdots=e_g=1$ 时, 称 $\boldsymbol{p}$ 在 L 中**非分歧** (unramified). 不是非分歧, 即对于某个 i 有 $e_i\geqslant 2$ 时, 称 $\boldsymbol{p}$ 在 L 中**分歧** (ramified). □

例如, $K=\mathbb{Q}$, $L=\mathbb{Q}(\sqrt{-1})$ 时, 在 L 中分歧的 $\mathbb{Z}$ 的非零素理想只有 $2\mathbb{Z}$.

为了看出考虑分歧这件事的重要性, 譬如 $\sqrt{5}\notin\mathbb{Q}(\sqrt[4]{2},\sqrt[6]{3},\sqrt[4]{7})$ 这个断言当考虑分歧时便能立即明白, 我们来叙述此事. 在含有 $\sqrt{5}$ 的域中 $5\mathbb{Z}$ 为分歧.(这是因为, 设在此 L 中 $(\sqrt{5})=\boldsymbol{q}_1^{n_1}\cdots\boldsymbol{q}_g^{n_g}$, 则 $(5)=\boldsymbol{q}_1^{2n_1}\cdots\boldsymbol{q}_g^{2n_g}$.) 然而根据下面的命题 5.2, $5\mathbb{Z}$ 在 $\mathbb{Q}(\sqrt[4]{2},\sqrt[6]{3},\sqrt[4]{7})$ 非分歧.

命题 5.2 *设 K 为数域, $a_1,\cdots,a_m$ 为 O_K 中的元, $n_1,\cdots,n_m\geqslant 1$ 为自然数, $L=K(\alpha_1,\cdots,\alpha_m)$, 其中 α_i 为 a_i 的 n_i 次幂根. 取 $\boldsymbol{p}$ 为 K 的素理想, 并设 $a_i\notin\boldsymbol{p}$, $n_i\notin\boldsymbol{p}$ $(1\leqslant i\leqslant m)$, 则 $\boldsymbol{p}$ 在 L 中为非分歧.* □

(上面的例子即是 $K=\mathbb{Q}$, $L=\mathbb{Q}(\sqrt[4]{2},\sqrt[6]{3},\sqrt[4]{7})$, $2,3,7,4,6\notin\boldsymbol{p}=5\mathbb{Z}$ 的情形.)

命题 5.2 的证明可在例 6.40 中见到.

下面来说明关于完全分解的事. 一般地, 对于 (5.1) 有

$$\sum_{i=1}^{g} e_i \leqslant [L:K]. \tag{5.2}$$

($[L:K]$ 为域的扩张次数.) 因此, 特别地, 由此知道有 $g \leqslant [L:K]$. (在 §6.3 中将证明比 (5.2) 还要更加精细的公式 (命题 6.22).)

定义 5.3 当 $O_L\boldsymbol{p}$ 分解为 O_L 中 $[L:K]$ 个互不相同的非零素理想的乘积时, 即 $g=[L:K]$ 时, 则称 $\boldsymbol{p}$ 在 L 中为**完全分解**. □

若完全分解, 则非分歧.

在 $K=\mathbb{Q}$ 的情形, 对于素数 p, $p\mathbb{Z}$ 在 L 中为分歧、非分歧、完全分解可说成 p 在 L 中分别是分歧、非分歧、完全分解.

了解哪些是完全分解的素理想其重要性不亚于考虑分歧的素理想.

从表 5.1,5.2 可以得到关于在二次域中哪些素数是完全分解的, 而哪些是分歧的可从表 5.3 得到.

现在列举几个从表 5.3 读取的下面的 (一), (二), (三) 几个现象.

(一) 首先, 在其中任意一个二次域中分歧的素数只有有限个.

实际上一般地, 对于数域 K 的有限次扩域 L, 在 L 中分歧的 O_K 的非零素理想只有有限多个, 这是已知的事实. 这将在 §6.3 中证明 (参看推论 6.33).

表 5.3

域	完全分解的素数 p	分歧的素数
$\mathbb{Q}(\sqrt{-1})$	$p\equiv 1 \mod 4$	2
$\mathbb{Q}(\sqrt{2})$	$p\equiv 1,7 \mod 8$	2
$\mathbb{Q}(\sqrt{-2})$	$p\equiv 1,3 \mod 8$	2
$\mathbb{Q}(\sqrt{3})$	$p\equiv 1,11 \mod 12$	2,3
$\mathbb{Q}(\sqrt{-3})$	$p\equiv 1 \mod 3$	3
$\mathbb{Q}(\sqrt{5})$	$p\equiv 1,4 \mod 5$	5
$\mathbb{Q}(\sqrt{-5})$	$p\equiv 1,3,7,9 \mod 20$	2,5
$\mathbb{Q}(\sqrt{6})$	$p\equiv 1,5,13,19 \mod 24$	2,3
$\mathbb{Q}(\sqrt{-6})$	$p\equiv 1,5,7,11 \mod 24$	2,3
$\mathbb{Q}(\sqrt{-15})$	$p\equiv 1,2,4,8 \mod 15$	3,5

(二) 在 $\mathbb{Q}(\sqrt{-1})$ 这一栏的 $\mod 4$ 的 4 为 2^2, $\mathbb{Q}(\sqrt{-15})$ 栏的 $\mod 15$ 的 15 为 3×5, 每个二次域中, 都有由分歧的素数 (可以重复) 相乘得到的自然数 N, 在该二次域中素数 p 的分解情形由 $p \mod N$ 决定.

实际上, 这个事实对于任何的二次域均成立 (参看 §5.2 定理 5.15). 进一步, 这个事实有其在类域论的推广, 我们将在 §5.3 的定理 5.21 (4) 给出.

(三) $\mathbb{Q}(\sqrt{-15})$ 这一栏中出现的 $\{1,2,4,8 \mod 15\}$ 构成乘法群 $(\mathbb{Z}/15\mathbb{Z})^\times = \{1,2,4,7,8,11,13,14 \mod 15\}$ 中的指数为 2 的子群.

通过仔细阅读可看出, 表 5.3 所有二次域的栏目中, 素数完全分解的条件 "$p \equiv \cdots \mod N$" 的 $\{\cdots \mod N\}$ 都是乘法群 $(\mathbb{Z}/N\mathbb{Z})^\times$ 的指数为 2 的子群. 实际上这对于任何的二次域也都成立 (参看定理 5.15). 进一步说, 像定理 5.7 所断言的那样, 所考察的对象并不仅限于二次域, 更重要的是并不仅限于指数为 2 的子群, 而是对于任意的 $N, d \geqslant 1$, 以及对 $(\mathbb{Z}/N\mathbb{Z})^\times$ 的指数为 d 的任意的子群, 均存在 $\mathbb{Q}$ 的某个 d 次扩域, 在其中完全分解的素数具有这样描述的性质. 我们将在下面的 (d) 小节中举出有关的例子.

(d) 素数在二次域之外的域中的分解

迄今为止我们看到了素数在二次域中的分解, 而此 (d) 小节则可看到素数在二次域以外的域中分解的情形. 这节所叙述的事实将在 §5.2 中被整理成定理 5.7.

作为例子我们来考虑 $\mathbb{Q}$ 的 4 次扩域 $\mathbb{Q}(\zeta_5)$ (ζ_5 是 5 次本原单位根). 对此, 我们可以知道所产生的像表 5.4 那样的 "类域论现象".

表 5.4 $\mathbb{Q}(\zeta_5)$ 中素数 p 的分解

素数的分解	分解的情况
$p \equiv 1 \mod 5$	$(p) = \boldsymbol{q}_1\boldsymbol{q}_2\boldsymbol{q}_3\boldsymbol{q}_4$, $\boldsymbol{q}_1, \cdots, \boldsymbol{q}_4$ 为相异的素理想 例 $(11) = (2+\zeta_5)(2+\zeta_5^2)(2+\zeta_5^3)(2+\zeta_5^4)$ $(31) = (2-\zeta_5)(2-\zeta_5^2)(2-\zeta_5^3)(2-\zeta_5^4)$
$p \equiv 4 \mod 5$	$(p) = \boldsymbol{q}_1\boldsymbol{q}_2$, $\boldsymbol{q}_1, \boldsymbol{q}_2$ 为相异的素理想 例 $(19) = (8+3\sqrt{5})(8-3\sqrt{5})$
$p \equiv 2, 3 \mod 5$	(p)为素理想
$p = 5$	$(5) = (1-\zeta_5)^4$, $(1+\zeta_5)$ 为素理想

由表 5.4 可清楚看出, 对于素数 p, 有

$$p \equiv 1 \mod 5 \Leftrightarrow p \text{ 在 } \mathbb{Q}(\zeta_5) \text{ 中完全分解},$$

这表明在 $\mathbb{Q}$ 的 4 次扩域 $\mathbb{Q}(\zeta_5)$ 中可完全分解的素数由 $(\mathbb{Z}/5\mathbb{Z})^\times$ 中指数为 4 的子群 $\{1 \mod 5\}$ 给出.

如同我们已经说过的那样, 在二次域 $\mathbb{Q}(\sqrt{5})$ 中素数 p 的分解也由 $p \mod 5$ 决定. 实际上,$\mathbb{Q}(\sqrt{5})$ 包含在 $\mathbb{Q}(\zeta_5)$ 中. 这是因为正如将在 §5.2 给出的命题 5.18 说的那样,$\zeta_5 - \zeta_5^2 - \zeta_5^3 + \zeta_5^4$ 是 5 的平方根.

在 $\mathbb{Q}(\zeta_5)$ 或者 $\mathbb{Q}(\sqrt{5})$ 中素数 p 的分解情形都是由 $p \mod 5$ 决定的. 作为以 $p \mod 7$ 决定素数 p 的分解情形的域有下面的表 5.5, 如果按照定理 5.10, 这就是全部的这种域. 我们注意到,$(\mathbb{Z}/7\mathbb{Z})^\times$ 的子群只有

$$\{1 \mod 7\}, \{1, 6 \mod 7\}, \{1, 2, 4 \mod 7\}, (\mathbb{Z}/7\mathbb{Z})^\times \text{ 自身}$$

这四个.

再者, $\mathbb{Q}(\sqrt{-7})$ 包含于 $\mathbb{Q}(\zeta_7)$ 中. 这是因为按照命题 5.18 所断言的那样, $\zeta_7+\zeta_7^2-\zeta_7^3+\zeta_7^4-\zeta_7^5-\zeta_7^6$ 是 -7 的平方根. 关于像 $\mathbb{Q}(\sqrt{5})\subset\mathbb{Q}(\zeta_5)$, $\mathbb{Q}(\sqrt{-7})\subset\mathbb{Q}(\zeta_7)$ 这样的二次域与域 $\mathbb{Q}(\zeta_N)$ $(N\geqslant 1)$ 之间的包含关系, 将在 §5.2 (d) 中考虑.

表 5.5 以 mod 7 的素数的分解决定的所有域

域 L	$[L:\mathbb{Q}]$	完全分解的素数 p	分歧的素数
$\mathbb{Q}(\zeta_7)$	6	$p\equiv 1 \mod 7$	7
$\mathbb{Q}(\zeta_7+\zeta_7^{-1})$	3	$p\equiv 1,6 \mod 7$	7
$\mathbb{Q}(\sqrt{-7})$	2	$p\equiv 1,2,4 \mod 7$	7
$\mathbb{Q}$	1	所有的 p	无

另外, 由 p mod 20 决定素数 p 的分解情形的域在表 5.6 中也全都列举了出来.

表 5.6 以 mod 20 的素数的分解决定的所有域

域L	$[L:\mathbb{Q}]$	完全分解的素数p	分歧的素数
$\mathbb{Q}(\zeta_{20})$	8	$p\equiv 1 \mod 20$	2,5
$\mathbb{Q}(\zeta_5)$	4	$p\equiv 1 \mod 5$	5
$\mathbb{Q}(\zeta_{20}+\zeta_{20}^{-1})$	4	$p\equiv 1,19 \mod 20$	2,5
$\mathbb{Q}(\sqrt{5},\sqrt{-1})$	4	$p\equiv 1,9 \mod 20$	2,5
$\mathbb{Q}(\sqrt{5})$	2	$p\equiv 1,4 \mod 5$	5
$\mathbb{Q}(\sqrt{-5})$	2	$p\equiv 1,3,7,9 \mod 20$	2,5
$\mathbb{Q}(\sqrt{-1})$	2	$p\equiv 1 \mod 4$	2
$\mathbb{Q}$	1	所有的p	无

(e) 数域的扩张

到此为止, 对于数域的扩域 $K\subset L$ 我们只考虑过 $K=\mathbb{Q}$ 的情形, 在此, 作为例子我们给出

$$K=\mathbb{Q}(\zeta_3)=\mathbb{Q}(\sqrt{-3}),\ L=\mathbb{Q}(\zeta_3,\sqrt[3]{2})$$

的情形. 对于这个扩张, 在表 5.7 中表现了所产生的类域论的现象.

表 5.7 在 $L=\mathbb{Q}(\zeta_3,\sqrt[3]{2})$ 中 $\mathbb{Q}(\zeta_3)$ 的素理想 p 的分解

素理想的分类	分解的情况
存在 α 满足 $\alpha\equiv 1 \mod 6\mathbb{Z}[\zeta_3]$ 的 $\boldsymbol{p}=(\alpha)$ 的 $\boldsymbol{p}$	$O_L\boldsymbol{p}=\boldsymbol{q}_1\boldsymbol{q}_2\boldsymbol{q}_3, \boldsymbol{q}_1,\boldsymbol{q}_2,\boldsymbol{q}_3$ 为 O_L 中的相异的素理想例 $(1-6\zeta_3)=\prod_{a=1}^{3}(1+2\zeta_3+\sqrt[3]{4}\zeta_3^a)$
上面与下面情形以外的 $\boldsymbol{p}$	$O_L\boldsymbol{p}$ 为 O_L 的素理想
$\boldsymbol{p}=(1-\zeta_3),(2)$	$O_L\boldsymbol{p}=\boldsymbol{q}^3, \boldsymbol{q}$ 为 O_L 的素理想

这样一来, 类似于 $\mathbb{Q}$ 与 $\mathbb{Q}(\zeta_5)$ 之间产生的现象, 也在 $\mathbb{Q}(\zeta_3)$ 与 $\mathbb{Q}(\zeta_3,\sqrt[3]{2})$ 之间产生. (代替在 $\mathbb{Q}(\zeta_5)$ 时的 mod 5, 现在出现的是 mod $6\mathbb{Z}[\zeta_3]$.) 另外在这个表中出现

的 $(1-6\zeta_3)$, 从 $43=(1-6\zeta_3)(1-6\zeta_3^2)$ 看出是 43 在 $\mathbb{Q}(\zeta_3)$ 中的素因子.

看了迄今所举的例子后, 我们似乎可以期待大体上对于任何的数域的扩张 $K\subset L$, 以及对于 K 的素理想在 L 中的分解, 存在像这里 $K=\mathbb{Q}(\zeta_3)$, $L=\mathbb{Q}(\zeta_3,\sqrt[3]{2})$ 的情形所出现的现象那样, 特别是 $K=\mathbb{Q}$ 时素数 p 在 L 中分解的情形能由某个自然数 N 引起的 $p \bmod N$ 来决定. 然而事实并非如此, 例如在 $\mathbb{Q}(\sqrt[3]{2})$ 或者 $\mathbb{Q}(\zeta_3,\sqrt[3]{2})$ 中素数 p 的完全分解与否, 已知不管取什么样的 N, 都不由 $p \bmod N$ 来决定 (参看 §5.2 的定理 5.10).

举例来说, $K=\mathbb{Q}$, $L=\mathbb{Q}(\zeta_3,\sqrt[3]{2})$ 的情形, 在分两步扩张

$$K=\mathbb{Q}\subset\mathbb{Q}(\zeta_3)\subset L=\mathbb{Q}(\zeta_3,\sqrt[3]{2})$$

的每一步中, 素数或者素理想的分解规律分别由表 5.1 和表 5.7 给出. 但是, 尽管如此, 素数 p 在 $\mathbb{Q}(\zeta_3,\sqrt[3]{2})$ 中的分解规律不是由 "以 $p \bmod N$" 这样的形式给出来的. 例如素数 31 还有 43 在 $\mathbb{Q}(\zeta_3)$ 的整数环 $\mathbb{Z}[\zeta_3]$ 中有

$$(31)=(1+6\zeta_3)(1+6\zeta_3^2),\ (43)=(1-6\zeta_3)(1-\zeta_3^2)$$

这样的完全分解, 并且由 $(1+6\zeta_3),(1+6\zeta_3^2),(1-6\zeta_3),(1-6\zeta_3^2)\equiv 1 \bmod 6\mathbb{Z}[\zeta_3]$ 这样的元生成的, 那么根据表 5.7, 这样的素数在 $\mathbb{Q}(\zeta_3,\sqrt[3]{2})$ 中完全分解. 于是, 31 还有 43 均在 $\mathbb{Q}(\zeta_3,\sqrt[3]{2})$ 中完全分解. 然而什么样的素数 p, 如同 31 和 43 那样, 可表示为

$$(p)=\boldsymbol{pq},\quad \boldsymbol{p},\boldsymbol{q}\text{为 } \mathbb{Z}[\zeta_3] \text{ 中相异的素理想, 且}\boldsymbol{p}=(\alpha),\boldsymbol{q}=(\beta),\ \alpha\equiv\beta\equiv 1 \bmod 6\mathbb{Z}[\zeta_3]$$

这样的形式呢? 对任意自然数 N 均不能够以 $p \bmod N$ 来作出判断.

那么, 数域的什么样的扩张 $K\subset L$ 能产生出那些到现在为止的所有的表 5.1— 表 5.7 中所列举出来的这种类型的 "类域论的现象" 呢? 事实上, 当 L 为 K 的 Abel 扩张时, 也只限于此时, 才能产生这种类型的现象.

所谓 Abel 扩张就是 Galois 扩张并且其 Galois 群为 Abel 群. 对于 Galois 理论请参看附录 §B.1, §B.2.

二次域的 Galois 群为 Abel 群 $\mathbb{Z}/2\mathbb{Z}$, 故为 $\mathbb{Q}$ 的 Abel 扩张. 另外 $\mathbb{Q}(\zeta_5)$ 等出现在表 5.1— 表 5.6 中二次域以外的域也是 Abel 扩域的事实, 将在下面的 §5.2 说明. $\mathbb{Q}(\zeta_3,\sqrt[3]{2})$ 为 $\mathbb{Q}(\zeta_3)$ 的 Abel 扩域, 而 $\mathbb{Q}(\sqrt[3]{2})$ 以及 $\mathbb{Q}(\zeta_3,\sqrt[3]{2})$ 均不是 $\mathbb{Q}$ 的 Abel 扩域.

类域论是关于 Abel 扩张的理论, 而类域论的主要内容包括: 在数域的 Abel 扩张中所产生的像表 5.1— 表 5.7 所列举的那样类型的现象, 反过来, 产生这样现象的数域的扩张也为 Abel 扩张, 以及数域的 Abel 扩张根据其所具有的现象而被确定 (例如, 在那些数域中完全分解的素数全体等同于 $\{\text{素数}p : p\equiv 1 \bmod 4\}$ 的数域只有 $\mathbb{Q}(\sqrt{-1})$).

另外, 对于在数域的非 Abel 扩张中出现的现象, 现在还不能形成像类域论那样完整的理论. 然而, 已经知道了非 Abel 扩张与自守形式之间的关联 (《数论 II》§11.4),

最近 Wiles 对于它给予了巨大推进, 并最终证明了 Fermat 大定理. 对此, 岩波讲座"现代数学的进展" 的《Fermat 猜想》卷给出了详细的讲解.

(f) 多项式值的素因数

到现在我们已看到了表示素数还有素理想分解的类域论的现象, 而在 (f) 和 (g) 小节中我们将以稍微不同的角度去观察类域论的现象.

我们来讨论当给定整系数的多项式 $f(T)$ 时, 关于 $f(n)$ $(n \in \mathbb{Z})$ 的素因数的 "类域论现象".

例如, 设 $f(T) = T^2 + 6$, 取 $n = 0, 1, 2, 3, 4, \cdots$ 时, $f(n)$ 分别为

$$6 = 2 \times 3, 7, 10 = 2 \times 5, 15 = 3 \times 5, 22 = 2 \times 11, 31, 42 = 2 \times 3 \times 7,$$
$$55 = 5 \times 11, 70 = 2 \times 5 \times 7, 87 = 3 \times 29, 106 = 2 \times 53, \cdots$$

在这里出现的素数 $2, 3, 7, 5, 11, 31, 29, 53, ...$ 为除以 24 余 $1, 5, 7, 11$ 的素数以及 $2, 3$. 原因在于, 对 $p \neq 2, 3$ 的素数我们有

$$\begin{aligned}
&p\text{为形如 } n^2 + 6\ (n \in \mathbb{Z}) \text{ 的数的素因数}\\
&\Leftrightarrow x^2 + 6 \equiv 0 \mod p \text{ 具有整数解}\\
&\Leftrightarrow (\frac{-6}{p}) = 1\\
&\Leftrightarrow p \equiv 1, 5, 7, 11 \mod 24.
\end{aligned}$$

最后面的这个等价关系根据的是二次剩余的互反律及其补充法则.

于是, 当整系数的多项式 $f(T)$ 给定时, 根据二次剩余的互反律及其补充法则, 对于素数 p 我们便得到了

$$p \text{ 为形如 } f(n)\ (n \in \mathbb{Z}) \text{ 的数的素因数} \Leftrightarrow p \equiv \cdots \mod N$$

这种形式的判别法.

那么, 作为 $f(T)$, 当我们取其为三次以上的多项式的情形会是怎样的呢? 这产生了像表 5.8 那样的现象.

表 5.8 多项式的素因数

多项式 $f(T)$	$f(x) \equiv 0 \mod p$ 有整数解的素数 p
$T^2 + 6$	$p \equiv 1, 5, 7, 11 \mod 24$, 以及 $p = 2, 3$
$T^4 + T^3 + T^2 + T + 1$	$p \equiv 1 \mod 5$, 以及 $p = 5$
$T^3 + T^2 - 2T - 1$	$p \equiv 1, 6 \mod 7$, 以及 $p = 7$
$T^3 - 2$	没有形如 $p \equiv \cdots \mod \cdots$ 这样的判别法

此表与 ζ_5 为 $x^4+x^3+x^2+x+1=0$ 的解, $\zeta_7+\zeta_7^{-1}$ 为 $x^3+x^2-2x-1=0$ 的解, 并且素数 p 在 $\mathbb{Q}(\zeta_5)$, $\mathbb{Q}(\zeta_7+\zeta_7^{-1})$ 中完全分解的充要条件分别由 $p \equiv 1 \mod 5$, $p \equiv 1, 6$

mod 7 给出, 以及 $\mathbb{Q}(\sqrt[3]{2})$ 不是 $\mathbb{Q}$ 的 Abel 扩张深深相关. 对此, 我们将在例 6.42 中加以讨论.

(g) $p = x^2 + 5y^2, p = x^2 + 6y^2, \cdots$

以前我们讲过的与 "素数 p 是否可写成 $x^2 + y^2$ 以及 $x^2 + 2y^2$ 等的形式" 有关的类域论的现象中有下面的一些.

当 p 为非 2,5 的素数时,

$$\text{存在满足 } p = x^2 + 5y^2 \text{ 的 } x, y \in \mathbb{Z} \Leftrightarrow p \equiv 1, 9 \mod 20,$$

当 p 为非 2,3 的素数时,

$$\text{存在满足 } p = x^2 + 6y^2 \text{ 的 } x, y \in \mathbb{Z} \Leftrightarrow p \equiv 1, 7 \mod 24.$$

在它们的右侧所表示的条件分别与 p 在 $\mathbb{Q}(\sqrt{-5})$ 中为完全分解的充要条件为 $p \equiv 1, 3, 7, 9 \mod 20$ 以及在 $\mathbb{Q}(\sqrt{-6})$ 中为完全分解的充要条件为 $p \equiv 1, 5, 7, 11 \mod 24$ 相比较, 产生了稍许差异.(而在 x^2+y^2 以及 x^2+2y^2 的情形, 素数在 $\mathbb{Q}(\sqrt{-1})$ 以及 $\mathbb{Q}(\sqrt{-2})$ 中为完全分解的充要条件 $p \equiv 1 \mod 4$ 以及 $p \equiv 1, 3 \mod 8$, 两者的条件正好一致.) 对于这个差异, Fermat 就已经注意到了 (参看习题 5.3).

还有, 素数 p 是否能写成 $x^2 + 26y^2$ $(x, y \in \mathbb{Z})$ 的形式, 无论取什么样的自然数 N 也不能用 $p \mod N$ 对此进行判断. 这种现象就像要在 §5.3 (b) 论述的那样与类域论有关.

§5.2 分圆域与二次域

18 岁的 Gauss 在 1796 年 3 月 30 日起床之际, 发现了用圆规和直尺可以作出正十七边形 (根据 Gauss 的日记). 这是由于他考察了 $\mathbb{Q}(\zeta_{17})$.

在复平面上, 因为 1 的 N 次根正好将单位圆 N 等分, 故而称 $\mathbb{Q}(\zeta_N)$ 为**分圆域** (cyclotomic field). Gauss 考察了分圆域以及二次域的数论与分圆域之间的关系. 在本 §5.2 中, 我们将把 §5.1 的 (a), (b), (d) 小节所出现的二次域、分圆域、分圆域的子域有关的现象, 围绕着分圆域这个中心进行梳理. 叙述了在分圆域及其子域中的素数分解法则 ((b) 小节的定理 5.7) 与二次域中的素数分解法则 ((d) 小节的定理 5.15), 在此我们援引将在第六章要证明的关于素理想的一般理论来在 §5.2 进行证明. 并且在确立了以上论点后, 则可证明二次剩余的互反律 ((f) 小节).

(a) 分圆域的 Galois 群

$\mathbb{Q}(\zeta_N)$ 是 $\mathbb{Q}$ 的 Galois 扩张. 因为 ζ_N 的共轭元为 1 的 N 次幂根, 故它们都是 ζ_N 的某次幂, 从而知道它们全都属于 $\mathbb{Q}(\zeta_N)$ (参看附录 §B.2). 定义群同态

$$s_N : \mathrm{Gal}\,(\mathbb{Q}(\zeta_N)/\mathbb{Q}) \to (\mathbb{Z}/N\mathbb{Z})^\times$$

为: 对 $\sigma \in \mathrm{Gal}(\mathbb{Q}(\zeta_N)/\mathbb{Q})$, 取使 $\sigma(\zeta_N) = \zeta_N^r$ 的整数 r, 然后令 $s_N(\sigma) = r \mod N$.

s_N 为单射, 这是因为如果 $s_N(\sigma) = 1$, 那么 $\sigma(\zeta_N) = \zeta_N$, 因而 σ 使 $\mathbb{Q}(\zeta_N)$ 固定不动, 由此可知有 $\sigma = 1$. 因此 $\mathrm{Gal}(\mathbb{Q}(\zeta_N)/\mathbb{Q})$ 与 Abel 群的 $(\mathbb{Z}/N\mathbb{Z})^\times$ 的一个子群同构, 从而也是 Abel 群, 于是 $\mathbb{Q}(\zeta_N)$ 为 $\mathbb{Q}$ 的 Abel 扩张.

Gauss 虽然没有发现 Galois 理论, 但是发现了下面使用 Galois 理论的术语叙述的断言.

定理 5.4 按照 s_N, 我们有同构

$$\mathrm{Gal}(\mathbb{Q}(\zeta_N)/\mathbb{Q}) \overset{\cong}{\to} (\mathbb{Z}/N\mathbb{Z})^\times. \qquad \square$$

定理的证明将在 (c) 小节给出.

下面我们应用 Galois 理论来说明正十七边形可以用圆规和直尺作图的理由. 作为复平面上点的复数 α , 从复平面内的 0 和 1 出发, 能用圆规和直尺作图的充要条件是存在

$$\mathbb{Q} = K_0 \subset K_1 \subset K_2 \subset \cdots \subset K_n = \mathbb{Q}(\alpha)$$

这样的域的序列使得对于每个 i 有 K_i 为 K_{i-1} 的二次扩域. (我们略去了对它的证明, 可以参考域论或者 Galois 理论的书.)

例如, 正五边形的作图可能性在古希腊就已知道了; 这是因为若取 $\alpha = \zeta_5$, 则域的序列 $\mathbb{Q} \subset \mathbb{Q}(\sqrt{5}) \subset \mathbb{Q}(\zeta_5)$ 满足上面的条件, 故而 ζ_5 为作图可能的, 这便是正五边形作图可能性的证明. 另外, ζ_7 则无作图可能, 从而正七边形没有作图的可能性. 之所以这样说是因为, 对于复数 α 如果有上面那样域的序列, 应该有 $[\mathbb{Q}(\alpha):\mathbb{Q}] = [K_n : K_0] = 2^n$, 但是 $[\mathbb{Q}(\zeta_7):\mathbb{Q}] = 6$, 不是 2 的幂. 对于正十七边形, 根据定理 5.4, 可将 $\mathrm{Gal}(\mathbb{Q}(\zeta_{17})/\mathbb{Q})$ 同等地看作 $(\mathbb{Z}/17\mathbb{Z})^\times$, 而 $(\mathbb{Z}/17\mathbb{Z})^\times$ 有子群的序列

$$(\mathbb{Z}/17\mathbb{Z})^\times \supset \{\pm 1, \pm 2, \pm 4, \pm 8\} \supset \{\pm 1, \pm 4\} \supset \{\pm 1\} \supset \{1\}.$$

按照 Galois 理论有对应的域的序列

$$\mathbb{Q} = K_0 \subset K_1 \subset K_2 \subset K_3 \subset K_4 = \mathbb{Q}(\zeta_{17}).$$

因为相邻的子群之间的指数为 2, 故由 Galois 理论知道, 对于每个 $i = 1, 2, 3, 4$, K_i 为 K_{i-1} 的二次扩域. 于是 ζ_{17} 为作图可能的, 单位圆被分为 17 等份, 因而作成了正十七边形的图.

问题 3 用圆规和直尺作 40° 角的可能性如何?

(b) 在分圆域的子域中素数的分解

由 Galois 理论知道, 成立一一对应的关系

$$\mathbb{Q}(\zeta_N)\text{子域} \overset{1:1}{\longleftrightarrow} \mathrm{Gal}(\mathbb{Q}(\zeta_N)/\mathbb{Q})\text{的子群},$$

那么根据定理 5.4, 便成立一一对应

$$\mathbb{Q}(\zeta_N)\text{的子域} \overset{1:1}{\longleftrightarrow} (\mathbb{Z}/N\mathbb{Z})^\times\text{的子群}.$$

例 5.5 $N=5$ 时, 上面的一一对应 $L \longleftrightarrow H$ 为

$$\begin{array}{ccc} \mathbb{Q}(\zeta_5) & \longleftrightarrow & \{1\} \\ \cup & & \cap \\ \mathbb{Q}(\sqrt{5}) & \longleftrightarrow & \{1,4\} \\ \cup & & \cap \\ \mathbb{Q} & \longleftrightarrow & (\mathbb{Z}/5/Z)^\times = \{1,2,3,4\}. \end{array}$$

这是因为 $(\mathbb{Z}/5\mathbb{Z})^\times$ 的子群只有右边所列举的那些, 而已知 $\mathbb{Q}(\zeta_5)$ 的子域有 $\mathbb{Q}(\zeta_5)$, $\mathbb{Q}(\sqrt{5}), \mathbb{Q}$, 故在上面所列举的以外再无其他. □

例 5.6 $N=7$ 时, $\mathbb{Q}(\zeta_7)$ 的子域 L 与 $(\mathbb{Z}/N\mathbb{Z})^\times$ 的子群 H 如果按 Galois 理论相对应的话, 则扩张次数 $[L:\mathbb{Q}]$ 等于指数 $[(\mathbb{Z}/7\mathbb{Z})^\times : H]$, 因此, 上面所说的一一对应可应用刚说的次数与指数之间的关系进行考虑, 于是我们可清楚看出

(相对应的对象置于相对应的位置). □

那么, 将这些图与表 5.4, 5.5 进行比较时, 譬如例 5.5 中, $\mathbb{Q}(\sqrt{5})$ 所对应的群为 $\{1,4\} \subset (\mathbb{Z}/5\mathbb{Z})^\times$, 而在表 5.4 中在 $\mathbb{Q}(\sqrt{5})$ 中完全分解的所有素数为 $\{\text{素数}\, p \mid p \equiv 1, 4 \bmod 5\}$, 使我们感觉到他们是紧密相合的.

下面的定理将这些事实进行了一般化.

定理 5.7 设 N 为自然数, 并设 $\mathbb{Q}(\zeta_N)$ 的子域 L 与 $(\mathbb{Z}/N\mathbb{Z})^\times$ 的子群 H 在上述意义下对应. 此时, 对于不能除尽 N 的素数 p 成立下面的断言.

(1) p 在 L 中非分歧.

(2) p 在 L 中完全分解 $\Leftrightarrow$ $p \bmod N \in H$.

(3) (这是对 (2) 更细的叙述) 设 f 为使 $p^f \bmod N \in H$ 成立的最小的自然数, 则在 O_L 中 (p) 为 $\frac{1}{f}[L:\mathbb{Q}]$ 个互不相同的素理想之积. □

我们将在 (c) 中证明此定理.

推论 5.8 设 N 为自然数, p 为不能除尽 N 的素数. 此时, p 在 $\mathbb{Q}(\zeta_N)$ 中非分歧, 且

$$p \text{ 在 } \mathbb{Q}(\zeta_N) \text{ 完全分解} \Leftrightarrow p \equiv 1 \bmod N.$$ □

推论 5.9 取 N, p 为推论 5.8 所给出的, 则 p 在 $\mathbb{Q}(\zeta_N+\zeta_N^{-1})$ 中非分歧, 且

$$p \text{ 在 } \mathbb{Q}(\zeta_N+\zeta_N^{-1}) \text{ 中完全分解} \Leftrightarrow p \equiv \pm 1 \mod N. \qquad \square$$

(另外,$\mathbb{Q}\left(\zeta_N+\zeta_N^{-1}\right)=\mathbb{Q}\left(\cos\left(\frac{2\pi}{N}\right)\right)$. 这可由 $\cos\left(\frac{2\pi}{N}\right)=\frac{1}{2}\left(e^{2\pi i/N}+e^{-2\pi i/N}\right)$ 得到.)

推论 5.8 和推论 5.9 分别由在定理 5.7 中令 $L=\mathbb{Q}(\zeta_N)$, $L=\mathbb{Q}(\zeta_N+\zeta_N^{-1})$ 得到. 对于 $\mathbb{Q}(\zeta_N+\zeta_N^{-1})$ 对应的 $(\mathbb{Z}/N\mathbb{Z})^\times$ 的子群为 $\{\pm 1 \mod N\} \subset (\mathbb{Z}/N\mathbb{Z})^\times$ 的论断而言, 因为 $\zeta_N+\zeta_N^{-1}$ 在 $\mathrm{Gal}(\mathbb{Q}(\zeta_N)/\mathbb{Q})$ 中的元 $\zeta_N \mapsto \zeta_N^{-1}$ 下保持不动, 故对应于 $\{\pm 1 \mod N\}$ 的域包含了 $\mathbb{Q}(\zeta_N+\zeta_N^{-1})$; 另一方面, ζ_N 是 $\mathbb{Q}(\zeta_N+\zeta_N^{-1})$ 上的二次方程 $x^2-(\zeta_N+\zeta_N^{-1})x+1=0$ 的解, 故 $[\mathbb{Q}(\zeta_N):\mathbb{Q}(\zeta_N+\zeta_N^{-1})] \leqslant 2$, 从而我们清楚地看出, $\mathbb{Q}(\zeta_N)$ 的包含 $\mathbb{Q}(\zeta_N+\zeta_N^{-1})$ 的子域除了 $\mathbb{Q}(\zeta_N)$ 和 $\mathbb{Q}(\zeta_N+\zeta_N^{-1})$ 之外再没有别的了.

因为 $\mathbb{Q}(\zeta_N)$ 为 $\mathbb{Q}$ 的 Abel 扩张, 故 $\mathbb{Q}(\zeta_N)$ 的所有子域均是 $\mathbb{Q}$ 的 Abel 扩张. 下面定理的 (1) 是这个论断的 "逆". 这个定理 5.10 将在 §8.1(g) 中证明.

定理 5.10 设 L 为数域.

(1) (Kronecker 定理) 下面的 (i),(ii) 等价:

(i) L 为 $\mathbb{Q}$ 的 Abel 扩域.

(ii) 存在自然数 N 使 $L \subset \mathbb{Q}(\zeta_N)$.

(2) 取 N 为自然数, 则下面的 (i), (ii) 等价:

(i) $L \subset \mathbb{Q}(\zeta_N)$.

(ii) 素数 p 在 L 中完全分解与否由 $p \mod N$ 判断.

(3) 设 L 为 $\mathbb{Q}$ 的 Abel 扩张, 取使 $L \subset \mathbb{Q}(\zeta_N)$ 成立的最小的自然数 N, 则对于素数 p 有

$$p \text{ 在 } L \text{ 中分歧} \Leftrightarrow p \text{ 能除尽 } N. \qquad \square$$

(c) 定理 5.4 和定理 5.7 的证明

给予定理 5.4, 定理 5.7 的证明需要使用 §6.3 所证明的一些断言. 因为要使用所谓的 Frobenius 映射这个重要而急需但难于搞懂的东西, 请读者在读起来觉得困难时, 跳过这一小节直接进入下一小节.

由在 §6.3 中考察的素理想分解的一般理论知道有下面的事实. 设 K 为数域, L 为其有限 Abel 扩张, $\boldsymbol{p}$ 为 K 的素理想, 且其在 L 中非分歧. 我们来确定被称做 $\boldsymbol{p}$ 的 Frobenius 映射的重要元 $\mathrm{Frob}_{\boldsymbol{p},L} \in \mathrm{Gal}(L/K)$. $\mathrm{Frob}_{\boldsymbol{p},L}$ (也简单地记为 $\mathrm{Frob}_{\boldsymbol{p}}$) 是掌控 $\boldsymbol{p}$ 在 L 中分解情形的元, 可以说是 "掌握 $\boldsymbol{p}$ 的核心之元". 在 $\mathrm{Gal}(L/K)$ 之内, 作为 K 的各个素理想的核心的 Frobenius 元就像点燃的萤火那样照亮着整个群. 关于 Frobenius 映射的一般理论请看 §6.3(a). 这里叙述的只是 $K=\mathbb{Q}$ 的情形下, 对于在 L 中非分歧的素数 p 的 $\mathrm{Frob}_{p\mathbb{Z},L}$(记为 $\mathrm{Frob}_{p,L}$). $\mathrm{Frob}_{p,L}$ 具有下面的特征和性质. 对于这个命题 5.11 的证明可见 §6.3.

命题 5.11 设 L 为 $\mathbb{Q}$ 的有限 Abel 扩域, p 为在 L 中非分歧的素数.

(1) $\mathrm{Frob}_{p,L}$ 是 $\mathrm{Gal}(L/\mathbb{Q})$ 中唯一存在的使得

$$\mathrm{Frob}_{p,L}(x) \equiv x^p \mod pO_L$$

对所有 $x \in O_L$ 成立的元.

(2) $\mathrm{Frob}_{p,L} = 1 \Leftrightarrow p$ 在 L 中完全分解. 更详细地说, 令 $\mathrm{Frob}_{p,L}$ 的阶为 f, 则 pO_L 可分解为 $\dfrac{1}{f}[L:\mathbb{Q}]$ 个素理想之积.

(3) 设 L' 为 L 的子域, 在自然的满映射 $\mathrm{Gal}(L/\mathbb{Q}) \to \mathrm{Gal}(L'/\mathbb{Q})$ 下 $\mathrm{Frob}_{p,L}$ 的像等于 $\mathrm{Forb}_{p,L'}$. □

当 $L = \mathbb{Q}(\zeta_N)$ 时, 对于不能除尽 N 的素数 p 可确定 $\mathrm{Frob}_{p,L}$.

命题 5.12 如果 p 为不能除尽 N 的素数, 则 p 在 $\mathbb{Q}(\zeta_N)$ 中非分歧, 并且 $s_N : \mathrm{Gal}(\mathbb{Q}(\zeta_N)/\mathbb{Q}) \to (\mathbb{Z}/N\mathbb{Z})^\times$ 将 Frob_p 变到 $p \mod N$. □

我们在承认命题 5.12 下来证明定理 5.4, 定理 5.7.

[定理 5.4 的证明] 因为我们已经证明过 s_N 为单射, 故只需证其为满射即可. 对于 $(\mathbb{Z}/N\mathbb{Z})^\times$ 的各个元, 存在与 N 互素的某个自然数 r 使得它可写为 $r \mod N$. 按照 r 可分解为素数乘积的事实知道, $(\mathbb{Z}/N\mathbb{Z})^\times$ 由不能除尽 N 的素数 p 的 $p \mod N$ 生成. 根据命题 5.12, 我们有 $p \mod N = s_N(\mathrm{Frob}_p)$, 从而 s_N 为满射. ▮

[定理 5.7 的证明] 将 $\mathrm{Gal}(L/\mathbb{Q})$ 与 $(\mathbb{Z}/N\mathbb{Z})^\times/H$ 等同, 按照命题 5.11(3) 与命题 5.12, $\mathrm{Frob}_{p,L} \in \mathrm{Gal}(L/\mathbb{Q})$ 等于 $p \mod N$ 在 $(\mathbb{Z}/N\mathbb{Z})^\times/H$ 中的像. 因此, 定理 5.7(2),(3) 由命题 5.11(2) 得到. ▮

[命题 5.12 的证明] 令 $L = \mathbb{Q}(\zeta_N)$. 因为 ζ_N 为 1 的 N 次根, 根据命题 5.2 知不除尽 N 的素数 p 在 L 中为非分歧.

按照命题 5.11(1), $\mathrm{Frob}_p(\zeta_N) \equiv \zeta_N^p \mod pO_L$. 另一方面, 令 $s_N(\mathrm{Frob}_p) = r \mod N$, 则 $\mathrm{Frob}_p(\zeta_N) = \zeta_N^r$. 于是, 如果能从 $\zeta_N^a \equiv \zeta_N^b \mod pO_L$ 推导出 $a \equiv b \mod N$ 的话, 则可得到 $s_N(\mathrm{Frob}_p) = p \mod N$. 然而这只要从 $\zeta_N^a \equiv 1 \mod pO_L$ 推导出 $a \equiv 0 \mod N$ 就可以了. 对 $T^N - 1 = \prod_{a=1}^{N}(T - \zeta_N^a)$ 的两边求微分并令 $T = 1$, 得到 $N = \prod_{a=1}^{N-1}(1 - \zeta_N^a)$. 因为 $N \notin pO_L$, 故对于 $1 \leqslant a \leqslant N-1$, $1 - \zeta_N^a \notin pO_L$. ▮

(d) 分圆域与二次域之间的关系

因为二次域是 $\mathbb{Q}$ 的 Abel 扩张, 那么, 按照定理 5.10(1), 它应该包含在某个分圆域 $\mathbb{Q}(\zeta_N)$ $(N \geqslant 1)$ 之中. 下面的命题 5.13, 5.14 叙述了二次域是如何具体地嵌入到那个分圆域之中的. 作为应用, 由关于在分圆域的子域中素数的分解法则的定理 5.7,

我们将推导出在二次域中的素数分解法则 (定理 5.15), 从而能够说明在表 5.1—5.3 中表现出的现象.

二次域均可写为 $\mathbb{Q}(\sqrt{m})$, 其中 $m \neq 1$ 是不能被 1 以外的平方数除尽的整数. 令

$$N = \begin{cases} |m| & m \equiv 1 \mod 4 \\ 4|m| & m \equiv 2, 3 \mod 4. \end{cases}$$

命题 5.13 取 m, N 如上所设, 则

$$\mathbb{Q}(\sqrt{m}) \subset \mathbb{Q}(\zeta_N).$$

而且, N 为满足 $\mathbb{Q}(\sqrt{m}) \subset \mathbb{Q}(\zeta_N)$ 的最小的自然数. □

(例)

令 $m = 5$, 则 $N = 5$. $\mathbb{Q}(\sqrt{5}) \subset \mathbb{Q}(\zeta_5)$,

令 $m = -7$, 则 $N = 7$. $\mathbb{Q}(\sqrt{-7}) \subset \mathbb{Q}(\zeta_7)$,

令 $m = 7$, 则 $N = 28$. $\mathbb{Q}(\sqrt{7}) \subset \mathbb{Q}(\zeta_{28})$, 但是 $\mathbb{Q}(\sqrt{7}) \not\subset \mathbb{Q}(\zeta_7)$.

让 m, N 为上所设. 在 §4.3 中, 我们定义了对应于二次域 $\mathbb{Q}(\zeta_m)$ 的 Dirichlet 特征

$$\chi_m : (\mathbb{Z}/N\mathbb{Z})^\times \to \{\pm\} \subset \mathbb{C}^\times$$

为: 对于与 N 互素的整数 a,

$$\chi_m(a \mod N) = \Bigg(\prod_{\substack{l|m \\ l\text{为奇素数}}} \left(\frac{a}{l}\right) \Bigg) \theta_m(a),$$

其中 $\theta_m(a)$ 如下:

如果 $m \equiv 1 \mod 4$, 那么 $\theta_m(a) = 1$.

如果 $m \equiv 3 \mod 4$, 那么

$$\theta_m(a) = \begin{cases} 1, & a \equiv 1 \mod 4 \\ -1, & \text{其他情形}. \end{cases}$$

如果 m 为偶数, 那么

$$\theta_m(a) = \begin{cases} 1, & a \equiv 1, 1-m \mod 8 \\ -1, & \text{其他情形} \end{cases}.$$

命题 5.14 设 m, N, χ_m 如上, 则

$$\begin{array}{ccc} \mathrm{Gal}\,(\mathbb{Q}(\zeta_N)/\mathbb{Q}) & \overset{s_N}{\underset{\cong}{\to}} & (\mathbb{Z}/N\mathbb{Z})^\times \\ \downarrow \text{限制} & & \downarrow \chi_m \\ \mathrm{Gal}\,(\mathbb{Q}(\sqrt{m})/\mathbb{Q}) & \cong & \{\pm 1\} \end{array}$$

为交换图. 这里的"限制"是指 $\mathbb{Q}(\zeta_N)$ 的自同构映射在 $\mathbb{Q}(\sqrt{m})$ 上的限制. □

这就是说, 虽然 χ_m 的定义复杂, 但依照命题 5.14, χ_m 具有如下的简明定义:

$$(\mathbb{Z}/N\mathbb{Z})^\times \cong \mathrm{Gal}\,(\mathbb{Q}(\zeta_N)/\mathbb{Q}) \xrightarrow{\text{限制}} \mathrm{Gal}\,(\mathbb{Q}(\sqrt{m})/\mathbb{Q}) \cong \{\pm\} \subset \mathbb{C}^\times.$$

由命题 5.14 知, 对应于 $\mathbb{Q}(\zeta_N)$ 的子域 $\mathbb{Q}(\sqrt{m})$ 的 $(\mathbb{Z}/N\mathbb{Z})^\times$ 的子群为 $\chi_m : (\mathbb{Z}/N\mathbb{Z})^\times \to \{\pm 1\}$ 的核. 另一方面, 根据定理 5.7 知, 在 $\mathbb{Q}(\zeta_N)$ 的子域中素数的分解情形可以用 $(\mathbb{Z}/N\mathbb{Z})^\times$ 的子群来表述. 因而我们得到了下面定理的 (2).

定理 5.15 设 m, N 如上, 且 p 为素数.

(1) p 在 $\mathbb{Q}(\sqrt{m})$ 中分歧 $\Leftrightarrow p|N$.

(2) 当 p 不除尽 N 时, 在 $\mathbb{Q}(\sqrt{m})$ 的整数环中

$$\chi_m(p) = 1 \Leftrightarrow (p) \text{ 为相异的两个素理想的乘积}$$
$$\chi_m(p) = -1 \Leftrightarrow (p) \text{ 为素理想.}$$ □

这个定理的 (1) 可以证明如下. 如果 p 不能除尽 N, 则因为 p 在 $\mathbb{Q}(\zeta_N)$ 中为非分歧, 故在其子域 $\mathbb{Q}(\sqrt{m})$ 中也为非分歧. 现设 p 除尽 N. 当 p 除尽 m 时, 这表明在 $\mathbb{Q}(\sqrt{m})$ 的整数环中 $(p) = (p, \sqrt{m})^2$, 从而知道 p 在 $\mathbb{Q}(\sqrt{m})$ 中分歧. 当 p 不除尽 m 而除尽 N 时, 则 $p = 2, m \equiv 3 \mod 4$, 在这种情形下, 可以看出在 $\mathbb{Q}(\sqrt{m})$ 的整数环中 $(2) = (2, 1+\sqrt{m})^2$, 从而知道 2 在 $\mathbb{Q}(\sqrt{m})$ 中分歧.

在表 5.1 — 表 5.3 中出现的二次域中, 素数的分解法则可以由这个定理 5.15 得到. 譬如, 在 $m = -6$ 的情形, $\chi_m : (\mathbb{Z}/24\mathbb{Z})^\times \to \{\pm 1\}$ 容易由定义确定, 它将 $1, 5, 7, 11 \mod 24$ 映到 1, 而将 $13, 17, 19, 23 \mod 24$ 映到 -1, 于是表 5.2 出现的 $\mathbb{Q}(\sqrt{-6})$ 中的素数分解法则便由定理 5.15 得到了.

问题 4 从定理 5.15 推导在表 5.2 中出现的 $\mathbb{Q}(\sqrt{-5})$ 中的素数分解法则.

(e) 分圆域与二次域之间关系的证明

这一小节中我们将证明关于分圆域与二次域关系的命题 5.13 与命题 5.14.

对于 Dirichlet 特征 $\chi : (\mathbb{Z}/N\mathbb{Z})^\times \to \mathbb{C}^\times$ 和 N 次本原单位根 ζ_N, 可定义 Gauss 和 (Gaussian sum) 为

$$G(\chi, \zeta_N) = \sum_{a=1}^{N} \chi(a)\zeta_N^a.$$

(对于与 N 不互素的 a, 定义 $\chi(a) = 0$.)

对于 Dirichlete 特征 $\chi : (\mathbb{Z}/N\mathbb{Z})^\times \to \mathbb{C}^\times$ 而言, 对满足 $d < N$ 的 N 的约数 $d \geqslant 1$ 与无论怎样取的 Dirichlet 特征 $\chi' : (\mathbb{Z}/d\mathbb{Z})^\times \to \mathbb{C}^\times$, 当它与复合映射 $(\mathbb{Z}/N\mathbb{Z})^\times \to (\mathbb{Z}/d\mathbb{Z})^\times \xrightarrow{\chi'} \mathbb{C}^\times$ 总不相同时, 则说这个 χ 是**本原的** (primitive).

命题 5.16 对于本原特征 $\chi:(\mathbb{Z}/N\mathbb{Z})^\times\to\mathbb{C}^\times$,

$$|G(\chi,\zeta_N)|=\sqrt{N}.$$

[证明] 对于整数 n, 我们来证明

$$\bar{\chi}(n)G(\chi,\zeta_N)=G(\chi,\zeta_N^n) \tag{5.3}$$

(其中 $\bar{\chi}$ 为 χ 的复共轭). 如果 n 与 N 互素, 它从下面的等式即可看出

$$\text{右边}=\sum_{a=1}^{N}\chi(a)\zeta_N^{an}=\bar{\chi}(n)\sum_{a=1}^{N}\chi(an)\zeta_N^{an}.$$

如果 n 与 N 不为互素, 则 ζ_N^n 对某个 $d<N$ 为 d 次本原单位根. 令标准映射 $(\mathbb{Z}/N\mathbb{Z})^\times\to(\mathbb{Z}/d\mathbb{Z})^\times$ 的核为 H, 因为 χ 为原始的, 故 $\chi(H)\neq\{1\}$. 由此可知 $\sum\limits_{a\in H}\chi(a)=0$, 从而 $G(\chi,\zeta_N^n)=0=$ 左端. 取 (5.3) 两端绝对值的二次幂有

$$|\bar{\chi}(n)|^2|G(\chi,\zeta_N)|^2=G(\chi,\zeta_N^n)G(\bar{\chi},\zeta_N^{-n})=\sum_{a,b}\chi(a)\bar{\chi}(b)\zeta_N^{(a-b)n}.$$

将其对 $n=1,\cdots,N$ 相加, 那些 $a\neq b$ 的项消失, 故有

$$\varphi(N)|G(\chi,\zeta_N)|^2=\sum_{a=1}^{N}|\chi(a)|^2\cdot N=\varphi(N)\cdot N,$$

其中 $\varphi(N)=\#(\mathbb{Z}/N\mathbb{Z})^\times$. 因此, $|G(\chi,\zeta_N)|=\sqrt{N}$. ∎

命题 5.17 设 m,N 同于命题 5.13 中所设. 则

(1) χ_m 为本原的.

(2) $\chi_m(-1)=\begin{cases}1 & m>0\\ -1 & m<0.\end{cases}$

[证明] (1) 由 χ_m 的定义可知. 现证 (2). 由 θ_m 的定义有

$$\theta_m(-1)=\begin{cases}1 & m\equiv 1 \bmod 4\text{或者}\, m\equiv 2 \bmod 8\\ -1 & m\equiv 3 \bmod 4\text{或者}\, m\equiv 6 \bmod 8.\end{cases}$$

于是,

$$\theta_m(-1)=\begin{cases}\chi_{-1}(m) & m\text{为奇数}\\ \chi_{-1}\left(\dfrac{m}{2}\right) & m\text{为偶数}.\end{cases}$$

另一方面, 设 $p_1,\ldots,p_r$ 为除尽 m 的全部奇素数, 则由

$$\left(\frac{-1}{p_i}\right)=(-1)^{\frac{p_i-1}{2}}=\chi_{-1}(p_i)$$

得到

$$\prod_{i=1}^{r}(\frac{-1}{p_i}) = \prod_{i=1}^{r}\chi_{-1}(p_i) = \chi_{-1}(\prod_{i=1}^{r}p_i) = \begin{cases}\chi_{-1}(|m|), & m\text{ 为奇数}\\ \chi_{-1}(\frac{|m|}{2}) & m\text{ 为偶数}.\end{cases}$$

因此,

$$\chi_m(-1) = (\prod_{i=1}^{r}(\frac{-1}{p_i}))\theta_m(-1) = \chi_{-1}(\frac{m}{|m|}) = \begin{cases}1, & m>0\\ -1 & m<0.\end{cases}$$

∎

命题 5.18

$$G(\chi_m,\zeta_N)^2 = \begin{cases}m & m\equiv 1 \mod 4\\ 4m & m\equiv 2,3 \mod 4.\end{cases}$$

[证明]　根据命题 5.16 和命题 5.17(1), 由于 $\bar{\chi}_m=\chi_m$, 我们有

$$G(\chi_m,\zeta_N)G(\bar{\chi}_m,\zeta_N^{-1}) = N.$$

按照 (5.3), 上式左端等于 $\chi_m(-1)G(\chi_m,\zeta_N)^2$, 那么由命题 5.17(2) 便得到了命题 5.18.

∎

在命题 5.18 中, 譬如令 $m=5,-7$, 那么则可得到在 §5.1 中提到的

$$(\zeta_5-\zeta_5^2-\zeta_5^3+\zeta_5^4)^2=5,\ (\zeta_7+\zeta_7^2-\zeta_7^3+\zeta_7^4-\zeta_7^5-\zeta_7^6)^2=-7.$$

由命题 5.18 知有 $\mathbb{Q}(\sqrt{m})\subset\mathbb{Q}(\zeta_N)$, 也就是说得到了命题 5.13. 命题 5.14 也可按下面的方式推导出来. 取 $\sigma\in\mathrm{Gal}\,(\mathbb{Q}(\zeta_N)/\mathbb{Q})$, 并令 $s_N(\sigma)=r \mod N$. 依照命题 5.18,

$$\frac{\sigma(\sqrt{m})}{\sqrt{m}} = \frac{\sigma(G(\chi_m,\zeta_N))}{G(\chi_m,\zeta_N)} = \frac{G(\chi_m,\zeta_N^r)}{G(\chi_m,\zeta_N)} = \bar{\chi}_m(r) = \chi_m(r).$$

(其中倒数第二个等号由 (5.3) 得出.) 这证明了命题 5.14 的图的交换性.

(f) 二次剩余互反律的“类域论风格的证法”

在这一小节中我们要从定理 5.15 推导出二次剩余互反律.

引理 5.19　设 L 为一个二次域, $L=\mathbb{Q}(\sqrt{m})$, 其中 m 为不被 1 以外的平方数除尽的整数. 又设 p 为不除尽 m 的奇素数. 于是在 $\mathbb{Q}(\sqrt{m})$ 中有

$$\left(\frac{m}{p}\right)=1 \iff (p)\text{ 为两个相异的素理想的乘积},$$

$$\left(\frac{m}{p}\right)=-1 \iff (p)\text{ 为素理想}.$$

[证明]　令 $L=\mathbb{Q}(\sqrt{m})$. 根据交换代数的理论知,

$$O_L\text{ 中包含了 }p\text{ 的素理想 }\overset{1:1}{\leftrightarrow} O_L/pO_L\text{ 的素理想},$$

那么, 我们以考察商环 O_L/pO_L 的方式来研究在 O_L 中 p 的分解情形. 因为 O_L 或者等于 $\mathbb{Z}[\sqrt{m}]$ 或者等于 $\mathbb{Z}\left[\frac{1+\sqrt{m}}{2}\right]$ (参看 §4.2(a)), 故商群 $O_L/\mathbb{Z}[\sqrt{m}]$ 的阶数或为 1 或为 2. 由此以及 p 为奇数的事实, 我们得到

$$O_L/pO_L \cong \mathbb{Z}[\sqrt{m}]/p\mathbb{Z}[\sqrt{m}].$$

因为 $\mathbb{Z}[\sqrt{m}] \cong \mathbb{Z}[x]/(x^2-m)$, 则

$$O_L/pO_L \cong \mathbb{F}_p[x]/(x^2-m).$$

$\left(\dfrac{m}{p}\right)=-1$ 的情形. 因为在 $\mathbb{F}_p$ 中没有 m 的平方根, 故 x^2-m 在 $\mathbb{F}_p$ 上为不可约, 从而 $\mathbb{F}_p[x]/(x^2-m)$ 为域. 因此 O_L/pO_L 为域, 从而 pO_L 为素理想.

$\left(\dfrac{m}{p}\right)=1$ 的情形. 取使 $a^2-m\equiv 0 \bmod p$ 的 $a\in\mathbb{Z}$, 于是在 $\mathbb{F}_p$ 上 $x^2-m=(x-a)(x+a)$, 故 $\mathbb{F}_p[x]/(x^2-m)$ 具有两个素理想 $(x-a)$ 和 $(x+a)$. 因此在 O_L 中存在两个包含 p 的素理想. (从而, 它们是 $(p,\sqrt{m}-a)$ 与 $(p,\sqrt{m}+a)$.) 令这些素理想为 $\boldsymbol{p}$, $\boldsymbol{q}$, 因为 (p) 被 $\boldsymbol{p}$, $\boldsymbol{q}$ 除尽, 故 $\boldsymbol{pq}\supset(p)$. 另一方面, 由于 $(x-a)(x+a)$ 在 $\mathbb{F}_p[x]/(x^2-m)$ 中等于 0, 故 $\boldsymbol{pq}\subset(p)$, 从而 $(p)=\boldsymbol{pq}$. ∎

由定理 5.15 并使用引理 5.19 可以按下面的方式推导出二次剩余的互反律. 设 m, N 如在 (d) 小节中所设. 当取 p 为不能除尽 m 的奇素数时, 根据引理 5.19 我们有

$$p \text{ 在 } \mathbb{Q}(\sqrt{m}) \text{ 中完全分解 } \Leftrightarrow \left(\frac{m}{p}\right)=1. \tag{5.4}$$

另一方面, 定理 5.15 说的是

$$p \text{ 在 } \mathbb{Q}(\sqrt{m}) \text{ 中完全分解 } \Leftrightarrow p \bmod N \text{ 属于 } \chi_m:(\mathbb{Z}/N\mathbb{Z})^\times\to\{\pm1\} \text{ 的核}. \tag{5.5}$$

结合 (5.4),(5.5) 得到了

$$\left(\frac{m}{p}\right)=\chi_m(p). \tag{5.6}$$

在 (5.6) 中将 m 取为不同于 p 的奇素数 q, 按照 χ_q 的定义我们有 $\chi_q(p)=\left(\dfrac{p}{q}\right)=\theta_q(p)=\left(\dfrac{p}{q}\right)(-1)^{\frac{p-1}{2}\frac{q-1}{2}}$, 故而得到了二次剩余的互反律

$$\left(\frac{q}{p}\right)=\left(\frac{p}{q}\right)(-1)^{\frac{p-1}{2}\frac{q-1}{2}}.$$ ∎

当我们比较 (5.5) 与 (5.4) 时, 发现通过 p 在 $\mathbb{Q}(\sqrt{m})$ 中的分解而了解 $m \bmod p$ 的 (5.4) 已包含在有关一般 Dedekind 环的 §6.3 的推论 6.14 (2) 中, 另一方面, (5.5)

是以 $p \bmod N$ 决定了 p 在 $\mathbb{Q}(\sqrt{m})$ 中的分解, 它真正具有数论的品格. 这个从 "$m \bmod p$" 到 "$p \bmod N$" 的逆转, 使得二次剩余的互反律具有奇特性, 类域论具有奇特性.

§5.3 类域论概述

在 §5.2 中出现的定理 5.7, 定理 5.10 叙述了在 $\mathbb{Q}$ 的各种 Abel 扩域中发生了怎样的事 (素数在此是如何分解的), 以及 $\mathbb{Q}$ 的 Abel 扩域是怎么样存在着的. 将其推广, 即让 K 为数域时, K 的各种 Abel 扩域会发生什么 (K 的素理想在其中如何分解), 以及 K 的 Abel 扩域又是怎样存在着的, 论述这些的便是类域论. 在 (a) 小节中我们将给出类域论内容的一个概述, 而在 (b) 小节中则将解说一点类域论的 "具体含义".

(a) 类域论概要

设 K 为数域. 可以把类域论简短地总结如下.

"正如 $\mathbb{Q}$ 的扩域 $\mathbb{Q}(\zeta_N)$ ($N \geqslant 1$) 那样, 有由 O_K 的各个非零理想 $\boldsymbol{a}$ 所确定的 K 的扩域 $K(\boldsymbol{a})$. 而在 $K = \mathbb{Q}$ 中 $\boldsymbol{a} = (N)$ 的情形, 我们有 $K(\boldsymbol{a}) = \mathbb{Q}(\zeta_N)$. 因此, 相似于 $\mathbb{Q}$ 与 $\mathbb{Q}(\zeta_N)$ 的定理 5.7. 定理 5.10, 对 K 和 $K(\boldsymbol{a})$ 也成立."

定义 5.20 称 K 的元 $\alpha \neq 0$ 为全正的是说, 对于从 K 到 $\mathbb{R}$ 的所有域同态 $K \to \mathbb{R}$ (就是说所有的实素点), α 在 $\mathbb{R}$ 中的像全是正的. □

举例来说, $\mathbb{Q}(\sqrt{2})$ 的元 $1+\sqrt{2}$ 不是全正的. 按照 $\mathbb{Q}(\sqrt{2}) \to \mathbb{R}$, $a + b\sqrt{2} \mapsto a - b\sqrt{2}$ ($a, b \in \mathbb{Q}$), 它被映到负元 $1-\sqrt{2}$.

下面的定理将在 §8.1(g) 证明.

定理 5.21 设 $\boldsymbol{a}$ 为 O_K 的非零理想.

(1) 存在唯一的 K 的有限扩域 $K(\boldsymbol{a})$ 具有下面的性质. 设 $\boldsymbol{p}$ 为 O_K 中的非零素理想, 且不能整除 $\boldsymbol{a}$, 则 $\boldsymbol{p}$ 在 $K(\boldsymbol{a})$ 中为非分歧, 并且成立下面的等价关系:

$\boldsymbol{p}$ 在 $K(\boldsymbol{a})$ 中完全分解 $\Leftrightarrow$ 存在全正的 $\alpha \in O_K$ 使得 $\boldsymbol{p} = (\alpha), \alpha \equiv 1 \bmod \boldsymbol{a}$ 成立.

(2) $K(\boldsymbol{a})$ 为 K 的 Abel 扩域. K 的任何一个有限 Abel 扩域都包含在某个 $K(\boldsymbol{a})$ 中.

(3) 如果 $\boldsymbol{b}$ 为 O_K 的非零理想, 且满足 $\boldsymbol{b} \subset \boldsymbol{a}$, 则

$$K(\boldsymbol{b}) \supset K(\boldsymbol{a}).$$

(4) 设 L 为 K 的有限 Abel 扩域, 则存在使满足 $L \subset K(\boldsymbol{a})$ 的 O_K 的非零理想 $\boldsymbol{a}$ 中的最大者. 对于这样的 $\boldsymbol{a}$ 如下的论断成立: 设 $\boldsymbol{p}$ 为 O_K 中的一个非零素理想, 则

$$\boldsymbol{p} \text{ 在 } L \text{ 中分歧} \Leftrightarrow \boldsymbol{p} \text{ 整除 } \boldsymbol{a}.$$ □

例 5.22 当 $K=\mathbb{Q}$, $\boldsymbol{a}=(N)$ (N 为自然数) 时, 由定理 5.7 和定理 5.21 知道有 $K(\boldsymbol{a})=\mathbb{Q}(\zeta_N)$. 实际上, $\mathbb{Z}$ 的非零素理想 $\boldsymbol{p}$ 的生成元为对某个素数 p 的 $\pm p$, p 为全正而 $-p$ 则不是的. (对于 $\mathbb{Q}^\times$ 中的元, 所谓全正简单地只是正而已.) 因此, "存在 $\alpha\in\mathbb{Z}$ 为全正, 使得 $\boldsymbol{p}=(\alpha)$, $\alpha\equiv 1 \mod (N)$" 不是别的, 正是 "$\boldsymbol{p}=(p)$, 其中 p 为满足 $p\equiv 1 \mod (N)$ 的素数". 根据定理 5.7(2), $\mathbb{Q}(\zeta_N)$ 具有定理 5.21(1) 叙述的 $K(\boldsymbol{a})$ 所具有的性质, 由定理 5.21 中的 "唯一存在性" 知道, 必定有 $\mathbb{Q}(\zeta_N)=K(\boldsymbol{a})$. □

例 5.23 当 $K=\mathbb{Q}(\zeta_3)$, $\boldsymbol{a}=(6)$ 时, 由表 5.7 可知 $K(\boldsymbol{a})=\mathbb{Q}(\zeta_3,\sqrt[3]{2})$. (因为 K 不具有实素点, $K^\times$ 的所有元都是全正的.) □

例 5.24 设 $K=\mathbb{Q}(\sqrt{2})$. 考虑 O_K 的理想 $\boldsymbol{a}_i=(\sqrt{2}^i)$ $(i\geqslant 0)$, 有

$$K(\boldsymbol{a}_0)=K(\boldsymbol{a}_1)=\mathbb{Q}(\sqrt{2}),\qquad K(\boldsymbol{a}_2)=K(\boldsymbol{a}_3)=\mathbb{Q}(\zeta_8),$$
$$K(\boldsymbol{a}_4)=\mathbb{Q}\left(\zeta_8,\sqrt{1+\sqrt{2}}\right),\quad K(\boldsymbol{a}_5)=\mathbb{Q}\left(\zeta_8,\sqrt{1+\sqrt{2}},\sqrt[4]{2}\right).$$

这些将在 §8.1(g) 得到证明. □

现在考虑 $\boldsymbol{a}=O_K$ 这一特殊情形. 定理 5.21 说明 O_K 的非零素理想均在 $K(O_K)$ 中不分歧. 我们已经知道, $\mathbb{Q}$ 的所有素理想均不分歧的扩张, 除了 $\mathbb{Q}$ 外再无其他. 但根据下面的例子, $K(O_K)\neq K$ 的情况是存在的.

例 5.25 当 $K=\mathbb{Q}(\sqrt{-5})$ 时, $K(O_K)=\mathbb{Q}(\sqrt{-5},\sqrt{-1})$. □

例 5.26 当 $K=\mathbb{Q}(\sqrt{-6})$ 时, $K(O_K)=\mathbb{Q}(\sqrt{-6},\zeta_3)$. □

例 5.23, 例 5.26 的断言将在 §8.1(g) 中证明. $\mathbb{Q}(\sqrt{-5})$, $\mathbb{Q}(\sqrt{-6})$ 都不具有实素点, 故而其所有非零元均为全正的. 因此, 根据定理 5.21 以及例 5.25, 例 5.26 的断言, 在 $\mathbb{Q}(\sqrt{-5})$ 的扩域 $\mathbb{Q}(\sqrt{-5},\sqrt{-1})$ 以及 $\mathbb{Q}(\sqrt{-6})$ 的扩域 $\mathbb{Q}(\sqrt{-6},\zeta_3)$ 中, 主素理想可完全分解, 而非主素理想则不能完全分解.

再者, 当 $K=\mathbb{Q}(\sqrt{-5})$ 时, O_K 的非零素理想全都在 $K(\sqrt{-1})$ 中为非分歧, 这个断言可由命题 5.2 按下面的方式得到. 根据命题 5.2, 不含 2 的 O_K 的素理想在 $K(\sqrt{-1})$ 中为非分歧. 另外, 因为有 $K(\sqrt{-1})=K(\sqrt{5})\subset K(\zeta_5)$, 故按照命题 5.2, 不含 5 的 O_K 的素理想也在 $K(\sqrt{-1})$ 中为非分歧. 而并不存在既含 2 又含 5 的素理想.

问题 5 当 $K=\mathbb{Q}(\sqrt{-6})$ 时, O_K 的非零素理想全都在 $K(\zeta_3)$ 中为非分歧. 用上面那样的方法由命题 5.2 证明这个断言.

在定理 5.21 中没有讲到对于 K 中素理想在满足 $K(\boldsymbol{a})\supset L\supset K$ 的域 L 中的分解情形. 要讲述它则要把定理 5.21 进一步细化, 然而这几乎构成类域论的全部内容, 我们推迟到第八章再去做它.

(b) $p = x^2 + 5y^2$, $p = x^2 + 6y^2, \cdots$ 与类域论

在 (a) 小节所叙述的类域论的内容多少有些抽象, 然而由定理 5.21 却可以对于写为形如 $x^2 + 5y^2$ $(x, y \in \mathbb{Z})$ 的素数和写为形如 $x^2 + 6y^2$ $(x, y \in \mathbb{Z})$ 的素数带来具体的结论, 并可以推导出下面的命题 5.27. 设 K 为二次域, σ 为 $\mathrm{Gal}\,(K/\mathbb{Q})$ 的生成元, $N_{K/\mathbb{Q}} : K \to \mathbb{Q}$ 为范映射 $\alpha \mapsto \alpha\sigma(\alpha)$. 例如, 对 $x, y \in \mathbb{Q}$,

$$N_{\mathbb{Q}(\sqrt{-5})/\mathbb{Q}}(x + y\sqrt{-5}) = (x + y\sqrt{-5})(x - y\sqrt{-5}) = x^2 + 5y^2,$$
$$N_{\mathbb{Q}(\sqrt{-6})/\mathbb{Q}}(x + y\sqrt{-6}) = (x + y\sqrt{-6})(x - y\sqrt{-6}) = x^2 + 6y^2.$$

命题 5.27 设 K 为二次域, p 为素数且在 K 中为非分歧. 这时, 下面的 (i), (ii), (iii) 等价.

(i) 存在 $\alpha \in O_K$ 使得 $p = N_{K/\mathbb{Q}}(\alpha)$.

(ii) p 在域 $K(O_K)$ 中完全分解.

(iii) 在 O_K 中 $(p) = \boldsymbol{pq}$, $\boldsymbol{p}, \boldsymbol{q}$ 为相异的 O_K 的素理想, 并且 $\boldsymbol{p}, \boldsymbol{q}$ 是由 O_K 中的全正元生成.

[证明] (ii) $\Leftrightarrow$(iii) 由在定理 5.21 中所叙述的 K 的扩域 $K(O_K)$ 的性质得到.

证明 (i) $\Rightarrow$(iii). 设 $p = N_{K/\mathbb{Q}}(\alpha)$, $\alpha \in O_K$. 如果 K 为虚二次域, α 自然为全正的. 如果 K 为实二次域, 于是 K 有两个实素点. 设其中一个为 $\iota : K \to \mathbb{R}$, 另一个实素点则为 $\iota \circ \sigma : K \to \mathbb{R}$. 如果 $\iota(\alpha) > 0$, 因 $p = \alpha\sigma(\alpha)$, 故有 $\iota \circ \sigma(\alpha) > 0$, 从而 α 为全正. 如果 $\iota(\alpha) < 0$, 同样地, $-\alpha$ 为全正, 而 $p = N_{K/\mathbb{Q}}(-\alpha)$. 于是, 在任何情形下都存在全正的 $\alpha \in O_K$ 使得 $p = \alpha\sigma(\alpha)$. 因为 (p) 为 O_K 中不多于两个的相异素理想之积, 故 (α), $(\sigma(\alpha))$ 必为相异的素理想. 于是 (iii) 成立.

证明 (iii)$\Rightarrow$(i). $\boldsymbol{p} = (\alpha)$, 其中 α 为 O_K 的全正元. 我们来证明 $p = N_{K/\mathbb{Q}}(\alpha)$. 令 $p = \alpha\beta$, $\beta \in O_K$, 于是, $p^2 = \alpha\sigma(\alpha) \cdot \beta\sigma(\beta), \alpha\sigma(\alpha), \beta\sigma(\beta) \in \mathbb{Z}$, 且每个都 $\neq \pm 1$. 于是, $\alpha\sigma(\alpha) = \pm p$. 由于 α 为全正, 故有 $\alpha\sigma(\alpha) = p$. ∎

例 5.28 令 $K = \mathbb{Q}(\sqrt{-5})$, $\boldsymbol{a} = O_K$. 根据命题 5.27, 对于素数 $p \neq 2, 5$ 有

存在 $x, y \in \mathbb{Z}$ 使得 $p = x^2 + 5y^2$

$\Leftrightarrow p$ 在 $K(\boldsymbol{a})$ 中完全分解

$\Leftrightarrow p$ 在 K 中为相异的两个主素理想的乘积. □

另外, 若依例 5.25, 则 $K(\boldsymbol{a}) = \mathbb{Q}(\sqrt{-5}, \sqrt{-1})$, 从而 $\mathbb{Q}(\sqrt{-5}, \sqrt{-1})$ 包含在 $\mathbb{Q}(\zeta_{20})$ 之中, 它对应的 $(\mathbb{Z}/20\mathbb{Z})^\times$ 的子群为

$$((\mathbb{Z}/20\mathbb{Z})^\times \xrightarrow{\chi_{-5}} \{\pm 1\}\text{的核}) \cap ((\mathbb{Z}/20\mathbb{Z})^\times \to (\mathbb{Z}/4\mathbb{Z})^\times \xrightarrow{\chi_{-1}} \{\pm 1\}\text{ 的核})$$
$$= \{1, 3, 7, 9 \mod 20\} \cap \{1, 9, 13, 17 \mod 20\} = \{1, 9 \mod 20\},$$

根据定理 5.7 有

$$p \text{ 在 } \mathbb{Q}(\sqrt{-5},\sqrt{-1}) \text{ 中完全分解 } \Leftrightarrow p \equiv 1,9 \mod 20.$$

因此, 我们得到结论:

$$\text{存在 } x,y \in \mathbb{Z} \text{ 使得 } p = x^2+5y^2 \Leftrightarrow p \equiv 1,9 \mod 20.$$

再者, 使 $p \equiv 1,3,7,9 \mod 20$ 的素数 p 在 $\mathbb{Q}(\sqrt{-5})$ 中是完全分解的 (表 5.2), 其中如果 $p \equiv 1,9 \mod 20$, 则 (p) 在 $\mathbb{Z}[\sqrt{-5}]$ 中为主素理想之积, 如果 $p \equiv 3,7 \mod 20$, 则表明它不是主素理想的积 (参看在 §5.1(b) 中指出的 $(41),(3),(7),(29)$ 在 $\mathbb{Z}[\sqrt{-5}]$ 中的分解).

例 5.29 同样地, 对于素数 $p \neq 2,3$ 有

$$\text{存在 } x,y \in \mathbb{Z} \text{ 使得 } p = x^2+6y^2 \Leftrightarrow p \equiv 1,7 \mod 24.$$

这是由令 $K = \mathbb{Q}(\sqrt{-6}), \boldsymbol{a} = O_K$, 然后利用命题 5.27, 例 5.26 以及作为 $\mathbb{Q}(\zeta_{24})$ 的子域的 $\mathbb{Q}(\sqrt{-6},\zeta_3)$ 对应于 $(\mathbb{Z}/24\mathbb{Z})^{\times}$ 的子群 $\{1,7 \mod 24\}$ 而得到. 再者, 满足 $p \equiv 1,5,7,11 \mod 24$ 的素数 p 在 $\mathbb{Q}(\sqrt{-6})$ 中为完全分解 (表 5.2). 其中, 如果 $p \equiv 1,7 \mod 24$, 则 (p) 在 $\mathbb{Z}[\sqrt{-6})$ 中为主素理想之积, 如果 $p \equiv 5,11 \mod 24$, 则知其不为主素理想的乘积 (参照在 §5.1(b)) 所指出的,$(73),(5),(7),(11)$ 在 $\mathbb{Z}[\sqrt{-6}]$ 中的分解).

将命题 5.27 稍微推广了一点的下面命题 5.30 也可由定理 5.21 以与命题 5.27 同样的方式推导出来.

命题 5.30 *设 K 为二次域, σ 为 $\mathrm{Gal}\,(K/\mathbb{Q})$ 的生成元, $\boldsymbol{a}$ 为 O_K 中满足 $\sigma(\boldsymbol{a}) = \boldsymbol{a}$ 的非零理想. 此时, 下面的 (i),(ii) 等价.*

(i) *存在全正的 $\alpha \in O_K$ 使得 $\alpha \equiv 1 \mod \boldsymbol{a}$, 并且 $p = N_{K/\mathbb{Q}}(\alpha)$.*

(ii) *p 在域 $K(\boldsymbol{a})$ 中为完全分解.* □

例 5.31 对于素数 $p \neq 2$,

$$\text{存在 } x,y \in \mathbb{Z} \text{ 使得 } p = x^2-8y^2 \text{ 成立} \Longleftrightarrow p \equiv 1 \mod 8,$$

它可在命题 5.30 中令 $K = \mathbb{Q}(\sqrt{2}), \boldsymbol{a} = (2)$ 并按下面的方式得到. 由 $x^2-8y^2 = x^2-2(2y)^2$ 知,

$$\begin{aligned} &\text{存在} x,y \in \mathbb{Z} \text{ 使得 } p = x^2-8y^2 \text{ 成立} \\ &\quad \Leftrightarrow \text{存在奇数 } x \text{ 及偶数 } y \text{ 使得 } p = x^2-2y^2 \text{ 成立} \\ &\quad \Leftrightarrow \text{存在 } \alpha \in \mathbb{Z}[\sqrt{2}] = O_K \text{ 使得 } p = N_{K/\mathbb{Q}}(\alpha),\ \alpha \equiv 1 \mod 2\mathbb{Z}[\sqrt{2}]. \end{aligned}$$

如果 α 不为全正, 则以 $-\alpha$ 代替 α, 故总可设 α 为全正. 于是根据命题 5.30, 其

$$\Leftrightarrow p \text{ 在 } K(\boldsymbol{a}) \text{ 中完全分解}.$$

由例 5.24, $K(\boldsymbol{a}) = \mathbb{Q}(\zeta_8)$. 因此, 根据推论 5.8, 其

$$\Leftrightarrow p \equiv 1 \mod 8.$$

□

例 5.32 设 $K = \mathbb{Q}(\sqrt{-26})$, $\boldsymbol{a} = O_K$. 此时, 我们已知 $K(\boldsymbol{a})$ 不是 $\mathbb{Q}$ 的 Abel 扩域. 根据命题 5.27, 对于素数 $p \neq 2, 13$ 有

$$\text{存在整数 } x, y \text{ 使得 } p = x^2 + 26y^2 \text{ 成立} \Leftrightarrow p \text{ 在 } K(\boldsymbol{a}) \text{ 中为完全分解}.$$

根据定理 5.10, 不管以怎样的自然数 N, 不可能有形如

$$\Leftrightarrow p \equiv \cdots \mod N$$

这样的判断. □

小结

5.1 素数 p 是否可以写为 $x^2 + 6y^2$, p 是否是形如 $x^2 + 6$ 的数的素因数这些事情仅仅与 p 在数域中的分解方式有关.

5.2 在分圆域 $\mathbb{Q}(\zeta_N)$ 的子域中素数 p 的分解方式由 $p \mod N$ 决定.

5.3 二次域是某个分圆域的子域. 因而在二次域中素数 p 的分解方式由对某个 N 的 $p \mod N$ 决定, 二次剩余的互反律可以解释为这个事实的表现.

5.4 在数域 K 的 Abel 扩域中, K 的素理想的分解方式也与在分圆域的子域中素数的分解方式有相同的法则.

习题

5.1 列举 $\mathbb{Q}(\zeta_3)$ 所有子域, 在其每个子域中完全分解的素数有哪些?

5.2 对于 $\mathbb{Q}(\zeta_{15})$, 问上面的同样问题.

5.3 Fermat 断言 "使 $p \equiv 3, 7 \mod 20$ 成立的素数 p 不能写成 x^2+5y^2 $(x, y \in \mathbb{Z})$ 的形式, 而这样的两个素数的积则可写成 $x^2 + 5y^2$ $(x, y \in \mathbb{Z})$ 的形式, 我自己大概是证不出来了". 请对此进行考察.

5.4 设 p 为素数, N 为自然数.

(1) 利用 $\mathbb{F}_p^\times$ 为 $p-1$ 阶循环群的事实 (附录 §B.4) 证明 $p \equiv 1 \mod N$ 的论断与 $\mathbb{F}_p$ 具有 1 的 N 次本原根的断言等价.

(2) 由 (1) 中 $N = 4$ 的情形推导出对于奇素数 p 成立 $\left(\dfrac{-1}{p}\right) = (-1)^{\frac{p-1}{2}}$.

第六章 局部与整体

在这一章中我们将看到数域与单变代数函数域之间惊人的相似之处 (§6.1), 而数域与有限域上的单变代数函数域被统称为整体域, 我们还将考虑被称做整体域的局部化的对象 (§6.2). 有理域 $\mathbb{Q}$ 的局部域有实域 $\mathbb{R}$, 以及对于每个素数 p 的 p 进域 $\mathbb{Q}_p$. 像在第二章中, 我们把 $\mathbb{Q}$ 嵌入到 $\mathbb{R}$ 和 $\mathbb{Q}_p$ 中进行了考虑那样, 把整体域放回到局部域去考察是当代数论的基本态势. 在 §6.4 中我们将用把局部域捆绑在一起给出的阿代尔 (adèle) 环、以及所谓的伊代尔 (idèle) 群、去证明第四章出现的 "理想类群的有限性", "Dirichlet 单位定理".

§6.1 数与函数的惊人类似

(a) 整数与多项式的类似

整数环 $\mathbb{Z}$ 与以域 k 上单变量多项式环

$$k[T] = \left\{ \sum_{n=0}^{m} a_n T^m \;\middle|\; m \geqslant 0, a_n \in k \right\}$$

像亲兄弟那样有许多的相似点. 首先, 都是主理想整环. 其次, 都是唯一分解整环, 其非零也非可逆的元可表示为素元的乘积, 并且除了相差可逆元因子外这个表示是唯一的.

问题 1 设 k 为域.

(1) 证明 $k[T]$ 的可逆元全体是 $k^\times$.

(2) 称 $k[T]$ 的素元为不可约多项式. 利用 $\mathbb{C}$ 为代数闭域证明 $\mathbb{C}[T]$ 的元为不可约多项式等价于其为一次式. 对于 $\mathbb{R}[T]$, 证明其不可约多项式等价于它们为一次式或者为 aT^2+bT+c $(a, b, c \in$

$\mathbb{R}, a \neq 0, b^2 - 4ac < 0$) 的形式.

问题 2　在 Euclid 的《几何原本》中的 "存在无穷多个素数" 的证明为 "假设 $p_1, \cdots, p_n$ 为所有的素数, 令 $N = p_1 \cdots p_n + 1$, 则 N 的素因子不是 $p_1, \cdots, p_n$ 中的任一个 (因为 $p_1, \cdots, p_n$ 中的任一个去除 N 都余 1). 因此存在不同于 $p_1, \cdots, p_n$ 的素数, 引出矛盾". 对于域 k, 以 $k[T]$ 中类似于对 $\mathbb{Z}$ 的 Euclid 的方法证明在 $k[T]$ 中存在无穷多个首项系数为 1 的不可约多项式.(注: 如果 k 为无限域, $T - a$ $(a \in k)$ 为首相系数为 1 的不可约多项式, 但这个推理当 k 为有限域时不能再用.)

然而 $\mathbb{Z}$ 与 $k[T]$ 的相似之处并不止于都是主理想整环这一点. 特别当 k 为有限域时, 无论是后面第七章中论述的 ζ 函数的理论, 还是第八章中的类域论, 都存在 $\mathbb{Z}$ 与 $k[T]$ 共同具有的深刻的理论. 像二次剩余的互反律也存在下面的类似物 (6.1):

设 p 为非 2 的素数, $f, g \in \mathbb{F}_p[T]$ 为最高次项系数为 1 的不可约多项式, 则有

$$\left(\frac{f}{g}\right)\left(\frac{g}{f}\right) = (-1)^{\frac{p-1}{2}\deg(f)\deg(g)}. \tag{6.1}$$

其中 $\left(\frac{f}{g}\right)$ 由 f 在 $\mathbb{F}_p[T]/(g)$ 中的像是否为平方元而取值 $1, -1$. $\left(\frac{g}{f}\right)$ 以同样方式定义, $\deg(f), \deg(g)$ 分别是 f, g 作为多项式的次数. (6.1) 将在关于类域论的第八章的 §8.2(d) 中给予证明.

因此追寻 $\mathbb{Z}$ 与 $k[T]$ 这样的类似, 就像以下所论述的那样, 是极有裨益的.

(b) 素数与点的类似

就 $\mathbb{Z}$ 与 $k[T]$ 进行比较而言, 与 $k[T]$ 有关的东西可以给予 "几何解释" 的有很多. 譬如整数有像

$$18 = 2 \times 3^2 \tag{6.2}$$

这样的素因子分解, 类似的, $\mathbb{C}$ 系数的多项式也有这样的素元分解

$$T^3 - 8T^2 + 16T = T(T-4)^2. \tag{6.3}$$

当把 T 看作复变量时, 素元分解 (6.3) 可表示为 "函数 $T^3 - 8T^2 + 16T$ 在复平面上的点 $T = 0$ 具有 1 阶零点, 在点 $T = 4$ 具有 2 阶零点, 而在复平面的其他点则不具有零点". 也就是说, 能够对素元分解 (6.3) 作出 "函数 $T^3 - 8T^2 + 16T$ 在复平面的各点处所看到的局部性质" 这样的几何解释.

追寻其类似性. 那么, 素因子分解 (6.2) 有

$$\mathrm{ord}_2(18) = 1,\ \mathrm{ord}_3(18) = 2,\ \text{对于 2,3 以外的素数}\, p,\ \mathrm{ord}_p(18) = 0,$$

这使我们感觉到它可表述为 "18 在素数 2 处具有 1 阶零点, 在素数 3 处具有 2 阶零点, 而在其他素数处不具有零点". 在第二章中我们曾多次使用关于 p 的 ord_p 进行讨论, 这就是 "在 p 处进行局部考察", 以便能得到 "几何式的" 感觉.

当然, 即使在试着追寻素数与复平面的点的相似性, 作为不同对象的素数与复平面的点, 人们头脑中能够想起复平面的样子来, 还可以一面把复平面想成是地面而一面在上面行走, 而在素数的情形, 如果一边清晰地想起全体素数的状态一边在上面行走就不能使人理解, 这确实令人遗憾. 尽管如此, 追寻这种类似性产生了像要在下面阐述的在数论和代数几何中思考方法上的进步.

(c) p 进数与 Laurent 级数的类似

1900 年左右, Hensel 定义了 p 进数, 它追寻了素数与复平面的点的类似性. $\mathbb{C}$ 系数的有理函数, 例如就像我们看到的有理函数 $\frac{1}{T(T-1)}$ 在点 $T=1$ 的 Laurent 展开

$$\frac{1}{T(T-1)}=\frac{1}{T-1}-1+(T-1)-(T-1)^2+(T-1)^3-\cdots$$

的那样, 在复平面的各点 $T=\alpha$ $(\alpha\in\mathbb{C})$ 上可展开为 Laurent 级数 $\sum\limits_{n=m}^{\infty}c_n(T-\alpha)^n$ $(m\in\mathbb{Z}, c_n\in\mathbb{C})$ 的形式. $\mathbb{C}$ 系数的有理函数全体的域 $\mathbb{C}(T)$ 可按这种方式嵌入到对各个 $\alpha\in\mathbb{C}$ 的形式幂级数域

$$\mathbb{C}((T-\alpha))=\left\{\sum_{n=m}^{\infty}c_n(T-\alpha)^n \;\middle|\; m\in\mathbb{Z},\ c_n\in\mathbb{C}\right\}$$

中. 而有理数, 例如

$$\frac{1}{6}=\frac{1}{2}-1+2-2^2+2^3-\cdots$$

可这样按 2 进展开从而嵌入到 $\mathbb{Q}_2$ 中. 对于每个素数 p 的 p 进展开, $\mathbb{Q}$ 都嵌入到 $\mathbb{Q}_p$ 中, 这些正是在数论中作为 Laurent 级数的类似物而被发现的.

(d) 无限素点与无穷远点的类似

像在第二章所见到的, 考虑将 $\mathbb{Q}$ 嵌入到 $\mathbb{R}$, 以及嵌入到对每个素数 p 的 $\mathbb{Q}_p$ 是有好处的. 那么, 考虑将 $\mathbb{Q}$ 嵌入到 $\mathbb{Q}_p$ 便与将 $\mathbb{C}(T)$ 嵌入到 $\mathbb{C}((T-\alpha))$ $(\alpha\in\mathbb{C})$ 相似时, $\mathbb{Q}$ 嵌入到 $\mathbb{R}$ 中又与 $\mathbb{C}(T)$ 嵌入到什么地方相似呢?

在复变函数论中, 考虑在复平面上附加了一个叫做无穷远点的对象, 想成在复平面上从 0 出发不断趋向远处而靠近了无穷远点, 于是在此无穷远点处的有理函数展开为 Laurent 级数时, 便将 $\mathbb{C}(T)$ 嵌入到了 $\mathbb{C}((\frac{1}{T}))$ 之中. 我们可以将 $\mathbb{C}(T)$ 到 $\mathbb{C}((\frac{1}{T}))$ 的嵌入考虑为 $\mathbb{Q}$ 到 $\mathbb{R}$ 的嵌入的类比 (图 6.1).

$$\begin{array}{ll} & \ \ \subset\mathbb{Q}_2 \\ \mathbb{R}\supset\mathbb{Q} & \subset\mathbb{Q}_3 \\ & \ \ \subset\mathbb{Q}_5 \end{array}\qquad\qquad \begin{array}{ll} & \ \ \subset\mathbb{C}((T-1)) \\ \mathbb{C}((\frac{1}{T}))\supset\mathbb{C}(T) & \subset\mathbb{C}((T)) \\ & \ \ \subset\mathbb{C}((T-4)) \end{array}$$

图 6.1

在 §4.2 中, 称 $\mathbb{Q}$ 到 $\mathbb{R}$ 的嵌入为 $\mathbb{Q}$ 的无穷远实素点, 这个叫法是从无穷远点的类比而来的.

$\mathbb{C}(T)$ 的非零元在复平面的所有点以及在无穷远点的阶数的总和为零 (但是, m 重零点的阶数为 m, 而 m 阶极点的阶数为 $-m$, 既不是零点也不是极点的阶数则为 0). 例如, T^3-8T^2+16T 在无穷远点处的 Laurent 展开为 $(\frac{1}{T})^{-3}-8(\frac{1}{T})^{-2}+16(\frac{1}{T})^{-1}$, 故在无穷远点的阶数为 -3, 而阶数的总和为

$(T=0$ 处的阶数$)+(T=4$ 处的阶数$)+($无穷远点处的阶数$)=1+2+(-3)=0.$
与此类似地, 对于有理数 $a\neq 0$ 成立

$$\left(\prod_{p:\text{素数}}|a|_p\right)\times|a|=1$$

(其中 $|\ |_p$ 为 p 进绝对值, $|\ |$ 为通常的实数的绝对值). 例如,

$$\left(\prod_{p:\text{素数}}|18|_p\right)\times|18|=|18|_2\times|18|_3\times|18|=\frac{1}{2}\times\frac{1}{9}\times 18=1.$$

(e) 数域与单变量代数函数域的类似

数域是 $\mathbb{Q}$ 的有限扩域, 而另一方面, 称域 k 的扩域中那些在 $k(T)$ 上有限次及其 k- 同构域为 k 上的**单变量代数函数域** (algebraic function field in one variable). 例如, 在 $k(T)$ 上把 T^3+1 的平方根 $\sqrt{T^3+1}$ 添加上构成的域 $k(T,\sqrt{T^3+1})$, 是 $k(T)$ 的二次扩张, 故为 k 上的单变量代数函数域.

$\mathbb{Z}$ 与 $k[T]$ 类似, 它们的分式域 $\mathbb{Q}$ 与 $k(T)$ 类似, 如果考虑它们的有限次扩张, 则数域与 k 上的单变量代数函数域类似.

在此, 我们假若拿 $\mathbb{Q}$ 的二次扩域 $\mathbb{Q}(\sqrt{-26})$ 和 $\mathbb{C}(T)$ 的二次扩域 $\mathbb{C}(T,\sqrt{T^3+1})$ 作为类似的对象进行对比, 那么, $\mathbb{Q}(\sqrt{-26})$ 的整数环 $\mathbb{Z}[\sqrt{-26}]$, 即 $\mathbb{Z}$ 在 $\mathbb{Q}(\sqrt{-26})$ 中的整闭包, 是 $\mathbb{Z}[\sqrt{-26}]$, 而 $\mathbb{C}[T]$ 在 $\mathbb{C}(T,\sqrt{T^3+1})$ 中的整闭包为

$$\mathbb{C}[T,\sqrt{T^3+1}]=\{f+g\sqrt{T^3+1}\mid f,g\in\mathbb{C}[T]\}$$

(对其为整闭包的断言可参看 §6.3 例 6.48). 这便是所看到的类似对象的一个对比. $\mathbb{Z}[\sqrt{-26}]$ 是个 Dedekind 环但不是主理想整环, 与其相似地, $\mathbb{C}[T,\sqrt{T^3+1}]$ 也是 Dedekind 环而非主理想整环. 在像 $\mathbb{Z}[\sqrt{-26}]$ 这样的数域的整数环中, 非零素理想作为素数的替代角色是非常重要的对象. 在下面, 我们来叙述那些作为 $\mathbb{Z}[\sqrt{-26}]$ 的非零素理想的类似对象的 $\mathbb{C}[T,\sqrt{T^3+1}]$ 的非零素理想却具有作为 "点" 的几何意义. 请见下面的对应表.

我们来说明 $\mathbb{C}[T,\sqrt{T^3+1}]$ 的非零素理想一一对应于几何对象的集合

$$U=\{(x,y)\in\mathbb{C}\times\mathbb{C}\mid y^2=x^3+1\}$$

表 6.1 相似性的对应表

$\mathbb{Z}$	$\mathbb{C}[T]$
素数	复平面的点
$\mathbb{Z}[\sqrt{-26}]$	$\mathbb{C}[T,\sqrt{T^3+1}]$
$\mathbb{Z}[\sqrt{-26}]$ 的非零素理想	$\{(x,y)\|y^2=x^3+1\}$ 的点

的点. 为此, 首先把 $\mathbb{C}[T,\sqrt{T^3+1}]$ 的元看作在 U 上定义的复值函数. 把 $\mathbb{C}[T,\sqrt{T^3+1}]$ 的元 T 看作对 U 的点给予其 x 坐标的函数 $U\to\mathbb{C}:(x,y)\mapsto x$. 那么, 对 U 的点给予其 y 坐标的函数时, 它的二次幂与 $T^3+1:U\to\mathbb{C}:\ (x,y)\mapsto x^3+1=y^2$ 相等, 从而是 T^3+1 的平方根. 这里, 我们把 $\sqrt{T^3+1}$ 看作是函数 $U\to\mathbb{C}:(x,y)\mapsto y$, 把 $\mathbb{C}[T,\sqrt{T^3+1}]$ 的元 $f+g\sqrt{T^3+1}$ $(f,g\in\mathbb{C}[T])$ 看作是函数 $U\to\mathbb{C}:(x,y)\mapsto f(x)+g(x)y$, 而 $\mathbb{C}[T,\sqrt{T^3+1}]$ 便被看作是定义在 U 上的函数所构成的环. 另外, 正如下面表 6.2 的第二栏所表示的那样, U 的点一一对应于 $\mathbb{C}[T,\sqrt{T^3+1}]$ 的非零素理想. 这是表 6.2 的第一栏中复平面的点与 $\mathbb{C}[T]$ 的非零素理想一一对应的推广形式.

表 6.2

$\mathbb{C}$ 的点 $\overset{1:1}{\leftrightarrow}$ $\mathbb{C}[T]$ 非零素理想 点 $\alpha\in\mathbb{C}\leftrightarrow$ 素理想 $\{f\in\mathbb{C}[T]\|f(\alpha)=0\}=(T-\alpha)$
U 的点 $\overset{1:1}{\leftrightarrow}$ $\mathbb{C}[T,\sqrt{T^3+1}]$ 的非零素理想 点 $(\alpha,\beta)\in U\leftrightarrow$ 素理想 $\{f\in\mathbb{C}[T,\sqrt{T^3+1}]\|f(\alpha,\beta)=0\}=(T-\alpha,\sqrt{T^3+1}-\beta)$

从 $\mathbb{C}[T]$ 的元的素元分解可看出这个元在复平面各点的局部性质, 同样, 从 $\mathbb{C}[T,\sqrt{T^3+1}]$ 的元的素理想分解也可看出它在 U 的各点的局部性质. 我们记对应于 U 的点 (α,β) 的 $\mathbb{C}[T,\sqrt{T^3+1}]$ 的非零素理想为 $\boldsymbol{p}_{\alpha,\beta}$. 例如, $\mathbb{C}[T,\sqrt{T^3+1}]$ 的元 T 的素理想分解为

$$(T)=\boldsymbol{p}_{0,1}\boldsymbol{p}_{0,-1},$$

这个素理想分解所表示的意思是 "函数 $T:U\to\mathbb{C}:(x,y)\mapsto x$ 以点 $(0,1)\in U$ 和点 $(0,-1)\in U$ 为零点, 并且不再具有其他的零点".

(f) 探索类比性的好处

19 世纪以来, 由于探索数域与单变代数函数域的相似性, 刺激了由数域引出的数论以及由单变量代数函数引起的代数几何的研究, 取得了令人兴奋的进展. 我们来举出它们中特别显著的例子.

(1) 单变量代数函数域对数论的好影响

如我们已经谈到过的那样, p 进数域 $\mathbb{Q}_p$ 是以探讨 $\mathbb{Q}$ 与 $\mathbb{C}(T)$ 的类似性而导入的, 是具好影响的显著例子.

在第二章中, 当研究二次曲线 $ax^2+by^2=c\ (a,b,c\in\mathbb{Q}^{\times})$ 在 $\mathbb{Q}$ 中是否有解时, 首先考察比在 $\mathbb{Q}$ 中更加容易的、在 $\mathbb{Q}_p$ 和 $\mathbb{R}$ 中是否有解. 通过类比改用成几何式的说法, 即是首先对问题在各个点进行局部的考察, 然后将它们整合, 得到了关于整体的结论. 对于不一定是有理数域的一般数域, 像在 §6.2 中介绍的, 类似于 $\mathbb{Q}$ 被嵌入到 $\mathbb{Q}_p$ 或者 $\mathbb{R}$ 中那样, 定义数域到那些称作**局部域**的域中的嵌入. 首先进行在局部域中的考察 (局部的考察), 然后整合它们 (整体域的考察), 从而得到在数域中的结果, 这便是成为了现代数论中的基本方法. 先了解局部的现象, 再整合它们从而弄清整体域的现象. 这个几何的研究态度以追寻类比的方式被引入到数论中, 成为了一种有效的方法.

再者,《数论 II》将要讲解的岩泽 (Iwasawa) 猜想也是基于数域和单变量代数函数域之间的惊人相似之上的.

单变量代数函数域比起数域来, 单变量代数函数域要容易一些. 在考虑数域中的问题时, 首先考虑其在单变量代数函数域中的相应问题以作为参考, 这种情形到今天为止多次出现, 大有裨益.

(2) 数论对代数几何的好影响

如前所述, $U=\{(x,y)\in\mathbb{C}\times\mathbb{C}\mid y^2=x^3+1\}$ 的点对应于环的素理想, 这个 U 是一个代数簇的例子. 理想论原本是为了克服 "在数域的整数环中不能很好地进行素元分解的理论" 而创立的 (§4.2); 受到代数簇的点, 与如上所述的环的素理想之间的对应的理想论的促进, 作为关于代数簇理论的代数几何发展了起来. 这是依照探索类似性而 "引进了数论方法" 的成功.

另外, 像要在第七章中讲述的那样, 在有限域上的单变量代数函数域中考虑了数论中的 ζ 函数的类似对象. 对于这个类似对象的研究把代数几何与 ζ 函数联系了起来, 产生了被称做 Weil 猜想的猜想, 并给代数几何带来了巨大的变革.

由于这种对数域与单变量代数函数域的比较是有益的, 在本书后面部分我们将在这两者范围内进行平行的处理, 然而本书的目标是在数域方面, 故关于单变量代数函数域的议论常常会省略.

§6.2 素点与局部域

(a) 素点的定义

在第二章中讨论二次曲线时, 我们看到了利用实数的威力 (光芒) 以及各个素数加在一起的素数的威力, 能凸现有理点的样子. 不管在一般的数域也好, 单变量代数函数域也好, 这些威力之中都有 "素点的威力" 在其中. 在所有素点的光芒照耀之下, 数域以及单变量代数函数域的真实面貌便凸现了出来.

首先我们给出下面的数域 K 的素点的定义.

称 K 的整数环 O_K 的非零素理想为 K 的**有限素点** (finite place). ("place"在中文的经典文献中翻译成"位", 而在 Grothendieck 的概形理论中就叫"点" 而没有任何修饰词. 这里讲的是数论, 故我们沿用日文仍叫其为"素点"——译注.) 在 §4.2(e) 中我们曾定义 K 到 $\mathbb{R}$ 或到 $\mathbb{C}$ 的域同态为 K 的无限素点 (place at infinity) (但以 $\mathbb{C}$ 的复共轭映射复合成的域同态看成是同一个无限素点). K 的有限素点与无限素点合起来统称为 K 的**素点** (place).

所叫的"素点"这个名字, 追寻了在前节所讲过的素数及素理想与点的类比, 从而是素数和素理想的"素"与"点"的混合物.

数域的有限素点和无限素点的定义乍看起来感到有本质性的不同. 然而, 如果我们将 $\mathbb{Q}$ 的有限素点考虑为 $\mathbb{Q}$ 在 $\mathbb{Q}_p$ 的嵌入, $\mathbb{Q}$ 的无限素点考虑为 $\mathbb{Q}$ 在 $\mathbb{R}$ 的嵌入, 就会感觉它们具有相同的性质了. (对此, 可参照 (d) 小节命题 6.14.)

下面, 我们来定义域 k 的单变量代数函数域 K 的素点. K 与 $k(T)$ 的某个有限次扩域 k 同构. 我们固定一个这样的同构, 从而将 K 看作 $k(T)$ 的有限次扩域. 多项式环 $k[T]$ 在 K 中的整闭包记为 A, 而 $k[T^{-1}]$ 在 K 中的整闭包记为 B. 则 A, B 为 Dedekind 环 (附录 §A.1). 我们把 $k[T]$ 看成是 $\mathbb{Z}$ 的类比对象, A 是数域的整数环的类比, 而 $k[T^{-1}]$ 的素理想 (T^{-1}) 想成是 $\mathbb{Q}$ 的无限素点的类比. 于是, A 的非零素理想 (数域中有限素点的类比) 与 B 中包含了 T^{-1} 的非零素理想 (数域的无限素点的类比) 合起来, 被称为 K 的素点.

然而, 在这个定义中, K 的素点是根据把 K 当作 $k(T)$ 的有限扩域的观点而形成的. 下面的 (b) 小节中, 不再依照这样的观点而给出了单变量代数函数域的素点定义.

(b) 离散赋值与离散赋值环

作为对于素数 p 的 $\mathrm{ord}_p : \mathbb{Q}^\times \to \mathbb{Z}$ 以及对于在复平面的各点 P 的阶数 $\mathrm{ord}_P : \mathbb{C}(T)^\times \to \mathbb{Z}$ 的推广, 我们来考虑所谓的**离散赋值** (discrete valuation).

定义 6.1 设 K 为域. K 的离散赋值是一个满的群同态 $\nu : K^\times \to \mathbb{Z}$, 且满足下面的条件. 令 $\nu(0) = \infty$, 从而将 ν 定义在整个 K 上. 此时,

$$\text{条件: 如果 } x, y \in K, \text{ 则 } \nu(x+y) \geqslant \min(\nu(x), \nu(y)). \qquad \square$$

例 6.2 设 p 为素数, 此时的 p 进赋值 $\mathrm{ord}_p : \mathbb{Q}^\times \to \mathbb{Z}$ 是 $\mathbb{Q}$ 的一个离散赋值. 更一般地, 设 A 为 Dedekind 环, K 为其分式域, 并设 $\boldsymbol{p}$ 为 A 的一个非零素理想. 我们定义 $\mathrm{ord}_{\boldsymbol{p}} : K^\times \to \mathbb{Z}$ 为

$$a \mapsto (a) \text{ 的素理想分解表达式中 } \boldsymbol{p} \text{ 的指数}$$

(就是说, 当 $(a) = \prod_{\boldsymbol{q}} \boldsymbol{q}^{e(\boldsymbol{q})}$, 其中 $\boldsymbol{q}$ 遍历 A 的非零素理想时, 定义 $\mathrm{ord}_{\boldsymbol{p}}(a) = e(\boldsymbol{p})$). 那么, $\mathrm{ord}_{\boldsymbol{p}}$ 便是 K 的一个离散赋值. $\square$

我们略去了下面断言的证明，这些断言是：当设 K 为数域时，从 K 的全部有限素点的集合到 K 的全部离散赋值的集合的满单射由 $\boldsymbol{p} \mapsto \mathrm{ord}_{\boldsymbol{p}}$ 给出. 另外，设 K 为域 k 上的单变量代数函数域，从 K 的全部素点的集合到 K 的满足 $\nu(k^\times) = \{0\}$ 的全部离散赋值的集合的满单射由 $\boldsymbol{p} \mapsto \mathrm{ord}_{\boldsymbol{p}}$ 给出.

根据这个事实，也可定义域 k 上单变量代数函数域 K 的素点为满足 $\nu(k^\times) = 0$ 的 K 的离散赋值，这与前面的定义不冲突. 这样定义后，单变量代数函数域的素点的定义就不再需要把 K 看成是 $k(T)$ 的有限扩张的观点而形成的了.

我们汇集一些有关离散赋值的基础事实.

定义 6.3 设 ν 为域 K 的一个离散赋值，则称 K 的子环

$$\{x \in K | \nu(x) \geqslant 0\}$$

为 ν 的**赋值环** (valuation ring). □

例 6.4 p 为素数时，p 进赋值 $\mathrm{ord}_p : \mathbb{Q}^\times \to \mathbb{Z}$ 的赋值环为 $\mathbb{Z}_{(p)} = \left\{ \dfrac{m}{n} \;\middle|\; m, n \in \mathbb{Z},\ n\text{不被 } p \text{ 除尽} \right\}$. p 进赋值 $\mathrm{ord}_p : \mathbb{Q}_p^\times \to \mathbb{Z}$ 的赋值环为 $\mathbb{Z}_p$. □

例 6.5 取 $\alpha \in \mathbb{C}$, 对应于 $\mathbb{C}[T]$ 的素理想 $(T-\alpha)$ 的 $\mathrm{ord}_{(T-\alpha)} : \mathbb{C}(T)^\times \to \mathbb{Z}$, 即是考虑 "在点 α 的阶数" 所给出的离散赋值. 这个离散赋值的赋值环为

$$\{f \in \mathbb{C}(T) \mid f \text{在点 } \alpha \text{ 为正则}\}.$$ □

例 6.6 设 k 为域. 定义形式幂级数域 $k((T))$ 的 T 进赋值 $\nu : k((T))^\times \to \mathbb{Z}$ 为: 对 $f = \displaystyle\sum_{n=m}^{\infty} a_n T^n$ $(a_n \in k, a_m \neq 0)$, $\nu(f) = m$. 此时，ν 的赋值环等于形式幂级数环 $k[[T]] = \left\{ \displaystyle\sum_{n=0}^{\infty} a_n T^n \;\middle|\; a_n \in k \right\}$, ν 等于对应于 $k[[T]]$ 的素理想 (T) 的 $\mathrm{ord}_{(T)}$. □

引理 6.7

(1) 设 ν 为域 K 的一个离散赋值，A 为其赋值环. 于是，A 为主理想整环，从而为 Dedekind 整环. A 的非零素理想只有 $\boldsymbol{p} = \{x \in K \mid \nu(x) \geqslant 1\}$, 而 ν 与 $\mathrm{ord}_{\boldsymbol{p}}$ 相同. 取元 $\alpha \in K$ 使得 $\mathrm{ord}_{\boldsymbol{p}}(\alpha) = 1$, 则 $\boldsymbol{p} = (\alpha)$, 而 A 的所有理想是 $(\alpha^n) = \{x \in K \mid \nu(x) \geqslant n\}$ $(n \geqslant 0)$ 和 0. A 的所有分式理想均由 $(\alpha^n) = \{x \in K \mid \nu(x) \geqslant n\}$ $(n \in \mathbb{Z})$ 给出. $\boldsymbol{p}$ 也是 A 的唯一的极大理想. 另外，$A^\times = \{x \in K^\times \mid \nu(x) = 0\}$.

(2) 反过来，设 A 为 Dedekind 整环，且其非零素理想只有唯一的一个. 令 $\boldsymbol{p}$ 为此素理想，则 A 与离散赋值 $\mathrm{ord}_{\boldsymbol{p}}$ 的赋值环相等.

(3) 对于整环 A 下面的 (i), (ii), (iii) 等价.

(i) A 为 A 的分式域的某个离散赋值的赋值环.

(ii) A 为主理想整环，且 A 的非零素理想只有唯一的一个.

(iii) A 为 Dedekind 环，且 A 的非零素理想只有唯一的一个.

[证明]　(1) 设 A 为离散赋值 ν 的赋值环, α 为 K 中使 $\nu(\alpha)=1$ 的元. 取 $\boldsymbol{a}$ 为 A 的任一非零理想, 并令 $n=\min\{\nu(x)|x\in\boldsymbol{a}\}$, 则容易知道有 $\boldsymbol{a}=(\alpha^n)=\{x\in K\mid\nu(x)\geqslant n\}$. (1) 其余部分均可由此推导出来 (因其证明容易故而略之).

(2) 的证明也很容易, 而 (3) 可由 (1) 和 (2) 得出. ∎

定义 6.8　称满足引理 6.7(3) 的相互等价的一个条件的整环为**离散赋值环** (discrete valuation ring). □

定义 6.9　当 ν 为 K 的一个离散赋值, A 为 ν 的赋值环, $\boldsymbol{p}$ 为 A 的那个唯一的非零素理想时, 我们称 $A/\boldsymbol{p}$ 为 ν 的剩余 (类) 域 (或者 "A 的剩余域", 或者在 ν 已经清楚时, 简单地称为 "K 的剩余域"). 称 $\boldsymbol{p}$ 的生成元为 "A 的 (或者 K 的) 素元". □

例 6.10　例 6.4 的 p 进赋值 $\mathrm{ord}_p:\mathbb{Q}^\times\to\mathbb{Z}$, $\mathrm{ord}_p:\mathbb{Q}_p^\times\to\mathbb{Z}$ 的剩余域全都是 $\mathbb{F}_p$, 例 6.5 的离散赋值的剩余域为 $\mathbb{C}$, 例 6.6 的 $k((T))$ 的剩余域为 k. □

注记 6.11　复数域 $\mathbb{C}$ 上的单变量代数函数域上所取的素点具有如下的意义. 例如 $\mathbb{C}(T)$ 与对 $\mathbb{C}$ 添加上无限远点后在整个 $\mathbb{C}\cup\{\infty\}$ 上定义的有理函数全体相等. 这个 $\mathbb{C}\cup\{\infty\}$ 与 $\mathbb{C}(T)$ 的全部素点被看作一样的. Riemann 在 19 世纪中叶证明了 $\mathbb{C}$ 上任意的单变量代数函数域 K 与所谓的 "K 的 Riemann 面" 上所定义的全部有理函数是相同的. 这个 "K 的 Riemann 面", 作为集合, 就是 K 的全部素点. 对应于 K 的素点的离散赋值给出了有理函数在该点的阶数.

再者, 如果用概形理论的观点, 一般的域 k 上的单变量代数函数域 K 的素点具有下面的几何意义. 在前面小节 (a) 中出现的环 A 的全部素理想与环 B 的全部素理想可被黏合成 k 上的代数曲线, K 即等同于此代数曲线的 "函数域", K 的素点即被视为此代数曲线的点.

对于这些我们不再进行解释了, 但这个注记 6.11 还是说明了下面的事. 作为单变量代数函数域 K 的全部素点形成了具有几何解释的空间, 而作为 §6.2 的开头说过 " 在素点的光芒照耀下凸现出了 K 的真实面貌", 那么作为在这个几何空间上存在的函数所形成的域, 也应表现出具有几何解释的 K 的面貌来.

问题 3　证明, 对于域 K 的离散赋值 ν, $x,y\in K$, 如果 $\nu(x)>\nu(y)$, 那么 $\nu(x+y)=\nu(y)$.

(c) 完备化

像完备化 $\mathbb{Q}$ 得到 p 进数域 $\mathbb{Q}_p$ 那样, 当给定域 K 的离散赋值时, 也能得到关于 ν 的 K 的完备化域 K_ν. 因为 K_ν 的构造方法与 §2.4 中叙述的 $\mathbb{Q}_p$ 的是相同的, 故只简单叙述一下.

"根据 ν 来决定 K 的拓扑" 是以在各元 $a\in K$ 给出基本邻域系 $(V_n)_{n\geqslant1}$:

$$V_n=\{x\in K\mid\nu(x-a)\geqslant n\}$$

来定义的. 这个拓扑, 在取 $0<c<1$ 的实数 c 并在 K 中定义一个距离 $d_{\nu,c}$ 为

$$d_{\nu,c}(x,y)=\begin{cases}c^{\nu(x-y)} & x\neq y\\ 0 & x=y\end{cases}$$

时, 与这个距离所给出的拓扑相同.

对于距离 d_c 的 Cauchy 序列, 在此拓扑下不一定在 K 中收敛. 使得 Cauchy 序列均收敛的对于此距离 K 的完备化. 即关于这个距离的所有 Cauchy 序列的等价类所构成的空间, 我们称之为 K 关于 ν 的**完备化** (completion), 记为 K_ν. K_ν 只依赖于 ν 而与 c 的选取无关. 这是因为 K 中的序列是否是 Cauchy 序列, 两个 Cauchy 序列是否是等价, 只依赖于 ν, 而与 c 的选取无关.

例如, $\mathbb{Q}$ 的关于 p 进赋值 ord_p 的完备化是 $\mathbb{Q}_p$.

在 K_ν 中可自然地赋予域的结构. 另外, K 的离散赋值 ν 可自然地延拓到 K_ν 上, 我们仍以 ν 记此延拓. 对于 ν 所决定的 K_ν 的拓扑, K 在 K_ν 中稠密.

$\mathbb{Q}_p$ 可以作为逆极限 $\varprojlim_n \mathbb{Z}/p^n\mathbb{Z}=\mathbb{Z}_p$ 的分式域得到, 我们在下面将其推广.

设 A 为 Dedekind 环, K 为 A 的分式域, $\boldsymbol{p}$ 为 A 的一个非零素理想, 考虑 $\nu=\mathrm{ord}_{\boldsymbol{p}}:K^\times\to\mathbb{Z}$. 记 K_ν 的赋值环为 $\widehat{A}$, $\widehat{A}$ 的唯一的素理想为 $\hat{\boldsymbol{p}}$, 则成立

$$A/\boldsymbol{p}^n\overset{\cong}{\to}\widehat{A}/\hat{\boldsymbol{p}}^n,\ \boldsymbol{p}^n\widehat{A}=\hat{\boldsymbol{p}}^n,\ \varprojlim_n A/\boldsymbol{p}^n\overset{\cong}{\to}\varprojlim_n \widehat{A}/\hat{\boldsymbol{p}}^n\cong\widehat{A},$$

从而可将 K_ν 看成与 $\varprojlim_n A/\boldsymbol{p}^n$ 一样. K_ν 的剩余域为 $A/\boldsymbol{p}$, 完备化不改变剩余域.

例 6.12 设 $A=k[T]$, $K=k(T)$, $\alpha\in k$, $\boldsymbol{p}=(T-\alpha)$, K 的关于 $\mathrm{ord}_{\boldsymbol{p}}$ 的完备化可看为与形式幂级数域 $k((T-\alpha))$ 一样. 要看出这一点, 我们按照上面所说的事实, 只要知道 $\varprojlim_n A/\boldsymbol{p}^n\cong k[[T-\alpha]]$ 就可以了; $k[T]/(T-\alpha)^n$ 的元可以唯一地写为 $c_0+c_1(T-\alpha)+\cdots+c_{n-1}(T-\alpha)^{n-1}$ $(c_0,c_1,\cdots,c_{n-1}\in k)$ 的形式, 从而可知 $\varprojlim_n k[T]/(T-\alpha)^n$ 的元是由 $c_0,c_1,\cdots$ 依次决定而形成的. □

给出了离散赋值 ν 的域 K, 当其 Cauchy 序列必为收敛时, 即有 $K=K_\nu$ 时, 则称其关于 ν 完备. 完备化 K_ν 关于 ν 是完备的. 另外, 对于离散赋值环 A, 若设 A 的唯一的非零素理想为 $\boldsymbol{p}$, 且自然映射 $A\to\varprojlim_n A/\boldsymbol{p}^n$ 为同构映射时, 则说 A 为完备. 对于给出了离散赋值 ν 的域 K, K 关于 ν 为完备与 ν 的赋值环为完备这两件事是等价的.

关于离散赋值为完备的域 K 在各个点上具有与 $\mathbb{Q}_p$ 相似的性质. 譬如, 在 K 中的无限和 $\sum_{n=1}^{\infty}a_n$ 收敛的充要条件是 $\nu(a_n)\to\infty$ (这是 $\mathbb{Q}_p$ 情形的引理 2.9 的推广). 另外, 如果 K 的特征为 0, 则可定义指数函数和对数函数如下. 如果 ν 的剩余

域的特征为 0, 则令 $a=0$, 如果 ν 的剩余域的特征为 $p>0$, 则令 $a=\frac{\nu(p)}{p-1}$, 并令 $U=\{x\in K\mid \nu(x)>a\}$, $V=\{t\in K\mid \nu(t-1)>0\}$, $V'=\{t\in K\mid \nu(t-1)>a\}$ 时, 则

$$\exp(x)=\sum_{n=0}^{\infty}\frac{x^n}{n!}$$

当 $x\in U$ 时收敛, $\exp(x_1+x_2)=\exp(x_1)\exp(x_2)$ 对 $x_1,x_2\in U$ 成立. 又,

$$\log(t)=\sum_{n=1}^{\infty}\frac{(-1)^{n-1}}{n}(t-1)^n$$

当 $t\in V$ 时收敛, $\log(t_1t_2)=\log(t_1)+\log(t_2)$ 对 $t_1,t_2\in V$ 成立, $\exp(U)=V'$, $\log(V')=U$, 而 $\log(\exp(x))=x$, $t=\exp(\log(t))$ 当 $x\in U, t\in V'$ 时成立. 这些都可以与第二章叙述的 $\mathbb{Q}_p$ 的情形同样地证明 (对于 exp, log 的收敛性的证明, 应用引理 2.15, 与 $\mathbb{Q}_p$ 的情形一样证明).

对于给定了一个离散赋值的域 K, 可以分成三种情形, 即 K 与其剩余域的特征都为 0; K 的特征为 0 而剩余域的特征不为 0; 以及 K 与剩余域的特征都不为 0 且相等. 当 K 为完备且 K 与剩余域的特征相同时, K 作为离散赋值域同构于形式幂级数域 $k((T))$ (例 6.6), 这是已经知道的结果. 但是像 $\mathbb{Q}_p$ 那样, K 的特征与剩余域的特征不相等时, 没有像这样的简单表示. 在这种情形下它是个困难的对象.

(d) 整体域和局部域

在本书以后的内容中数域和有限域上的单变量代数函数域合起来都叫整体域 (global field), 这两种类型的域极其相似, 以相同的名字称呼它们是恰当的.

数域的素点可区分为有限素点和无限素点, 在对整体域的素点作统一处理时, 在本书中为方便计, 有限域上单变量代数函数域的素点全都叫做有限素点. 有限域上的单变量代数函数域的素点与数域的有限素点一样, 对应于素理想所给出的离散赋值. (在 (a) 小节定义单变量代数函数域时, 提到了环 A 和 B, A 的非零素理想被看做数域的有限素点的类比对象, 而 B 的一些特别的素理想则被看做数域的无限素点的类比对象, 这里面并没有本质的区别. T 与 T^{-1} 的角色互换, 如果将 T^{-1} 作为 T 来处理, A 与 B 互换, 那么, 被称做数域的无限素点的类比对象转瞬就变成了数域的有限素点的类比对象.)

设 v 为整体域 K 的素点时, K 在 v 的局部域 K_v 可描述如下:

当 v 为有限素点时, v 对应于 K 的一个离散赋值. 则定义 K_v 为 K 关于 v 的完备化. 当 K 为数域, v 为实素点时, v 为 K 到 $\mathbb{R}$ 的一个嵌入, 定义这个嵌入的目的地 $\mathbb{R}$ 为 K_v. 当 K 为数域, v 为复素点时, v 将 K 嵌入到 $\mathbb{C}$ 中, 则定义这个嵌入的目的地 $\mathbb{C}$ 为 K_v.

$\mathbb{R}$ 或者 $\mathbb{C}$ 在后面的叙述中都被称作 "局部紧域", 数域 K 的无限素点把 K 作为稠密子集嵌入到作为局部紧域的 $\mathbb{R}$ 或者 $\mathbb{C}$ 中. 一般地, 都可以将整体域 K 的素

点看成是把 K 作为稠密紧子集嵌入到局部紧域中. 我们现在对此进行更为准确的阐述. 首先要解释拓扑群, 拓扑环, 拓扑域, 以及局部紧域.

拓扑群 (topological group) 是赋予了拓扑的群 G, 其中 $G\times G\to G:(x,y)\mapsto xy$ 与 $G\to G:x\mapsto x^{-1}$ 是连续的.

拓扑环 (topological ring) 是赋予了拓扑的环 A, 其中对于加法它是个拓扑群 (就是说, $A\times A\to A:(x,y)\mapsto x+y$ 与 $A\to A:x\mapsto -x$ 为连续), 以及 $A\times A\to A:(x,y)\mapsto xy$ 也为连续.

拓扑域 (topological field) 是赋予了拓扑的域 K, 它是个拓扑环, 且 $K^\times\to K^\times:x\mapsto x^{-1}$ 在将 $K^\times$ 作为 K 的子空间的拓扑下连续.

例 6.13　$\mathbb{R}$, $\mathbb{C}$ 都是拓扑域. 另外对于给定了离散赋值 ν 的域, 关于由 ν 决定的拓扑是个拓扑域. □

在本书中, 所说的紧拓扑空间 (compact topological space) 都假定为分离的 (separated) (即具有 Hausdorff 性质). 在每点都具有紧邻域的分离拓扑空间被称为**局部紧空间** (locally compact space). 例如 $\mathbb{R}$ 或 $\mathbb{C}$, 在其每点都有紧邻域 $\{x||x-a|\leqslant 1\}$, 故为局部紧.

任意域对于离散拓扑都是局部紧的, 这是没有意思的拓扑. 以后, 称**局部紧域** (locally compact field) 指的是, 其拓扑是局部紧的但不是离散的.

下面命题中的 (2), (3) 将不在本书中证明.

命题 6.14

(1) 设 K 为整体域, v 为其一个素点, 在 v 的局部化域为 K_v, 则 K_v 为局部紧域.

(2) 反过来, 任意局部紧域作为拓扑域同构于某个整体域 K 在某个素点 v 处的局部域 K_v.

(3) 设 K 为整体域. 考虑偶对 (F,ι), 其中 F 为局部紧域, ι 为由 K 到 F 的域同态并且 $\iota(K)$ 在 F 中稠密. 偶对 (F,ι) 与偶对 (F',ι'), 当作为拓扑域的同构 $\theta:F\overset{\cong}{\to}F'$ 满足 $\iota'=\theta\circ\iota$ 时, 则称它们为等价. 于是, K 的全体素点的集合与上面那样的偶对 (F,ι) 的等价类的集合间存在满单射, 其中 K 的素点 v 对应于偶对 (K_v, 从 K 到 K_v 的自然嵌入). □

命题 6.14(1) 可归结为下面的引理 6.15, 6.16(1).

引理 6.15　以有限域为剩余域的完备离散赋值域 K 关于其赋值所决定的拓扑而言是局部紧的. □

引理 6.16

(1) 设 v 为整体域 K 的一个有限素点, 则 v 的剩余域为有限. 因此, 局部域 K_v 是以有限域为剩余域的完备离散赋值域.

(2) 设 v 为 k 上的单变量代数函数域的一个素点, 则 v 的剩余域为 k 的有限扩域.

[引理 6.15 的证明] 设 K 为关于离散赋值 ν 完备的域, A 为 ν 的赋值环, α 为 A 中使 $\nu(\alpha)=1$ 的元, 剩余域 $A/\alpha A$ 为有限域. 对于所有 $n \geqslant 1$, $A/\alpha^n A$ 为有限, 而 $A = \varprojlim_n A/\alpha^n A$ 为有限集的逆极限, 因此为紧集. 于是 K 的每个元 a 具有紧邻域 $a+A$, 从而 K 为局部紧. ∎

在 K 为数域的情形证明引理 6.16(1). 设 $\boldsymbol{p}$ 为 O_K 的非零素理想, 必须证明 $O_K/\boldsymbol{p}$ 为有限. 这可由下面的引理 6.17 得到.

引理 6.17 K 为数域, $\boldsymbol{a}$ 为 O_K 的非零理想, 则 $O_K/\boldsymbol{a}$ 为有限环.

[证明] 根据 §6.3 中证明的引理 6.64, $\boldsymbol{a}\cap\mathbb{Z}$ 包含了非零的整数 m. 因为 O_K 为有限生成的 $\mathbb{Z}$ 模 (§6.3 的引理 6.65), 故 $O_K/\boldsymbol{a}$ 为有限生成的 $\mathbb{Z}/m\mathbb{Z}$ 模, 从而有限. ∎

引理 6.16(1) 中的 K 为有限域上的单变量代数函数域的情形可归结为引理 6.16(2). 而对于引理 6.16(2), 我们将上面的证明中的 O_K 换成 (a) 小节中的环 $A, B, \mathbb{Z}$ 换成环 $k[T]$, $k[T^{-1}]$ (k 为有限域) 便能够证明 (参看 §6.3 末尾 "补充" 的 (1)).

在本书中如果简单地说到**局部域** (local field), 其意思是指 $\mathbb{R}$, $\mathbb{C}$ 以及以有限域为剩余域的完备离散赋值域.

(e) 不变测度和模

在局部紧域中, 与 $\mathbb{R}$ 一样, 可以开展好的积分理论和分析理论. 其基本点在于, 在局部紧域中存在所谓不变测度这个用以测量大小的尺度. 在 §2.4(c) 中, 实数 a 的绝对值 $|a|$ 可解释为 a 倍映射 $\mathbb{R}\to\mathbb{R}$ 的 "模" (倍率)(a 倍映射是将事物放大 $|a|$ 倍的映射), p 进数 a 的 p 进绝对值 $|a|_p$ 也可解释为 a 倍映射 $\mathbb{Q}_p\to\mathbb{Q}_p$ 的模, 我们对此做个简略的叙述. 我们将使用不变测度对于一般的局部紧域来确切地说明这个 "模".

首先对于局部紧群的不变测度进行说明.

设 X 为一局部紧空间, 将 X 的每个紧子集 C 对应于不小于零的实数的映射 μ, 如果它满足下面的 (i)—(iv), 则称 μ 为 X 上的一个测度:

(i) $\mu(\varnothing)=0$.

(ii) C, C' 为 X 的紧子集, 如果 $C\subset C'$, 则 $\mu(C)\leqslant\mu(C')$.

(iii) 如果 C, C' 为 X 的紧子集, 则

$$\mu(C)+\mu(C')=\mu(C\cup C')+\mu(C\cap C').$$

特别地, 如果 $C\cap C'=\varnothing$, 由 (i) 有 $\mu(C)+\mu(C')=\mu(C\cup C')$.

(iv) 如果 $(C_\lambda)_{\lambda\in\Lambda}$ 为 X 的紧子集族, 则

$$\mu\left(\bigcap_{\lambda\in\Lambda} C_\lambda\right)=\inf_{\Lambda'}\mu\left(\bigcap_{\lambda\in\Lambda'} C_\lambda\right),$$

这里的 Λ' 遍历 Λ 的所有有限的子集合.

测度乃是"长度","面积"概念的推广. 最有切身感受的测度是 $\mathbb{R}$ 上被称为 Lebesgue 测度了. 这是通常的"长度", 它是对于使得 $a\leqslant b$ 的实数 a,b, 满足 $\mu(\{x\in\mathbb{R}\mid a\leqslant x\leqslant b\})=b-a$ 的 $\mathbb{R}$ 上唯一的测度.

注记 6.18 上面所定义的局部紧空间上的测度, 在大多数的测度论教科书里被称为局部紧空间的 Radon 测度. 为简单起见, 这里直接称其为"测度".

当在局部紧空间 X 上给定了测度 μ 时, 则可以对 X 上的复值函数 (满足适当的条件) 进行关于 μ 的积分. 关于这个积分论, 如果想要了解, 可见测度论, 积分论的教科书.

设 G 为局部紧群, 如果 G 上的测度 $\mu\neq 0$ 满足对于 G 的所有紧子集 C 与 G 的所有元 g 有 $\mu(gC)=\mu(C)$ (对于左平移的不变性), 则称其为**左不变测度** (left invariant measure) (也称为左 Haar 测度 (left Haar measure)). 此处的 $gC=\{gC\mid x\in C\}$. 将 gC 换做 Cg 则得到**右不变测度**的定义.

我们已经知道, 局部紧群 G 具有左不变测度, 并且, 对 G 的左不变测度 μ, μ', 存在正实数 c 使得 $\mu=c\mu'$. 特别地, 如果 C 为 G 中包含了非空开集的紧子集, 对于 G 的左不变测度 μ 有 $\mu(C)>0$. 这些事实对于右不变测度同样成立.

当 G 为 Abel 群时, 左不变测度与右不变测度是一回事, 就简单地叫做不变测度. 例如 $G=\mathbb{R}$ 的情形, 上面所提到的 Lebesgue 测度是个不变测度. (因为 $\mathbb{R}$ 为加法群, 请注意不变性条件应写为 $\mu(g+C)=\mu(C)$.)

现在叙述关于局部紧域元的"模".

设 K 为局部紧域, 取 $a\in K^\times$. 设 μ 为加法群 K 的不变测度, 那么 $C\mapsto\mu(aC)$ 也是加法群 K 的不变测度. 实际上, 这是因为对于 $g\in K$, $\mu(a(g+C))=\mu(ag+aC)=\mu(aC)$. 因此存在唯一的正实数 $|a|_K$ 使得对于 K 的所有紧子集 C 成立 $\mu(aC)=|a|_K\mu(C)$. 又定义 $|0|_K=0$. 称 $|a|_K$ $(a\in K)$ 为 a 的**模** (module). 对于 $a=0$, $\mu(aC)=|a|_K\mu(C)$ 也成立. 对于 $a,b\in K$, 则成立 $|ab|_K=|a|_K|b|_K$.

引理 6.19

(1) 如果 $K=\mathbb{R}$, 对于 $a\in K$, $|a|_K$ 与通常的绝对值相等.

(2) 如果 $K=\mathbb{C}$, 对于 $a\in K$, $|a|_K$ 与通常的绝对值的平方相等.

(3) 设 K 为以 $\mathbb{F}_q$ 为剩余域的完备离散赋值域, ν 为其离散赋值, 则对于 $a\in K^\times$ 有 $|a|_K=q^{-\nu(a)}$. 特别地, 如果 $K=\mathbb{Q}_p$, 则 $|a|_K$ 等于在 §2.4 定义过的 a 的 p 进绝

对值 $|a|_p$. 设 A 为 ν 的赋值环, $\boldsymbol{p}$ 为 A 的唯一的非零素理想, 则对于 $x \in K$ 有

$$|x|_K \leqslant 1 \Leftrightarrow \quad x \in A, \quad |x|_K < 1 \Leftrightarrow x \in \boldsymbol{p},$$
$$|x|_K = 1 \Leftrightarrow \quad x \in A^{\times}.$$

[证明] 对于 (1), 由 $\{ax \mid 0 \leqslant x \leqslant 1\}$ 的长度等于 $|a|$ 即得. 对于 (2), 在复平面中,"面积" 是个不变测度, 于是由 $\{ax \mid x \in \mathbb{C}, |x| \leqslant 1\}$ 的面积为 $\{x \mid x \in \mathbb{C}| \ |x| \leqslant 1\}$ 的 $|a|^2$ 倍得到.

现在来证明 (3). 为了证明 $|a|_K = q^{-\nu(a)}$ $(a \in K^{\times})$, 因为 $K^{\times}$ 的元可写为 ab^{-1} $(a, b \in A, a \neq 0, b \neq 0)$, 故假设 $a \in A$ 即可. 设 $\nu(a) = n$, 则 $\#(A/aA) = q^n$. 这表明 A 为互不相交的形如 $aA + b$ 的 q^n 个子集合的并. 于是, 对于不变测度 μ, 我们有 $q^n \cdot \mu(aA) = \mu(A)$. 因此, $|a|_K = q^{-n}$. (3) 的其他部分的证明则是容易的. ∎

§6.3 素点与域扩张

在这个 §6.3 中, 我们将看到整体域的素点在域的扩张中的性态. 但是, 并不讨论关于作为第五章或者第八章主题的类域论现象. 将介绍 Dedekind 环的素理想在域扩张中如何变化的一般理论, 而在 §6.3 中, 将用这个一般理论去讨论几个示例.

在下面的 (a)—(c) 小节中, A 为 Dedekind 环, K 为 A 的分式域, L 为 K 的有限可分扩域, B 为 A 在 L 中的整闭包. (另外, 当 K 为数域的情形, 因为特征为 0, 故 K 的有限次扩张均为可分的.)B 为 Dedekind 环 (附录 §A.1).

为了使叙事简洁, 我们在 (a)—(c) 首先优先介绍事实和例子, 而只给出部分的证明, 直到 (e) 小节才完成这些证明. 因为其证明有过高技巧的地方, 请读者相比 (e) 要更加重视 (a)—(c).

(d) 小节对于无限素点做了些补充.

(a) 在扩域中的素理想分解

A, B, K, L 如上所设.

取 $\boldsymbol{q}$ 为 B 的非零素理想, 令 $\boldsymbol{p} = \boldsymbol{q} \cap A$, $\boldsymbol{p}$ 为 A 的非零素理想 (引理 6.64). 这时, 我们说 "$\boldsymbol{q}$ 在 $\boldsymbol{p}$ 之上","$\boldsymbol{p}$ 在 $\boldsymbol{q}$ 之下".

下面, 设 $\boldsymbol{p}$ 为 A 的非零素理想, $\boldsymbol{p}$ 在 B 中生成的理想 $\boldsymbol{p}B$ 在 B 中分解为素理想

$$\boldsymbol{p}B = \boldsymbol{q}_1^{e_1} \cdots \boldsymbol{q}_g^{e_g}$$

$(\boldsymbol{q}_1, \cdots, \boldsymbol{q}_g$ 为非零的相异素理想, $e_i \geqslant 1)$. $\boldsymbol{q}_1, \cdots, \boldsymbol{q}_g$ 是在 $\boldsymbol{p}$ 之上的 B 的全部素理想.

定义 6.20

(1) 称 e_i 为 $\boldsymbol{q}_i$ 关于 $\boldsymbol{p}$ 的**分歧指数**, 记为 $e(\boldsymbol{p}, \boldsymbol{q}_i)$.

(2) 利用标准映射 $A/\boldsymbol{p} \to B/\boldsymbol{q}_i$ 将剩余域 $B/\boldsymbol{q}_i$ 看作是剩余域 $A/\boldsymbol{p}$ 的扩域. 由于 B 是有限生成 A 模 (引理 6.65), $B/\boldsymbol{q}_i$ 是 $A/\boldsymbol{p}$ 的有限扩张. 称这个扩张次数 $[B/\boldsymbol{q}_i : A/\boldsymbol{p}]$ 为 $\boldsymbol{q}_i$ 关于 $\boldsymbol{p}$ 的**剩余次数**, 记为 $f(\boldsymbol{p}, \boldsymbol{q}_i)$.

(3) 如果 $g = [L : K]$, 则称 $\boldsymbol{p}$ 在 L 中完全分解.

(4) 称 $\boldsymbol{q}_i$ 在 K 上非分歧, 如果 $e(\boldsymbol{p}, \boldsymbol{q}_i) = 1$, 并且 $B/\boldsymbol{q}_i$ 是 $A/\boldsymbol{p}$ 的可分扩张. 另外, 称 $\boldsymbol{p}$ 在 L 中非分歧, 如果所有的 $\boldsymbol{q}_i$ $(1 \leqslant i \leqslant g)$ 在 K 上均为非分歧. (另外, 在 K 为数域而 A 为其整数环时, $A/\boldsymbol{p}$ 为有限域, 因为有限域的有限扩张总是可分的, 故上面所说的 "$B/\boldsymbol{q}_i$ 是 $A/\boldsymbol{p}$ 的可分扩张" 的条件自动地满足.) 不是非分歧则称为分歧. □

在本小节 (a) 中, 我们将要叙述有关在定义 6.20 中出现的那些对象之间的相互关系, 还要讲述 Frobenius 置换, Frobenius 共轭类, 而证明将在 (e) 中给出.

例 6.21 考虑 $A = \mathbb{Z}$, $K = \mathbb{Q}$, $B = \mathbb{Z}[\sqrt{-1}]$, $L = \mathbb{Q}(\sqrt{-1})$ 的情形. 考虑有关素数在 $\mathbb{Z}[\sqrt{-1}]$ 中生成的素理想的分解 (表 6.3)

$$(2) = (1+i)^2,\ (3) = (3),\ (5) = (2+i)(2-i).$$

表 6.3 分歧指数与剩余次数 ($\mathbb{Q}$ 与 $\mathbb{Q}(\sqrt{-1})$ 之间的)

$\boldsymbol{p}$	$\boldsymbol{q}_i$	$e(\boldsymbol{p}, \boldsymbol{q}_i)$	$f(\boldsymbol{p}, \boldsymbol{q}_i)$	$\sum_{i=1}^{2} e(\boldsymbol{p}, \boldsymbol{q}_i) f(\boldsymbol{p}, \boldsymbol{q}_i)$
$2\mathbb{Z}$	$(1+i)$	2	1	$2 \times 1 = 2$
$3\mathbb{Z}$	(3)	1	2	$1 \times 2 = 2$
$5\mathbb{Z}$	$(2+i)$	1	1	$1 \times 1 + 1 \times 1 = 2$
	$(2-i)$	1	1	

此处在 $\boldsymbol{p} = 3\mathbb{Z}$, $\boldsymbol{q} = 3\mathbb{Z}[\sqrt{-1}]$ 时有 $f(\boldsymbol{p}, \boldsymbol{q}) = 2$, 这是因为 $\mathbb{Z}[\sqrt{-1}]/(3)$ 作为 $\mathbb{F}_3$ 上的线性空间以 $1 \bmod (3)$ 和 $i \bmod (3)$ 为基底. 另外, 对于 $\boldsymbol{p} = 5\mathbb{Z}$, $\boldsymbol{q}_1 = (2+i)$ 有 $f(\boldsymbol{p}, \boldsymbol{q}_1) = 1$. 这是因为, 虽然 $\mathbb{Z}[\sqrt{-1}]/(2+i)$ 作为 $\mathbb{F}_5$ 上的线性空间由 $1 \bmod (2+i)$ 和 $i \bmod (2+i)$ 生成, 但根据 $i \bmod (2+i) = -2 \bmod (2+i)$ 知, $\mathbb{Z}[\sqrt{-1}]/(2+i) = \mathbb{F}_5 \cdot 1$. □

表 6.3 的右边第一栏所表现的有下面的推广命题.

命题 6.22 $[L : K] = \sum_{i=1}^{g} e(\boldsymbol{p}, \boldsymbol{q}_i) f(\boldsymbol{p}, \boldsymbol{q}_i)$. □

推论 6.23 $\boldsymbol{p}$ 在 L 中完全分解 $\Leftrightarrow$ 对于 $1 \leqslant i \leqslant g$ 成立 $e(\boldsymbol{p}, \boldsymbol{q}_i) = f(\boldsymbol{p}, \boldsymbol{q}_i) = 1$. 特别地, 有 "完全分解 $\Rightarrow$ 非分歧". □

考虑 L 为 K 的 Galois 扩张的情形. 设 $\sigma \in \mathrm{Gal}(L/K)$, 由于 σ 将 A 上的整元映到整元, 故 σ 给出 A 上的环同构 $B \stackrel{\simeq}{\to} B$.

命题 6.24 设 L 为 K 的 Galois 扩张, $\boldsymbol{q}, \boldsymbol{q}'$ 为 B 中在 $\boldsymbol{p}$ 上的素理想, 则存在 $\sigma \in \mathrm{Gal}(L/K)$ 使得 $\sigma(\boldsymbol{q}) = \boldsymbol{q}'$. □

推论 6.25 设 L 为 K 的 Galois 扩张, 则 $e(\boldsymbol{p}, \boldsymbol{q}_i)$ $(1 \leqslant i \leqslant g)$ 彼此相等, $f(\boldsymbol{p}, \boldsymbol{q}_i)$ $(1 \leqslant i \leqslant g)$ 之间也彼此相等, 将它们分别记为 e, f 时, 则有

$$[L:K] = efg.$$ □

例 6.26 当 $A = \mathbb{Z}$, $K = \mathbb{Q}$, $B = \mathbb{Z}[\sqrt{-1}]$, $L = \mathbb{Q}(\sqrt{-1})$ 时, L 为 K 的 Galois 扩域, 在 $\boldsymbol{p} = 2\mathbb{Z}$, $3\mathbb{Z}$, $5\mathbb{Z}$ 的情形, 推论 6.25 的等式分别成为

$$2 = 2 \times 1 \times 1,\ 2 = 1 \times 2 \times 1,\ 2 = 1 \times 1 \times 2.$$

在 $5\mathbb{Z}$ 上面有两个素理想 $(2+i)$ 和 $(2-i)$, 由复共轭映射 $\in \mathrm{Gal}(\mathbb{Q}(\sqrt{-1})/\mathbb{Q})$ 相互转移. □

下面讨论 “Frobenius 置换”, “Frobenius 共轭类”.

命题 6.27 如果 L 为 K 的 Galois 扩域, $\boldsymbol{p}$ 在 L 中非分歧, 且 $\boldsymbol{q}$ 为 B 中在 $\boldsymbol{p}$ 上的素理想, 则 $B/\boldsymbol{q}$ 是 $A/\boldsymbol{p}$ 的 Galois 扩张, 且存在唯一满足下面条件的群单同态

$$\mathrm{Gal}((B/\boldsymbol{q})/(A/\boldsymbol{p})) \to \mathrm{Gal}(L/K).$$

设 $\sigma \in \mathrm{Gal}((B/\boldsymbol{q})/(A/\boldsymbol{p}))$, $\tilde{\sigma}$ 为其在 $\mathrm{Gal}(L/K)$ 中的像, 则 $\tilde{\sigma}(\boldsymbol{q}) = \boldsymbol{q}$, 且 $\tilde{\sigma}: B \to B$ 所诱导的映射 $B/\boldsymbol{q} \to B/\boldsymbol{q}$ 与 σ 相等. □

定义 6.28 在命题 6.27 中, 更进一步假定 $A/\boldsymbol{p}$ 为有限域. 于是, $\mathrm{Gal}((B/\boldsymbol{q})/(A/\boldsymbol{p}))$ 是以 $B/\boldsymbol{q}$ 的自同构 $B/\boldsymbol{q} \to B/\boldsymbol{q}:\ x \mapsto x^{\#(A/\boldsymbol{p})}$ 为生成元的循环群 (参照附录 §B.2). 这个生成元在 $\mathrm{Gal}(L/K)$ 中的像被记为 $\mathrm{Frob}_{\boldsymbol{p},\boldsymbol{q}}$, 称为 $\boldsymbol{p}$ 关于 $\boldsymbol{q}$ 的 **Frobenius 置换** (Frobenius substitution). 它是保持 $\boldsymbol{q}$ 不变, 并且其诱导的映射 $B/\boldsymbol{q} \to B/\boldsymbol{q}$ 为 $x \mapsto x^{\#(A/\boldsymbol{p})}$ 的 $\mathrm{Gal}(L/K)$ 中唯一的元.

容易推导出如下结论, 即对于 $\sigma \in \mathrm{Gal}(L/K)$, 有 $\mathrm{Frob}_{\boldsymbol{p},\sigma(\boldsymbol{q})} = \sigma(\mathrm{Frob}_{\boldsymbol{p},\boldsymbol{q}})\sigma^{-1}$, 从而由命题 6.24 得到, $\mathrm{Frob}_{\boldsymbol{p},\boldsymbol{q}}$ 在 $\mathrm{Gal}(L/K)$ 中的共轭类与 B 中在 $\boldsymbol{p}$ 上的素理想 $\boldsymbol{q}$ 的选取方式无关. 把这个共轭类记做 $\mathrm{Frob}_{\boldsymbol{p},L}$ (为简单起见, 有时也记作 $\mathrm{Frob}_{\boldsymbol{p}}$), 称其为 $\boldsymbol{p}$ 关于 L 的 **Frobenius 共轭类** (Frobenius conjugacy class). 如果 L 为 K 的 Abel 扩张, 由于此时 $\mathrm{Gal}(L/K)$ 的各个共轭类只有一个元, 故 $\mathrm{Frob}_{\boldsymbol{p},L}$ 被看作 $\mathrm{Gal}(L/K)$ 的一个元, 称它是 $\boldsymbol{p}$ 关于 L 的 Frobenius 置换. □

根据下面命题的 (1),(2), Frobenius 共轭类掌管着 $\boldsymbol{p}$ 在 L 中的分解情况.

命题 6.29 设 L 为 K 的 Galois 扩张, $\boldsymbol{p}$ 在 L 中非分歧, 且 $A/\boldsymbol{p}$ 为有限域. 则

(1) $\mathrm{Frob}_{\boldsymbol{p},L} = \{1\} \Leftrightarrow \boldsymbol{p}$ 在 L 中完全分解.

(2) 设 $\boldsymbol{q}$ 为 B 中在 $\boldsymbol{p}$ 上的素理想, 并令 $\mathrm{Frob}_{\boldsymbol{p},\boldsymbol{q}} \in \mathrm{Gal}\,(L/K)$ 的阶数为 f, 则在 $\boldsymbol{p}$ 上的 B 中素理想的个数等于 $\dfrac{1}{f}[L:K]$.

(3) 如果 L 为 K 的 Abel 扩域, 则 $\mathrm{Frob}_{\boldsymbol{p},L}$ 是 $\mathrm{Gal}\,(L/K)$ 中那个诱导的映射 $B/\boldsymbol{p}B \to B/\boldsymbol{p}B$, $x \mapsto x^{\#(A/\boldsymbol{p})}$ 的唯一元素.

(4) 如果 L' 是使得 $K \subset L' \subset L$ 的 K 的 Galois 扩张, 则 $\mathrm{Frob}_{\boldsymbol{p},L} \subset \mathrm{Gal}\,(L/K)$ 在 $\mathrm{Gal}\,(L'/K)$ 中的像集等于 $\mathrm{Frob}_{\boldsymbol{p},L'}$. □

由推论 6.25 可以推导出命题 6.29 的 (1) 和 (2), 但因为 (1) 可由 (2) 与推论 6.23 得到, 故我们来证明 (2). $\mathrm{Frob}_{\boldsymbol{p},\boldsymbol{q}}$ 的阶数即为 $\mathrm{Gal}\,((B/\boldsymbol{q})/(A/\boldsymbol{p}))$ 的阶数, 也即等于 $[B/\boldsymbol{q} : A/\boldsymbol{p}]$. 由于在推论 6.25 中 $e=1$(因为 $\boldsymbol{p}$ 非分歧), 故 $[L:K]=fg$, 即 $g=\frac{1}{f}[L:K]$.

又, 对于命题 6.29(3), 我们设 $\boldsymbol{q}_1, \cdots, \boldsymbol{q}_g$ 为 B 中在 $\boldsymbol{p}$ 上的全部素理想, 那么成立 $B/\boldsymbol{p}B = B/(\boldsymbol{q}_1\cdots\boldsymbol{q}_g) \xrightarrow{\cong} \prod_{i=1}^{g} B/\boldsymbol{q}_i$ (推论 6.67), 于是命题 6.29(3) 由 $\mathrm{Frob}_{\boldsymbol{p},L}$ 的定义得到. 命题 6.29(4) 由 Frobenius 共轭类的定义得出.

例 6.30 考虑 $A=\mathbb{Z}$, $K=\mathbb{Q}$, $B=\mathbb{Z}[\sqrt{-1}]$, $L=\mathbb{Q}(\sqrt{-1})$ 的情形. 记 $\mathrm{Gal}\,(\mathbb{Q}(\sqrt{-1})/\mathbb{Q}) = \{1,\sigma\}$. 对于素数 $p \neq 2$, $p\mathbb{Z}$ 的 Frobenius 置换 $\mathrm{Frob}_p \in \mathrm{Gal}\,(\mathbb{Q}\,(\sqrt{-1})/\mathbb{Q})$ 当 $p \equiv 1 \mod 4$ 时为单位元, 而当 $p \equiv 3 \mod 4$ 时为 σ.

在图 6.2 中 $\mathbb{Z}[\sqrt{-1}]$ 的素理想 (7) 以大的圆点表示, 因为其剩余域比 $\mathbb{F}_7$ 大. $\mathrm{Frob}_7=\sigma$ 虽然保持了 $\mathbb{Z}[\sqrt{-1}]$ 的素理想 (7), 由于变动了 (7) 的剩余域中的元, $\mathrm{Frob}_7=\sigma$ 绕着将 (7) 表示成的大圆点 ● 转圈的样子. □

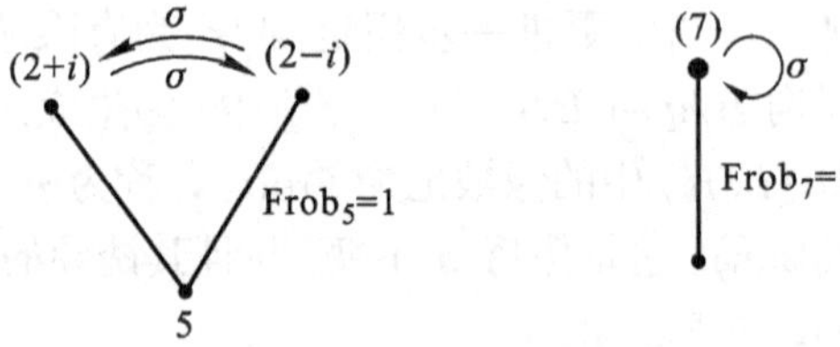

图 6.2

(b) 共轭差积与分歧

我们将在此定义被称为共轭差积的 B 的一个理想 $\boldsymbol{D}(B/A)$, 应用它可以判定 B 的非零素理想中哪些在 K 上为分歧. 另外还有下面的一些事项也与共轭差积有关, 我们来讲述它们.

(一) 数域的判别式.

(二) 在 §5.1(f) 中提到的 "多项式值的素因数" 与 "在数域中素数的分解" 之间的关系.

(三) 了解诸如 $\mathbb{Q}(\sqrt[3]{2})$ 的整数环为 $\mathbb{Z}[\sqrt[3]{2}]$, 还有 $\mathbb{Q}(\zeta_N)$ 的整数环为 $\mathbb{Z}[\zeta_N]$ 这些事实的方法.

证明将在 (e) 小节中给出.

首先定义共轭差积. 设 $\mathrm{Tr}_{L/K}: L \to K$ 为迹映射 (§B.3), 记

$$\{\alpha \in L \mid \mathrm{Tr}_{L/K}(\alpha B) \subset A\}$$

为 $\boldsymbol{D}(B/A)^{-1}$. 像在引理 6.63 将指出的那样, 我们有 $\mathrm{Tr}_{L/K}(B) \subset A$. 因此 $B \subset \boldsymbol{D}(B/A)^{-1}$. 正如在 (e) 小节将指出的, $\boldsymbol{D}(B/A)^{-1}$ 是 B 的分式理想 (附录 §A.2). 定义 B 对于 A 的**共轭差积** (different) $\boldsymbol{D}(B/A)$ 为 $\boldsymbol{D}(B/A)^{-1}$ 的逆理想 (B 的分式理想所构成的乘法群中 $\boldsymbol{D}(B/A)^{-1}$ 的逆元). 因为 $B \subset \boldsymbol{D}(B/A)^{-1}$, 故 $\boldsymbol{D}(B/A) \subset B$, 因而 $\boldsymbol{D}(B/A)$ 为 B 的非零理想.

例 6.31 考虑 $A = \mathbb{Z}$, $K = \mathbb{Q}$, $B = \mathbb{Z}[\sqrt{-1}]$, $L = \mathbb{Q}(\sqrt{-1})$ 的情形. 对于 $a, b \in \mathbb{Q}$,

$$\begin{aligned} a + bi \in \boldsymbol{D}(B/A)^{-1} &\Leftrightarrow \mathrm{Tr}_{L/K}(a+bi), \mathrm{Tr}_{L/K}((a+bi)i) \in \mathbb{Z} \\ &\Leftrightarrow 2a, -2b \in \mathbb{Z} \Leftrightarrow a, b \in \frac{1}{2}\mathbb{Z}. \end{aligned}$$

因此, $\boldsymbol{D}(B/A)^{-1} = \frac{1}{2}\mathbb{Z}[\sqrt{-1}]$, 从而 $\boldsymbol{D}(\mathbb{Z}[\sqrt{-1}]/\mathbb{Z}) = (2)$. □

在这个例子中, 除尽 $\boldsymbol{D}(\mathbb{Z}[\sqrt{-1}]/\mathbb{Z}) = (2)$ 的 $\mathbb{Z}[\sqrt{-1}]$ 中的素理想只有 $(1+i)$, 另外请注意, 它也是 $\mathbb{Q}$ 上分歧的 $\mathbb{Z}[\sqrt{-1}]$ 的唯一素理想. 这个事实就是所说过的, 分歧的素理想可以使用共轭差积来进行判定. 以下面的命题对此事实一般化.

命题 6.32 设 $\boldsymbol{q}$ 为 B 的非零素理想. $\boldsymbol{q}$ 在 K 上分歧等价于 $\boldsymbol{q}$ 除尽 $\boldsymbol{D}(B/A)$. □

因为除尽一个给定的非零理想的 B 中素理想最多只有有限个, 所以得到下面的推论.

推论 6.33 在 K 中分歧的 B 的非零素理想最多只有有限多个. 另外, 在 L 中分歧的 A 的非零素理想的个数也是有限的. □

与共轭差积紧密相关的还有数域的判别式.

定义 6.34 设 F 为数域, F 的整数环 O_F 作为 $\mathbb{Z}$ 模设有基底 $\alpha_1, \cdots, \alpha_n$ ($n = [F:\mathbb{Q}]$). 称其 (i,j) 分量为 $\mathrm{Tr}_{F/\mathbb{Q}}(\alpha_i\alpha_j)$ 的方阵的行列式为 F 的**判别式**, 记为 D_F, 即

$$D_F = \det((\mathrm{Tr}_{F/\mathbb{Q}}(\alpha_i\alpha_j))_{i,j}).$$ □

命题 6.35

(1) D_F 为整数, 并与 O_F 作为 $\mathbb{Z}$ 模所取的基底 $\alpha_1, \cdots, \alpha_n$ 的选取方式无关.

(2) D_F 的绝对值 $|D_F|$ 等于指数 $[O_F : \boldsymbol{D}(O_F/\mathbb{Z})]$.

(3) 素数 p 在 F 中分歧的充要条件是 p 除尽 D_F.

(4) 设 $\sigma_1,\cdots,\sigma_n : F \to \bar{\mathbb{Q}}$ $(n=[F:\mathbb{Q}])$ 为从 F 到 $\mathbb{Q}$ 的代数闭包 $\bar{\mathbb{Q}}$ 的所有域同态 (参考 §B.3), 则

$$D_F = \det\left((\sigma_i(\alpha_j))_{i,j}\right)^2. \qquad \square$$

例 6.36 求二次域的判别式. 设 F 为二次域, m 为不被 1 以外的平方数除尽的非 1 的整数, 而 $F=\mathbb{Q}(\sqrt{m})$. 我们来证明

$$D_F = \begin{cases} m & m \equiv 1 \mod 4 \\ 4m & m \equiv 2,3 \mod 4. \end{cases}$$

当 $m \equiv 1 \mod 4$ 时, 作为 $\mathbb{Z}$ 模的 O_F 可取基底为 $1, \frac{1+\sqrt{m}}{2}$, 根据命题 6.35(4), 我们有

$$D_F = \begin{vmatrix} 1 & \dfrac{1+\sqrt{m}}{2} \\ 1 & \dfrac{1-\sqrt{m}}{2} \end{vmatrix}^2 = (-\sqrt{m})^2 = m.$$

当 $m \equiv 2,3 \mod 4$ 时, 作为 $\mathbb{Z}$ 模可取其基底为 $1, \sqrt{m}$, 故

$$D_F = \begin{vmatrix} 1 & \sqrt{m} \\ 1 & -\sqrt{m} \end{vmatrix}^2 = (-2\sqrt{m})^2 = 4m. \qquad \square$$

"共轭差积" 的名称来自下面的事实.

命题 6.37 取 $\alpha \in B$ 并假定 $B=A[\alpha]$, 又设 $f(T)$ 为满足 $f(\alpha)=0$ 的系数在 K 中且最高次的系数为 1 的不可约多项式, 于是

$$\boldsymbol{D}(B/A) = (f'(\alpha)).$$

在这里 f' 表示 f 的微分. $\square$

设 $\alpha_1,\cdots,\alpha_n$ 为 α 在 K 上的所有共轭元, 并设 $\alpha_1=\alpha$. 因为 $f(T)=\prod_{i=1}^{n}(T-\alpha_i)$, 故 $f'(\alpha)=\prod_{i=2}^{n}(\alpha-\alpha_i)$. 于是 $f'(\alpha)$ 便是 "关于共轭元差的积".(进一步, 像证明引理 6.63 那样, 可证明命题 6.37 中的 $f(T)$ 必定是 A 系数的多项式.)

例 6.38 求关于二次域 F 的 $\boldsymbol{D}(O_F/\mathbb{Z})$. ($F=\mathbb{Q}(\sqrt{-1})$ 的情形已经在例 6.31 中计算过了, 这次则利用命题 6.37 来进行考虑.) 设 $F=\mathbb{Q}(\sqrt{m})$, 其中 m 如例 6.36 所设. 我们来证明

$$\boldsymbol{D}(O_F/\mathbb{Z}) = \begin{cases} (\sqrt{m}) & m \equiv 1 \mod 4 \\ (2\sqrt{m}) & m \equiv 2,3 \mod 4. \end{cases}$$

当 $m \equiv 1 \bmod 4$ 时, 在命题 6.37 中令 $\alpha = \dfrac{1+\sqrt{m}}{2}$, 则 $f(T) = T^2 - T - \dfrac{m-1}{4}$, $f'(\alpha) = 2\alpha - 1 = \sqrt{m}$. 当 $m \equiv 2, 3 \bmod 4$ 时, 在命题 6.37 中令 $\alpha = \sqrt{m}$, 则 $f(T) = T^2 - m$, $f'(\alpha) = 2\alpha = 2\sqrt{m}$. □

即便 $\alpha \in B$ 不满足 $B = A[\alpha]$, 但满足 $L = K(\alpha)$ 时, 仍成立与命题 6.37 相近形式的下面命题.

命题 6.39 取 $\alpha \in B$ 并假定 $L = K(\alpha)$, $f(T)$ 为满足 $f(\alpha) = 0$ 的 A 系数多项式, 则

$$\boldsymbol{D}(B/A)^{-1} \subset f'(\alpha)^{-1}A[\alpha].$$

特别地, $f'(\alpha)B \subset \boldsymbol{D}(B/A)$, 从而 (根据命题 6.32) 使得 $f'(\alpha) \notin \boldsymbol{q}$ 的 B 的素理想 $\boldsymbol{q}$ 在 K 上非分歧. □

例 6.40 设 $a_1, \cdots, a_r \in A$, $n_1, \cdots, n_r \geqslant 1$, $L = K(\alpha_1, \cdots, \alpha_r)$, $\alpha_i^{n_i} = a_i\,(1 \leqslant i \leqslant r)$. 于是, A 的非零素理想 $\boldsymbol{p}$ 当满足 $a_i \notin \boldsymbol{p}, n_i \notin \boldsymbol{p}\ (1 \leqslant i \leqslant r)$ 时, 它在 L 中非分歧. □

在证明此断言时, 根据对 r 的归纳法, 只要取 $r = 1$ 就可以了. 此时, $a \in A$, $n \geqslant 1$, $L = K(\alpha)$, $\alpha^n = a$, $a \notin \boldsymbol{p}, n \notin \boldsymbol{p}$. 令 $f(T) = T^n - a$, 于是 $f(\alpha) = 0$, 因为 $\boldsymbol{p}$ 上 B 的素理想不包含 $f'(\alpha) = n\alpha^{n-1}$, 故 $\boldsymbol{p}$ 在 L 中为非分歧.

例如, 2,3 之外的素数均在 $\mathbb{Q}(\sqrt[3]{2})$ 中非分歧.

下面的命题对于实际求出 A 的非零素理想在 B 中的分解形式非常有效.

命题 6.41 设 $\alpha \in B$, $L = K(\alpha)$, 并设 $f(T)$ 为使 $f(\alpha) = 0$ 的 K 系数的首项系数为 1 的不可约多项式 (我们已经注意到了, $f(T)$ 实际为 A 系数多项式). 设 $\boldsymbol{p}$ 为 A 的非零素理想, 而 $\boldsymbol{q}_1, \cdots, \boldsymbol{q}_g$ 为 $\boldsymbol{p}$ 上 B 的全部相异素理想, 且对于 $i = 1, \cdots, g$ 假设有 $f'(\alpha) \notin \boldsymbol{q}_i$(从而根据命题 6.39, $\boldsymbol{p}$ 在 L 中非分歧). 于是,

(1) 设 $f \bmod \boldsymbol{p} \in (A/\boldsymbol{p})[T]$ 分解为 $A/\boldsymbol{p}$ 系数的不可约多项式的积 $\prod_{i=1}^{h}(f_i \bmod \boldsymbol{p})\ (f_i(T) \in A[T])$. 则 $g = h$, 且如果适当地改变 $f_1, \cdots, f_g$ 的指标顺序, 则对于 $1 \leqslant i \leqslant g$, 有 $\boldsymbol{q}_i$ 等同于由 $\boldsymbol{p}$ 与 $f_i(\alpha)$ 生成的 B 的理想, 并且

$$(A/\boldsymbol{p})[T]/(f_i \bmod \boldsymbol{p}) \xrightarrow{\cong} B/\boldsymbol{q}_i : T \mapsto \alpha \bmod \boldsymbol{q}_i,$$

$\boldsymbol{q}_i$ 对于 $\boldsymbol{p}$ 的剩余次数等于 $A/\boldsymbol{p}$ 上的多项式 $f_i \bmod \boldsymbol{p}$ 的次数.

(2) 当 L 为 K 的 Galois 扩张时, 有

$\boldsymbol{p}$ 在 L 中完全分解 $\Longleftrightarrow f \bmod \boldsymbol{p}$ 在 $A/\boldsymbol{p}$ 中有根. □

问题 4 在命题 6.41(2) 中取 $A = \mathbb{Z}$, $K = \mathbb{Q}$, m 为非平方整数, $L = \mathbb{Q}(\sqrt{m})$, 由此, 对于不能除尽 m 的奇素数 p 推导出下面的 (引理 5.19)

$$p \text{ 在 } \mathbb{Q}(\sqrt{m}) \text{ 中完全分解 } \Leftrightarrow \left(\frac{m}{p}\right) = 1.$$

例 6.42 当 $A=\mathbb{Z}, K=\mathbb{Q}, L=\mathbb{Q}(\zeta_5), \alpha=\zeta_5$ 时, $f(T)=T^4+T^3+T^2+T+1$. 对于素数 $p\neq 5$ 命题 6.41(2) 表明

$$p \text{ 在 } \mathbb{Q}(\zeta_5) \text{ 中完全分解} \Leftrightarrow T^4+T^3+T^2+T^2+T+1 \text{在 } \mathbb{F}_p \text{ 中有根}.$$

另外, 当 $A=\mathbb{Z}, K=\mathbb{Q}, L=\mathbb{Q}(\zeta_7+\zeta_7^{-1}), \alpha=\zeta_7+\zeta_7^{-1}$ 时, 有 $f(T)=T^3+T^2-2T-1$. 对于素数 $p\neq 7$, 根据命题 6.41 知

$$p \text{ 在 } \mathbb{Q}(\zeta_7+\zeta_7^{-1}) \text{ 中完全分解} \Leftrightarrow T^3+T^2-2T-1 \text{ 在 } \mathbb{F}_p \text{ 中有根}.$$

(参照有关 "多项式值的素因数" 的 §5.1(f).) □

最后, 在由命题 6.39 推导出的

$$B\subset f'(\alpha)^{-1}A[\alpha] \tag{6.4}$$

(假定 $\alpha\in B, L=K(\alpha), f(T)\in A[T], f(\alpha)=0$ 之下), 我们想要给出几个求 A 的整闭包 B 的具体例子. 为此我们要用到下面的引理.

引理 6.43 设 B' 为 B 中包含 A 的一个子环, 且满足下面的条件(i),(ii).

(i) 作为 K 上的线性空间, L 由 B' 生成.

(ii) 对于 A 的所有非零素理想 $\boldsymbol{p}$ 成立 $B'+\boldsymbol{p}B=B$.

则 $B'=B$. □

现在取 B 的包含了 A 的子环 B', 并且它满足上面的条件 (i). 我们想要证明 $B'=B$. 设 $\alpha\in B'$, $L=K(\alpha)$, $f(T)\in A[T]$, $f(\alpha)=0$. 对于使得 $A\cap f'(\alpha)B'\not\subset \boldsymbol{p}$ 的 A 的非零素理想 $\boldsymbol{p}$ 成立 $B'+\boldsymbol{p}B=B$ (上面的条件 (ii)). 这是因为, $A\cap f'(\alpha)B'$ 是不被 $\boldsymbol{p}$ 包含的 A 的理想, 故 $(A\cap f'(\alpha)B')+\boldsymbol{p}=A$. 因此, $1\in f'(\alpha)B+\boldsymbol{p}B$, 从而 $B=f'(\alpha)B+\boldsymbol{p}B$. 因为根据 (6.4) 有 $f'(\alpha)B\subset B'$, 故得到了 $B'+\boldsymbol{p}B=B$. 上面这样的 $\boldsymbol{p}$ 在 L 中为非分歧, 而对于在 L 中分歧的 $\boldsymbol{p}$ 要证明 $B'+\boldsymbol{p}B=B$, 考虑下面的 "Eisenstein 多项式" 则很有效.

定义 6.44 设 $\boldsymbol{p}$ 为 A 的非零素理想, 关于 $\boldsymbol{p}$ 的 **Eisenstein 多项式**是指形如

$$T^m+a_1T^{m-1}+\cdots+a_n\ (n\geqslant 1,\ a_1,\cdots,a_n\in\boldsymbol{p},\ a_n\notin\boldsymbol{p}^2)$$

的多项式. □

引理 6.45 设 $\alpha\in B, L=K(\alpha)$, $\boldsymbol{p}$ 为 A 的非零素理想, 并设有关于 $\boldsymbol{p}$ 的 Eisenstein 多项式 $f(T)$, 使得 $f(\alpha)=0$. 于是,

(1) B 中在 $\boldsymbol{p}$ 之上只有唯一的素理想, 记其为 $\boldsymbol{q}$, 且有 $e(\boldsymbol{p},\boldsymbol{q})=[L:K]$, $\mathrm{ord}_{\boldsymbol{q}}(\alpha)=1$. 如果 $\boldsymbol{p}=(a_n)$, 则 $\boldsymbol{q}=(\alpha)$.

(2) $A[\alpha]+\boldsymbol{p}B=B$. □

由引理 6.43 和后面的说明, 以及引理 6.45, 我们得到了下面的命题.

命题 6.46 设 B' 为包含 A 的 B 的子环, 且生成作为 K 上线性空间的 L. 对于 A 的非零的各个素理想 $\boldsymbol{p}$, 存在 $\alpha \in B'$ 及 $f(T) \in A[T]$, 满足 $L = K(\alpha)$, $f(\alpha) = 0$, 进一步还满足下面的条件 $(\star)$.

$(\star)$ 或者有 $A \cap f'(\alpha)B' \not\subset \boldsymbol{p}$, 或者 $f(T)$ 是关于 $\boldsymbol{p}$ 的 Eisentein 多项式, 两者居一.

这时 $B' = B$. □

利用命题 6.46, 我们来找出在几种情形下的整闭包 B.

例 6.47 证明 $\mathbb{Q}(\sqrt[3]{2})$ 的整数环为 $\mathbb{Z}[\sqrt[3]{2}]$. 令 $A = \mathbb{Z}$, $K = \mathbb{Q}$, $L = \mathbb{Q}(\sqrt[3]{2})$, $B' = \mathbb{Z}[\sqrt[3]{2}]$. 取 p 为素数. 如果 $p \neq 3$, 则令 $\alpha = \sqrt[3]{2}$, $f(T) = T^3 - 2$. 于是有 $f(\alpha) = 0, f'(\alpha) = 3\sqrt[3]{2}^2$, 因此如果 $p \neq 2, 3$, 则 $p\mathbb{Z} \not\ni 3 \cdot 2 \in \mathbb{Z} \cap f'(\alpha)B'$. 如果 $p = 2$, 则 $T^3 - 2$ 是关于 $p\mathbb{Z}$ 的 Eisenstein 多项式. 如果 $p = 3$, 则取 $\alpha = \sqrt[3]{2} + 1$, $f(T) = (T-1)^3 - 2$, 即 $f(T) = T^3 - 3T^2 + 3T - 3$. 这是关于 $3\mathbb{Z}$ 的 Eisenstein 多项式. 于是, 根据命题 6.46 得到 $B' = B$. □

问题 5 证明 $\mathbb{Q}(\sqrt[3]{3})$ 的整数环为 $\mathbb{Z}[\sqrt[3]{3}]$.

例 6.48 如果 $A = \mathbb{C}[T]$, $K{=}\mathbb{C}(T)$, $L = K(\sqrt{T^3+1})$, 证明 $B = \mathbb{C}[T, \sqrt{T^3+1}]$. 令 $B' = \mathbb{C}[T, \sqrt{T^3+1}]$, $\alpha = \sqrt{T^3+1} \in B'$, $f(x) = x^2 - (T^3+1) \in A[x]$, 有 $f(\alpha) = 0$, $f'(\alpha) = 2\sqrt{T^3+1}$, 如果 $T^3 + 1 \notin \boldsymbol{p}$, 则 $\boldsymbol{p} \not\ni T^3 + 1 \in A \cap f'(\alpha)B'$. 如果 $T^3 + 1 \in \boldsymbol{p}$, 则 $f(x)$ 是关于 $\boldsymbol{p}$ 的 Eisenstein 多项式. 因此由命题 5.46 得到 $B' = B$. □

例 6.49 证明 $\mathbb{Q}(\zeta_N)$ 的整数环为 $\mathbb{Z}[\zeta_N]$. 根据对 N 的素因子的个数的归纳法, 假设 $N = p^n m$, p 为素数, $n \geqslant 1$, m 为不被 p 除尽的自然数时, $\mathbb{Q}(\zeta_m)$ 的整数环为 $\mathbb{Z}[\zeta_m]$. 令 $A = \mathbb{Z}[\zeta_m]$, $K = \mathbb{Q}(\zeta_m)$, $L = \mathbb{Q}(\zeta_N) = K(\zeta_{p^n})$, $B' = \mathbb{Z}[\zeta_N]$, 对其应用命题 6.46. 对于 A 的非零素理想 $\boldsymbol{p}$, 如果 $p \notin \boldsymbol{p}$, 则取 $\alpha = \zeta_{p^n}$, $f(T) = T^{p^n} - 1$. 因 $f'(\alpha) = p^n \zeta_{p^n}^{-1}$, 故 $\boldsymbol{p} \not\ni p^n \in A \cap f'(\alpha)B'$. 如果 $p \in \boldsymbol{p}$, 则令 $\alpha = \zeta_{p^n} - 1$, $f(T) = \displaystyle\sum_{i=0}^{p-1}(T+1)^{p^{n-1}i}$, 于是有 $f(\alpha) = 0$, $f(T) = ((T+1)^{p^n} - 1)((T+1)^{p^{n-1}} - 1)^{-1} \equiv \{(T^{p^n}+1) - 1\}\{(T^{p^{n-1}}+1) - 1\}^{-1} \equiv T^{p^n - p^{n-1}} \mod p$, 而 $f(T)$ 的常数项为 p, 那么, 由 p 在 $\mathbb{Q}(\zeta_m)$ 为非分歧 (例 6.40) 知, $f(T)$ 为关于 $\boldsymbol{p}$ 的 Eisenstein 多项式. □

这个例 6.49 是在 §4.4 中所说的 "证明转到 §6.3" 的引理 4.35 的 (1) 的证明. 引理 4.35 留下的部分将在 (e) 小节中给出.

(c) 从完备化看素理想分解

在 $\mathbb{Q}_5$ 中存在 -1 的平方根 (§2.5 问题 10). 就是说, 添加 -1 的平方根, 对 $\mathbb{Q}$ 带来了二次扩张 $\mathbb{Q}(\sqrt{-1})$, 但没有带来 $\mathbb{Q}_5$ 的任何扩张. 这与素数 5 在 $\mathbb{Q}(\sqrt{-1})$ 中为完

全分解有着密切的关系.

对于 A 的非零素理想 $\boldsymbol{p}$, 记 K 关于 $\boldsymbol{p}$ 的离散赋值 $\mathrm{ord}_{\boldsymbol{p}}$ 的完备化被记为 $K_{\boldsymbol{p}}$, 而 $K_{\boldsymbol{p}}$ 的赋值环记为 $O_{\boldsymbol{p}}$.

粗略地说, 成立下面的等价关系 (准确的将在推论 6.51 中阐述):

$$\begin{aligned}&\boldsymbol{p}\text{在}L\text{中完全分解}\\&\quad\Leftrightarrow K\text{ 的扩域 }L\text{ 不能带给 }K_{\boldsymbol{p}}\text{ 以任何扩张.}\end{aligned}$$

这样, 从 $K_{\boldsymbol{p}}$ 眺望时, 产生了与在 (a) 小节中讨论的 $\boldsymbol{p}$ 在 B 中的行为密切相关的一些显著的事态. 这个 (c) 小节的目的便是叙述 "从 $K_{\boldsymbol{p}}$ 所眺望到的风景". 证明则在 (e) 小节给出.

当 $\boldsymbol{p}$ 为 A 的非零素理想, $\boldsymbol{q}$ 为 B 中在 $\boldsymbol{p}$ 上的素理想时, 由 $K_{\boldsymbol{p}}$ 和 $L_{\boldsymbol{q}}$ 的构造方法, 得到了自然的连续域同态 $K_{\boldsymbol{p}}\to L_{\boldsymbol{q}}$. 它把 $O_{\boldsymbol{p}}$ 映到 $O_{\boldsymbol{q}}$ 中.

譬如 $A=\mathbb{Z}$, $K=\mathbb{Q}$, $B=\mathbb{Z}[\sqrt{-1}]$, $L=\mathbb{Q}(\sqrt{-1})$ 的情形, 发生了下面的事情. 在 $\boldsymbol{p}=2\mathbb{Z}$, $\boldsymbol{q}=(1+i)$, 或者 $\boldsymbol{p}=3\mathbb{Z}$, $\boldsymbol{q}=(3)$ 的情形, $L_{\boldsymbol{q}}$ 是 $K_{\boldsymbol{p}}$ 的二次扩张. 可是, 在完全分解的素数 5 的情形, 令 $\boldsymbol{p}=5\mathbb{Z}, \boldsymbol{q}_1=(2+i), \boldsymbol{q}_2=(2-i)$, 则 $K_{\boldsymbol{p}}\to L_{\boldsymbol{q}_i}$ $(i=1,2)$ 全都是同构映射, 正因为如此, 有

$$\sqrt{-1}\in\mathbb{Q}(\sqrt{-1})=L\subset L_{\boldsymbol{q}_i}\cong K_{\boldsymbol{p}}=\mathbb{Q}_5,$$

于是便有 $\sqrt{-1}$ 属于 $\mathbb{Q}_5$ 的结论. 对于这个事实的一般性的结果可表达如下:

命题 6.50 设 $\boldsymbol{p}$ 为 A 中的非零素理想, $\boldsymbol{q}_1,\cdots,\boldsymbol{q}_g$ 为 $\boldsymbol{p}$ 上的 B 的所有素理想. 取使得 $L=K(\alpha)$ 成立的 α (根据命题 B.11, 这样的 α 存在), 取 $f(T)$ 为满足 $f(\alpha)=0$ 的 K 系数不可约多项式. 而 f 被分解为 $K_{\boldsymbol{p}}$ 系数的不可约多项式的积 $\prod\limits_{i=1}^{h}f_i$. 此时, 我们有 $g=h$, 并在适当改变 $f_1,\cdots,f_g$ 的顺序后, 作为 $K_{\boldsymbol{p}}$ 上的域有

$$K_{\boldsymbol{p}}[T]/(f_i(T))\xrightarrow{\cong}L_{\boldsymbol{q}_i}:T\mapsto\alpha\ (1\leqslant i\leqslant g).$$ □

于是,

$$[L:K]=f\text{ 的次数}=\sum_{i=1}^{g}(f_i\text{ 的次数})=\sum_{i=1}^{g}[L_{\boldsymbol{q}_i}:K_{\boldsymbol{p}}],$$

故可得到下面的推论:

推论 6.51 设 $\boldsymbol{p},\boldsymbol{q}_1,\cdots,\boldsymbol{q}_g$ 如命题 6.50 中的那样. 则

(1) $[L:K]=\sum\limits_{i=1}^{g}[L_{\boldsymbol{q}_i}:K_{\boldsymbol{p}}]$.

(2) 下面的 (i)–(iii) 相互等价.

(i) $\boldsymbol{p}$ 在 L 中为完全分解.

(ii) 对于所有的 $i=1,\cdots,g$ 有 $K_{\boldsymbol{p}} \xrightarrow{\cong} L_{\boldsymbol{q}_i}$.

(iii) f 可分解为 $K_{\boldsymbol{p}}$ 系数的一次式的乘积. □

譬如, $A=\mathbb{Z}$, $K=\mathbb{Q}$, $B=\mathbb{Z}[\sqrt{-1}]$, $L=\mathbb{Q}(\sqrt{-1})$ 的情形, 取 $\alpha=i$ 从而 $f(T)=T^2+1$, 推论 6.51(2) 的等价关系 (i)⇔ (iii) 说的是, 对于素数 p, 它在 $\mathbb{Q}(\sqrt{-1})$ 中完全分解与 T^2+1 可分解为 $\mathbb{Q}_p$ 系数的一次式的乘积等价, 也就是说与 -1 在 $\mathbb{Q}_p$ 中存在平方根等价.

命题 6.50 与命题 6.41 相似, 但命题 6.41 中关于 $f'(\alpha)$ 的条件仅对那些在 L 中非分歧的 $\boldsymbol{p}$ 适用, 而命题 6.50 对任意的 $\boldsymbol{p}$ (包括分歧的 $\boldsymbol{p}$) 均适用, 请注意这点.

素理想的分歧, 非分歧, 分歧指数, 剩余指数等等可以像下面那样以 $K_{\boldsymbol{p}}$ 中的语言进行局部的思考.

命题 6.52 设 $\boldsymbol{p}$ 为 A 的非零素理想, $\boldsymbol{q}$ 为 $\boldsymbol{p}$ 上的 B 中素理想.

(1) $L_{\boldsymbol{q}}$ 的赋值环 $O_{\boldsymbol{q}}$ 等于 $K_{\boldsymbol{p}}$ 的赋值环 $O_{\boldsymbol{p}}$ 在 $L_{\boldsymbol{q}}$ 的整闭包.

(2) $O_{\boldsymbol{q}}$ 的素理想 $\boldsymbol{q}O_{\boldsymbol{q}}$ 对于 $O_{\boldsymbol{p}}$ 的素理想 $\boldsymbol{p}O_{\boldsymbol{p}}$ 的分歧指数, 剩余指数分别为

$$e(\boldsymbol{p}O_{\boldsymbol{p}},\boldsymbol{q}O_{\boldsymbol{q}})=e(\boldsymbol{p},\boldsymbol{q}),\quad f(\boldsymbol{p}O_{\boldsymbol{p}},\boldsymbol{q}O_{\boldsymbol{q}})=f(\boldsymbol{p},\boldsymbol{q}).$$

(3) $\boldsymbol{q}$ 在 K 上非分歧 ⇔ $\boldsymbol{q}O_{\boldsymbol{q}}$ 在 $K_{\boldsymbol{p}}$ 上非分歧. □

因此对完备域 $K_{\boldsymbol{p}}$ 进行集中考察时, 我们是把 $O_{\boldsymbol{p}}$ 作为 A (从而 $K=K_{\boldsymbol{p}}$) 来考虑的.

命题 6.53 设 A 为完备离散赋值环, 则 B 也成为完备离散赋值环, 从而 A 的唯一的非零素理想之上的 B 中素理想是唯一的.

[证明] 这个命题可由命题 6.50 和命题 6.52 推导出来. 因为, 根据假定条件有 $K=K_{\boldsymbol{p}}$, 命题 6.50 的多项式 f 作为 $K_{\boldsymbol{p}}$ 系数的多项式是不可约的, 按照命题 6.50, $\boldsymbol{p}$ 上的 B 的素理想是唯一的. 令其为 $\boldsymbol{q}$. 由命题 6.50, $K_{\boldsymbol{p}}[T]/(f) \xrightarrow{\cong} L_{\boldsymbol{q}} : T \mapsto \alpha$. 另一方面, $K[T]/(f) \xrightarrow{\cong} L : T \mapsto \alpha$, 因 $K=K_{\boldsymbol{p}}$, 故 $L=L_{\boldsymbol{q}}$. 于是, B 是 $A=O_{\boldsymbol{p}}$ 在 $L_{\boldsymbol{q}}$ 中的整闭包, 再根据命题 6.52(1) 知 $B=O_{\boldsymbol{q}}$. 所以 B 是完备离散赋值环. ∎

这样, 当 A 为完备离散赋值环时, L 与 K 同样成为完备离散赋值域. L 的赋值环 B 的唯一非零素理想在 K 上非分歧时, 称 L 为 K 的**非分歧扩张**.

我们已知道, "完全分解" 不会带给 $K_{\boldsymbol{p}}$ 任何的扩张. 而 "非分歧" 带来的也仅仅是依赖于剩余域的扩张所决定的 $K_{\boldsymbol{p}}$ 的非常简单地扩张 (表 6.4), 我们在下一个命题 6.54 中叙述它.

命题 6.54 设 K 为完备离散赋值域, F 为其剩余域.

(1) 1-1 对应

$$\{K \text{ 的有限非分歧扩张}\} \underset{1:1}{\leftrightarrow} \{F \text{ 的有限次可分扩张}\}$$

表 6.4 从 K_p 眺望到的 "完全分解" 与 "非分歧"

	对完备域 K_p 而言
完全分解	不发生扩张
非分歧	只产生非常简单的扩张

(左侧不计 K 同构, 右侧不计 F 同构) 给出了 K 的有限非分歧扩域 L 到其剩余域 E 的对应. 在此对应 $L \leftrightarrow E$ 下有 $[L:K]=[E:F]$. 如果 L 为 K 的 Galois 扩张, 则 E 也是 F 的 Galois 扩张. 并且得到了 Galois 群的同构 $\mathrm{Gal}(L/K) \cong \mathrm{Gal}(E/F)$, 每个 $\sigma \in \mathrm{Gal}(L/K)$ 对应于由它导出的 L 的赋值环的自同构而得到的 $\mathrm{Gal}(E/F)$ 的元.

(2) 对于 F 的有限可分扩域 E, 以 E 为剩余域的 (在除去 K 同构外唯一)K 的有限非分歧扩张可以如下面这样得到. 取 $\beta \in E$ 使得 $E=F(\beta)$, 取其最高次项的系数为 1 的 F 系数的不可约多项式 $h(T)$ 使得 $h(\beta)=0$, 又设 $f(T)$ 为最高次项系数为 1 的 A 系数多项式, 使得 $f \bmod \boldsymbol{p}=h$, 在 K 中添加 $f(T)$ 的一个根得到的域 L 是 K 的有限非分歧扩域, 而 L 的剩余域与 E 是 F 同构的.

(3) 设 L 为 K 的有限可分扩域, E 为其剩余域. 包含在 L 中的所有 K 的非分歧扩域的集合与包含在 E 中的 F 的所有可分扩域的集合之间, 将非分歧扩域对应于其剩余域是一个满单射. □

推论 6.55 如果 K 为剩余域是有限域的完备离散赋值域, 则对于每个 $n \geqslant 1$ 存在唯一的 K 的非分歧 n 次扩张, 这是 K 的 n 次循环扩张 (即 Galois 扩张, 其 Galois 群为循环群).

[证明] 根据命题 6.54, 有限域 F 的 n 次可分扩张对于每个 $n \geqslant 1$ 只有一个, 并且它是循环扩张 (附录 §B.4). ∎

例 6.56 $\mathbb{Q}_3$ 的唯一的非分歧二次扩域为 $\mathbb{Q}_3(\sqrt{-1})$. 这个域 $\mathbb{Q}_3(\sqrt{-1})=\mathbb{Q}_3(\sqrt{2})=\mathbb{Q}_3(\sqrt{5})=\mathbb{Q}_3(\sqrt{8})=\mathbb{Q}_3(\sqrt{11})=\cdots$.

[证明] 由命题 6.54(2) 以及 $\mathbb{F}_3$ 有唯一一个二次扩张 $\mathbb{F}_3(\sqrt{-1})$, 它 $=\mathbb{F}_3(\sqrt{2})=\mathbb{F}_3(\sqrt{5})=\mathbb{F}_3(\sqrt{8})=\mathbb{F}_3(\sqrt{11})=\cdots$ 而得到. ∎

再者, $\mathbb{Q}_3$ 具有三个二次扩域, 它们为 $\mathbb{Q}_3(\sqrt{-1})$, $\mathbb{Q}_3(\sqrt{3})$, $\mathbb{Q}_3(\sqrt{-3})$, 后两个为分歧扩张.

例 6.57 在形式幂级数域 $F((T))$ 的情形, F 的有限可分扩域 E 为剩余域所对应的有限非分歧扩域为 $E((T))$. □

命题 6.27 的同态可以作为

$$\mathrm{Gal}\left((B/\boldsymbol{q})/(A/\boldsymbol{p})\right) \cong \mathrm{Gal}\left(L_{\boldsymbol{q}}/K_{\boldsymbol{p}}\right) \to \mathrm{Gal}\left(L/K\right)$$

而得到. 这里的第一个同构是命题 6.54(1) 中的同构. 而后一个映射由 $L_{\boldsymbol{q}}$ 的自同构

在 L 上的限制得到的.

设 K 为完备离散赋值域. 考虑 K 的可分闭包 K^{sep}. K 在 K^{sep} 内的有限非分歧扩域的并, 称为 K 的**最大非分歧扩域**, 记为 K^{ur}. 这是 K 的 (有限或者无限) Galois 扩张 (参照附录 §B.5), 是包含在 K^{sep} 内的 K 的所有有限非分歧 Galois 扩域的并. 根据命题 6.54, 有

$$\mathrm{Gal}\,(K^{\mathrm{ur}}/K) \cong \mathrm{Gal}\,(F^{\mathrm{sep}}/F)$$

(F^{sep} 为 F 的可分闭包).

例 6.58 如果 K 为以特征为 p 的有限域为剩余域的完备离散赋值域, 则 K^{ur} 是将次数与 p 互素的单位根全都添加到 K 所得到的域.

这是因为, 特征为 p 的有限域 F 的可分闭包是将所有次数与 p 互素的单位根添加到 F 所得到的, 而由于次数与 p 互素的单位根添加到 K 的扩张为 K 的非分歧扩张 (例 6.40), 故由命题 6.54 得到了断言. □

(d) 关于无限素点的补充

到此为止我们一直讲述的有关在扩域中素理想的行为的事情适用于整体域的有限点, 然而关于数域的无限素点类似的一些话题有多少成立的, 我们来讲一下.

设 K 为数域, L 为 K 的有限扩域. 当 w 为 L 的无限素点时, 复合映射 $K \to L \to L_w$, 在 K 的像落在 $\mathbb{R} \subset L_w$ 中时是 K 的实素点, 而没有落在其中时则是 K 的复素点. 这时我们说, 它是在 w 之下的无限素点; 当 K 的无限素点 v 在 L 的无限素点 w 之下时, 就说 w 在 v 之上. 当 K 的无限素点 v 之上的 L 的无限素点的个数等于 $[L:K]$ 时, 则称 v 在 L 中**完全分解**.

命题 6.59 (命题 6.50 的类比) 设 K 为数域, L 为 K 的有限次扩域. 设 v 为 K 的无限素点, $w_1, \cdots, w_g$ 为在 v 之上的 L 的全部相异的无限素点. 取 α 使得 $L = K(\alpha)$, 并设 $f(T)$ 为使 $f(\alpha) = 0$ 的 K 系数不可约多项式. 设 f 被分解为 K_v 系数的不可约多项式的积 $\prod\limits_{i=1}^{h} f_i$. 于是有 $h = g$, 且如果适当地改变 $f_1, \cdots, f_g$ 的顺序, 则作为 K_v 上的域, 有

$$K_v[T]/(f_i(T)) \xrightarrow{\cong} L_{w_i} : T \mapsto \alpha \; (1 \leqslant i \leqslant g). \qquad \square$$

推论 6.60 (推论 6.51 的类比) 设 $v, w_1, \cdots, w_g, f$ 如命题 6.59 所设.

(1) $[L:K] = \sum\limits_{i=1}^{g} [L_{w_i} : K_v]$.

(2) 下面的 (i)–(iii) 等价.

(i) v 在 L 中完全分解.

(ii) 对于所有 $i = 1, \cdots, g, K_v \xrightarrow{\cong} L_{w_i}$.

(iii) f 被分解为 K_v 上一次式的积. □

例 6.61 设 $K=\mathbb{Q}$, $L=\mathbb{Q}(\sqrt{2})$, v 为 $\mathbb{Q}$ 的那个唯一的无限素点. $\alpha=\sqrt{2}$, $f(T)=T^2-2$. 在 $\mathbb{R}$ 中有分解 $T^2-2=(T-\sqrt{2})(T+\sqrt{2})$. 于是 v 在 L 中完全分解, 设 w_1,w_2 是 $\mathbb{Q}(\sqrt{2})$ 的那两个无限素点, 则 $\mathbb{R}\xrightarrow{\cong}\mathbb{Q}(\sqrt{2})_{w_i}$. □

[命题 6.59 的证明] 无限素点为从数域到 $\mathbb{C}$ 的域同态并将复共轭的映射视为相同的. 因为 $K[T]/(f)\cong L$, L 的无限素点可考虑为从 $K[T]/(f)$ 到 $\mathbb{C}$ 的域同态. 因此 L 的无限素点在 v 之上, 可考虑为从 $K_v[T]/(f)$ 到 $\mathbb{C}$ 的同态, 从而命题 6.59 由此得出. ∎

命题 6.62 (命题 6.24 的类比) 设 K 为数域, L 为 K 的有限 Galois 扩张, v 为 K 的无限素点, 如果 w,w' 为 v 之上 L 的无限素点, 则存在 $\sigma\in\mathrm{Gal}(L/K)$ 使得 $\sigma(w)=w'$. □

在这里, $\mathrm{Gal}(L/K)$ 在 L 的无限素点全体上的作用定义为, $\sigma\in\mathrm{Gal}(L/K)$ 将域同态 $\lambda:L\to\mathbb{C}$ 转换为 $\lambda\circ\sigma^{-1}:L\to\mathbb{C}$.

例如, $\mathbb{Q}(\sqrt{2})$ 的两个无限素点在 $\mathrm{Gal}(\mathbb{Q}(\sqrt{2})/\mathbb{Q})$ 的作用下被移到了一起.

[命题 6.62 的证明] 当从 K 到 $\mathbb{C}$ 的域同态被固定时, 对于 K 上的域同态 λ, $\lambda':L\to\mathbb{C}$, 问题归结为存在 $\sigma\in\mathrm{Gal}(L/K)$ 使得 $\lambda=\lambda'\circ\sigma$. ∎

(e) 证明

在 (a)—(c) 小节中没有证明的叙述过的断言, 其证明将在本节中给出. 在此, 我们假设 A,K,B,L 如同在 §6.3 一开头所叙述的那样. 证明首先从考察完备化 $K_{\boldsymbol{p}}$ 开始, 这是有效的方法. 在下面做了几个基本引理的准备之后, 先证明有关完备化的 (c) 小节的命题 6.50, 命题 6.52, 在此之后, 按照 (a)—(c) 所叙述的顺序进行证明.

先准备几个引理.

引理 6.63 设 $\alpha\in B$.

(1) $\mathrm{Tr}_{L/K}(\alpha)\in A$.

(2) $N_{L/K}(\alpha)\in A\cap\alpha B$. 这里 $N_{L/K}:L\to K$ 为范映射 (§B.3).

(3) 设 $f(T)$ 为使 $f(\alpha)=0$ 的 K 系数的不可约多项式且其最高次项的系数为 1, 则 f 的系数全属于 A.

[证明] 在证明 (3) 时只要将 L 换作 $K(\alpha)$ 就可以了, 所以假定 $L=K(\alpha)$. 取包含 L 的 K 的有限 Galois 扩域 L', B' 为 A 在 L' 中的整闭包. 设 $\sigma_i:L\to L'$ $(i=1,\cdots,n,n=[L:K])$ 为从 L 到 L' 的所有在 K 上的域同态 (参看 §B. 2). 我们有

$$\mathrm{Tr}_{L/K}(\alpha)=\sum_{i=1}^{n}\sigma_i(\alpha),\ N_{L/K}=\prod_{i=1}^{n}\sigma_i(\alpha),\ f(T)=\prod_{i=1}^{n}(T-\sigma_i(\alpha)).$$

因为 σ_i 将 B 映到 B' 中 (这是由 "A 上整" 的定义得到的), 故 $\sigma_i(\alpha)\in B'$ $(1\leqslant i\leqslant n)$. 因此 $\sum\limits_{i=1}^{n}\sigma_i(\alpha)$, $\prod\limits_{i=1}^{n}\sigma_i(\alpha), f(T)$ 的系数 (它们可写为 $\sigma_1(\alpha),\cdots,\sigma_n(\alpha)$ 的整系数的多

项式) 属于 $K \cap B' = A$.

至于 $N_{L/K}(\alpha) \in \alpha B$, 只要对 $\alpha \neq 0$ 证明就可以了; 只需证明 L 的元 $\alpha^{-1}N_{L/K}(\alpha)$ 属于 B 即可. 设 $\sigma_1, \cdots, \sigma_n$ 中 σ_1 为包含映射: $L \hookrightarrow L'$, 则 $\alpha^{-1}N_{L/K}(\alpha) = \prod_{i=2}^{n} \sigma_i(\alpha) \in B' \cap L = B$. ∎

引理 6.64 设 I 为 B 的非零理想, 则 $A \cap I$ 为 A 的非零理想. 若 I 为 B 的非零素理想, 则 $A \cap I$ 为 A 的非零素理想.

[证明] 设 I 为 B 的非零理想, 我们来证明 $A \cap I \neq 0$ (引理 6.64 的其余部分是容易的). 设 $\alpha \in I$, $\alpha \neq 0$. 根据引理 6.63(2) 知, $0 \neq N_{L/K}(\alpha) \in A \cap \alpha B \subset A \cap I$. ∎

引理 6.65 B 为有限生成 A 模. □

在证明引理 6.65 之前先引进一些记号.

对于 L 的子集 X, 令

$$X^{\vee} = \{\alpha \in L : \text{对于所有的 } x \in X \text{ 有 } \mathrm{Tr}_{L/K}(\alpha x) \in A\}.$$

如果 $X \subset Y$, 容易知道有 $Y^{\vee} \subset X^{\vee}$. 另外, 根据引理 6.63(1) 有 $B \subset B^{\vee}(= \boldsymbol{D}(B/A)^{-1})$.

设 $\alpha_1, \cdots, \alpha_n$ $(n = [L:K])$ 为 K 上线性空间 L 的基底, 而 $\alpha_1^*, \cdots, \alpha_n^*$ 为满足

$$\mathrm{Tr}_{L/K}(\alpha_i \alpha_j^*) = \begin{cases} 1 & i = j \\ 0 & i \neq j \end{cases}$$

的作为 K 上线性空间 L 的基底 (命题 B.16), 则容易明白有

$$\left(\sum_{i=1}^{n} A\alpha_i\right)^{\vee} = \sum_{i=1}^{n} A\alpha_i^*.$$

[引理 6.65 的证明] 作为 K 上线性空间 L 的基底 $\alpha_1, \ldots, \alpha_n$ 可以取为 B 中的元 (取任意的基底, 消去其分母即可). 于是, 由 $A\alpha_1 + \cdots + A\alpha_n \subset B$ 有

$$B \subset B^{\vee} \subset (A\alpha_1 + \cdots + A\alpha_n)^{\vee} = A\alpha_1^* + \cdots + A\alpha_n^*.$$

因此, B 为有限生成 A 模 $A\alpha_1^* + \cdots + A\alpha_n^*$ 的 A 子模. 因为 A 为 Noether 环, 故有限生成 A 模的 A 子模仍为有限生成 A 模, 故 B 为有限生成 A 模. ∎

下面的引理 6.66 和推论 6.67 是 "中国剩余定理" (§2.2 命题 2.1(4)) 的推广.

引理 6.66 设 R 为交换环, 当 R 的理想 I, J 满足 $I + J = R$ 时, 有 $IJ = I \cap J$, 从而自然映射 $R/IJ \to R/I \times R/J$ 是同构.

[证明]　取 a, b 使得 $a+b=1$, $a \in I$, $b \in J$. 显然 $IJ \subset I \cap J$, 反之, 如果 $x \in I \cap J$, 由于 $xa, xb \in IJ$, 故 $x = xa + xb \in IJ$. 因为 $IJ = I \cap J$, 故 $R/IJ \to R/I \times R/J$ 为单射. 至于满射, 因为对于 $x, y \in R$, 如果令 $z = bx + ay$, 则知 $z \equiv x \mod I$, $z \equiv y \mod J$, 从而得证. ∎

推论 6.67　设 R 为 Dedekind 环, $\boldsymbol{q}_1, \cdots, \boldsymbol{q}_g$ 为 R 的相异的非零素理想, 而 $n_1, \cdots, n_g \geqslant 1$, 则

$$R/(\boldsymbol{q}_1^{n_1} \cdots \boldsymbol{q}_g^{n_g}) \xrightarrow{\cong} \prod_{i=1}^{g} R/\boldsymbol{q}_i^{n_i}. \qquad \square$$

推论 6.68　设 $\boldsymbol{p}$ 为 A 的非零素理想, $\boldsymbol{q}_1, \cdots, \boldsymbol{q}_g$ 为 $\boldsymbol{p}$ 上 B 的所有相异的素理想, 则

$$\varprojlim_n B/\boldsymbol{p}^n B \xrightarrow{\cong} \prod_{i=1}^{g} O_{\boldsymbol{q}_i}.$$

[证明]　令 $\boldsymbol{p}B = \boldsymbol{q}_1^{e_1} \cdots \boldsymbol{q}_g^{e_g}$ $(e_i \geqslant 1)$, 则根据推论 6.67 有

$$B/\boldsymbol{p}^n B = B/(\boldsymbol{q}_1^{e_1 n} \cdots \boldsymbol{q}_g^{e_g n}) \xrightarrow{\cong} \prod_{i=1}^{g} B/\boldsymbol{q}_i^{e_i n}.$$

对其取 $\varprojlim_n$ 就得到了推论 6.68. ∎

下面, 将证明在 (c) 小节叙述的, 有关完备化的命题6.50, 6.52.

下面的引理 6.69 是命题 6.50 的证明的本质所在.

引理 6.69　设 $\alpha_1, \cdots, \alpha_n$ 为 K 上线性空间 L 的一个基底, $\prod_{i=1}^{g} L_{\boldsymbol{q}_i}$ 作为 $K_{\boldsymbol{p}}$ 上的线性空间也以 $\alpha_1, \cdots, \alpha_n$ 为基底, 这里每个 α_i 通过对角嵌入 $L \hookrightarrow \prod_{i=1}^{g} L_{\boldsymbol{q}_i} : y \mapsto (y_i)_{1 \leqslant i \leqslant g}$ 被看作 $\prod_{i=1}^{g} L_{\boldsymbol{q}_i}$ 的元. □

注记 6.70　引理6.69若使用张量积的记号, 便可简明地写成 $K_{\boldsymbol{p}} \otimes_K L \xrightarrow{\cong} \prod_{i=1}^{g} L_{\boldsymbol{q}_i}$.

[引理 6.69 的证明]　由于 B 是有限生成 A 模, 可取 A 的非零元 a 使得 $aB \subset A\alpha_1 + \cdots + A\alpha_n$. 另外, 再取 A 的非零元 b 使得 $b(A\alpha_1 + \cdots + A\alpha_n) \subset B$. 定义 $\iota : A^{\oplus n} \xrightarrow{\cong} A\alpha_1 + \cdots + A\alpha_n$ 为 $(x_i)_{1 \leqslant i \leqslant n} \mapsto \sum_{i=1}^{n} x_i \alpha_i$, 及 $s : B \to A^{\oplus n}$, $t : A^{\oplus n} \to B$ 为 $s = \iota^{-1} \circ$ "a 倍映射", $t =$ "b 倍映射"$\circ \iota$. 则 $s \circ t$, $t \circ s$ 每一个都等于 ab 倍映射. 根据推论 6.68 知, 取 $\varprojlim_n (\quad)/\boldsymbol{p}^n(\quad)$, 则 s, t 诱导出 $O_{\boldsymbol{p}}$ 模的同态

$$\hat{s} : \prod_{i=1}^{g} O_{\boldsymbol{q}_i} \to O_{\boldsymbol{p}}^{\oplus n}, \quad \hat{t} : (O_{\boldsymbol{p}})^{\oplus n} \to \prod_{i=1}^{g} O_{\boldsymbol{q}_i},$$

$\hat{s}\circ\hat{t}$, $\hat{t}\circ\hat{s}$ 每一个都等同于 ab 倍映射.

$K_{\boldsymbol{p}}^{\oplus n}\to\prod_{i=1}^{g}L_{\boldsymbol{q}_i}:(x_1,\cdots,x_n)\mapsto\sum_{i=1}^{g}x_i\alpha_i$ 与 $b^{-1}\hat{t}$ 相等, 因其逆映射为 $a^{-1}\hat{s}$, 所以这是个同构映射. ∎

[命题 6.50 的证明] 在引理 6.69 中令 $\alpha_i=\alpha^{i-1}$ $(1\leqslant i\leqslant n)$, 于是得到了 $K_{\boldsymbol{p}}$ 上的环同构

$$K_{\boldsymbol{p}}[T]/(f)\overset{\cong}{\to}\prod_{i=1}^{g}L_{\boldsymbol{q}_i}:T\mapsto\alpha.$$

另一方面, 把引理 6.67 应用于 $R=K_{\boldsymbol{p}}[T]$, $\boldsymbol{q}_i=(f_i), n_i=1$ 的情形, 得到 $K_{\boldsymbol{p}}$ 上环的同构

$$K_{\boldsymbol{p}}[T]/(f)\overset{\cong}{\to}\prod_{i=1}^{h}K_{\boldsymbol{p}}[T]/(f_i).$$

比较这两个同构便得到了命题 6.50. ∎

[命题 6.52 的证明] 证明 (1) ((2) 和 (3) 的证明比较容易, 故而略去). 首先证明 $O_{\boldsymbol{q}_i}$ 为有限生成 $O_{\boldsymbol{p}}$ 模. 在引理 6.69 的证明中出现的 $O_{\boldsymbol{p}}$ 模的同态 $\hat{s}:\prod_{i=1}^{g}O_{\boldsymbol{q}_i}\to O_{\boldsymbol{p}}^{\oplus n}$, 因为 $\hat{t}\circ\hat{s}=$ “ab倍” 为 $\prod_{i=1}^{g}O_{\boldsymbol{q}_i}$ 上的单射, 故其也为单射. 因此, 由于 $O_{\boldsymbol{q}_i}$ 同构于 $O_{\boldsymbol{p}}^{\oplus n}$ 的 $O_{\boldsymbol{p}}$ 子模, 从而作为 $O_{\boldsymbol{p}}$ 模为有限生成. 根据在交换代数中熟知的 “整元 $\Leftrightarrow$ 属于一个作为有限生成模的环” 的关于整元的一个解释, 它表明 $O_{\boldsymbol{q}_i}$ 的所有元均在 $O_{\boldsymbol{p}}$ 上为整. 另一方面, 由于 $O_{\boldsymbol{q}_i}$ 为整闭, 这便证明了 $O_{\boldsymbol{q}_i}$ 为 $O_{\boldsymbol{p}}$ 在 $L_{\boldsymbol{q}_i}$ 中的整闭包. ∎

下面我们来给出 (a) 小节中没有证明的那些命题的证明.

[命题 6.22 的证明] 由命题 6.50 知,

$$[L:K]=\prod_{i=1}^{g}[L_{\boldsymbol{q}_i}:K_{\boldsymbol{p}}].$$

因此如果能证明 $[L_{\boldsymbol{q}_i}:K_{\boldsymbol{p}}]=e(\boldsymbol{p},\boldsymbol{q}_i)f(\boldsymbol{p},\boldsymbol{q}_i)$ 就可以了. 根据命题 6.52, 这可归结到 A 为完备离散赋值环的情形.

那么我们在此假设 A 为完备离散赋值环, 而 $\boldsymbol{p}$ 为 A 的唯一的非零素理想, $\boldsymbol{q}$ 为 B 的唯一的非零素理想 (命题 6.53), 并令 $\boldsymbol{q}$ 对于 $\boldsymbol{p}$ 的分歧指数为 e, 剩余指数为 f. 因为离散赋值环为主理想整环, 故可以应用 “主理想整环上有限生成无扭模为自由模” 的定理到 A 模 B, 从而知道作为 A 模的 B 同构于 $A^{\oplus n}$ $(n=[L:K])$. 于是

$\dim_{A/\boldsymbol{p}}(B/\boldsymbol{p}B) = n$. 设 $\boldsymbol{q}$ 的生成元为 α, 则

$$\begin{aligned} n &= \dim_{A/\boldsymbol{p}}(B/\boldsymbol{p}B) = \dim_{A/\boldsymbol{p}}(B/\alpha^e B) \\ &= \sum_{i=0}^{e-1} \dim_{A/\boldsymbol{p}}(\alpha^i B/\alpha^{i+1}B) = \sum_{i=0}^{e-1} f = ef. \end{aligned}$$

上面的倒数第二个等式是因为 $B/\alpha B \xrightarrow{\cong} \alpha^i B/\alpha^{i+1}B : x \mapsto \alpha^i x$ 以及 $B/\alpha B = B/\boldsymbol{q}$ 为 $A/\boldsymbol{p}$ 上 f 次扩域. ∎

为了证明命题 6.24, 我们需要作些准备.

定义 6.71 当 L 为 K 的 Galois 扩张时, 对于 B 的素理想 $\boldsymbol{q}$, 令

$$D_{\boldsymbol{q}} = \{\sigma \in \mathrm{Gal}\,(L/K) \mid \sigma(\boldsymbol{q}) = \boldsymbol{q}\}.$$

$D_{\boldsymbol{q}}$ 为 $\mathrm{Gal}\,(L/K)$ 的子群, 称为 $\boldsymbol{q}$ 的**分解群** (decomposition group).

引理 6.72 设 L 为 K 的 Galois 扩域, $\boldsymbol{p}$ 为 A 的非零素理想, 当 $\boldsymbol{q}$ 为 $\boldsymbol{p}$ 上 B 的素理想时, $L_{\boldsymbol{q}}$ 为 $K_{\boldsymbol{p}}$ 的 Galois 扩张, 而群的同构

$$\mathrm{Gal}\,(L_{\boldsymbol{q}}/K_{\boldsymbol{p}}) \xrightarrow{\cong} D_{\boldsymbol{q}}$$

由 $L_{\boldsymbol{q}}$ 在 $K_{\boldsymbol{p}}$ 上的自同构限制于 L 给出.

[证明] 对于 $L_{\boldsymbol{q}}$ 是 $K_{\boldsymbol{p}}$ 的 Galois 扩域, 我们取 L 在 K 上的生成元 α, 则 $L_{\boldsymbol{q}}$ 在 $K_{\boldsymbol{p}}$ 上由 α 生成 (命题 6.50), 因为 α 在 K 上的所有共轭元都在 L 中, 从而知其均在 $L_{\boldsymbol{q}}$ 之中. 容易看出自然映射 $\mathrm{Gal}\,(L_{\boldsymbol{q}}/K_{\boldsymbol{p}}) \to \mathrm{Gal}\,(L/K)$ 的像含在 $D_{\boldsymbol{q}}$ 之中. 至于 $\mathrm{Gal}\,(L_{\boldsymbol{q}}/K_{\boldsymbol{p}}) \to D_{\boldsymbol{q}}$ 为同构的断言, 由 $D_{\boldsymbol{q}}$ 中元的连续性, 可延拓为 $K_{\boldsymbol{p}}$ 上 $L_{\boldsymbol{q}}$ 的自同构, 故给出了逆映射 $D_{\boldsymbol{q}} \to \mathrm{Gal}\,(L_{\boldsymbol{q}}/K_{\boldsymbol{p}})$, 从而断言得证. ∎

[命题 6.24 的证明] 设 X 为 $\boldsymbol{p}$ 上的 B 的素理想全体的集合, 固定一个 $\boldsymbol{q}_1 \in X$, 并令 $Y = \{\sigma(\boldsymbol{q}_1) |\ \sigma \in \mathrm{Gal}\,(L/K)\} \subset X$. 从下面的证明有 $\sum\limits_{\boldsymbol{q}\in Y}[L_{\boldsymbol{q}} : K_{\boldsymbol{p}}] = \sum\limits_{\boldsymbol{q}\in X}[L_{\boldsymbol{q}} : K_{\boldsymbol{p}}]$, 故知 $X = Y$. 事实上,

$$\begin{aligned} \sum_{\boldsymbol{q}\in Y}[L_{\boldsymbol{q}} : K_{\boldsymbol{p}}] &= \#(Y)\cdot[L_{\boldsymbol{q}_1} : K_{\boldsymbol{p}}] = \#(Y)\cdot\#(D_{\boldsymbol{q}_1}) \\ &= [L : K] = \sum_{\boldsymbol{q}\in X}[L_{\boldsymbol{q}} : K_{\boldsymbol{p}}]. \end{aligned}$$

其中的第一个等式是由于 $\sigma \in \mathrm{Gal}\,(L/K)$ 诱导了 $K_{\boldsymbol{p}}$ 上的同构 $L_{\boldsymbol{q}_1} \xrightarrow{\cong} L_{\sigma(\boldsymbol{q}_1)}$. 第二个等式由引理 6.72 得到. 第三个等式是由于映射 $\mathrm{Gal}\,(L/K) \to Y : \sigma \mapsto \sigma(\boldsymbol{q}_1)$ 诱导

了从 $\mathrm{Gal}(L/K)/D_{\boldsymbol{q}_1}$ 到 Y 的满单射. 而第四个等式是由于命题 6.50. ∎

[命题 6.27 的证明] 它归纳于 (c) 小节中的命题 6.54. 而命题 6.54 将在后面证明. ∎

下面证明在 (b) 小节中叙述而没有证明过的断言.

首先, 关于 $\boldsymbol{D}(B/A)^{-1}$ 为 B 的分式理想的问题, 由在引理 6.65 的证明中出现的 $B^\vee \subset A\alpha_1^* + \cdots + A\alpha_n^*$ 知, $\boldsymbol{D}(B/A)^{-1} = B^\vee$ 为有限生成 A 模, 因此知道它也是个有限生成 B 模.

[命题 6.32 的证明] 首先证明 A 为完备离散赋值环的情形 (后面将把一般的情形归结到这个情形).

设 A 为完备离散赋值环, 并令 A 的唯一的非零素理想为 $\boldsymbol{p}$, B 的唯一非零素理想为 $\boldsymbol{q}$.

由于 $\mathrm{Tr}_{L/K}(B) \subset A$, 故 $\mathrm{Tr}_{L/K}$ 给出了 A 模同态 $B \to A$, 于是诱导出 $A/\boldsymbol{p}$ 模的同态 $T : B/\boldsymbol{p}B \to A/\boldsymbol{p}$. 对于 $\beta \in B$, 取 $\alpha_1, \cdots, \alpha_n$ $(n = [L:K])$ 为 B 作为 A 模的基底, 在这组基底之下 β 倍映射 $B \to B$ 由 A 系数的 n 阶方阵表示, 而 $\mathrm{Tr}_{L/K}(\beta) \in A$ 恰是这个方阵的迹. 从而对于 $\beta \in B/\boldsymbol{p}B$, 当把 β 倍映射 $B/\boldsymbol{p}B \to B/\boldsymbol{p}B$ 按照 $B/\boldsymbol{p}B$ 作为 $A/\boldsymbol{p}$ 模的基底 $(\alpha_i \mod \boldsymbol{p}B)_{1 \leqslant i \leqslant n}$ 表示为 $A/\boldsymbol{p}$ 系数的 n 阶方阵时, $T(\beta)$ 等于该方阵的迹.

设 e 为分歧指数 $e(L/K) = e(\boldsymbol{p}, \boldsymbol{q})$. 首先证明 $\boldsymbol{q}^{e-1}$ 除尽 $\boldsymbol{D}(B/A)$. 由于 $\boldsymbol{q}^e = \boldsymbol{p}B$, 在 $B/\boldsymbol{p}B$ 中, $\boldsymbol{q}/\boldsymbol{p}B$ 中元的 e 次幂为 0. 因为某次幂为 0 的矩阵的迹总为 0, 故 $T(\boldsymbol{q}/\boldsymbol{p}B) = 0$. 这表明 $\mathrm{Tr}_{L/K}(\boldsymbol{q}) \subset \boldsymbol{p}$. 由此可知 $\mathrm{Tr}_{L/K}(\boldsymbol{p}^{-1}\boldsymbol{q}) \subset A$. 也就是说 $\mathrm{Tr}_{L/K}(\boldsymbol{q}^{1-e}) \subset A$. 这说明 $\boldsymbol{q}^{e-1}$ 除尽了 $\boldsymbol{D}(B/A)$.

如果 $e \geqslant 2$, 则 $\boldsymbol{q}$ 除尽 $\boldsymbol{q}^{e-1}$, 因而除尽 $\boldsymbol{D}(B/A)$.

现在考虑 $e = 1$ 的情形. 由于此时 $\boldsymbol{q} = \boldsymbol{p}B$, 知 $B/\boldsymbol{p}B$ 是 $A/\boldsymbol{p}$ 的有限扩域, 并且 T 是由 $B/\boldsymbol{p}B$ 到 $A/\boldsymbol{p}$ 的迹映射. 于是此时,

$$\begin{aligned}
\boldsymbol{q}\text{在 } K \text{ 上分歧} &\Leftrightarrow B/\boldsymbol{p}B\text{为 } A/\boldsymbol{p} \text{ 的不可分扩域} \\
&\Leftrightarrow T(B/\boldsymbol{p}B) = 0 \ \ (\text{命题 B.16}) \\
&\Leftrightarrow \mathrm{Tr}_{L/K}(B) \subset \boldsymbol{p} \\
&\Leftrightarrow \mathrm{Tr}_{L/K}(\boldsymbol{q}^{-1}) = \mathrm{Tr}_{L/K}(\boldsymbol{p}^{-1}B)\text{包含在 } A \text{ 中} \\
&\Leftrightarrow \boldsymbol{q} \text{ 除尽 } \boldsymbol{D}(B/A).
\end{aligned}$$

其次, 根据以下的引理 6.73, 可将一般情形化到 A 为完备离散赋值环的情形. 因此如果引理 6.73 得证, 则就完成了命题 6.32 的证明. ∎

引理 6.73 设 $\boldsymbol{q}$ 为 B 的非零素理想, $\boldsymbol{p}$ 为 $\boldsymbol{q}$ 之下 A 的非零素理想, $d \geqslant 0$ 为整数, 则 $\boldsymbol{q}^d$ 除尽 $\boldsymbol{D}(B/A)$ 与 $\boldsymbol{q}^d O_{\boldsymbol{q}}$ 除尽 $\boldsymbol{D}(O_{\boldsymbol{q}}/O_{\boldsymbol{p}})$ 等价. □

为证明这个引理, 我们需要应用下面的引理.

引理 6.74　对于 $\alpha \in L$, 有

$$\mathrm{Tr}_{L/K}(\alpha) = \sum_{i=1}^{g} \mathrm{Tr}_{L_{\boldsymbol{q}_i}/K_{\boldsymbol{p}}}(\alpha),\ N_{L/K}(\alpha) = \prod_{i=1}^{g} N_{L_{\boldsymbol{q}_i}/K_{\boldsymbol{p}}}(\alpha).$$

[证明]　从引理 6.69 即知. ∎

[引理 6.73 的证明]　取 $a \in A$ 使得 $a \in \boldsymbol{q}^d$, $a \neq 0$ (根据引理 6.64, 这是可行的). 由推论 6.67 (Dedekind 环的中国剩余定理) 知, 从引理 6.74 可得到下面的交换图表.

$$\begin{array}{ccccc} \boldsymbol{q}^{-d}/B & \subset & a^{-1}B/B & \to & a^{-1}A/A \\ \cong\downarrow & & \cong\downarrow & & \cong\downarrow \\ \boldsymbol{q}^{-d}O_{\boldsymbol{q}}/O_{\boldsymbol{q}} & \subset & \prod\limits_{\boldsymbol{q}'} a^{-1}O_{\boldsymbol{q}'}/O_{\boldsymbol{q}'} & \to & \prod\limits_{\boldsymbol{p}'} a^{-1}O_{\boldsymbol{p}'}/O_{\boldsymbol{p}'} \end{array}$$

这里的 $\boldsymbol{q}'$ 遍历 B 的非零素理想, 而 $\boldsymbol{p}'$ 遍历 A 的非零素理想, 上面那个水平箭头由 $\mathrm{Tr}_{L/K}$ 诱导, 下面的水平箭头是由每个 $\boldsymbol{p}'$ 之上的 $\boldsymbol{q}'$ 的 $\mathrm{Tr}_{L_{\boldsymbol{q}'}/K_{\boldsymbol{p}'}}$ 所诱导. 根据此图表我们有

$$\begin{aligned} \boldsymbol{q}^d \text{ 除尽} \boldsymbol{D}(B/A) &\Leftrightarrow \text{上水平箭头使 } \boldsymbol{q}^{-d}/B \text{ 化零} \\ &\Leftrightarrow \text{ 下水平箭头使 } \boldsymbol{q}^{-d}O_{\boldsymbol{q}}/O_{\boldsymbol{q}} \text{ 化零} \\ &\Leftrightarrow \boldsymbol{q}^d O_{\boldsymbol{q}} \text{除尽} \boldsymbol{D}(O_{\boldsymbol{q}}/O_{\boldsymbol{p}}). \end{aligned}$$

∎

[命题 6.35 的证明]　(1) 记第 (i,j) 分量为 $\mathrm{Tr}_{F/\mathbb{Q}}(\alpha_i\alpha_j)$ 的 n 阶方阵为 $D(\alpha_1, \cdots, \alpha_n)$. 取 $\beta_1, \cdots, \beta_n$ 为 O_F 作为 $\mathbb{Z}$ 模的另一组基, 则

$$\beta_i = \sum_{j=1}^{n} x_{ij}\alpha_j \ (1 \leqslant i \leqslant n,\ x_{ij} \in \mathbb{Z}),$$

并记第 (i,j) 分量为 x_{ij} 的 n 阶方阵为 X. 由于有

$$\mathrm{Tr}_{F/\mathbb{Q}}(\beta_i\beta_j) = \sum_{k=1}^{n}\sum_{l=1}^{n} x_{ik}\mathrm{Tr}_{F/\mathbb{Q}}(\alpha_k\alpha_l)x_{jl},$$

故

$$D(\beta_1, \cdots, \beta_n) = XD(\alpha_1, \cdots, \alpha_n)\,{}^tX$$

(${}^tX$ 为 X 的转置矩阵). 由于 X 为具有整数分量的逆矩阵, 故 $\det(X) = \pm 1$. 由此有

$$\det(D(\beta_1, \cdots, \beta_n)) = \det(X)^2 \cdot \det(D(\alpha_1, \cdots, \alpha_n)) = \det(D(\alpha_1, \cdots, \alpha_n)).$$

(2) 取 F 的元 $\alpha_1^*, \cdots, \alpha_n^*$ 使得当 $i = j$ 时, $\mathrm{Tr}_{F/\mathbb{Q}}(\alpha_i\alpha_j^*) = 1$, 而当 $i \neq j$ 时, $\mathrm{Tr}_{F/\mathbb{Q}}(\alpha_i\alpha_j^*) = 0$. 则 $\mathbb{Z}\alpha_1^* + \cdots + \mathbb{Z}\alpha_n^*$ 等于 $\boldsymbol{D}(O_F/\mathbb{Z})$ 的逆理想 $\boldsymbol{D}(O_F/\mathbb{Z})^{-1}$. 试令 $\alpha_i =$

$\sum_{k=1}^{n} c_{ik}\alpha_k^*$, $c_{ik} \in \mathbb{Z}$, 这时对两端乘 α_j 并以 $\mathrm{Tr}_{F/\mathbb{Q}}$ 作用, 便看出有 $c_{ij} = \mathrm{Tr}_{F/\mathbb{Q}}(\alpha_i\alpha_j)$. 因此可以应用下面的引理 6.75(2) 到 $M = \boldsymbol{D}(O_F/\mathbb{Z})^{-1}$, $M' = O_F$, $e_i = \alpha_i^*$, $e_i' = \alpha_i$ 的情形, 得到

$$|D_F| = [\boldsymbol{D}(O_F/\mathbb{Z})^{-1} : O_F] = [O_F : \boldsymbol{D}(O_F/\mathbb{Z})] \text{ (习题 6.4)}.$$

(3) 由 (2), "p 除尽 D_F "$\Leftrightarrow$ "存在除尽 $\boldsymbol{D}(O_F/\mathbb{Z})$ 的 O_F 的非零素理想 $\boldsymbol{q}$, 使得 $\#(O_F/\boldsymbol{q})$ 为 p 的倍数"$\Leftrightarrow$ "存在 $p\mathbb{Z}$ 之上的除尽 $\boldsymbol{D}(O_F/\mathbb{Z})$ 的 O_F 的非零素理想 $\boldsymbol{q}$". 其中最后的条件, 根据命题 6.32, 等价于 p 在 F 中分歧.

(4) 令 S 为 (i,j) 分量是 $\sigma_i(\alpha_j)$ 的 n 阶矩阵, 则因为 $\mathrm{Tr}_{F/\mathbb{Q}}(\alpha_i\alpha_j) = \sum_{k=1}^{n}\sigma_k(\alpha_i)\cdot\sigma_k(\alpha_j)$, 得到 $D(\alpha_1, \cdots, \alpha_n) = {}^t S \cdot S$. 对其两边取行列式有 $D_F = \det(S)^2$. ∎

引理 6.75 设 M 是秩为 n 的自由 $\mathbb{Z}$ 模, M' 为 M 的 $\mathbb{Z}$ 子模, 并且是秩仍为 n 的自由 $\mathbb{Z}$ 模. 则

(1) 存在 M 的基底 $e_1, \cdots, e_n$, M' 的基底 $e_1', \cdots, e_n'$, 使得 $e_i' \in \mathbb{Z}e_i$ $(1 \leqslant i \leqslant n)$.

(2) 指数 $[M : M']$ 有限, 当取 $e_1, \cdots, e_n$ 为 M 的基底, $e_1', \cdots, e_n'$ 为 M' 的基底, 并记 $e_i' = \sum_{i=1}^{n} c_{ij}e_j$ $(1 \leqslant i \leqslant n,\ c_{ij} \in \mathbb{Z})$ 时, 有

$$[M : M'] = |\det((c_{ij})_{i,j})|.$$

[证明] (1) 可以由 $\mathbb{Z}$ 模的一般理论 (或者主理想整环上模的一般理论) 得到. 证明从略.

证明 (2). 问题中等式的右端在 M, M' 的基底变换时不变. 那么根据 (1), 我们便可以取 $e_i' = a_ie_i$ $(1 \leqslant i \leqslant n,\ a_i \in \mathbb{Z},\ a_i \neq 0)$. 这时, 右端为 $|a_1 \cdots a_n|$, 另一方面, $M/M' \cong \bigoplus_{i=1}^{n} \mathbb{Z}/a_i\mathbb{Z}$, 故 $[M : M'] = |a_1 \cdots a_n|$. ∎

下面的引理在今后的讨论中颇为重要.

引理 6.76 设 $\alpha \in B$, $L = K(\alpha)$, 并设 $f(T)$ 为使 $f(\alpha) = 0$ 的最高次项系数为 1 的 K 系数不可约多项式, 则

$$A[\alpha]^\vee = \frac{1}{f'(\alpha)}A[\alpha].$$

[证明] 取 $A[\alpha]$ 的基底 $1, \cdots, \alpha^{n-1}$ $(n = [L : K])$, 而取 $\frac{1}{f'(\alpha)}, \cdots, \frac{\alpha^{n-1}}{f'(\alpha)}$ 为 $\frac{1}{f'(\alpha)}A[\alpha]$ 的基底. 于是, 只要证明矩阵 $\left(\mathrm{Tr}_{L/K}\left(\alpha^i\frac{\alpha^j}{f'(\alpha)}\right)\right)_{0\leqslant i<n, 0\leqslant j<n}$ 属于可逆矩阵群 $GL_n(A)$ 即可. 当 $i + j \geqslant n$ 时, α^{i+j} 为 $1, \cdots, \alpha^{n-1}$ 的 A 系数线性组合, 故而根据下面的引理 6.77, 这个矩阵的 (i,j) 分量 $(0 \leqslant i < n,\ 0 \leqslant j < n)$ 全都属于 A,

而且如果 $i+j=n-1$ 则为 1, 如果 $i+j<n-1$ 则为 0. 由此容易看出此矩阵属于 $GL_n(A)$. ∎

引理 6.77 设 α 及 f 为引理 6.76 所设, 而 $n=[L:K]$. 于是当 $0 \leqslant m < n-1$ 时 $\mathrm{Tr}_{L/K}\left(\dfrac{\alpha^m}{f'(\alpha)}\right)$ 等于 0, 而当 $m=n-1$ 时其为 1.

[证明] 设 $\alpha_1,\cdots,\alpha_n$ 为 α 在 K 的代数闭包中所有的共轭元, 则

$$\mathrm{Tr}_{L/K}\left(\frac{\alpha^m}{f'(\alpha)}\right)=\sum_{i=1}^{n}\frac{\alpha_i^m}{f'(\alpha_i)}=\sum_{i=1}^{n}\frac{\alpha_i^m}{\prod\limits_{j\neq i}(\alpha_i-\alpha_j)}.$$

但是, 当 $0 \leqslant m \leqslant n-1$ 时成立

$$\sum_{i=1}^{n}\alpha_i^m\prod_{j\neq i}\frac{x-\alpha_j}{\alpha_i-\alpha_j}=x^m.$$

这个等式是因为该等式两端都是次数不大于 $n-1$ 的多项式, 而两边在 $x=\alpha_k$ $(1 \leqslant k \leqslant n)$ 时都取同一个值 α_k^m, 故而得到. 比较该等式两端的 $n-1$ 次项的系数, 便得到了引理 6.77. ∎

[命题 6.37 的证明] 这由引理 6.76 立即可得. ∎

[命题 6.39 的证明] 设 $g(T)$ 为使 $g(\alpha)=0$ 的 K 系数不可约多项式, 且其最高次项系数为 1. 令 $h(T)=\dfrac{f(T)}{g(T)}\in K[T]$, 并令 $g(T)$ 为 $\prod\limits_{i=1}^{n}(T-\alpha_i)=T^n\prod\limits_{i=1}^{n}(1-\alpha_iT^{-1})$ ($n=[L:K]$, $\alpha_1,\cdots,\alpha_n$ 为 α 在 K 上的全部共轭元), 从而在 $K((T^{-1}))$ 中展开时其系数全整于A, 因此知其属于 A, 于是 $h(T)\in A[T]$. 那么, $f'(\alpha)=g'(\alpha)h(\alpha)+g(\alpha)h'(\alpha)=g'(\alpha)h(\alpha)$ 属于 $g'(\alpha)A[\alpha]$. 另一方面, 由于 $A[\alpha]\subset B$, 故

$$\boldsymbol{D}(B/A)^{-1}=B^{\vee}\subset A[\alpha]^{\vee}=\frac{1}{g'(\alpha)}A[\alpha]\ (\text{引理 } 6.76)\subset\frac{1}{f'(\alpha)}A[\alpha].$$ ∎

[命题 6.41 的证明] 如果能证明

$$(A/\boldsymbol{p})[T]/(f \mod \boldsymbol{p})\overset{\cong}{\to}B/\boldsymbol{p}B\cong\prod_{i=1}^{g}B/\boldsymbol{q}_i : T\mapsto\alpha,$$

并将其与

$$(A/\boldsymbol{p})[T]/(f \mod \boldsymbol{p})\overset{\cong}{\to}\prod_{i=1}^{h}(A/\boldsymbol{p})[T]/(f_i \mod \boldsymbol{p})$$

进行比较, 就可得到 (1). $(A/\boldsymbol{p})[T]/(f \mod \boldsymbol{p})$ 在 $A/\boldsymbol{p}$ 上的维数为 $[L:K]$, 而因为 $\prod\limits_{i=1}^{g}B/\boldsymbol{q}_i$ 在 $A/\boldsymbol{p}$ 上的维数也为 $\sum\limits_{i=1}^{g}f(\boldsymbol{p},\boldsymbol{q}_i)=[L:K]$, 故而如果能证明 $(A/\boldsymbol{p})[T]/(f$

mod $\boldsymbol{p}) \to B/\boldsymbol{p}B$ 为满射就够了. 这就是说要证明 $A[\alpha]+\boldsymbol{p}B=B$. 根据命题 6.39 我们有 $f'(\alpha)B\subset A[\alpha]$, 于是由假定条件 $f'(\alpha)\notin \boldsymbol{q}_i$ $(1\leqslant i\leqslant g)$ 得到 $f'(\alpha)B+\boldsymbol{p}B=B$, 从而得到所要的断言.

证明 (2). 假设 L 为 K 的 Galois 扩张, 根据命题 6.24 知 $[B/\boldsymbol{q}_i:A/\boldsymbol{p}]$ 不依赖于 i. 因此

f mod $\boldsymbol{p}$在 $A/\boldsymbol{p}$ 中有根

$\Leftrightarrow$ 对于某个 i, f_i mod $\boldsymbol{p}$ 的次数为 1

$\Leftrightarrow$ 对于某个 i, $[B/\boldsymbol{q}_i:A/\boldsymbol{p}]=1$

$\Leftrightarrow$ 对于所有的 i, $[B/\boldsymbol{q}_i:A/\boldsymbol{p}]=1$

$\Leftrightarrow$ $\boldsymbol{p}$ 在 L 中完全分解. ∎

[引理 6.43 的证明] 根据条件 (i), 存在 A 的非零元 a 使得 $aB\subset B'\subset B$. 因此, 如果能证明对于所有 A 的非零理想 $\boldsymbol{a}$ 有 $B=B'+\boldsymbol{a}B$, 则取 $\boldsymbol{a}=(a)$ 则得到了 $B=B'$. 就 $B=B'+\boldsymbol{a}B$ 的证明而言, 当 $\boldsymbol{a}$ 以素理想的积的形式出现时, 对于所出现的素理想的个数, 算上重复的, 使用归纳法, 按下面这样证明即可. "$\boldsymbol{a}$ 为 A 的非零理想, $\boldsymbol{p}$ 为 A 的非零素理想, 如果 $B=B'+\boldsymbol{a}B$, 则 $B=B'+\boldsymbol{a}\boldsymbol{p}B$". 假设 $B=B'+\boldsymbol{a}B$, 根据条件 (ii), 我们有

$$B=B'+\boldsymbol{a}B=B'+\boldsymbol{a}(B'+\boldsymbol{p}B)=B'+\boldsymbol{a}\boldsymbol{p}B. \qquad ∎$$

[引理 6.45 的证明] (1) 记 $f(T)=T^n+a_1T^{n-1}+\cdots+a_n$, $n=[L:K]$, $a_i\in \boldsymbol{p}$ $(1\leqslant i\leqslant n)$, $a_n\notin \boldsymbol{p}^2$. 我们有

$$\alpha^n=-(a_1\alpha^{n-1}+\cdots+a_n). \tag{6.5}$$

设 $\boldsymbol{q}$ 为 $\boldsymbol{p}$ 上 B 的素理想, 并令 $e=e(\boldsymbol{p},\boldsymbol{q})$. 由 (6.5) 知, $\alpha^n\in \boldsymbol{p}B\subset \boldsymbol{q}$. 因此 $\alpha\in\boldsymbol{q}$. 另外, $\mathrm{ord}_{\boldsymbol{q}}(a_n)=e\cdot\mathrm{ord}_{\boldsymbol{p}}(a_n)=e$, 而对于 $1\leqslant i<n$, 若是 $a_i\neq 0$, 则 $\mathrm{ord}_{\boldsymbol{q}}(a_i\alpha^{n-i})=e\cdot\mathrm{ord}_{\boldsymbol{p}}(a_i)+\mathrm{ord}_{\boldsymbol{q}}(\alpha^{n-i})>e$, 故 (6.5) 右端的 $\mathrm{ord}_{\boldsymbol{q}}$ 等于 e(§6.2(b), 问题 3). 那么根据 (6.5), $\mathrm{ord}_{\boldsymbol{q}}(\alpha^n)=e$, 从而 $n\cdot\mathrm{ord}_{\boldsymbol{q}}(\alpha)=e$. 按照命题 6.22, 由于 $n\geqslant e$, 故必有 $n=e$, $\mathrm{ord}_{\boldsymbol{q}}(\alpha)=1$. 因为 $n=e$, 由命题 6.22 知 $\boldsymbol{p}$ 上 B 的素理想 $\boldsymbol{q}$ 是唯一的.

如果 $\boldsymbol{p}=(a_n)$ 则由 $a_n\in(\alpha)$ 知 (α) 除尽 $(a_n)=\boldsymbol{p}=\boldsymbol{q}^e$, 因 $\mathrm{ord}_{\boldsymbol{q}}(\alpha)=1$, 故 $\boldsymbol{q}=(\alpha)$.

(2) 根据 $e(\boldsymbol{p},\boldsymbol{q})=[L:K]$ 以及命题 6.22 有 $A/\boldsymbol{p}\overset{\cong}{\to}B/\boldsymbol{q}$. 应用此事实及 $\mathrm{ord}_{\boldsymbol{q}}(\alpha)=1$, 对于每个 $i\geqslant 0$, $A/\boldsymbol{p}$ 模 $\boldsymbol{q}^i/\boldsymbol{q}^{i+1}$ 由 α^i 的像生成, 从而 (2) 得证. ∎

[引理 4.35 的证明] (1) 已在例 6.49 中得证.

(2) 已包含在 $[\mathbb{Q}(\zeta_N):\mathbb{Q}]=\#((\mathbb{Z}/N\mathbb{Z})^\times)$(定理 5.4 的结论) 的事实之中.

(3) 则包含在下面的断言之中, 即 “ 取 $m,n \geqslant 1$, 如果取 $\zeta_m \in \mathbb{Q}(\zeta_n)$, 则或者 m 为 n 的约数, 或者 n 为奇数而 m 为 $2n$ 的约数”. 至于此断言的证明, 我们把在 $\mathbb{Q}(\zeta_{mn})$ 中使得 $\mathbb{Q}(\zeta_m) \subset \mathbb{Q}(\zeta_n)$ 成立的问题, 按照 Galois 理论转换为 Galois 群的子群的问题:“ 如果 $(\mathbb{Z}/mn\mathbb{Z})^\times \to (\mathbb{Z}/n\mathbb{Z})^\times$ 的核包含在 $(\mathbb{Z}/mn\mathbb{Z})^\times \to (\mathbb{Z}/m\mathbb{Z})^\times$ 的核中, 则或者 m 为 n 的约数, 或者 n 为奇数而 m 为 $2n$ 的约数.” 根据中国剩余定理, 证明归结为 m,n 为素数的幂的情形.

(4) 包含在后面的这个断言之中, 即 “ 设 p 为素数, $n \geqslant 1$, 令 $e = [\mathbb{Q}(\zeta_{p^n}) : \mathbb{Q}] = p^{n-1}(p-1)$, 则在 $\mathbb{Z}[\zeta_{p^n}]$ 中 (p) 的素理想分解为 $(p) = (1-\zeta^{p^n})^e$”. 这是在引理 6.45 中令 $K = \mathbb{Q}$, $L = \mathbb{Q}(\zeta_{p^n})$, $\alpha = \zeta_{p^n} - 1$, $\boldsymbol{p} = p\mathbb{Z}$ 的结果. 像在例 6.48 中见到的那样, α 是常数项为 p 的关于 $p\mathbb{Z}$ 的 Eisenstein 多项式的根, 从而按照引理 6.45, $(p) = (\alpha)^e$, 从而 (α) 是素理想.

(5) 则由 $\mathrm{Gal}\,(\mathbb{Q}(\zeta_p)/\mathbb{Q})$ 作用于 (4) 的结果得到. ∎

下面我们来给出 (c) 小节所叙述的命题 6.54 的证明.

[命题 6.54 的证明]　由于 (3) 的证明可以用证明 (1) 和 (2) 的同样方法, 故而在这里我们只给出 (1) 和 (2) 的证明.

首先当取 E, β, h, f 如同 (2) 中时, 我们证明将 f 的一个根 α 添加到 K 形成的域 L 是 K 的非分歧扩域, 且 L 的剩余域与 E 是 F 同构的. 在 L 的剩余域中由于 $f'(\alpha)$ 非零, 故由命题 6.39, L 为 K 的非分歧扩张, 并且 L 的赋值环与 $A[\alpha]$ 相同. 因此, L 的剩余域为在 F 上添加 h 的一个根形成的域, 从而与 E 在 F 上同构.

再者, f 作为 K 系数多项式为不可约, 这可由 $[L:K] = [E:F] = f$ 的次数得到.

下面设 L 为 K 的有限非分歧扩张, 其剩余域设为 E, 而 β, h, f 取为与 (2) 中的相同, 我们来证明此时 L 为由 K 添加 f 的一个根形成的域. 将 f 分解为首项系数为 1 的 L 系数的不可约多项式的积 $\prod_{i=1}^{r} f_i$. 因为 f_i 的根全都在 K 的赋值环 A 上是整的, 故 f_i 的系数全部在 A 上是整的 (与引理 6.63(3) 的证明相同), 从而属于 L 的赋值环 B. 因为在 E 中 $0 = f(\beta) = \prod_{i=1}^{r} f_i(\beta)$, 故对于某个 i 在 E 中有 $f_i(\beta) = 0$. 那么就取此 i, 将 f_i 的一个根 α 添加到 L 上. 因在 $L(\alpha)$ 的剩余域上 $f_i'(\alpha) \neq 0$, 按照命题 6.41, $L(\alpha)$ 为 L 的非分歧扩张, 而 $L(\alpha)$ 的剩余域 $\cong E[T]/(f_i)$. 然而由于 f_i 在 E 上有根 β, 故 $L(\alpha)$ 的剩余域为 E, 与 L 的剩余域相同. 这样, $L(\alpha)$ 与 L 之间分歧指数以及剩余次数都是 1, 因此 $L(\alpha) = L$. 于是 $L \supset K(\alpha)$. 由于 $K(\alpha)$ 的剩余域含有 h 的根, 故 $[K(\alpha):K] \geqslant [E:F] = [L:K]$, 从而 $L = K(\alpha)$.

由于 f 作为 K 系数多项式为不可约, 在 K 上添加 f 的一个根得到的域在 K 同构下不依赖于根的选取. 于是可知, 剩余域为 F 上同构的 K 的有限非分歧扩张均在 K 上相互同构.

下面假设 L 为 K 上的 Galois 扩张, β, h, f 如上所设, 则 $f(T)=\prod_{i=1}^{n}(T-\alpha_i)$, $n=[L:K]$, α_i 成了 L 的赋值环中的元. 于是, 在 L 的剩余域中, $h(T)=\prod_{i=1}^{n}(T-\beta_i)$, 其中 β_i 为 α_i 的像. 由此我们知道了 E 为 F 的 Galois 扩张. 因为 $h(T)$ 为可分多项式, $\beta_1,\cdots,\beta_n$ 互不相同, 因此自然映射 $\{\alpha_1,\cdots,\alpha_n\}\to\{\beta_1,\cdots,\beta_n\}$ 为单射. 将 $\mathrm{Gal}\,(L/K)$ 看作是集合 $\{\alpha_1,\cdots,\alpha_n\}$ 上的全体置换的群的子群, 而 $\mathrm{Gal}\,(E/F)$ 看作是集合 $\{\beta_1,\cdots,\beta_n\}$ 上的全体置换的群的子群, 那么, 由上面的单射性知自然同态 $\mathrm{Gal}\,(L/K)\to\mathrm{Gal}\,(E/F)$ 为单射. 因为 $[L:K]=[E:F]$, 根据两个群的阶数知 $\mathrm{Gal}\,(L/K)\overset{\cong}{\to}\mathrm{Gal}\,(E/F)$. ∎

[补充] 在 §6.3 中, 考察了 Dedekind 环 A 的分式域 K 的有限可分扩张 L, 因为特征为 $p>0$ 的整体域具有非可分扩张 (附录的例题 B.10), (尽管我们的主要兴趣是数域), 所以我们要对非可分扩张做一些补充. 但证明从略.

设 A 满足下面的 (i),(ii) 中任一个.

(i) A 为某个域 (作为环) 上的有限生成环. (譬如设 k 为域, $A=k[T]$.)

(ii) A 为完备离散赋值环.

在这些情形下, 对于 K 的不一定可分的有限扩域 L, 在 §6.3 所叙述的断言中大部分还是成立的, 特别地下面的断言成立.

(1) A 在 L 中的整闭包 B 为有限生成 A 模.

(2) $[L:K]=\sum_{i=1}^{g}e(\boldsymbol{p},\boldsymbol{q}_i)f(\boldsymbol{p},\boldsymbol{q}_i)$.

这里的 $\boldsymbol{p}$ 为 A 的非零素理想, $\boldsymbol{q}_1,\ldots,\boldsymbol{q}_g$ 为 $\boldsymbol{p}$ 之上 B 的全部相异素理想.

A 为完备离散赋值环的情形, 特别地这里的 $g=1$(即 $\boldsymbol{p}$ 之上 B 的素理想只有唯一的一个), 且 B 也成为完备离散赋值环.

§6.4 阿代尔 (adèle) 环与伊代尔 (idèle) 群

在 §6.3 中, 所叙述的关于在扩域中素点的分解的断言只要在每个素点局部的考察就够了. 相对于此, 也还有在同一个扩域中的素点分解的关系问题, 二次剩余的互反律便给出了素点之间相互关联的整体域的性质, 而包含了二次剩余互反律的数域的类域论也是整体域的理论.

把在每个素点的局部结果集中在一起推导出整体域的结果, 一般来说, 并不那么容易. 在整体域中, 整合局部的结果来导出整体域的结果时, 利用把局部域集中在一起而构成所谓的阿代尔环和伊代尔群, 是现代数论中所使用的有效方法. 为了充分表达类域论中局部与整体之间关系的形式 (§8.1 (d) 中所叙述的类域论主定理的形式), Chevalley 于 1940 年前后引进了伊代尔群.

在此 §6.4 中, 我们要讲解阿代尔环, 伊代尔群. (a) 小节中将叙述阿代尔环与伊代尔群的定义, 在 (b), (c) 中我们将不证明地叙述有关阿代尔环, 伊代尔群的重要事实, 这些事实的证明将在 (g),(h) 中给出. 作为应用, 我们将在 (d),(e) 中证明第四章中所介绍的"代数数论的两大定理", 即"Dirichlet 单位定理"和"理想类群的有限性".

另外, 在本节中, 除去 (f),(h) 小节外, K 被设为整体域 (§6.2(d)). 在 K 的有限素点 v, 记 K_v 的赋值环为 O_v, 记其剩余域为 $\mathbb{F}_v$, 而 $\mathbb{F}_v$ 的阶数记为 $N(v)$.

(a) 阿代尔环, 伊代尔群的定义

K 的阿代尔环 $\mathbb{A}_K$ 是直积环 $\prod\limits_v K_v$ (v 遍历 K 的素点) 的一个子环, 而 K 的伊代尔群 $\mathbb{A}_K^\times$ 为直积群 $\prod\limits_v K_v^\times$ (v 遍历 K 的素点) 的一个子群, 定义如下:

$$\mathbb{A}_K = \{(a_v)_v \in \prod_v K_v \mid \text{对 } K \text{ 的几乎所有的有限素点 } v \text{ 有 } a_v \in O_v\},$$

$$\mathbb{A}_K^\times = \{(a_v)_v \in \prod_v K_v^\times \mid \text{对 } K \text{ 的几乎所有的有限素点 } v \text{ 有 } a_v \in O_v^\times\}.$$

所谓"几乎所有的"是说"最多去掉有限个例外"的意思. 另外, $O_v^\times$ 表示 $(O_v)^\times$. 可以确认 $\mathbb{A}_K^\times$ 就是 $\mathbb{A}_K$ 的可逆元全体.

称 $\mathbb{A}_K$ 中元为**阿代尔** (adèle), 称 $\mathbb{A}_K^\times$ 的元为**伊代尔** (idèle).

设 a 为 K 中元, 则对于几乎所有的有限素点 v 都有 $a \in O_v$, 当 a 为 $K^\times$ 的元时, 对于几乎所有的有限素点 v 则有 $a \in O_v^\times$. 因此, K 中的元 a 可以等同地看作为对于所有素点 v, 其 v 分量均为 a 的阿代尔, 而 $K^\times$ 的元 a 则可以等同地看作为对于所有素点 v, 其 v 分量均为 a 的伊代尔, 因此可将 K 看做 $\mathbb{A}_K$ 的子环, 将 $K^\times$ 看做 $\mathbb{A}_K^\times$ 的子群.

称 $\mathbb{A}_K$ 中属于 K 的元为**主阿代尔** (principal adèle), 称 $A_K^\times$ 中属于 $K^\times$ 的元为**主伊代尔** (principal idèle). 令

$$C_K = \mathbb{A}_K^\times / K^\times,$$

称其为 K 的**伊代尔类群** (idèle class group). 伊代尔类群在 ζ 函数的理论 (参看 §7.5) 及类域论 (参看第八章) 中均扮演了非常重要的角色.

阿代尔环 $\mathbb{A}_K$ 或者伊代尔群 $\mathbb{A}_K^\times$ 只是把局部的东西集中在一起进行观察, 这样的东西令人疑惑, 不知其有何重要. 尽管 $\mathbb{A}_K$ 或者 $\mathbb{A}_K^\times$ 自身的确有着这样的品性, 但是 $\mathbb{A}_K$ 中加入了 K 的情形, 以及 $\mathbb{A}_K^\times$ 中加入了 $K^\times$ 的情形却是重要的了. 将局部的东西排列在一起的 $\mathbb{A}_K$, $\mathbb{A}_K^\times$ 中加进整体域 K 以及 $K^\times$ 是为了有像 (b) 小节的命题 6.78 或者 (c) 小节的定理 6.82 中叙述的那样漂亮的结果, 为了从局部的结果出发而得到整体的结果.

我们引入阿代尔环, 伊代尔群中如下的拓扑.

一般地, 给出了局部紧群的族 $(G_\lambda)_{\lambda\in\Lambda}$, S 为 Λ 的有限子集合, 对于每个 $\lambda\in\Lambda-S$ 指定 G_λ 的紧开子群 U_λ. 于是称直积群 $\prod\limits_{\lambda\in\Lambda} G_\lambda$ 的子群

$$\left\{(x_\lambda)_{\lambda\in\Lambda}\in\prod_{\lambda\in\Lambda}G_\lambda \mid \text{对于几乎所有的 } \lambda\in\Lambda-S \text{ 有 } x_\lambda\in U_\lambda\right\}$$

为 $(G_\lambda)_{\lambda\in\Lambda}$ 关于 $(U_\lambda)_{\lambda\in\Lambda}$ 的**限制直积** (restricted direct product). 大多都把限制直积 (略去了对于 $(U_\lambda)_{\lambda\in\Lambda-S}$ 的表记) 写成 $\prod\limits_{\lambda\in\Lambda}{}' G_\lambda$. 譬如, Λ 为 K 的全部素点的集合, S 为 K 的全体无限素点的集合时, 取 $G_\lambda=K_\lambda$, $U_\lambda=O_\lambda$, 则 $\prod\limits_{\lambda\in\Lambda}{}' G_\lambda=\mathbb{A}_K$, 取 $G_\lambda=K_\lambda^\times$, $U_\lambda=O_\lambda^\times$, 则 $\prod\limits_{\lambda\in\Lambda}{}' G_\lambda=\mathbb{A}_K^\times$.

一般地, 限制直积 $\prod\limits_{\lambda}{}' G_\lambda$ 的拓扑可如下定义. 对于包含 S 的 Λ 的有限子集 T, 考虑 $\prod\limits_{\lambda\in\Lambda}{}' G_\lambda$ 的子集 $G(T)=\prod\limits_{\lambda\in T}G_\lambda\times\prod\limits_{\lambda\in\Lambda-T}U_\lambda$. 于是, $\prod\limits_{\lambda\in\Lambda}{}' G_\lambda=\bigcup\limits_{T}G(T)$. 在每个 $G(T)$ 中引入直积拓扑. 那么对于 $\prod\limits_{\lambda\in\Lambda}{}' G_\lambda$ 中的子集 V, 定义 V 为开集是说, 对于所有的 T 以及 $G(T)$ 的拓扑而言, $V\cap G(T)$ 为 $G(T)$ 中的开集. $\prod\limits_{\lambda\in\Lambda}{}' G_\lambda$ 在这个拓扑下为局部紧的拓扑群. 所以 $\mathbb{A}_K$ (作为加法群), $\mathbb{A}_K^\times$ 成为局部紧的拓扑群. 另外, 可清楚看出 $\mathbb{A}_K$ 成了拓扑环.

(b) 阿代尔环与主阿代尔的关系

$\mathbb{Z}$ 在 $\mathbb{R}$ 中为离散, 且 $\mathbb{R}/\mathbb{Z}$ 为紧. 另一方面, $\mathbb{Q}$ 在 $\mathbb{R}$ 中是稠密而非离散的. 然而, 我们并没有要把 $\mathbb{Q}$ 嵌入到 $\mathbb{R}$ 中, 而是将 $\mathbb{Q}$ 嵌入到用 $\mathbb{Q}$ 的全部素点所定义的 $\mathbb{A}_\mathbb{Q}$ 中, 这时正好像把 $\mathbb{Z}$ 嵌入到 $\mathbb{R}$ 中时一样, 所说的就是下面的命题.

命题 6.78 *K 在 $\mathbb{A}_K$ 中离散, 并且 $\mathbb{A}_K/K$ 为紧.* □

此命题的证明将在 (g) 中给出.

在命题 6.78 中, 已把 K 嵌入到使用了 K 中所有素点来定义的 $\mathbb{A}_K$ 中, 而即便缺少了一个素点, 在此命题中所叙述的事实也不会成立, 相反地, 在所嵌入到的对象中 K 变成稠密的了. 所说的正是下面的命题.

命题 6.79 *设 S 为由 K 的素点构成的集合, 但 S 不为 K 的全部素点. 则 $K\to\prod\limits_{v\in S}{}' K_v$ 的像为稠密, 这里的限制直积 $\prod\limits_{v}{}'$ 是关于 O_v 的 ($v\in S$, v 为有限素点).* □

此命题的证明将在 (h) 中给出.

与这些命题紧密相关的, 作为更容易产生实感的, 是下面的事例.

如上所述, $\mathbb{Z}$ 在 $\mathbb{R}$ 中离散, 而 $\mathbb{Z}[\sqrt{2}]$ 却在 $\mathbb{R}$ 中稠密. 但是, 可以用 $\mathbb{Q}(\sqrt{2})$ 中的两个素点, 以 $x+y\sqrt{2} \mapsto (x+y\sqrt{2},\ x-y\sqrt{2})$ $(x, y \in \mathbb{Z})$ 将 $\mathbb{Z}[\sqrt{2}]$ 嵌入到 $\mathbb{R}\times\mathbb{R}$ 中, 则 $\mathbb{Z}[\sqrt{2}]$ 在 $\mathbb{R}\times\mathbb{R}$ 中成为离散, 而且 $(\mathbb{R}\times\mathbb{R})/(\mathbb{Z}[\sqrt{2}]$的像) 为紧. 还有, 若取 p 为素数, 则 $\mathbb{Z}\left[\dfrac{1}{p}\right] = \left\{\dfrac{m}{p^n} \mid m \in \mathbb{Z},\ n \geqslant 0\right\}$ 在 $\mathbb{R}$ 中稠密, 而 $\mathbb{Z}\left[\dfrac{1}{p}\right]$ 通过 $x \mapsto (x, x)$ 被嵌入到 $\mathbb{R}\times\mathbb{Q}_p$ 中时, $\mathbb{Z}\left[\dfrac{1}{p}\right]$ 在 $\mathbb{R}\times\mathbb{Q}_p$ 中为离散, 而 $(\mathbb{R}\times\mathbb{Q}_p)/(\mathbb{Z}\left[\dfrac{1}{p}\right]$ 的像) 为紧.

这些事实在下面的命题 6.80 被推广.

命题 6.80 设 S 为 K 的一些素点形成的有限集合, 并且包含了 K 的所有无限素点, 令

$$O_S = \{x \in K \mid \text{如果 } v \text{ 为 } K \text{ 的素点, 且 } v \notin S, \text{则在 } K_v \text{ 中 } x \in O_v\}.$$

于是,

(1) $O_S \to \prod_{v\in S} K_v$ 的像为离散, 而 $\left(\prod_{v\in S} K_v\right)/(O_S$的像) 为紧.

(2) 设 S' 为 S 的一个子集, 且 $S' \neq S$, 则 $O_S \to \prod_{v\in S'} K_v$ 的像为稠密. □

例如, 如果 K 为数域, S 为 K 的全部无限素点的集合, 则 $O_S = O_K$. 如果 $K=\mathbb{Q}$, $S=\{\infty, p\}$, 则 $O_S = \mathbb{Z}\left[\dfrac{1}{p}\right]$. 再者, 如果 $\mathbb{F}_q$ 为有限域, $K=\mathbb{F}_q(T)$, v 为 $\mathbb{F}_q[T^{-1}]$ 的素理想 (T^{-1}), 而 $S=\{v\}$, 则 $O_S=\mathbb{F}_q[T]$. 在这种情形下, 命题 6.80(1) 说的就是, $\mathbb{F}_q[T]$ 在 $K_v = \mathbb{F}_q((T^{-1}))$ 中为离散, 且 $\mathbb{F}_q((T^{-1}))/\mathbb{F}_q[T]$ 为紧, 这类似于 $\mathbb{Z}$ 在 $\mathbb{R}$ 中为离散, 而 $\mathbb{R}/\mathbb{Z}$ 为紧的事实.

命题 6.80(1) 将在 (g) 小节中由命题 6.78 推导出, 而命题 6.80(2) 则在 (h) 小节中由命题 6.79 推导出.

(c) 伊代尔群与主伊代尔的关系

关于阿代尔环与主阿代尔之间的关系的命题 6.78 的类似事实, 也存在于伊代尔群与主伊代尔之间, 我们将叙述它 (定理 6.82). 定理 6.82 是重要的, 由它可推导出 Dirichlet 单位定理以及理想类群的有限性定理.

尽管 $\mathbb{A}_K/K$ 为紧, 然而伊代尔类群 $C_K = \mathbb{A}_K^\times/K^\times$ 却不是紧的. 将 C_K 稍加缩小我们定义一个 C_K^1, 定理 6.82 则断言它是紧的.

对于 $a=(a_v)_v \in \mathbb{A}_K$, 我们定义

$$|a| = \prod_v |a_v|_{K_v} \ (v\text{遍历 } K \text{ 的素点}).$$

这里的 $|\ |_{K_v}$ 是 K_v 中的模 (§6.2(e)). 因为对于几乎所有的有限素点 v 有 $a_v \in O_v$, 也就是说 $|a_v|_{K_v} \leqslant 1$, 故此无限积收敛. 特别地, 如果 $a \in \mathbb{A}_K^\times$, 则对于几乎所有的有

限素点 v 有 $a_v \in O_v^\times$, 即 $|a_v|_{K_v} = 1$, 于是上面的乘积实际上是个有限积. 容易看出, 对于 $a, b \in \mathbb{A}_K$ 有

$$|ab| = |a| \cdot |b|.$$

命题 6.81 若 $a \in K^\times$ 则 $|a| = 1$. □

命题 6.81 是在 §6.1(d) 末尾所叙述在 $K = \mathbb{Q}$ 情形的乘积公式的推广. 命题 6.81 还与在 §6.1(d) 所叙述的在 $\mathbb{C}(T)$ 中 "零点的阶数之和为零" 的公式有关, 由作为这个公式推广的后面的命题 6.92, 可以推导出有限域 K 上单变量代数函数域情形下的命题 6.80(参看 (f) 小节).

命题 6.81 的证明将在 (g) 中给出. 令

$$\mathbb{A}_K^1 = \{a \in \mathbb{A}_K^\times \mid |a| = 1\}.$$

根据命题 6.81 有 $K^\times \subset \mathbb{A}_K^1$.

定理 6.82 $K^\times$ 在 $\mathbb{A}_K^1$ 中为离散, 且 $\mathbb{A}_K^1/K^\times$ 为紧. □

令

$$C_K^1 = \mathbb{A}_K^1/K^\times.$$

定理 6.82 的证明将在 (g) 小节中给出. 我们将在下面叙述与此定理 6.82 紧密相关, 但却更容易产生实感 (相当于对于命题 6.78 的命题 6.80(1)) 的下面的命题 6.83. 设 S, O_S 如命题 6.80 所设, 考虑同态

$$R_S : O_S^\times \to \prod_{v\in S} \mathbb{R} : \ x \mapsto (\log(|x|_{K_v}))_{v\in S}.$$

如果 $a \in O_S^\times$, 则对于不属于 S 的素点 v 有 $|a|_{K_v} = 1$, 于是根据命题 6.81 知 R_S 的像包含在

$$\left(\prod_{v\in S} \mathbb{R}\right)^0 = \left\{ (c_v)_{v\in S} \in \prod_{v\in S} \mathbb{R} \,\middle|\, \sum_{v\in S} c_v = 0 \right\}$$

中.

命题 6.83 设 S, O_S 如命题 6.80 所设, 而 R_S 如上所定义, 则有 $R_S(O_S^\times)$ 在 $\left(\prod_{v\in S} \mathbb{R}\right)^0$ 为离散, 而 $\left(\prod_{v\in S} \mathbb{R}\right)^0 \Big/ \mathbb{R}_S(O_S^\times)$ 为紧, 且 R_S 的核为有限群. □

这个命题 6.83 将在 (g) 小节中由定理 6.82 推导出.

对于像命题 6.83 中这样的 S 成立

$$R_S\text{的核} = \text{属于 } K \text{ 的 所有单位根}.$$

实际上, "左边 $\supset$ 右边" 由单位根在 $O_S^\times$ 中及 $\prod_{v\in S}\mathbb{R}$ 不具有 0 以外的有限阶元这两个事实得到, 而 "左边 $\subset$ 右边" 则由 R_S 的核的有限性 (命题 6.83) 得到. 由此, 根据命题 6.83 有

推论 6.84 属于 K 的单位根只有有限个. □

注记 6.85 到现在为止在 §6.4 中叙述过的各个事实以及 Dirichlet 单位定理, 理想类群的有限性定理, 我们将按下面的流程对它们进行证明.

命题 6.78(在 (g) 中证明) $\Rightarrow$ 命题 6.80(1)(在 (g) 中证明)

$\Downarrow$

定理 6.82(在 (g) 中证明) $\Rightarrow$ 命题 6.83((在 (g) 中证明)

$\Rightarrow$ 单位定理 (在 (d) 中证明)

$\Downarrow$

理想类群的有限性 (在 (e) 中证明)

$\Downarrow$

命题 6.79(在 (h) 中证明) $\Rightarrow$ 命题 6.80(2)(在 (h) 中证明)

就是说, 单位定理和理想类群的有限性定理将从现在已经叙述过的各个事实出发进行推导, 提前到 (d),(e) 进行证明.

(d) 单位定理

关于 Dirichlet 单位定理 (定理 4.21) 稍作推广的形式 (下面的定理 6.86), 则可由 (c) 小节的命题 6.83 推出它.

定理 6.86 设 S 是由 K 的素点构成的有限集合, 且包含了 K 的所有无限素点. 当 S 为非空集时, 令 $r=\#(S)-1$, 当 S 为空集时, 令 $r=0$, 则作为 Abel 群有

$$O_S^\times \cong \mathbb{Z}^{\oplus r}\oplus \text{有限 Abel 群}. \qquad \square$$

例 6.87

(1) 设 K 为数域, S 为 K 的全部无限素点的集合, 由于 $O_S=O_K$, 故定理 6.86 恰好就是 Dirichlet 单位定理.

(2) 设 $K=\mathbb{Q}$, $S=\{\infty,p\}$ (p为素数), 则 $O_S=\mathbb{Z}\left[\dfrac{1}{p}\right]$, $\#(S)-1=1$, 而

$$O_S^\times=\{\pm p^n \mid n\in\mathbb{Z}\}\cong\mathbb{Z}\oplus\mathbb{Z}/2\mathbb{Z}.$$

(3) 设 $\mathbb{F}_q$ 为有限域, $K=\mathbb{F}_q(T)$, v_1 为 $\mathbb{F}_q[T^{-1}]$ 的素理想 (T^{-1}), v_2 为 $\mathbb{F}_q[T]$ 的素理想 (T), v_3 为 $\mathbb{F}_q[T]$ 的素理想 $(T-1)$, 取 $S=\{v_1,v_2,v_3\}$, 则 $O_S=\mathbb{F}_q\left[T,\dfrac{1}{T},\dfrac{1}{T-1}\right]$,

$\#(S)-1=2$, 而

$$O_S^\times=\mathbb{F}_q^\times\cdot\{T^m(T-1)^n\mid m,n\in\mathbb{Z}\}\cong\mathbb{Z}^{\oplus 2}\oplus\mathbb{F}_q^\times.\qquad\square$$

从命题 6.83 推导定理 6.86 时要用到下面的引理.

引理 6.88 设 V 为 $\mathbb{R}$ 上的 n 维线性空间, Γ 为 V 的离散子群使得 V/Γ 为紧, 则作为 Abel 群有 $\Gamma\cong\mathbb{Z}^{\oplus n}$. □

此引理的证明将在 (e) 小节的末尾给出.

我们来使用命题 6.83 证明定理 6.86. 在 S 为空集的情形, 根据命题 6.83 有 $O_S^\times=\mathrm{Ker}(R_S)$ 为有限群, 而当 S 非空时, 令 $r=\#(S)-1$, $V=\left(\bigoplus_{v\in S}\mathbb{R}\right)^0$, $\Gamma=R_S(O_S^\times)$, 由命题 6.83 知 Γ 为离散, 且 V/Γ 为紧, 而 V 是 r 维, 故由引理 6.88 得到 $R_S(O_S^\times)\cong\mathbb{Z}^{\oplus r}$. 另一方面, R_S 的核由命题 6.83 知为有限, 故而得到 $O_S^\times\cong\mathbb{Z}^{\oplus r}\oplus$ 有限 Abel 群.

(e) 作为伊代尔类群的商的理想类群

在这个 (e) 小节中, 设 K 为数域, 我们将要证明 K 的理想类群 $Cl(K)$ 可看作为 K 的伊代尔类群 C_K 的商群. 由定理 6.82 所叙述的伊代尔类群的性质可推导出 $Cl(K)$ 为有限群.

我们有

$$Cl(K)=\mathrm{Coker}(K^\times\to K\text{的分式理想群}:\ a\mapsto(a)).$$

(这里的 Coker 表示余核.) 因为在取 P 为 K 的所有有限素点的集合时, K 的分式理想类群同构于直和 $\bigoplus_{v\in P}\mathbb{Z}=\{(n_v)_{v\in P}:\ n_v\in\mathbb{Z},$ 对于几乎所有的 $v\in P,\ n_v=0\}$(由附录的定理 A.2(2)), 故有

$$Cl(K)=\mathrm{Coker}\left(K^\times\to\bigoplus_{v\in P}\mathbb{Z}:\ a\mapsto(\mathrm{ord}_v(a))_{v\in P}\right).$$

另一方面, 当 S 是全部无限素点的集合时, 定义 $\mathbb{A}_K^\times$ 的子群 U 为

$$U=\left(\prod_{v\in S}K_v^\times\right)\times\left(\prod_{v\in P}O_v^\times\right)\subset\prod_{u\in S\cup P}K_v^\times=\mathbb{A}_K^\times,$$

于是,

$$\mathbb{A}_K^\times/U=\bigoplus_{v\in P}K_v^\times/O_v^\times\cong\bigoplus_{v\in P}\mathbb{Z}$$

(由 ord_v 给出 $K_v^\times/O_v^\times\cong\mathbb{Z}$). 因此,

$$\mathrm{Coker}(K^\times\to\mathbb{A}_K^\times/U)\cong\mathrm{Coker}\left(K^\times\to\bigoplus_{v\in P}\mathbb{Z}:\ a\mapsto\ (\mathrm{ord}_v(a))_{v\in P}\right).$$

那么, 如果记 U 在 C_K 的像为 $\overline{U}$, 则有

$$Cl(K) \cong \mathrm{Coker}(K^{\times} \to \mathbb{A}_K^{\times}/U) = C_K/\overline{U}.$$

如此便知 $Cl(K)$ 可表示为 C_K 的商群.

除使用 $Cl(K)$ 作为 C_K 的商群表示外, 为了从定理 6.82 推导出 $Cl(K)$ 的有限性, 还需要引理 6.89—6.91 作为准备.

引理 6.89 离散且紧的拓扑空间为有限集. □

引理 6.90 设 $f: X \to Y$ 为拓扑空间的满连续映射, X 为紧, Y 为分离 (=Hausdorff), 则 Y 也为紧. □

问题 6 证明引理 6.89, 6.90.

引理 6.91 设 G 为拓扑群, H 为 G 的子群, 当赋予 G/H 以商空间拓扑时, 有

$$H\text{为开} \Leftrightarrow G/H\text{为离散}$$

$$H\text{为闭} \Leftrightarrow G/H\text{为分离}.$$

□

关于这个引理的证明, 请参看有关拓扑群方面的书. 下面马上要用的 "H 为开 $\Rightarrow G/H$ 为离散" 的证明是简单的: 如果 H 为开, 那么因为 G/H 的各点在 G 中的逆像为形如 aH $(a \in G)$ 的集合, 故为开, 按照商空间拓扑的定义, G/H 的各点为开集, 从而为离散空间.

[理想类群有限性的证明] 设 $U \subset \mathbb{A}_K^{\times}$, $\overline{U} \subset C_K$ 如上所设. U 是 $\mathbb{A}_K^{\times}$ 的开子群. 从而 $\overline{U}$ 为 $\mathbb{A}_K^{\times}$ 的商群 C_K 的开子群. 根据引理 6.91, $C_K/\overline{U}$ 在商群的拓扑下为离散.

如果能断言标准映射 $f: C_K^1 \to C_K/\overline{U}$ 为满射的话, 应用引理 6.90 到 $X = C_K^1$, $Y = C_K/\overline{U}$, f 取作这个标准映射, 可知 $C_K/\overline{U}$ 为紧集, 再由 $C_K/\overline{U}$ 为离散且为紧, 从而根据引理 6.89 知其有限, 最后便知 $Cl(K)$ 为有限.

我们现在来证明 f 为满射. 只要能证明标准映射 $\mathbb{A}_K^1 \to \mathbb{A}_K^{\times}/U$ 为满射, 也就是说, 只要能断言 $\mathbb{A}_K^{\times}$ 由 $\mathbb{A}_K^1$ 与 U 生成即可. 取 K 的一个无限素点 v, 对 $a \in \mathbb{A}_K^{\times}$, 取 $b \in K_v^{\times}$ 使得 $|b|_{K_v} = |a|$, 通过 $K_v^{\times} = (\mathbb{A}_K^{\times}\text{的 } v \text{ 分量}) \subset \mathbb{A}_K^{\times}$ 将 b 看作 $\mathbb{A}_K^{\times}$ 的元时, 有 $|b| = |a|$, $b \in U$, 从而

$$a = (ab^{-1})b,\ ab^{-1} \in \mathbb{A}_K^1,\ b \in U.$$

■

[引理 6.88 的证明] 首先证明 Γ 包含了 V 在 $\mathbb{R}$ 上的某个基底. 令 V' 为 Γ 在 $\mathbb{R}$ 上生成的 V 的子线性空间. 因为有连续满射 $V/\Gamma \to V/V'$ 并且 V/Γ 为紧, 故 V/V' 为紧 (引理 6.90). 然而 V/V' 为 $\mathbb{R}$ 上的有限维线性空间, 因而 $V/V' = 0$. 就是说 $V' = V$, 从而 Γ 包含了 V 在 $\mathbb{R}$ 上的某个基底 $(e_i)_{1 \leqslant i \leqslant n}$.

令 $\Gamma' = \bigoplus_{i=1}^{n} \mathbb{Z}e_i \cong \mathbb{Z}^{\oplus n}$. 因为 $V = \bigoplus_{i=1}^{n} \mathbb{R}e_i$, 故作为拓扑群 V/Γ' 与 $\mathbb{R}/\mathbb{Z}$ 的 n 重直积同构且为紧. 因此 $\Gamma/\Gamma' = \mathrm{Ker}(V/\Gamma' \to V/\Gamma)$ 成为紧空间 V/Γ' 的闭子空

间, 为紧. 于是 Γ/Γ' 为紧且离散, 从而有限 (引理 6.89). 设其阶数为 m, 则由于 $\Gamma' \subset \Gamma \subset \dfrac{1}{m}\Gamma'$, 故必有 $\Gamma \cong \mathbb{Z}^{\oplus n}$. ∎

(f) 除子类群

在这一小节 (f) 中, K 为域 k 上的单变量代数函数域.

作为数域的理想类群的相似对象, 我们来考察 K 的除子类群 $Cl(K)$.

设 P 为 K 的全体素点的集合. 称 $\bigoplus_{v\in P}\mathbb{Z}$ 为 K 的**除子群**, 称其元为**除子** (divisor). 称同态

$$K^\times \to \bigoplus_{v\in P}\mathbb{Z}:\ a\mapsto\ (\mathrm{ord}_v(a))_{v\in P}$$

的像为 K 的**主除子群**, 称属于主除子群的除子为**主除子** (principal divisor). 除子是数域的分式理想的类比, 而主除子则是主分式理想的类比.

定义

$$\begin{aligned} Cl(K) &= (K\text{的除子群})/(K\text{的主除子群}) \\ &= \mathrm{Coker}(K^\times \to \bigoplus_{v\in P}\mathbb{Z}:\ a\mapsto(\mathrm{ord}_v(a))_{v\in P}). \end{aligned}$$

每个 $v\in P$ 的剩余域记为 $\kappa(v)$, 于是作为在 §6.1(1) 给出的 "$\mathbb{C}(T)^\times$ 的元的零点阶数之和 $=0$" 公式的推广, 我们知道下面的事实.

命题 6.92 如果 $a\in K^\times$, 则

$$\sum_{v\in P}[\kappa(v):k]\mathrm{ord}_v(a)=0.$$

(像 §6.1(d) 那样 $k=\mathbb{C}$ 的情形, 因为对于所有 $v\in P$ 有 $[\kappa(v):k]=1$, 故这个公式变成了 $\sum_{v\in P}\mathrm{ord}_v(a)=0$). □

根据命题 6.92, 同态

$$\deg:\bigoplus_{v\in P}\mathbb{Z}\to\mathbb{Z}:\ (n_v)_{v\in P}\mapsto\sum_{v\in P}[\kappa(v):k]n_v$$

将主除子群映成了 0, 从而诱导出

$$\deg: Cl(K)\to\mathbb{Z}.$$

定义 $Cl(K)$ 的子群 $Cl^0(K)$ 为

$$Cl^0(K)=\mathrm{Ker}(Cl(K)\to\mathbb{Z}).$$

下面的命题是对数域的理想类群有限的类比.

命题 6.93 如果 k 为有限域, 则 $Cl^0(K)$ 为有限群. □

这个命题与理想类群的有限性一样, 可用下面的方式从定理 6.82 推出.

[命题 6.93 的证明] 首先证明可将 $Cl(K)$ 看作伊代尔类群 C_K 的商群. 令

$$U = \prod_{v\in P} O_v^\times \subset \mathbb{A}_K^\times.$$

于是

$$\mathbb{A}_K^\times/U = \bigoplus_{v\in P} K_v^\times/O_v^\times \cong \bigoplus_{v\in P} \mathbb{Z}.$$

因此, 如果令 U 在 C_K 中的像为 $\overline{U}$, 则

$$C_K/\overline{U} = \mathrm{Coker}(K^\times \to \mathbb{A}_K^\times/U) \cong \mathrm{Coker}(K^\times \to \bigoplus_{v\in P}\mathbb{Z}) = Cl(K).$$

根据下面的引理 6.94, 这个同构推导出

$$C_K^1/\overline{U} \cong Cl^0(K).$$

由于 U 为 $\mathbb{A}_K^1$ 的开子集, 故 $\overline{U}$ 为 $\mathbb{A}_K^1$ 的商群 C_K^1 的开子群, 因此 $C_K^1/\overline{U}$ 为离散 (引理 6.91). 另一方面, 由于 C_K^1 为紧 (定理 6.82), 故 $C_K^1/\overline{U}$ 也为紧 (引理 6.90), 从而 $C_K^1/\overline{U}$ 为离散且紧, 因而有限 (引理 6.89). 于是 $Cl^0(K)$ 为有限群. ∎

引理 6.94 设 k 为有限域, 考虑同态

$$\deg : \mathbb{A}_K^\times \to \mathbb{Z} : \ (a_v)_{v\in P} \mapsto \sum_{v\in P}[\kappa(v):k]\mathrm{ord}_v(a_v).$$

则对于所有的 $a \in \mathbb{A}_K^\times$ 有

$$|a| = \#(k)^{-\deg(a)}.$$

[证明] 对于 $a = (a_v)_{v\in P} \in \mathbb{A}_K^\times$, 由引理 6.19(3) 有

$$\begin{aligned}|a| &= \prod_{v\in P}|a_v|_{K_v} = \prod_{v\in P}\#(N(v))^{-\mathrm{ord}_v(a_v)} = \prod_{v\in P}\#(k)^{-[\kappa(v):k]\mathrm{ord}_v(a_v)} \\ &= \#(k)^{-\deg(a)}.\end{aligned}$$

∎

注记 6.95 按照引理 6.94, 有限域上的单变量代数函数域 K 的积公式 (命题 6.81) 与和公式 (命题 6.92) 可理解为等价的.

注记 6.96 如同理想类群对数域是重要的那样, 在单变量代数函数域上 $Cl^0(K)$ 可解释为 "Jacobi 簇", 也是个重要的对象.

(g) 有关离散部分与紧商的断言的证明

在这个 (g) 小节中我们将证明命题 6.78, 6.80(1), 6.81, 6.83 以及定理 6.82.

首先是关于阿代尔环以及伊代尔群的命题 6.78, 而后由命题 6.82 去证明关于 O_S 的命题 6.80(1), 然后再去证明命题 6.83. 为此, 我们引进一个方便的概念 "忽略紧群式同构".

定义 6.97 设 $f: G_1 \to G_2$ 为拓扑 Abel 群之间的连续同态. 我们说 f 为 "忽略紧群式同构" 是指它满足下面的 (i), (ii).

(i) 核 $\mathrm{Ker}(f)$, 余核 $\mathrm{Coker}(f)$ 都为紧.

(ii) $G_1/\mathrm{Ker}(f) \to \mathrm{Image}(f): x \mod \mathrm{Ker}(f) \mapsto f(x)$ $(x \in G_1)$ 为拓扑同胚.

(其中, 我们赋予 $\mathrm{Ker}(f)$ 以 G_1 的子空间的拓扑, 而 $G_1/\mathrm{Ker}(f)$ 则为商空间的拓扑, $\mathrm{Image}(f)$ 以 G_2 子空间的拓扑, $\mathrm{Coker}(f)$ 则为 G_2 商空间的拓扑.) □

由于我们说 f 是拓扑 Abel 群的同构指的是, 其满足 (ii) 并且 (代替 (i) 的) "$\mathrm{Ker}(f)$, $\mathrm{Coker}(f)$ 为单位群", 而满足 (i),(ii) 则考虑为有 "如果把紧群想成是单位群的话, 则可将 f 想成是一个同构" 这样一种感觉, 所以我们采用定义 6.97 的用语.

例如, 包含映射 $\mathbb{Z} \to \mathbb{R}$ 是个 "忽略紧群式同构". 命题 6.78, 6.80(1), 6.83, 定理 6.82 都可以换为下面这样的陈述 (其中的 S 为命题 6.80 中所设).

命题 6.78: 将 K 看作离散群时, $K \to \mathbb{A}_K$ 为 "忽略紧群式同构".

命题 6.80(1): 将 O_S 看作离散群时, $O_S \to \prod\limits_{v \in S} K_v$ 为 "忽略紧群式同构".

定理 6.82: 将 $K^\times$ 看作离散群时, $K^\times \to \mathbb{A}_K^1$ 为 "忽视紧群式同构".

命题 6.83: 将 O_S 看成是离散群时, $R_S: O_S^\times \to \left(\prod\limits_{v \in S} \mathbb{R}\right)^0$ 为 "忽略紧群式同构".

下面引理 6.98, 6.99 的证明被省略了.(因为不难, 但是一个较长的证明, 且相比于数论来它们属于拓扑群一类.)

引理 6.98 设 G_1, G_2, G_3 为拓扑 Abel 群, $f: G_1 \to G_2$, $g: G_2 \to G_3$ 为连续同态. 如果 f, g 均为 "忽略紧群式同构", 则 $g \circ f: G_1 \to G_3$ 也为 "忽略紧群式同构". □

引理 6.99 设 G_1, G_2 为拓扑 Abel 群, $f: G_1 \to G_2$ 为连续同态, 又设 H 为 G_2 的开子群. 如果 f 为 "忽略紧群式同构", 则

$$f^{-1}(H) \to H: x \mapsto f(x)$$

也为 "忽略紧群式同构". □

我们来从命题 6.78 推导出命题 6.80(1). 将命题 6.99 应用于

$$G_1 = K,\ G_2 = \mathbb{A}_K,\ H = \prod_{v \in S} K_v \times \prod_{v \notin S} O_v$$

的情形. 根据命题 6.78 知 $G_1 \to G_2$ 为 "忽略紧群式同构", 且因为 H 在 G_1 中的逆像为 O_S 的缘故, 由命题 6.99 得到 $O_S \to \prod_{v\in S} K_v \times \prod_{v\notin S} O_v$ 为 "忽略紧群式同构". 另外将命题 6.98 应用于 $G_1 = O_S$, $G_2 = \prod_{v\in S} K_v \times \prod_{v\notin S} O_v$, $G_3 = \prod_{v\in S} K_v$ 的情形. 因为 $\prod_{v\notin S} O_v$ 为紧群 O_v 的直积故为紧, 从而 $G_2 \to G_3$ 为 "忽略紧群式同构". 因此, $O_S = G_1 \to \prod_{v\in S} K_v = G_3$ 为 "忽略紧群式同构". ∎

现在来由定理 6.82 推导命题 6.83. 我们将引理 6.98 应用于

$$G_1 = K^\times,\ G_2 = \mathbb{A}_K^1,\ H = \left(\prod_{v\in S} K_v^\times\right)^1 \times \prod_{v\notin S} O_v^\times$$

的情形, 其中 $\left(\prod_{v\in S} K_v^\times\right)^1 = \left\{(a_v)_{v\in S} \in \prod_{v\in S} K_v^\times \mid \prod_{v\in S} |a_v|_{K_v} = 1\right\}$. 由定理 6.82, $G_1 \to G_2$ 为 "忽略紧群式同构", 因为 H 在 G_1 中的逆像为 $O_S^\times$, 故根据引理 6.99 知 $O_S^\times \to \left(\prod_{v\in S} K_v^\times\right)^1 \times \prod_{v\notin S} O_v^\times$ 为 "忽略紧群式同构". 下面我们将引理 6.98 应用于

$$G_1 = O_S^\times,\ G_2 = \left(\prod_{v\in S} K_v^\times\right)^1 \times \prod_{v\notin S} O_v^\times,\ G_3 = \left(\prod_{v\in S} \mathbb{R}\right)^0,$$

以及 $G_2 \to G_3$ 为 $((a_v)_{v\in S}, (b_v)_{v\notin S}) \mapsto (\log(|a_v|_{K_v}))_{v\in S}$ 的情形, 由此得到 $R_S : O_S^\times = G_1 \to \left(\prod_{v\in S} \mathbb{R}\right)^0 = G_3$ 为 "忽略紧群式同构". ∎

为了先给出命题 6.78 在 $K = \mathbb{Q}$ 情形的证明, 我们证明下面的引理.

引理 6.100　令 $I = \left\{x \in \mathbb{R} \;\middle|\; -\dfrac{1}{2} < x < \dfrac{1}{2}\right\}$, $J = \left\{x \in \mathbb{R} \;\middle|\; -\dfrac{1}{2} \leqslant x \leqslant \dfrac{1}{2}\right\}$. 在 $\mathbb{A}_\mathbb{Q}$ 中成立如下的等式.

(1) $\left(I \times \prod_{p:\text{素数}} \mathbb{Z}_p\right) \cap \mathbb{Q} = \{0\}$.

(2) $\left(J \times \prod_{p:\text{素数}} \mathbb{Z}_p\right) + \mathbb{Q} = \mathbb{A}_\mathbb{Q}$.

[证明]　(1) 可归结为: $\{x \in \mathbb{Q}$: 对于所有的素数 p, 在 $\mathbb{Q}_p$ 中 $x \in \mathbb{Z}_p\} = \mathbb{Z}$ 以及在 $\mathbb{R}$ 中有 $I \cap \mathbb{Z} = \{0\}$.

证明 (2). 由于

$$\mathbb{Q}/\mathbb{Z} = \bigoplus_{p:\text{素数}} \mathbb{Z}\left[\frac{1}{p}\right]/\mathbb{Z} \xrightarrow{\cong} \bigoplus_{p:\text{素数}} \mathbb{Q}_p/\mathbb{Z}_p = \mathbb{A}_\mathbb{Q}/\left(\mathbb{R} \times \prod_{p:\text{素数}} \mathbb{Z}_p\right),$$

得到 $\left(\mathbb{R}\times\prod_{p:\text{素数}}\mathbb{Z}_p\right)+\mathbb{Q}=\mathbb{A}_{\mathbb{Q}}$. 取 $x\in\mathbb{R}$, $y\in\prod_{p:\text{素数}}\mathbb{Z}_p$, 存在 $n\in\mathbb{Z}$ 使 $x-n\in J$, 则 $(x,y)=(x-n,y-n)+n\in\left(J\times\prod_{p:\text{素数}}\mathbb{Z}_p\right)+\mathbb{Q}$. ∎

[命题 6.78 的证明] 先证明 $K=\mathbb{Q}$ 的情形. I, J 如引理 6.100 所设. 因为 $I\times\prod_{p:\text{素数}}\mathbb{Z}_p$ 是 $\mathbb{A}_{\mathbb{Q}}$ 中的开集, 由引理 6.100(1) 知, 在作为 $\mathbb{A}_{\mathbb{Q}}$ 子集合的拓扑下, 在 $\mathbb{Q}$ 中 $\{0\}$ 为开集, 因此, 在此拓扑下 $\mathbb{Q}$ 为离散群.

一般地, 分离拓扑群的离散子群为闭. 因而 $\mathbb{Q}$ 在 $\mathbb{A}_{\mathbb{Q}}$ 中为闭, 由引理 6.91 知 $\mathbb{A}_{\mathbb{Q}}/\mathbb{Q}$ 可分离. 又由 J 为紧, 那么按照引理 6.100(2) $J\to\mathbb{A}_{\mathbb{Q}}/\mathbb{Q}$ 为满射, 故根据引理 6.90 知 $\mathbb{A}_{\mathbb{Q}}/\mathbb{Q}$ 为紧.

现在对 K 为数域的情形来证明. 我们将下面的命题 6.101 应用于 K, L 分别为 $\mathbb{Q}$, K 的情形, 并令 $n=[K:L]$. 此时, 存在拓扑 Abel 群的同构 $\mathbb{A}_K\cong(\mathbb{A}_{\mathbb{Q}})^n$ 将 K 映到 $\mathbb{Q}^n$ 中 (它从而诱导出拓扑 Abel 群的同构 $\mathbb{A}_K/K\cong(A_{\mathbb{Q}}/\mathbb{Q})^n$). 因此, 问题化为 $K=\mathbb{Q}$ 的情形.

对于 K 为有限域上的单变量代数函数域的情形, 同样地也可化为 $K=\mathbb{F}_q(T)$ ($\mathbb{F}_q$ 为有限域) 的情形, $K=\mathbb{F}_q(T)$ 与 $K=\mathbb{Q}$ 的情形同样讨论用 $\mathbb{F}_q[T]$ 替代 $\mathbb{Z}$, 以 $T^{-1}\mathbb{F}_q[[T^{-1}]]\subset\mathbb{F}_q((T^{-1}))$ 替代 I, $J\subset\mathbb{R}$ 便可证明. ∎

引理 6.101 设 K 为整体域, L 为 K 的有限次扩域. 定义 $\mathbb{A}_K\to\mathbb{A}_L:(a_v)_v\mapsto(b_w)_w$, 其中当 w 在 K 上的限制为 v 时 $b_w=a_v$, 于是可将 $\mathbb{A}_K$ 看作是 $\mathbb{A}_L$ 的子环. 此时取 L 作为 K 上的线性空间的基底 $\alpha_1,\cdots,\alpha_n$ ($n=[L:K]$), 于是我们得到拓扑 Abel 群间的同构 $(\mathbb{A}_K)^n\xrightarrow{\cong}\mathbb{A}_L:(x_i)_{1\leqslant i\leqslant n}\mapsto\sum_{i=1}^n x_i\alpha_i$.

[证明] 设 v 为 K 素点, $w_1,\cdots,w_g$ 为 v 之上的 L 中的所有素理想, 则作为拓扑 Abel 群有同构

$$(K_v)^n\xrightarrow{\cong}\prod_{i=1}^g L_{w_i}:\ (x_i)_{1\leqslant i\leqslant n}\mapsto\sum_{i=1}^n x_i\alpha_i,$$

那么, 如果能证明对于几乎所有的有限素点 v, $(O_v)^n$ 在这个同构下的像是 $\prod_{i=1}^n O_{w_i}$ 就可以了. 其中有关有限素点的部分, 当 K 为数域时, 可从引理 6.69(应用于 $A=O_K$) 及其证明中得到. (在引理 6.69 的证明过程中涉及 $a,b\in A=O_K$, 对于使得 a, $b\in O_v^\times$ 的有限素点 v, $(O_v)^n$ 的像等于 $\prod_{i=1}^n O_{w_i}$.) 对于 K 为有限域上的单变量代数函数域情形的证明是相同的, 故略去. 涉及无限素点的部分可由命题 6.59 (它与引理 6.69 一样表明有 $K_v\otimes_K L\xrightarrow{\cong}\prod_{i=1}^g L_{w_i}$) 得到. ∎

注记 6.102 上面所说 $(\mathbb{A}_K)^n \to \mathbb{A}_L$ 为单满射, 不过是 $L \otimes_K \mathbb{A}_K \xrightarrow{\cong} \mathbb{A}_L$ 的另一种说法.

为了证明命题 6.81 和定理 6.82, 将模 $|a|$ $(a \in \mathbb{A}_K^\times)$ 解释为 "倍率" 是很重要的.

引理 6.103 *对于 $a \in \mathbb{A}_K^\times$, $|a|$ 等于 a 倍映射 $\mathbb{A}_K \xrightarrow{\cong} \mathbb{A}_K : x \mapsto ax$ 的模 ("倍率").* □

它即是说, a 倍映射 $(x_v)_v \mapsto (a_v x_v)_v$ 的模等于 K_v 中 a_v 倍映射的模 $|a_v|_{K_v}$ 的乘积 $\prod_v |a_v|_{K_v} = |a|$, 这是极其自然的.

[引理 6.103 的证明] 一般地, 对于限制直积的不变测度成立以下的事实. 设 $(G_\lambda)_{\lambda\in\Lambda}$, $(U_\lambda)_{\lambda\in\Lambda}$ 如同 (a) 小节中所设. 当在每个 G_λ 上给出了不变测度 μ_λ, 且对几乎所有的 $\lambda \in \Lambda - S$ 均有 $\mu_\lambda(U_\lambda) = 1$ 时, 存在唯一一个 $\prod_\lambda G_\lambda$ 上的不变测度 μ 满足以下条件: 对于每个 $\lambda \in \Lambda$, 取 C_λ 为 G_λ 的一个紧子集, 使得对几乎所有的 $\lambda \in \Lambda - S$ 有 $C_\lambda \subset U_\lambda$, 则 $\mu(\prod_\lambda C_\lambda) = \prod_\lambda \mu(C_\lambda)$. 称这个 μ 为 $(\mu_\lambda)_{\lambda\in\Lambda}$ 的**积测度**, 以 $\prod_\lambda \mu_\lambda$ 记之.

设对于每个 $\lambda \in \Lambda$ 给出了拓扑 Abel 群的同构 $\alpha_\lambda : G_\lambda \xrightarrow{\cong} G_\lambda$, 且对几乎所有的 $\lambda \in \Lambda - S$, α_λ 可诱导出拓扑 Abel 群的同构 $U_\lambda \xrightarrow{\cong} U_\lambda$, 则对于上面那样的 $\mu = \prod_\lambda \mu_\lambda$ 和 $(C_\lambda)_{\lambda\in\Lambda}$ 有

$$\begin{aligned}
\mu\left(\prod_\lambda \alpha_\lambda(C_\lambda)\right) &= \prod_\lambda \mu_\lambda(\alpha_\lambda(C_\lambda)) \\
&= \prod_\lambda (|\alpha_\lambda|_{G_\lambda} \cdot \mu_\lambda(C_\lambda)) \\
&= \left(\prod_\lambda |\alpha_\lambda|_{G_\lambda}\right) \mu\left(\prod_\lambda C_\lambda\right),
\end{aligned}$$

从而 $\prod_\lambda G_\lambda \to \prod_\lambda G_\lambda : (x_\lambda)_\lambda \mapsto (\alpha_\lambda(x_\lambda))_\lambda$ 的模等于 $\prod_\lambda |\alpha_\lambda|_{G_\lambda}$. 引理 6.103 由此得到. ∎

为了证明命题 6.81, 我们需要用到下面的引理 6.104, 6.105.

引理 6.104 *设 G 为局部紧的 Abel 群, H 为它的闭子群.(此时 H 和 G/H 均为局部紧) 又设 $\alpha : G \xrightarrow{\cong} G$ 为拓扑 Abel 群之间的同构映射, 并设 α 诱导同构 $H \xrightarrow{\cong} H$. 此时 $\alpha : G \xrightarrow{\cong} G$ 的模 $|\alpha|_G$, $\alpha : H \xrightarrow{\cong} H$ 的模 $|\alpha|_H$, $\alpha : G/H \xrightarrow{\cong} G/H$ 的模 $|\alpha|_{G/H}$ 之间成立等式*

$$|\alpha|_G = |\alpha|_H \cdot |\alpha|_{G/H}.$$ □

关于这个引理的证明请看譬如 Bourbaki 的 "积分论" 的 "Haar 测度" 章节.

引理 6.105 设 G 为离散 Abel 群或者紧 Abel 群, 而 $\alpha: G \xrightarrow{\cong} G$ 是拓扑 Abel 群的同构, 则 $|\alpha|_G = 1$.

[证明] 当 G 为离散时, 取 e 为 G 的单位元, 则

$$|\alpha|_G \mu(\{e\}) = \mu(\alpha(\{e\})) = \mu(\{e\}).$$

因此 $|\alpha|_G = 1$.

当 G 为紧时,

$$|\alpha|_G \mu(G) = \mu(\alpha(G)) = \mu(G).$$

因此 $|\alpha|_G = 1$. ∎

[命题 6.81 的证明] 如果 $a \in K^\times$, a 倍映射 $\mathbb{A}_K \xrightarrow{\cong} \mathbb{A}_K$ 诱导了 $K \xrightarrow{\cong} K$. 因此, 根据引理 6.103, 6.104, 6.105 有

$$|a| = |a|_{\mathbb{A}_K} = |a|_K \cdot |a|_{\mathbb{A}_K/K} = 1 \times 1 = 1.$$ ∎

关于乘积公式 (命题 6.81) 的其他证明方法 (数域的情形) 请见习题 6.3.

现在转到定理 6.82 的证明.

对于 $K^\times$ 在 $\mathbb{A}_K^1$ 中离散, 也就是说 $K^\times$ 在 $\mathbb{A}_K^\times$ 中离散的断言, 容易从 K 在 $\mathbb{A}_K$ 中离散, 并根据包含映射 $\mathbb{A}_K^\times \to \mathbb{A}_K$ 为连续的事实得出.

$\mathbb{A}_K^1/K^\times$ 为紧的断言可由 $\mathbb{A}_K/K$ 为紧的事实 (命题 6.78) 推导出, 为此我们做一些有关不变测度的准备, 另外, 还要叙述引理 6.106.

准备 1 设 G 为非紧的局部紧 Abel 群, μ 为 G 的不变测度, c 为一实数, 则存在 G 的紧子集 C 使得 $\mu(C) > c$.

准备 2 设 G 为局部紧 Abel 群, Γ 为 G 的离散子群, μ 为 G 的不变测度, 则唯一存在 G/Γ 的不变测度 μ' 满足以下条件: 取 C 为 G 的紧子集, 设 C' 为 C 在 G/Γ 中的像, 如果 $C \to C'$ 为单射, 则 $\mu(C) = \mu'(C')$.

称这个 μ' 为 μ 在 G/Γ 中的**像**.

关于准备 1,2 所叙述的事实的证明, 请见上面提到过的 Bourbaki 那些章节.

引理 6.106 设 $c \in \mathbb{R}$, $c > 0$. 于是,

(1) $\{x \in \mathbb{A}_K^1 \mid |x| \geqslant c\}$ 为 $\mathbb{A}_K$ 的闭集合.

(2) 如果 $b \in \mathbb{R}$, $b \geqslant c$, 则 $\{x \in \mathbb{A}_K^\times \mid b \geqslant |x| \geqslant c\}$ 为 $\mathbb{A}_K$ 的闭集合.

(3) $\{x \in \mathbb{A}_K^\times \mid |x| \geqslant c\}$ 作为 $\mathbb{A}_K$ 的子集的拓扑与作为 $\mathbb{A}_K^\times$ 的子集的拓扑是一致的. □

引理 6.106 的证明将在后面给出.

注记 6.107　$\mathbb{A}_K^\times$ 的拓扑与作为 $\mathbb{A}_K$ 子集的拓扑不同 (参看下面的问题 7). 至此为止, 我们在 $\mathbb{A}_K^1$ 中是将其作为 $\mathbb{A}_K^\times$ 的子集合而引进拓扑的, 然而根据命题 6.106(3) 知, 对于 $\mathbb{A}_K^1$, 作为 $\mathbb{A}_K^\times$ 的子集还是作为 $\mathbb{A}_K$ 的子集所引进的拓扑都是一样的.

问题 7　对于 $n \geqslant 1$ 取 $a_n \in \mathbb{A}_\mathbb{Q}^\times$, 其 $\mathbb{R}$ 分量为 1, 对于所有素数 p 的 $\mathbb{Q}_p$ 分量为 $n!+1$. 那么,

(1) $\mathbb{A}_\mathbb{Q}$ 中 a_n 收敛于 1.

(2) $\mathbb{A}_\mathbb{Q}^\times$ 中 a_n 不收敛.

[$\mathbb{A}_K^1/K^\times$ 为紧的证明]　如果能找到 $\mathbb{A}_K^1$ 的紧子集 C 使其满足 $\mathbb{A}_K^1 = CK^\times$, 那么 $C \to \mathbb{A}_K^1/K^\times$ 便是个满射; 由引理 6.90 知, $\mathbb{A}_K^1/K^\times$ 是紧的. C 可像下面那样找到.

设 μ 为 $\mathbb{A}_K$ 的不变测度, 记 μ 在 $\mathbb{A}_K/K$ 中的像 (准备 2) 为 μ'. 由于 $\mathbb{A}_K/K$ 为紧 (命题 6.78), 故 $\mu'(\mathbb{A}_K/K) < \infty$. 另一方面, 由于 $\mathbb{A}_K$ 不是紧的, 根据准备 1 知, 存在 $\mathbb{A}_K$ 紧子集 C_0 使得 $\mu(C_0) > \mu'(\mathbb{A}_K/K)$. 令

$$C_1 = \{y - z \mid y,\ z \in C_0\} \subset \mathbb{A}_K,\ C = C_1 \cap \mathbb{A}_K^1.$$

我们来证明 C 为满足 $\mathbb{A}_K^1 = CK^\times$ 的 $\mathbb{A}_K^1$ 的紧子集.

先证明 $\mathbb{A}_K^1 = CK^\times$. 取 $x \in \mathbb{A}_K^1$. 于是,

$$\mu(x^{-1}C_0) = |x^{-1}|\mu(C_0) = \mu(C_0) > \mu'(\mathbb{A}_K/K).$$

令 $x^{-1}C_0$ 在 $\mathbb{A}_K/K$ 中的像为 Y, 倘若 $x^{-1}C_0 \to Y$ 为单射, 那么就有 $\mu(x^{-1}C_0) = \mu'(Y) \leqslant \mu'(\mathbb{A}_K/K)$ (因为 $Y \subset \mathbb{A}_K/K$) 从而得了矛盾, 所以 $x^{-1}C_0 \to Y$ 不是单射. 于是, 存在 $y, z \in C_0$, 当令 $u = x^{-1}y - x^{-1}z$ 时有 $u \in K,\ u \neq 0$. $xu = y - z \in C_1$. 另外还因为 $u \in \mathbb{A}_K^1$(命题 6.81), 故 $xu \in \mathbb{A}_K^1$. 因此 $xu \in C_1 \cap \mathbb{A}_K^1 = C$, 从而 $x \in CK^\times$.

下一步证明 C 为紧集合. 因为 C_1 是由紧空间到分离空间的连续映射 $C_0 \times C_0 \to \mathbb{A}_K:\ (y, z) \mapsto y - z$ 的像, 那么由引理 6.90 知道 C_1 是 $\mathbb{A}_K$ 的紧子集. 因为根据引理 6.106(2)(令 $b = c = 1$) 知 $\mathbb{A}_K^1$ 为 $\mathbb{A}_K$ 的闭集合, 故 $C = C_1 \cap \mathbb{A}_K^1$ 为紧集 C_1 的闭子集, 从而在 $\mathbb{A}_K$ 的子集的拓扑下是紧的. 因此由引理 6.106(3) 知 C 在 $\mathbb{A}_K^1$ 的子集的拓扑下为紧. ∎

[引理 6.106 的证明]　虽然 $\mathbb{A}_K^\times \to \mathbb{R}^\times:\ x \mapsto |x|$ 以及在各个素点 v 上 $\mathbb{A}_K \to \mathbb{R}:\ x \mapsto |x_v|_{K_v}$ 均为连续, 但 $\mathbb{A}_K \to \mathbb{R}:\ x \mapsto |x|$ 却并不连续 (例如对于问题 7 的 $a_n \in \mathbb{A}_\mathbb{Q}$, a_n 在 $\mathbb{A}_\mathbb{Q}$ 中收敛于 1, 而 $|a_n| = (n!+1)^{-1}$ 不收敛于 $|1| = 1$ 却收敛于 0), 因此需要留意.

我们先指出 (2) 可由 (1) 与 (3) 推出. 因为 $\mathbb{A}_K^\times \to \mathbb{R}^\times:\ x \mapsto |x|$ 连续, 故 $\{x \in \mathbb{A}_K^\times \mid\ b \geqslant |x| \geqslant c\}$ 为 $\mathbb{A}_K^\times$ 的闭集合. 于是由 (1) 和 (3) 知此集合在 $\mathbb{A}_K$ 中也为闭集合.

证明 (1). 由考虑补集合可知, 只要证明 $\{x \in \mathbb{A}_K \mid |x| < c\}$ 为 $\mathbb{A}_K$ 的开集就可以了. 设 $a = (a_v)_v \in \mathbb{A}_K$, $|a| < c$. 那么只要对于 a 的某个邻域 U, 证明 "如果 $x \in U$ 则 $|x| < c$" 成立就可以了.

取由 K 的素点组成的充分大的有限集合 S, 则 $\prod\limits_{v \in S} |a_v|_{K_v} < c$ 以及 "如果 v 为 K 的素点且 $v \notin S$, 则 v 为有限素点且 $a_v \in O_v$" 成立. 由于有限积 $\mathbb{A}_K \to \mathbb{R}: x \mapsto \prod\limits_{v \in S} |x_v|_{K_v}$ 连续, 当取 a 的充分小邻域 U 时, 成立 "如果 $x \in U$, 则 $\prod\limits_{v \in S} |x_v|_{K_v} < c$ 且对于所有的 $v \notin S$ 有 $x_v \in O_v$". 对于这样的 U, 如果 $x \in U$, 则

$$|x| \leqslant \prod_{v \in S} |x_v|_{K_v} < c.$$

证明 (3). 对于包含了所有无限素点的由 K 的素点组成的有限集合 S, 在 $G(S) = \prod\limits_{v \in S} K_v^{\times} \times \prod\limits_{v \notin S} O_v^{\times}$ 上, 作为 $\mathbb{A}_K$ 子集的拓扑以及作为 $\mathbb{A}_K^{\times}$ 的子集的拓扑的直积拓扑两者是相等的. 因此, 对于使得 $a \in \mathbb{A}_K^{\times}$, $|a| \geqslant c$ 成立的 a, 只要能证明存在这样的 S 及 a 在 $\mathbb{A}_K$ 中的邻域 U, 使得

$$\{x \in \mathbb{A}_K \mid |x| \geqslant c\} \cap U \subset G(S)$$

即可.

设 S' 为域 K 的素点组成的充分大的有限集合, 使得 "如果 v 为 K 的 $v \notin S'$ 的素点, 则 v 为有限素点而且 $a_v \in O_v$" 成立. 取实数 r 使得 $r > \prod\limits_{v \in S'} |a_v|_{K_v}$. 又取 a 的充分小的邻域 U 使得 "如果 $x \in U$, 则 $\prod\limits_{x \in S'} |x_v|_{K_v} < r$, 且对于所有的 $v \notin S'$ 有 $x_v \in O_v$" 成立. 令

$$S = S' \cup \{v \mid K\text{的有限素点},\ N(v) < rc^{-1}\}.$$

S 为有限集. (如果 K 为数域, 设 v 之下的素数为 p, 则有 $p \leqslant N(v)$, 由于比给定数小的素数只有有限个即知; 当 K 为有限域 $\mathbb{F}_q$ 上单变量代数函数域时, 考虑 $\mathbb{F}_q(T) \subset K$, v 之下的 $\mathbb{F}_q(T)$ 的素点, 则可同样地证明.)

我们来证明 $\{x \in \mathbb{A}_K \mid |x| \geqslant c\} \cap U$ 的任意元 x 属于 $G(S)$. 设 $v \notin S$, 则

$$c \leqslant |x| \leqslant |x_v|_{K_v} \cdot \prod_{v' \in S'} |x_{v'}|_{K_{v'}} < |x_v|_{K_v} \cdot r.$$

因此

$$1 \geqslant |x_v|_{K_v} > cr^{-1} \geqslant N(v)^{-1}.$$

由于 $0 \leqslant \mathrm{ord}_v(x_v) < 1$, 故 $\mathrm{ord}_v(x_v) = 0$, 即 $x_v \in O_v^{\times}$. ∎

(h) 对偶性与稠密性

我们来介绍关于局部紧 Abel 群的特征的 Pontrjagin 对偶定理, 并以其来证明命题 6.79, 命题 6.80(2).

设 G 为局部紧 Abel 群, 称由 G 到绝对值为 1 的全体复素数构成的乘法群 $\mathbb{C}_1^\times$ 的连续同态为 G 的**特征** (character). 在 G 的全体特征的集合 G^* 中, 对 χ, $\chi' \in G^*$ 定义它们的积 $\chi\chi'$ 为 $(\chi\chi'(g)) = \chi(g)\chi'(g)$, 则 G^* 在此乘积下成了群. 进而, 定义 G^* 的拓扑为: 对于 G 的紧子集 C 与 $\mathbb{C}_1^\times$ 的开子集 U, 让所有 $V(C,U) = \{\chi \in G^* \mid \chi(C) \subset U\}$ 为其全部开集基 (也就是说, 将形如 $V(C,U)$ 的集合的并集定义为开集), 由此可知它成为一个局部紧的 Abel 群.

称 G^* 为 G 的**特征群** (character group), 也叫做 "G 的对偶 (dual)". 下面我们将不证明地介绍关于特征群的一些特性, 对于想知道详情的人, 请参看关于拓扑群方面的书.

例如, $G = \mathbb{Z}$ 时, $G^* = \mathbb{C}_1^\times$(对应于 $u \in C_1^\times$ 的是 G^* 中的元 $\mathbb{Z} \to \mathbb{C}_1^\times : n \mapsto u^n$). 反之, $G = \mathbb{C}_1^\times$ 时 $G^* = \mathbb{Z}$ ($n \in \mathbb{Z}$ 对应于 G^* 的元 $\mathbb{C}_1^\times \to \mathbb{C}_1^\times : u \mapsto u^n$). 一般地, G 为离散群时 G^* 为紧, 而 G^* 为紧时 G 为离散. 另外, $G = \mathbb{R}$ 时, G^* 为所有对应于 $a \in \mathbb{R}$ 的所有 $\mathbb{R} \to \mathbb{C}_1^\times : x \mapsto e^{axi}$.

关于局部紧 Abel 群的特征, 下面的定理最为重要.

定理 6.108 (Pontrjagin 对偶定理) 设 G 为局部紧 Abel 群, 则

$$G \to (G^*)^* : g \mapsto (G^* \to \mathbb{C}_1^* : \chi \mapsto \chi(g))$$

是作为拓扑 Abel 群的同构映射. □

特别地, G 为单位群 (即仅由单位元组成的群) 与 G^* 为单位群等价.

在数论的应用中, 下面的命题很重要. 这个命题 6.109 的 (1) 是刚才所说的 $\mathbb{R}$ 的特征群在一般局部域的推广. 另外, (2) 中说到的 $\mathbb{A}_\mathbb{Q}/\mathbb{Q}$ 的特征群与 $\mathbb{Q}$ 同构, 类似于 $\mathbb{R}/\mathbb{Z}$ 的特征群 (由 $\mathbb{R}/\mathbb{Z}$ 与 $\mathbb{C}_1^\times$ 同构, 按刚才所说的那样) 与 $\mathbb{Z}$ 同构.

命题 6.109

(1) 设 K 为局部域. 取 K^* 中的一个非单位元 χ, 则有下面的拓扑 Abel 群间的同构:

$$K \xrightarrow{\cong} K^* : x \mapsto (K \to \mathbb{C}_1^\times : y \mapsto \chi(xy)).$$

(2) 设 K 为整体域. 取 $(\mathbb{A}_K/K)^*$ 的一个非单位元 χ, 则有下面的拓扑 Abel 群间的同构:

$$K \xrightarrow{\cong} (A_K/K)^* : x \mapsto (\mathbb{A}_K/K \to \mathbb{C}_1^\times : y \mapsto \chi(xy)),$$

$$\mathbb{A}_K \xrightarrow{\cong} (A_K)^* : x \mapsto (\mathbb{A}_K \to \mathbb{C}_1^\times : y \mapsto \chi(xy)).$$ □

(1) 的证明不难, (2) 的证明与命题 6.78 的证明一样可化为 $K=\mathbb{Q}$ 与 $K=\mathbb{F}_q(T)$ 的情形.

现在为了命题 6.79, 6.80(2) 的证明准备一个引理.

引理 6.110 对于局部紧 Abel 群间的同态 $f:G_1\to G_2$, 则 $G_2^*\to G_1^*:\ \chi\mapsto\chi\circ f$ 为单射等价于 $f(G_1)$ 在 G_2 中稠密.

[证明] 设 H 为 $f(G_1)$ 在 G_2 中的闭包, H 为 G_2 的闭子群, 故而 G_2/H 为局部紧的 Abel 群. 我们有

$$\begin{aligned}\operatorname{Ker}(G_2^*\to G_1^*\mid\ \chi\mapsto\chi\circ f)&=\{\chi\in G_2^*\mid\chi(f(G_1))=\{1\}\}\\&=\{\chi\in G_2^*\mid\chi(H)=\{1\}\}\cong(G_2/H)^*.\end{aligned}$$

因此, $G_2^*\to G_1^*$为单射 $\Leftrightarrow(G_2/H)^*=\{1\}\Leftrightarrow G_2/H=\{1\}\Leftrightarrow H=G_2\Leftrightarrow f(G_1)$在 G_2 中稠密. ∎

[命题 6.79 的证明] 对于 K 的素点 w, 如果能证明该命题在 S 为 K 的全部素点去掉 w 的集合时成立即可. 根据引理 6.110, 只要说明 $(\prod\limits_{v\neq w}K_v)^*\to K^*$ 为单射就够了. 由命题 6.109, $(\prod\limits_{v\neq w}K_v)^*$ 与 $\prod\limits_{v\neq w}K_v$, 而 K^* 与 $\mathbb{A}_K/K$ 是同构的, 那么问题便归结为证明标准映射 $\prod\limits_{v\neq w}K_v\to\mathbb{A}_K/K$ 为单射了. 然而很容易便知其为单射. ∎

[命题 6.80(2) 的证明] 如果能断言对于 $\prod\limits_{v\in S'}K_v$ 的非空开集 U, $O_S\to\prod\limits_{v\in S'}K_v$ 的像与 U 相交即可. 令 S'' 为 S 在 K 的全部素点集合中的补集, 这时, $S'\cup S''$ 可作为命题 6.79 中的 S 而应用于命题 6.79, 知 $K\to\prod\limits_{v\in S'\cup S''}K_v$ 的像稠密. 定义 $\prod\limits_{v\in S'\cup S''}K_v$ 的开集 $\tilde{U}$ 为 $\tilde{U}=U\times\prod\limits_{v\in S''}O_v$, 由于 $\tilde{U}$ 非空, 根据稠密性有 $a\in K$ 使其在 $\prod\limits_{v\in S'\cup S''}K_v$ 的像属于 $\tilde{U}$. 因此, a 属于 O_S, 它在 $\prod\limits_{v\in S'}K_v$ 的像属于 U. ∎

问题 8 定义 $\iota_\infty\in\mathbb{R}^*$ 为 $\iota_\infty(x)=\exp(2\pi ix)$, 而对于各个素数 p 则定义 $\iota_p\in(\mathbb{Q}_p)^*$ 为复合映射 $\mathbb{Q}_p\to\mathbb{Q}_p/\mathbb{Z}_p\overset{\cong}{\leftarrow}\mathbb{Z}[\frac{1}{p}]/\mathbb{Z}\to\mathbb{C}_1^\times$, 其中最后的那个映射是 $x \bmod \mathbb{Z}\mapsto\exp(2\pi ix)$. 于是当定义 $\iota:\mathbb{A}_\mathbb{Q}\to\mathbb{C}_1^\times$ 为 $(x_v)_v\mapsto\iota_\infty(x_\infty)\cdot\prod\limits_{p:\text{素数}}\iota_p(x_p)^{-1}$ 时, 证明 ι 将主阿代尔映到 1, 即 $\iota\in(\mathbb{A}_\mathbb{Q}/\mathbb{Q})^*$.

(i) 理想类群的精细化

在此 (i) 小节中我们总假设 K 为数域.

像在 (e) 小节所看到的, 理想类群 $Cl(K)$ 可以看成伊代尔类群 C_K 的商群. 在 C_K 的商群中, 我们想要把理想类群做得少许精细一点: 对 O_K 的每个非零理想 $\boldsymbol{a}$ 可

定义一个 $Cl(K,\boldsymbol{a})$(请注意, 这个记号 $Cl(K,\boldsymbol{a})$ 在本书之外并不通用). 群 $Cl(K,\boldsymbol{a})$ 在后面的类域论的讲解中扮演了重要的角色 (参看 §8.1).

像 (e) 小节中所讲过的那样, 有

$$Cl(K) = \mathrm{Coker}(K^\times \to \mathbb{A}_K^\times/U) = C_K/(U\text{在 } C_K \text{ 的像}),$$

其中

$$U = \prod_{v:\text{无限素点}} K_v^\times \times \prod_{v:\text{有限素点}} O_v^\times.$$

$Cl(K,\boldsymbol{a})$ 与此相似, 但使用了下面将定义的 $\mathbb{A}_K^\times$ 的开子群 $U(\boldsymbol{a})$.

$$Cl(K,\boldsymbol{a}) = \mathrm{Coker}(K^\times \to \mathbb{A}_K^\times/U(\boldsymbol{a})) = C_K/(U(\boldsymbol{a})\text{在 } C_K \text{ 中的像}).$$

现在叙述 $U(\boldsymbol{a})$ 的定义. 对于 K 的各个素点 v 定义 $K_v^\times$ 的子群 $U_v(\boldsymbol{a})$ 为, 如果 v 为有限素点, 则

$$U_v(\boldsymbol{a}) = \mathrm{Ker}(O_v^\times \to (O_v/\boldsymbol{a}O_v)^\times) \subset O_v^\times.$$

(如果 v 为不除尽 $\boldsymbol{a}$ 的有限素点, 则 $\boldsymbol{a}O_v = O_v$, 因而 $U_v(\boldsymbol{a}) = O_v^\times$.) 如果 v 为复素点, 则 $U_v(\boldsymbol{a}) = K_v^\times$, 如果 v 为实素点, 则 $U_v(\boldsymbol{a}) = \{K_v^\times \text{ 的正元}\}$. 令

$$U(\boldsymbol{a}) = \prod_v U_v(\boldsymbol{a}).$$

因为 $U(\boldsymbol{a}) \subset U$, 从而得到了标准满射

$$Cl(K,\boldsymbol{a}) \to Cl(K).$$

以 (e) 小节证明 $Cl(K)$ 的有限性时同样讨论得到

命题 6.111 $Cl(K,\boldsymbol{a})$ 为有限群. □

O_K 的非零理想 $\boldsymbol{a}$, $\boldsymbol{b}$ 如果满足 $\boldsymbol{a} \subset \boldsymbol{b}$, 则由 $U(\boldsymbol{a}) \subset U(\boldsymbol{b})$ 得到标准映射 $Cl(K,\boldsymbol{a}) \to Cl(K,\boldsymbol{b})$. 下面的命题将在稍后证明.

命题 6.112

(1) $\mathbb{A}_K^\times$ 的子群为开子群的充要条件为, 它包含对于 O_K 的某个非零理想 $\boldsymbol{a}$ 的 $U(\boldsymbol{a})$.

(2) C_K 的子群为开子群的充要条件为, 它包含对于 O_K 的某个非零理想 $\boldsymbol{a}$ 的 $U(\boldsymbol{a})$ 在 C_K 中的像. □

因此, C_K 的商群为离散 (即 $C_K/(\text{开子群})$) 时, 如果取 $\boldsymbol{a}$ 充分小, 则得到其可作为 $Cl(K,\boldsymbol{a})$ 的商群.

我们再稍许详细地研究一下 $Cl(K,\boldsymbol{a})$ 与 $Cl(K)$ 之间的关系.

我们已有

$$Cl(K) = (\text{分式理想群})/(\text{分式主理想群}),$$

而 $Cl(K, \boldsymbol{a})$ 也具有类似的表示

$$Cl(K, \boldsymbol{a}) = I(\boldsymbol{a})/P(\boldsymbol{a}).$$

在这里,

$$\begin{aligned} I(\boldsymbol{a}) = \{&K \text{ 的分式理想, 且可写为 } \boldsymbol{bc}^{-1}\text{的形式, 其中 } \boldsymbol{b}, \boldsymbol{c} \\ &\text{为 } O_K \text{ 中与 } \boldsymbol{a} \text{ 互素的非零理想}\}, \\ P(\boldsymbol{a}) = \{&(\alpha) \mid \alpha \in K^\times,\ \alpha\text{为全正, 且可写为 } \alpha = bc^{-1}\text{的形式, 其中 } b, c \\ &\text{为使 } b \equiv c \bmod \boldsymbol{a} \text{ 且与 } \boldsymbol{a} \text{ 互素的 } O_K \text{ 中的非零元}\}. \end{aligned}$$

(所谓互素是说, 没有除尽它们的公共素理想.) 由下面的方式可得到这个表示. 令

$$S = \{K\text{的无限素点}\} \cup \{\text{除尽 } \boldsymbol{a} \text{ 的 } K \text{ 的有限素点}\}.$$

S 是个有限集. 因为对于 K 的素点 $v \notin S$ 有 $U_v(\boldsymbol{a}) = O_v^\times$, 故

$$I(\boldsymbol{a}) \cong \bigoplus_{v \notin S} \mathbb{Z} \cong \bigoplus_{v \notin S} K_v^\times / U_v(\boldsymbol{a}) \subset \mathbb{A}_K^\times / U(\boldsymbol{a}).$$

命题 6.113 由上面的包含关系所得到的同态 $I(\boldsymbol{a}) \to Cl(K, \boldsymbol{a})$ 诱导出 $I(\boldsymbol{a})/P(\boldsymbol{a}) \xrightarrow{\cong} Cl(K, \boldsymbol{a})$. □

对于 $I(\boldsymbol{a})$ 的元 $\boldsymbol{b}$, 其在 $Cl(K, \boldsymbol{a})$ 中的像 (特别在没有必要明确指明 $\boldsymbol{a}$ 时) 被简单地记为 $[\boldsymbol{b}]$.

下面表示了 $Cl(K, \boldsymbol{a})$ 与 $Cl(K)$ 的不同之处.

命题 6.114 存在唯一的同构

$$\operatorname{Ker}(Cl(K, \boldsymbol{a}) \to Cl(K)) \cong \left(\left(\bigoplus_{v:\text{实素点}} \mathbb{R}^\times / \mathbb{R}_{>0}^\times \right) \bigoplus (O_K/\boldsymbol{a})^\times \right) / (O_K^\times \text{的像}),$$

使得对于与 $\boldsymbol{a}$ 互素的 O_K 的非零元 b, $[(b)] \in \operatorname{Ker}(Cl(K, \boldsymbol{a}) \to Cl(K))$ 被映到在右端的 b 的像. □

例 6.115 当 $K = \mathbb{Q}$, $\boldsymbol{a} = N\mathbb{Z}$ (N 为自然数) 时, 因为 $Cl(\mathbb{Q})$ 为单位群而 $O_K^\times = \{\pm 1\}$, 按照命题 6.114, 有

$$Cl(\mathbb{Q}, N\mathbb{Z}) \cong (\mathbb{Z}/N\mathbb{Z})^\times.$$ □

我们来证明命题 6.112, 6.113, 6.114.

[命题 6.112 的证明]　(1) 由于 $U(\boldsymbol{a})$ 为开子群, 故充分性是显然的. 证明必要性. 设 H 为 $A_K^\times$ 的开子群, 只要证明存在 O_K 的某个非零理想 $\boldsymbol{a}$ 满足 $U(\boldsymbol{a}) \subset H$ 就可以了. 因为 H 为开集, 故存在包含 K 的所有无限素点的 K 的素点的有限集 S 以及 1 的邻域 $U_v \subset K_v^\times$ $(v \in S)$ 的族, 使得 $\prod\limits_{v\in S} U_v \times \prod\limits_{v\notin S} O_v^\times \subset H$. 又因为 H 为子群, 如果 v 为实素点则取 U_v 为 $K_v^\times$ 的全部正元, v 为复素点时则取 $U_v = K_v^\times$. 如果取 O_K 充分小的非零理想, 使得对于所有有限素点 $v \in S$, 成立 $U_v(\boldsymbol{a}) \subset U_v$. 对于这样的 $\boldsymbol{a}$ 有 $U(\boldsymbol{a}) \subset H$.

(2) 观察其在 $\mathbb{A}_K^\times$ 中的逆像, 则由 (1) 得到. ∎

[命题 6.113 的证明]　取 S 为命题 6.113 前面一点所给出的那样. 根据命题 6.79 知 $K^\times \to \bigoplus\limits_{v\in S} K_v^\times/U_v(\boldsymbol{a})$ 为满射. 由此可知 $I(\boldsymbol{a}) \to Cl(K, \boldsymbol{a})$ 为满射. 另外

$$\begin{aligned}\operatorname{Ker}(I(\boldsymbol{a}) \to Cl(K, \boldsymbol{a})) &= \left\{(\alpha) \mid \alpha \in \operatorname{Ker}\left(K^\times \to \bigoplus_{v\in S} K_v^\times/U_v(\boldsymbol{a})\right)\right\} \\ &= P(\boldsymbol{a}).\end{aligned}$$ ∎

[命题 6.114 的证明]　由于

$$\operatorname{Ker}(I(\boldsymbol{a}) \to Cl(K)) = \{(bc^{-1}) \mid b, c \in O_K - \{0\},\ b, c \text{ 均与 } \boldsymbol{a} \text{ 互素}\},$$

故存在唯一的同态

$$\operatorname{Ker}(Cl(K, \boldsymbol{a}) \to Cl(K)) \to \left(\left(\bigoplus_{v:\text{实素点}} \mathbb{R}^\times/\mathbb{R}_{>0}^\times\right) \bigoplus (O_K/\boldsymbol{a})^\times\right) / (O_K^\times \text{的像})$$

而将上面那样的 (bc^{-1}) 变到 $(b\text{的像})(c\text{的像})^{-1}$. 由命题 6.79 (用于上面那样的 S) 知此同态为满射, 而此同态的核显然为 $P(\boldsymbol{a})$. ∎

小结

6.1　在数域和单变量代数函数域 (特别是有限域上的单变量代数函数域) 之间成立许多平行的理论.

6.2　有理数域 $\mathbb{Q}$ 可嵌入到对于每个素数 p 的 $\mathbb{Q}_p$ 中, 另外也可嵌入到 $\mathbb{R}$ 中, 这些可推广到数域 K 以及有限域上单变量代数函数域 K(两者都被称为整体域) 上, 将它们嵌入到对 K 的每个素点 v 的局部紧域 K_v (K 在 v 的局部域) 中. 在描述整体域时, 整合对于各个局部域 K_v 的考察是重要的.

6.3　考察将整体域 K 的各局部域集中一起定义的 K 的阿代尔环, 伊代尔群是联结局部与整体的好方法. 在 §6.4 中用考察伊代尔群的方法证明了 Dirichlet 单位定理和 "类数有限性" 定理.

习题

6.1 Fibonacci 数列 $(u_n)_{\geqslant 0}$ 定义为

$$u_0=0, u_1=1, u_2=1, u_3=2, u_4=3, u_5=5, u_6=8, u_7=13,$$
$$u_8=21, u_9=34, u_{10}=55, u_{11}=89, u_{12}=144, u_{13}=233, \cdots,$$
$$u_{n+2}=u_{n+1}+u_n (n\geqslant 0),$$

它具有表达式

$$u_n=\frac{1}{\sqrt{5}}\left(\left(\frac{1+\sqrt{5}}{2}\right)^n-\left(\frac{1-\sqrt{5}}{2}\right)^n\right).$$

由考虑素数在 $\mathbb{Q}(\sqrt{5})$ 中的分解, 证明下面的断言.

(1) 设 p 为不等于 5 的素数,

$$\text{如果 } m\equiv n \mod (p^2-1), \text{ 那么 } u_m\equiv u_n \mod p.$$

(例如 $p=3$ 的情形, $u_8=21\equiv 0=u_0$, $u_9=34\equiv u_1 \mod 3$.)

(2) 对于满足 $p\equiv \pm 1 \mod 5$ 的素数 p,

$$\text{如果 } m\equiv n \mod (p-1), \text{ 那么 } u_m\equiv u_n \mod p.$$

(例如 $p=11$ 的情形, $u_{10}=55\equiv 0=u_0$, $u_{11}=89\equiv 1=u_1 \mod 11$.)

6.2 设 K 为完备离散赋值域, L 为其有限可分扩域. 证明关于范映射的下列断言.

(1) 设 ν_K 为 K 的离散赋值, ν_L 为 L 的离散赋值, f 为 L 在 K 上的剩余次数, 对 $x\in L^\times$ 有

$$\nu_K(N_{L/K}(x))=f\cdot\nu_L(x).$$

(2) 如果 K 的剩余域为有限域, 则对于 $x\in L^\times$ 有

$$|N_{L/K}(x)|_K=|x|_L.$$

6.3 设 K 为数域. 证明可以把对于 $a\in K^\times$ 的乘积公式 $\prod\limits_v |a|_{K_v}=1$ 通过范映射 $N_{K/\mathbb{Q}}: K^\times\to\mathbb{Q}^\times$ 归结到 $K=\mathbb{Q}$ 及对 $a\in\mathbb{Q}^\times$ 的乘积公式 $\left(\prod\limits_{p:\text{素数}}|a|_p\right)\times|a|=1$ 的情形.

6.4 设 K 为数域. 对于 K 的分式理想 $\boldsymbol{a}$, 定义正有理数 $N(\boldsymbol{a})$ 如下: 设有素分解 $\boldsymbol{a}=\prod\limits_{\boldsymbol{p}}\boldsymbol{p}^{e(\boldsymbol{p})}$ $(e(\boldsymbol{p})\in\mathbb{Z})$, 则

$$N(\boldsymbol{a})=\prod_{\boldsymbol{p}}N(\boldsymbol{p})^{e(\boldsymbol{p})}.$$

其中 $N(\boldsymbol{p}) = \#(O_K/\boldsymbol{p})$. 证明下面的断言.

(1) $N(\boldsymbol{ab}) = N(\boldsymbol{a})N(\boldsymbol{b})$, $N(\boldsymbol{a}^{-1}) = N(\boldsymbol{a})^{-1}$.

(2) 当 $\boldsymbol{a} \subset O_K$ 时, $N(\boldsymbol{a}) = \#(O_K/\boldsymbol{a})$.

(3) 当 $\boldsymbol{a} \subset \boldsymbol{b}$ 时, $[\boldsymbol{b} : \boldsymbol{a}] = N(\boldsymbol{a})N(\boldsymbol{b})^{-1}$.

6.5 设 K 为特征 0 的局部域. 利用 K 的指数函数把乘法的语言改写为加法的语言, 证明以下断言.

(1) 当 $n \geqslant 1$ 时, $(K^\times)^n$ 为 $K^\times$ 的具有限指数的开子群.

(2) $K^\times$ 的具有限指数的子群全是开子群.

第七章　ζ (II)

我们已经知道 (第三章), ζ 出现了一些超出函数范围的东西. 在这一章中. 我们将以 ζ 作为复函数时的性质为中心进行讨论. 以解析延拓、函数方程、特殊值的表示、零点的分布等为重点, 并推导关于素数分布的素数定理. 进一步 ζ 还可作为 p 进函数而存在. 这在《数论 II》的岩泽 (Iwasawa) 理论的章节中将得到明确解释.

特别重要的是, ζ 将局部域和整体域联系了起来. 像

$$\zeta(s) = \prod_{p:\text{素数}} (1-p^{-s})^{-1} = \sum_{n=1}^{\infty} n^{-s}$$

这样的 ζ, 汇集了每个素数的局部信息, 但出乎预料地体现了整体域的信息, 譬如对类数之类的猜想.(这在本章、第八章, 还有《数论 II》都可得到清楚的认知.) 在第六章中联结了局部和整体的阿代尔和伊代尔也活跃于对整体域的 ζ 的研究之中.

在本章主要用到 ζ 的积分表示. 它起源于对于 Γ 函数 (今后我们把它当作 ζ 的相伴对象) 的 Euler 积分表示

$$\Gamma(s) = \int_0^{\infty} x^{s-1} e^{-x} dx \qquad (\mathrm{Re}\,(s) > 0).$$

§7.1　ζ 的出现

1350 年左右, 中世纪欧洲的 Oresme 发现

$$1 + \frac{1}{2} + \frac{1}{3} + \frac{1}{4} + \cdots$$

为无穷大. 从现在往回看, 这可想成是 ζ 出现最早的地方. 他的证明是

$$\begin{aligned}
&1+\frac{1}{2}+\frac{1}{3}+\frac{1}{4}+\frac{1}{5}+\frac{1}{6}+\frac{1}{7}+\frac{1}{8}+\cdots\\
&=1+\frac{1}{2}+\left(\frac{1}{3}+\frac{1}{4}\right)+\left(\frac{1}{5}+\frac{1}{6}+\frac{1}{7}+\frac{1}{8}\right)+\cdots\\
&\geqslant 1+\frac{1}{2}+\left(\frac{1}{4}+\frac{1}{4}\right)+\left(\frac{1}{8}+\frac{1}{8}+\frac{1}{8}+\frac{1}{8}\right)+\cdots\\
&=1+\frac{1}{2}+\frac{1}{2}+\frac{1}{2}+\cdots\\
&=\infty.
\end{aligned}$$

之后, ζ 出现了在第三章中所叙述的形式

$$1-\frac{1}{3}+\frac{1}{5}-\frac{1}{7}+\cdots=\frac{\pi}{4}$$

(Madhava-Gregory-Leibniz 公式). 它开启了 L 函数特殊值方面的工作, 在 Gauss 数域 $\mathbb{Q}(\sqrt{-1})$ 的类数为 1 得到证明以后才对此有所了解 (Dirichlet 类数公式).

短暂的沉默被打破了. 在 18 世纪的 Euler 之前, ζ 终于以明确的姿态开始出现. Euler 受到上述公式的激励, 不懈地追究

$$1+\frac{1}{4}+\frac{1}{9}+\frac{1}{16}+\frac{1}{25}+\cdots$$

到 $1.644\,934\,066\,848\,226\,436\,4\cdots$, 好不容易最终有了 $\frac{\pi^2}{6}$ 的答案 (1735). 特别地, Euler 发现了称为

$$\boxed{\text{对于所有自然数之和}}=\boxed{\text{对于所有素数之积}}$$

的 Euler 积

$$\sum_{n=1}^{\infty}\frac{1}{n^s}=\prod_{p:\text{素数}}\left(1-\frac{1}{p^s}\right)^{-1}$$

(1737 年). 它是素因子分解唯一性的绝妙表示. 在考察 Euler 积时只要取

$$\begin{aligned}
&(1-2^{-s})^{-1}\times(1-3^{-s})^{-1}\times(1-5^{-s})^{-1}\times\cdots\\
&=(1+2^{-s}+4^{-s}+\cdots)(1+3^{-s}+9^{-s}+\cdots)(1+5^{-s}+\cdots)\times\cdots\\
&=1+2^{-s}+3^{-s}+4^{-s}+5^{-s}+6^{-s}+\cdots
\end{aligned}$$

就足够了. 由此 Euler 令 $s=1$ 得到

$$\prod_{p}\left(1-\frac{1}{p}\right)^{-1}=1+\frac{1}{2}+\frac{1}{3}+\cdots=\log\infty,$$

再对其取对数, 得到引人注目的

$$\sum_{p}\frac{1}{p}=\log\log\infty$$

(这是 Euler 原封不动的表示). 这在现在已知其意味着

$$\sum_{p<x}\frac{1}{p}\sim\log\log x$$

这样的事实 (~ 表示两边的比值收敛于 1). 自开创素数有无限多个的定性的古希腊数学成果以来 (公元前 500 年前后, 由多位 Pythagoras 学派成员所得), Euler 所得到的素数倒数的和 $\sum_{p}\frac{1}{p}$ 发散到无穷大的结果是划时代的. 它开创了定量的素数分布理论.

Euler 在 1749 年, 依据对发散级数大胆的计算找到了

$$1+2+3+4+5+\cdots=-\frac{1}{12}$$
$$1^2+2^2+3^2+4^2+5^2+\cdots=0$$
$$1^3+2^3+3^3+4^3+5^3+\cdots=\frac{1}{120}$$

等等 ($\zeta(-1),\zeta(-2),\zeta(-3),\cdots$ 的值), 发现了漂亮的对偶性

$$\sum_{n}\frac{1}{n^s}\leftrightarrow\sum_{n}\frac{1}{n^{1-s}}.$$

(再说, 上面所写出的发散级数的值最近被确认为可作为自然状态下零点振动、真空能量的计算: Lamoreaux, *Physical Review Letters*, 1997 年 1 月.)

将 Euler 发现的这些东西牢牢地置于坚石之上的是 Riemann(1859 年). Riemann 定义了

$$\zeta(s)=\prod_{p}(1-p^{-s})^{-1}=\sum_{n=1}^{\infty}n^{-s}$$

(Euler 没有用 ζ 作为函数记号, 通常写成级数的形式), 并表明可以将其考虑为复函数. Oresme 以及 Euler 还特别注意到 $s=1$ 是 $\zeta(s)$ 的 (唯一的) 极点.

Riemann 给出了 Euler 所发现的函数方程

$$\zeta(1-s)=\zeta(s)2(2\pi)^{-s}\Gamma(s)\cos\left(\frac{\pi s}{2}\right)$$

的正确证明, 并注意到这个函数方程依照完备化了的 ζ:

$$\widehat{\zeta}(s)=\pi^{-\frac{s}{2}}\Gamma\left(\frac{s}{2}\right)\zeta(s)$$

可以写为更具对称性的著名形式

$$\widehat{\zeta}(s)=\widehat{\zeta}(1-s),$$

它由一看就明白的积分表示给出. 这个表示方法也被用来表示后来的 Riemann ζ 以外的 ζ. 进一步, Riemann 发现了基于

$$(7.1)\quad \prod_p (1-p^{-s})^{-1}$$
$$= \zeta(s)$$
$$= \exp\left(\frac{\gamma+\log\pi}{2}s - \log 2\right)\frac{1}{s-1}\prod_\rho\left(1-\frac{s}{\rho}\right)\prod_{n=1}^{\infty}\left(1+\frac{s}{2n}\right)e^{-\frac{s}{2n}}$$

的对偶性

$$\boxed{\text{全体素数}} \underset{\text{对偶}}{\longleftrightarrow} \boxed{\text{全体零 (与极)点}}$$

($\gamma = 0.577\cdots$ 为 Euler 常数, 而 ρ 遍历 $\zeta(s)$ 的全部虚零点.) 特别地, 证明了对于不大于 x 的素数个数 $\pi(x)$ 的 **Riemann 显式公式** (explicit formula)

$$\pi(x) = \sum_{m=1}^{\infty}\frac{\mu(m)}{m}\varPi(x^{\frac{1}{m}}),$$

$$\varPi(x) = \mathrm{Li}\,(x) - \sum_\rho \mathrm{Li}\,(x^\rho) + \int_x^\infty \frac{du}{u(u^2-1)\log u} - \log 2.$$

其中 $\mu(m)$ 为 Möbius 函数,

$$\mathrm{Li}\,(x) = \int_0^x \frac{du}{\log u} = \lim_{\epsilon\downarrow 0}\left(\int_0^{1-\epsilon}\frac{du}{\log u} + \int_{1+\epsilon}^x \frac{du}{\log u}\right)$$

为对数积分. 由此显式公式到达了漂亮的猜想

$$\boxed{\text{Riemann 猜想: } \zeta \text{ 虚零点的实部全为 } \frac{1}{2}.}$$

Riemann 猜想等价于

$$\pi(x) = \mathrm{Li}\,(x) + O(x^{\frac{1}{2}}\log x),$$

而通常的**素数定理** (prime number theorem, 1896 年)

$$\pi(x) \sim \mathrm{Li}\,(x) \sim \frac{x}{\log x}$$

说的是 $\mathrm{Re}\,(\rho) < 1$, 由此得到的是远比 Riemann 猜想弱的结果.

Riemann 猜想是个没有解决的难题, 解决这个猜想的形形色色的尝试成了数学发展的原动力.

§7.2 Riemann ζ 与 Dirichlet L

(a) Riemann ζ 的函数方程

我们将采用并说明 Riemann 所发现的第二积分表示. 这个函数方程的一目了然的对称性是个卓越的性质.(在第三章中我们曾使用了第一积分表示, 它方便于特殊值的计算.)

定理 7.1 令完全 Riemann ζ 为

$$\widehat{\zeta}(s)=\pi^{-\frac{s}{2}}\Gamma(\frac{s}{2})\zeta(s).$$

此时, $\widehat{\zeta}(s)$ 除在 $s=1,0$ 为极点之外, 在整个复平面为全纯函数, 并满足函数方程

$$\widehat{\zeta}(s)=\widehat{\zeta}(1-s).$$

[证明] 对于 $x>0$ 令

$$\psi(x)=\sum_{n=1}^{\infty}e^{-\pi n^2 x}.$$

根据 Γ 函数的定义

$$\Gamma(s)=\int_0^{\infty}e^{-x}x^{s-1}dx \qquad (\mathrm{Re}\,(s)>0),$$

知有

$$\widehat{\zeta}(s)=\int_0^{\infty}\psi(x)x^{\frac{s}{2}-1}dx$$

($\mathrm{Re}\,(s)>1$). 这便是 “第二积分表示”. 将此积分在 $x=1$ 处分割开, 有

$$\widehat{\zeta}(s)=\int_0^{1}\psi(x)x^{\frac{s}{2}-1}dx+\int_1^{\infty}\psi(x)x^{\frac{s}{2}-1}dx.$$

这里, 前一个积分在变量替换 $x\to\dfrac{1}{x}$ 可写为

$$\int_0^{1}\psi(x)x^{\frac{s}{2}-1}dx=\int_1^{\infty}\psi(\frac{1}{x})x^{-\frac{s}{2}-1}dx.$$

因此, 像 Jacobi 那样使用等式 (这是自守形式的变换的一个例子, 也是 Poisson 和公式的一个例子)

$$2\psi\left(\frac{1}{x}\right)+1=x^{\frac{1}{2}}(2\psi(x)+1),$$

从而有

$$\begin{aligned}\widehat{\zeta}(s)&=\int_1^{\infty}\psi(x)\left(x^{\frac{s}{2}}+x^{\frac{1-s}{2}}\right)\frac{dx}{x}+\frac{1}{2}\int_1^{\infty}\left(x^{\frac{1}{2}}-1\right)x^{-\frac{s}{2}-1}dx\\&=\int_1^{\infty}\psi(x)(x^{\frac{s}{2}}+x^{\frac{1-s}{2}})\frac{dx}{x}+\frac{1}{s(s-1)}.\end{aligned}$$

于是由此得到了证明. ∎

这个函数方程是 Euler 在 1749 年以其朴素的形式所发现的, 而在 1859 年 Riemann 证明了上面的那个定型化了的形式. 顺便说一下, 在 Euler 原本的论文中所谓

$$\odot: \quad 1^m - 2^m + 3^m - 4^m + 5^m - 6^m + 7^m - 8^m + \cdots$$

与

$$☽: \quad \frac{1}{1^n} - \frac{1}{2^n} + \frac{1}{3^n} - \frac{1}{4^n} + \frac{1}{5^n} - \frac{1}{6^n} + \frac{1}{7^n} - \frac{1}{8^n} + \cdots$$

这两个当 $n = m+1$ 时实质上相等是以太阳和月亮的对偶的形式来叙述的, Euler 以 $n = m+1 = 2, 3, 4, \cdots$ 时 ("巧妙处理" 发散级数地) 证明了

$$\frac{\odot}{☽} = -\frac{1\cdot 2\cdot 3\cdots(n-1)}{(2^{n-1}-1)\pi^n}(2^n-1)\cos\left(\frac{n\pi}{2}\right).$$

"$\odot$" 和 "☽" 所支配的世界按照太阳和月亮来划分昼夜, 尽管它们收敛区域不同, 但是却依照函数方程相联系. 请读者注意

$$\sum_{n=1}^{\infty}(-1)^{n-1}n^{-s} = (1-2^{1-s})\zeta(s),$$

从而弄清楚 Euler 的断言 (参看习题 7.7).

(b) Dirichlet L 函数的函数方程

设

$$L(s,\chi) = \sum_{n=1}^{\infty}\chi(n)n^{-s} = \prod_{p}(1-\chi(p)p^{-s})^{-1}$$

为对应于 mod N 的本原特征 χ 的 Dirichlet L 函数 (§3.1, "本原特征" 的意思请参看 §5.2(e)). 特征可区分为偶特征, 即 $\chi(-1) = 1$, 以及奇特征, 即 $\chi(-1) = -1$ (因为 $\chi(-1)^2 = \chi((-1)^2) = \chi(1) = 1$, 故 $\chi(-1) = \pm 1$). 相应于此, 令

$$\varepsilon(\chi) = \begin{cases} 0 & \chi \text{ 为偶特征} \\ 1 & \chi \text{ 为奇特征}. \end{cases}$$

进一步, 由 $\Gamma_{\mathbb{R}}(s) = \pi^{-\frac{s}{2}}\Gamma\left(\frac{s}{2}\right)$ 定义完全 Dirichlet L 函数

$$\widehat{L}(s,\chi) = N^{\frac{s}{2}}\Gamma_{\mathbb{R}}(s+\varepsilon(\chi))L(s,\chi).$$

记 $e(x) = e^{2\pi ix}$, 并令 Gauss 和 $G(\chi)$ 为

$$G(\chi) = \sum_{k=0}^{N-1}\chi(k)e\left(\frac{k}{N}\right).$$

定理 7.2 当 $\chi \neq \mathbf{1}_N$(平凡特征) 时, $L(s,\chi)$ 是可解析延拓为整个复平面上的全纯函数, 并满足函数方程

$$\widehat{L}(s,\chi) = W(\chi)\widehat{L}(1-s,\bar{\chi}).$$

这里

$$W(\chi) = \frac{G(\chi)}{i^{\varepsilon(\chi)}\sqrt{N}}$$

是绝对值为 1 的复数.

[证明] 根据在 §5.2(e) 所证明的关于 Gauss 和的结果知有 ((5.3) 式)

$$\chi(n)G(\bar{\chi}) = \sum_{k=1}^{N-1} \bar{\chi}(k) e\left(\frac{kn}{N}\right) \tag{7.2}$$

以及 (命题 5.16)

$$|G(\bar{\chi})| = \sqrt{N}.$$

(1) 当 $\chi(-1) = 1$ 时, 令

$$\psi_\chi(x) = \frac{1}{2}\sum_{m=-\infty}^{\infty} \chi(m) e^{-\pi x m^2/N} = \sum_{m=1}^{\infty} \chi(m) e^{-\pi x m^2/N}.$$

由 (7.2) 有

$$\begin{aligned}
G(\bar{\chi})\psi_\chi(x) &= \frac{1}{2}\sum_{k=1}^{N-1}\bar{\chi}(k)\sum_{n=-\infty}^{\infty} e^{-\pi x n^2/N + 2\pi i k n/N}\\
&= \frac{1}{2}\sum_{k=1}^{N-1}\bar{\chi}(k)\left(\frac{N}{x}\right)^{\frac{1}{2}}\sum_{n=-\infty}^{\infty} e^{-(n+\frac{k}{N})^2\pi N/x}\\
&= \frac{1}{2}\left(\frac{N}{x}\right)^{\frac{1}{2}}\sum_{k=1}^{N-1}\bar{\chi}(k)\sum_{n=-\infty}^{\infty} e^{-(nN+k)^2\pi/xN}\\
&= \frac{1}{2}\left(\frac{N}{x}\right)^{\frac{1}{2}}\sum_{m=-\infty}^{\infty}\bar{\chi}(m) e^{-m^2\pi/xN}\\
&= \left(\frac{N}{x}\right)^{\frac{1}{2}}\psi_{\bar{\chi}}\left(\frac{1}{x}\right).
\end{aligned}$$

(在这里用到了 Fourier 变换和 Poisson 和公式.) 因为依 Γ 函数的公式有

$$\widehat{L}(s,\chi) = \int_0^\infty \psi_\chi(x) x^{\frac{s}{2}-1} dx,$$

故

$$\begin{aligned}\widehat{L}(s,\chi) &= \int_0^1 \psi_\chi(x)x^{\frac{s}{2}-1}dx + \int_1^\infty \psi_\chi(x)x^{\frac{s}{2}-1}dx \\ &= \int_1^\infty \psi_\chi\left(\frac{1}{x}\right)x^{-\frac{s}{2}-1}dx + \int_1^\infty \psi_\chi(x)x^{\frac{s}{2}-1}dx \\ &= \int_1^\infty \psi_\chi(x)x^{\frac{s}{2}}\frac{dx}{x} + \frac{N^{\frac{1}{2}}}{G(\bar{\chi})}\int_1^\infty \psi_{\bar{\chi}}(x)x^{\frac{1-s}{2}}\frac{dx}{x}.\end{aligned}$$

从而得到

$$\widehat{L}(s,\chi) = \frac{G(\chi)}{\sqrt{N}}\widehat{L}(1-s,\bar{\chi}).$$

(2) 当 $\chi(-1)=-1$ 时, 令

$$\varphi_\chi(x) = \frac{1}{2}\sum_{m=-\infty}^{\infty} m\chi(m)e^{-\pi x m^2/N} = \sum_{m=1}^{\infty} m\chi(m)e^{-\pi x m^2/N}.$$

与 (1) 同样进行, 得到

$$G(\bar{\chi})\varphi_\chi(x) = \frac{\sqrt{-1}N^{\frac{1}{2}}}{x^{\frac{3}{2}}}\varphi_{\bar{\chi}}\left(\frac{1}{x}\right).$$

进一步有

$$\begin{aligned}N^{\frac{1}{2}}\widehat{L}(s,\chi) &= \int_0^\infty \varphi_\chi(x)x^{\frac{s-1}{2}}dx \\ &= \int_1^\infty \varphi_\chi(x)x^{\frac{s-1}{2}}dx + \frac{\sqrt{-1}N^{\frac{1}{2}}}{G(\bar{\chi})}\int_1^\infty \varphi_{\bar{\chi}}(x)x^{-\frac{s}{2}}dx,\end{aligned}$$

从而成立

$$\widehat{L}(s,\chi) = \frac{G(\chi)}{\sqrt{-1}\sqrt{N}}\widehat{L}(1-s,\bar{\chi}).$$ ∎

(i) 从函数方程也可得知 $|W(\chi)|=1$: 由

$$\widehat{L}(s,\chi) = W(\chi)\widehat{L}(1-s,\chi)$$

以及

$$\widehat{L}(1-s,\bar{\chi}) = \overline{\widehat{L}(1-s,\chi)} = \overline{W(\chi)\widehat{L}(\bar{s},\bar{\chi})} = \overline{W(\chi)}\widehat{L}(s,\chi)$$

得到 $W(\chi)\overline{W(\chi)}=1$. 这便得到了 $|G(\chi)|=\sqrt{N}$ 的另一个证明. 同样地可知, $W(\bar{\chi}) = \overline{W(\chi)} = W(\chi)^{-1}$.

(ii) χ 为实特征 ($\chi^2=\mathbf{1}$) 时有 $W(\chi)=1$. 这与 Gauss 的结果

$$G(\chi) = \begin{cases}\sqrt{N} & \chi \text{ 为偶特征} \\ i\sqrt{N} & \chi\text{为奇特征}\end{cases}$$

等价. 这由对应于 χ 的二次域的 Dedekind ζ 的函数方程就能够明白 (参照习题 7.2).

(iii) 由函数方程知, $L(s,\chi)$ 当 $\mathrm{Re}\,(s)<0$ 时只在

$$\chi: \text{偶特征时 } s=-2,-4,-6,\cdots$$
$$\chi: \text{奇特征时 } s=-1,-3,-5,\cdots$$

有一阶零点.

§7.3 素数定理

(a) 零点的不存在

素数定理的证明基于下面的事实.

定理 7.3 对于 $\mathrm{Re}\,(s)\geqslant 1$

$$\zeta(s)\neq 0.$$

[证明] 在 $\mathrm{Re}\,(s)>1$ 时没有零点的事实由 Euler 的乘积表达式就能明白. 而在 $\mathrm{Re}\,(s)=1$ 时没有零点可按如下方式证明. 我们注意到, 对于 $\sigma>1$ 与实数 t, 由 Euler 积可得到

$$\log|\zeta(\sigma+it)|=\sum_{p:\text{素数}}\sum_{m=1}^{\infty}\frac{p^{-m\sigma}}{m}\cos(mt\log p).$$

(另外, 由此表示也可看出在 $\mathrm{Re}\,(s)>1$ 没有零点.) 现在我们要由假定 $\zeta(1+it)=0$ $(t\neq 0)$ 来导出矛盾. 首先, 当 $\sigma>1$ 时有

$$\begin{aligned}&\log|\zeta(\sigma)^3\zeta(\sigma+it)^4\zeta(\sigma+2it)|\\&=\sum_p\sum_m\frac{p^{-m\sigma}}{m}\{3+4\cos(mt\log p)+\cos(2mt\log p)\}\\&=2\sum_p\sum_m\frac{p^{-m\sigma}}{m}(1+\cos(mt\log p))^2\geqslant 0.\end{aligned}$$

因此,

$$|\zeta(\sigma)^3\zeta(\sigma+it)^4\zeta(\sigma+2it)|\geqslant 1.$$

另一方面, 当 $\sigma\downarrow 1$ 时,

$$\begin{aligned}&\zeta(\sigma)^3\sim\frac{1}{(\sigma-1)^3},\\&\zeta(\sigma+it)=O((\sigma-1)^4),\\&\zeta(\sigma+2it)=O(1),\end{aligned}$$

从而

$$\lim_{\sigma\downarrow 1}\zeta(\sigma)^3\zeta(\sigma+it)^4\zeta(\sigma+2it)=0.$$

矛盾. ∎

(b) Riemann 显式公式

Riemann 研究了素数的分布, 得到了显式公式.

定理 7.4 (Riemann 显式公式,1859 年) 对于 $x>1$, 成立

$$\sum_{m=1}^{\infty}\frac{1}{m}\pi\left(x^{\frac{1}{m}}\right)=\mathrm{Li}\,(x)-\sum_{\rho}\mathrm{Li}\,(x^{\rho})+\int_x^{\infty}\frac{dx}{t(t^2-1)\log t}-\log 2.$$

其中 $\mathrm{Li}\,(x)$ 为对数积分, ρ 取遍 $\zeta(s)$ 的满足 $0<\mathrm{Re}\,(\rho)<1$ 的所有零点 (它们等于 $\zeta(s)$ 的虚零点, 称其为**非平凡零点**或者**本性零点**, 对于 ρ 的和是将 ρ 与 $1-\rho$ 放在一起编组的.

[证明] 令

$$\Pi(x)=\sum_{m=1}^{\infty}\frac{1}{m}\pi\left(x^{\frac{1}{m}}\right)=\sum_{p^m\leqslant x}\frac{1}{m}.$$

首先断言成立

$$\frac{\log\zeta(s)}{s}=\int_1^{\infty}\Pi(x)x^{-s-1}dx=\int_0^{\infty}\Pi(x)x^{-s-1}dx.$$

事实上,

$$\begin{aligned}\text{右边}&=\sum_{m=1}^{\infty}\frac{1}{m}\int_1^{\infty}\pi(x^{\frac{1}{m}})x^{-s-1}dx=\sum_{m=1}^{\infty}\frac{1}{m}\sum_{p}\int_{p^m}^{\infty}x^{-s-1}dx\\&=\sum_{m=1}^{\infty}\frac{1}{m}\sum_{p}\frac{1}{s}p^{-ms}=\frac{\log\zeta(s)}{s}.\end{aligned}$$

于是按照 Fourier 变换 (Mellin 逆变换), 对 $c>1$ 有

$$\begin{aligned}\Pi(x)&=\frac{1}{2\pi i}\int_{c-i\infty}^{c+i\infty}\frac{\log\zeta(s)}{s}x^s ds\\&=-\frac{1}{2\pi i}\frac{1}{\log x}\int_{c-i\infty}^{c+i\infty}\frac{d}{ds}\left[\frac{\log\zeta(s)}{s}\right]x^s ds.\end{aligned}$$

在此将 $\zeta(s)$ 因式分解 (精确的形式为 §7.1 的 (7.1))

$$\zeta(s)\cong\frac{1}{s-1}\prod_{\rho}(s-\rho)\prod_{m=1}^{\infty}(s+2m)$$

并将其代入, 便可计算得

$$\Pi(x) = \mathrm{Li}\,(x) - \sum_{\rho} \mathrm{Li}\,(x^{\rho}) + \int_x^{\infty} \frac{dt}{t(t^2-1)\log t} - \log 2$$

(参看习题 7.3). 这里右端第一项贡献了 $s=1$(极点), 第二项贡献了由 $s=\rho$ 得到的虚零点, 而第三项则贡献了来自 $s=-2m$ $(m=1,2,3,\cdots)$ 的平凡零点. ∎

(c) 素数定理

定理 7.5 (素数定理: Hadamard, de la Vallée-Poussin, 1896 年)

$$\pi(x) \sim \frac{x}{\log x} \qquad (x \to \infty).$$

[证明] 根据定理 7.4 有

$$\pi(x) - \mathrm{Li}\,(x) = -\sum_{m=2}^{\infty} \frac{1}{m}\pi\left(x^{\frac{1}{m}}\right) - \sum_{\rho} \mathrm{Li}\,(x^{\rho}) + \int_x^{\infty} \frac{dt}{t(t^2-1)\log t} - \log 2.$$

根据定理 7.3, 并且因为 $\mathrm{Re}\,(\rho) < 1$, 从而有 $\dfrac{\mathrm{Li}\,(x^{\rho})}{(x/\log(x))} \to 0$, 利用这个结果知, 如果取和 $\sum\limits_{\rho}$ 与取极限可以交换的话, 那么

$$\lim_{x\to\infty} \frac{\pi(x) - \mathrm{Li}\,(x)}{(x/\log x)} = 0.$$

然而, 就这样对原来的形式取逐项极限时, 尚有些微妙之处. 为了能处理它, 通常不直接使用 $\pi(x)$, 而是考虑

$$\psi(x) = \sum_{p^m \leqslant x} \log p.$$

代替 Riemann 显式公式 (定理 7.4) 的使用, 以与其相同方式得到的下面 (1)—(4) 等公式. ((1),(2) 出现在 Riemann 的 1859 年的手稿中.)

(1)

$$\begin{aligned}\psi(x) &= x - \sum_{\rho} \frac{x^{\rho}}{\rho} + \sum_{m=1}^{\infty} \frac{x^{-2m}}{2m} + \log(2\pi) \\ &= x - \sum_{\rho} \frac{x^{\rho}}{\rho} + \frac{1}{2}\log\left(\frac{x^2}{x^2-1}\right) + \log(2\pi).\end{aligned}$$

(von Mangoldt 于 1895 年在 *Crelle J.*$\mathbf{114}$ 中给出了证明.)

(2)

$$\int_0^x \psi(t)dt = \frac{x^2}{2} - \sum_{\rho} \frac{x^{\rho+1}}{\rho(\rho+1)} - \sum_{m=1}^{\infty} \frac{x^{-2m+1}}{2m(2m-1)} + \log(2\pi)\cdot x + (\mathrm{const.}).$$

(3)

$$\int_0^x \frac{\psi(t)}{t}dt = x - \sum_\rho \frac{x^\rho}{\rho^2} - \sum_{m=1}^{\infty} \frac{x^{-2m}}{(2m)^2} + (\log 2\pi)\cdot \log x + (\text{const.}).$$

(Hadamard 所采用的形式.)

(4)

$$\int_0^x \frac{\psi(t)}{t^2}dt = \log x - \sum_\rho \frac{x^{\rho-1}}{\rho(\rho-1)} - \sum_{m=1}^{\infty} \frac{x^{-2m-1}}{2m(2m+1)} - (\log 2\pi)\cdot\frac{1}{x} + (\text{const.}).$$

(de la Vallée-Poussin 所采用的形式.)

例如, 由 (2) 得出

$$\int_0^x \psi(t)dt \sim \frac{x^2}{2} \Rightarrow \psi(x) \sim x \Rightarrow \pi(x) \sim \frac{x}{\log x}.$$

另外, 在 (1)—(4) 中的 $\log(2\pi)$ 原本是作为 $-\dfrac{\zeta'(0)}{\zeta(0)}$ 出现的. □

我们有下面的等价.

$$\text{Riemann 猜想} \underset{\text{von Koch,1901年}}{\iff} \pi(x) = \mathrm{Li}\,(x) + O(x^{\frac{1}{2}}\log x)$$

$$\iff \pi(x) = \mathrm{Li}\,(x) + O(x^{\frac{1}{2}+\varepsilon})\ (\varepsilon > 0).$$

这些可以通过 Riemann 显式公式得到理解. 另外, 已经证明上式右端的 $\dfrac{1}{2}$ 不能改进为更小的数了. 这意味着 Riemann 猜想推导出了终极的素数分布定理.

如此一来, 因为 $\pi(x)$ 的估值可由 $\dfrac{x}{\log x}$ 按 $\mathrm{Li}\,(x)$ 逼近, 所以研究 $\pi(x)-\mathrm{Li}\,(x)$ 的精确程度成了一个课题. 譬如 Riemann(1859) 曾注意过, 虽然根据 Gauss 等人计算的

$$\pi(x) < \mathrm{Li}\,(x)$$

在 $x \leqslant 10^5$ 时成立, 但对于一般的 x 他觉得并非如此. 因为这可从 Riemann 显式公式得到

$$\pi(x) = \mathrm{Li}\,(x) - \frac{1}{2}\mathrm{Li}\,(x^{\frac{1}{2}}) - \sum_\rho \mathrm{Li}\,(x^\rho) + \cdots$$

(如果 Riemann 猜想成立, 则 $\mathrm{Re}\,(\rho) = \dfrac{1}{2}$), 故从理论上有这样的想法. 然而, Littlewood(1914) 详细分析了上面写出的表达式 (特别是关于 ρ 的求和项), 据此证明了当 $x \to \infty$ 时,

$$\pi(x) - \mathrm{Li}\,(x)$$

的符号无限次地改变, 到这时的猜测便被打碎了. 这是一个清楚地表现了计算与理论不相符的例子. 再有, 人们还在逐步地改进使 $\pi(x) > \mathrm{Li}\,(x)$ 成立的最小 x 的范围:

Skews(1955) 的界限: $x \leqslant \exp\exp\exp\exp(7.705)$.

Lehman(1960) 的界限: $x \leqslant 1.65 \times 10^{1165}$.

te Riele(1987) 的界限: $x \leqslant 6.69 \times 10^{370}$.

逐渐在缩小 (在这个计算中的重要之处是对 ρ 的数值计算), 但是到现在仍不知道 x 的具体例子.

(d) Riemann 的 ζ 研究

Riemann 对 ζ 研究的全部内容, 包括未发表内容的原稿, 因 Riemann 英年早逝还有许多未知的部分. 自己所发表的只有 1859 年的报告. 在那里阐述了以下的内容:

(1) 第一积分表示

(2) 第二积分表示

(3) 素数的显式公式

(4) Riemann 猜想.

(1) 即我们在第三章所用过的表示

$$\zeta(s) = \frac{1}{\Gamma(s)} \int_0^\infty \frac{x^{s-1}}{e^x - 1} dx,$$

正如在第三章中所见到的那样, 它适用于 s 为不大于 0 的整数时的求值. 另外, 从这个表示出发, 用改变积分路径的办法可以得到在全平面的解析延拓和函数方程 (习题 7.7 中的方程. 它等价于定理 7.1 的函数方程, 然而这里的是非对称形式).

(2) 是定理 7.1 的证明中所使用的积分表示, 清晰地显示出左边和右边完全对称的函数方程 (定理 7.1). 这个方法可以推广到自守形式的 ζ 等, 以及大范围的 ζ.

(3) 即定理 7.4.

(4) 的 Riemann 猜想成了一个特别充满神秘感的陈述.

那么, Riemann 的研究到底具有什么样的深度? 通过对其遗稿 (手稿) 的研究便可逐渐明白. 例如, 我们知道了他做了如下一些工作:

(5) 第三积分表示与 Riemann–Siegel 公式

(6) 零点的计算

(7) 素数定理

(5) 为 Siegel 在 1932 年解读出来的内容, 对零点的计算发挥了威力. 我们已知的 $\zeta(s)$ 的 30 亿个零点满足 Riemann 猜想的事实也归功于 (5).

在 (6) 的计算中, Riemann 用 (5) 详细地求出了 (手算) 在 $0 < \mathrm{Im}(\rho) < 100$ 范围内的零点的位置. 例如, 对于最初的零点得到了结果

$$\rho = 0.5 + i(14.14\cdots).$$

现在对此的详细计算结果为

$$\rho = 0.5 + i(14.134\,725\,14\cdots),$$

与此相比较, 他的计算并非相形见绌. 特别地, 在此计算中间他证明了

$$\begin{aligned}\sum_\rho \frac{1}{\rho} &= \sum_{\mathrm{Im}(\rho)>0}\left(\frac{1}{\rho}+\frac{1}{1-\rho}\right)=\frac{\gamma}{2}+\frac{\log\pi}{2}+1-\frac{\zeta'}{\zeta}(0)\\ &=\frac{\gamma}{2}+\frac{\log\pi}{2}+1-\log(2\pi)\\ &=\frac{\gamma}{2}-\frac{\log\pi}{2}-\log 2+1,\end{aligned}$$

并用手算得到

$$\sum_\rho \frac{1}{\rho}=0.023\,095\,708\,966\,121\,033\,81\cdots.$$

这只不过是 Riemann 对零点研究方面的一瞥罢了.

在 (7) 中对 $\psi(x)=\sum_{p^m\leqslant x}\log p$ 进行了研究, 而得到了显式公式 ((c) 小节的 (1),(2)). 这大概就是收敛性问题 (参看定理 7.5 的证明) 的出处吧.

至此, 这仅是我们所知的 Riemann 对于 ζ 的研究, 远较想象的深刻.

(e) Dirichlet 素数定理

定理 7.6 (Dirichlet 素数定理, 1837 年) 对于互素的自然数 N, a, 存在无限多个与 $a \bmod N$ 同余的素数. 就是说, 令

$$\pi_{N,a}(x)=\#\{\text{素数}\, p\leqslant x | p\equiv a \mod N\},$$

则

$$\lim_{x\to\infty}\pi_{N,a}(x)=+\infty.$$

[证明] 考虑对于群 $(\mathbb{Z}/N\mathbb{Z})^\times$ 的特征的正交关系式 (例如参照岩波讲座 "现代数学基础" 的《群论》(寺田至 · 园田耕一郎著, 1997) 的定理 2.45 (还可见 *Linear Representations of Finite Group*, J-P Serre, GTM 42 —— 译者注.)), 于是有

$$\frac{1}{\varphi(N)}\sum_{\chi:\ \mathrm{mod}\ N\text{的特征}}\bar{\chi}(a)\log L(s,\chi)=\sum_{\substack{p\\ p^m\equiv a \mod N}}\sum_m \frac{1}{m}p^{-ms}$$

($\varphi(N)$ 为 $(\mathbb{Z}/N\mathbb{Z})^\times$ 的阶数). 因此有

$$\begin{aligned}&\sum_{p\equiv a \mod N}p^{-s}-\frac{1}{\varphi(N)}\log L(s,\mathbf{1}_N)\\ &=\frac{1}{\varphi(N)}\sum_{\chi\neq\mathbf{1}_N}\bar{\chi}(a)\log L(s,\chi)-\sum_{\substack{p\\ p^m\equiv a \mod N}}\sum_{m\geqslant 2}\frac{1}{m}p^{-ms},\end{aligned}$$

如果当 $\chi\neq\mathbf{1}_N$ (平凡特征) 时, 能知道 $L(1,\chi)\neq 0$, 那么右端在 $s\downarrow 1$ 时为有限从而得到定理. $L(1,\chi)\neq 0$ 的证明可分为虚和实的两种情形.

① χ 为虚 $(\chi \neq \bar{\chi})$ 时: 考虑

$$F(s)=\prod_{\omega:\ \bmod N\text{的特征}} L(s,\omega).$$

当 $s>1$ 时由

$$\log F(s)=\varphi(N)\sum_{\substack{p \\ p^m\equiv 1 \bmod N}}\sum_{m}\frac{1}{m}p^{-ms}>0$$

有 $F(s)\geqslant 1$. 特别取 $s\downarrow 1$ 有 $F(1)\geqslant 1$.

另一方面, 设 $L(1,\chi)=0$, 则由 $L(1,\bar{\chi})=\overline{L(1,\chi)}=0$, 有

$$F(s)=L(s,\mathbf{1}_N)\times L(s,\chi)\times L(s,\bar{\chi})\times(\text{全纯函数})$$

在 $s=1$ 处具有不小于一阶的零点, 因此 $F(1)=0$, 从而矛盾.

② χ 为实 $(\chi=\bar{\chi})$ 时: 有两种方法.

$$\begin{cases}\text{用 Dirichlet 的类数公式, Dirichlet 的最初的方法 (1837 年)}\\ \text{解析证明, de la Vallée-Poussin 的方法 (1896 年).}\end{cases}$$

第一种方法是将 $L(1,\chi)$ 与对应于 χ 的二次域的类数联系起来. 在对应的二次域为虚二次域的情形, 根据第三章知 $L(1,\chi)$ 为 (虚二次域的类数)×(简单的非零数), 故 $L(1,\chi)\neq 0$. 在实二次域的情形, Dirichlet 给出了与虚二次域同样的类数公式 (§7.5 的 (7.3) 式).

现叙述第二种方法. 假设 $L(1,\chi)=0$. 令

$$G(s)=\frac{L(s,\chi)L(s,\mathbf{1}_N)}{L(2s,\mathbf{1}_N)}=\prod_{\chi(p)=1}\frac{1+p^{-s}}{1-p^{-s}}=\sum_{m=1}^{\infty}a_n n^{-s}.$$

它在 $\operatorname{Re}(s)>\dfrac{1}{2}$ 处全纯且 $s\to\dfrac{1}{2}$ 时 $G(s)\to 0$. 另外还有 $a_n\geqslant 0$ $(a_1=1)$. 因为在 $|s-2|<\dfrac{3}{2}$ 内 $G(s)$ 为全纯, 故有 Taylor 展开

$$G(s)=\sum_{m=0}^{\infty}\frac{G^{(m)}(2)}{m!}(s-2)^m.$$

这里

$$G^{(m)}(2)=(-1)^m\sum_{n=1}^{\infty}a_n(\log n)^m n^{-2},$$

从而当 $\dfrac{1}{2}<s<2$ 成立

$$G(s)=\sum_{m=0}^{\infty}\frac{1}{m!}\left(\sum_{n=1}^{\infty}\frac{a_n(\log n)^m}{n^2}\right)(2-s)^m.$$

特别地, 当 $\frac{1}{2} < s < 2$ 时有

$$G(s) \geqslant G(2) = \sum_{n=1}^{\infty} \frac{a_n}{n^2} \geqslant \frac{a_1}{1^2} = 1.$$

因此当 $s \downarrow \frac{1}{2}$ 时便引出了矛盾. ∎

上面写出的结果是 Dirichlet 的原来结果 (1837 年). 将其改进可得到

$$\pi_{N,a}(x) \sim \frac{1}{\varphi(N)} \frac{x}{\log x} \qquad (x \to \infty)$$

(de la Vallée-Poussin, 1896 年).

例如, 考虑 $N = 4$, 则

$$\pi_{4,1}(x) \sim \frac{1}{2} \frac{x}{\log x}$$

及

$$\pi_{4,3}(x) \sim \frac{1}{2} \frac{x}{\log x},$$

从而

$$\lim_{x \to \infty} \frac{\pi_{4,1}(x)}{\pi_{4,3}(x)} = 1.$$

这里通过计算得到

x	10	20	30	40	50	100	150	200	$\cdots$
$\pi_{4,1}(x)$	1	3	4	5	6	10	16	21	$\cdots$
$\pi_{4,3}(x)$	2	4	5	6	8	13	18	24	$\cdots$

从中我们看到总是有 $\pi_{4,1}(x) \leqslant \pi_{4,3}(x)$; Tschebycheff (1853) 注意到这个事实, 并猜想它对于一般的 x 也成立. 但是 Littlewood(1914) 证明了 $\pi_{4,1}(x) - \pi_{4,5}(x)$ 无限次地改变符号, 从而判定 Tschebycheff 的猜想不成立. 另外, 使得 $\pi_{4,1}(x) > \pi_{4,3}(x)$ 的最小的 x 为 26861, 此时 $\pi_{4,1}(x) = 1473$, $\pi_{4,3}(x) = 1472$ (Leech, 1957).

§7.4　$\mathbb{F}_p[T]$ 的情形

有理整数环 $\mathbb{Z}$ 与多项式环 $\mathbb{F}_p[T]$, 以及它们的商域 $\mathbb{Q}$ 与 $\mathbb{F}_p(T)$ 正如在 §6.1 说过的那样, 是相似的. 进一步, 数域 ($\mathbb{Q}$ 的有限次扩域) 与函数域 ($\mathbb{F}_p(T)$ 的有限次扩域) 具有类似的性质, 从而成了引导数论的一条线索.

这里我们来看一看 ζ 吧. 这方面的研究是由年仅 20 多岁的德国青年 Kornblum (1890—1914) 在第一次世界大战中战死前所遗留下的论文开创的. (那篇论文经 Landau 之手在 Kornblum 死后的 1919 年发表.)

Kornblum 考虑了下面的对应关系

$$\mathbb{F}_p[T] \longleftrightarrow \mathbb{Z}$$

$$\text{最高次项系数为 1 的多项式} \longleftrightarrow \text{自然数}$$

$$\text{最高次项系数为 1 的不可约多项式 } h \longleftrightarrow \text{素数 } p$$

$$\text{范 } N(h) = p^{\deg(h)} \longleftrightarrow N(p) = |p|$$

$$\zeta_{\mathbb{F}_p[T]}(s) = \prod_{h:\text{首 1、不可约}} (1 - N(h)^{-s})^{-1} \longleftrightarrow \zeta_{\mathbb{Z}}(s) = \prod_{p:\text{素数}} (1 - p^{-s})^{-1} = \zeta(s).$$

Kornblum 证明了下面的结果.

定理 7.7 (Kornblum)

(1) $\zeta_{\mathbb{F}_p[T]}(s) = (1 - p^{1-s})^{-1}$.

(2) (Dirichlet 素数定理的类比) 当 $a(T), b(T) \in \mathbb{F}_p[T]$ 为互素的非零多项式时, 则存在无限多个最高次项系数为的 1 的不可约多项式 $h(T)$ 使得

$$h(T) \equiv b(T) \mod a(T).$$

[证明] (1) 利用 $\mathbb{F}_p[T]$ 为主理想整环 (因而为唯一分解整环) 得到

$$\zeta_{\mathbb{F}_p[T]}(s) = \sum_{\substack{f(T) \in \mathbb{F}_p[T] \\ \text{最高次项系数为 1 的多项式}}} N(f)^{-s}.$$

然而, $N(f) = p^{\deg(f)}$ (在 $\zeta(s)$ 的情形时它的类比为

$$\prod_{p:\text{素数}} (1 - p^{-s})^{-1} = \sum_{n=1}^{\infty} n^{-s}.)$$

在此的最高项系数为 1 的 k 次多项式

$$a_0 + a_1 T + \cdots + a_{k-1} T^{k-1} + T^k \ (a_0, \cdots, a_{k-1} \in \mathbb{F}_p)$$

具有以上形式, 故总共有 p^k 个. 因此,

$$\zeta_{\mathbb{F}_p[T]}(s) = \sum_{k=0}^{\infty} p^k \cdot p^{-ks} = (1 - p^{1-s})^{-1}.$$

(2) 模仿 Dirichlet 的证明 (§7.3(e)), 我们考虑对于特征

$$\chi : (\mathbb{F}_p[T]/(a(T)))^{\times} \to \mathbb{C}^{\times}$$

的 L 函数

$$L_{\mathbb{F}_p[T]}(s, \chi) = \prod_{h} (1 - \chi(h) N(h)^{-s})^{-1}.$$

其中 h 遍历不能除尽 $a(T)$ 的最高次项系数为 1 的不可约多项式. 此时, 断言 "如果 $\chi \neq \mathbf{1}$ 有 $L_{\mathbb{F}_p[T]}(1,\chi) \neq 0$" 可以按 Dirichlet L 函数的情形一样地证明. (进而, 当 $\chi \neq \mathbf{1}$ 时知 $L_{\mathbb{F}_p[T]}(s,\chi)$ 为 p^{-s} 的多项式.) 由此得到了 (2). ∎

以 Kornblum 的研究为出发点, 进而有对 $\mathbb{F}_p[T]$ 的有限次扩张环的 ζ 研究 (Artin, 特别在二次扩张环的情形), 在其中已知类比的 Riemann 猜想成立 (Artin 提出猜想, 在 Hasse 证明了其中一部分后, Weil 完成了证明).(其证明在岩波讲座 "现代数学的发展" 的《Weil 猜想与 Etale 上同调》中有所讲解.) 还有, 值得注意 $\zeta_{\mathbb{Z}}(s)$ 以及 $\zeta_{\mathbb{F}_p[T]}(s)$ 还可推广到如下形式的环 (更广的, 概形) 上的 Hasse ζ.

对于 $\mathbb{Z}$ 上有限生成的交换环 A, 令

$$\zeta_A^{\text{Hasse}}(s) = \prod_{\text{极大理想 } \boldsymbol{m} \subset A} (1 - N(\boldsymbol{m})^{-s})^{-1}.$$

这里的 $\boldsymbol{m}$ 遍历 A 的全部极大理想, $N(\boldsymbol{m}) = \#(A/\boldsymbol{m})$. 例如, $\zeta_{\mathbb{Z}}^{\text{Hasse}}(s) = \zeta(s)$, $\zeta_{\mathbb{F}_p[T]}^{\text{Hasse}}(s) = \zeta_{\mathbb{F}_p[T]}(s)$, 这由 $\mathbb{Z}$ 以及 $\mathbb{F}_p[T]$ 为主理想整环就立即得知.

§7.5 Dedekind ζ 与 Hecke L

在这一节中我们将讨论作为 Riemann ζ 到数域上推广的 Dedekind ζ 以及作为 Dirichlet L 函数到数域上推广的 Hecke L 函数. 而且, 将证明与 Dedekind ζ 函数相关联的数域的理想类群, 单位群的 "数域的类数公式", 从而由此推导出在 §4.3 中所叙述的 "虚二次域的类数公式".

数域 K 的 Dedekind ζ 是

$$\zeta_K(s) = \prod_{\boldsymbol{p}} (1 - N(\boldsymbol{p})^{-s})^{-1} = \sum_{\boldsymbol{a}} N(\boldsymbol{a})^{-s}.$$

在这里的 $\boldsymbol{p}$ 遍历 O_K 的极大理想 (非零的素理想), $\boldsymbol{a}$ 遍历 O_K 的非零理想, $N(\boldsymbol{a}) = \#(O_K/\boldsymbol{a})$. $\zeta_K(s)$ 在 $\mathrm{Re}(s) > 1$ 时绝对收敛. 这可从 $\zeta_K(s)$ 的 $\prod\limits_{\boldsymbol{p}}$ 形式的定义, 由 $\zeta(s) = \prod\limits_{p:\text{素数}} (1-p^{-s})^{-1}$ 在 $\mathrm{Re}(s) > 1$ 时绝对收敛得知. 在每个素数 p 上的 $\boldsymbol{p}$ 的个数一定不大于 $[L:K]$, 故成立 $N(\boldsymbol{p}) \geqslant p$. 定义数域的完备 Dedekind ζ 为

$$\widehat{\zeta}_K(s) = |D_K|^{\frac{s}{2}} \Gamma_{\mathbb{R}}(s)^{r_1} \Gamma_{\mathbb{C}}(s)^{r_2} \zeta_K(s).$$

其中的 $D_K = D(K/\mathbb{Q})$ 为判别式, $\Gamma_{\mathbb{R}}(s) = \pi^{-\frac{s}{2}}\Gamma(\frac{s}{2})$, $\Gamma_{\mathbb{C}}(s) = 2(2\pi)^{-s}\Gamma(s)$, r_1 为 K 的实素点的个数, r_2 为复素点的个数.

另外, 用 §7.4 的记号便有

$$\zeta_K(s) = \zeta_{O_K}^{\text{Hasse}}(s).$$

因此, $\zeta_{\mathbb{Q}}(s)=\zeta_{\mathbb{Z}}^{\text{Hasse}}(s)=\zeta(s)$,

$$\widehat{\zeta}_{\mathbb{Q}}(s)=\Gamma_{\mathbb{R}}(s)\zeta(s).$$

又例如, 在虚二次域 $\mathbb{Q}(\sqrt{-1})$ 的情形, 对于每个素数 p 之上素理想 $\boldsymbol{p}$ 相应的 $1-N(\boldsymbol{p})^{-s}$ 做成的乘积在 $p=2$, $p\equiv 1 \bmod 4$, $p\equiv 3 \bmod 4$ 的情形分别为 $(1-2^{-s})$, $(1-p^{-s})^2$, $1-p^{-2s}$(参看表 6.3), 因而有

$$\zeta_{\mathbb{Q}(\sqrt{-1})}(s)=(1-2^{-s})^{-1}\prod_{p\equiv 1(\bmod 4)}(1-p^{-s})^{-2}\prod_{p\equiv 3(\bmod 4)}(1-p^{-2s})^{-1}.$$

于是, 有分解

$$\zeta_{\mathbb{Q}(\sqrt{-1})}(s)=\zeta(s)L(s),$$

$$L(s)=L(s,\chi_{-1})=\prod_{p:\text{奇素数}}\left(1-(-1)^{\frac{p-1}{2}}p^{-s}\right)^{-1}.$$

进一步将其展开, 有

$$\zeta_{\mathbb{Q}(\sqrt{-1})}(s)=\sum_{\boldsymbol{a}}N(\boldsymbol{a})^{-s}=\sum_{n=1}^{\infty}r(n)n^{-s}$$

($\boldsymbol{a}$ 遍历 $\mathbb{Z}[\sqrt{-1}]$ 的非零理想), $\boldsymbol{a}=(x+y\sqrt{-1})$ $(x,y\in\mathbb{Z})$ 时, $N(\boldsymbol{a})=x^2+y^2$, 故有

$$r(n)=\sum_{N(\boldsymbol{a})=n}1=\frac{1}{4}\cdot\#\{(m_1,m_2)\in\mathbb{Z}\times\mathbb{Z}|m_1^2+m_2^2=n\}.$$

于是, 利用 $\zeta_{\mathbb{Q}(\sqrt{-1})}(s)=\zeta(s)L(s)$ 的分解, 则有

$$r(n)=\sum_{\substack{d|n\\ d\text{为奇数}}}\chi_{-1}(d)=\sum_{\substack{d|n\\ d\text{为奇数}}}(-1)^{\frac{d-1}{2}}.$$

(另外, 这个 $r(n)$ 的表示最初是 Fermat 发现的, 是对 n 为素数的情形下 “素数是否可写为 $m_1^2+m_2^2$ 的形式” 可以用 “素数 mod 4” 来判定的 Fermat 结果的推广.) 在这种情形下, 完备的 ζ 也可分解为完备 ζ 的积

$$\begin{aligned}\widehat{\zeta}_{\mathbb{Q}(\sqrt{-1})}(s)&=2^s\Gamma_{\mathbb{C}}(s)\zeta_{\mathbb{Q}(\sqrt{-1})}(s)\\&=\widehat{\zeta}(s)\widehat{L}(s).\end{aligned}$$

而

$$\widehat{\zeta}(s)=\Gamma_{\mathbb{R}}(s)\zeta(s)$$

$$\widehat{L}(s)=2^s\Gamma_{\mathbb{R}}(s+1)L(s),$$

其中我们使用了关系式 $\Gamma_{\mathbb{C}}(s)=\Gamma_{\mathbb{R}}(s)\Gamma_{\mathbb{R}}(s+1)$ (这是 Γ 函数的 “二倍角公式”).

对于一般的二次域, 应用定理 5.15 (二次域中的素数分解法则) 与上面一样可以得到以下的命题.

命题 7.8 设 K 为二次域, $K=\mathbb{Q}(\sqrt{m})$, 其中 m 为不被 1 以外的平方数除尽的整数, 则

$$\zeta_K(s)=\zeta(s)L(s,\chi_m),\ \widehat{\zeta}_K(s)=\widehat{\zeta}(s)\widehat{L}(s,\chi_m). \qquad \square$$

(在第八章的定理 8.15 中, 这个命题将利用类域论进行一般性的叙述.)

在代数数论中, 数域的理想类群是最重要的群, 而单位群是第二重要的群, 这已在第四章中叙述过了. 这些重要的群按照以下的定理 7.10(3), (4) 与 Dedekind ζ 相关联. 在叙述此定理之前, 对于数域 K 定义一个与 K 的单位群 $O_K^\times$ 有关的量, 它是一个正实数, 称之为 K 的导子. 例如 $K=\mathbb{Q}(\sqrt{2})$ 的情形, $O_K^\times=\{\pm(1+\sqrt{2})^n,\ n\in\mathbb{Z}\}$, 那么 K 的单位基准为 $\log(1+\sqrt{2})$.

定义 7.9 设 K 为数域. S 为 K 的所有无限素点的集合. 令

$$\left(\prod_{v\in S}\mathbb{R}\right)^0=\left\{(c_v)_{v\in S}\in\prod_{v\in S}\mathbb{R}\ \middle|\ \sum_{v\in S}c_v=0\right\},$$

$$\left(\prod_{v\in S}\mathbb{Z}\right)^0=\left\{(c_v)_{v\in S}\in\prod_{v\in S}\mathbb{Z}\ \middle|\ \sum_{v\in S}c_v=0\right\},$$

并考虑 (命题 6.83)

$$R_S: O_K^\times\to\left(\prod_{v\in S}\mathbb{R}\right)^0 : x\mapsto(\log(|x|_{K_v}))_{v\in S}.$$

$R_S(O_K^\times)$ 是秩为 $\#(S)-1$ 的自由 $\mathbb{Z}$ 模. 这个 $\mathbb{Z}$ 模 $R_S(O_K^\times)$ 的基底可取用 $\mathbb{Z}$ 模 $\left(\prod_{v\in S}\mathbb{Z}\right)^0$ 的基底以实系数的线性组合表示, 其系数形成 $\#(S)-1$ 阶方阵. 称其行列式的绝对值为 K 的导子 (它不依赖于基底的选取方式). $\square$

因为 $R_S(O_K^\times)$ 的基底在 $\mathbb{R}$ 上为线性无关, 故 K 的导子非零. 通过简单的考察知导子等于下面 (1) 和 (2) 之一.

(1) $\{v_1,\cdots,v_r\}$ $(r=\#(S)-1)$ 为从 S 中去掉一个素点后的集合, $\varepsilon_1,\cdots,\varepsilon_r$ 为 $O_S^\times$ 的元使得它们在 $O_K^\times/(K$内的单位根的群) 的像为该 $\mathbb{Z}$ 模的一组基底; 此时其为矩阵 $(\log(|\varepsilon_i|_{K_{v_j}}))_{i,j}$ 的行列式的绝对值. (因此当 K 是实二次域时, $O_K^\times=\{\pm\varepsilon^n\mid n\in\mathbb{Z}\}$, 取其中的 $\varepsilon>1$, 则 K 的导子等于 $\log(\varepsilon)$).

(2) 当 $\left(\prod_{v\in S}\mathbb{R}\right)^0$ 的不变测度为 μ 时, 其为比值

$$\mu\left(\left(\prod_{v\in S}\mathbb{R}\right)^0\Big/R_S(O_S^\times)\right)\div\mu\left(\left(\prod_{v\in S}\mathbb{R}\right)^0\Big/\left(\prod_{v\in S}\mathbb{Z}\right)^0\right).$$

在这里 $\left(\prod_{v\in S}\mathbb{R}\right)^0$ 对离散子群 Γ 的商 $\left(\prod_{v\in S}\mathbb{R}\right)^0/\Gamma$ 为紧, 于是当把 μ 在 $\left(\prod_{v\in S}\mathbb{R}\right)^0/\Gamma$ 中的像 (§6.4 (g)) 仍记为 μ 时, 便定义了 $\mu\left(\left(\prod_{v\in S}\mathbb{R}\right)^0/\Gamma\right)$.

定理 7.10 设 K 为数域, 令 K 的类数为 h, 导子为 R, K 内单位根的个数为 w, K 的实素点的个数为 r_1, 复素点的个数为 r_2.

(1) $\zeta_K(s)$ 可解析延拓为整个复平面上的亚纯函数, 除在 $s=1$ 为一阶极点外为全纯.

(2) $\widehat{\zeta}_K(s)=\widehat{\zeta}_K(1-s)$.

(3) $\lim\limits_{s\to 1}(s-1)\zeta_K(s)=\dfrac{2^{r_1}(2\pi)^{r_2}hR}{w|D_K|^{\frac{1}{2}}}$.

(4) $\lim\limits_{s\to 0}s^{-r_1-r_2+1}\zeta_K(s)=-\dfrac{hR}{w}$. □

定理 7.10(3), (4) 被称之为**数域的类数公式**. §4.3 所叙述的虚二次域的类数公式 (定理 4.28) 可以从公式 (3), (4) 得到, 我们来说明它.

设 K 为二次域, 记 $K=\mathbb{Q}(\sqrt{m})$, 其中 m 为不被 1 以外的平方数除尽的整数. 根据 $\zeta_K(s)=\zeta(s)L(s,\chi_m)$ (命题 7.8) 与定理 7.10(3),(4), $\lim\limits_{s\to 1}(s-1)\zeta(s)=1$, $\zeta(0)=-\dfrac{1}{2}$, 有

$$L(1,\chi_m)=\frac{2^{r_1}(2\pi)^{r_2}hR}{w|D_K|^{\frac{1}{2}}},\ \lim_{s\to 0}s^{-r_1-r_2+1}\zeta_K(s)=\frac{2hR}{w}.$$

因为如果是实二次域则 $w=2$, 如果为虚二次域则 $R=1$, 故

$$h=|D_K|^{\frac{1}{2}}\frac{L(1,\chi_m)}{2R}=\frac{L'(0,\chi_m)}{R}\qquad (m>0) \tag{7.3}$$

$$h=\frac{w}{2\pi}|D_K|^{\frac{1}{2}}L(1,\chi_m)=\frac{w}{2}L(0,\chi_m)\qquad (m<0). \tag{7.4}$$

按照例 6.36 的计算知 D_K 当 $m\equiv 1 \mod 4$ 时为 m, 当 $m\equiv 2,3 \mod 4$ 时为 $4m$, 故而 (7.4) 恰好就是定理 4.28.

实二次域的类数也可以经 (7.3) 进行计算. 例如 $K=\mathbb{Q}(\sqrt{2})$ 时, $L(1,\chi_2)=\dfrac{1}{\sqrt{2}}\log(1+\sqrt{2})$ (§3.1(3.6)), $R=\log(1+\sqrt{2})$, $D_K=8$, 故而根据 (7.3) 得到 $h=1$. 就是说 $\mathbb{Q}(\sqrt{2})$ 的类数为 1.

现在来证明定理 7.10. 解析延拓与函数方程的证明相似于 $\zeta(s)$ 的情形 (定理 7.1) 的证明方法, 类似于第二积分表示

$$\widehat{\zeta}(s)=\int_0^\infty\psi(x)x^{\frac{s}{2}-1}dx,\ \psi(x)=\sum_{n=1}^\infty e^{-\pi n^2x},$$

我们将应用 $\widehat{\zeta}_K(s)$ 在伊代尔类群 C_K 上的积分表示 (推论 7.12). 伊代尔类群, 像 §6.4 中所说的那样, 与理想类群和单位群有着深刻的关联, 所以可以通过 $\widehat{\zeta}_K(s)$ 在伊代尔群上的积分的表示得到定理 7.10(3),(4) 中的 $\zeta_K(s)$ 与理想类群、单位群之间的关系.

对于 K 的素点 v, 我们定义连续映射 $\varphi_v : K_v \to \mathbb{C}$ 如下.

$$\varphi_v(x) = \begin{cases} 1, \text{ 如果 } x \in O_v; 0, \text{ 如果 } x \notin O_v & (v \text{ 为有限素点}) \\ \exp(-\pi x^2) & (v \text{ 为实素点}) \\ \exp(-2\pi x\bar{x}) & (v \text{ 为复素点}). \end{cases}$$

定义连续映射 $\varphi : \mathbb{A}_K \to \mathbb{C}$ 为

$$\varphi(x) = \prod_v \varphi_v(x_v) \qquad (x = (x_v)_v \in \mathbb{A}_K).$$

我们取乘法群 $K_v^\times$ 的不变测度 μ_v 如下. 如果 v 为有限素点则取其使得 $\mu_v(O_v^\times) = 1$, 如果 v 为无限素点, 则对满足 $0 < a < b$ 的实数 a, b 取其使得

$$\mu_v(\{x \in K_v^\times \mid a \leqslant |x|_{K_v} \leqslant b\}) = 2(\log(b) - \log(a)).$$

(如果 v 为实素点, 这就是 $\mu_v(\{x \in \mathbb{R}^\times | a < x < b\}) = \log(b) - \log(a)$, 因此对于这个测度函数, f 的积分为 $\int_{\mathbb{R}^\times} f(t)\frac{dt}{t}$.) 考虑 $\mathbb{A}_K^\times$ 上的乘积测度 $\mu = \prod_v \mu_v$ (§6.4(g)). 仍记 μ 在 $C_K = \mathbb{A}_K^\times / K^\times$ 中的像 (§6.4(g)) 为 μ. 记对于测度 μ_v 或 μ, 函数 f 的积分为 $\int f(x)d^\times x$ (以区别于关于加法群 $K_v, \mathbb{A}_K$ 的不变测度的积分 $\int f(x)dx$).

命题 7.11 (Matchett, 1946 年)

(1) 取 v 为 K 的素点时, 对于 $\mathrm{Re}(s) > 0$ 有

$$\int_{K_v^\times} \varphi_v(x)|x|_{K_v}^s d^\times x = \begin{cases} (1 - N(v)^{-s})^{-1} & (v \text{为有限素点}) \\ \Gamma_{K_v}(s) & (v \text{为无限素点}). \end{cases}$$

(2) 在 $\mathrm{Re}(s) > 1$ 上,

$$\widehat{\zeta}_K(s) = |D_K|^{\frac{s}{2}} \int_{\mathbb{A}_K^\times} \varphi(x)|x|^s d^\times x.$$

[证明] (2) 可由 (1) 得到. 我们来证明 (1). 设 v 为有限素点. 对于每个 $m \in \mathbb{Z}$, 令 $C_m = \{x \in K_v^\times \mid \nu_{K_v}(x) = m\}$ (ν_{K_v} 为 K_v 的离散赋值), C_m 为紧且 $\mu(C_m) = 1$. 另外, 对于 $x \in C_m$, 当 $m \geqslant 0$ 时 $\varphi_v(x) = 1$, 而当 $m < 0$ 时 $\varphi_v(x) = 0$. 又 $|x|_{K_v} = N(v)^{-m}$, 因此

$$\int_{K_v^\times} \varphi_v(x)|x|_{K_v}^s d^\times x = \sum_{m=0}^{\infty} N(v)^{-ms} = (1 - N(v)^{-s})^{-1}.$$

v 为实素点时,

$$\int_{K_v^\times} \varphi_v(x)|x|_{K_v}^s d^\times x = 2\int_0^\infty \exp(-\pi x^2)x^s \frac{dx}{x}$$
$$= \int_0^\infty \exp(-y)\left(\frac{y}{\pi}\right)^{\frac{s}{2}} \frac{dy}{y} = \Gamma_{\mathbb{R}}(s).$$

v 为复素点的情形与实素点的情形一样地证明. ∎

对于 $y \in C_K$, 令

$$\theta(y) = \sum_{a\in K} \varphi(\tilde{y}a) = 1 + \sum_{a\in K^\times} \varphi(\tilde{y}a).$$

在这里记 y 在 $\mathbb{A}_K^\times$ 中的一个代表元为 $\tilde{y}$. ($\theta(y)$ 不依赖于代表元 $\tilde{y}$ 的选取.) 根据命题 7.11, 我们有

推论 7.12 当 $\mathrm{Re}(s) > 1$ 时有

$$\widehat{\zeta}_K(s) = \int_{C_K} (\theta(y)-1)|D_K|^{\frac{s}{2}}|y|^s d^\times y. \qquad \square$$

在 Riemann ζ 的情形, 在积分表示 $\widehat{\zeta}(s) = \displaystyle\int_0^\infty \psi(x)x^{\frac{s}{2}-1}dx$, $\psi(x) = \displaystyle\sum_{n=1}^\infty e^{-\pi n^2 x}$ 中应用 Jacobi 等式 $2\psi\left(\dfrac{1}{x}\right) + 1 = x^{\frac{1}{2}}(2\psi(x)+1)$ 便得到了解析延拓和函数方程. 对于 $\widehat{\zeta}(s)$, 相当于 Jacobi 等式的是对下面的命题 7.13(1) 的应用.

命题 7.13 设 $\delta = (\delta_v)_v$ 为 $\mathbb{A}_K$ 中的元, 使得对于无限素点 v 有 $\delta_v = 1$, 并且当 v 为有限素点, 且 v 之下的素数为 p 时, 共轭差积 $\boldsymbol{D}(O_v/\mathbb{Z}_p)$ (§6.3(b)) 等于 $\delta_v O_v$. 于是,

(1) $\theta(\delta y^{-1}) = |D_K|^{\frac{1}{2}}|y|\theta(y)$.

(2) $|\delta| = |D_K|^{-1}$. □

(1) 的证明是关于阿代尔环 $\mathbb{A}_K$ 及其离散子群 K 的 "Poisson 和公式" 的应用. 对此, 将在《数论 II》的 §11.2 中讨论. (2) 则由

$$|\delta|^{-1} = \prod_{v:\text{有限素点}} \#(O_v/\boldsymbol{D}(O_v/\mathbb{Z}_p)) = \#(O_K/\boldsymbol{D}(O_K/\mathbb{Z})) = |D_K|$$

(最后的这个等式由命题 6.35(2) 得到) 得知.

应用命题 7.13 便可完成定理 7.10 的证明 (岩泽 –Tate 方法).

[定理 7.10 的证明] 与 Riemann ζ 情形的证明一样, 将推论 7.12 的积分分成两部分:

$$\widehat{\zeta}_K(s) = \int_I (\theta(y)-1)|D_K|^{\frac{s}{2}}|y|^s d^\times y + \int_J (\theta(y)-1)|D_K|^{\frac{s}{2}}|y|^s d^\times y,$$
$$I = \{y \in C_K \mid |D_K|^{\frac{1}{2}}|y| \leqslant 1\},\ J = \{y \in C_K \mid |D_K|^{\frac{s}{2}}|y| \geqslant 1\}.$$

后面的这个积分 $\int_J$ 对于所有的 $s\in\mathbb{C}$ 是绝对收敛, 且是 s 的全纯函数. 这是因为, 对于每个 $c>1$ 这个积分在 $\mathrm{Re}(s)\geqslant c$ 时一致绝对收敛: 当 $y\in J$ 时, 如果 $s,s'\in\mathbb{C}$, $\mathrm{Re}(s)\leqslant\mathrm{Re}(s')$, 则有

$$(\theta(y)-1)|D_K|^{\frac{s}{2}}|y|^s \text{ 的绝对值} \leqslant (\theta(y)-1)|D_K|^{\frac{s'}{2}}|y|^{s'} \text{ 的绝对值}.$$

至于前面的那个积分, 由 $I=\{\delta y^{-1}\mid y\in J\}$, 利用命题 7.13 可以改写为以下的形式.

$$\begin{aligned}\int_I(\theta(y)-1)|D_K|^{\frac{s}{2}}|y|^s d^\times y &= \int_J(\theta(\delta y^{-1})-1)|D_K|^{\frac{s}{2}}|\delta y^{-1}|^s d^\times y\\ &= \int_J(|D_K|^{\frac{1}{2}}|y|\theta(y)-1)|D_K|^{\frac{s}{2}}|\delta y^{-1}|^s d^\times y\\ &= \int_J(\theta(y)-1)|D_K|^{\frac{1-s}{2}}|y|^{1-s}d^\times y\\ &\quad+\int_J(|D_K|^{\frac{1-s}{2}}|y|^{1-s}-|D_K|^{-\frac{s}{2}}|y|^{-s})d^\times y.\end{aligned}$$

因为 C_K^1 为紧, 对于满足 $0<a<b$ 的实数 a,b, $\{x\in C_K|a\leqslant|x|\leqslant b\}$ 为紧, 故存在正实数 c 使得对所有满足 $0<a<b$ 的实数 a,b 成立 $\mu(\{x\in C_K|a\leqslant|x|\leqslant b\})=c(\log(b)-\log(a))$. 那么,

$$\int_J(|D_K|^{\frac{1-s}{2}}|y|^{1-s}-|D_K|^{-\frac{s}{2}}|y|^{-s})d^\times y=c\int_1^\infty(t^{1-s}-t^{-s})\frac{dt}{t}=-\frac{c}{1-s}-\frac{c}{s}.$$

因此, 令 $f(s)=\int_J(\theta(y)-1)|D_K|^{\frac{s}{2}}|y|^s d^\times y$, 则有

$$\widehat{\zeta}_K(s)=f(s)+f(1-s)-\frac{c}{1-s}-\frac{c}{s}. \tag{7.5}$$

按前所述, $f(s)$ 在整个复平面上全纯. 于是由 (7.5) 得到了定理 7.10(1),(2).

下面证明定理 7.10(3),(4). 根据 (7.5) 有

$$\lim_{s\to1}(s-1)\widehat{\zeta}_K(s)=c,\ \lim_{s\to0}s\widehat{\zeta}_K(s)=-c.$$

由此以及 $\Gamma_{\mathbb{R}}(1)=\frac{1}{2}$, $\Gamma_{\mathbb{C}}(1)=\frac{1}{\pi}$, $\lim\limits_{s\to0}s\Gamma_{\mathbb{R}}(s)=\lim\limits_{s\to0}s\Gamma_{\mathbb{C}}(s)=2$, 那么为了证明定理 7.10(3),(4), 如果能证明 $c=(2^{r_1+r_2}hR)/w$ 就足够了. 令 $U=\mathrm{Ker}(C_K\to Cl(K))$. 我们有 $\mu(\{x\in U\mid a\leqslant|x|\leqslant b\}=\dfrac{c}{h}(\log(b)-\log(a))$. 另外又因为 $U=\left(\prod\limits_{v\in S}K_v^\times\times\prod\limits_{v\notin S}O_v^\times\right)/O_K^\times$, 故

$$\mu(\{x\in U\mid a\leqslant|x|\leqslant b\})=\frac{2^{r_1+r_2}R}{w}(\log(b)-\log(a)).$$

因此 $c=\dfrac{2^{r_1+r_2}hR}{w}$. ∎

在上面证明 $\zeta_K(s)$ 的解析延拓和函数方程中, 尽管使用了 C_K^1 为紧这个事实, 但仔细注意一下, 实际上 C_K^1 的紧性反过来在上面的证明中能够自然地得到. 之所以如此是因为, C_K^1 的全测度 c 为有限, 那么不使用 C_K^1 的紧性也可自然地推导出上面的讨论 ($\mathrm{Re}(s)>1$ 时, 仍可由上面的讨论中得到 $c\left(\dfrac{1}{s-1}-\dfrac{1}{s}\right)\leqslant\int_I<\infty$). 因为全测度为有限的局部紧的 Abel 群为紧 (§6.4(g) 的 [准备 1]), 那么这便是第六章所证明的 C_K^1 紧性的另一个证明. 就像我们在第六章中所看到的那样, 从 C_K^1 的紧性能够推导出理想类群的有限性定理以及 Dirichlet 单位定理, 因而关于 ζ 函数的以上的讨论给出了这些定理的另外的证明.

对于有限域上的单变量代数函数域 K, 类似于数域的 Dedekind ζ 的形式可定义 K 的 ζ 函数 $\zeta_K(s)$ 为

$$\zeta_K(s)=\prod_v(1-N(v)^{-s})^{-1}.$$

其中 v 遍历 K 的全部素点. 因为这是经过全部素点的乘积, 就数域的情形而言, 这是作为对于有限素点 v 的 $(1-N(v)^{-s})^{-1}$, 对于所有实素点的 $\Gamma_{\mathbb{R}}(s)$, 对于所有复素点的 $\Gamma_{\mathbb{C}}(s)$ 的乘积 (即数域 K 的 $|D_K|^{-\frac{s}{2}}\widehat{\zeta}_K(s)$).

例如, 如果 $K=\mathbb{F}_p(T)$, 由 §7.4 的结果有

$$\widehat{\zeta}_K(s)=(1-p^{-s})\zeta_{\mathbb{F}_p[T]}(s)=(1-p^{-s})(1-p^{1-s}).$$

其中 $(1-p^{-s})^{-1}$ 是由 $\mathbb{F}_p[T^{-1}]$ 的素理想 (T^{-1}) 所贡献的, 它相当于在有理数域情形的 $\Gamma_{\mathbb{R}}(s)$.

像对于数域的定理 7.10 的证明那样同样地进行, 可以证明 $\zeta_K(s)$ 能作为亚纯函数解析延拓到整个复平面. 进一步说, 作为像上面那样 $\mathbb{F}_p(T)$ 的 ζ 函数的推广, 成立如下一些明显的事实.

(1) $\zeta_K(s)$ 为 q^{-s} 的具有有理系数的有理函数. 进而,$(1-q^{-s})(1-q^{1-s})\zeta_K(s)$ 为 q^{-s} 的整系数多项式, $\zeta_K(s)$ 的全部极点与 $(1-q^{-s})(1-q^{1-s})$ 的全部零点一致.

(2) 设 K 的亏格 (见后面的说明) 为 g, 令

$$\widehat{\zeta}_K(s)=q^{(g-1)s}\zeta_K(s),$$

则

$$\widehat{\zeta}_K(s)=\widehat{\zeta}_K(1-s).$$

"亏格" 在单变量代数函数论中是个重要的概念. 关于亏格的详细内容请看这方面有关的书籍. 我们仅叙述关于 K 的亏格的定义. 标准映射 $K\to\bigoplus\limits_v K_v/O_v$ (v 遍历 K 的素点) 的余核 (由 $\mathbb{A}_K/K$ 的紧性, 其为紧且离散从而有限) 作为 $\mathbb{F}_q$ 上的线性空间, 其维数即为 K 的亏格.

这里 (1) 和 (2) 的证明可以使用定理 5.10 同样的证明方法. 对于有限域上的单变量代数函数域的 ζ 函数请见岩波讲座“现代数学进展”的《Weil 猜想与 Etale 上同调》.

下面叙述关于作为 Dirichlet 特征推广的 Hecke 特征, 以及作为 Dirichlet L 函数推广的 Hecke L 函数.

设 K 为整体域, 称伊代尔类群 C_K 的特征为 **Hecke 特征** (Hecke character), 当 χ 为 K 的 Hecke 特征时, 定义 **Hecke L 函数** (Hecke L function) $L(s,\chi)$ 为遍历 K 的有限素点的积

$$L(s,\chi) = \prod_{v:\text{有限素点}} (1-\chi(v)N(v)^{-s})^{-1}.$$

这里的 $\chi(v)$ 像下面这样取值: 当复合映射 $K_v^\times \to C_K \xrightarrow{\chi} \mathbb{C}_1^\times$ 满足 $\chi(O_v^\times) = \{1\}$ 时, 则对于 K_v 的素元的 $\chi(\pi_v)$ 与素元 π_v 的选取无关; 这时定义 $\chi(v)$ 为 $\chi(\pi_v)$. 如果上面的复合映射不满足 $\chi(O_v^\times) = \{1\}$, 则定义 $\chi(v) = 0$.

对于 Dirichlet 特征 $\chi : (\mathbb{Z}/N\mathbb{Z})^\times \to \mathbb{C}_1^\times$, 由于可将 $(\mathbb{Z}/N\mathbb{Z})^\times$ 与 $\mathbb{Q}$ 的伊代尔类群 $C_\mathbb{Q}$ 的商群 $Cl(\mathbb{Q}, N\mathbb{Z})$ 视为相同 (§6.4 例 6.115), 从而它导出了 $\mathbb{Q}$ 的 Hecke 特征 $C_\mathbb{Q} \to \mathbb{C}_1^\times$. 于是, 如果 χ 为本原特征 (§5.2(e)), 则 Dirichlet L 函数 $L(s,\chi)$ 与 χ 所诱导的 $\mathbb{Q}$ 的 Hecke 特征的 Hecke L 函数相同.

我们按如下这样定义 Hecke 特征 χ 的完备 L 函数 $\widehat{L}(s,\chi)$. 首先, 对于 K 的各个有限素点 v 定义自然数 f_v, 当 $\chi(O_v^\times) = \{1\}$ 时 $f_v = 1$, 当 $\chi(O_v^\times) \neq \{1\}$ 时, 取 O_v 的极大理想为 $\boldsymbol{p}_v$, 并取使得 $\chi(1+\boldsymbol{p}_v^n) = \{1\}$ 成立的最小整数 $n \geqslant 1$, 则定义 $f_v = N(v)^n = \#(O_v/\boldsymbol{p}_v^n)$. 下面, 当 K 为数域时, 对于 K 的无限素点 v 我们这样来确定函数 $\Gamma_v(s,\chi)$. 当 v 为实素点时, 复合映射

$$\mathbb{R}^\times = K_v^\times \to C_K \xrightarrow{\chi} \mathbb{C}_1^\times$$

将 $r>0$ 映到 r^c, 将 -1 映到 $(-1)^e$, 这样的纯虚数 c 及 $e \in \{0,1\}$ 分别存在且唯一. 定义 $\Gamma_v(s,\chi) = \Gamma_\mathbb{R}(s+c+e)$. 当 v 为复素点时, 复合映射

$$\mathbb{C}^\times = K_v^\times \to C_K \xrightarrow{\chi} \mathbb{C}_1^\times$$

将 $r>0$ 映到 r^c, $z \in \mathbb{C}_1^\times$ 映到 z^n, 这样的纯虚数 c 和 $n \in \mathbb{Z}$ 分别存在且唯一. 定义 $\Gamma_v(s,\chi) = \Gamma_\mathbb{C}\left(s+\frac{c+|n|}{2}\right)$. 于是 K 为数域时定义

$$\widehat{L}(s,\chi) = |D_K|^{\frac{s}{2}} \cdot \prod_v f_v^{\frac{s}{2}} \cdot \prod_w \Gamma_w(s,\chi) \cdot L(s,\chi).$$

在这里 v 遍历 K 的有限素点, w 遍历 K 的无限素点. 当 K 为有限域上的单变量代数函数域时, 我们假定 K 的常数域为 $\mathbb{F}_q$ 以及 K 的亏格为 g, 则定义

$$\widehat{L}(s,\chi) = q^{(g-1)s} \cdot \prod_v f_v^{\frac{s}{2}} \cdot L(s,\chi).$$

在这里 v 遍历 K 的素点.

定理 7.14

(1) $L(s,\chi)$ 可解析延拓为整个复平面上的亚纯函数. $L(s,\chi)$ 只在 $\chi|_{\mathbb{A}_K^1/K^\times}=\mathbf{1}$ 时才具有极点, 此时 $L(s,\chi)$ 成为 $\zeta_K(s+t)$ (t 为纯虚数) 的形式.

(2) $\widehat{L}(s,\chi)=W(\chi)\widehat{L}(1-s,\bar{\chi})$, 其中 $|W(\chi)|=1$.

(3) 对于 $\mathrm{Re}\,(s)=1$ 有 $L(s,\chi)\neq 0$. □

将 $\widehat{L}(s,\chi)$ 表示为 K 的伊代尔群上的积分, 则可以用证明定理 7.10 的相同方法证明这个定理.

§7.6 素数定理的一般程式

我们来概括性地看一看一般的素数定理. 设 P 为一可数无限集, 设已给定测量 P 的每个元素大小 (范) 的函数

$$N:P\to\mathbb{R}_{>1}=\{x\in\mathbb{R}|x>1\}.$$

假定:

$$d(P)=\inf\left\{s\in\mathbb{R}\;\middle|\;\sum_{p\in P}N(p)^{-s}<\infty\right\}.$$

有限, 这时称

$$\zeta_P(s)=\prod_{p\in P}(1-N(p)^{-s})^{-1}$$

为 P 的 ζ (在 $\mathrm{Re}\,(s)>d(P)$ 时绝对收敛).

考虑

$$\pi_P(x)=\#\{p\in P\mid N(p)\leqslant x\}$$

的增大的程度.

定理 7.15 假设下面的 (I) 成立:

(I) $\zeta_P(s)$ 可解析延拓为在 $\mathrm{Re}\,(s)\geqslant d(P)$ 上无零点的亚纯函数, 而只在 $s=d(P)$ 有一阶极点.

此时成立

$$\pi_P(x)\sim\frac{x^{d(P)}}{\log(x^{d(P)})}\qquad(x\to\infty).$$ □

对于它的证明请参照定理 7.18. 再者, 即便没有 (I) 的条件, 由 Dirichlet 级数的一般理论也可知

$$d(P)=\limsup_{x\to\infty}\frac{\log\pi_P(x)}{\log x}.$$

定理 7.16 (素理想定理) 对于数域 K 令

$$\pi_K(x) = \#\{K \text{ 的素理想 } \boldsymbol{p} \mid N(\boldsymbol{p}) \leqslant x\},$$

则成立

$$\pi_K(x) \sim \frac{x}{\log x} \qquad (x \to \infty).$$

[证明] 以 O_K 的全部非零素理想作为 P, 对于 Dedekind ζ 函数 $\zeta_K(s)$ 应用定理 7.15 即可. ∎

例 7.17 $K = \mathbb{Q}(\sqrt{-1})$ 时

$$\pi_{\mathbb{Q}(\sqrt{-1})}(x) \sim \frac{x}{\log x} \qquad (x \to \infty).$$

根据 $\mathbb{Q}(\sqrt{-1})$ 的素理想的分类 (与分解 $\zeta_{\mathbb{Q}(\sqrt{-1})}(s) = \zeta(s)L(s, \chi_{-1})$ 内容相同), 我们注意到, 对于 $x \geqslant 2$ 有

$$\pi_{\mathbb{Q}(\sqrt{-1})}(x) = 2\pi_{4,1}(x) + \pi_{4,3}(\sqrt{x}) + 1,$$

从而与 Dirichlet 素数定理

$$\pi_{4,1}(x) \sim \frac{x}{2\log x} \qquad (x \to \infty)$$

联系起来. □

那么, 我们来考察一下 Dirichlet 素数定理的推广. 设给出了由 P 到紧拓扑群 G 的共轭类全体 $\mathrm{Conj}\,(G)$ 的映射 φ. 此时, 对于 G 的有限维 (连续) 酉表示

$$\rho : G \to U(n) \subset GL_n(\mathbb{C}),$$

我们称

$$\zeta_P(s, \rho) = \prod_{p \in P} \det(1 - \rho(\varphi(p))N(p)^{-s})^{-1}$$

为其对应的 L 函数 (它也在 $\mathrm{Re}\,(s) > d(P)$ 中绝对收敛).

我们想考虑的是, 对于 $U \subset \mathrm{Conj}\,(G)$,

$$\pi_P(x, U) = \#\{p \in P \mid N(p) \leqslant x,\ \varphi(p) \in U\}$$

的增大程度的情形. $\mathrm{Conj}\,(G)$ 在作为 G 的商空间的拓扑下为紧. 在 G 上取满足 $\mu(G) = 1$ 的不变测度 μ, 其在 $\mathrm{Conj}(G)$ 上诱导的测度仍记为 μ. (就是说, 对于 $\mathrm{Conj}(G)$ 的紧子集 C, 定义 $\mu(C)$ 为 μ(C 在 G 中的逆像).) 另外, 我们记 G 的所有有限维不可约酉表示的等价类的集合为 G^*, $\mathbf{1} \in G^*$ 为平凡表示.

定理 7.18 假设下面的 (I), (II) 成立.

(I) $\zeta_P(s)$ 能被解析延拓为 $\mathrm{Re}\,(s) \geqslant d(P)$ 上的亚纯函数且无零点, 且只在 $s = d(P)$ 上有一阶极点.

(II) 对于 $\rho \in G^* - \{\mathbf{1}\}$, $\zeta_P(s,\rho)$ 能被解析延拓为 $\mathrm{Re}\,(s) \geqslant d(P)$ 上的全纯函数且无零点.

此时成立

(1)

$$\pi_P(x) \sim \frac{x^{d(P)}}{\log(x^{d(P)})} \qquad (x \to \infty).$$

(2) 如果 $\mathrm{Conj}\,(G)$ 的子集 U 满足 $\mu(\partial U) = 0$ (∂U 是 U 的边界, 即, 可表示为 U 的闭包与 U 的补集的闭包的公共部分), 则

$$\pi_P(x,U) \sim \mu(U)\frac{x^{d(P)}}{\log(x^{d(P)})} \qquad (x \to \infty).$$ □

(1) 是在 (2) 中取 $U = \mathrm{Conj}\,(G)$ 的情形. 定理的证明请参照 Serre, *Ablian l-adic Representations and Elliptic Curves* (Benjamin,1968), Chap.I–Appendix. (后面将概述较此稍弱的结果的证明.)

例 7.19 (Dirichlet 素数定理的精细形式) 对于 $(a,N) = 1$,

$$\pi_{N,a} = \#\{素数 p \leqslant x \mid p \equiv a \mod N\} \sim \frac{1}{\varphi(N)}\frac{x}{\log x}.$$

其证明为, 对于 $P = \{素数\ p \mid (p,N) = 1\}$, 令

$$\begin{array}{rcl} \varphi : P \to & (\mathbb{Z}/(N))^\times & = G \\ \Psi & \Psi & \\ p \mapsto & p \mod N & \end{array}$$

$$U = \{\bar{a}\} \subset G$$

就可得到. 对于 $\rho : G \to \mathbb{C}_1^\times$, $\zeta_P(s,\rho) = L(s,\rho)$ 成了 Dirichlet L. □

例 7.20 (Gauss 素数的辐角分布的一致性) 对于 Gauss 素数的通常的素数定理是

$$\pi(x,\mathbb{Z}[\sqrt{-1}]) = \#\left\{素元\ \alpha \in \mathbb{Z}[\sqrt{-1}] \mid N(\alpha) \leqslant x, \quad 0 \leqslant \arg(\alpha) < \frac{\pi}{2}\right\} \sim \frac{x}{\log x}.$$

这里, $N(\alpha) = |\alpha|^2$. 另外还成立对于辐角的一致分布性, 即, 对于 $0 \leqslant \theta_1 < \theta_2 < \dfrac{\pi}{2}$ 有

$$\begin{aligned}\pi(x,\mathbb{Z}[\sqrt{-1}];\theta_1,\theta_2) &= \#\{素元\ \alpha \in \mathbb{Z}[\sqrt{-1}] \mid N(\alpha) \leqslant x, \theta_1 \leqslant \arg(\alpha) \leqslant \theta_2\} \\ &\sim \frac{2}{\pi}(\theta_2 - \theta_1)\frac{x}{\log x}.\end{aligned}$$

为证明此定理, 我们令

$$P = \left\{素元\ \alpha \in \mathbb{Z}[\sqrt{-1}] | 0 \leqslant \arg(\alpha) < \frac{\pi}{2}\right\}.$$
$$G = [0, \frac{\pi}{2}) = \mathbb{R}/\left(\frac{\pi}{2}\mathbb{Z}\right),$$
$$\varphi(\alpha) = \arg(\alpha),$$

并取 $K = \mathbb{Q}(\sqrt{-1})$, 以及 $\theta: C_K \to G$ 为连续的同态使得 $\zeta_P(s,\rho) = L(s, \rho\circ\theta)$, 使用以上这些事实就可以了. 在这里的 θ 可以按如下方式定义. 对于 K 的素理想 $\boldsymbol{p}$, 定义 $\theta_{\boldsymbol{p}}: K_{\boldsymbol{p}}^{\times} \to G$ 为将 $O_{\boldsymbol{p}}^{\times}$ 映到 $\{1\}$, 而使 $\boldsymbol{p} = (\alpha)$ 的 $\alpha \in O_K$ 则映到 $\arg(\alpha) \in G$. 另外, 当记 K 的唯一的无限素点为 ∞ 时, $\theta_\infty: K_\infty^{\times} = \mathbb{C}^{\times} \to G$ 定义为 $z \mapsto -\arg(z)$. 此时, $\mathbb{A}_K^{\times} \to G:\ (a_v)_v \mapsto \prod\limits_v \theta_v(a_v)$, 并且可以通过 $K^{\times}$ 的元的素元分解看出, 它把 $K^{\times}$ 映到了 $\{1\}$, 故而诱导出所要的 $\theta: C_K = \mathbb{A}_K^{\times}/K^{\times} \to G$. □

下面是一个 (从假设条件到结论) 比定理 7.18 稍弱的结果.

定理 7.21 假设成立下面的 (I′), (II′).

(I′) $\zeta_P(s)$ 在 $s = d(P)$ 具有一阶极点.

(只要 $s \downarrow d(P)$ 时, $\zeta_P(s) \sim \dfrac{a(\mathbf{1})}{s - d(P)}$, $a(\mathbf{1}) \neq 0$ 即可.)

(II′) 对于 $\rho \in G^* - \{\mathbf{1}\}$, $\zeta_P(s,\rho)$ 在 $s = d(P)$ 为全纯且非零.

(只要 $s \downarrow d(P)$ 时, $\zeta_P(s,\rho) \to a(\rho)$, $a(\rho) \neq 0$ 即可.)

则成立下面的

(1) $$\lim_{s\downarrow d(P)} \frac{\sum\limits_{p\in P} N(p)^{-s}}{\log\left(\dfrac{1}{s-d(P)}\right)} = 1.$$

(2) 对于 $U \subset \mathrm{Conj}\,(G)$, $\mu(\partial U) = 0$ 有

$$\lim_{s\downarrow d(P)} \frac{\sum\limits_{\varphi(p)\in U} N(p)^{-s}}{\log\left(\dfrac{1}{s-d(P)}\right)} = \mu(U).$$

[证明] 在 §7.3(e) 中对于 Dirichlet L 函数所进行的讨论 (在那里 G 为有限群 $(\mathbb{Z}/N\mathbb{Z})^{\times}$) 可以加以推广来进行证明. 在 $\mathrm{Conj}\,(G)$ 上的所有复值连续函数全体构成的空间 $C(\mathrm{Conj}\,(G))$ 中, 子空间 $\langle \mathrm{tr}\,(\rho) \mid \rho \in G^*\rangle_{\mathbb{C}}$ 为稠密, 故 U 的特征函数 χ_U 可以展开为 $\chi_U = \sum\limits_\rho c(\rho)\mathrm{tr}\,(\rho)$ (用到了 $\mu(\partial U) = 0$). 在此,

$$c(1) = \int_G \left(\sum_\rho c(\rho)\mathrm{tr}\,(\rho(x))\right) d\mu(x) = \int_G \chi_U(x) d\mu(x) = \mu(U).$$

现在令

$$\begin{aligned}\log \zeta_P(s,\rho) &= \sum_p \sum_{m=1}^{\infty} \frac{\mathrm{tr}\rho(\varphi(p)^m)}{m} N(p)^{-ms} \\ &= \sum_p \mathrm{tr}\rho(\varphi(p)) N(p)^{-s} + R(s,\rho)\end{aligned}$$

从而

$$R(s,\rho) = \sum_p \sum_{m=2}^{\infty} \frac{\mathrm{tr}\rho(\varphi(p)^m)}{m} N(p)^{-ms}$$

在 $\mathrm{Re}\,(s) > \dfrac{d(P)}{2}$ 时绝对收敛. 可是,

$$\begin{aligned}\sum_\rho c(\rho)\log \zeta_P(s,\rho) &= \sum_\rho c(\rho)\left(\sum_p \mathrm{tr}\,\rho(\varphi(p))N(p)^{-s}\right) + \sum_\rho c(\rho)R(s,\rho) \\ &= \sum_p \chi_U(\varphi(p))N(p)^{-s} + \sum_\rho c(\rho)R(s,\rho) \\ &= \sum_{\varphi(p)\in U} N(p)^{-s} + \sum_\rho c(\rho)R(s,\rho).\end{aligned}$$

因此, 利用由 (I′), (II′) 所知道的

$$\lim_{s\downarrow d(P)} \frac{\log \zeta_P(s,\rho)}{\log\left(\dfrac{1}{s-d(P)}\right)} = \begin{cases} 1 & \rho = \mathbf{1} \\ 0 & \rho \neq \mathbf{1}\end{cases}$$

得到

$$\begin{aligned}\lim_{s\downarrow d(P)} \frac{\displaystyle\sum_{\varphi(p)\in U} N(p)^{-s}}{\log\left(\dfrac{1}{s-d(P)}\right)} &= \lim_{s\downarrow d(P)} \sum_\rho c(\rho) \frac{\log \zeta_P(s,\rho)}{\log\left(\dfrac{1}{s-d(P)}\right)} \\ &\quad - \lim_{s\downarrow d(P)} \sum_\rho c(\rho) \frac{R(s,\rho)}{\log\left(\dfrac{1}{s-d(P)}\right)} \\ &= c(1) \\ &= \mu(U).\end{aligned}$$

∎

设 K 为整体域, S 为 K 的所有有限素点集合的一个子集. 当极限

$$\lim_{s\downarrow 1}\left(\sum_{v\in S}\frac{1}{N(v)^s}\right)\left(\log\left(\frac{1}{s-1}\right)\right)^{-1}$$

存在并等于 c 时, 则说 S 具有 Kronecker 密度 c. 譬如, K 的全体有限素点具有 Kronecker 密度 1. (从而 Kronecker 密度 c 在 $0 \leqslant c \leqslant 1$ 的范围之内.) S 具有

Kronecker 密度 c, 从感觉上可以说成是 $\zeta_K(s)$ 在 $s=1$ 具有一阶极点之内的 "c 阶" 部分是由 S 贡献的.

定理 7.22 设 K 为整体域, $C_K=\mathbb{A}_K^\times/K^\times$ 为伊代尔类群, H 为 C_K 的指数为有限的开子群. 此时, 对于任意的 $\alpha\in C_K/H$, 在 K 的有限素点 v 处使 $O_v^\times$ 在 C_K/H 中的像为 $\{1\}$ 并且使 K_v 的素元在 C_K/H 的像为 α 的所有这些素点的集合, 其 Kronecker 密度为 $[C_K:H]^{-1}$.

[证明] 设 $G=C_K/H$ 是个有限 Abel 群. 因此, 为了应用定理 7.21, 只要证明对于所有的 $\chi\in G^*-\{1\}$ 成立 $L(1,\chi)\neq 0$ 就足够了. 其证明只要原封不动地使用在 Dirichlet L 函数的情形所给出的证明 ("第二种方法") 即可. ∎

小结

7.1 ζ 以 Riemann 的方法给出积分表示, 得到了它的解析延拓和函数方程.

7.2 全部素数与 ζ 的全部零点以 Fourier 变换相互确定, 素数的分布与 ζ 零点的分布等价 (Riemann 显式公式). 特别地, 素数定理由没有实部为 1 的零点这个断言得到, 由 Riemann 猜想可以了解终极的素数分布.

7.3 ζ 依照类数公式与伊代尔类群、单位群相关联.

7.4 ζ 将整体域与局部域联系起来.

习题

7.1 利用 $\zeta(2)=\prod\limits_{p:\text{素数}}(1-p^{-2})^{-1}=\dfrac{\pi^2}{6}$ 是无理数证明素数的无限性.

7.2 对于本原实特征 χ, 证明 $W(\chi)=1$.

7.3 当 $x,c>1$ 时, 证明下面的等式.

(1) $\mathrm{Li}\,(x)=\dfrac{1}{2\pi i}\dfrac{1}{\log x}\displaystyle\int_{c-i\infty}^{c+i\infty}\dfrac{d}{ds}\left[\dfrac{\log(s-1)}{s}\right]x^s ds.$

(2) $\mathrm{Im}(\rho)>0$时,

$$\mathrm{Li}\,(x^\rho)+\mathrm{Li}(x^{1-\rho})=\frac{1}{2\pi i}\frac{1}{\log x}\int_{c-i\infty}^{c+i\infty}\frac{d}{ds}\left[\frac{\log\left(1-\dfrac{s}{\rho}\right)+\log\left(1-\dfrac{s}{1-\rho}\right)}{s}\right]x^s ds.$$

(3) $\displaystyle\int_x^\infty\frac{du}{u(u^2-1)\log u}=-\frac{1}{2\pi i}\frac{1}{\log x}\sum_{m=1}^{\infty}\int_{c-i\infty}^{c+i\infty}\frac{d}{ds}\left[\frac{\log\left(1+\dfrac{s}{2m}\right)-\dfrac{s}{2m}}{s}\right]x^s ds.$

7.4 对于数域 K, 证明 $\zeta_K(s)$ 在 $s=0$ 的零点的阶为 r_1+r_2-1, 且其 Taylor 展式的最初项为 $-\dfrac{hR}{w}s^{r_1+r_2-1}$.

7.5　利用

$$\zeta(s)=\exp\left(\frac{\gamma+\log\pi}{2}s-\log 2\right)\frac{1}{s-1}\prod_{\rho}\left(1-\frac{s}{\rho}\right)\prod_{n=1}^{\infty}\left(1+\frac{s}{2n}\right)e^{-\frac{s}{2n}}$$

计算 $\sum_{\rho}\frac{1}{\rho}$ 与 $\sum_{\rho}\frac{1}{\rho^2}$.

7.6　证明 (Euler, 1772 年)

$$\zeta(3)=\frac{2}{7}\pi^2\log 2+\frac{16}{7}\int_0^{\frac{\pi}{2}}x\log(\sin x)dx.$$

7.7　注意在 $s=n=2,3,4,\cdots$ 时, Euler 关于 $\zeta(s)$ 的函数方程 (§7.2(a))

$$\zeta(1-s)=\Gamma_{\mathbb{C}}(s)\cos\left(\frac{\pi s}{2}\right)\zeta(s),$$

从而证明它等价于 Riemann 的函数方程 (定理 7.1).

第八章　类域论 (II)

在这一章里, 我们将对第五章中所叙述的关于类域论的大意做详细的论述.

类域论是阐述整体域和局部域的 Abel 扩张的理论. 譬如在有理数域 $\mathbb{Q}$ 的 Abel 扩域 $\mathbb{Q}(\sqrt{-1})$ 中, 除以 4 余 1 的素数可分解为两个素理想的积, 而除以 4 余 3 的素数仍是素元; 反过来, 具有这个性质的 $\mathbb{Q}$ 的 Abel 扩域只有 $\mathbb{Q}(\sqrt{-1})$. 不限于 $\mathbb{Q}$, 对于整体域 K, 在 K 的 Abel 扩域的每个素点发生了什么, 反之, 存在哪些具有给定在各素点性态的 K 的 Abel 扩域, 都是从类域论能够得到了解的.

像我们将在下面给予说明的那样, 对于局部域 K 而言, K 的 Abel 扩张的情况被乘法群 $K^\times$ 反映了出来, 而在整体域的情形, K 的 Abel 扩张的情况则被第六章引进的伊代尔类群 C_K 反映出来. 像是在童话中的魔镜所反映出屋外远处的景色那样, 局部域或者整体域有哪些 Abel 扩域, 以及它们的 Abel 扩域中发生了什么, 这些 "K 的屋外景色" 被 K 的乘法群或者伊代尔类群这个 " K 的屋内景色" 很好地反映了出来. 这些就是类域论的主要内容.

伊代尔类群是将局部域的乘法群捆绑在一起得到的. 在类域论中所论及的局部域与整体域的关系呈现出斑斓的色彩, 而关于整体域的类域论 (整体类域论) 则是以将关于局部域的类域论 (局部类域论) 捆绑起来的形式论述的.

在 §8.1 我们对类域论的主定理及其意义进行了叙述, §8.2 阐述了类域论与局部域和数域上的可除代数 (非交换域) 理论以及第二章的二次曲线的理论之间的密切关系. §8.3 则用 §8.2 阐述的理论证明了类域论的主定理.

§8.1 类域论的内容

(a) "容易了解的群" 与 Galois 群

先考虑分圆域.

设 ζ_N 为 N 次本原单位根, 则存在自然同构

$$(\mathbb{Z}/N\mathbb{Z})^\times \cong \mathrm{Gal}\,(\mathbb{Q}(\zeta_N)/\mathbb{Q}). \tag{8.1}$$

于是, 对于不能除尽 N 的素数 p, 这个同构 (8.1) 将 $p \mod N \in (\mathbb{Z}/N\mathbb{Z})^\times$ 映到 p 的 Frobenius 置换 $\mathrm{Frob}_p \in \mathrm{Gal}\,(\mathbb{Q}(\zeta_N)/\mathbb{Q})$ (§5.2(c)), 它是出现在 $\mathrm{Gal}\,(\mathbb{Q}(\zeta_N)/\mathbb{Q})$ 中且在 $\mathbb{Q}(\zeta_N)$ 上表现 p 的分解情形的元.

表 8.1 有理数域的 Abel 扩张情形

容易了解的一面	Galois 的一面
$(\mathbb{Z}/n\mathbb{Z})^\times$	$\mathrm{Gal}\,(\mathbb{Q}(\zeta_N)/\mathbb{Q})$
$p \mod N$	p 的 Frobenius 置换

而且这个事实对于不能除尽 N 的素数 p 是

$$p \equiv 1 \mod N \Leftrightarrow p\text{在 } \mathbb{Q}(\zeta_N) \text{ 中完全分解}. \tag{8.2}$$

例如, 取 $N = 4$ 的话, 它说的则是

$$p \equiv 1 \mod 4 \Leftrightarrow p\text{在 } \mathbb{Q}(\sqrt{-1}) \text{ 中完全分解},$$

得出了关于素数分解漂亮的判定条件. 这是作为有理数域的 Abel 扩域的分圆域中发生的现象.

类域论所断言的是, 与此相同的现象也在数域 K 的 Abel 扩域中发生.

设 K 为数域. 对于 O_K 的非零理想 $\boldsymbol{a}$, 我们曾在 §5.3 中介绍过存在 K 的有限 Abel 扩张 $K(\boldsymbol{a})$, 在 §6.4(i) 中也曾定义过具有类似于理想类群 $Cl(K)$ 的有限群 $Cl(K, \boldsymbol{a})$. 像在这一章中要进行说明的那样, 我们将把表 8.1 推广到表 8.2.

表 8.2 数域的 Abel 扩张情形

容易了解的一面	Galois 的一面
$Cl(K, \boldsymbol{a})$	$\mathrm{Gal}\,(K(\boldsymbol{a})/K)$
$[\boldsymbol{p}] \in Cl(K, \boldsymbol{a})$	$\boldsymbol{p}$ 的 Frobenius 置换

在 $K = \mathbb{Q}$ 中 $\boldsymbol{a} = N\mathbb{Z}$ 的情形. 这时 $K(\boldsymbol{a}) = \mathbb{Q}(\zeta_N)$ 且 $Cl(K, \boldsymbol{a}) = (\mathbb{Z}/N\mathbb{Z})^\times$(例 6.115). 如果按照本章所讲解的类域论, 则同构 (8.1) 被推广到关于数域的同构

$$Cl(K, \boldsymbol{a}) \cong \mathrm{Gal}\,(K(\boldsymbol{a})/K). \tag{8.3}$$

而且, 对于不能除尽 $\boldsymbol{a}$ 的 K 的素理想 $\boldsymbol{p}$, 这个同构 (8.3) 将 $\boldsymbol{p}$ 的类 $[\boldsymbol{p}] \in Cl(K,\boldsymbol{a})$ (§6.4(i)) 映到作为 "出现在 $\mathrm{Gal}\,(K(\boldsymbol{a})/K)$ 中的 $\boldsymbol{p}$ 的核心" 的 $\boldsymbol{p}$ 的 Frobenius 置换 $\mathrm{Frob}_{\boldsymbol{p}} \in \mathrm{Gal}\,(K(\boldsymbol{a})/K)$.

我们已知 Frobenius 置换有一个重要性质 (命题 6.29(1))

(8.4) $\mathrm{Frob}_{\boldsymbol{p}}$为 $\mathrm{Gal}\,(K(\boldsymbol{a})/K)$ 的单位元 $\Leftrightarrow \boldsymbol{p}$ 在 $K(\boldsymbol{a})$ 中完全分解.

而另一方面, $Cl(K,\boldsymbol{a}) = I(\boldsymbol{a})/P(\boldsymbol{a})$, 其中 $I(\boldsymbol{a})$ 为与 $\boldsymbol{a}$ 互素的 K 的分式理想群, $P(\boldsymbol{a})$ (稍微粗略地记为) $\{(\alpha) : \alpha$ 全正, $\alpha \equiv 1 \mod \boldsymbol{a}\}$. 于是

(8.5)

$[\boldsymbol{p}]$ 为 $Cl(K,\boldsymbol{a})$ 的单位元 $\Leftrightarrow$ 存在全正的 $\alpha \in O_K$ 使得 $\boldsymbol{p} = (\alpha)$, $\alpha \equiv 1 \mod \boldsymbol{a}$.

根据 (8.4) 与 (8.5), 对于不能除尽 $\boldsymbol{a}$ 的 K 的素理想 $\boldsymbol{p}$ 有

(8.6)

存在全正的 $\alpha \in O_K$ 使得 $\boldsymbol{p} = (\alpha)$, $\alpha \equiv 1 \mod \boldsymbol{a} \Leftrightarrow \boldsymbol{p}$在 $K(\boldsymbol{a})$ 中完全分解,

于是得到了关于素理想分解的漂亮判别条件 (参照 §5.3). 它是先前的关于有理数域情形的判别条件 (8.2) 的一般化.

在此猛一想, $(\mathbb{Z}/N\mathbb{Z})^\times$ 似乎是个与 $\mathrm{Gal}\,(\mathbb{Q}(\zeta_N)/\mathbb{Q})$ 相异, 既与 Galois 理论也与扩域 $\mathbb{Q}(\zeta_N)$ 根本没有关系的群. 然而令人难以想象地, 这个群 $(\mathbb{Z}/N\mathbb{Z})^\times$ 对于素数在 Abel 扩域 $\mathbb{Q}(\zeta_N)$ 中的分解情况竟给出了形如 "根据同构 (8.1) 的 $p \mod N \in (\mathbb{Z}/N\mathbb{Z})^\times$ 与 $\mathrm{Frob}_p \in \mathrm{Gal}\,(\mathbb{Q}(\zeta_N)/\mathbb{Q})$ 相对应" 的映射. 这样, 在 $(\mathbb{Z}/N\mathbb{Z})^\times$ 这面镜子中, 能够反映出 $\mathbb{Q}$ 之外面的 $\mathbb{Q}(\zeta_N)$ 中素数分解的情况.

同样地, $Cl(K,\boldsymbol{a})$ 是个与 $\mathrm{Gal}\,(K(\boldsymbol{a})/K)$ 相异, 既与 Galois 理论也与扩域 $K(\boldsymbol{a})$ 根本没有关系的群. 然而令人难以想象地, 这个群 $Cl(K,\boldsymbol{a})$ 在 Abel 扩域 $K(\boldsymbol{a})$ 中 K 的素理想的分解情况竟映照出了 "根据同构 (8.3) 的 $\mathrm{Frob}_{\boldsymbol{p}} \in \mathrm{Gal}\,(\mathrm{Gal}\,(K(\boldsymbol{a})/K)$ 与 $[\boldsymbol{p}] \in Cl(K,\boldsymbol{a})$ 相对应" 的情形. 这样, 在 $Cl(K,\boldsymbol{a})$ 这面镜子里, 能够反映出 K 之外的 $K(\boldsymbol{a})$ 中素理想分解的情形. 这就是类域论的魔法, 就是本章前言所说的魔镜的意思.

(b) 最大 Abel 扩域

设 K 为 (交换) 域, 所谓 K 的最大 Abel 扩域是指在 K 的代数闭包 $\overline{K}$ 中, K 的所有有限 Abel 扩域 L $(K \subset L \subset \overline{K})$ 的并构成的域:

$$K^{ab} = \bigcup_L L$$

(L 遍历 K 的所有有限 Abel 扩域).

根据附录 §B.5"无限 Galois 理论", 有

$$\{K\text{的有限 Abel 扩域}\} \underset{1:1}{\leftrightarrow} \{\mathrm{Gal}\,(K^{ab}/K)\text{的开子群}\},$$

因此 $\mathrm{Gal}(K^{ab}/K)$ 是一个满载了有关 K 的 Abel 扩张信息的群.

在 (d) 小节中将叙述的类域论主定理的精神是, 当 K 为数域时, 这个 $\mathrm{Gal}(K^{ab}/K)$ 被叫做 K 的伊代尔类群 C_K 的镜子反映了出来: K 的 Abel 扩域具有何种形态, 在每个 Abel 扩域中发生了什么等等, 在观察这面镜子时均可得到很好的了解. 尽管 $\mathrm{Gal}(K^{ab}/K)$ 与 C_K 并不同构, 却存在近乎同构的连续同态 $C_K \to \mathrm{Gal}(K^{ab}/K)$, 从而 $\mathrm{Gal}(K^{ab}/K)$ 是 C_K 的近似物.

这样, $\mathrm{Gal}(K^{ab}/K)$, 被作为原本与 Galois 理论无关但却更易于了解的群 (出乎意料地) 所近似的对应域, 可列举如下.

(1) 有限域

(2) 局部域

(3) 整体域

在 (1), (2), (3) 各自的情形中分别有相近于同构的同态:

如果 K 为有限域, 为 $\rho_K : \mathbb{Z} \to \mathrm{Gal}(K^{ab}/K)$

如果 K 为局部域, 为 $\rho_K : K^\times \to \mathrm{Gal}(K^{ab}/K)$

如果 K 为整体域, 为 $\rho_K : C_K \to \mathrm{Gal}(K^{ab}/K)$,

$\mathrm{Gal}(K^{ab}/K)$ 被近似为按照下表中的 "易于了解一面" 的群.

表 8.3 近似于 $\mathrm{Gal}(K^{ab}/K)$ 的群

	易于了解的一面	Galois 的一面
有限域 K	$\mathbb{Z}$	$\mathrm{Gal}(K^{ab}/K)$
局部域 K	$K^\times$	$\mathrm{Gal}(K^{ab}/K)$
整体域 K	C_K	$\mathrm{Gal}(K^{ab}/K)$

表 8.3 的准确含义将在后面的 (c), (d), $\cdots$ 小节进行说明.

在 (a) 小节中谈及了数域 K 的特殊的 Abel 扩域 $K(\boldsymbol{a})$, 至于说到它与上面近似的 $\rho_K : C_K \to \mathrm{Gal}(K^{ab}/K)$ 的关系, $\mathrm{Gal}(K(\boldsymbol{a})/K)$ 则可看作是 $\mathrm{Gal}(K^{ab}/K)$ 的商群; 另一方面, 像在 §6.4(i) 中所说的 $Cl(K,\boldsymbol{a})$ 为 C_K 的商群那样, (a) 小节中所说的 $Cl(K,\boldsymbol{a}) \cong \mathrm{Gal}(K(\boldsymbol{a})/K)$ 正是 $\rho_K : C_K \to \mathrm{Gal}(K^{ab}/K)$ 所带来的商群之间的同构. 这将在 (g) 小节中讨论.

(c) 论有限域的 Abel 扩张

在叙述类域论主定理的 (d) 小节前, 我们先以与类域论平行的方式 (命题 8.1) 叙述类域论的 "小儿科版", 即有限域的 Abel 扩张, 想将其作为类域论的前奏.

类域论具有将 "易于了解的一面" 与 "Galois 一面" 进行比较的形式. (c) 小节要进行的是, 将汇集在 §B.4 "有限域" 的内容换成了对于 "易于了解的一面" 和 "Galois 一面" 进行比较的这种表达形式.

表 8.4 有限域的 Abel 扩张情形

易于了解的一面	Galois 一面
$\mathbb{Z}/n\mathbb{Z}$	$\mathrm{Gal}(\mathbb{F}_{q^n}/\mathbb{F}_q)$
$\hat{\mathbb{Z}}$	$\mathrm{Gal}(\mathbb{F}_q^{ab}/\mathbb{F}_q)$

如同 §B.4 中那样, $\mathbb{F}_q$ 的全部有限扩域是对于每个 $n \geqslant 1$ 做成 $\mathbb{F}_q$ 的 n 次扩域 $\mathbb{F}_{q^n}$, 而 $\mathbb{F}_{q^n}$ 为 $\mathbb{F}_q$ 的 Abel 扩域, 从而 $\mathbb{F}_q$ 的代数闭包 $\overline{\mathbb{F}}_q = \bigcup\limits_n \mathbb{F}_{q^n}$ 与 $\mathbb{F}_q^{ab}$ 相同.

$\mathrm{Gal}(\mathbb{F}_{q^n}/\mathbb{F}_q)$ 同构于易于了解的群 $\mathbb{Z}/n\mathbb{Z}$. $\mathrm{Gal}(\mathbb{F}_q^{ab}/\mathbb{F}_q)$ 则以易于了解的群 $\mathbb{Z}$ 相近; 下面我们来叙述关于被叫做群 $\mathbb{Z}$ 的这面镜子中所映照出的 $\mathbb{F}_q$ 的 Abel 扩张是如何存在的情形.

命题 8.1 1-1 对应

$$\{\mathbb{F}_q\text{的有限 Abel 扩域}\} \underset{1:1}{\leftrightarrow} \{\mathbb{Z}\text{的指数有限的子群}\}$$

以下列方式给出: 对于每个 $n \geqslant 1$, $\mathbb{F}_q$ 的扩域 $\mathbb{F}_{q^n}$ 对应于 $\mathbb{Z}$ 的子群 $n\mathbb{Z}$ (参照图 8.1). 按照这个对应, 扩域 $L \leftrightarrow$ 子群 H 时, 则 $[L:K] = [\mathbb{Z}:H]$. 在这个对应下, 当 $L \leftrightarrow H$, $L' \leftrightarrow H'$ 时, $L \supset L'$ 与 $H \subset H'$ 等价. □

$$\begin{array}{ccccccccccc}
 & & & & \mathbb{F}_{q^4} & & & & & & 4\mathbb{Z} \\
 & & & \cup & & & & & & \supset & \\
 & & \mathbb{F}_{q^2} & & & & & & 2\mathbb{Z} & & \\
 & \cup & & \subset & & & & \supset & & \supset & \\
\mathbb{F}_q & & & & \mathbb{F}_{q^6} & \underset{1:1}{\longleftrightarrow} & \mathbb{Z} & & & & 6\mathbb{Z} \\
 & \subset & & \cup & & & & \supset & & & \\
 & & \mathbb{F}_{q^3} & & & & & & 3\mathbb{Z} & & \\
 & & & \subset & & & & & & \supset & \\
 & & & & \mathbb{F}_{q^9} & & & & & & 9\mathbb{Z}
\end{array}$$

图 8.1 $\mathbb{F}_q$ 的有限扩域与 $\mathbb{Z}$ 的指数有限的子群的对应

在这个命题中, 易于了解的群 $\mathbb{Z}$ 起着在无限 Calois 理论中的 $\mathrm{Gal}(\mathbb{F}_q^{ab}/\mathbb{F}_q)$ 那样的作用. 这就是说, 存在下面的由 $\mathbb{Z}$ 到 $\mathrm{Gal}(\mathbb{F}_q^{ab}/\mathbb{F}_q)$ 大体近乎于同构的同态, 这是个能够容易被理解的形式.

定义 $\sigma_q \in \mathrm{Gal}(\mathbb{F}_q^{ab}/\mathbb{F}_q)$ 为 $\sigma_q(x) = x^q$ $(x \in \mathbb{F}_q^{ab})$, 并定义同态

$$\rho_{\mathbb{F}_q} : \mathbb{Z} \to \mathrm{Gal}(\mathbb{F}_q^{ab}/\mathbb{F}_q)$$

为 $r \mapsto \sigma_q^r$ $(r \in \mathbb{Z})$. 根据 §B.4, 若在 $\mathrm{Gal}(\mathbb{F}_q^{ab}/\mathbb{F}_q) \to \mathrm{Gal}(\mathbb{F}_{q^n}/\mathbb{F}_q)$ 下 σ_q 的像设为 $\sigma_{q,n} \in \mathrm{Gal}(\mathbb{F}_{q^n}/\mathbb{F}_q)$, 则有 $\sigma_{q,n}(x) = x^q$ $(x \in \mathbb{F}_{q^n})$, 于是 $\mathrm{Gal}(\mathbb{F}_{q^n}/\mathbb{F}_q)$ 是由 $\sigma_{n,q}$ 生成的 n 阶循环群. 按照同构

$$\mathbb{Z}/n\mathbb{Z} \cong \mathrm{Gal}\,(\mathbb{F}_{q^n}/\mathbb{F}_q):\ r \mapsto \sigma_{q,n}^r,$$

有

$$\mathrm{Gal}\,(\mathbb{F}_q^{ab}/\mathbb{F}_q) = \varprojlim_n \mathrm{Gal}\,(\mathbb{F}_{q^n}/\mathbb{F}_q) \cong \varprojlim_n \mathbb{Z}/n\mathbb{Z}$$

(n 遍历自然数, 逆向极限 $\varprojlim_n \mathbb{Z}/n\mathbb{Z}$ 是关于当 m 为 n 的倍数时的标准映射 $\mathbb{Z}/m\mathbb{Z} \to \mathbb{Z}/n\mathbb{Z}$ 而取的), 而复合映射

$$\mathbb{Z} \xrightarrow{\rho_{\mathbb{F}_q}} \mathrm{Gal}\,(\mathbb{F}_q^{ab}/\mathbb{F}_q) \cong \varprojlim_n \mathbb{Z}/n\mathbb{Z}$$

与标准映射 $r \mapsto (r \mod n)_n$ 相同. 我们是以 $\mathbb{Z}$ 来近似 $\varprojlim_n \mathbb{Z}/n\mathbb{Z}$ 的. 那么, 命题 8.1 的 1-1 对应就是

$$\begin{aligned}\{\mathbb{F}_q\text{的有限 Abel 扩域}\} &\underset{1:1}{\leftrightarrow} \{\mathrm{Gal}\,(\mathbb{F}_q^{ab}/\mathbb{F}_q)\text{的开子群}\}\\ &\underset{1:1}{\leftrightarrow} \{\mathbb{Z}\text{的指数有限的子群}\},\end{aligned}$$

于是得到了无限 Galois 理论中的扩域与子群的对应 (第一行的 1-1 对应) 与下面一行的 1-1 对应 $U \mapsto \rho_{\mathbb{F}_q}^{-1}(U) \subset \mathbb{Z}$ (U 为 $\mathrm{Gal}\,(\mathbb{F}_q^{ab}/\mathbb{F}_q)$ 的开子群) 的联系.

(d) 类域论的主定理

我们来叙述局部类域论的主定理 (定理 8.2 与推论 8.3), 以及整体类域论的主定理 (定理 8.4 与推论 8.5).

这些定理给人稍微有一点抽象的感觉, 而这些定理更具体的意义以及与 (a) 小节所叙述的那些内容的关系将在 (e) 及以后的小节中阐述.

定理 8.2 设 K 为局部域 (就是说, 剩余域为有限域的完备离散赋值域, 还有 $\mathbb{R}$, 以及 $\mathbb{C}$).

(1) 存在唯一的满足下面 (i), (ii) 的连续同态

$$\rho_K : K^\times \to \mathrm{Gal}\,(K^{ab}/K).$$

(i) 设 L 为 K 的有限 Abel 扩域, 则 ρ_K 诱导出商群间的同构

$$K^\times/N_{L/K}L^\times \xrightarrow{\cong} \mathrm{Gal}\,(L/K).$$

这里的 $N_{L/K}$ 为范映射.

(ii) (与有限域的 Abel 扩张理论的关系) 如果 K 是以有限域 $\mathbb{F}_q$ 为剩余域的完备离散赋值域, 则

$$\begin{array}{ccc} K^\times & \overset{\rho_K}{\to} & \mathrm{Gal}(K^{ab}/K) \\ \nu_K \downarrow & & \downarrow \\ \mathbb{Z} & \overset{\rho_{\mathbb{F}_q}}{\to} & \mathrm{Gal}\,(\mathbb{F}_q^{ab}/\mathbb{F}_q) \end{array}$$

为交换图表. 其中 ν 为 K 的离散赋值, $\mathrm{Gal}\,(K^{ab}/K) \to \mathrm{Gal}\,(\mathbb{F}_q^{ab}/\mathbb{F}_q)$ 为复合映射

$$\mathrm{Gal}(K^{ab}/K) \to \mathrm{Gal}(K^{ur}/K) \cong \mathrm{Gal}(\mathbb{F}_q^{ab}/\mathbb{F}_q).$$

这里 K^{ur} 是 K 的最大非分歧扩域 (§6.3(c)). $\mathrm{Gal}\,(K^{ab}/K) \to \mathrm{Gal}\,(K^{ur}/K)$ 为 K^{ab} 的自同构在子域 K^{ur} 上的限制 (由例 6.58 知 $K^{ur} \subset K^{ab}$ 成立), 最后面的那个同构见 §6.3(c).

(2) $U \mapsto \rho_K^{-1}(U)$ 是从 $\mathrm{Gal}\,(K^{ab}/K)$ 的开子群全体的集合到 $K^\times$ 的具有限指数的子群全体的集合的满单射. □

就像在 (c) 小节末尾所做的那样, 我们试着将定理 8.2(2) 的满单射与在 "无限 Galois 理论" 中扩域与子群的对应进行联系:

$$\begin{aligned} \{K\text{的有限 Abel 扩域}\} &\underset{1:1}{\leftrightarrow} \{\mathrm{Gal}\,(K^{ab}/K)\text{的开子群}\} \\ &\underset{1:1}{\leftrightarrow} \{K^\times\text{的指数有限的开子群}\}. \end{aligned}$$

在这个对应下,

$$\begin{aligned} L &\leftrightarrow (\mathrm{Gal}\,(K^{ab}/K) \to \mathrm{Gal}\,(L/K)\text{的核}) \\ &\leftrightarrow (K^\times \to \mathrm{Gal}\,(L/K)\text{的核}) = N_{L/K}L^\times \end{aligned}$$

(最后的这个等号是由于定理 8.2(1), (i)). 因此, 由定理 8.2 可推导出下面与命题 8.1 极其相似的推论.

推论 8.3 设 K 为局部域, 1-1 对应

$$\{K\text{的有限 Abel 扩域}\} \underset{1:1}{\leftrightarrow} \{K^\times\text{的指数有限的开子群}\}$$

给出了由 K 的有限 Abel 扩域 L 到 $K^\times$ 的子群 $N_{L/K}L^\times$ 的对应. 在这个对应下有 $L \leftrightarrow H$ 时, 则 $[L:K] = [K^\times : H]$, 在此对应下当 $L \leftrightarrow H$, $L' \leftrightarrow H'$ 时, 则 $L \supset L'$ 等价于 $H \subset H'$. □

定理 8.4 设 K 为整体域.

(1) 存在唯一地连续同态

$$\rho_K : C_K \to \mathrm{Gal}(K^{ab}/K),$$

使得对于 K 的所有素点 v

$$\begin{array}{ccc} K_v^\times & \stackrel{\rho_{K_v}}{\to} & \mathrm{Gal}\,(K_v^{ab}/K_v) \\ \downarrow & & \downarrow \\ C_K & \stackrel{\rho_K}{\to} & \mathrm{Gal}\,(K^{ab}/K) \end{array}$$

为 (局部与整体的关系) 交换图表. 其中, $K_v^\times \to C_K$ 由自然嵌入 $K_v^\times \subsetneq \mathbb{A}_K^\times$ 导出, 而 $\mathrm{Gal}\,(K_v^{ab}/K_v) \to \mathrm{Gal}(K^{ab}/K)$ 为 K_v^{ab} 的自同构在其子域 K^{ab} 上的限制.

(2) 对于 K 的有限 Abel 扩域 L, ρ_K 诱导了商群间的同构

$$C_K/N_{L/K}(C_L) \stackrel{\cong}{\to} \mathrm{Gal}\,(L/K).$$

其中, $N_{L/K}: C_L \to C_K$ 是在稍后所定义的范映射.

(3) $U \mapsto \rho_K^{-1}(U)$ 是从 $\mathrm{Gal}\,(K^{ab}/K)$ 的全部开子群的集合到 C_K 的指数为有限的开子群全体的集合的满单射. □

对于整体域 K 的有限扩域 L, 范映射 $N_{L/K}: C_L \to C_K$ 是由范映射

$$N_{L/K}: \mathbb{A}_L^\times \to \mathbb{A}_K^\times : (a_w)_w \mapsto \left(\prod_{w|v} N_{L_w/K_v}(a_w)\right)_v$$

($w|v$ 表示 w 在 v 之上) 所诱导的商群之间的映射.

按照与局部域时同样的考虑, 由定理 8.4 得出下面的推论.

推论 8.5 当 K 为整体域时, 1-1 对应

$$\{K\text{的有限 Abel 扩域}\} \underset{1:1}{\longleftrightarrow} \{C_K\text{的指数有限的开子群}\}$$

由 K 的有限 Abel 扩域 L 对应于 C_K 的子群 $N_{K/L}C_L$ 所给出. 在该对应下, 当 $L \leftrightarrow H$ 时, 则 $[L:K] = [C_K:H]$; 在该对应下, $L \leftrightarrow H$, $L' \leftrightarrow H'$ 时, $L \supset L'$ 等价于 $H \subset H'$. □

至于伊代尔类群的形状问题, 如果我们暂且让 $\mathrm{Gal}\,(K^{ab}/K)$ 不为 C_K 所逼近, 而被汇集了这些 $K_v^\times$ 一起形成的伊代尔群 $\mathbb{A}_K^\times$ 所逼近的话, 那么, 给出 K 的 Abel 扩域这件事与在每个素点 v 随便给出 K_v 的 Abel 扩域这件事几乎成了同样的了 (因为这些 v 之间已经没有关系了). 逼近 $\mathrm{Gal}\,(K^{ab}/K)$ 的伊代尔类群的形状为

$$\begin{aligned} C_K &= \mathbb{A}_K^\times/K^\times \\ &= (\text{局部对象的汇集})/(\text{整体域的对象}), \end{aligned}$$

它将这些素点间的联系协调地表现出来.

定理 8.2, 8.4 的证明将在 §8.3 中给出. 在 §8.1 的后面, 我们先承认这些定理, 从而一方面推导出想要的结论, 一方面则想着类域论的意义.

(e) 类域论的论述 —— 局部域的情形

在此 (e) 小节中, 就局部类域论而言, 我们要做下面的 (一), (二), (三).

(一) 在局部域之中, $\mathbb{R}$ 和 $\mathbb{C}$ 的局部类域论是非常简单的, 我们要陈述对于 $\mathbb{R}$, $\mathbb{C}$ 的定理 8.2 的简单证明.

(二) $\mathbb{R}$, $\mathbb{C}$ 之外的局部域, 即以有限域为剩余域的完备离散赋值域. 对此, 我们将叙述非常简单的, 局部类域论中有关非分歧扩张的部分.

(三) 按照局部类域论可以了解局部域的 Abel 扩域是如何存在的, 作为这方面的例子, 我们从局部类域论推导出 $\mathbb{Q}_3$ 的全部三次扩域是四个, 等等.

(一) $\mathbb{R}$ 的情形. 我们有 $\mathbb{R}^{ab}=\mathbb{C}$, $\mathbb{R}$ 的有限 Abel 扩域只有 $\mathbb{R}$ 与 $\mathbb{C}$ 两个. 而 $\mathbb{R}^\times$ 的指数有限的开子群只有 $\mathbb{R}^\times$ 本身和 $\mathbb{R}^\times_{>0}=\{x\in\mathbb{R}^\times \mid x>0\}$ 两个. 而且,

$$N_{\mathbb{R}/\mathbb{R}}(\mathbb{R}^\times)=\mathbb{R}^\times,$$
$$N_{\mathbb{C}/\mathbb{R}}\mathbb{C}^\times=\{z\bar{z}\mid z\in\mathbb{C}^\times\}=\{|z|^2\mid z\in\mathbb{C}^\times\}=\mathbb{R}^\times_{>0}.$$

因此, 如果定义 $\rho_{\mathbb{R}}:\mathbb{R}^\times\to\mathrm{Gal}\,(\mathbb{R}^{ab}/\mathbb{R})=\mathrm{Gal}\,(\mathbb{C}/\mathbb{R})$ 为正的元 $\mapsto \mathbf{1}$, 负的元 $\mapsto$ 复共轭, 则它是满足定理 8.2(1) 的条件 (i) 的唯一同态, 而且显然定理 8.2(2) 成立.

$\mathbb{C}$ 的情形. 有 $\mathbb{C}^{ab}=\mathbb{C}$, $\mathbb{C}$ 的有些 Abel 扩域只有 $\mathbb{C}$, 而 $\mathbb{C}^\times$ 的指数有限的开子群也仅有 $\mathbb{C}^\times$ 本身. 定义 $\rho_{\mathbb{C}}:\mathbb{C}^\times\to\mathrm{Gal}\,(\mathbb{C}^{ab}/\mathbb{C})=\{1\}$ 为平凡映射. 它是满足定理 8.2 (1) 的条件 (i) 的唯一同态, 而且定理 8.2(2) 显然成立.

(二) 设 K 是以有限域 $\mathbb{F}_q$ 为剩余域的完备离散赋值域, 由定理 8.2 可得如下结果. 这里的 O_K 表示 K 的赋值环.

$$\begin{array}{ccc}
\{K\text{ 的有限非分歧 Abel 扩域}\} & \underset{1:1}{\longleftrightarrow} & \{K^\times\text{ 的指数有限且包含 }O_K^\times\text{ 的开子群}\}\\
1:1\updownarrow\ (\text{命题 }6.54) & & 1:1\updownarrow\ (\text{因为 }K^\times/O_K^\times\cong\mathbb{Z})\\
\{\mathbb{F}_q\text{ 的有限 Abel 扩域}\} & \underset{1:1}{\longleftrightarrow} & \{\mathbb{Z}\text{ 的指数有限的子群}\}
\end{array}$$

(如前面所谈到的, K 的非分歧扩张均是 Abel 扩张, $\mathbb{F}_q$ 的有限扩张也全是 Abel 扩张, 故而在上面的图表中的 "Abel" 一词本当去掉.)

(三) 首先, 对于特征为 0 的局部域 K, 由习题 6.5 知, $K^\times$ 的指数有限的子群全为开子群, 因此在此情形下, 在定理 8.2, 推论 8.3 中将 "指数有限的开子群" 换做 "指数有限的子群" 也没有关系.

当 p 是不为 2 的素数时, 我们来证明 $\mathbb{Q}_p$ 的 p 次 Abel 扩域共有 $p+1$ 个. 根据推论 8.3 以及上面的注意知, $\mathbb{Q}_p$ 的 p 次 Abel 扩域的个数等于 $\mathbb{Q}_p^\times$ 的指数为 p 的子群的个数. 因为这样的子群包含了 $(\mathbb{Q}_p^\times)^p$, 所要求的个数与 $\mathbb{Q}_p^\times/(\mathbb{Q}_p^\times)^p$ 的指数为 p 的子群的个数相等. 由第二章知, $\mathbb{Q}_p^\times\cong\mathbb{Z}\times\mathbb{Z}_p\times\mathbb{Z}/(p-1)\mathbb{Z}$, 故 $\mathbb{Q}_p^\times/(\mathbb{Q}_p^\times)^p\cong\mathbb{Z}/p\mathbb{Z}\times\mathbb{Z}/p\mathbb{Z}$. 该群的指数为 p 的子群就是阶数为 p 的子群. 它们均由 $\mathbb{Z}/p\mathbb{Z}\times\mathbb{Z}/p\mathbb{Z}$ 的元 $(a,b)\neq(0,0)$ 生成, 由于若取 (a,b) 为一个生成元, 则 $p-1$ 个元 (ca,cb) $(c\in(\mathbb{Z}/p\mathbb{Z})^\times)$ 也生成同一子群, 故阶数为 p 的子群的个数为 $\frac{p^2-1}{p-1}=p+1$.

问题 1　设 p 为不等于 2 的素数. 请由局部类域论像上面那样推导出 $\mathbb{Q}_p$ 的二次扩域有三个.

(f) 类域论的论述 —— 整体域的情形

在此 (f) 小节中, 就整体类域论而言, 我们要做下面的 (一), (二), (三).

(一) 在整体域 K 的有限 Abel 扩域中, 我们根据类域论考虑 K 的素点的分解以及 Galois 群中的 Frobenius 置换在 "易于了解一面" 的镜子中所映照出的是什么样子 (表 8.5, 命题 8.6).

(二) 作为 (一) 的应用, 推导出在整体域的有限 Galois 扩域的 Galois 群中, Frobenius 置换的分布定理 (定理 8.7).

(三) 作为 (二) 的应用, 证明整体域的有限 Galois 扩域由该域中可完全分解的素点的集合所决定 (定理 8.8).

表 8.5　镜中照出的 Frobenius 置换

易于了解的一面	Galois 的一面
K_v 的素元	v 的 Frobenius 置换

(一) 下面的命题 8.6 可由类域论的主定理推出.

命题 8.6　设 K 为整体域, L 为 K 的有限 Abel 扩域, 而 H, 按照类域论, 为 L 所对应的 C_K 的指数有限的子群. 取 v 为 K 的素点, 考虑复合映射

$$\theta : K_v^\times \to C_K \to C_K/H.$$

(1) v 在 L 中完全分解等价于 $\theta(K_v^\times) = \{1\}$.

(2) 如果 v 为有限素点, 则 v 在 L 上非分歧等价于 $\theta(O_v^\times) = \{1\}$.

(3) 设 v 为有限素点且在 L 中非分歧. 又设 π_v 为 K_v 的素元. 那么, 按照类域论的同构 $C_K/H \cong \mathrm{Gal}\,(L/K)$, $\theta(\pi_v) \in C_K/H$ 映到 Frobenius 置换 $\mathrm{Frob}_v \in \mathrm{Gal}\,(L/K)$.

[证明]　证明 (1). 设 w 为 v 之上在 L 中的素点. $\mathrm{Gal}(L_w/K_v)$ 与 w 的分解群可看作相等 (引理 6.72). 根据定理 8.4(1), 图表

$$\begin{array}{ccc} K_v^\times & \to & \mathrm{Gal}(L_w/K_v) = v\text{的分解群} \\ {\scriptstyle\theta}\downarrow & & \cap \\ C_K/H & \cong & \mathrm{Gal}\,(L/K) \end{array}$$

可交换. 其中, $K_v^\times \to \mathrm{Gal}\,(L_w/K_v)$ 为 ρ_{K_v} 所诱导, 故而由定理 8.2(1)(i) 知其为满射. 于是由此图得到: $\theta(K_v^\times) = \{1\} \Leftrightarrow \mathrm{Gal}\,(L_w/K_v) = \{1\} \Leftrightarrow v$在 L 中完全分解.

(2), (3) 由上面的图表及定理 8.2(1)(ii) 得到. ∎

(二) 我们证明的下面的定理 8.7, 8.8, 尽管专门处理的是 Abel 扩域的类域论, 但对于不一定是 Abel 扩张的 Galois 扩域也具有应用.

定理 8.7 设 L 为整体域 K 的有限 Galois 扩张, 取 c 为 $\mathrm{Gal}(L/K)$ 的一个共轭类, 则存在无穷多个在 L 上非分歧的 K 的有限素点 v 使得 $\mathrm{Frob}_v = c$.

[证明] 设 σ 为属于 c 的 $\mathrm{Gal}(L/K)$ 中的元, 并设 σ 生成的 $\mathrm{Gal}(L/K)$ 的循环子群按照 Galois 理论所对应的 L 的子域为 L'. 于是, L 为 L' 的循环扩张, $\mathrm{Gal}(L/L')$ 由 σ 生成. 根据类域论, 设对应于 L 的 $C_{L'}$ 的指数有限的开子群为 H. 由命题 8.6(3), 对于在 L 中非分歧的 L' 的有限素点 w, 类域论的同构 $C_{L'}/H \cong \mathrm{Gal}(L/L')$ 把 L'_w 的素元在 $C_{L'}/H$ 中的像映到 $\mathrm{Forb}_w \in \mathrm{Gal}(L/L')$.

根据这个事实以及关于 "在 C_K/H 中素点分布" 的定理 7.22 知, L' 的满足下面条件 (i) 的有限素点 w 的全体具有 Kronecker 密度 $[L:L']^{-1}$.

(i) w 在 L 中非分歧, 且 $\mathrm{Frob}_w = \sigma$.

另一方面, 根据后面 §8.3 要证明的定理 8.41(1) 知, 满足以下条件 (ii) 的 L' 的有限素点 w 的全体具有 Kronecker 密度 1.

(ii) w 在 K 上非分歧, 若 w 之下的 K 的素点为 v, 则剩余次数 $f(w/v)$ 等于 1.

因此, L' 的同时满足 (i), (ii) 的有限素点 w 存在无限多个. 对于这样的 w, 若令它之下在 K 中的素点为 v, 则 $\mathrm{Frob}_v = c$. ∎

(三) 对于整体域 K 的有限扩域 L, 令

$$S(L/K) = \{K\text{的素点}v \mid v\text{在 } L \text{ 中完全分解}\}.$$

定理 8.8 设 K 为整体域, L_1, L_2 为 K 的有限 Galois 扩域. 于是, 以下的 (i)—(iii) 等价.

(i) $L_1 \supset L_2$.

(ii) $S(L_1/K) \subset S(L_2/K)$.

(iii) 对于几乎所有的 $v \in S(L_1/K)$ 有 $v \in S(L_2/K)$. □

推论 8.9 设 K, L_1, L_2 如上. 于是,

$$L_1 = L_2 \Leftrightarrow S(L_1/K) = S(L_2/K). \quad \square$$

再者, 对于整体域 K 的不一定 Galois 的有限可分扩域 L, 成立下面的断言: 设 L' 为包含 L 的 K 的有限 Galois 扩域中最小者, 就是说, 如果取 α 使 $L = K(\alpha)$, 则 L' 为在 K 中添加 α 的所有在 K 上的共轭元得到的域 (参照 §B.2). 这时有

$$S(L/K) = S(L'/K).$$

例如, $S(\mathbb{Q}(\sqrt[3]{2})/\mathbb{Q}) = S(\mathbb{Q}(\sqrt[3]{2}, \zeta_3)/\mathbb{Q})$.

那么, 由此可知, 当取 $f(T)$ 为使 $f(\alpha)=0$ 的 K 系数不可约多项式时, 则 $f(T)$ 在 $K_v[T]$ 中为一次式的乘积等价于 $v \in S(L/K)$, 也等价于 $v \in S(L'/K)$ (应用推论 6.51, 推论 6.60 便能证明).

这样, 定理 8.8 在去掉 Galois 假定后便不再成立. 然而, 当 L_1, L_2 为整体域 K 的有限可分扩域, 且 L_1 为 K 的 Abel 扩域, 但对于 L_2 仍不假定为 K 的 Galois 扩张时, 如果除去最多有限个素点外有 $S(L_1/K)=S(L_2/K)$, 则 $L_1=L_2$. 这是因为, 当我们取 L_2' 如上面那样时, 由定理 8.8 及 $S(L_2/K)=S(L_2'/K)$ 知 $L_1=L_2'$, 由此得 $L_2 \subset L_1$, 于是 L_2 也成为了 K 的 Abel 扩域, 故根据定理 8.8 有 $L_1=L_2$.

为了证明定理 8.8, 首先来证明下面的引理.

引理 8.10 设 L, L' 为整体域 K 的有限 Galois 扩域, 且 $L \supset L'$. 又设 v 为 K 的有限素点, 且在 L 中非分歧, 并取 $\mathrm{Frob}_v \subset \mathrm{Gal}(L/K)$ 为其 Frobenius 共轭类. 此时, Frob_v 包含在 $\mathrm{Gal}(L/K)$ 的子群 $\mathrm{Gal}(L/L')$ 之中的论断与 v 在 L' 中完全分解的论断等价.

[证明] 这是因为 $\mathrm{Frob}_v \subset \mathrm{Gal}(L/L')$ 等价于在商群 $\mathrm{Gal}(L/K)/\mathrm{Gal}(L/L') = \mathrm{Gal}(L'/K)$ 中 v 的 Frobenius 共轭类为单位元. ∎

[定理 8.8 的证明] (i)⇒(ii), (ii)⇒ (iii) 显然.

证明 (iii)⇒ (i). 取 L 为包含了 L_1, L_2 的 K 的有限 Galois 扩域. 根据 Galois 理论, 对于 $\mathrm{Gal}(L/K)$ 的子群 $\mathrm{Gal}(L/L_1)$, $\mathrm{Gal}(L/L_2)$ 只要证明 $\mathrm{Gal}(L/L_1) \subset \mathrm{Gal}(L/L_2)$ 就行了. 另外取 $\mathrm{Gal}(L/K)$ 的共轭类 c 且 $c \subset \mathrm{Gal}(L/L_1)$, 只要证明 $c \subset \mathrm{Gal}(L/L_2)$ 就可以了. 由定理 8.7, 使得 $\mathrm{Frob}_v = c$ 且在 L 中非分歧的 K 的素点 v 存在无限多个. 按照引理 8.10, 这样的 v 属于 $S(L_1/K)$. 根据条件 (iii), 存在这样的 v 属于 $S(L_2/K)$. 对于这样的 v, 再次应用引理 8.10 知, $\mathrm{Frob}_v \subset \mathrm{Gal}(L/L_2)$ 成立, 因此 $c \subset \mathrm{Gal}(L/L_2)$. ∎

(g) 类域论的论述 —— 数域的情形

对于整体域中的数域, 我们作如下论述.

(一) 类域论的主定理与 (a) 小节中的陈述及 §5.3 定理 5.21 之间的关系.

(二) 对于 $\mathbb{Q}$ 的 Abel 扩域, 由类域论的主定理推导出包含了 Kronecker 定理的定理 5.10.

(三) 关于绝对类域.

(四) 对于在 §5.3 中出现的, $\mathbb{Q}(\zeta_3)$ 的 Abel 扩域 $\mathbb{Q}(\zeta_3, \sqrt[3]{2})$, 以及 $\mathbb{Q}(\sqrt{2})$ 的 Abel 扩域 $\mathbb{Q}(\zeta_8)$, $\mathbb{Q}(\zeta_8, \sqrt{1+\sqrt{2}})$, $\mathbb{Q}(\zeta_8, \sqrt{1+\sqrt{2}}, \sqrt[4]{2})$, 证明在 §5.3 中已叙述过的事实.

(一) 设 K 为数域. 对于 O_K 的非零理想 $\boldsymbol{a}$ 我们定义域 $K(\boldsymbol{a})$ 如下.

在 §6.4(i) 中, 我们定义过 $\mathbb{A}_K^\times$ 的开子群 $U(\boldsymbol{a})$, 以及定义有限群 $Cl(K,\boldsymbol{a})$ 为 $\mathrm{Coker}(K^\times \to \mathbb{A}_K^\times/U(\boldsymbol{a}))$. 设 $\overline{U}(\boldsymbol{a})$ 为 $U(\boldsymbol{a})$ 在 C_K 中的像, 于是, $C_K/\overline{U}(\boldsymbol{a}) =$

$Cl(K,\boldsymbol{a})$, 并且 $\overline{U}(\boldsymbol{a})$ 为 C_K 的指数有限的开子群. 依照类域论, 定义 $K(\boldsymbol{a})$ 为对应于 $\overline{U}(\boldsymbol{a})$ 的 K 的有限 Abel 扩域. 根据类域论, 有

$$Cl(K,\boldsymbol{a}) = C_K/\overline{U}(\boldsymbol{a}) \simeq \mathrm{Gal}\,(K(\boldsymbol{a})/K).$$

设 $\boldsymbol{p}$ 为不能除尽 $\boldsymbol{a}$ 的 K 的素理想, 我们来考虑在 $K(\boldsymbol{a})$ 中 $\boldsymbol{p}$ 的分解情况. 因为 $K_{\boldsymbol{p}}^{\times} \to Cl(K,\boldsymbol{a})$ 将 $O_{\boldsymbol{p}}^{\times}$ 映到单位元, 故由命题 8.6(2) 知, $\boldsymbol{p}$ 在 $K(\boldsymbol{a})$ 中非分歧. 又根据命题 8.6(3) 知, 前面的同构 $Cl(K,\boldsymbol{a}) \cong \mathrm{Gal}\,(K(\boldsymbol{a})/K)$ 将 $[\boldsymbol{p}] \in Cl(K,\boldsymbol{a})$ 映到 $\mathrm{Frob}_{\boldsymbol{p}} \in \mathrm{Gal}\,(K(\boldsymbol{a})/K)$. 因此, 按 (a) 小节所叙述的那样有

$$\begin{aligned}&\boldsymbol{p}\text{在 } K(\boldsymbol{a}) \text{ 中完全分解}\\ &\quad\Leftrightarrow [\boldsymbol{p}] \in Cl(K,\boldsymbol{a})\text{为单位元}\\ &\quad\Leftrightarrow \text{存在全正的 } \alpha \in O_K \text{ 使得 } \boldsymbol{p} = (\alpha), \alpha \equiv 1 \mod \boldsymbol{a} \text{ 成立}.\end{aligned}$$

[定理 5.21 的证明] 定理 5.21(1) 所说的“唯一”, 可由推论 8.9 后面的叙述得到.

其次对于定理 5.21 的 (2), 即要证明

$$K^{ab} = \bigcup_{\boldsymbol{a}} K(\boldsymbol{a}) \qquad (\boldsymbol{a}\text{为遍历 } O_K \text{ 的非零理想}).$$

由命题 6.112, C_K 的指数有限的开子群包含了对于 O_K 的某个非零理想 $\boldsymbol{a}$ 的 $\bar{U}(\boldsymbol{a})$. 按照类域论, 这个事实表明 K 的任一有限 Abel 扩域包含在对于某个 $\boldsymbol{a}$ 的 $K(\boldsymbol{a})$ 之中.

定理 5.21(3) 是显然的.

证明关于分歧的陈述 (4). 对于 O_K 的非零素理想 $\boldsymbol{p}$, 定义 $n(\boldsymbol{p}) \geqslant 0$ 如下. 如果 $\boldsymbol{p}$ 在 L 中非分歧则 $n(\boldsymbol{p}) = 0$, 而当 $\boldsymbol{p}$ 在 L 中分歧时, 在映射 $K_{\boldsymbol{p}}^{\times} \to \mathrm{Gal}\,(L/K)$ 下使 $1 + \boldsymbol{p}^n O_{\boldsymbol{p}}$ 的像为 $\{1\}$ 的最小的 $n \geqslant 1$ 定义为 $n(\boldsymbol{p})$. 那么, 如果令 $\boldsymbol{a} = \prod\limits_{\boldsymbol{p}} \boldsymbol{p}^{n(\boldsymbol{p})}$, 则根据命题 8.6 知, 该 $\boldsymbol{a}$ 是使得在映射 $C_K \to \mathrm{Gal}\,(L/K)$ 下 $\overline{U}(\boldsymbol{a})$ 的像为 $\{1\}$ 的最大的 $\boldsymbol{a}$, 因此是使得 $L \subset K(\boldsymbol{a})$ 最大的 $\boldsymbol{a}$. 于是可以清楚看出, 对于 O_K 的非零素理想 $\boldsymbol{p}$ 有

$$\boldsymbol{p}\text{在 } L \text{ 中分歧} \Leftrightarrow \boldsymbol{p}\text{除尽 } \boldsymbol{a}.$$

∎

(二) 证明定理 5.10. 如在 §5.3 的例 5.22 中说明过的那样, 对于不能除尽 N 的素数 p 有 (定理 5.7)

$$p \equiv 1 \mod N \Leftrightarrow p\text{在 } \mathbb{Q}(\zeta_N) \text{ 中完全分解}.$$

由此以及定理 8.8 知, 当 $K = \mathbb{Q}$, $\boldsymbol{a} = N\mathbb{Z}$ 时, 成立 $K(\boldsymbol{a}) = \mathbb{Q}(\zeta_N)$.

因此, 根据定理 5.21 知 $\mathbb{Q}$ 的有限 Abel 扩域被包含在关于某个 $N \geqslant 1$ 的 $\mathbb{Q}(\zeta_N)$ 之中, 从而得到了 Kronecker 定理.

定理 5.10 中剩下还没有证明的部分是, 当 N 为自然数时, 如果数域 L 具有 "素数 p 在 L 中是否完全分解由 $p \bmod N$ 判定" 这样的性质, 则 $L \subset \mathbb{Q}(\zeta_N)$. 现在来证明这一部分. 根据在推论 8.9 之后的那些叙述, 只要设 L 为 $\mathbb{Q}$ 的 Galois 扩域就可以了. 按照定理 8.7, 存在在 $L(\zeta_N)$ 中完全分解而又不能除尽 N 的素数 p_1. 由于 p_1 在 $\mathbb{Q}(\zeta_N)$ 中完全分解, 故 $p_1 \equiv 1 \bmod N$. 又因为 p_1 还在 L 中完全分解, 由对 L 性质的假设知, 使 $p \equiv 1 \bmod N$ 成立的所有素数 p 均在 L 中完全分解. 因此, 除去最多有限个例外外有 $S(\mathbb{Q}(\zeta_N)/\mathbb{Q}) \subset S(L/\mathbb{Q})$. 于是根据定理 8.8 有, $L \subset \mathbb{Q}(\zeta_N)$. ∎

按照上面同样的证明, 对于一般的数域我们也能证明下面的事实. 当 $\boldsymbol{a}$ 为 O_K 的非零理想时, 如果 K 的有限扩域 L 具有 "对于不能除尽 $\boldsymbol{a}$ 的 O_K 的非零素理想 $\boldsymbol{p}$, $\boldsymbol{p}$ 在 L 中是否完全分解取决于 $\boldsymbol{p}$ 在 $Cl(K,\boldsymbol{a})$ 中的类" 这个性质, 则 $L \subset K(\boldsymbol{a})$.

(三) 关于所谓的绝对类域的论述.

标准满射 $C_K \to Cl(K)$ (§6.4(e)) 的核为 C_K 的指数有限的开子群. 它按类域论所对应的 K 的有限 Abel 扩域 $\widetilde{K}$ 称为 K 的绝对类域, 或者 Hilbert 类域. Hilbert 在 19 世纪末考察了绝对类域, 它成了类域论发展的一个契机.

根据类域论, 有

$$Cl(K) \cong \mathrm{Gal}\,(\widetilde{K}/K),$$

K 的所有素理想 $\boldsymbol{p}$ 在 $\widetilde{K}$ 中为非分歧, 而 $\boldsymbol{p}$ 在 $Cl(K)$ 中的类通过这个同构映到了 $\mathrm{Frob}_{\boldsymbol{p}} \in \mathrm{Gal}\,(\widetilde{K}/K)$, 因此成立

$$\boldsymbol{p}\text{为主理想} \Leftrightarrow \boldsymbol{p}\text{在 } \widetilde{K} \text{ 中完全分解}.$$

命题 8.11 *在数域 K 的有限 Abel 扩域中, 那些使得 K 的所有素理想在其上均为非分歧的扩张中的最大者是 $K(O_K)$. 如果 K 不具有实素点, 则 $K(O_K)$ 等于 K 的绝对类域.*

[证明] 设 L 为 K 的有限 Abel 扩域, 使得在其上所有 K 的素理想均为非分歧, 并设对应于 L 的 C_K 的指数有限的开子群为 H. 根据命题 8.6(2), 标准映射 $\mathbb{A}_K^\times \to C_K/H$ 将关于 K 的所有素点 v 的 $U_v(O_K)$ (§6.4(i)) 映到单位元. 从而把 $U(O_K)$ 映到了单位元. 这就是说 $\overline{U}(O_K) \subset H$. 因此证明了 $K(O_K) \supset L$. 由于 $K(O_K)$ 中 K 的所有的素理想均为非分歧, 故命题 8.11 的前半部得证. 如果 K 不具有实素点, 由命题 6.114 知, 标准满射 $Cl(K,O_K) \to Cl(K)$ 为同构, 因此 $K(O_K) = \widetilde{K}$. ∎

如果我们忽略理想类群与 $Cl(K,O_K)$ 的微小差别, 则得到了表 8.6.

例如, $K = \mathbb{Q}(\sqrt{-5})$ 时, 像我们在 §5.3 已经清楚的那样, 在 $K(\sqrt{-1})$ 中 K 的所有素理想均非分歧, 因为这个事实以及 K 的类数为 2, 还有 K 不具有实素点的事实, 故有 $K(\sqrt{-1}) = K(O_K)$ 为 K 的绝对类域. 同样地可以知道, 当 $K = \mathbb{Q}(\sqrt{-6})$ 时, $K(\zeta_3) = K(O_K)$ 为 K 的绝对类域.

表 8.6 类域论与非分歧类域论 —— 数域的情形

易于了解的一面	Galois 的一面
伊代尔群	Abel 扩域
理想类群	非分歧扩域

(四) 当 $K = \mathbb{Q}(\zeta_3)$ 时, 我们要证明在 §5.3(a) 中所叙述过的, K 的三次 Abel 扩张 $K(\sqrt[3]{2})$ 等于 $K(6O_K)$ 这个结果. 还有, 当 $K = \mathbb{Q}(\sqrt{2})$ 时, 对于 O_K 的理想 $\boldsymbol{a}_i = (\sqrt{2}^i)$, 如在 §5.3a 中叙述的那样,

$$K(\boldsymbol{a}_0) = K(\boldsymbol{a}_1) = K, \quad K(\boldsymbol{a}_2) = K(\boldsymbol{a}_3) = \mathbb{Q}(\zeta_8) = K(\sqrt{-1}),$$
$$K(\boldsymbol{a}_4) = \mathbb{Q}\left(\zeta_8, \sqrt{1+\sqrt{2}}\right) = K\left(\sqrt{-1}, \sqrt{1+\sqrt{2}}\right),$$
$$K(\boldsymbol{a}_5) = \mathbb{Q}(\zeta_8, \sqrt{1+\sqrt{2}}, \sqrt[4]{2}) = K(\sqrt{-1}, \sqrt{1+\sqrt{2}}, \sqrt[4]{2}).$$

我们将叙述弄清以上事实的方法.

令 $K = \mathbb{Q}(\zeta_3)$, $L = K(\sqrt[3]{2})$.

首先由命题 5.2 知, $(1-\zeta_3)$ (3 的唯一的素因子) 与 2 之外的 K 的素理想在 L 中非分歧.

我们来证明 $L \subset K(3^2 \cdot 2O_K)$. 对此, 只要证明对于 K 的所有素点 v, 在复合映射 $K_v^\times \to C_K \to \mathrm{Gal}(L/K)$ 下, $U_v(3^2 \cdot 2O_K)$ 的像为单位元即可. 如果 $v \neq (1-\zeta_3), (2)$, 可由命题 8.6(2) 得到这个结论. 当 $v = (1-\zeta_3)$ 时, 因为

$$U_v(3^2 \cdot 2O_K) = 1 + 3^2 O_v = \exp(3^2 O_v) = \exp(3O_v)^3,$$

当 $v = (2)$ 时, 因为

$$\begin{aligned} U_v(3^2 \cdot 2O_K)^2 &= (1+2O_v)^2 \\ &\subset 1 + 4O_v = \exp(4O_v) = \exp(3 \cdot 4O_v) = \exp(4O_v)^3, \end{aligned}$$

故而由 $\mathrm{Gal}(L/K)$ 为 3 阶循环群得到所要结论.

现在来考察 $Cl(K, 3^2 \cdot 2O_K)$. 利用 K 的类数为 1 以及 §6.4 的命题 6.114, 根据对有限环 $O_K/(3^2 \cdot 2)$ 的具体考察, 得到下面的结论: $Cl(K, 6O_K)$ 是 3 阶群, 并且如果令 $\boldsymbol{p} = (3+\zeta_3)$, $\boldsymbol{q} = (3-\zeta_3)$, 则标准满射 $Cl(K, 3^2 \cdot 2O_K) \to Cl(K, 6O_K)$ 的核由 $[(5)]$, $[\boldsymbol{p}][\boldsymbol{q}]^{-1}$ 生成. 另外, (5), $\boldsymbol{p}$, $\boldsymbol{q}$ 均为素理想, $\boldsymbol{p}$ 为 7 的素因子, $\boldsymbol{q}$ 为 13 的素因子.

因此, 为了证明 $L = K(6O_K)$, 只要证明 $[(5)]$, $[\boldsymbol{p}][\boldsymbol{q}]^{-1} \in Cl(K, 3^2 \cdot 2O_K)$ 在 $\mathrm{Gal}(L/K)$ 的像 $\mathrm{Frob}_{(5)}$, $\mathrm{Frob}_{\boldsymbol{p}} \cdot \mathrm{Frob}_{\boldsymbol{q}}^{-1}$ 为单位元就行了. 首先 $\mathbb{F}_{(5)} = O_K/5O_K \cong \mathbb{F}_{25}$, 而因为在 $\mathbb{F}_{25}$ 中存在 2 的 3 次根 3, 故知 $\mathrm{Frob}_{(5)}$ 为单位元. 下一步来看 $\mathrm{Frob}_{\boldsymbol{p}}$, $\mathrm{Frob}_{\boldsymbol{q}}$. 在 $\mathbb{F}_{\boldsymbol{p}} \cong \mathbb{F}_7$ 上, $3+\zeta_3 = 0$ 即 $\zeta_3 = 4$. 让 α 为 2 在 $\mathbb{F}_{\boldsymbol{p}}$ 的代数闭包中的 3 次幂根, 则 $\alpha^7 = (\alpha^3)^2\alpha = 2^2\alpha = \zeta_3\alpha$. 因而 $\mathrm{Frob}_{\boldsymbol{p}}(\sqrt[3]{2}) = \zeta_3 \cdot \sqrt[3]{2}$. 再者, 在 $\mathbb{F}_{\boldsymbol{q}} \cong \mathbb{F}_{13}$ 上, $3-\zeta_3 = 0$

即 $\zeta_3=3$. 设 α 为 2 在 $\mathbb{F}_{\boldsymbol{q}}$ 的代数闭包中的 3 次幂根, 则 $\alpha^{13}=(\alpha^3)^4\alpha=2^4\alpha=\zeta_3\alpha$. 因此 $\mathrm{Frob}_{\boldsymbol{q}}(\sqrt[3]{2})=\zeta_3\cdot\sqrt[3]{2}$. 于是, $\mathrm{Frob}_{\boldsymbol{p}}=\mathrm{Frob}_{\boldsymbol{q}}$, 从而 $\mathrm{Frob}_{\boldsymbol{p}}\cdot\mathrm{Frob}_{\boldsymbol{q}}^{-1}$ 为单位元.

下面, 令 $K=\mathbb{Q}(\sqrt{2})$, $L=K(\sqrt{-1},\sqrt{1+\sqrt{2}},\sqrt[4]{2})$.

按照上面 $\mathbb{Q}(\zeta_3)$ 的情形同样考察, 知 $(\sqrt{2})$ 以外的 K 的素理想均在 L 中非分歧, 而 $v=(\sqrt{2})$ 时, 应用

$$U_v(\boldsymbol{a}_5)=1+\sqrt{2}^5O_v=\exp(\sqrt{2}^5O_v)=\exp(\sqrt{2}^3O_v)^2$$

在 $\mathrm{Gal}(L/K)$ 中的像为单位元 (因为 $\mathrm{Gal}(L/K)$ 的元的 2 次幂均为单位元) 的事实, 便证明了 $L\subset K(\boldsymbol{a}_5)$.

现在来考虑 $Cl(K,\boldsymbol{a}_5)$. 利用 K 的类数为 1 以及命题 6.114, 根据对于有限环 $O_K/\boldsymbol{a}_5$ 的具体考察, 我们得知: 当令 $\boldsymbol{p}=(3+\sqrt{2})$, $\boldsymbol{q}=(3-\sqrt{2})$ 时, $Cl(K,\boldsymbol{a}_5)$ 是由阶为 2 的元 $[(3)]$, $[\boldsymbol{p}]$, $[\boldsymbol{q}]$ 生成的阶为 8 的群, 而且 $i=3,4$ 时, $Cl(K,\boldsymbol{a}_5)\to Cl(K,\boldsymbol{a}_i)$ 的核由 $[(3)][\boldsymbol{p}][\boldsymbol{q}]$ 生成, $Cl(K,\boldsymbol{a}_5)\to Cl(K,\boldsymbol{a}_2)$ 的核则由 $[(3)][\boldsymbol{p}][\boldsymbol{q}]$ 与 $[(3)]$ 生成, 而 $Cl(K,\boldsymbol{a}_0)$, $Cl(K,\boldsymbol{a}_1)$ 只是由单位元组成的群. 再者, (3), $\boldsymbol{p},\boldsymbol{q}$ 是素理想, 且 $\boldsymbol{p}$, $\boldsymbol{q}$ 为 7 的素因子. 因此, 令 $[(3)][\boldsymbol{p}][\boldsymbol{q}]\in Cl(K,\boldsymbol{a}_5)$ 在 $Cl(L/K)$ 的像 $\mathrm{Frob}_{(3)}\mathrm{Frob}_{\boldsymbol{p}}\mathrm{Frob}_{\boldsymbol{q}}$ 为 σ_1, $[(3)]$ 的像 $\mathrm{Frob}_{(3)}$ 为 σ_2 时, 我们有 $K(\boldsymbol{a}_5)=L$, $K(\boldsymbol{a}_3)=K(\boldsymbol{a}_4)=\{x\in L\mid\sigma_1(x)=x\}$, $K(\boldsymbol{a}_2)=\{x\in L\mid\sigma_1(x)=\sigma_2(x)=x\}$, $K(\boldsymbol{a}_0)=K(\boldsymbol{a}_1)=K$. 于是, 根据对于 $\mathrm{Frob}_{(3)}$, $\mathrm{Frob}_{\boldsymbol{p}}$, $\mathrm{Frob}_{\boldsymbol{q}}$ 的这些考察知道了 $K(\boldsymbol{a}_3)=K(\boldsymbol{a}_4)=K(\sqrt{-1},\sqrt{1+\sqrt{2}})$, $K(\boldsymbol{a}_2)=K(\sqrt{-1})$.

上面的一点讨论使我们感觉到, 例如 $K=\mathbb{Q}(\zeta_3)$, $L=K(\sqrt[3]{2})$ 的情形, 只仅仅稍微计算了一下 $\mathrm{Frob}_{(5)}$, $\mathrm{Frob}_{(3+\zeta_3)}$, $\mathrm{Frob}_{(3-\zeta_3)}$, 便可判定 $L=K(6O_K)$, 从而便知道了其他的所有素理想 $\boldsymbol{p}(\neq(1-\zeta_3),(2))$ 的 $\mathrm{Frob}_{\boldsymbol{p}}$ (用看出 $[\boldsymbol{p}]\in Cl(K,6O_K)$ 的方法), 这表明素点间有着强有力的联系.

(h) 类域论的论述 —— 函数域的情形

设 K 为有限域上单变量代数函数域. 我们现在要来叙述在 §6.4(f) 中说过的 K 的伊代尔类群、除子类群的身姿与类域论的关系.

设 K 的特征为 p, K 中在 $\mathbb{F}_p$ 上代数的元全体构成一个有限域 (K 的 “常数域”), 记其为 $\mathbb{F}_q$. 在 K 的有限 Abel 扩域中有一类特别的, 对于每个 $n\geqslant 1$ 的添加 $\mathbb{F}_q$ 的 n 次扩域 $\mathbb{F}_{q^n}$, 即 K 的 n 次扩域 $K\mathbb{F}_{q^n}$. 有限域 $\mathbb{F}_q$ 的 Abel 扩张理论 ((c) 小节) 与 K 的类域论之间的关系可由下面的命题 8.12 那样表现出来. 令使 K 的所有素点均在其上为非分歧的 K 的所有有限 Abel 扩域的并为 $\widetilde{K}$. 在 $K\mathbb{F}_{q^n}$ 上 K 的所有素点是非分歧的 (这是因为, $K\mathbb{F}_{q^n}$ 为在 K 中添加了 $X^{q^n-1}-1=0$ 的所有根得到的, 故由命题 5.2 即可知). 因此, $K\mathbb{F}_q^{ab}=\bigcup\limits_n K\mathbb{F}_{q^n}$ 包含在 $\widetilde{K}$ 之中. 从而有标准满射

$$\mathrm{Gal}(K^{ab}/K)\to\mathrm{Gal}(\widetilde{K}/K)\to\mathrm{Gal}(K\mathbb{F}_q^{ab}/K)\cong\mathrm{Gal}(\mathbb{F}_q^{ab}/\mathbb{F}_q).$$

命题 8.12 有下面正合列的交换图表, 且在每个图表中左端的竖直映射均为拓扑群的同构映射. 但 deg 是将 K 的常数域看作 $\mathbb{F}_q$ 定义的.

$$\begin{array}{ccccccccc} 0 \to & C_K^1 & \to & C_K & \overset{\deg}{\to} & \mathbb{Z} & \to 0 \\ & \cong\downarrow & & \rho_K\downarrow & & \rho_{\mathbb{F}_q}\downarrow & \\ 0 \to & \mathrm{Gal}\,(K^{ab}/K\mathbb{F}_q^{ab}) & \to & \mathrm{Gal}\,(K^{ab}/K) & \to & \mathrm{Gal}\,(\mathbb{F}_q^{ab}/\mathbb{F}_q) & \to 0 \end{array}$$

$$\begin{array}{ccccccccc} 0 \to & Cl^0(K) & \to & Cl(K) & \overset{\deg}{\to} & \mathbb{Z} & \to 0 \\ & \cong\downarrow & & \downarrow & & \rho_{\mathbb{F}_q}\downarrow & \\ 0 \to & \mathrm{Gal}\,(\widetilde{K}/K\mathbb{F}_q^{ab}) & \to & \mathrm{Gal}\,(\widetilde{K}/K) & \to & \mathrm{Gal}\,(\mathbb{F}_q^{ab}/\mathbb{F}_q) & \to 0. \end{array}$$ □

表 8.7 类域论与非分歧类域论 —— 函数域的情形

易于了解的一面	Galois 的一面
伊代尔类群	Abel 扩域
除子类群	非分歧 Abel 扩域

推论 8.13 $\widetilde{K}$ 是 $K\mathbb{F}_q^{ab}$ 的有限扩域.

[证明] 实际上, 因为 $Cl^0(K)$ 为有限群 (§6.4(f)), 故 $\mathrm{Gal}\,(\widetilde{K}/K\mathbb{F}_q^{ab})$ 也是有限的缘故. ∎

命题 8.12 的证明不难, 故而略去.

(i) 类域论与 Hecke 特征

设 K 为整体域.

我们把在第七章中处理过的 Hecke 特征考虑在内的情形下, 来看一看整体类域论; 于是有了下面的表 8.8.

表 8.8 由特征观察整体类域论

易于了解的一面	Galois 的一面
Hecke 特征	Gal (K^{ab}/K) 的特征

我们知道, 了解局部紧的 Abel 群与了解其特征群从本质上说是一样的 (§6.4(h)). 因此, 换句话说, 所论述的以 $\mathrm{Gal}\,(K^{ab}/K)$ 近似于 C_K 的类域论的这个内容可以换

为以 $\mathrm{Gal}(K^{ab}/K)$ 的特征群近似于 C_K 的特征群. 准确地说, 即

$$\begin{aligned}\{\mathrm{Gal}(K^{ab}/K)\text{的特征}\} &= \bigcup_L \{\mathrm{Gal}(L/K)\text{的特征}\} \\ &= \bigcup_H \{C_K/H\text{的特征}\} \\ &= \{C_K\text{的阶数有限的特征}\}.\end{aligned}$$

其中, L 遍历 K 的有限 Abel 扩域, H 遍历 C_K 的指数有限的开子群. 第一个等号所根据的事实是,作为有限 Abel 群的逆极限的紧群, $\mathrm{Gal}(K^{ab}/K)$ 的特征必定将开子群带到 $\{1\}$ (证明略). 第二个等号所依据的是类域论. 我们得到下面的定理.

定理 8.14 设 K 为整体域, 由 $\mathrm{Gal}(K^{ab}/K)$ 的特征群到 C_K 的阶数有限的特征全体构成的群的满单射由 $\chi \mapsto \chi \circ \rho_K$ 表出. □

来看一看把与 Hecke 特征相伴的 Hecke L 函数考虑在内时的类域论, 我们有下面的定理.

定理 8.15 设 K 为整体域, L 为 K 的有限 Abel 扩域, 令对应于 L 的 C_K 的指数有限的开子群为 H, 于是有

$$\zeta_L(s) = \prod_{\chi} L(s, \chi).$$

其中, χ 遍历有限 Abel 群 C_K/H 的所有特征. □

表 8.9 Hecke L 函数与 Abel 扩域

易于了解的一面	Galois 的一面
$L(s,\chi)$	有限 Abel 扩张的 ζ 函数

对于 $\widehat{\zeta}_L(s)$ 与 $\widehat{L}(s,\chi)$ 也成立相同形式的等式 (将不给出证明). 这些等式是命题 7.8 ($K=\mathbb{Q}$, L 为二次域的情形) 的推广.

[定理 8.15 的证明] 设 v 为 K 的有限素点, v 之上在 L 中的全部素点设为 $w_1, \cdots, w_g$. 只要证明定理 8.15 右端对于 v 的 Euler 因子等于左端对于 $w_1, \cdots, w_g$ 的 Euler 因子的乘积就可以了. 对于 $w_1, \cdots, w_g$ 如果令 $f = f(w_i/v)$ (不依赖于 i), 则其 Euler 因子之积等于

$$\prod_{i=1}^{g}(1 - N(w_i)^{-s})^{-1} = (1 - N(v)^{-fs})^{-g}.$$

记 $K_v^\times \to C_K/H$ 的像为 D, $O_v^\times \to C_K/H$ 的像为 I, 并设 π_v 为 K_v 的素元. 于是 $g = [C_K/H : D]$, $f = [D : I]$. 而右端对于 v 的 Euler 因子为

$$\prod_{\chi}(1 - \chi(\pi_v)N(v)^{-s})^{-1},$$

其中 χ 遍历 $(C_K/H)/I$ 的所有特征, 因此, 当 χ 跑过所有 D/I 的特征时, 它为

$$\prod_{\chi}(1-\chi(\pi_v)N(v)^{-s})^{-g}.$$

因为 D/I 为 π_v 的像生成的阶数为 f 的循环群, 故 D/I 的特征群也是阶数为 f 的循环群, 记其生成元为 χ_1, 则 $\chi_1(\pi_v)$ 为 f 次本原单位根. 因此上面这个值等于

$$\prod_{i=0}^{f-1}(1-\chi_1(\pi_v)^i N(v)^{-s})^{-g}=(1-N(v)^{-fs})^{-g}. \qquad \blacksquare$$

(j) 类域的构造

根据 Kronecker 定理, $\mathbb{Q}$ 的最大 Abel 扩域由所有 $\mathbb{Q}(\zeta_N)$ 的并得到, 而对于一般的数域 K, 如何做才能具体地得到 K 的最大的 Abel 扩域的问题被称作 "类域的构造问题", 这仍是一个未解决的问题. 类域论对于 Abel 扩张的具体构造方法我们说不了太多.

"类域的构造问题" 与 Riemann 猜想是在 1900 年的国际数学家大会上, Hilbert 所提出的 20 世纪应予以解决的 23 个问题中仍未解决的少数问题中的两个.

有理数域的最大 Abel 扩域使用单位根而得到, 而 1 的根可考虑为乘法群的等分点. 在虚二次域 K 的情形, 断言 K 的最大 Abel 扩域是由将具有复乘的椭圆曲线的等分点添加到 K 得到, 被说成是 Kronecker 的青春之梦问题. (所谓等分点是指某倍数为零的那些点.) 这被由高木 (Takaki) 贞治所建立的类域论而解决. 例如, $\mathbb{Q}(\zeta_3)$ 的最大 Abel 扩域是在 $\mathbb{Q}(\zeta_3)$ 上添加椭圆曲线 $y^2=x^3+1$ 的等分点的坐标而得到.

这个被称做复乘的理论, 通过使用作为椭圆曲线高维化的 Abel 簇的等分点, 由志村 (Shimura)– 谷山 (Taniyama) 从关于虚二次域的理论推广到关于全实数域的全虚二次扩域的理论.

然而类域的构造问题甚至对于实二次域也没有解决. 再说, 在不是数域而是有限域上的单变量代数函数域的情形, 由 Drinfeld 证明了, 利用类似于椭圆曲线的被称为 Drinfeld 模的等分点得到了它的最大 Abel 扩域. 对于局部域也有利用椭圆曲线的类似物而被称为形式群的等分点得到它的最大 Abel 扩域, 这是由 Lubin–Tate 证明的.

§8.2 整体域和局部域上的可除代数

从 1920 年一直到 1930 年, 以历史上最杰出的女数学家 Noether 为核心, 现代数学之花在德国开始绽放. 它的发展主题之一是下面要阐述的非交换域的理论.

最初发现的非交换域是 Hamilton 的四元数域 (参看 (a) 小节). 在本书后面部分我们把交换域与非交换域统称为**可除代数** (或**斜域**)(division algebra (skew field)). 交换域以一个**域**字单称. Hamilton 四元数称为实数域上的可除代数 (参照 (a) 小节).

在现代代数学发展中，人们弄清了在局部域和整体域上的可除代数是如何存在的，而且也明白了它与类域论间的紧密关系. 探索局部域和整体域的 Abel 扩域是如何存在的类域论与探索局部域和整体域上的可除代数是如何存在的理论密切相关. 比起在 §8.1 (d) 中已叙述过的前者的主定理来，后面将叙述的有关后者的定理 8.25, 8.26 要简单得多. 那么，将后者的理论作为本源，一边看着类域论一边进行证明，这不失为一种好的方法. 譬如平方剩余的互反律，像在 §2.3 所叙述的那样，可以看作是类域论的一部分而又等同于关于二次曲线的 “Hilbert 符号的乘积公式”. 实际上，二次曲线与可除代数有着深刻的关联 (参看 (b) 小节)，而 Hilbert 符号的乘积公式可以看作是包含在关于可除代数的主定理 8.26 之中的 “Hasse 互反律” 的特殊情形 (参看定理 8.26 后面的说明).

如此一来，在 §8.2 中便将叙述有关可除代数的理论、二次曲线的理论、以及与类域论之间的关系. 特别地，要叙述如何从可除代数理论得到类域论主定理中的标准同态 ρ_K ((f) 小节).

于是在 §8.3 中，我们将对类域论的主定理与定理 8.25, 8.26 相互交错地进行着证明.

(a) Hamilton 四元数

Hamilton 在 1858 年发现了被称做 Hamilton 四元数的非交换域. Hamilton 四元数域 $\mathbb{H}$ 是由 $1, i, j, ij$ 生成的 $\mathbb{R}$ 上的线性空间，在其中引进了 $\mathbb{R}$- 代数的构造:

$$i^2 = -1,\ j^2 = -1,\ ij = -ji.$$

也就是说，$\alpha = a + bi + cj + dij$ 与 $\beta = a' + b'i + c'j + d'ij$ 的和与积分别定义为

$$\begin{aligned}\alpha + \beta &= (a + a') + (b + b')i + (c + c')j + (d + d')ij,\\ \alpha\beta &= (aa' - bb' - cc' - dd') + (ab' + ba' + cd' - dc')i\\ &\quad + (ac' + ca' + db' - bd')j + (ad' + da' + bc' - cb')ij.\end{aligned}$$

这个乘积运算满足结合律. $\mathbb{R}$ 可自然地看成是 $\mathbb{H}$ 的子环，而且 $\mathbb{R}$ 中元与 $\mathbb{H}$ 中任意元可交换. 在后面我们将证明 $\mathbb{H}$ 为非交换域.

一般地，所谓交换环 K 上的 K-代数 (K 线性环) (K-algebra) A，不限于交换环，是指满足结合律的环 A，并给出了环同态 $\iota : K \to A$ 使得对任意的 $k \in K$, $a \in A$ 有 $\iota(k)a = a\iota(k)$. 称 A 的子环 $\{a \in A$: 对于所有的 $b \in A$ 有 $ab = ba\}$ 为 A 的中心，上面的条件说明 $\iota(K)$ 包含在 A 的中心里. 当 K 为域时，称可除代数的 K- 代数为 K 上的可除代数.

由以上定义，$\mathbb{H}$ 便是 $\mathbb{R}$ 上的可除代数. 除了 $\mathbb{H}$ 是否还存在其他的非交换可除代数? 已知 $\mathbb{R}$ 上有限维的可除代数仅有 $\mathbb{R}$, $\mathbb{C}$, $\mathbb{H}$. 而 $\mathbb{Q}$ 上的有限维可除代数则存在无限多个，呈现出百花齐放的局面. 我们现在来考察它们.

(b) 四元数域与二次曲线

设 k 为特征非 2 的域, 对 $a,b\in k^\times$, 定义 k- 代数 $A(a,b,k)$ 如下. $A(a,b,k)$ 为由 1, α, β, $\alpha\beta$ 为基底的 4 维 k 线性空间, 其中按照

$$\alpha^2=a,\ \beta^2=b,\ \beta\alpha=-\alpha\beta$$

确定乘积. 例如, $\mathbb{H}=A(-1,-1,\mathbb{R})$. 称形如 $A(a,b,k)$ 的 k-代数为 k 上的**四元数代数** (quaternion algebra). 当它为可除代数时, 便称作 k 上的四元数体. $A(a,b,k)$ 何时才能成为像 $\mathbb{H}$ 那样的可除代数呢?

回想在第二章中关于二次曲线 $ax^2+by^2=1$ 的想法吧. 实际上, 在那里所研讨的解的有无决定了四元数代数 $A(a,b,k)$ 何时成为可除代数.

命题 8.16 设 $a,b\in k^\times$, 并令 $A=A(a,b,k)$.

(1) 当不存在满足 $ax^2+by^2=1$ 的 $x,y\in k$ 时, 则 $A(a,b,k)$ 为可除代数.

(2) 当 $ax^2+by^2=1$ 存在 $x,y\in k$ 的解时, $A(a,b,k)$ 作为 k- 代数同构于 k 上的二阶方阵全体构成的环 $M_2(k)$, 因而不是可除代数. □

例如, 因二次曲线 $-x^2-y^2=1$ 在 $\mathbb{R}$ 上无解, 命题 8.16 表明 $\mathbb{H}=A(-1,-1,\mathbb{R})$ 是可除代数. 同样地, $A(-1,-1,\mathbb{Q})$ 和 $A(-1,-3,\mathbb{Q})$ 是可除代数. 因 $(2,3)_3=-1$, $A(2,3,\mathbb{Q})$ 也是可除代数.

为了证明命题 8.16 需要证明以下的命题.

命题 8.17 对于 $a,b\in k^\times$, 下面的 (1)—(4′) 等价.

(1) 存在满足 $ax^2+by^2=1$ 的 $x,y\in k$.

(2) 存在满足 $ax^2+by^2=z^2$ 的 $(x,y,z)\in k^3-\{(0,0,0)\}$.

(3) 存在满足 $z^2-ax^2-by^2+abw^2=0$ 的 $(x,y,z,w)\in k^4-\{(0,0,0,0)\}$.

(4) b 在范映射 $N:k(\sqrt{a})^\times\to k^\times$ 的像之中.

(4′) a 在范映射 $N:k(\sqrt{b})^\times\to k^\times$ 的像之中.

[证明] (1)⇒(2)⇒ (3) 显然.

证明 (3)⇒(4). 如果 $\sqrt{a}\in k$, 则因 $k(\sqrt{a})^\times\to k^\times$ 为恒同映射而自明. 设 $\sqrt{a}\notin k$, 以及 $(x,y,z,w)\neq(0,0,0,0)$ 使 $z^2-ax^2-by^2+abw^2=0$. 比较 $N(z+x\sqrt{a})=(z+x\sqrt{a})(z-x\sqrt{a})=z^2-ax^2$, $N(y+w\sqrt{a})=y^2-aw^2$, 则有 $N(z+x\sqrt{a})=bN(y+w\sqrt{a})$. 若是 $z+x\sqrt{a}=y+w\sqrt{a}=0$, 则违背了条件 $(x,y,z,w)\neq(0,0,0,0)$. 所以 $z+x\sqrt{a}$, $y+w\sqrt{a}$ 中至少有一个不为 0. 因此 $N(z+x\sqrt{a})$, $N(y+w\sqrt{a})$ 中至少有一个不为 0. 那么 $z+x\sqrt{a}$, $y+w\sqrt{a}$ 全都不为 0. 进而 $b=N\left(\dfrac{z+x\sqrt{a}}{y+w\sqrt{a}}\right)$, 从而 (4) 得证.

证明 (4)⇒(1). 如果 $\sqrt{a}\in k$, 则 $a\left(\dfrac{1}{\sqrt{a}}\right)^2+b\cdot 0^2=1$. 设 $\sqrt{a}\notin k$. 又设

$b = N(x+y\sqrt{a}) = x^2 - ay^2$, $x, y \in k$. 如果 $x \neq 0$, 则 $a\left(\frac{y}{x}\right)^2 + b\left(\frac{1}{x}\right)^2 = 1$, 如果 $x = 0$, 则因 $-a = \frac{b}{y^2}$, 有 $a\left(\frac{a+1}{2a}\right)^2 + b\left(\frac{a-1}{2ay}\right)^2 = 1$.

由于对称性, 同样有 (3)⇒ (4′)⇒(1). ∎

[命题 8.16 的证明] (1) 只要证明 $0 \neq x+y\alpha+z\beta+w\alpha\beta \in A(a,b,k)$ 存在逆元即可. $(x+y\alpha+z\beta+w\alpha\beta)(x-y\alpha-z\beta-w\alpha\beta)$, $(x-y\alpha-z\beta-w\alpha\beta)(x+y\alpha+z\beta+w\alpha\beta)$ 都等于 $t = x^2-ay^2-bz^2+abw^2$, 根据命题 8.17, 它不等于 0. 于是 $\frac{1}{t}(x-y\alpha-z\beta-w\alpha\beta)$ 是 $(x+y\alpha+z\beta+w\alpha\beta)$ 的逆元.

(2) 假设 $t = \sqrt{a} \in k$. 按照

$$\alpha \mapsto \begin{pmatrix} t & 0 \\ 0 & -t \end{pmatrix},\ \beta \mapsto \begin{pmatrix} 0 & b \\ 1 & 0 \end{pmatrix},\ \alpha\beta \mapsto \begin{pmatrix} 0 & bt \\ -t & 0 \end{pmatrix}$$

给出了 $A \simeq M_2(k)$.

现设 $\sqrt{a} \notin k$. 令 $V = k(\sqrt{a})$, 又设 $b = N(\gamma)$, $\gamma \in k(\sqrt{a})$. 定义 k 线性映射 $A(a,b,k) \to \mathrm{End}\,(V) = \{V$ 到 V 的 k 线性映射$\} \simeq M_2(k)$ 为 $1 \mapsto 1$, $\alpha \mapsto \sqrt{a}\,\cdot$ (即 $\sqrt{a}$ 倍映射), $\beta \mapsto (\gamma\cdot)\circ\sigma$, $\alpha\beta \mapsto (\sqrt{a}\gamma\cdot)\circ\sigma$. 其中 $\sigma : V \to V$ 为 $x+y\sqrt{a} \mapsto x-y\sqrt{a}$, $x, y \in k$. 它是一个 k 代数同态, 这由下可知: $((\gamma\cdot)\circ\sigma)^2 = (\gamma\sigma(\gamma)\cdot)\circ\sigma^2 = N(\gamma)\cdot = b\cdot$, $((\gamma\cdot)\circ\sigma)\circ(\sqrt{a}\cdot) = (\gamma\sigma(\sqrt{a})\cdot)\circ\sigma = (-\sqrt{a}\cdot)\circ((\gamma\cdot)\circ\sigma)$. 由于 k- 代数 $\mathrm{End}\,(V)$ 是由 $(\sqrt{a}\cdot)$ 与 σ 生成的, 故 $A(a,b,k) \to M_2(k)$ 为满射, 从而为同构. ∎

根据命题 8.16 可知, $\mathbb{Q}$ 上的四元数代数 $A(a,b,\mathbb{Q})$ 每每是个可除代数. 那么, 到底存在多少种类的 $\mathbb{Q}$ 上的四元数体呢? 譬如可除代数 $A(-1,-1,\mathbb{Q})$, $A(-1,-3,\mathbb{Q})$, $A(2,3,\mathbb{Q})$ 相互同构吗? 实际上, 如下面证明的, 它们中任两个都不同构. 如果 $A(a,b,\mathbb{Q}) \simeq A(a',b',\mathbb{Q})$, 则对于 $\mathbb{Q}$ 的每个素点 v 应该有 $A(a,b,\mathbb{Q}_v) \simeq A(a',b',\mathbb{Q}_v)$. 并且因为 $(-1,-1)_\infty = (-1,-3)_\infty = -1$, $(2,3)_\infty = 1$, 故 $A(-1,-1,\mathbb{R})$, $A(-1,-3,\mathbb{R})$ 为可除代数, 而 $A(2,3,\mathbb{R}) \simeq M_2(\mathbb{R})$. 同样地, 因为 $(-1,-1)_3 = 1$, $(-1,-3)_3 = -1$, $(2,3)_3 = -1$, 故 $A(-1,-1,\mathbb{Q}_3) \simeq M_2(\mathbb{Q}_3)$, 而 $A(-1,-3,\mathbb{Q}_3)$, $A(2,3,\mathbb{Q}_3)$ 为可除代数.

如此, 由于可取各种各样的 $a, b \in \mathbb{Q}^\times$ 可知, 可以得到无限多个互不同构的可除代数 $A(a,b,\mathbb{Q})$(习题 8.3).

(c) Brauer 群 $Br(k)$

设 k 为交换域. 我们以 $Br(k)$ 表示以 k 为中心的 k 上所有有限维可除代数在 k 上同构类组成的集合. 譬如, $Br(\mathbb{R})$ 只由两个元 $\mathbb{R}$ 和 $\mathbb{H}$ 的类组成, 而 $Br(\mathbb{C})$ 只由 $\mathbb{C}$ 的类组成. $Br(k)$ 可像下面那样赋予交换群的结构, 这时称其为 k 的 **Brauer 群** (Brauer Group).

在下面的 (d) 小节, 我们将叙述决定 $Br(\mathbb{Q})$ 和 $Br(\mathbb{Q}_p)$ 的定理.

为了定义 $Br(k)$ 的群结构, 我们介绍中心单代数的理论. 从此开始介绍的中心单代数的理论我们将不予证明, 有兴趣的读者请参看代数学的书 (在《数论 II》卷末列出了参考书).

在此, 将讨论从可除代数扩大到中心单代数的理由是因为他们对于取张量积运算是封闭的. 域 k 上的代数 A, B 的张量积 $A\otimes_k B$, 当取 A, B 的基底各为 $\{e_i\}$, $\{f_j\}$ 时, 其基底则为 $\{e_i\otimes f_j\}$, 并在积的定义 $(a\otimes b)\cdot(a'\otimes b')=aa'\otimes bb'$ 下成为 k- 代数.

定义 8.18 设 k 为 (交换) 域. k- 代数 A 为 k 上的**中心单代数** (central simple algebra) 是说, A 以 k 为中心, 且 A 的双边理想只有 0 和 A 两个. □

例 8.19 域 k 上的矩阵环 $M_n(k)$ 为 k 上的中心单代数. □

例 8.20 如果 k 为特征非 2 的域, 且 $a, b\in k^\times$, 则四元数代数 $A(a,b,k)$ 为 k 上的中心单代数. □

中心单代数的定义可换为下面命题中的等价条件. 其中从 (1) 得出 (2) 的断言被称为 **Wedderburn 定理**.

命题 8.21 设 k 为交换域, 且设 A 为 k 上有限维的 k-代数, 则下面的 (1)—(5) 等价.

(1) A 为 k 上的中心单代数.

(2) 存在以 k 为中心的 k 上的有限维可除代数 D, 以及自然数 $r\geqslant 1$, 使得作为 k- 代数的 A 同构于矩阵代数 $M_r(D)$.

(3) 设 $\bar{k}$ 为 k 的代数闭包, $A\otimes_k\bar{k}$ 作为 $\bar{k}$- 代数同构于 $M_n(\bar{k})$, 其中 $n\geqslant 1$ 为某个自然数.

(4) 存在 k 的某个有限可分扩域 L, 以及自然数 n, 使得 $A\otimes_k L$ 作为 L 代数同构于 $M_n(L)$.

(5) 设 A° 为 A 的反演环 (在后面说明), 则 k- 代数的标准同态

$$A\otimes_k A^\circ\to \mathrm{End}_k(A):\ a\otimes b\mapsto (x\mapsto axb)$$

为同构 ($\mathrm{End}_k(A)$ 的意思在下面说明).

当 A 为 k 上的中心单代数时, (2) 的可除代数 D 在 k- 同构的意义下由 A 唯一决定. □

在 (5) 中所说的反演环 A° 是指, 当在 A 中保持原有的加法, 而且对于 $x, y\in A$ 在 A° 的乘积定义为 yx 时将 A 看成的环. 另外, $\mathrm{End}_k(A)$ 表示所有 k 线性映射 $A\to A$ 的集合, 将它们的复合映射作为乘积, 形成了 k- 代数. 设作为 k 线性空间 A 的维数为 m, 则 $\mathrm{End}_k(A)\cong M_m(k)$.

对于 k- 代数 A 与 k 的扩域 k', 取 A 作为 k 线性空间的基底 $\{e_i\}$ 时, 则可取 $\{e_i\otimes 1$(通常与 $\{e_i\}$ 看作一样) 为 k'- 代数 $A\otimes_k k'$ 作为 k' 线性空间的基底, 而 A 中的乘法可自然地扩张而成为 k'- 代数.

由命题 8.21(3) 可知, 中心单代数 A 的维数是一个平方数. 这是因为根据 (3) 有

$$\dim_k(A) = \dim_{\bar{k}}(A \otimes_k \bar{k}) = \dim_{\bar{k}}(M_n(\bar{k})) = n^2.$$

四元数体的维数为 $4 = 2^2$ 便是一个例子.

另外由 (4) 知, 如果 k 为可分闭域, 则 $Br(k) = 0$. 这是因为可分闭域的有限可分扩域只有自己, 那么由 (4), k 的所有的中心单代数均与矩阵代数同构的缘故.

我们已知中心单代数具有下列性质.

命题 8.22 设 k 为交换域, A 是 k 上的中心单代数.

(1) 设 B 为 k 上的中心单代数, 则张量积 $A \otimes_k B$ 也是 k 上的中心单代数.

(2) 设 k' 为 k 的扩域, 则 $A \otimes_k k'$ 是 k' 上的中心单代数. □

我们在下面来定义 Brauer 群 $Br(k)$ 的群运算. k 上的中心单代数 A, B 称为等价是说, 如果对于 k 上的某个可除代数 D, 存在 k- 代数同构 $A \simeq M_n(D)$, $B \simeq M_m(D)$ (m, n为自然数). 此时记为 $A \sim B$. 根据命题 8.21, $Br(k)$ 可以同样地看成为 k 上的中心单代数在等价关系 ~ 下的等价类的集合. 设 A, B 为 k 上的中心单代数, 由命题 8.22(1), 张量积 $A \otimes_k B$ 仍是 k 上的中心单代数. 于是, 在 $Br(k)$ 的加法 + 定义为, 对于 k 上的中心单代数 A, B 的等价类 $[A]$, $[B]$,

$$[A] + [B] = [A \otimes B].$$

对于这个加法 +, $Br(k)$ 构成了一个交换群. 事实上, 结合律与交换律来自张量积的标准同构 $(A \otimes B) \otimes C \simeq A \otimes (B \otimes C)$, $A \otimes B \simeq B \otimes A$ (后者为 $a \otimes b \mapsto b \otimes a$). $[k]$ 为 $Br(k)$ 的单位元, 并由命题 8.21(5) 的 $A \otimes A^\circ \simeq \mathrm{End}(A)$ 知 $[A]$ 的逆元为 $[A^\circ]$. 我们称 $Br(k)$ 为域 k 的 Brauer 群.

例 8.23 设 k 为特征非 2 的域, a, $b \in k^\times$, 则 $Br(k)$ 的元 $[A(a,b,k)]$ 的 2 倍等于 0. 这是因为在 $\alpha \mapsto -\alpha$, $\beta \mapsto -\beta$, $\alpha\beta \mapsto -\beta\alpha$ 之下 $A(a,b,k)$ 同构于它的反演代数 $A(a,b,k)^\circ$, 故 $[A(a,b,k)] = -[A(a,b,k)]$.

对于 Brauer 群成立下面的断言:

命题 8.24 设 k 为域.

(1) Brauer 群 $Br(k)$ 是 Abel 扭群. 也就是说, 任意元的阶都有限.

(2) 实数域 $\mathbb{R}$ 的 Brauer 群 $Br(\mathbb{R})$ 是由 $\mathbb{H}$ 的类生成的 2 阶循环群: $Br(\mathbb{R}) = \{[\mathbb{R}], [\mathbb{H}]\} \simeq \mathbb{Z}/2\mathbb{Z}$. 另外, $Br(\mathbb{C}) = 0$ (根据命题 8.21(3)). 因此, $\mathbb{R}$ 上的有限维可除代数只有 $\mathbb{R}$, $\mathbb{C}$, $\mathbb{H}$ 三个.

(3) 有限域 F 的 Brauer 群是简单的, 即 $Br(F) = 0$. 因此有限的可除代数是交换的. □

(对于 (2),(3), 请参照 (e) 小节的说明.)

设 k' 为 k 的扩域, 下面我们将定义被称做**系数扩张, Scalar extension**的自然群同态 $Br(k) \to Br(k') : \alpha \mapsto \alpha_{k'}$. 设 A 为 k 上的中心单代数, 按照命题 8.22(2), 张量积 (系数扩张)$A \otimes_k k'$ 是 k' 上的中心单代数. 按照定义 $[A]_{k'} = [A \otimes_k k']$ 给出了群同态 $Br(k) \to Br(k')$. 譬如, 设 k 为特征非 2 的域, $a,\ b \in k^\times$, 因为 $A(a,b,k) \otimes_k k' \simeq A(a,b,k')$, 故 $[A(a,b,k)]_{k'} = [A(a,b,k')]$.

记 $Br(k) \to Br(k')$ 的核为 $Br(k'/k)$.

(d) 整体域与局部域的 Brauer 群

在这里我们将介绍局部域和整体域的 Brauer 群的结构定理. 局部域的 Brauer 群的结构由下面定理给出.

定理 8.25 *设 K 为以有限域为剩余域的完备离散赋值域. 存在标准同构*

$$\mathrm{inv}_K : Br(K) \xrightarrow{\cong} \mathbb{Q}/\mathbb{Z}. \qquad \square$$

同构 inv_K 的定义将在 §8.3(a) 给出. inv 是 invariant(不变量) 的缩写. 当 $K = \mathbb{R}$ 时, 给定 $\mathrm{inv}_{\mathbb{R}} : Br(\mathbb{R}) \to \left\{0, \frac{1}{2}\right\} \subset \mathbb{Q}/\mathbb{Z}$ 为 $[\mathbb{R}] \mapsto 0$, $[\mathbb{H}] \mapsto \frac{1}{2}$, 而当 $K = \mathbb{C}$ 时给定 $\mathrm{inv}_{\mathbb{C}} : Br(\mathbb{C}) \to \{0\} \in \mathbb{Q}/\mathbb{Z}$ 为 $[\mathbb{C}] \mapsto 0$.

整体域的 Brauer 群的结构由下面的定理给出.

定理 8.26 (Brauer-Hasse-Noether) *设 K 为整体域.*

(1) 设 $\alpha \in Br(K)$, 则对几乎所有的素点 v, α 在标准映射 $Br(K) \to Br(K_v)$ 下的像 α_v 为 0. 换句话说, 同态 $Br(K) \to \prod_v Br(K_v) : \alpha \mapsto (\alpha_{K_v})_v$ 的像被包含在直和 $\bigoplus_v Br(K_v) = \{(\alpha_v)_v \in \prod_v Br(K_v) \mid$ 对几乎所有的 v 有 $\alpha_v = 0\}$ 之中.

(2) $0 \to Br(K) \to \bigoplus_v Br(K_v) \to \mathbb{Q}/Z \to 0$ 为正合序列. 其中的第三个箭头为 $(\alpha_v)_v \mapsto \sum_v \mathrm{inv}_{K_v}(\alpha_v)$. $\square$

这些定理将在 §8.3 得到证明.

现在考虑这些定理与在第二章中研究过的关于 Hilbert 符号的话题之间的关系.

由定理 8.25 与命题 8.24(2) 知, 如果 K 为不是 $\mathbb{C}$ 的局部域, 则 $\{\alpha \in Br(K) \mid 2\alpha = 0\}$ 为 2 阶循环群. 这证明了除同构外, K 上的四元数域存在且除同构外唯一. 在 K 为 $\mathbb{Q}$ 的局部域 $\mathbb{Q}_v$ 的情形, 根据命题 8.16, 对于 $a,\ b \in \mathbb{Q}^\times$ 的 Hilbert 符号 $(a,b)_v \in \{\pm 1\}$ 恰好就是在同构

$$\{\alpha \in Br(\mathbb{Q}_v) \mid 2\alpha = 0\} \cong \{\pm 1\}$$

下 $[A(a,b,\mathbb{Q}_v)]$ 的像.

对于四元数代数的类 $[A(a,b,\mathbb{Q})] \in Br(\mathbb{Q})$ $(a,b \in \mathbb{Q}^\times)$, 定理 8.26 有着以下的意义. 首先由定理 8.26(2) 的 $Br(\mathbb{Q}) \to \bigoplus_v Br(\mathbb{Q}_v)$ 的单射性得到 $A(a,b,\mathbb{Q}) \cong M_2(\mathbb{Q}) \Leftrightarrow$

对 $\mathbb{Q}$ 的所有素点 v 有$A(a,b,\mathbb{Q}_v)\cong M_2(\mathbb{Q}_v)$. 将此与命题 8.16 结合起来, 就得出了 §2.3 的定理 2.3:

$$\text{存在 } x,y\in\mathbb{Q} \text{ 满足 } ax^2+by^2=1 \Leftrightarrow \text{对于 } \mathbb{Q} \text{ 的所有素点 } v \text{ 有 } (a,b)_v=1.$$

定理 8.26 的复合映射 $Br(K)\to\bigoplus\limits_v Br(K_v)\overset{\text{inv}}{\rightrightarrows}\mathbb{Q}/\mathbb{Z}$ 为 0 映射意味着 Hilbert 符号的乘积公式 $\prod\limits_v(a,b)_v=1$ (§2.3 定理 2.5). 因为 Hilbert 符号的乘积公式, 正如在 §2.3(c) 所说的那样, 是二次剩余互反律的另一种说法, 故定理 8.26 包含了二次剩余互反律.

一般地, 对于整体域 K, 复合映射 $Br(K)\to\bigoplus\limits_v Br(K_v)\to\mathbb{Q}/\mathbb{Z}$ 为 0 映射所说的事实被称做 **Hasse 互反律** (Hasse's reciprocity law).

在 §6.1(a) 曾介绍过的 "$\mathbb{F}_p[T]$ 的二次剩余互反律" (p 为奇素数) 也可以从这个 Hasse 互反律推导出来. 这是因为对于 $\mathbb{F}_p(T)$ 的每个素点 v, 我们以与在 $\mathbb{Q}$ 情形时对奇素数上的 Hilbert 符号同样的方法定义 Hilbert 符号 $(\ ,\ )_v$. 设 $f,g\in\mathbb{F}_p[T]$ 为最高次项系数为 1 的不同的不可约多项式, 则

$$(f,g)_v=\begin{cases}\left(\dfrac{f}{g}\right) & v=(f)\\ \left(\dfrac{g}{f}\right) & v=(g)\\ \left(\dfrac{-1}{p}\right)^{\deg(f)\cdot\deg(g)} & v=\infty\\ 1 & \text{其他}\end{cases}$$

(∞ 为 $\mathbb{F}_p[T^{-1}]$ 的素理想 (T^{-1})) 可由与 §2.3(c) 同样的讨论得到.

(e) 循环代数

到现在为止, 我们讨论过的作为 Brauer 群 $Br(k)$ 的元仅限于四元数代数的类. 这些是二倍后变成了 0 的 $Br(k)$ 的元. 对四元数代数进行的推广便有了现在要予以说明的, 被称为**循环代数** (cyclic algebra) 的中心单代数. 循环代数的 Brauer 群的类不限于 2 倍为零. 不过, 在整体域以及局部域的情形, 我们已知 Brauer 群的所有元穷竭了循环代数的类. 循环代数因能把定理 8.25, 8.26 与类域论连接起来, 故而具有重要性.

当 k 为交换域时, 我们以 $X(k)$ 表示从 $\mathrm{Gal}\,(k^{ab}/k)$ 到 $\mathbb{Q}/\mathbb{Z}$ 的所有连续同态形成的群:

$$X(k)=\mathrm{Hom}_{\text{连续}}(\mathrm{Gal}\,(k^{ab}/k),\mathbb{Q}/\mathbb{Z}).$$

又

$$\mathbb{Q}/\mathbb{Z}\overset{\cong}{\to}(\mathbb{C}^\times\text{中的全部单位根构成的群})$$

由 $x \bmod \mathbb{Z} \mapsto \exp(2\pi i x)$ ($x \in \mathbb{Q}$) 给出, 那么, 因为 $\mathrm{Gal}(k^{ab}/k)$ 的特征全都具有有限阶, 其像必包含在单位根群中, 故 $X(k)$ 与 $\mathrm{Gal}(k^{ab}/k)$ 的特征群可看作是相同的.

下面我们把 $X(k)$ 与 $Br(k)$ 并列进行考虑.

知道了 $X(k)$ = 知道了 k 的 Abel 扩域

知道了 $Br(k)$ = 知道了以 k 为中心的可除代数.

当 k 为整体域和局部域时, 知道 $X(k)$ 就是知道了类域论的事, 而知道 $Br(k)$ 则是知道了 (d) 小节的两个定理. 根据后面要叙述的循环代数的理论, 这两个群 $X(k)$ 与 $Br(k)$ 按照对于 $\chi \in X(k)$ 与 $b \in k^\times$ 决定了 $Br(k)$ 中元

$$(\chi, b) \in Br(k)$$

的方式结合了起来.

取 $\chi \in X(k)$ 为 n 阶特征, $b \in k^\times$ 时, 我们定义被称为循环代数的 n^2 维 k- 代数 $A(\chi, b)$ 如下. 设 L 为对应于 χ 的核的 k 的 n 次循环扩域, 而 σ 为使 $\chi(\sigma) = \dfrac{1}{n}$ 成立的 $\mathrm{Gal}(L/k) \simeq \mathbb{Z}/n\mathbb{Z}$ 的生成元. (按照这个对应关系 $\chi \leftrightarrow (L, \sigma)$, 给出了 $X(k)$ 的元 χ 等价于给出了 k 的循环扩域 L 与 $\mathrm{Gal}(L/k)$ 的生成元 σ 的组 (L, σ). 以下我们称 L 为对应于 χ 的 k 的循环扩张.) 我们定义 k- 代数 $A(\chi, b)$ 为以符号 $1, \beta, \cdots, \beta^{n-1}$ 为基底生成的 n 维 L 线性空间 $\bigoplus\limits_{i=0}^{n-1} L\beta^i$, 并在其中给定乘积为

$$\beta^n = b, \ \beta z = \sigma(z)\beta \qquad (z \in L).$$

例 8.27 设 k 为特征非 2 的域, $a, b \in k^\times$. 设 $\chi_a \in X(k)$ 为 $k(\sqrt{a})$ (看作 k 的循环扩域) 所对应的元. 于是

$$A(\chi_a, b) = \begin{cases} A(a, b, k) & \sqrt{a} \notin k \\ k \sim A(a, b, k) & \sqrt{a} \in k. \end{cases}$$ □

关于循环代数已知成立下面的事实. 特别地应该说 (4) 是循环代数的核心, 是重要的事实.

命题 8.28 设 k 为交换域.

(1) 设 $\chi \in X(k)$, $b \in k^\times$, 则循环代数 $A(\chi, b)$ 为 k 上的中心单代数.

下面我们把 $A(\chi, b)$ 的类 $[A(\chi, b)] \in Br(k)$ 记为 (χ, b).

(2) $(\chi + \chi', b) = (\chi, b) + (\chi', b)$, $(\chi, bc) = (\chi, b) + (\chi, c)$ $\quad (\chi, \chi' \in X(k),\ b, c \in k^\times)$.

(3) 设 k' 为 k 的扩域, 对于 $\chi \in X(k)$, $a \in k^\times$, 则在 $Br(k')$ 中有

$$(\chi, a)_{k'} = (\chi_{k'}, a).$$

其中, $X(k) \to X(k') : \chi \mapsto \chi_{k'}$ 为自然映射 $\mathrm{Gal}(k'^{ab}/k') \to \mathrm{Gal}(k^{ab}/k)$ 所诱导.

(4) 设 $\chi \in X(k)$ 且 L 为 χ 所对应的 k 的循环扩域, 则同态

$$k^\times \to Br(k) : a \mapsto (\chi, a)$$

的核与 $N_{L/k}(L^\times)$ 相同, 而其像与 $Br(L/k) = \mathrm{Ker}(Br(k) \to Br(L))$ 相同. 因此诱导出同构

$$k^\times / N_{L/k}(L^\times) \xrightarrow{\cong} Br(L/k). \qquad \square$$

在上面 (4) 中范群 $N_{L/k}(L^\times)$ 的表示是关于四元数代数在命题 8.17 中的二次扩域的范群表示的推广. 一般地, 设 k 为特征非 2 的域, 且 $a, b \in k^\times$, 根据例 8.27 有

$$(\chi_a, b) = [A(a, b, k)].$$

从而上面 (4) 说的便是命题 8.16, 8.17 中所出现的

$$b \in N_{k(\sqrt{a})/k}(k(\sqrt{a})^\times) \Leftrightarrow A(a, b, k) \cong M_2(k).$$

上面 (4) 是个强有力的结果, 由它可以推导出在命题 8.24 所叙述的关于 $Br(\mathbb{R})$ 以及 $Br(\mathbb{F}_q)$ 的断言.

[$Br(\mathbb{R}) \cong \mathbb{Z}/2\mathbb{Z}$ 的证明] 由 $Br(\mathbb{C}) = \{0\}$ 得到

$$Br(\mathbb{R}) = Br(\mathbb{C}/\mathbb{R}) \cong \mathbb{R}^\times / N_{\mathbb{C}/\mathbb{R}}(\mathbb{C}^\times) \cong \mathbb{Z}/2\mathbb{Z}. \qquad \blacksquare$$

[$Br(\mathbb{F}_q) = 0$ 的证明] 由命题 8.21(4) 知, $Br(k)$ 的每个元对于 $\mathbb{F}_q$ 的某个有限扩域 L, 属于 $Br(L/k) = \mathrm{Ker}(Br(k) \to Br(L))$. 因为 $\mathbb{F}_q$ 的有限扩域是对于某个 $n \geqslant 1$ 的 $\mathbb{F}_{q^n}$(§B.4), 故而只要证明 $Br(\mathbb{F}_{q^n}/\mathbb{F}_q) = \{0\}$ 就可以了.

因为 $\mathbb{F}_{q^n}$ 是 $\mathbb{F}_q$ 的循环扩域 (§B.4), 那么由命题 8.28(4) 知只要证明 $N_{\mathbb{F}_{q^n}/\mathbb{F}_q} : \mathbb{F}_{q^n}^\times \to \mathbb{F}_q^\times$ 为满射即可. 由于 $\mathrm{Gal}(\mathbb{F}_{q^n}/\mathbb{F}_q)$ 是由 $\mathbb{F}_{q^n} \to \mathbb{F}_{q^n} : x \mapsto x^q$ 生成的循环群 (§B.4), 故对于 $x \in \mathbb{F}_{q^n}^\times$ 有

$$N_{\mathbb{F}_{q^n}/\mathbb{F}_q}(x) = \prod_{i=0}^{n-1} x^{q^i} = x^{\sum\limits_{i=0}^{n-1} q^i} = x^{(q^n-1)/(q-1)}.$$

一般地, 由于有限域的乘法群总是循环群, 故 $\mathbb{F}_{q^n}^\times$ 为 $(q^n - 1)$ 阶的循环群, 而因为 $\mathbb{F}_q^\times = \{x \in \mathbb{F}_{q^n}^\times \mid x^{q-1} = 1\}$, 故 $(q^n - 1)/(q - 1)$ 次幂的映射是从 $\mathbb{F}_{q^n}^\times$ 到 $\mathbb{F}_q^\times$ 的满射. $\blacksquare$

(f) 与类域论的关系

我们现在来讨论至此所讲过的中心单代数的理论与类域论的关系.

当 K 为局部域时, 基于有关 K 的 Brauer 群的定理 8.25, 我们来定义局部类域论 (定理 8.2) 的标准同态

$$\rho_K : K^\times \to \mathrm{Gal}(K^{ab}/K).$$

又, 当 K 为整体域时, 基于有关 K 的 Brauer 群的定理 8.26, 我们来定义整体类域论 (定理 8.4) 的标准同态

$$\rho_K : C_K \to \mathrm{Gal}\,(K^{ab}/K).$$

首先设 K 为局部域. 定义 ρ_K 为由复合映射

$$X(K) \times K^\times \to Br(K) \overset{\mathrm{inv}_K}{\to} \mathbb{Q}/\mathbb{Z} \tag{8.7}$$

所诱导出的同态 $K^\times \to \mathrm{Hom}\,(X(K), \mathbb{Q}/\mathbb{Z}) = \mathrm{Gal}\,(K^{ab}/K)$. 这里的最后那个等号说的是将局部紧 Abel 群的对偶的对偶还是原来群的 Pontrjagin 对偶定理应用于 $\mathrm{Gal}\,(K^{ab}/K)$ 所得的结果.

其次设 K 为整体域. 标准映射 (8.7) 的整体域版本是基于定理 8.26 定义的,

$$X(K) \times C_K \to \mathbb{Q}/\mathbb{Z}, \tag{8.8}$$

由此诱导出 $\rho_K : C_K \to \mathrm{Hom}\,(X(K), \mathbb{Q}/\mathbb{Z}) = \mathrm{Gal}\,(K^{ab}/K)$.

设 $\chi \in X(K)$. 考虑下面的图

$$\begin{array}{ccccccccc} 1 \to & K^\times & \to & \mathbb{A}_K^\times & \to & C_K & \to 1 \\ & \downarrow{\scriptstyle (\chi,\ )} & & \downarrow{\scriptstyle (\chi,\ )} & & \downarrow & \\ 1 \to & Br(K) & \to & \bigoplus_v Br(K_v) & \to & \mathbb{Q}/\mathbb{Z} & \to 1 \end{array}$$

其中, 左端的竖映射是由循环代数理论所给出的 $X(K) \times K^\times \to Br(K)$ 得到的

$$K^\times \to Br(K) : \ a \mapsto (\chi, a).$$

中间的映射是由在各个素点 v 的 $X(K_v) \times K_v^\times \to Br(K_v)$ 得到的

$$\mathbb{A}_K^\times \to \prod_v Br(K_v) : (a_v)_v \mapsto ((\chi_{K_v}, a_v))_v.$$

(χ_{K_v} 表示 χ 在 $X(K_v)$ 中的像.) 中间竖直的映射的像映到直和 $\bigoplus_v Br(K_v)$ 之中的断言将在 §8.3(f) 中加以说明.

按照上图表, 同态 $C_K \to \mathbb{Q}/\mathbb{Z}$ 由 χ 导出, 从而得到了 (8.8), 因而得到了 ρ_K.

§8.3 类域论的证明

在 §8.3 中我们将给出类域论的证明以及决定局部域和整体域的 Brauer 群的定理 8.25, 8.26 的证明. 类域论的证明的工作量很大, 用整整一本书来给出这个证明是很普通的, 而我们却用少数几页来给出证明, 自然进行这种陈述必定是困难的. 所以

在本书所包含的证明里, 按如下叙述的证明中能清晰地看见到处都活跃着 ζ 函数的身影 (参照 (c) 小节), 我们在关键之处一直都想到它. 虽然在证明的过程中我们尽力把它写得清楚明白, 但是如果读者有不明白之处, 还是建议跳过它, 而去看整体的证明情形.

证明的安排是, 首先在 (a) 小节确定局部域的 Brauer 群, 并在 (b) 中证明局部域的类域论.

接着转到数域的讨论. 在 (c) 小节中使用 ζ 函数开辟出一条从局部理论通向整体理论的道路. 在 (d) 小节中证明了与整体域的 Brauer 群有关的 Hasse 互反律之后, 则在 (e) 小节中证明定理 8.4 (整体类域论的主定理) 的 (1),(2), 而后在 (f) 小节中确定出整体域的 Brauer 群, 最后则在 (g) 小节中完成了类域论的证明.

然而, 由于数域是我们的研究目标, 为了使证明简洁, 在证明中常常假定局部域或整体域的特征为 0. 还有, 因篇幅的原因, 在一些地方我们不加证明地使用了关于完备离散赋值域的一般理论.

(a) 确定局部域的 Brauer 群

这一小节的目标是决定以有限域为剩余域的完备离散赋值域 K 的 $Br(K)$, 也就是说, 证明依照定理 8.25 所陈述过的存在标准同态

$$\mathrm{inv}_K : Br(K) \overset{\cong}{\to} \mathbb{Q}/\mathbb{Z}.$$

证明的想法是, 与在 §8.2(e) 中确定 $Br(\mathbb{R})$ 和 $Br(\mathbb{F}_q)$ 同样地, 利用循环代数的理论 (命题 8.28(4)), 把问题转化成对范群的讨论.

对于每个 $n \geqslant 1$, 记 K 的唯一的 n 次非分歧扩域 (推论 6.55) 为 K_n.

命题 8.29 设 K, K_n 如上所设, 则

$$Br(K) = \bigcup_n Br(K_n/K). \qquad \square$$

这个命题包含在关于完备离散赋值域的下面的一般的事实之中, 即 " 设 K 为完备离散赋值域, 并设 K 的剩余域为完全域 (所有有限扩张为可分的域称为完全域. 有限域是完全域.), 则对于每个 $\alpha \in Br(K)$, 存在 K 的有限非分歧扩域 L 使得 $\alpha \in Br(L/K)$." 因篇幅缘故, 我们略去了这个事实的证明.

根据命题 8.29, 在求 $Br(K)$ 时, 只要了解了各个 $Br(K_n/K)$ 就可以了. 在下面我们将证明 $Br(K_n/K) \cong \frac{1}{n}\mathbb{Z}/\mathbb{Z}$, 从而得到 $Br(K) \cong \bigcup_n \frac{1}{n}\mathbb{Z}/\mathbb{Z} = \mathbb{Q}/\mathbb{Z}$. 因为 K_n 为 K 的循环扩域 (推论 6.55), 故可应用循环代数的理论 (命题 8.28(4)), 得到

$$K^\times/N_{K_n/K}(K_n^\times) \overset{\cong}{\to} Br(K_n/K) :\ a \mapsto (\chi_{K_n/K}, a).$$

这里的 $\chi_{K_n/K}$ 为 $X(K)$ 中对应于 " K 的循环扩张 K_n" 与 "作为 $\mathrm{Gal}(K_n/K)$ 的生成元的 Frobenius 置换" 所构成的二元组.

因此, 如果能求出 $N_{K_n/K}(K_n^\times)$ 问题就解决了. 对此下面的命题成立.

命题 8.30 让 K, K_n 如上所设, 又 O_K 为 K 的赋值环, 且 π 为 K 的素元. 于是 $N_{K_n/K}(K_n^\times)$ 等于由 $O_K^\times$ 与 π^n 生成的 $K^\times$ 的子群. 因此, $K^\times/N_{K_n/K}(K_n^\times)$ 为由 π 的类生成的 n 阶的循环群. □

这个命题的证明我们后面再讨论.

根据以上的讨论, 我们得到了同构

$$Br(K_n/K) \overset{\cong}{\to} \frac{1}{n}\mathbb{Z}/\mathbb{Z} : (\chi_{K_n/K}, \pi) \mapsto \frac{1}{n} \bmod \mathbb{Z}, \tag{8.9}$$

它不依赖于 K 的素元 π 的选取方式. 当 $m \geqslant 1$ 为 n 的倍数时, 包含映射所构成的图表

$$\begin{array}{ccc} Br(K_n/K) & \subsetneq & Br(K_m/K) \\ \cong\downarrow & & \cong\downarrow \\ \frac{1}{n}\mathbb{Z}/\mathbb{Z} & \subsetneq & \frac{1}{m}\mathbb{Z}/\mathbb{Z} \end{array} \tag{8.10}$$

为交换的 (后面再讲其理由), 因此当 n 变动时将同构 (8.9) 合并在一起便给出了所想要的同构

$$\mathrm{inv}_K : Br(K) = \bigcup_n Br(K_n/K) \cong \bigcup_n \frac{1}{n}\mathbb{Z}/\mathbb{Z} = \mathbb{Q}/\mathbb{Z}.$$

为证明图表 (8.10) 的交换性, 只要断定 $\frac{m}{n}(\chi_{K_m/K}, \pi) = (\chi_{K_n/K}, \pi)$ 即可. 这可从 $\frac{m}{n}\chi_{K_m/K} = \chi_{K_n/K}$ 得到.

同构 inv_K 的定义也可像下面那样表达. 对于满射

$$\mathrm{Gal}\,(K^{ab}/K) \to \mathrm{Gal}\,(K^{ur}/K) \cong \mathrm{Gal}\,(\overline{\mathbb{F}}_q/\mathbb{F}_q) \cong \widehat{\mathbb{Z}}$$

的每项以 $\mathrm{Hom}_{连续}(\ ,\mathbb{Q}/\mathbb{Z})$ 作用, 则得到单射

$$\mathbb{Q}/\mathbb{Z} \cong X(\mathbb{F}_q) \to X(K).$$

按照这个单射, $X(\mathbb{F}_q)$ 可看成与 $X(K)$ 中的所有 "非分歧元" 形成的子群等同. ($X(K)$ 的元 χ 为非分歧是说对应于 χ 的 K 循环扩域在 K 上非分歧.) 在上面所证明的事实是说, 当取 K 的素元 π 时, $X(K) \to Br(K) : \chi \mapsto (\chi, \pi)$ 限制到 $X(\mathbb{F}_q) \subset X(K)$ 则给出了与 π 的选取方式无关的同构

$$\mathbb{Q}/\mathbb{Z} \cong X(\mathbb{F}_q) \overset{\cong}{\to} Br(K),$$

而这个同构的逆映射便是 inv_K.

上面所用到的命题 8.30 是由下面的关于完备离散赋值域的一般性结果推导出的.

命题 8.31 设 K 为完备离散赋值域, O_K 为 K 的赋值环, $\boldsymbol{p}$ 为 O_K 的极大理想, F 为剩余域 $O_K/\boldsymbol{p}$. 又设 $\mathcal{A}$ 为 O_K- 代数, 其作为 O_K 模为有限生成自由模, 并且有 F- 代数同构

$$\mathcal{A}/\boldsymbol{p}\mathcal{A} \cong M_n(F).$$

于是, 作为 O_K- 代数有

$$\mathcal{A} \cong M_n(O_K).$$ □

命题 8.31 的证明省略.

[命题 8.30 的证明] 因为 K_n 为 K 的非分歧扩域, 故 π 在 K_n 中也是素元. 因此, $K_n^\times$ 由 $O_{K_n}^\times$ 与 π 生成. 因为 $N_{K_n/K}(O_{K_n}^\times) \subset O_K^\times$, 故 $N_{K_n/K}(K_n^\times)$ 包含在由 $O_K^\times$ 与 $N_{K_n/K}(\pi) = \pi^n$ 生成的 $K^\times$ 的子群之中. 因此, 如果能证明 $O_K^\times$ 包含在 $N_{K_n/K}(K_n^\times)$ 之中, 则命题 8.30 便能得到证明.

设 $u \in O_K^\times$. 要证明 $u \in N_{K_n/K}(K_n^\times)$, 根据循环代数的理论 (命题 8.28(4)), 只要证明 $(\chi_{K_n/K}, u) = 0$ 即可. 也就是说, 只要证明作为 K- 代数有

$$A(\chi_{K_n/K}, u) \cong M_n(K)$$

即可. 定义

$$A(\chi_{K_n/K}, u) = \bigoplus_{i=0}^{n-1} K_n\beta^i$$

(采用了 §8.2(e) 的记号) 的子环 $\mathcal{A}$ 为

$$\mathcal{A} = \bigoplus_{i=0}^{n-1} O_{K_n}\beta^i.$$

这是个 O_K- 代数, 作为 O_K 模为有限生成自由模. 而

$$\mathcal{A}/\boldsymbol{p}\mathcal{A} \cong \bigoplus_{i=0}^{n-1} \mathbb{F}_{q^n} \cdot \beta^i$$

为 $\mathbb{F}_q$ 上的循环代数. 事实上, 令 $\chi \in X(\mathbb{F}_q)$ 为

$$\begin{array}{ccccc} \mathrm{Gal}\,(\overline{\mathbb{F}}_q/\mathbb{F}_q) \to & \mathrm{Gal}\,(\mathbb{F}_{q^n}/\mathbb{F}_q) & \to & \mathbb{Q}/Z \\ & \Psi & & \Psi \\ & \sigma_{q,n} & \mapsto & \dfrac{1}{n} \bmod \mathbb{Z}, \end{array}$$

则 $\mathcal{A}/\boldsymbol{p}\mathcal{A} = A(\chi, u \bmod \boldsymbol{p})$. 因 $Br(\mathbb{F}_q) = 0$, 作为 $\mathbb{F}_q$- 代数有

$$\mathcal{A}/\boldsymbol{p}\mathcal{A} \cong M_n(\mathbb{F}_q).$$

因此根据命题 8.31, 作为 O_K- 代数有 $\mathcal{A} \cong M_n(O_K)$. 由此同构得出 K- 代数同构 $A(\chi_{K_n/K}, u) \cong M_n(K)$. (在前面一个同构中取 $\otimes_{O_K} K$ 便得到了后一个同构.) ∎

由命题 8.31, 可以得到对于整体域的 Brauer 群的下面结果 (定理 8.26 的一部分), 我们将在此给出证明.

命题 8.32 设 K 为整体域, 则 $Br(K) \to \prod_v Br(K_v)$ (v 遍历 K 的素点) 的像包含在 $\bigoplus_v Br(K_v)$ 中.

[证明] 设 A 为 K 上的中心单代数, 令 $\dim_K(A) = n^2$. 只要证明对几乎所有的素点 v, 有 $A \otimes_K K_v$ 作为 K_v- 代数与 $M_n(K_v)$ 同构即可.

令 $m = \dim_K(A)(= n^2)$, $(e_i)_{1 \leqslant i \leqslant m}$ 为 A 作为 K 线性空间的基底. 对于 K 的各个有限素点 v, 定义 $A \otimes_K K_v = \bigoplus_{i=1}^m K_v e_i$ 的 O_v 模 $\mathcal{A}_v$ 为 $\mathcal{A}_v = \bigoplus_{i=1}^m O_v e_i$. 像下面将证明的, 对几乎所有的有限素点 v, 以下的 (i), (ii), (iii) 成立.

(i) $O_v \subset \mathcal{A}_v$.

(ii) 如果 $x, y \in \mathcal{A}_v$, 那么 $xy \in \mathcal{A}_v$.

(iii) 按照 (i), (ii), 在将 $\mathcal{A}_v$ 看作 O_v- 代数时, 则 O_v- 代数同态

$$\mathcal{A}_v \otimes_{O_v} \mathcal{A}_v^\circ \to \mathrm{End}_{O_v}(\mathcal{A}_v):\ a \otimes b \mapsto (x \mapsto axb)$$

为同构. (这里的 $\mathrm{End}_{O_v}(\mathcal{A}_v)$ 为所有 O_v 模同态 $\mathcal{A}_v \to \mathcal{A}_v$ 的集合以映射复合为积构成的环.)

我们来证明对于 (i), (ii), (iii) 成立的有限素点 v, 作为 K_v- 代数有 $A \otimes_K K_v \cong M_n(K_v)$. 设 $\boldsymbol{p}_v$ 为 O_v 的极大理想, 并令 $\mathbb{F}_v = O_v/\boldsymbol{p}_v$, 在 (iii) 中施行运算 $(\quad)/\boldsymbol{p}_v(\quad)$, 则得到了 $\mathbb{F}_v$- 代数同构

$$\mathcal{A}_v/\boldsymbol{p}_v\mathcal{A}_v \otimes_{\mathbb{F}_v} (\mathcal{A}_v/\boldsymbol{p}_v\mathcal{A}_v)^\circ \xrightarrow{\cong} \mathrm{End}_{\mathbb{F}_v}(\mathcal{A}_v/\boldsymbol{p}_v\mathcal{A}_v):\ a \otimes b \mapsto (x \mapsto axb)$$

由命题 8.21 知, 它表明了 $\mathcal{A}_v/\boldsymbol{p}_v\mathcal{A}_v$ 为 $\mathbb{F}_v$ 上的中心单代数. 因为 $Br(\mathbb{F}_v) = 0$, 故 $\mathcal{A}_v/\boldsymbol{p}_v\mathcal{A}_v$ 作为 $\mathbb{F}_v$- 代数与 $M_n(\mathbb{F}_v)$ 同构, 那么, 可对 $\mathcal{A}_v$ 应用命题 8.31, 于是有 O_v- 代数同构

$$\mathcal{A}_v \cong M_n(O_v).$$

对此同构施行 $\otimes_{O_v} K_v$ 则得到了 K_v- 代数同构

$$A \otimes_K K_v \cong M_n(K_v).$$

现在来证明对于几乎所有的有限素点 v, (i),(ii),(iii) 均成立. 我们定义 K 中元 a_i, b_{ijk}, c_{ijkl} (i, j, k, l 为在 1 与 m 之间变动的整数) 如下:

$$1 = \sum_{i-1}^m a_i e_i,\ e_i e_j = \sum_k b_{ijk} e_k.$$

而 $\sum_{k,l} c_{ijkl} e_k \otimes e_l \in A \otimes_K A^\circ$ 在 $A \otimes_K A^\circ \xrightarrow{\cong} \mathrm{End}_K(A)$ 下的像为将 e_i 映到 e_j, 将 $e_s (s \neq i)$ 映到 0 (就是说, $\sum_{k,l} c_{ijkl} e_k e_s e_l$ 当 $s = i$ 时为 e_j, 当 $s \neq i$ 时为 0). 那么, 对于几乎所有的有限素点 v, 有 a_i, b_{ijk}, c_{ijkl} 全都在 O_v 之内. 因 $a_i \in O_v$ 故 (i) 成立. 因 $b_{ijk} \in O_v$ 故 (ii) 成立, 又因 $c_{ijkl} \in O_v$ 故 (iii) 成立. ∎

(b) 局部类域论的证明

在本节将证明局部类域论的主定理 8.2. 但为了使叙述简洁, 在一部分证明中假定 K 具有特征 0.

首先证明下面的命题以作准备

命题 8.33 设 K 为局部域, L 为其有限可分扩域.

(1) 下面的图表可交换:

$$\begin{array}{ccc} Br(K) & \xrightarrow[\mathrm{inv}_K]{} & \mathbb{Q}/\mathbb{Z} \\ \downarrow & & \downarrow {\scriptstyle [L:K]\times} \\ Br(L) & \xrightarrow[\mathrm{inv}_L]{} & \mathbb{Q}/\mathbb{Z} \end{array}$$

(2) $Br(L/K) = \mathrm{Ker}(Br(K) \to Br(L))$ 的阶为 $[L : K]$.

[证明] 由于 K 为 $\mathbb{R}$ 和 $\mathbb{C}$ 的情形简单故而略去. 现假设 K 为剩余域为有限域的完备离散赋值域.

在此情形下 (2) 由 (1), 根据 inv 为同构的事实得到. 现在来证明 (1). 设 L 在 K 上的分歧指数为 e, 剩余次数为 f. 于是 $[L : K] = ef$ (命题 6.22,6.35). 设 π 为 K 的素元, π' 为 L 的素元, 由于有 $\pi = (\pi')^e u$, $u \in O_L^\times$, 故图表

$$\begin{array}{ccccc} \mathbb{Q}/\mathbb{Z} \cong & X(\mathbb{F}_q) & \xrightarrow[\cong]{(\ \ ,\pi)} & Br(K) \\ {\scriptstyle f\times}\downarrow & \downarrow & & \downarrow \\ \mathbb{Q}/\mathbb{Z} \cong & X(\mathbb{F}_{q^f}) & \xrightarrow{(\ \ ,\pi)=e(\ \ ,\pi')} & Br(L) \end{array}$$

为交换. 从而由此得到了命题 8.33(1). ∎

转向定理 8.2 的证明. 由于 K 为 $\mathbb{R}$ 和 $\mathbb{C}$ 的情形在 §8.1(e) 已经做过, 故在下面我们假设 K 为以有限域 $\mathbb{F}_q$ 为剩余域的完备离散赋值域.

根据在前面 (a) 小节得到的同构 $\mathrm{inv}_K : Br(K) \xrightarrow{\cong} \mathbb{Q}/\mathbb{Z}$, 使用在 §8.2(f) 叙述过的方法, 得到了标准同态 $\rho_K : K^\times \to \mathrm{Gal}(K^{ab}/K)$. 首先证明下面的命题.

命题 8.34 标准同态 $\rho_K : K^\times \to \mathrm{Gal}(K^{ab}/K)$ 对于 K 的每个有限 Abel 扩域 L 诱导出商群之间的同构

$$K^\times/N_{L/K}(L^\times) \xrightarrow{\cong} \mathrm{Gal}(L/K).$$

[证明] 首先证明复合映射 $K^\times \xrightarrow{\rho_K} \mathrm{Gal}(K^{ab}/K) \to \mathrm{Gal}(L/K)$ 将 $N_{L/K}(L^\times)$ 带到 $\{1\}$. 对此, 我们把所有的特征 $\chi : \mathrm{Gal}(L/K) \to \mathbb{Q}/\mathbb{Z}$ 看做 $\chi \in X(K)$ 时, 应有 $\chi(\rho_K(N_{L/K}(L^\times))) = \{0\}$, 就是说, 只要证明在 $Br(K)$ 中 $(\chi, N_{L/K}(L^\times)) = \{0\}$ 即可.

令对应于 χ 的 K 的循环扩域为 K_χ, 那么这个断言便由 $(\chi, N_{K_\chi/K}(K_\chi^\times)) = \{0\}$ (命题 8.28(4)), 及由 $L \supset K_\chi$ 得到的事实 $N_{L/K}(L^\times) \subset N_{K_\chi/K}(K_\chi^\times)$ 而推导出来.

其次我们来证明, 这样得到的 $K^\times/N_{L/K}(L^\times) \to \mathrm{Gal}(L/K)$ 为满单射. 首先证明这是一个满射. 为此, 我们只要证明如果 $\mathrm{Gal}(L/K)$ 特征 $\chi \in X(K)$ 满足 $\chi(\rho_K(K^\times)) = \{0\}$, 则 $\chi = 0$ 就可以了. 如果 $\chi(\rho_K(K^\times)) = \{0\}$, 则在 $Br(K)$ 中 $(\chi, K^\times) = \{0\}$. 因此根据命题 8.28(4), $Br(K_\chi/K) = 0$. 于是由命题 8.33 有 $[K_\chi : K] = \#(Br(K_\chi/K)) = 1$, 从而得到 $\chi = 0$.

现在来证明这个满射为单射, 这只要证明 $\#(K^\times/N_{L/K}(L^\times)) \leqslant [L : K]$ 即可. 对于使 $K \subset M \subset L$ 的域 M, 因为存在正合序列

$$M^\times/N_{L/M}(L^\times) \underset{N_{M/K}}{\longrightarrow} K^\times/N_{L/K}(L^\times) \to K^\times/N_{M/K}(M^\times) \to 1,$$

故有

$$\#(K^\times/N_{L/K}(L^\times)) \leqslant \#(K^\times/N_{M/K}(M^\times)) \cdot \#(M^\times/N_{L/M}(L^\times)).$$

于是根据对于 $[L : K]$ 的归纳法, 将问题归结为 $[L : K]$ 为素数的情形, 而这种情形 L 是 K 的循环扩域. 于是由 $K^\times/N_{L/K}(L^\times) \cong Br(L/K)$(命题 8.28(4)), 根据命题 8.33 有

$$\#(K^\times/N_{L/K}(L^\times)) = \#(Br(L/K)) = [L : K].$$ ∎

在此我们已知道 ρ_K 具有了定理 8.2(1) 的性质 (i).

命题 8.35 *设 K 是以有限域为剩余域的完备离散赋值域, 则 ρ_K 具有定理 8.2(1) 的性质 (ii).*

[证明] 这由 $K^\times$ 为 K 的全部素元所生成的事实, 以及对于 $\chi \in X(\mathbb{F}_q)$ 和 K 的素元 π, 将 χ 看作 $X(K)$ 的元后 $\chi(\rho_K(\pi)) = \mathrm{inv}_K(\chi, \pi) \in \mathbb{Q}/\mathbb{Z}$ 与在同构 $X(\mathbb{F}_q) \cong \mathbb{Q}/\mathbb{Z}$ 之下 χ 的像相等的事实 (因为 inv_K 是 $\mathbb{Q}/\mathbb{Z} \cong X(\mathbb{F}_q) \overset{(\ ,\pi)}{\underset{\cong}{\longrightarrow}} Br(K)$ 的逆像.) 得到. ∎

命题 8.36 *设 K 为局部域, 则 ρ_K 为连续.*

[证明] 我们在假设 K 的特征为 0 之下证明. 为此, 只要对于 K 的各个有限 Abel 扩域 L 证明 ρ_K 所导出的同态 $K^\times \to \mathrm{Gal}(L/K)$ 为连续即可. 为此, 只要指出这个同态的核是个开子群就好了. 此同态的核为 $K^\times$ 的指数为有限的子群, 故依照习题 6.5 知其为开子群. ∎

定理 8.2(1) 中的 "唯一" 性由下面命题得到.

命题 8.37 *假设同态 $\rho' : K^\times \to \mathrm{Gal}(K^{ab}/K)$ 具有下面的性质 (i), (ii), 则 $\rho' = \rho_K$.*

(i) 设 L 为 K 的循环扩域, 则复合映射

$$K^\times \xrightarrow{\rho'} \mathrm{Gal}(K^{ab}/K) \to \mathrm{Gal}(L/K)$$

将 $N_{L/K}(L^\times)$ 映到 $\{1\}$.

(ii) 对于 K 的有限非分歧扩域 L, 在复合映射

$$K^\times \xrightarrow{\rho'} \mathrm{Gal}(K^{ab}/K) \to \mathrm{Gal}(L/K)$$

下 K 的任意素元的像为 Frobenius 置换.

[证明] 因为 $K^\times$ 为 K 的全体素元生成的群, 故只要对于 K 的全部素元 π 证明 $\rho'(\pi) = \rho_K(\pi)$ 即可, 于是如果能证明对于所有 $\chi \in X(K)$ 有 $\chi(\rho'(\pi)) = \chi(\rho_K(\pi))$ 就好了.

设 $\chi(\rho_K(\pi))$ 的阶数为 n, 并设 K_n 为 K 的唯一的 n 次非分歧扩域. 因为 $\rho_K(\pi)$ 在 $\mathrm{Gal}(K_n/K)$ 中的像为 Frobenius 置换且为 $\mathrm{Gal}(K_n/K)$ 的生成元, 故存在 $\mathrm{Gal}(K_n/K)$ 的特征 $\psi \in X(K)$ 满足 $\psi(\rho_K(\pi)) = \chi(\rho_K(\pi))$. 当取 L 为对应于 $\psi - \chi$ 的 K 的循环扩域时, 复合映射 $K^\times \xrightarrow{\rho_K} \mathrm{Gal}(K^{ab}/K) \to \mathrm{Gal}(L/K)$ 便将 π 映到 1. 于是, 按照命题 8.34 知, $\pi \in N_{L/K}(L^\times)$. 那么由 ρ' 的性质 (i) 知道 $\rho'(\pi)$ 在 $\mathrm{Gal}(L/K)$ 的像为 1, 从而

$$(\psi - \chi)(\rho'(\pi)) = 0.$$

又根据 ρ' 的性质 (ii) 知 $\psi \circ \rho' = \psi \circ \rho_K$. 于是,

$$\chi(\rho'(\pi)) = \psi(\rho'(\pi)) = \psi(\rho_K(\pi)) = \chi(\rho_K(\pi)).$$ ∎

最后, 我们在 K 的特征为 0 的情形下来证明定理 8.2(2).

一般情形下, 对于拓扑 Abel 群 G, G 的指数有限的开子群与 $\mathrm{Hom}_{连续}(G, \mathbb{Q}/\mathbb{Z})$ 的有限子群, 按照 $H \leftrightarrow H'$: $H' = \{\chi \mid \chi(H) = \{0\}\}$, $H = \bigcap_{\chi \in H'} \mathrm{Ker}(\chi)$, 得到 1-1 对应. 将此应用于 $G = \mathrm{Gal}(K^{ab}/K)$ 与 $G = K^\times$ 的情形, 于是关于定理 8.2 的证明转化为关于特征群方面的如下陈述的证明: 令

$$X'(K) = (\text{从 } K^\times \text{ 到 } \mathbb{Q}/\mathbb{Z} \text{ 的有限阶连续同态全体}),$$

则

$$X(K) \xrightarrow{\cong} X'(K) : \chi \mapsto \chi \circ \rho_K.$$

$X(K) \to X'(K)$ 为单射, 这可由对于 K 的每个有限 Abel 扩域 L 有 $K^\times \to \mathrm{Gal}(L/K)$ 为满射的事实得到.

而对于其为满射这一点, 我们则在 K 的特征为 0 的假设下进行证明. 设 $\chi \in X'(K)$, 要证明 χ 落在 $X(K) \to X'(K)$ 的像中. 设 χ 的阶数为 n, 如果 K 包含 n 次

本原单位根 ζ_n, 则根据以下的引理 8.38(1) 知, χ 在 $X(K) \to X'(K)$ 的像中. 至于一般情形, 根据下一个引理 8.38(2) 知, 由 $K(\zeta_n)$ 为 K 的有限 Abel 扩域可将其归到 $\zeta_n \in K$ 的情形. 于是, 如果能证明下面的引理 8.38, 则定理 8.2 就在 K 的特征为 0 的情形下得到证明.

引理 8.38 设 K 为特征 0 的局部域.

(1) 设 $n \geqslant 1$, 并令 $X_n(K) = \{\chi \in X(K) \mid n\chi = 0\}$, $X'_n(K) = \{\chi \in X'(K) \mid n\chi = 0\}$. 又设 K 包含了 n 次本原单位根, 则

$$X_n(K) \overset{\cong}{\to} X'_n(K) : \chi \mapsto \chi \circ \rho_K.$$

(2) 设 L 为 K 的有限 Abel 扩域, 并设 $\chi \in X'(K)$. 如果 $\chi \circ N_{L/K} \in X'(L)$ 落在 $X(L) \to X'(K)$ 的像中, 则 χ 落在 $X(K) \to X'(K)$ 的像中.

[(1)的证明] 证明的方法是考虑单射的序列

$$K^\times/(K^\times)^n \to X_n(K) \to X'_n(K)$$

(在后面将给出第一个映射的定义), 并进一步证明 $K^\times/(K^\times)^n$ 与 $X'_n(K)$ 是阶相等的有限群, 从而得到 $X_n(K) \overset{\cong}{\to} X'_n(K)$.

对于包含了 n 次本原单位根的域 k, 定义同构

$$k^\times/(k^\times)^n \overset{\cong}{\to} X_n(k) = \mathrm{Hom}_{\text{连续}}\left(\mathrm{Gal}\,(k^{ab}/k), \frac{1}{n}\mathbb{Z}/\mathbb{Z}\right)$$

如下. 由于 $\zeta_n \in k$, 那么, 对于 $a \in k^\times$, $k(\sqrt[n]{a})$ 是 k 的 Abel 扩域. 定义群同态 $k^\times \to X_n(k) : a \mapsto \chi_a$ 为 $\chi_a(\sigma) = \frac{r}{n}$, 其中 r 为使 $\sigma(\sqrt[n]{a}) = \zeta_n^r \sqrt[n]{a}$ 成立的整数. 由于当 $a \in (k^\times)^n$ 时, 有 $\chi_a = 0$, 故同态 $a \mapsto \chi_a$ 诱导出了同态 $k^\times/(k^\times)^n \to X_n(k)$. 尽管根据 Kummer 理论可知这是个同构映射, 但在此, 对引理 8.38 证明却只需要. 给出其为单射的证明. 如果 $a \in k^\times, \chi_a = 0$, 则因为对于所有 $\sigma \in \mathrm{Gal}\,(k^{ab}/k)$ 有 $\sigma(\sqrt[n]{a}) = \sqrt[n]{a}$, 从而 $\sqrt[n]{a} \in k^\times$, 即 $a \in (k^\times)^n$. 因此 $k^\times/(k^\times)^n \to X_n(k)$ 为单射.

由习题 6.5 知 $K^\times/(K^\times)^n$ 为有限群. 至于 $X'_n(K)$ 与 $K^\times/(K^\times)^n$ 是阶相同的有限群, 可以将 $X'_n(K)$ 视为 $K^\times/(K^\times)^n$ 的特征群, 根据一般的对于有限 Abel 群 G 而言, G 的阶与 G 的特征群的阶相等的事实, 便可得到结论. ∎

在证明引理 8.38(2) 之前先证明下面的命题.

命题 8.39 设 K 为局部域, L 为 K 的有限可分扩域, 则下图表

$$\begin{array}{ccc} L^\times & \xrightarrow{\rho_L} & \mathrm{Gal}(L^{ab}/L) \\ {\scriptstyle N_{L/K}}\downarrow & & \downarrow \\ K^\times & \xrightarrow{\rho_K} & \mathrm{Gal}(K^{ab}/K) \end{array}$$

可交换. 其中, 右侧的竖直映射为 $\mathrm{Gal}(L^{ab}/L)$ 的元在 K^{ab} 上的限制给出的同态.

[证明] 因为 $K=\mathbb{R},\mathbb{C}$ 情形的证明容易, 故而我们设 K 为以有限域 $\mathbb{F}_q$ 为剩余域的完备离散赋值域. 对于所有 $\chi\in X(K)$ 与 $a\in L^\times$, 我们只要证明 $\mathrm{inv}_K(\chi,N_{L/K}(a)) = \mathrm{inv}_L(\chi_L,a)$ 就可以了. 因为 $L^\times$ 由 L 的全体素元生成的, 那么只要取 a 为 L 的素元就行了. 令 L 在 K 上的剩余次数为 f. 与命题 8.37 的证明一样, 取非分歧元 $\psi\in X(\mathbb{F}_{q^f})\subset X(L)$ 使得 $(\psi,a)=(\chi_L,a)$. 由于 $\mathbb{Q}/\mathbb{Z}\cong X(\mathbb{F}_q)\to X(\mathbb{F}_{q^f})\cong\mathbb{Q}/\mathbb{Z}$ 为在 $\mathbb{Q}/\mathbb{Z}$ 上的 f 倍映射, 故为满射, 从而存在非分歧元 $\varphi\in X(\mathbb{F}_q)\subset X(K)$ 使得 $\varphi_L=\psi$. 令 $\varphi_L-\chi_L\in X(L)$ 所对应的 L 的循环扩域为 L', 那么, 由于 $(\varphi_L-\chi_L,a)=0$, 故 $a=N_{L/L'}(b)$, $b\in(L')^\times$. 令对应于 $\varphi-\chi$ 的 K 的循环扩域为 K', 由于 $(\varphi-\chi)_{L'}=0$, 故 K' 含于 L' 之中. 那么我们有 $N_{L/K}(a)=N_{L'/K}(b)=N_{K'/K}N_{L'/K'}(b)\in N_{K'/K}((K')^\times)$. 于是 $(\varphi-\chi,N_{L/K}(a))=0$. 因此

$$
\begin{aligned}
\mathrm{inv}_K(\chi,N_{L/K}(a)) &= \mathrm{inv}_K(\varphi,N_{L/K}(a))\\
&= \nu_K(N_{L/K}(a))\quad (\varphi\text{在 } X(\mathbb{F}_q)\overset{\cong}{\to}\mathbb{Q}/\mathbb{Z}\text{ 下的像})\\
&= f\cdot(\varphi\text{在 } X(\mathbb{F}_q)\overset{\cong}{\to}\mathbb{Q}/\mathbb{Z}\text{ 下的像}) = (\varphi_L\text{在 } X(\mathbb{F}_{q^f})\overset{\cong}{\to}\mathbb{Q}/\mathbb{Z}\text{ 的像})\\
&= \mathrm{inv}_L(\varphi_L,a)=\mathrm{inv}_L(\chi_L,a).
\end{aligned}
$$

在这里, ν_K, ν_L 分别是 K,L 的离散赋值, 第二, 第五个等式分别来自 ρ_K, ρ_L 具有定理 8.2(1) 的性质 (ii), 而第三个等式则来自习题 6.2(1). ∎

[引理 8.38(2) 的证明] 由考虑 L 与 K 的中间域, 可将问题归结为 L 是 K 的循环扩域情形. 现设 L 为 K 的循环扩域, 并令 $G=\mathrm{Gal}(L/K)$. G 以下面方式作用于 $X(L)$, $X'(L)$: $\sigma\in G$ 的作用是将 $\chi\in X(L)$ 带到 $\mathrm{Gal}(L^{ab}/L)\to\mathbb{Q}/\mathbb{Z}:\tau\mapsto\chi(\tilde\sigma^{-1}\tau\tilde\sigma)$ (这里的 $\tilde\sigma$ 是 $\mathrm{Gal}(L^{ab}/K)$ 的元, 它在 $\mathrm{Gal}(L/K)$ 中的像为 σ), 而 $\chi\in X'(L)$ 则被带到了 $\chi\circ\sigma^{-1}\in X'(L)$.

现在取 $\chi_1\in X'(K)$, 并让 $\chi_1\circ N_{L/K}\in X'(L)$ 为 $\chi_2\in X(L)$ 的像. 我们想要证明 χ_1 是 $X(K)$ 中某个元的像. 对于 G 模 M, 记在 G 作用下不动的 M 的元的全体为 M^G. 于是, $\chi_1\circ N_{L/K}\in X'(L)^G$, 并由于 G 模同态 $X(L)\to X'(L)$ 为单射, 故 χ_2 属于 $X(L)^G$.

再证明 $X(K)\to X(L)^G:\chi\mapsto\chi_L$ 为满射. 设 σ 为 G 的生成元, 并固定一个上面所给出的 $\tilde\sigma\in\mathrm{Gal}(L^{ab}/K)$. 令 G 的阶为 n, 并将 $\mathrm{Gal}(L^{ab}/K)$ 的元写成唯一的形式 $h\tilde\sigma^j$ $(h\in\mathrm{Gal}(L^{ab}/L),\ 0\leqslant j<n)$. 对于 $\chi\in X(L)^G$, 取 $s\in\mathbb{Q}/\mathbb{Z}$ 使得 $ns=\chi(\tilde\sigma)$, 并定义 $\chi':\mathrm{Gal}(L^{ab}/K)\to\mathbb{Q}/\mathbb{Z}$ 为 $u\tilde\sigma^j\mapsto\chi(u)+js$ $(u\in\mathrm{Gal}(L^{ab}/L),0\leqslant j<n)$, 那么 χ' 是个群同态, 从而诱导出 $\mathrm{Gal}(K^{ab}/K)\to\mathbb{Q}/\mathbb{Z}$, 并将其看为 $X(K)$ 的元, 从而清楚地看出 $\chi'_L=\chi$.

因此, 存在 $\chi_3\in X(K)$ 使得 $\chi_2=(\chi_3)_L$. 根据命题 8.39 知, $\chi_1-\chi_3\circ\rho_K$ 将 $N_{L/K}(L^\times)$ 化零. 这时, 将 $\chi_1-\chi_3\circ\rho_K:K^\times/N_{L/K}(L^\times)\to\mathbb{Q}/\mathbb{Z}$ 与标准同构

$K^\times/N_{L/K}(L^\times) \cong \mathrm{Gal}(L/K)$ 的复合 $\chi_4 : \mathrm{Gal}(L/K) \to \mathbb{Q}/\mathbb{Z}$ 看成是 $X(K)$ 的元, 便得到了 $\chi_1 = (\chi_3 + \chi_4) \circ \rho_K$. ∎

(c) ζ 的应用

汇集有关局部域的在 (a), (b) 的结果以便推导出关于整体域的结果时, 具有将局部对象相互连接特性的 ζ 函数发挥了有力的作用. 在本小节 (c) 中利用 ζ 函数得到了四个定理 (8.40, 8.41, 8.42, 8.44).

定理 8.40 设 L 为整体域 K 的有限可分扩域. 如果 K 的几乎所有的素点在 L 中完全分解, 则 $L = K$.

[证明] 证明方法如次. 由所说的假设 "几乎所有 …… 完全分解" 推导出大体上 $\zeta_L(s)$ 与 $\zeta_K(s)^{[L;K]}$ 相等, 再由 $\zeta_K(s)$ 与 $\zeta_L(s)$ 在 $s = 1$ 都具有一阶极点从而推出 $[L : K] = 1$.

设 S 为 K 的有限素点中能在 L 里完全分解的所有那些点的集合, 记 S 的元上的 L 中的全部素点的集合为 T. 对于每个 $v \in S$, 存在 $[L : K]$ 个 v 上点 $w \in T$, 由于它们满足 $N(v) = N(w)$, 故有

$$\prod_{w\in T}(1 - N(w)^{-s})^{-1} = \left(\prod_{v\in S}(1 - N(v)^{-s})\right)^{[L:K]}. \tag{8.11}$$

另一方面, 因为由假设知 S, T 的补集为有限, 故由于 $\zeta_K(s)$, $\zeta_L(s)$ 在 $s = 1$ 具有一阶极点, 故知 $\prod\limits_{v\in S}(1 - N(v)^{-s})^{-1}$ 与 $\prod\limits_{w\in T}(1 - N(w)^{-s})^{-1}$ 都在 $s = 1$ 有一阶极点. 将此与 (8.11) 比较则知 $[L : K] = 1$. 也就是说 $L = K$. ∎

下一个定理 8.41(2) 是在 Galois 扩张情形, 以考虑 Kronecker 密度的方式将定理 8.40 加以精细化, 而且依然使用了 ζ 函数进行证明.

定理 8.41 设 K, L 如定理 8.40 所设.

(1) 令 T 为 L 的满足如下条件的所有有限素点 w 的集合:" w 在 K 之上非分歧, 当记 w 之下的 K 的素点为 v 时, 剩余指数 $f(w/v) = 1$", 则 T 的 Kronecker 密度为 1.

(2) 设 L 为 K 的 Galois 扩域. 令 S 为 K 的所有那些在 L 上完全分解的有限素点的集合, 则 S 具有 Kronecker 密度 $[L : K]^{-1}$.

[证明] (1) 令 T' 为 L 的那些有限素点的集合, 它们在 K 上非分歧但不属于 T. 如果 $w \in T'$, 那么对于 w 之下的 K 的素点 v 便有 $N(w) \geqslant N(v)^2$, 由于 K 的每个素点 v 之上的 L 的素点的个数最多为 $[L : K]$, 那么, 当 $s > 1$ 时, 有

$$\sum_{w\in T'} N(w)^{-s} \leqslant [L : K]\sum_{v} N(v)^{-2s}.$$

其中, v 遍历 K 的所有有限素点. 当 $s\downarrow 1$ 时, 因这个不等式的右端有界, 故 T' 的 Kronecker 密度为 0, 从而 T 的 Kronecker 密度为 1.

(2) 在 (1) 中所考虑的 T 与 S 之上的 L 的所有素点一致, 从而 S 的 Kronecker 密度为 $[L:K]^{-1}$. ∎

定理 8.42 设 K 为整体域.

(1) $X(K)\to\prod_v X(K_v)$ 为单射.

(2) $Br(K)\to\prod_v Br(K_v)$ 为单射.

其中的 v 遍历 K 的所有素点.

[(1) 的证明] (1) 可由定理 8.40 按下面的方式推导出来. 设 $\chi\in X(K)$, 并令对应于 χ 的 K 的循环扩域为 K_χ. 对于 K 的素点 v, χ 在 $X(K_v)$ 中的像为 0 与 v 在 K_χ 中完全分解是一回事. 因此, 如果 χ 属于 $X(K)\to\prod_v X(K_v)$ 的核, 则 K 的所有素点均在 K_χ 中完全分解. 因此根据定理 8.40 $K_\chi=K$, 从而 $\chi=0$. ∎

(2) 可用整体域上的中心单代数的 ζ 给出如下的证明. 因定理 8.42 的 (1) 与 (2) 有着相似的样子, 而 (1) 使用 ζ 进行了证明, 那么 (2) 也应可以用类似的方法证明.

设 A 为 K 上的中心单代数, 定义 A 的 ζ 函数 $\zeta_A(s)$ 为形如

$$\zeta_A(s)=\prod_v \zeta_A(v,s)$$

的 Euler 积. 在这里 v 遍历 K 的所有素点, 而 $\zeta_A(v,s)$ 是由 K_v 上的中心单代数 $A\otimes_K K_v$ 所决定, 其定义如次. 首先定义 $\zeta(v,s)$ 当 v 为有限素点时为 $(1-N(v)^{-s})^{-1}$, 当 v 为实素点时为 $\Gamma_{\mathbb{R}}(s)$, 而当 v 为复素点时为 $\Gamma_{\mathbb{C}}(s)$. 我们有

$$A\otimes_K K_v\cong M_{m(v)}(D_v),$$

这里的 D_v 是 K_v 上中心单代数的可除代数, 并令 $\dim_{K_v}(D_v)=r(v)^2$, 此时定义 $\zeta_A(v,s)$ 为

$$\zeta_A(v,s)=\prod_{k=0}^{m(v)-1}\zeta(v,s-r(v)k).$$

例如, 取 A 为 $A(-1,-1,\mathbb{Q})$, 则

$$\zeta_A(v,s)=\begin{cases}\zeta(v,s)\zeta(v,s-1) & v\neq\infty,\ (2)\\ \zeta(v,s) & v=\infty \text{ 或 } (2).\end{cases}$$

令 $\dim_K(A)=n^2$, 由于对于几乎所有的 v 有 $A\otimes_K K_v\cong M_n(K_v)$ (命题 8.32), 故而对于几乎所有的 v 成立 $\zeta_A(v,s)=\prod_{k=0}^{n-1}\zeta(v,s-k)$. 也就是说, $\zeta_A(s)$ 在除去有限

个素点之外与 $\prod_{k=0}^{n-1}\zeta_K(s-k)$ 相等. 因此, 可以解析延拓为整个复平面上的亚纯函数. 进一步说, 当 A 为可除代数时, 按照在 §7.5 中的 Dedekind ζ 函数进行解析延拓的同样方法, 能够证明以下的断言.

命题 8.43 设 A 为整体域 K 上的中心单代数, 且 A 为可除代数. 当令 $\dim_K(A) = n^2$ 时, 如果 K 为数域, 则 $\zeta_A(s)$ 只在 $s=0$ 和 $s=n$ 具有极点; 如果 K 为有限域上的单变量代数函数域, 令 K 的常数域为 $\mathbb{F}_q$, 则 $\zeta_A(s)$ 只以 $(1-q^{-s})(1-q^{n-s})$ 的零点为极点. □

[定理 8.42(2) 的证明] 我们应用命题 8.43 来进行证明. 设 α 为 $Br(K)\to\prod_v Br(K_v)$ 的核中的元. 又设代表 α 的 K 上的中心单且可除的代数为 A, 并令 $\dim_K(A)=n^2$. 由对于 α 的假定, 知对于 K 的所有素点 v 有 $A\otimes_K K_v\cong M_n(K_v)$. 因此,

$$\zeta_A(s)=\prod_{k=0}^{n-1}\prod_v \zeta(v,s-k).$$

按照 §7.5, 此式右端在 $s=n-1$ 处具有极点. 因此根据命题 8.43 有 $n-1=0$. 就是说 $A=K$, 从而 $\alpha=0$. ∎

下面定理中 (2) 的证明需要用到 Hecke 的 L 函数.

定理 8.44 设 K 为整体域.

(1) 如果 L 是 K 的有限可分扩域, 则 $N_{L/K}(C_L)$ 是 C_K 的具有限指数的开子群.

(2) 如果 L 为 K 的有限 Galois 扩域, 则 $\#(C_K/N_{L/K}(C_L))\leqslant[L:K]$.

[证明] (1) 证明是在 K 作为数域情形给出的. 对于 K 的任一素点 v, 取 v' 为在 v 上的 L 的一个素点. 对于 K 的所有素点 v, $N_{L_{v'}/K_v}(L_{v'}^\times)$ 为 $K_v^\times$ 的开子群 (根据命题 8.36 的证明知). 对 K 的几乎所有有限素点 v, $N_{L_{v'}/K_v}(L_{v'}^\times)$ 包含了 $O_v^\times$ (由对于几乎所有的有限素点 v, $L_{v'}$ 为 K_v 的非分歧扩域, 以及命题 8.30 得到). 由此可知, $N_{L/K}(\mathbb{A}_L^\times)$ 为 $\mathbb{A}_K^\times$ 的开子群, 从而知道 $N_{L/K}(C_L)$ 为 C_K 的开子群. 因此 $C_K/N_{L/K}(C_L)$ 成为关于 O_K 的某个非零理想 $\boldsymbol{a}$ 的有限群 $Cl(K,\boldsymbol{a})$ 的商群 (命题 6.112), 故为有限 (命题 6.111).

(2) 令 S 为 K 的所有那些在 L 中完全分解的有限素点 v 的集合, 又令 S' 为 K 的所有那些有限素点 v 使得 $K_v^\times$ 在 $C_K/N_{L/K}(C_L)$ 的像为 $\{1\}$ 的集合. 于是下面的 (i), (ii), (iii) 成立.

(i) S 具有 Kronecker 密度 $[L:K]^{-1}$.

这是定理 8.41.

(ii) S' 具有 Kronecker 密度 $\#(C_K/N_{L/K}(C_L))^{-1}$.

这是在 §7.5 中利用 Hecke L 函数所证明的.

(iii) $S \subset S'$.

这是因为, 如果 $v \in S$, 当取 v 之上 L 的素点为 w 时, 由 $K_v \overset{\cong}{\to} L_w$ 有 $N_{L_w/K_v}(L_w^\times) = N_{K_v/K_v}(K_v^\times) = K_v^\times$, 因此 $v \in S'$.

由上面的 (i), (ii), (iii) 得到了

$$[L:K]^{-1} \leqslant \#(C_K/N_{L/K}(C_L))^{-1}.$$

因此, $\#(C_K/N_{L/K}(C_L)) \leqslant [L:K]$. ∎

(d) Hasse 互反律的证明

在下面的 (d), (e), (f), (g) 小节中处理的是数域 (有限域上的单变量代数函数数域大体上能以同样的方法处理).

我们给出关于数域 K 的 Brauer 群的 Hasse 互反律

$$\text{若 } \alpha \in Br(K) \text{ 则 } \sum_v \mathrm{inv}_{K_v}(\alpha_{K_v}) = 0$$

的证明.

如果能证明下面的引理 8.45, 8.46 就可以了. 称 $\chi \in X(K)$ 为分圆特征, 如果对应于 χ 的循环扩域包含在对于某个 $N \geqslant 1$ 的 $K(\zeta_N)$ 之中.

引理 8.45 设 K 为数域, 而 $\alpha \in Br(K)$, 则有分圆特征 $\chi \in X(K)$ 及 $a \in K^\times$ 使得 $\alpha = (\chi, a)$. □

引理 8.46 设 K 为数域, $\chi \in X(K)$ 为分圆特征, $a \in K^\times$, 则

$$\sum_v \mathrm{inv}_{K_v}(\chi_{K_v}, a) = 0. \qquad \square$$

根据命题 8.28(4), 要证明引理 8.45 只要证明下面的断言即可, 即 "存在 K 的循环扩域 L, 使得 $\alpha \in \mathrm{Ker}(Br(K) \to Br(L))$, 并且对于某个 $N \geqslant 1$ 有 $L \subset \mathbb{Q}(\zeta_N)$". 对于 K 的有限扩域 L, 当 v 遍历 K 的素点而 w 遍历 L 的素点时, 根据定理 8.42(2), 交换图表

$$\begin{array}{ccc} Br(K) & \longrightarrow & \bigoplus_v Br(K_v) \\ \downarrow & & \downarrow \\ Br(L) & \longrightarrow & \bigoplus_w Br(L_w) \end{array}$$

的水平箭头为单射. 因此, 要证明引理 8.45 只要证明下面的引理 8.47 即可.

引理 8.47 设 K 为数域, 当给出了 $\bigoplus_v Br(K_v)$ 的元 $(\alpha_v)_v$ (v 遍历 L 的所有素点) 时, 则存在 K 的循环扩域 L, 使得

$$(\alpha_v)_v \in \operatorname{Ker}\left(\bigoplus_v Br(K_v) \to \bigoplus_w Br(L_w)\right)$$

(w 遍历 L 的所有素点), 并且对于某个 $N \geqslant 1$ 有 $L \subset K(\zeta_N)$. □

由命题 8.33, 当 w 在 v 之上时, $Br(K_v) \to Br(L_w)$ 的核等于 $\{\alpha \in Br(K_v) \mid [L_w : K_v]\alpha = 0\}$. 另外, 当 L 对应于 $\chi \in X(K)$ 时, $[L_w : K_v]$ 等于 χ 的像 $\chi_{K_v} \in X(K_v)$ 的阶数. 因此, 由考虑每个 α_v 的阶数 n_v 可将引理 8.47 归结到下面的引理 8.48.

引理 8.48 设对于数域 K 的每个素点 v 给定整数 $n_v \geqslant 1$, 其满足下面的条件 (i), (ii):

(i) 对几乎所有的 v 有 $n_v = 1$.

(ii) 如果 v 为实素点, 则 n_v 为 1 或 2, 如果 v 为复素点, 则 $n_v = 1$.

于是此时存在分圆特征 $\chi \in X(K)$, 使得对于 K 的所有素点 v, $\chi_{K_v} \in X(K_v)$ 的阶为 n_v 的倍数.

[证明] 将 n_v 分解为素因子的乘积, 分别考虑 n_v 对于各个素数 l 的幂因子, 那么只要假设对于某个素数 l, 全部 n_v 为 l 的幂就可以了.

考虑同态

$$(8.12) \qquad \operatorname{Gal}(K^{ab}/K) \to \mathbb{Z}_l^\times : \sigma \mapsto (r(n) \mod l^n)_{n\geqslant 1},\ \sigma(\zeta_{l^n}) = \zeta_{l^n}^{r(n)}.$$

对于 K 的素点 v, $\operatorname{Gal}(K_v^{ab}/K_v) \to \operatorname{Gal}(K^{ab}/K) \overset{(8.12)}{\longrightarrow} \mathbb{Z}_l^\times$ 的像, 如果 v 为实素点则为 $\{\pm 1\}$ (复共轭映射 $\in \operatorname{Gal}(K_v^{ab}/K_v) = \operatorname{Gal}(\mathbb{C}/\mathbb{R})$ 为将 ζ_{l^n} 映到 $\zeta_{l^n}^{-1}$), 如果 v 为有限素点, 如后面将证明的, 其为无限群. 由此事实出发, 取 m 为充分大的自然数, 根据当 $l \neq 2$ 时的分圆特征

$$\operatorname{Gal}(K^{ab}/K) \overset{(8.12)}{\longrightarrow} \mathbb{Z}_l^\times \cong \mathbb{Z}/(l-1)\mathbb{Z} \times \mathbb{Z}_l \to \mathbb{Z}_l \to \mathbb{Z}/l^m\mathbb{Z} \cong \frac{1}{l^m}\mathbb{Z}/\mathbb{Z} \subset \mathbb{Q}/\mathbb{Z}$$

以及 $l = 2$ 时的分圆特征

$$\operatorname{Gal}(K^{ab}/K) \overset{(8.12)}{\longrightarrow} \mathbb{Z}_2^\times \cong \mathbb{Z}/2\mathbb{Z} \times \mathbb{Z}_2 \to \mathbb{Z}/2\mathbb{Z} \times \mathbb{Z}/2^m\mathbb{Z} \cong \frac{1}{2}\mathbb{Z}/\mathbb{Z} \times \frac{1}{2^m}\mathbb{Z}/\mathbb{Z} \overset{+}{\to} \mathbb{Q}/\mathbb{Z}$$

(对于 $\mathbb{Z}_l^\times \cong$ 之处, 参看第三章, 而最后的 “+” 为取和的意思) 知, $\operatorname{Gal}(K_v^{ab}/K_v)$ 的像对于所有的素点 v 其阶全为 n_v 的倍数. 因此, 这个分圆特征在 $X(K_v)$ 的像对于所有素点 v 而言, 其阶均为 n_v 的倍数.

在上面的证明过程中使用了 v 为有限素点时在 (8.12) 之下, $\operatorname{Gal}(K_v^{ab}/K_v)$ 的像的阶为无限. 我们现在来证明它.

如果 v 不在 l 之上, 那么 v 在 $K(\zeta_{l^m})$ 中非分歧. 令 v 的剩余域为 $\mathbb{F}_q$, 由于 v 的 Frobenius 置换将 ζ_{l^n} 变为其 q 次幂, 故作为 $\mathrm{Gal}(K_v^{ab}/K_v)$ 的元在 $\mathrm{Gal}(K_v^{ur}/K_v)$ 的像为 Frobenius 置换, 其在 $\mathbb{Z}_l^\times$ 的像为 q, 而 q 的阶非有限.

如果 v 在 l 之上, 由对于 $n \geqslant 1$ 有 $[\mathbb{Q}_l(\zeta_{l^n}):\mathbb{Q}_l] = l^{n-1}(l-1)$, 故当 $n \to \infty$ 时有

$$[K_v(\zeta_{l^n}):K_v] \geqslant [K_v:\mathbb{Q}_l]^{-1}[\mathbb{Q}_l(\zeta_{l^n}):\mathbb{Q}_l] \to \infty.$$

这就证明了 $\mathrm{Gal}(K_v^{ab}/K_v)$ 在 $\mathbb{Z}_l^\times$ 的像非有限. ∎

在证明引理 8.46 之前, 我们对 $N \geqslant 1$ 先定义同态

$$\rho_N, \rho'_N : \mathbb{A}_K^\times \to (\mathbb{Z}/N\mathbb{Z})^\times.$$

首先对于 $a = (a_v)_v \in \mathbb{A}_K^\times$ 令

$$\begin{aligned}\rho_N(a) = \prod_v (\rho_{K_v}(a_v) \in \mathrm{Gal}(K_v^{ab}/K_v)\text{在 } \mathrm{Gal}(K(\zeta_N)/K) \text{ 的像})\\ \in \mathrm{Gal}(K(\zeta_N)/K) \subset (\mathbb{Z}/N\mathbb{Z})^\times.\end{aligned}$$

这里的积 $\prod\limits_v$ 实际上是个有限积. 这是因为, 对于几乎所有的有限素点 v, $a_v \in O_v^\times$ 并且 v 在 $K(\zeta_N)$ 中非分歧的缘故, 从而 $\rho_{K_v}(a_v)$ 在 $\mathrm{Gal}(K_v(\zeta_N)/K_v)$ 中的像为 1. 另外, 单射 $\mathrm{Gal}(K(\zeta_N)/K) \to \mathrm{Gal}(\mathbb{Q}(\zeta_N)/\mathbb{Q}) \cong (\mathbb{Z}/N\mathbb{Z})^\times$ 将 $\mathrm{Gal}(K(\zeta_N)/K)$ 嵌入到 $(\mathbb{Z}/N\mathbb{Z})^\times$ 之中.

再定义 ρ'_N 为复合映射

$$\mathbb{A}_K^\times \to C_K \xrightarrow{N_{K/\mathbb{Q}}} C_{\mathbb{Q}} \to Cl(\mathbb{Q}, N\mathbb{Z}) \cong (\mathbb{Z}/N\mathbb{Z})^\times \text{ (例 6.115)}.$$

引理 8.49 $\rho_N = \rho'_N$. □

利用此引理可证明引理 8.46 如下.

[引理 8.46 的证明] 分圆特征是由对于某个 $N \geqslant 1$ 的同态 $\chi : \mathrm{Gal}(K(\zeta_N)/K) \to \mathbb{Q}/\mathbb{Z}$, 作为复合映射 $\mathrm{Gal}(K^{ab}/K) \to \mathrm{Gal}(K(\zeta_N)/K) \xrightarrow{\chi} \mathbb{Q}/\mathbb{Z}$ (也记作 χ) 导出的. 对于 $a \in K^\times$,

$$\begin{aligned}\sum_v \mathrm{inv}_{K_v}(\chi_{K_v}, a) &= \sum_v \chi(\rho_{K_v}(a) \in \mathrm{Gal}(K_v^{ab}/K_v)\text{在 } \mathrm{Gal}(K(\zeta_N)/K) \text{ 中的像})\\ &= \chi(\rho_N(a)) = \chi(\rho'_N(a)) = 0.\end{aligned}$$

这里倒数第二个等号应用了引理 8.49. ∎

要证明引理 8.49, 只要对于所有的有限素点 v 证明 ρ_N 与 ρ'_N 在 $K_v^\times \subset \mathbb{A}_K^\times$ 上的限制一致就可以了. 现证明下面的引理.

引理 8.50

(1) 如果 v 或为无限素点, 或为有限素点但其下的素数不除尽 N, 则 ρ_N 与 ρ'_N 在 $K_v^\times \subset \mathbb{A}_K^\times$ 上的限制相等.

(2) 对于同态 $\chi: \mathrm{Gal}\,(K(\zeta_N)/K) \to \mathbb{Q}/\mathbb{Z}$, 设对应于 χ 的 K 的循环扩域为 L, 则

$$\chi(\rho_N(N_{L/K}(\mathbb{A}_L^\times))) = \chi(\rho'_N(N_{L/K}(\mathbb{A}_L^\times))) = \{0\}.$$

[证明] (1) 当 v 为复素点时我们有 $\rho_N(K_v^\times) = \rho'_N(K_v^\times) = \{1\}$. 当 v 为实素点时, ρ_N 与 ρ'_N 都将 $K_v^\times = \mathbb{R}^\times$ 的正元映到 1, 负元映到 $-1 \in (\mathbb{Z}/N\mathbb{Z})^\times$, 而当 v 为有限素点而其下的素数不除尽 N 时, 若设 v 的剩余域为 $\mathbb{F}_q$, 则 ρ_N 与 ρ'_N 均将 $O_v^\times$ 映到 1, 而 $K_v^\times$ 的素元映到 $q \in (\mathbb{Z}/N\mathbb{Z})^\times$. 对于 ρ_N 这可由局部类域论得知, 而对于 ρ'_N 则容易验证.

(2) 对于 ρ_N, 该论断由局部类域论得到. 考虑 ρ'_N 的情形. 设 S 为在 K 上分歧的 L 的所有有限素点形成的有限集合. 根据 (1) 知, 成立

$$\chi\left(\rho'_N\left(N_{L/K}\left(\prod_{w\notin S} L_w^\times\right)\right)\right) = \chi\left(\rho_N\left(N_{L/K}\left(\prod_{w\notin S} L_w^\times\right)\right)\right) = \{0\}.$$

另外还有 $\rho'_N(N_{L/K}(L^\times)) \subset \rho'_N(K^\times) = \{0\}$, 而因为 $L^\times \to \prod_{w\in S} L_w^\times$ 的像稠密 (命题 6.79), 由 $\chi \circ \rho'_N \circ N_{L/K}: \mathbb{A}_L^\times \to \mathbb{Q}/\mathbb{Z}$ 的连续性得知, $\chi \circ \rho'_N \circ N_{L/K}$ 也将 $\prod_{w\in S} L_w^\times$ 化零. 因此, $\chi \circ \rho'_N \circ N_{L/K}$ 将整个 $\mathbb{A}_L^\times$ 化零. ∎

[引理 8.49 的证明] 只要证明对于所有的素点 v, ρ_N 和 ρ'_N 在 $K_v^\times$ 的限制相等就足够了, 而根据引理 8.50(1), 只要取 v 为有限素点就行. 因为 $K_v^\times$ 为 K_v 的全体素元生成, 故只要对于 K_v 的所有素点 π 及所有同态 $\chi: \mathrm{Gal}\,(K(\zeta_N)/K) \to \mathbb{Q}/\mathbb{Z}$, 证明 $\chi(\rho_N(\pi)) = \chi(\rho'_N(\pi))$ 成立即可.

设 $\chi(\rho_N(\pi))$ 的阶为 n, 令 $m = q^n - 1$. 因为 q 在 $(\mathbb{Z}/m\mathbb{Z})^\times$ 中的阶为 n, 那么便存在同态 $\psi: (\mathbb{Z}/m\mathbb{Z})^\times \to \mathbb{Q}/\mathbb{Z}$ 使得 $\psi(q) = \chi(\rho_N(\pi))$. 设对应于 $\mathrm{Gal}\,(K(\zeta_{Nm})/K) \subsetneq (\mathbb{Z}/Nm\mathbb{Z})^\times \xrightarrow{\chi-\psi} \mathbb{Q}/\mathbb{Z}$ 的 K 的循环扩域为 L, 并设 w 为在 v 之上的 L 的素点, 由于

$$(\chi-\psi)(\rho_{Nm}(\pi)) = \chi(\rho_N(\pi)) - \psi(\rho_m(\pi)) = \chi(\rho_N(\pi)) - \psi(q) = 0,$$

根据局部类域论有 $\pi \in N_{L_w/K_v}(L_w^\times)$. 于是 $\pi \in N_{L/K}(\mathbb{A}_L^\times)$. 那么根据引理 8.50(2)(以 Nm 代替 N, $\chi-\psi$ 代替 ψ 应用于此), 有 $(\chi-\psi)(\rho'_{Nm}(\pi)) = 0$. 另外因为在 v 之下的素数不除尽 m, 由引理 8.50(1) 得到 $\rho_m(\pi) = \rho'_m(\pi)$. 故而

$$\chi(\rho'_N(\pi)) = \psi(\rho'_m(\pi)) = \psi(\rho_m(\pi)) = \chi(\rho_N(\pi)).$$ ∎

(e) 整体类域论的证明 (1)

设 K 为数域.

在 Hasse 互反律的证明时, 我们使用了在 §8.2(f) 中说明的方法所定义的标准同构

$$\rho_K : C_K \to \mathrm{Gal}\,(K^{ab}/K).$$

但是在 §8.2(f) 对于 ρ_K 定义的说明中, 尽管提出了序列 $0 \to Br(K) \to \bigoplus_v Br(K_v) \to \mathbb{Q}/\mathbb{Z} \to 0$, 但并没有用到这个序列的正合性 (还没有证明, 下一小节将给出其证明). 实际上, Hasse 互反律仅仅使用了 §8.2(f) 中 ρ_K 的定义. 还有, 在那里我们不加证明地叙述了对于 $\chi \in X(K)$ 和 $(a_v)_v \in \mathbb{A}_K^\times$, 几乎所有的素点 v 有 $(\chi_{K_v}, a_v) = 0$ 的断言. 我们现在来给出它的证明: 对于几乎所有的素点 v, $a_v \in O_v^\times$ 且在对应于 χ 的 K 的循环扩域中 v 为非分歧, 故对这样的 v 有 $(\chi_{K_v}, a_v) = 0$ (命题 8.30).

下面是作为类域论主定理的定理 8.4 的 (1), (2) 的证明.

[证明] 在定理 8.4(1) 中对于 ρ_K 与 ρ_{K_v} 之间关系的交换图由定义便可得到.

来证明 ρ_K 的连续性. 只要证明对于 K 的各个有限 Abel 扩域 L, ρ_K 所导出的 $C_K \to \mathrm{Gal}\,(L/K)$ 为连续即可. 根据它与 ρ_{K_v} 的关系, 这个同态将 $N_{L/K}(C_L)$ 映成 $\{1\}$. 如在 (c) 小节所说, $N_{L/K}(C_L)$ 为 C_K 的开子群, 从而知道这个 $C_K \to \mathrm{Gal}\,(L/K)$ 为连续.

另外, 满足定理 8.4(1) 的交换图表的连续同态的唯一性容易得到.

下面, 证明定理 8.4(2), 即证明对于 K 的各个有限 Abel 扩域 L, ρ_K 诱导出同构

$$C_K/N_{L/K}(C_L) \xrightarrow{\cong} \mathrm{Gal}\,(L/K).$$

首先证明 ρ_K 导出的 $C_K/N_{L/K}(C_L) \to \mathrm{Gal}\,(L/K)$ 为满射. 对此, 只要证明当 $\chi \in X(K)$ 对于 K 的所有素点 v 满足 $\chi_{K_v}(\rho_{K_v}(K_v^\times)) = \{0\}$ 时, 有 $\chi = 0$ 即可. 根据局部类域论, 如果 $\chi_{K_v}(\rho_{K_v}(K_v^\times)) = 0$, 则 $\chi_{K_v} = 0$. 因此由 $X(K) \to \prod_v X(K_v)$ 为单射 (定理 8.42) 得到 $\chi = 0$.

其次, 这一满射 $C_K/N_{L/K}(C_L) \to \mathrm{Gal}\,(L/K)$ 为单射由 $\#(C_K/N_{L/K}(C_L)) \leqslant [L : K]$ (定理 8.44) 得到. ∎

(f) 确定数域的 Brauer 群

在这一小节里, 我们将完成关于数域的 Brauer 群的定理 8.26 的证明. 在定理 8.26 的证明中留下未证的是 " 如果 $(\alpha_v)_v \in \bigoplus_v Br(K_v)$ 满足 $\sum_v \mathrm{inv}_{K_v}(\alpha_v) = 0$, 则 $(\alpha_v)_v$ 落在 $Br(K) \to \bigoplus_v Br(K_v)$ 的像中". 下面我们来给出它的证明. 根据引理 8.47, 存在 K 的循环扩域 L, 使得 $(\alpha_v)_v$ 落在 $\bigoplus_v Br(K_v) \to \bigoplus_w Br(L_w)$ (w 遍历 L 的所有素点) 的核中. 考虑下面的交换图表

$$\begin{array}{ccccc}
K^\times/N_{L/K}(L^\times) & \longrightarrow & \mathbb{A}_K^\times/N_{L/K}(\mathbb{A}_L^\times) & \longrightarrow & C_K/N_{L/K}(C_L^\times) \\
\cong\Big\downarrow(\chi,\ ) & & \cong\Big\downarrow(\chi,\ ) & & \cong\Big\downarrow\chi \\
Br(L/K) & \longrightarrow & \bigoplus\limits_v Br(L_{v'}/K_v) & \longrightarrow & \frac{1}{[L:K]}\mathbb{Z}/\mathbb{Z}\,.
\end{array}$$

这里的 v' 表示 v 之上在 L 的素点, 中间那个竖直的映射为 $(a_v)_v \mapsto ((\chi_{K_v}, a_v) \in Br(K_v))_v$, 而右边的竖直映射则为其诱导的映射. 根据循环代数的理论 (命题 8.28(4)), 左边与中间的竖直映射为同构, 又根据在 (e) 小节证过的 $C_K/N_{L/K}(C_L) \overset{\cong}{\to} \mathrm{Gal}\,(L/K)$ 知, 右边的竖直映射为同构. 那么由此图表中, 上面横行为正合列推出下面的横行也为正合列. 因此 $(\alpha_v)_v$ 落在了 $Br(L/K) \to \bigoplus\limits_v Br(L_{v'}/L_v)$ 的像中, 从而落在了 $Br(K) \to \bigoplus\limits_v Br(K_v)$ 的像中. ∎

(g) 整体类域论的证明 (2)

我们来证明 K 为数域时, 作为整体域类域论主定理的定理 8.4 的 (3).

同于在 (b) 小节考虑局部类域论的情形一样, 我们只要能证明下述的论断就可以了, 即令

$$X'(K) = (\text{从 } C_K \text{ 到 } \mathbb{Q}/\mathbb{Z} \text{ 的所有有限阶的连续同态}),$$

则

$$X(K) \overset{\cong}{\to} X'(K):\ \chi \mapsto \chi \circ \rho_K.$$

对于 $X(K) \to X'(K)$ 为单射这一点, 可以由对 K 的各有限 Abel 扩域 L, $C_K \to \mathrm{Gal}\,(L/K)$ 为满射得到.

现证明满射. 设 $\chi \in X'(K)$, 要证明 χ 落在 $X(K) \to X'(K)$ 的像中. 当 χ 的阶为 n 时, 如果 K 包含了 n 次单位根, 那么根据下面的引理 8.51(1) 可知 χ 落在 $X(K) \to X'(K)$ 的像中. 至于一般情形则由下面的引理 8.51(2) 归结到 $\zeta_n \in K$ 的情形.

引理 8.51 设 K 为数域.

(1) 设 $n \geqslant 1$, 令 $X_n(K) = \{\chi \in X(K) \mid n\chi = 0\}$, $X'_n(K) = \{\chi \in X'(K) \mid n\chi = 0\}$. 若 K 包含 n 次本原单位根, 则

$$X_n(K) \overset{\cong}{\to} X'_n(K) : \chi \to \chi \circ \rho_K.$$

(2) 设 L 为 K 的有限 Abel 扩域, $\chi \in X'(K)$. 如果 $\chi \circ N_{L/K} \in X'(L)$ 落在 $X(L) \to X'(L)$ 的像中, 则 χ 在 $X(K) \to X'(K)$ 的像中.

[(1)的证明] 设 S 为 K 的素点的有限集合, 并且其包含了所有的无限素点. 令

$X_{n,S}(K)=\{\chi\in X_n(K)\mid$ 如果 v 为 K 的素点且 $v\notin S$, 则 v 在 χ 所对应的 K 的循环扩域中非分歧$\}$

$X'_{n,S}(K)=\{\chi\in X'_n(K)\mid$ 如果 v 为 K 的素点且 $v\notin S$, 则 $\chi(O_v^\times)=\{1\}\}$.

于是 $X_n(K)\to X'_n(K)$ 将 $X_{n,S}(K)$ 带到了 $X'_{n,S}(K)$. 因为

$$X_n(K)=\bigcup_S X_{n,S}(K),\ X'_n(K)=\bigcup_S X'_{n,S}(K),$$

故只要证明当 S 充分大时,$X_{n,S}(K)\xrightarrow{\cong}X'_{n,S}(K)$ 成立即可. 取 S 充分大, 使得 S 包含了 O_K 中能除尽 (n) 的所有素理想, 并且使得属于 S 的有限素点在 $Cl(K)$ 中的类 (属于 S 的素理想类) 生成 $Cl(K)$. 在这种情形下, 我们来证明 $X_{n'S}(K)\xrightarrow{\cong}X'_{n,s}(K)$ 成立.

证明的方法是, 考虑单射的序列

$$O_S^\times/(O_S^\times)^n\to X_{n,S}(K)\to X'_{n,S}(K),$$

进一步证明 $O_S^\times/(O_S^\times)^n$ 与 $X'_{n,S}(K)$ 为阶数相等的有限群, 从而得到 $X_{n,S}(K)\xrightarrow{\cong}X'_{n,S}(K)$. 这里的 $O_S^\times/(O_S^\times)^n\to X_{n,S}(K)$ 是由在 (b) 小节定义过的单射 $K^\times/(K^\times)^n\to X_n(K)$ 所诱导的同态, 这是一个单射 (因为 $(O_S^\times\cap(K^\times)^n=(O_S^\times)^n$ 故 $O_S^\times/(O_S^\times)^n\to K^\times/(K^\times)^n$ 为单射).

如果能证明下面的引理, 则 $X_{n,S}(K)\xrightarrow{\cong}X'_{n,s}(K)$ 便得到证明. ∎

引理 8.52 当 K, n, S 如上所设时, 有

$$\#(O_S^\times/(O_S^\times)^n)=\#(X'_{n,S}(K))=n^{\#(S)}.$$

[证明] 先考虑 $\#(O_S^\times/(O_S^\times)^n)$. 根据推广的 Dirichlet 单位定理, 即定理 6.86, 我们有

$$O_S^\times\cong\mathbb{Z}^{\oplus(\#(S)-1)}\oplus W. \tag{8.13}$$

其中, W 为所有属于 K 的单位根构成的有限群. W 是个循环群. 由于 $\zeta_n\in K$, 故 W 的阶为 n 的倍数, 从而 $W/W^n\cong\mathbb{Z}/n\mathbb{Z}$. 因此按照 (8.13) 知 $O_S^\times/(O_S^\times)^n\cong(\mathbb{Z}/n\mathbb{Z})^{\oplus\#(S)}$, 于是得到 $\#(O_S^\times/(O_S^\times)^n)=n^{\#(S)}$.

再考虑 $\#(X'_{n,S}(K))$. 我们有

$$X'_{n,S}(K)=\mathrm{Hom}_{连续}\left(C_K\Big/\left(\prod_{v\notin S}O_v^\times\text{的像}\right),\frac{1}{n}\mathbb{Z}/\mathbb{Z}\right).$$

可以证明由自然映射给出了同构

$$\left(\prod_{v\in S}K_v^\times\right)/O_S^\times \xrightarrow{\cong} C_K/\left(\prod_{v\notin S}O_v^\times\text{的像}\right). \tag{8.14}$$

事实上容易知道这是个单射. 至于满射, 则由 (8.14) 映射的余核 $\cong \mathrm{Coker}\left(\prod_{v\in S}K_v^\times \to Cl(K)\right)=\{0\}$ (由 S 的选取方式得到) 得知. 因此

$$X'_{n,S}(K)\cong \mathrm{Hom}\left(\left(\prod_{v\in S}K_v^\times/(K_v^\times)^n\right)\Big/(O_S^\times/(O_S^\times)^n\text{的像}),\frac{1}{n}\mathbb{Z}/\mathbb{Z}\right).$$

因为有限 Abel 群与其特征群的阶相等, 故

$$\#(X'_{n,S}(K))=\#\left(\left(\prod_{v\in S}K_v^\times/(K_v^\times)^n\right)\Big/(O_S^\times/(O_S^\times)^n\text{的像})\right).$$

那么如果下面的引理 8.53 得证, 则就得到了

$$\begin{aligned}\#(X'_{n,S}(K))&=\#\left(\prod_{v\in S}K_v^\times/(K_v^\times)^n\right)\{\#(O_S^\times/(O_S^\times)^n)\}^{-1}\\&=n^{2\#(S)}\cdot n^{-\#(S)}=n^{\#(S)}.\end{aligned}$$

∎

引理 8.53 当 K, n, S 如上所设时,

(1) $(O_S^\times/(O_S^\times)^n\to\prod_{v\in S}K_v^\times/(K_v^\times)^n$ 为单射.

(2) $\#\left(\prod_{v\in S}K_v^\times/(K_v^\times)^n\right)=n^{2\#(S)}$.

[证明] (1) 考虑下面的交换图表

$$\begin{array}{ccccc}(O_S^\times/(O_S^\times)^n & \longrightarrow & X_{n,S}(K) & \longrightarrow & X'_{n,S}(K)\\ \downarrow & & \downarrow & & \downarrow\\ \prod_{v\in S}K_v^\times/(K_v^\times)^n & \longrightarrow & \prod_{v\in S}X_n(K_v) & \longrightarrow & \prod_{v\in S}X'_n(K_v).\end{array}$$

上面一行的横向映射全为单射, 右边竖直映射由 (8.14) 知为单射. 那么由图表得到左边的竖直映射 $O_S^\times/(O_S^\times)^n\to\prod_{v\in S}K_v^\times/(K_v^\times)^n$ 为单射.

(2) 对于各个 $v\in S$, 我们来证明

$$\#(K_v^\times/(K_v^\times)^n)=n^2|n|_{K_v}^{-1}. \tag{8.15}$$

如果证明了它, 由于若 $v \notin S$ 有 $|n|_{K_v} = 1$, 故根据积公式 $\prod\limits_{v\in S}|n|_{K_v} = 1$ 得到 $\prod\limits_{v\in S}|n|_{K_v} = 1$, 从而得到

$$\#\left(\prod_{v\in S} K_v^\times/(K_v^\times)^n\right) = \prod_{v\in S}(n^2|n|_{K_v}^{-1}) = n^{2\#(S)}\cdot\prod_{v\in S}|N|_{K_v}^{-1} = n^{2\#(S)}.$$

(8.15) 的证明如次. 如果 v 为复素点, 则 $K_v^\times/(K_v^\times)^n = \{1\}$, 故 $n^2|n|_{K_v}^{-1} = 1$. 如果 v 为实素点, 由于 $\zeta_n \in K$, 故 n 或为 1 或为 2, 如果 $n = 1$, (8.15) 显然成立, 如果 $n = 2$, 则 $\#(K_v^\times/(K_v^\times)^n) = 2 = 2^2|2|_{\mathbb{R}}^{-1}$. 最后, 设 v 为有限素点. 一般地, 设 A 为 Abel 群时, n 倍映射 $n : A \to A$ 的核、余核为有限时, 令

$$\theta_n(A) = \#(\mathrm{Coker}(n : A \to A))\cdot\#(\mathrm{Ker}(n : A \to A))^{-1},$$

并说 "$\theta_n(A)$ 可定义". 那么, 如果 A 为有限, 则 $\theta_n(A)$ 有定义且 $\theta_n(A) = 1$, 如果 B 为 A 的子群且 $\theta_n(B)$ 和 $\theta_n(A/B)$ 有定义, 则 $\theta_n(A)$ 也有定义, 且 $\theta_n(A) = \theta_n(B)\cdot\theta_n(A/B)$. 现在取 $a \in K_v^\times$ 使得 $|a|_{K_v}$ 充分靠近 0, 定义

$$O_v \to O_v^\times : x \mapsto \exp(ax),$$

这是个单射且余核为有限. 因为 $\theta_n(O_v) = \#(O_v/nO_v) = |n|_{K_v}^{-1}$, 故

$$\theta_n(O_v^\times) = \theta_n(O_v)\cdot\theta_n(O_v^\times/\exp(aO_v)) = \theta_n(O_v) = |n|_{K_v}^{-1}.$$

于是, $\theta_n(K_v^\times) = \theta_n(O_v^\times)\theta_n(K_v^\times/O_v^\times) = \theta_n(O_v^\times)\theta_n(\mathbb{Z}) = |n|_{K_v}^{-1}\cdot n$. 因为 K_v 包含了 n 次本原单位根, 故 $K_v^\times \to K_v^\times : x \mapsto x^n$ 的核的阶为 n, 于是,

$$\#(K_v^\times/(K_v^\times)^n) = \theta_n(K_v^\times)\cdot n = |n|_{K_v}^{-1}\cdot n^2.$$ ∎

[引理 8.51(2) 的证明] 对于数域 K 的有限扩域 L, 图表

$$\begin{array}{ccc} C_L & \xrightarrow{\rho_L} & \mathrm{Gal}(L^{ab}/L) \\ {\scriptstyle N_{L/K}}\downarrow & & \downarrow \\ C_K & \xrightarrow{\rho_K} & \mathrm{Gal}(K^{ab}/K) \end{array}$$

的交换性可由其 "局部版本" 的命题 8.39 得到. 用命题 8.39 去证明命题 8.38(2) 完全一样的论述, 按照此交换图表就得到了引理 8.51(2) 的证明. ∎

小结

8.1 域 K 的所有有限 Abel 扩域之并构成的域 K^{ab} 的 Galois 群 $\mathrm{Gal}(K^{ab}/K)$ 是一个满载了 K 的 Abel 扩域信息的重要群. 当 K 为局部域时, $\mathrm{Gal}(K^{ab}/K)$ 与乘

法群 $K^{\times}$ 大体上同构, 而 K 为整体域时, $\mathrm{Gal}(K^{ab}/K)$ 则与伊代尔类群 C_K 大体同构. 这便是类域论的主要内容. 关于类域论的更为具体的意义请见正文.

8.2 域 K 的 Brauer 群 $Br(K)$ 是具有中心 K 的 K 上所有有限维可除代数同构类的集合, 并在其中引进了 Abel 群结构. 对于局部域的 Brauer 群, 有 $Br(\mathbb{R}) \cong \frac{1}{2}\mathbb{Z}/\mathbb{Z}$, $Br(\mathbb{C}) = \{0\}$, 如果 K 为以有限域为剩余域的完备离散赋值域, 则成立 $Br(K) \cong \mathbb{Q}/\mathbb{Z}$. 至于整体域 K 的 Brauer 群, 我们将 K 的所有局部域的 Brauer 群作直和汇集在一起, 那么, 由它们的直和到 $\mathbb{Q}/\mathbb{Z}$ 的标准同态的核便与 $Br(K)$ 同构.

8.3 上述 8.1 的类域论与 8.2 所叙述的 Brauer 群的理论有着密切的联系. Brauer 群的理论还与二次曲线、Hilbert 符号紧密相关.

8.4 在数的世界里存在这样的理论实在是奇妙.

习题

8.1 设 $p_1, \cdots, p_n$ 为除以 4 余 1 的相异素数, 并令 $m = -p_1 \cdots p_n$, $K = \mathbb{Q}(\sqrt{m})$.

(1) 证明 $K(\sqrt{p_1}, \cdots, \sqrt{p_n})$ 为 K 的非分歧扩域.

(2) 利用 (1) 及类域论证明 K 的类数除尽 2^n.

8.2 设 $K = \mathbb{Q}(\sqrt{3})$. 利用 K 的类数为 1 证明 $K(O_K) = K(\sqrt{-1})$. 再由此证明, 对于素数 $p \neq 2, 3$

$$\text{存在整数 } x, y \text{ 使得 } x^2 - 3y^2 = p \Longleftrightarrow p \equiv 1 \mod 12.$$

8.3 设 $p_1, p_2, \cdots$ 为相异的奇素数. 取整数 $a_1, a_2, \cdots$, 使得 $a_i \bmod p_i$ 不是 $\mathbb{F}_{p_i}$ 的平方元, 且对于 $1 \leqslant j < i$ 有 $a_i \equiv 1 \mod p_j$ (由中国剩余定理, 存在这样的 $a_1, a_2, \cdots$). 在此情形下, 证明每个四元数代数 $A(p_i, a_i, \mathbb{Q})$ 都是可除代数, 并且两两互不同构.

附录 A　Dedekind 环汇编

在此附录中汇集了我们在正文里用到的有关 Dedekind 环的基本事项. 下面所说的环都是指交换环.

§A.1　Dedekind 环的定义

称环 A 为 Dedekind 环是说 A 满足下面的条件 (1)—(3).

(1) A 为 Noether 环.

(2) A 为整闭整环.

(3) 除 0 以外的 A 的素理想 (ideal) 均为极大理想.

这里我们来解释一下所用术语的意思. A 为 **Noether 环**是说 A 满足下述条件 (1).

(1) A 的任意理想均为有限生成.

这个条件与下述 (2)—(4) 中任一个均等价.

(2) 设 $\boldsymbol{a}_1 \subset \boldsymbol{a}_2 \subset \boldsymbol{a}_3 \subset \cdots$ 为 A 的理想的递增序列, 则存在 N 使得 $\boldsymbol{a}_N = \boldsymbol{a}_{N+1} = \boldsymbol{a}_{N+2} = \cdots$.

(3) 设 Ψ 为 A 的理想组成的非空集合, 则存在属于 Ψ 的 $\boldsymbol{a}$ 满足条件 "如果 $\boldsymbol{b} \in \Psi$ 且 $\boldsymbol{b} \supset \boldsymbol{a}$ 则 $\boldsymbol{b} = \boldsymbol{a}$".

(4) 有限生成 A 模的子模也是有限生成的.

称 A 为**整环**是说 A 为非零环, 而且满足条件

$$\text{对于 } a, b \in A, \text{ 若 } ab = 0 \text{ 则或 } a = 0 \text{ 或 } b = 0.$$

当 A 为环 B 的子环时, 称 B 的元 x 在 A 上整是说 x 满足某个 A 系数方程

$$x^n + a_1x^{n-1} + \cdots + a_n = 0 \quad (a_i \in A,\ n\text{为自然数}).$$

环 B 中所有在 A 上整的元全体 $\{x \in B \mid x\text{在 } A \text{ 上整}\}$ 构成了 B 的子环, 称之为 A 在 B 中的**整闭包**. 当 A 为整环时, A 在 A 的分式域中的整闭包被简单地称为 A 的整闭包, 当 A 与 A 的整闭包相同时, 则说 A 为**整闭**.

称环 A 的理想 $\boldsymbol{a}$ 为**素理想**是说, 剩余环 $A/\boldsymbol{a}$ 为整环. 这个条件等价于满足下面的条件 (1), (2).

(1) 若 $ab \in \boldsymbol{a}$, 则或 $a \in \boldsymbol{a}$ 或 $b \in \boldsymbol{a}$.

(2) $1 \notin \boldsymbol{a}$.

称 A 的理想 $\boldsymbol{a}$ 为极大是说剩余环 $A/\boldsymbol{a}$ 为域. 这个条件等价于满足下面的条件 (1),(2).

(1) 包含 $\boldsymbol{a}$ 的 A 的理想只有 A 或是 $\boldsymbol{a}$ 自己.

(2) $1 \notin \boldsymbol{a}$.

极大理想是素理想, 反过来不成立, 例如 $\mathbb{Z}$ 的素理想 0.

例 A.1 (Dedekind 环)

(1) 主理想环 (参看例 4.4) 为 Dedekind 环.

(2) 设 A 为 Dedekind 环, K 为其分式域, L 为 K 的有限扩域, 当 B 为 A 在 L 的整闭包时, B 也为 Dedekind 环. □

§A.2 分式理想

设 A 为整环. A 的**分式理想**是指 A 的分式域 K 的非零的有限生成的 A 子模. 对于 K 的非零元 $a \in K^\times$, $(a) = \{ab \mid b \in A\} \subset K$ 为 A 的分式理想, 称这样的为**主分式理想**.

对于 A 的分式理想 $\boldsymbol{a}$, $\boldsymbol{b}$, 其积 $\boldsymbol{a} \cdot \boldsymbol{b}$ 为 $a \cdot b (a \in \boldsymbol{a}, b \in \boldsymbol{b})$ 生成的 K 的 A 子模. 对于分式理想 $\boldsymbol{a}$, 当存在分式理想 $\boldsymbol{b}$ 使得 $\boldsymbol{a} \cdot \boldsymbol{b} = A$, 则称 $\boldsymbol{a}$ 为可逆的. 因为 $(a) \cdot (a^{-1}) = A$, 故主分式理想是可逆的.

A 的可逆分式理想全体 $D(A)$ 关于积形成一个交换群. 单位元为 A, $\boldsymbol{a} \in D(A)$ 的逆元由 $\boldsymbol{a}^{-1} = \{b \in K \mid b\boldsymbol{a} \subset A\}$ 给出. 映射 $K^\times \to D(A)$: $a \mapsto (a)$ 是个群同态, 其核为 $A^\times$.

定理 A.2. 设 A 为 Dedekind 环, S_A 为 A 的所有非零素理想的集合. 此时,

(1) A 的任意分式理想均可逆.

(2) 设 $\mathbb{Z}^{(S_A)}$ 为以 S_A 为基底的自由 Abel 群. 那么, 标准映射

$$\mathbb{Z}^{(S_A)} \to D(A) : (e_{\boldsymbol{p}})_{\boldsymbol{p} \in S_A} \mapsto \prod_{\boldsymbol{p} \in S_A} \boldsymbol{p}^{e_{\boldsymbol{p}}}$$

为 Abel 群同态.

(3) 对于 $\boldsymbol{a}=\prod \boldsymbol{p}^{e_{\boldsymbol{p}}}$, $\boldsymbol{b}=\prod \boldsymbol{p}^{e'_{\boldsymbol{p}}}$, $\boldsymbol{a}\subset\boldsymbol{b}$ 等价于对任意 $\boldsymbol{p}$ 有 $e_{\boldsymbol{p}}\geqslant e'_{\boldsymbol{p}}$. □

对于 Dedekind 环 A, 称标准映射 $K^\times\to D(A)$ 的余核为 A 的**理想类群**, 记为 $Cl(A)$. $Cl(A)=\{$分式理想$\}/\{$主分式理想$\}$. A 为主理想整环等价于 $Cl(A)=0$.

附录 B　Galois 理论

在此附录中汇集了在正文中所使用的 Galois 理论、无限 Galois 理论以及与其相关的事实.

§B.1　Galois 理论

设 K 为域, L 为 K 的有限扩域.

我们记 L 在 K 上的所有自同构 (即域的同构 $L \xrightarrow{\cong} L$, 且使得 K 的元不变) 以映射的复合为乘积形成的群为 $\mathrm{Aut}_K(L)$.

一般地, $\#(\mathrm{Aut}_K(L))$ ($\mathrm{Aut}_K(L)$ 的元的个数) $\leqslant [L:K]$. 当这里的等号成立时, 称 L 为 K 的 **Galois 扩张** (Galois extension), 而称 $\mathrm{Aut}_K(L)$ 为 L 在 K 上的 **Galois 群** (Galois group), 并记为 $\mathrm{Gal}(L/K)$.

例 B.1　设 $K=\mathbb{R}$, $L=\mathbb{C}$, 则 $[L:K]=2$, $\mathrm{Aut}_K(L)=\{\sigma_1,\sigma_2\}$, 其中 σ_1 为恒同映射, σ_2 为复共轭映射. 从而 $\mathbb{C}$ 是 $\mathbb{R}$ 的 Galois 扩域, 而 $\mathrm{Gal}(\mathbb{C}/\mathbb{R})\cong\mathbb{Z}/2\mathbb{Z}$.　□

例 B.2　设 $K=\mathbb{Q}$, $L=\mathbb{Q}(\sqrt{2},\sqrt{3})$, 因 $[L:K]=4$, $\mathrm{Aut}_K(L)=\{\sigma_1,\sigma_2,\sigma_3,\sigma_4\}$, 其中 σ_1 为恒同映射, $\sigma_2,\sigma_3,\sigma_4$ 是由下列性质决定的 L 在 K 上的自同构.

$$\begin{aligned}
&\sigma_2(\sqrt{2})=\sqrt{2}, &&\sigma_2(\sqrt{3})=-\sqrt{3},\\
&\sigma_3(\sqrt{2})=-\sqrt{2}, &&\sigma_3(\sqrt{3})=\sqrt{3},\\
&\sigma_4(\sqrt{2})=-\sqrt{2}, &&\sigma_4(\sqrt{3})=-\sqrt{3}.
\end{aligned}$$

L 是 K 的 Galois 扩域, 而 Galois 群的群结构由

$$\sigma_2^2=\sigma_3^2=\sigma_4^2=\sigma_1=1,\quad \sigma_4=\sigma_2\sigma_3=\sigma_3\sigma_2$$

给出, 而 $\mathrm{Gal}(L/K) \cong \mathbb{Z}/2/\mathbb{Z} \times \mathbb{Z}/2\mathbb{Z}$. □

下面的定理 B.3 是 Galois 理论的主定理, 它的意义可理解为, 当 L 为 K 的 Galois 扩域时, 将存在哪些满足 $K \subset M \subset L$ 的域 M 的问题 (一个困难的问题) 转换为去观察 Galois 群 $\mathrm{Gal}(L/K)$ (一个比较简单的对象).

定理 B.3 设 L 为域 K 的有限 Galois 扩域, 并令 $G = \mathrm{Gal}(L/K)$. 这时两个集合之间的满单射

$$\{\text{使 } K \subset M \subset L \text{ 的域 } M\} \underset{1:1}{\longleftrightarrow} \{G\text{的子群}H\}$$

由 $M \mapsto H$ 给出, 其中

$$H = \{\sigma \in G \mid \text{对所有的 } x \in M \text{ 使得 } \sigma(x) = x\},$$
$$M = \{x \in L \mid \text{对所有的 } \sigma \in H \text{ 使得 } \sigma(x) = x\}.$$

另外对于这个对应关系成立下面的 (1)—(4).

(1) 当 $M \leftrightarrow H$, $M' \leftrightarrow H'$ 时, $M \subset M'$ 等价于 $H \supset H'$.

(2) 当 $M \leftrightarrow H$ 时, $[M:K] = [G:H]$, $[L:M] = \#(H)$.

(3) 当 $M \leftrightarrow H$ 时, L 是 M 的 Galois 扩域且 H 与 $\mathrm{Gal}(L/M)$ 可视作相同.

(4) 当 $M \leftrightarrow H$ 时, M 为 K 的 Galois 扩域, 与 $\mathrm{Gal}(L/K)$ 的元将 M 映到 M, 以及 H 为 G 的正规子群, 这三个论断等价. 当 H 为正规子群时, 商群 G/H 与 $\mathrm{Gal}(M/K)$ 可视为相同.

$$G/H \overset{\cong}{\to} \mathrm{Gal}(M/K): \ G\text{的元 } \sigma \text{ 的类} \mapsto \sigma\text{在 } M \text{ 上的限制}. \qquad \square$$

例 B.4 在 $K = \mathbb{R}$, $L = \mathbb{C}$ 时, 定理 B.3 的对应 $M \leftrightarrow H$ 为

$$\mathbb{C} \leftrightarrow \{\sigma_1\}, \ \mathbb{R} \leftrightarrow \{\sigma_1, \sigma_2\}. \qquad \square$$

例 B.5 在 $K = \mathbb{Q}$, $L = (\sqrt{2}, \sqrt{3})$ 时, 定理 B.3 的对应 $M \leftrightarrow H$ 为

$$\mathbb{Q}(\sqrt{2}, \sqrt{3}) \leftrightarrow \{\sigma_1\}, \quad \mathbb{Q}(\sqrt{2}) \leftrightarrow \{\sigma_1, \sigma_2\}, \quad \mathbb{Q}(\sqrt{3}) \leftrightarrow \{\sigma_1, \sigma_3\},$$
$$\mathbb{Q}(\sqrt{6}) \leftrightarrow \{\sigma_1, \sigma_4\}, \quad \mathbb{Q} \leftrightarrow \{\sigma_1, \sigma_2, \sigma_3, \sigma_4\}. \qquad \square$$

这样 Galois 理论以 Galois 群的威力把中间域 (满足 $K \subset M \subset L$ 的 M) 凸现出来.

§B.2 正规扩张与可分扩张

对域 K 的有限扩域 L 是否是 Galois 扩域进行判断, 与其考察 $\#(\mathrm{Aut}_K(L))$ 还不如使用判别法

$$L \text{ 为 } K \text{ 的 Galois 扩域} \Leftrightarrow L \text{ 为 } K \text{ 的正规扩域并且是 } K \text{ 的可分扩张}$$

来得更实用. 我们来对 "正规扩张"、"可分扩张" 作个归纳.

特征为 0 的域的有限次扩张必定是可分扩张, 因而如果 K 为特征 0 的域, 则有

$$L \text{ 为 } K \text{ 的 Galois 扩张} \Leftrightarrow L \text{ 为 } K \text{ 的正规扩张}.$$

下面我们取 Ω 为包含 L 的代数闭域.

定义 B.6 设 α 为 L 的元, $f(T)$ 为满足 $f(\alpha)=0$ 的 K 系数不可约多项式. (我们知道, 除去 $f(T)$ 的常数倍外它被唯一决定.) 称使得 $f(\beta)=0$ 的元 $\beta \in \Omega$ 为 α 在 K 上的**共轭元** (conjugate). 也就是说, 在 Ω 中做因式分解时, $f(T)=c(T-\alpha_1)\cdots(T-\alpha_n)$ $(c\neq 0)$ 时, $\alpha_1,\cdots,\alpha_n$ 是 α 在 K 上的全部共轭元. □

定义 B.7 称 L 是 K 的**正规扩张** (normal extension) 是说, 对于所有 $\alpha\in L$, α 在 K 上的共轭元全都属于 L. □

实际上要对所有 $\alpha\in L$ 弄清这个条件是件困难的事, 但当把 L 写成 $K(\beta_1,\cdots,\beta_m)$ $(\beta_1,\cdots,\beta_m\in L)$ 时, 如果对于 $1\leqslant i\leqslant m$ 知 β_i 在 K 上的所有共轭元属于 L, 那么, L 便是 K 的正规扩域.

例 B.8 设 $K=\mathbb{Q}$, $L=\mathbb{Q}(\sqrt[3]{2})$, $\alpha=\sqrt[3]{2}$, 于是 $f(T)=T^3-2$, $\sqrt[3]{2}$ 在 K 上的共轭元为 $\sqrt[3]{2}$, $\sqrt[3]{2}\zeta_3$, $\sqrt[3]{2}\zeta_3^2$ (ζ_3 为三次本原单位根). 由于 $\sqrt[3]{2}\zeta_3\notin L$, 故 L 不是 K 的正规扩域. 在这个情形中, $[L:K]=3$ 而 $\mathrm{Aut}_K(L)=\{1\}$, 然而 $\mathbb{Q}(\sqrt[3]{2},\zeta_3)$ 包含了 $\sqrt[3]{2}$ 在 $\mathbb{Q}$ 上所有的共轭元 $\sqrt[3]{2}\zeta_3^i$ $(i=0,1,2)$ 以及 ζ_3 在 $\mathbb{Q}$ 上的所有共轭元 $\zeta_3^{\pm 1}$, 故 $\mathbb{Q}$ 为正规扩域, 那么, 按照前面所说的判别法知其为 $\mathbb{Q}$ 的 Galois 扩域. □

定义 B.9 称 L 的元 α 在 K 上可分是说, 当 $f(T),\alpha_1,\cdots,\alpha_n$ 如定义 B.6 一样地定义时, $f(T)$ 没有重根, 就是说 $\alpha_1,\cdots,\alpha_n$ 互不相同. 成立下面的等价关系:

$$\alpha\text{在 } K \text{ 上可分} \Leftrightarrow f'(T)\neq 0 \Leftrightarrow f'(\alpha)\neq 0.$$

称 L 为 K 的**可分扩张** (separable extension) 是说 L 的所有元在 K 上可分. □

实际上要对 L 的所有元弄清这个条件是件困难的事, 但当 L 写成 $K(\beta_1,\cdots,\beta_m)$ 时, 如果 $\beta_1,\cdots,\beta_m$ 在 K 上为可分的话, 那么 L 便是 K 的可分扩域了.

例 B.10 非可分扩张的例子出现在特征非 0 的以下情形. 设 $K=\mathbb{F}_p(x)$ (p 为素数, x 为不定元), $L=\mathbb{F}_p(x^{1/p})$, $\alpha=x^{1/p}$. 于是 $f(T)=T^p-x$, $f(T)$ 在 Ω 中被分解为 $f(T)=(T-\alpha)^p$, 具有重根. 因此 α 在 K 上不是可分的, 从而 L 不是 K 的可分扩域. 再者, $f'(T)=pT^{p-1}=0$ (因为在 K 中 $p=0$). 此时, $[L:K]=p$ 而

$\mathrm{Aut}_K(L)=\{1\}$. □

对于可分扩张, 正规扩张成立下面的命题.

命题 B.11　如果 L 为 K 的可分扩张, 则存在 $\alpha\in L$ 使得 $L=K(\alpha)$. □

命题 B.12

(1) 一般地, 从 L 到 Ω 的 K 上的域同态的个数小于或等于 $[L:K]$.

(2) L 为 K 的可分扩域等价于存在由 L 到 Ω 的 K 上的域同态的个数为 $[L:K]$.

(3) L 为 K 的正规扩域等价于对从 L 到 Ω 的所有 K 上的域同态 σ 成立 $\sigma(L)=L$. □

由此命题便得到了前面所叙述的 "Galois 扩张 ⇔ 正规扩张且可分扩张".

例 B.13　当 $K=\mathbb{Q}$, $L=\mathbb{Q}(\sqrt[3]{2})$ 时, 由 L 到 Ω 的 K 上的域同态有 $[L:K]=3$ 个, 它们是将 $\sqrt[3]{2}$ 分别映到 $\sqrt[3]{2}$, $\sqrt[3]{2}\zeta_3$, $\sqrt[3]{2}\zeta_3^2$. □

命题 B.14　如果 L 为 K 的可分扩域, 则存在包含 L 的 K 的有限 Galois 扩域. 当 $L=K(\beta_1,\cdots,\beta_m)$ 时, 那么添加 β_i $(1\leqslant i\leqslant m)$ 的所有 K 上的共轭元所得到的域便是包含 L 的 K 的有限 Galois 扩域. □

§B.3　范与迹

当 L 为 K 的有限扩域时, 可以分别定义从 L 到 K 的范 (norm) 和迹 (trace) 映射 $N_{L/K}$ 和 $\mathrm{Tr}_{L/K}$.

设 $\alpha\in L$, α 倍映射 $L\to L: x\mapsto\alpha x$ 是 K 线性映射. 分别定义 $N_{L/K}(\alpha)$ 和 $\mathrm{Tr}_{L/K}$ 为这个 K 线性映射的行列式和迹. 如下断言成立.

命题 B.15

(1) 对于 $\alpha,\beta\in L$

$$N_{L/K}(\alpha\beta)=N_{L/K}(\alpha)\cdot N_{L/K}(\beta),\quad \mathrm{Tr}_{L/K}(\alpha+\beta)=\mathrm{Tr}_{L/K}(\alpha)+\mathrm{Tr}_{L/K}(\beta).$$

(2) 令 $n=[L:K]$, 如果 $\alpha\in K$, 则

$$N_{L/K}(\alpha)=\alpha^n,\quad \mathrm{Tr}_{L/K}(\alpha)=n\alpha.$$

(3) 如果 L 为 K 的 Galois 扩域, 令 $G=\mathrm{Gal}(L/K)$, 则

$$N_{L/K}(\alpha)=\prod_{\sigma\in G}\sigma(\alpha),\quad \mathrm{Tr}_{L/K}(\alpha)=\sum_{\sigma\in G}\sigma(\alpha).$$

(4) 设 L 为 K 的可分扩域, Ω 为包含 K 的代数闭域, 并设 $\sigma_1,\cdots,\sigma_n$ $(n=[L:K])$ 为 L 到 Ω 的在 K 上的全部域同态 (B.12(2)), 则

$$N_{L/K}(\alpha)=\prod_{i=1}^{n}\sigma_i(\alpha),\ \mathrm{Tr}_{L/K}(\alpha)=\sum_{i=1}^{n}\sigma_i(\alpha).$$ □

例如当 $K=\mathbb{Q}$, $L=\mathbb{Q}(\sqrt{2})$ 时, 根据 (3) 知, 对于 $x,y\in\mathbb{Q}$ 有

$$N_{L/K}(x+y\sqrt{2})=(x+y\sqrt{2})(x-y\sqrt{2})=x^2-2y^2,$$
$$\mathrm{Tr}_{L/K}(x+y\sqrt{2})=(x+y\sqrt{2})+(x-y\sqrt{2})=2x.$$

由迹映射可以给出可分扩域的特性.

命题 B.16　以下的 (i), (ii), (iii) 等价.

(i) L 为 K 的可分扩域.

(ii) 存在 $\alpha\in L$ 使得 $\mathrm{Tr}_{L/K}(\alpha)\neq 0$

(iii) $L\overset{\cong}{\to}\mathrm{Hom}_K(L,K):\alpha\mapsto(x\mapsto\mathrm{Tr}_{L/K}(\alpha x))$.

其中 $\mathrm{Hom}_K(L,K)$ 表示从 L 到 K 的所有 K 线性映射的集合. □

推论 B.17　设 L 为 K 的可分扩域, $\alpha_1,\cdots,\alpha_n$ 为 L 作为 K 线性空间时的基底, 则存在 L 的元 $\alpha_1^*,\cdots,\alpha_n^*$, 满足

$$\mathrm{Tr}_{L/K}(\alpha_i\alpha_j^*)=\begin{cases}1 & i=j\\ 0 & i\neq j.\end{cases}$$ □

实际上, 取满足 $h_j(\alpha_j)=1$, $h_j(\alpha_k)=0$ $(k\neq j)$ 的元 $h_j\in\mathrm{Hom}_K(L,K)$, 那么, 由上面 (iii) 的同构给出 h_j 的逆像便是 $\alpha_j^*\in L$.

§B.4　有限域

汇集一下有关有限域的内容. 设 K 为有限域, 则 K 的阶数是某个素数的幂. 反过来, 对于素数幂的自然数 q, 除去同构以外, 存在唯一的阶数为 q 的有限域. 记此有限域为 $\mathbb{F}_q$.

设 p 为素数, Ω 为包含 $\mathbb{F}_p=\mathbb{Z}/p\mathbb{Z}$ 的代数闭域, 对于 $q=p^m$ $(m\geqslant 1)$ 可以由

$$\mathbb{F}_q=\{x\in\Omega\mid x^q=x\}$$

得到 $\mathbb{F}_q$.

乘群 $\mathbb{F}_q^\times=\{x\in\Omega\mid x^{q-1}=1\}$ 是 $q-1$ 阶的循环群.

对于 $n\geqslant 1$, 由

$$\mathbb{F}_{q^n}=\{x\in\Omega|x^{q^n}=x\}$$

给出 $\mathbb{F}_q$ 的所有有限扩张. $\mathbb{F}_{q^n}$ 是 $\mathbb{F}_q$ 的 n 次 Galois 扩张, 而 $\mathrm{Gal}(\mathbb{F}_{q^n}/\mathbb{F}_q)$ 是由它的元 $\sigma_{q,n}\in\mathrm{Gal}(\mathbb{F}_{q^n}/\mathbb{F}_q)$: $\sigma_{q,n}(x)=x^q$ $(x\in\mathbb{F}_{q^n})$ 生成的 n 阶循环群.

§B.5 无限 Galois 理论

设 K 为域, L 为 K 的代数扩域, 但不只限于有限的情形. 称 L 为 K 的 Galois 扩域是说, L 是包含在其中的所有有限 Galois 扩域的并集. 当 L 是 K 的 Galois 扩张时, L 在 K 上的自同构全体所构成的群, 如同有限情形一样, 记为 $\mathrm{Gal}\,(L/K)$.

在不一定为有限的情形, 满足 $K \subset M \subset L$ 的域 M 与 $\mathrm{Gal}\,(L/K)$ 的子群间的对应关系, 当考虑下面在 $\mathrm{Gal}\,(L/K)$ 中引入拓扑后的闭子群时, 也成立如有限情形一样的结果.

$\mathrm{Gal}\,(L/K)$ 的拓扑由 $\mathrm{Gal}\,(L/K)$ 的元 σ 的基本邻域系决定, 它们是些 $\mathrm{Gal}\,(L/K)$ 的子集族 $(V_J)_J$, 这里 J 遍历 L 的有限子集合. 其定义如下.

$$V_J = \{\tau \in \mathrm{Gal}\,(L/K) \mid \text{对于所有 } x \in J \text{ 有 } \tau(x) = \sigma(x)\}.$$

在这个拓扑下, $\mathrm{Gal}\,(L/K)$ 成为拓扑群.

下面的定理是 “无限 Galois 理论” 的主定理.

定理 B.18 设 L 为 K 的不一定有限的 Galois 扩域, 令 $G = \mathrm{Gal}\,(L/K)$. 这时两个集合之间的满单射

$$\{\text{满足 } K \subset M \subset L \text{ 的域 } M\} \underset{1:1}{\longleftrightarrow} \{G\text{的闭子群 } H\}$$

由 $M \leftrightarrow H$ 给出, 其中

$$H = \{\sigma \in G \mid \text{对于所有的 } x \in M \text{ 有 } \sigma(x) = x\},$$
$$M = \{x \in L \mid \text{对于所有的 } \sigma \in H \text{ 有 } \sigma(x) = x\}.$$

并且对这一对应, 下面的 (1)—(4) 成立.

(1) 当 $M \leftrightarrow H$, $M' \leftrightarrow H'$ 时, $M \subset M'$ 等价于 $H \supset H'$.

(2) 当 $M \leftrightarrow H$ 时,

$$\begin{aligned} M \text{ 为 } K \text{ 的有限扩域} &\Leftrightarrow [G:H]\text{为有限} \\ &\Leftrightarrow H \text{ 为 } G \text{ 的开子群}. \end{aligned}$$

因此, M 为 K 的有限扩域时, $[M:K] = [G:H]$.

(3) 当 $M \leftrightarrow H$ 时, L 为 M 的 Galois 扩域并且 H 与 $\mathrm{Gal}\,(L/K)$ 作为拓扑群可看成一样.

(4) 当 $M \leftrightarrow H$ 时, M 为 K 的 Galois 扩域等价于 H 为 G 的正规子群. H 为正规闭子群时, 作为拓扑群有

$$G/H \xrightarrow{\cong} \mathrm{Gal}\,(M/K): G\text{的元 } \sigma \text{ 的类} \mapsto \sigma \text{ 在 } M \text{ 的限制}.$$ □

域 K 的不一定有限的 Galois 扩域中最大者是 K 的可分闭包 K^{sep}. 这是在 K 的代数闭包中在 K 上可分的元全体构成的域. K^{sep} 为 K 的所有有限可分扩域的并, 也是 K 的所有有限 Galois 扩域的并.

我们最后讲一讲, 不一定有限的 Galois 扩域的 Galois 群可以表达为有限 Galois 扩域的 Galois 群的逆向极限的问题.

设 L 为域 K 的不一定有限的 Galois 扩域, 记包含在 L 中的 K 的有限 Galois 扩域的集合为 Σ $\left(从而\ L = \bigcup\limits_{M\in\Sigma} M\right)$. 此时得到了群同构

$$\mathrm{Gal}\,(L/K) \overset{\cong}{\to} \varprojlim_{M\in\Sigma} \mathrm{Gal}\,(M/K) : \sigma \mapsto (\sigma在\ M\ 上的限制)_{M\in\Sigma}.$$

(在 §2.4 的定义 2.10 中只定义了形如 $\varprojlim\limits_{n\in\mathbb{N}}$ 的逆向极限. 代替自然数集 $\mathbb{N}$ 而取一般的有序集 Λ 时, 对于每个 $\lambda\in\Lambda$ 给出了集合 X_λ, 又对于使得 $\lambda\geqslant\lambda'$ 的 $\lambda,\lambda'\in\Lambda$ 给出了映射 $f_{\lambda,\lambda'}: X_\lambda\to X_{\lambda'}$, 且满足 "$f_{\lambda,\lambda}$ 为恒同映射", "如果 $\lambda\geqslant\lambda'\geqslant\lambda''$, 则 $f_{\lambda',\lambda''}\circ f_{\lambda,\lambda'} = f_{\lambda,\lambda''}$" 时, 那么逆向极限 $\varprojlim\limits_{\lambda\in\Lambda} X_\lambda$ 为直积 $\prod\limits_{\lambda\in\Lambda} X_\lambda$ 的子集合:

$$\varprojlim_{\lambda\in\Lambda} X_\lambda = \{(x_\lambda)_{\lambda\in\Lambda} \mid x_\lambda\in X_\lambda,\ 若\ \lambda\geqslant\lambda'\ 则\ f_{\lambda,\lambda'}(x_\lambda) = x_{\lambda'}\}.)$$

一般地, 当每个 X_λ 为拓扑空间, 而每个 $f_{\lambda,\lambda'}$ $(\lambda\geqslant\lambda')$ 为连续时, 定义 $\varprojlim\limits_{\lambda\in\Lambda} X_\lambda$ 的拓扑为直积拓扑空间的子空间的拓扑, 称之为**逆向极限拓扑**. 如果每个 X_λ 为紧, 则知 $\varprojlim\limits_{\lambda\in\Lambda} X_\lambda$ 对于逆向极限拓扑也为紧. 我们在前面所定义的 $\mathrm{Gal}\,(L/K)$ 的拓扑与将每个有限群 $\mathrm{Gal}\,(M/K)$ 看为离散集合的逆向极限拓扑相同, 从而 $\mathrm{Gal}\,(L/K)$ 为紧.

附录 C　素数的威力

在这个附录中我们想要补充一些重要的内容, 这些是在正文中没有充分讨论的, 对于局部域的有益思考.

局部域比起整体域来, 其性质较易于理解, 关于这一点, 我们将在 §C.1 中讲述有关的 Hensel 引理, 然后在 §C.2, 把整体域的素点总合在一起地去考虑那些容易理解的局部域, 从而以形形色色的素点的威力去了解整体域的性质, 这样的思考方法发挥出了很大的威力; 作为代表性的例子我们将介绍二次型的 Hasse 原理.

§C.1　Hensel 引理

比起有理数域来, 实数域的代数性质要简单得多. 譬如, 在实数域上, 方程 $x^2+3y^2+5z^2=a$ 当 $a \geqslant 0$ 时有解, 而若 $a<0$ 则无解, 我们能够简单地判定解的有无. 另一方面, 当 a 为有理数时, 方程 $x^2+3y^2+5z^2=a$ 在有理数域中是否有解就不能简单地判定 (但是在 §C.2, 作为二次型的 Hasse 原理的应用, 我们将叙述它的判别法).

类似于实域, 局部域的代数性质也是简单的. Hensel 引理显示了局部域的代数性质是简单的这个断言, 它类似于在实数域中所说的成立这样的事实, 即 " 因为 1.414^2 近似于 2, 故而知道 1.414 近似于 $x^2=2$ 的解 $\sqrt{2}$".

定理 C.1 (Hensel 引理)　*设 K 为完备离散赋值域, A 为其赋值环, $\mathfrak{p}$ 为 A 的极大理想. 又设 $f(x)$ 为 A 系数多项式, 以及 $a \in A$, 并满足*

$$f(a) \equiv 0 \mod \mathfrak{p},\ f'(a) \not\equiv 0 \mod \mathfrak{p}$$

(其中 f' 为 f 的微分). 于是, 存在 A 中唯一元 b, 满足

$$f(b)=0,\ b\equiv a \mod \mathfrak{p}. \qquad \square$$

这是在说这样的话:“因为 $f(a)$ 近似于 0, 故而知道存在近似于 a 的 b, 使得 $f(b)=0$”. 再有, 也可说这样的话, 即“粗略地说, 如果在 $\mod p$ 下有解, 则在 $\mathbb{Z}_p$ 以及 $\mathbb{Q}_p$ 也有解”. 举例说明之.

例 C.2 设 p 为除以 4 余 1 的素数. 按照二次剩余互反律 (§2.3 定理 2.2) 的“第一补充律”知, 在 $\mathbb{F}_p$ 中存在 -1 的平方根. 使用这个事实以及 Hensel 引理我们来证明, 在 $\mathbb{Z}_p$ 中存在 -1 的平方根 (在第二章中这个事实是使用 p 进数域的指数函数、对数函数来证明的).

设 a 为 $\mathbb{F}_p=\mathbb{Z}/p\mathbb{Z}$ 中 -1 的一个平方根. 也就是说, $a^2\equiv -1 \mod p$. 令 $f(x)=x^2+1$. 因为 $f'(x)=2x$, 故成立

$$f(a)\equiv 0 \mod p,\ f'(a)\not\equiv 0 \mod p.$$

因此, 可应用 Hensel 引理于 $K=\mathbb{Q}_p,\ A=\mathbb{Z}_p$, 从而知道存在 $b\in\mathbb{Z}_p$ 使得

$$b^2+1=0,\ b\equiv a \mod p. \qquad \square$$

譬如, 设 $p=5$, 由于 $2^2\equiv -1 \mod 5$, 故存在 $b\in\mathbb{Z}_5$ 使得 $b^2=-1$ 且 $b\equiv 2 \mod 5$.

[Hensel 引理的证明] 因为 $A=\varprojlim_n A/\mathfrak{p}^n$, 故而只要证明, 对于每个 $n\geqslant 1$, 存在 $A/\mathfrak{p}^n$ 唯一的元 b_n 满足条件

$$(*) \qquad f(b_n)=0,\ \text{且}\ b_n\equiv a \mod \mathfrak{p}$$

就可以了. 我们对于 n 进行归纳证明. $n=1$ 的情形是显然的. 设 $n\geqslant 2$. 如果 b_n 满足 $(*)$, 那么 b_n 在 $A/\mathfrak{p}^{n-1}$ 中的像必定与 b_{n-1} 相等, 于是便可对 n 进行归纳. 固定 $\tilde{b}_{n-1}$ 为 $A/\mathfrak{p}^n$ 的元使得其在 $A/\mathfrak{p}^{n-1}$ 的像等于 b_{n-1}. 满足条件 $(*)$ 的 b_n 必定具有形式 $\tilde{b}_{n-1}+s,\ s\in\mathfrak{p}^{n-1}/\mathfrak{p}^n$. 特别有 $s^2=0$. 因此, 在 $A/\mathfrak{p}^n$ 中成立 $f(\tilde{b}_{n-1}+s)=f(\tilde{b}_{n-1})+f'(\tilde{b}_{n-1})s$. 由于 $f'(\tilde{b}_{n-1})\equiv f'(a)\not\equiv 0 \mod \mathfrak{p}$ 故 $f'(\tilde{b}_{n-1})$ 为 $A/\mathfrak{p}^n$ 中的可逆元, 从而使得 $0=f(\tilde{b}_{n-1})+f'(\tilde{b}_{n-1})s$ 的 s 被唯一决定. 对于这个 s 的 $\tilde{b}_{n-1}+s$ 是满足条件 $(*)$ 的唯一的 $A/\mathfrak{p}^n$ 中的元. ∎

§C.2 Hasse 原理

整体域因素点的威力而得到了解, 出现了非常漂亮的形式, 即“二次型的 Hasse

原理”.

定理 C.3 (二次型的 Hasse 原理, 或者称为 Hasse-Minkowski 定理)　设 K 为整体域.

(1) 设 $f(x_1,\cdots,x_n)$ 为 K 系数的次数不大于 2 的多项式, 即

$$f(x_1,\cdots,x_n)=\left(\sum_{1\leqslant i\leqslant j\leqslant n}a_{ij}x_ix_j\right)+\left(\sum_{1\leqslant i\leqslant n}b_ix_i\right)+c.$$

这里 $a_{ij},b_i,c\in K$. 则 $f(x_1,\cdots,x_n)=0$ 在 K 中有解的充要条件是, 对于 K 的所有素点 v, $f(x_1,\cdots,x_n)=0$ 局部域 K_v 中有解.

(2) 设 $f(x_1,\cdots,x_n)$ 为 K 系数的二次型, 即

$$f(x_1,\cdots,x_n)=\sum_{1\leqslant i\leqslant j\leqslant n}a_{ij}x_ix_j,\text{ 其中 }a_{ij}\in K.$$

那么, $f(x_1,\cdots,x_n)=0$ 具有非平凡解 (即 $x_1=\cdots=x_n=0$ 之外的解) 的充要条件是, 对于 K 的所有素点 v, $f(x_1,\cdots,x_n)=0$ 在局部域 K_v 具有非平凡解. □

关于二次曲线的定理 §2.3 定理 2.3 (参看在 §2.6(b) 开端的另一种写法) 是此定理的一部分.

在 K 的特征 $\neq 2$ 时, 对于特别的二次型 $f(x,y,z)=x^2-ay^2-bz^2$ (这里 $a,b\in K^\times$) 或 $f(x,y,z,u)=x^2-ay^2-bz^2+abu^2$ (这里 $a,b\in K^\times$) 的情形, 此定理的 (2) 可由 §8.2 的定理 8.26 中的 $Br(K)\to\bigoplus_v Br(K_v)$ 的单射性推导出来 (参看 §8.2 的命题 8.16, 命题 8.17).

这个 Brauer 群的单射性, 即 “对于整体域 K 上的中心单代数 A, 断言 ‘A 同构于 K 上的 n 阶方阵代数’ 等价于断言 ‘对于 K 的所有素点 v, $A\otimes_K K_v$ 同构于 K_v 上的 n 阶方阵代数’ ” 被称为 “中心单代数的 Hasse 原理”. 当某个事情在整体域上 K 成立, 并且同样的事情对于 K 的所有素点 v 成立时, 如果这两个断言等价, 则说对于这件事 Hasse 原理 (Hasse principle) 成立. 二次型的 Hasse 原理以及中心单代数的 Hasse 原理, 是这个原理成立的两个有代表性的陈述.

例 C.4　设 a 为有理数, 考虑方程 $x^2+3y^2+5z^2=a$. 在以前, 这个方程有无有理解不能很快判断, 然而如果应用二次型的 Hasse 原理的 (1) 就能够给出判定. 如果 $a=0$, 由于有解 $x=y=z=0$, 故设 $a\neq 0$. 对于各个局部域成立如下断言.

(i) 这个方程在 $\mathbb{R}$ 中有解的充要条件为 $a>0$.

(ii) 这个方程在 $\mathbb{Q}_5$ 中有解的充要条件是当 a 写成 $a=5^kbc^{-1}$ 的形式 ($b,c\in\mathbb{Z}$, 且 b,c 不能被 5 除尽) 时, k 为偶数, 或者 k 为奇数但使得 $b\equiv\pm c \mod 5$.

(iii) 如果 p 为非 5 的素数, 则此方程在 $\mathbb{Q}_p$ 中有解. □

因此, 由 Hasse 原理, 为了使这个方程有有理解的充要条件为上述的条件 (i),(ii)

均成立.

上面 (i) 的断言是显见的.

断言 (ii) 的证明梗概如下. 将证明化到 $k=0,1$ 的情形. 在这里我们对 $k=1$ 且 $b \equiv \pm c \mod 5$ 的情形证明这个方程在 $\mathbb{Q}_5$ 中有解. 由于 $bc^{-1} \equiv \pm 1 \mod 5\mathbb{Z}_5$, 故以 §C.1 中使用的方法, 按照 Hensel 引理, 知道存在 $z \in \mathbb{Z}_5$ 使得 $z^2 = bc^{-1}$. 对于这样的 z 成立 $0^2 + 3 \cdot 0^2 + 5z^2 = 5bc^{-1} = a$.

(iii) 的断言可证明如下. 如果 p 是非 5 的素数, 因为 Hilbert 符号表明 $(-3,-5)_p = 1$, 故有 $u, v \in \mathbb{Q}_p$ 使得 $-3u^2 - 5v^2 = 1$, 从而 $((a+1)/2)^2 + 3(((a-1)u)/2)^2 + 5(((a-1)v)/2)^2 = a$.

问题解答

第一章

以下, 使用记号 ord_p (表示可以被素数 p 多少次幂除尽的记号, 参看 §1.3(c) 或者 §2.4(a)).

问题 1 设 a 为有理数 r 的平方. 对于素数 p, $\mathrm{ord}_p(a) = 2\mathrm{ord}_p(r)$. 由于 $\mathrm{ord}_p(a) \geqslant 0$, 故 $\mathrm{ord}_p(r) \geqslant 0$. 由于对所有的素数 p, 有 $\mathrm{ord}_p(r) \geqslant 0$, 故 r 为整数.

问题 2 设 p 为 a_i 的素因子. 按照假设, 如果 $j \neq i$ 则有 $\mathrm{ord}_p(a_j) = 0$. 因此 $\mathrm{ord}_p(a_1 \cdots a_r) = \mathrm{ord}_p(a_i)$. 另一方面, $a_1 \cdots a_r$ 为 k 幂, 故 $\mathrm{ord}_p(a_1 \cdots a_r)$ 为 k 的倍数. 因此, 对于所有的素数 p, $\mathrm{ord}_p(a_i)$ 为 k 的倍数, 从而 a_i 为形如 p^{km}(m 为自然数) 的数的积, 从而为 k 幂.

问题 3 设 $E(K)$ 的元 $P \neq O$ 的坐标为 (x, y), $-P$ 的坐标从而为 $(x, -y)$, 故 $2P = O \Leftrightarrow P = -P \Leftrightarrow y = -y \Leftrightarrow y = 0$. 当 K 为代数闭时, $E(K)$ 的元 $P \neq O$ 的 y 坐标为 0 的有 3 个. 因此 $\{P \in E(K) \mid 2P = 0\}$ 为 4 阶群且由二倍为 O 的元组成, 从而同构于 $\mathbb{Z}/2\mathbb{Z} \oplus \mathbb{Z}/2\mathbb{Z}$.

问题 4 证明后半部分. 例如, 令 $A = \mathbb{Q}$, 虽然 $A/2A = \{0\}$, 但 A 并非有限生成.

第二章

问题 1 例如, $\left(\frac{11}{5},\frac{2}{5}\right)$. 这是一条通过 $(2,1)$ 斜率为 -3 的直线与该圆的交点.

问题 2 如果找到非常靠近圆 $x^2+y^2=1$ 上点 $\left(\frac{1}{\sqrt{2}},\frac{1}{\sqrt{2}}\right)$ 的有理点就可以了. 连接 $(-1,0)$ 与点 $(\frac{1}{\sqrt{2}},\frac{1}{\sqrt{2}})$ 的直线的斜率为 $\sqrt{2}-1=0.414\cdots$, 而连接 $(-1,0)$ 与 $\left(\frac{119}{169},\frac{120}{169}\right)$ 的直线的斜率即为正文中的 $\frac{5}{12}=0.416\cdots$, 于是, 譬如, 取过 $(0,-1)$ 斜率为 0.45 的直线的 $(0,-1)$ 以外的交点即可. 这一交点为 $\left(\frac{33111}{46889},\frac{33200}{46889}\right)$, 从而

$$33111^2+33200^2=46889^2.$$

问题 3 $\left(\frac{-3}{p}\right)=\left(\frac{-1}{p}\right)\left(\frac{3}{p}\right)=\left(\frac{-1}{p}\right)\left(\frac{p}{3}\right)(-1)^{\frac{p-1}{2}}=\left(\frac{p}{3}\right)$.

问题 4 分解 m 为素因子, 记 $m=l_1\cdots l_k\cdot r$, $l_1,\cdots,l_k$ 为奇素数, $r\in\{\pm 2^n: n\geqslant 0\}$. 如果 m 为奇数, 则 $r\in\{\pm 1\}$, 这时

$$\left(\frac{m}{p}\right)=\left(\frac{l_1}{p}\right)\cdots\left(\frac{l_k}{p}\right)\cdot\left(\frac{\pm 1}{p}\right)=\left(\frac{p}{l_1}\right)\cdots\left(\frac{p}{l_k}\right)\cdot(\text{由 } p \bmod 4 \text{ 决定的数}).$$

如果 m 为偶数, 同样地有

$$\left(\frac{m}{p}\right)=\left(\frac{p}{l_1}\right)\cdots\left(\frac{p}{l_k}\right)\cdot(\text{由 } p \bmod 8 \text{ 决定的数}).$$

问题 5 $\frac{15}{36}x^2-\frac{1}{36}y^2=1$ 没有有理点的断言由 $\left(\frac{15}{36},-\frac{1}{36}\right)_p=(15,-1)_p$ 当 $p=2$ 或者 $p=3$ 时为 -1 得知.

问题 6 $\operatorname{ord}_p\left(\left(\sum_{i=0}^{n}c^i\right)-\frac{1}{1-c}\right)=\operatorname{ord}_p\left(-\frac{c^{n+1}}{1-c}\right)\geqslant n+1$.

问题 7 (2.9) 与 $\sum_{i=0}^{\infty}6\times(-5)^i=1$ (5进式地) 等价. 这说的是, 如果 m 充分大则有 $\sum_{i=0}^{m}6\times(-5)^i\equiv 1 \bmod 5^n$.

问题 8 $\frac{1}{4}=\frac{1}{1+3}=1-3+3^2-3^3+3^4-3^5+3^6-\cdots=61-3^5+3^6-\cdots$, 因此 61 为 $\frac{1}{4}$ 的逆元.

问题 9 设 N 为不小于 2 的自然数, 实数 α 的 N 进展开是说, 将 α 恰好表示为

$$\alpha=\sum_{n=m}^{\infty}a_nN^{-n},\quad a_n\in\{0,1,\cdots,N-1\}$$

的形式. 另一方面, p 进数的 p 进展开是 $\sum_{n=m}^{\infty} a_n p^n$ 的形式. 实数的 p 进展开有下列不同点. 实数的 p 进展开中 p^n 项的 n 完全可以有无限多个负的, 而正的却只有有限多个, p 进数的 p 进展开中, p^n 项的 n 完全可以无限多个都是正的, 而负的项最多只有有限多个.

问题 10 根据命题 2.18, 以及在 $\mathbb{F}_5$ 中 ± 1 为平方元得到.

问题 11 当 $p \neq 2$ 时, 依照命题 2.18 有

$$\text{在 } \mathbb{Q}_p \text{ 中存在 } -1 \text{ 的平方根} \Leftrightarrow \text{在 } \mathbb{F}_p \text{ 中存在 } -1 \text{ 的平方根}.$$

当 $p=2$ 时, 根据命题 2.18 以及 $-1 \neq 1 \mod 8$ 知, 在 $\mathbb{Q}_2$ 中不存在 -1 的平方根.

问题 12 根据域论, 当 K 为特征非 2 的交换域时, K 的所有二次扩域均为形如 $K(\sqrt{a})$ $(a \in K,\ \sqrt{a} \notin K)$, 且有

$$K(\sqrt{a}) = K(\sqrt{b}) \Leftrightarrow ab^{-1}\text{为 } K \text{ 的平方元}.$$

因此, K 的二次扩张与 $K^\times/(K^\times)^2$ 的单位元以外的元按 $a \mod (K^\times)^2$ $(a \in K, \sqrt{a} \notin K)$ 所对应于二次扩域 $K(\sqrt{a})$ 给出一一对应. $p \neq 2$ 时, $\mathbb{Q}_p^\times/(\mathbb{Q}_p^\times)^2$ 的阶为 4(命题 2.19(1)), 故 $\mathbb{Q}_p$ 的二次扩域的个数为 $4-1=3$. 又因为 $\mathbb{Q}_5^\times/(\mathbb{Q}_5^\times)^2$ 由 1 的类, 2 的类, 5 的类, 以及 10 的类构成, 故 $\mathbb{Q}_5(\sqrt{2})$, $\mathbb{Q}_5(\sqrt{5})$, $\mathbb{Q}_5(\sqrt{10})$ 为 $\mathbb{Q}_5$ 的全部二次扩域.

第三章

问题 1 根据命题 3.3(1), 有

$$h_1(i) = -\frac{1}{2} \cdot \frac{1}{2\pi i} \sum_{n \in \mathbb{Z}} \left(\frac{1}{i+n} + \frac{1}{i-n} \right) = \frac{1}{2\pi} \sum_{n \in \mathbb{Z}} \frac{1}{n^2+1}.$$

另一方面, $h_1(i) = -\frac{1}{2i} \cdot \frac{(e^{-\pi}+e^{\pi})/2}{(e^{-\pi}-e^{\pi})/2i}$.

问题 2 利用 $\dfrac{1}{(n^2+1)^2} = -\dfrac{1}{4(i+n)^2} - \dfrac{1}{4(i-n)^2} - \dfrac{1}{4i}\left(\dfrac{1}{i+n} + \dfrac{1}{i-n} \right)$.

问题 3 χ 的像为对于某个 $n \geqslant 2$ 的所有 n 次单位根 $\{\zeta_n^r \mid 1 \leqslant r \leqslant n\}$. 令 χ 的核的阶为 k. 对于每个 $1 \leqslant r \leqslant n, \chi$ 在 G 的 k 个元上均取值 ζ_n^r, 故 $\sum_{a \in G} \chi(a) =$

$\sum_{r=1}^{n} k\cdot\zeta_n^r=0.$

问题 4

$$\begin{aligned}\zeta\left(s,\frac{5}{2}\right)&=2^s\left(\frac{1}{5^s}+\frac{1}{7^s}+\frac{1}{9^s}+\cdots\right)\\&=2^s\left\{\left(\sum_{n=1}^{\infty}\frac{1}{n^s}\right)-\left(\sum_{n=1}^{\infty}\frac{1}{(2n)^s}\right)-1-\frac{1}{3^s}\right\}\\&=2^s\zeta(s)-\zeta(s)-2^s-\left(\frac{2}{3}\right)^s.\end{aligned}$$

因此,

$$\begin{aligned}\lim_{s\to1}\left(-\zeta\left(s,\frac{5}{2}\right)+\zeta(s)\right)&=\lim_{s\to1}(2-2^s)\zeta(s)+2+\frac{2}{3}\\&=\lim_{s\to1}\frac{2-2^s}{s-1}(s-1)\zeta(s)+2+\frac{2}{3}\\&=\frac{8}{3}-2\log(2).\end{aligned}$$

其中最后的等式是由 $\lim_{s\to1}(s-1)\zeta(s)=1$ (命题 3.15(2)) 得到.

问题 5 由命题 3.24(1) 知, $\zeta(m)$ 的分母的素因子 p 满足 $m\equiv1 \mod p-1$. 因为 $p-1$ 除尽 $1-m$, 故 $p-1\leqslant1-m$. 从而 $p\leqslant2-m$.

第四章

问题 1 由 $x^3=(y+i)(y-i)$, 按命题 0.11 的证明同样地进行, 比较

$$y+i=(a+bi)^3,\ a,b\in\mathbb{Z}$$

两端的虚部, 有 $1=3a^2b-b^3=(3a^2-b^2)b$. 因此 $b=\pm1$. 后面的讨论就容易了.

问题 2 由 $x^3=(y+\sqrt{-11})(y-\sqrt{-11})$, 按命题 0.10 的证明同样地做法 (但是, 要使用如下事实: 除尽 $y+\sqrt{-11}$ 与 $y-\sqrt{-11}$ 两者的素元只有 $\pm\sqrt{-11}$ 和 ±2), 比较

$$y+\sqrt{-11}=\left(a+b\frac{1+\sqrt{-11}}{2}\right)^3,\ a,b\in\mathbb{Z}$$

两端的虚部, 得到 $1=3\left(a+\frac{b}{2}\right)^2\frac{b}{2}-11\left(\frac{b}{2}\right)^3$. 由此 $(3a^2+3ab-2b^2)b=2$. 因此 $b\in\{\pm1,\pm2\}$. 后面的讨论是容易的.

问题 3 设 m 为不能被非 1 的平方数除尽的, 且不是 1 的整数, 令 $K=\mathbb{Q}(\sqrt{m})$. 又设 $\alpha=x+y\sqrt{m}\ (x,y\in\mathbb{Q})$, 并令 $\alpha'=x-y\sqrt{m}$.

(i) 证明 $\alpha\in O_K$ 等价于有理数 $\alpha+\alpha'=2x$ 与 $\alpha\alpha'=x^2-my^2$ 都属于 $\mathbb{Z}$. 如果 $\alpha\in O_K$, 则 α 满足 $\alpha^n+c_1\alpha^{n-1}+\cdots+c_n=0$ ($n\geqslant1$, $c_1,\cdots,c_n\in\mathbb{Z}$), 那么 α 换成

α' 也成立, 故而 $\alpha' \in O_K$. 因此, $\alpha+\alpha'$, $\alpha\alpha' \in O_K$, 从而属于 $O_K \cap \mathbb{Q} = \mathbb{Z}$. 反之, 如果 $\alpha+\alpha'$, $\alpha\alpha' \in \mathbb{Z}$, 令 $c_1 = -(\alpha+\alpha')$, $c_2 = \alpha\alpha'$, 则 α 满足 $\alpha^2 + c_1\alpha + c_2 = 0$, 从而属于 O_K.

(ii) 按照 (i), 只要证明下面的的断言就够了. 当 $x, y \in \mathbb{Q}$ 时, 在 $m \equiv 2, 3 \mod 4$ 的情形有

$$2x, x^2 - my^2 \in \mathbb{Z} \Leftrightarrow x, y \in \mathbb{Z},$$

而在 $m \equiv 1 \mod 4$ 的情形有

$$2x, x^2 - my^2 \in \mathbb{Z} \Leftrightarrow 2x, 2y \in \mathbb{Z}, \text{且 } x - y \in \mathbb{Z}.$$

(iii) 首先证明, 如果 $x, y \in \mathbb{Q}$ 满足 $2x, x^2 - my^2 \in \mathbb{Z}$, 则 $2y \in \mathbb{Z}$. 如果 l 为奇素数, 那么由 $\mathrm{ord}_l(x) \geqslant 0$ 及 $x^2 - my^2 \in \mathbb{Z}$ 知, $\mathrm{ord}_l(m) + 2\mathrm{ord}_l(y) \geqslant 0$. 由于 $\mathrm{ord}_l(m) \leqslant 1$, 故 $2\mathrm{ord}_l(y) \geqslant -1$. 因此 $\mathrm{ord}_l(y) \geqslant 0$. 另外, 由于 $\mathrm{ord}_2(x) \geqslant -1$ 和 $x^2 - my^2 \in \mathbb{Z}$, 故 $\mathrm{ord}_2(m) + 2\mathrm{ord}_2(y) \geqslant -2$, 而 $\mathrm{ord}_2(m) \leqslant 1$, 故 $2\mathrm{ord}_2(y) \geqslant -3$, 因此 $\mathrm{ord}_2(y) \geqslant -1$. 由上得到 $2y \in \mathbb{Z}$.

(iv) 现证明 (ii) 所说的等价关系. 由 (iii) 知, 只要假定 $2x, 2y \in \mathbb{Z}$ 即可. 设 $2x = u$, $2y = v$ $(u, v \in \mathbb{Z})$. 在 $m \equiv 2, 3 \mod 4$ 的情形只要证明

$$u^2 - mv^2 \equiv 0 \mod 4 \Leftrightarrow u \equiv v \equiv 0 \mod 2$$

即可. 而在 $m \equiv 1 \mod 4$ 的情形只要证明

$$u^2 - mv^2 \equiv 0 \mod 4 \Leftrightarrow u \equiv v \mod 2$$

即可. 它们的证明是容易的.

问题 4 与命题 4.1(5) 的证明一样.

问题 5 类数分别为 1, 2, 2, 2. 作为例子证明 $\mathbb{Q}(\sqrt{-2})$ 的情形. $w_K = 2, N = 8$, 而 $\chi : (\mathbb{Z}/8\mathbb{Z})^\times \to \mathbb{C}^\times$ 有

$$\chi(1 \mod 8) = \chi(3 \mod 8) = 1, \quad \chi(5 \mod 8) = \chi(7 \mod 8) = -1.$$

根据推论 4.29, $h_K = -\dfrac{2}{2\times 8}\displaystyle\sum_{a=1}^{8}\chi(a)a = -\dfrac{2}{16}(1+3-5-7) = 1.$

第五章

问题 1

$$\begin{aligned}
&(3, 1+\sqrt{-5})(3, 1-\sqrt{-5}) \\
&= (9, 3(1-\sqrt{-5}), 3(1+\sqrt{-5}), (1+\sqrt{-5})(1-\sqrt{-5})) \\
&= (9, 3(1-\sqrt{-5}), 3(1+\sqrt{-5}), 6) = (3)
\end{aligned}$$

(因为 $9-6=3$). 对于 (5) 的等式证明是一样的.

问题 2 如果存在 $\alpha = x+y\sqrt{-5} \in \mathbb{Z}[\sqrt{-5}]$ $(x, y \in \mathbb{Z})$ 使得 $(3, 1+\sqrt{-5}) = (\alpha)$, 那么它与复共轭的积为

$$(3, 1+\sqrt{-5})(3, 1-\sqrt{-5}) = (\alpha\bar{\alpha}) = (x^2+5y^2).$$

也就是说, $(3) = (x^2+5y^2)$. 这表示 $3 = \pm(x^2+5y^2)$, 但这是不可能的.

问题 3 作图不可能. 由于 $40° = \dfrac{360°}{9}$, 倘若 $40°$ 作图可能的话, 那么 ζ_9 也必定作图可能. 然而 $[\mathbb{Q}(\zeta_9):\mathbb{Q}] = \#((\mathbb{Z}/9\mathbb{Z})^\times) = 6$ 不是 2 的幂, 故 ζ_9 作图不可能.

问题 4 由 χ_{-5} 的定义可清楚看出 $\chi_{-5}: (\mathbb{Z}/20\mathbb{Z})^\times \to \{\pm 1\}$ 将 $1, 3, 7, 9 \bmod 20$ 映到 1, 而将 $11, 13, 17, 19 \bmod 20$ 映到 -1,

问题 5 根据命题 5.2 知, O_K 的非零素理想中不含 3 的那些在 $K(\zeta_3)$ 上非分歧. 另外, 由于 $K(\zeta_3) = K(\sqrt{-3}) = K(\sqrt{2})$, 由命题 5.2, O_K 的非零素理想中不含有 2 的在 $K(\zeta_3)$ 中非分歧. 但不存在既含 2 又含 3 的素理想.

第六章

问题 1 (1) 对于不属于 k 的 $k[T]$ 的元 f 及 $k[T]$ 的任意非零元 g, 有 fg 的次数 $\geqslant 1$, 故不可能有 $fg=1$. 因此 f 不是 $k[T]$ 的可逆元.

(2) 关于 $\mathbb{C}[T]$ 的论断因容易而略去. 设 f 为 $\mathbb{R}[T]$ 中的不可约多项式. f 在 $\mathbb{C}$ 中具有根 α. 如果 $\alpha \in \mathbb{R}$, 由于 f 在 $\mathbb{R}[T]$ 中, 从而被 $T-\alpha$ 除尽. 由 f 的不可约性, 知 $f = a(T-\alpha)$, $a \in \mathbb{R}^\times$, 因此 f 为一次式. 如果 $\alpha \notin \mathbb{R}$, 则 α 的共轭元 $\bar{\alpha}$ 也是 f 的根, 由于 $(T-\alpha)(T-\bar{\alpha}) \in \mathbb{R}[T]$, 故在 $\mathbb{R}[T]$ 中 f 被 $(T-\alpha)(T-\bar{\alpha})$ 除尽. 由 f 的不可约性知 $f = a(T-\alpha)(T-\bar{\alpha})$, $a \in \mathbb{R}^\times$. 这时将 f 记为 $f = aT^2+bT+c$, 则 $b^2-4ac = a^2(\alpha-\bar{\alpha})^2 < 0$. 反过来, 一次式为不可约多项式, 而 aT^2+bT+c $(a, b, c \in \mathbb{R},\ a \neq 0,\ b^2-4ac < 0)$ 的多项式在 $\mathbb{R}$ 中为没有根的二次式, 从而为不可约多项式.

问题 2 以最高次项系数为 1 的不可约多项式代替素数进行同样的证明.

问题 3 $\nu(x+y) \geqslant \min(\nu(x), \nu(y)) = \nu(y)$. 如果 $\nu(x+y) > \nu(y)$, 由于 $y = (x+y)+(-x)$, 故有 $\nu(y) \geqslant \min(\nu(x+y), \nu(-x)) = \min(\nu(x+y), \nu(x)) > \nu(y)$, 引出了矛盾.

问题 4 在命题 6.41 中取 $\alpha = \sqrt{m}$, $\boldsymbol{p} = p\mathbb{Z}$ (p 是不除尽 m 的奇素数). 那么, $f(T) = T^2-m$, 且 $f'(\alpha) = 2\sqrt{m}$ 不含在 $\boldsymbol{p}$ 之上的 O_L 的素理想之中. 根据命题 6.41(2), 有

$$p \text{ 在 } L \text{ 中完全分解} \Leftrightarrow T^2-m \text{在 } \mathbb{F}_p \text{ 中有根} \Leftrightarrow \left(\frac{m}{p}\right) = 1.$$

问题 5 令 $A=\mathbb{Z}, K=\mathbb{Q}, L=\mathbb{Q}(\sqrt[3]{3}), B'=\mathbb{Z}[\sqrt[3]{3}]$. 设 p 为素数. 令 $\alpha=\sqrt[3]{3}$, $f(T)=T^3-3$, 则 $f(\alpha)=0$, 且 p 为素数, 如果 $p\neq 3$, 由于 $f'(\alpha)=3\sqrt[3]{3}^2$, 故 $p\mathbb{Z}\not\ni 3^2\in\mathbb{Z}\cap f'(\alpha)B'$. 如果 $p=3$, 则 $f(T)$ 是对于 $p\mathbb{Z}$ 的 Eisenstein 多项式. 因此由命题 6.46 得到 $B'=B$.

问题 6 证明引理 6.89. 在离散空间 X 中, $X=\bigcup\limits_{x\in X}\{x\}$ 是 X 的开覆盖. 特别地, 如果 X 为紧, 由紧的定义知 X 为有限个 $\{x\}$ 的并, 因此 X 为有限.

下面证明引理 6.90. 设 $Y=\bigcup\limits_{\lambda\in\Lambda}U_\lambda$ 为 Y 的开覆盖. 只要证明 Y 为有限个 U_λ 的并就可以了. 因为 X 为紧而 $X=\bigcup\limits_{\lambda\in\Lambda}f^{-1}(U_\lambda)$ 为 X 的开覆盖, 于是存在指标集 Λ 的有限子集合 Λ' 使得 $X=\bigcup\limits_{\lambda\in\Lambda'}f^{-1}(U_\lambda)$. 因为 f 为满射, 故 $Y=\bigcup\limits_{\lambda\in\Lambda'}U_\lambda$.

问题 7 (1) 由 a_n 在 $\mathbb{R}\times\prod\limits_{p:\text{素数}}\mathbb{Z}_p$ 中以及对所有 p 有 $\mathrm{ord}_p(n!)\to\infty$ 而得到.

(2) 在 $\mathbb{A}_{\mathbb{Q}}^\times$ 中取 1 的邻域 $U=\mathbb{R}^\times\times\prod\limits_{p:\text{素数}}\mathbb{Z}_p^\times$, 由 $a_n\notin U$ 得知.

问题 8 有理数是分母为素数幂的有理数之和. 因此对于素数 p, $n\geqslant 0$, $a\in\mathbb{Z}$, 只要证明 $\iota\left(\dfrac{a}{p^n}\right)=1$ 即可. 由于 $\iota_\infty\left(\dfrac{a}{p^n}\right)=\exp\left(2\pi i\dfrac{a}{p^n}\right)=\iota_p\left(\dfrac{a}{p^n}\right)$, 以及对素数 $l\neq p$ 有 $\iota_l\left(\dfrac{a}{p^n}\right)=1$, 因此得到结论.

第八章

问题 1 我们有 $\mathbb{Q}_p^\times/(\mathbb{Q}_p^\times)^2\cong\mathbb{Z}/2\mathbb{Z}\times\mathbb{Z}/2\mathbb{Z}$, 由于这个群的指数为 2 的子群有 3 个, 故根据局部类域论知二次扩域的个数为 3 个.

习题解答

第零章

0.1 假设 5 的 n 次根为有理数, 将其分母分子作素因子分解, 设其为 $\pm p_1^{e_1}\cdots p_r^{e_r}$ ($p_1,\cdots,p_r$ 为相异素数, e_i 为整数, 且 $e_i\neq 0$). 取其 n 次幂得到 $5=p_1^{ne_1}\cdots p_r^{ne_r}$. 因为 $n\geqslant 2$, 这与素因子分解的唯一性相矛盾.

0.2 如果 $\sqrt{2}+\sqrt{3}$ 为有理数, 那么其二次幂 $5+2\sqrt{6}$ 也为有理数. 从而 $\sqrt{6}$ 必为有理数, 但以上面习题 0.1 的同样方法可推出 $\sqrt{6}$ 为无理数.

0.3 $29=2^2+5^2,\ 37=1^2+6^2,\cdots$

0.4 对素元分解 $5=(2+i)(2-i),\ 13=(3+2i)(3-2i)$ 进行两种组合,

$$65^2=\{(2+i)(3+2i)\}^2\{(2-i)(3-2i)\}^2=(-33+56i)(-33-56i)=33^2+56^2.$$

$$65^2=\{(2+i)(3-2i)\}^2\{(2-i)(3+2i)\}^2=(63-16i)(63+16i)=63^2+16^2.$$

0.5 如果 $x^2-2y^2=1$, 由 $\left(\dfrac{x}{y}-\sqrt{2}\right)\left(\dfrac{x}{y}+\sqrt{2}\right)=\dfrac{1}{y^2}$, 因此 $0<\dfrac{x}{y}-\sqrt{2}<\dfrac{1}{\sqrt{2}y^2}$. 这表示 $\dfrac{x}{y}$ 逼近 $\sqrt{2}$.

0.6 说明满足 $\dfrac{1}{2}y(y+1)=x^2$ 的自然数组 (x,y) 有无限多个就可以了. 将这个方程改写为形如

$$(2y+1)^2-2(2x)^2=1.$$

对于 $n\geqslant 1$, 定义自然数 a_n,b_n 为 $(1+\sqrt{2})^n=a_n+b_n\sqrt{2}$. 考虑

$$a_n^2-2b_n^2=(a_n+b_n\sqrt{2})(a_n-b_n\sqrt{2})=(1+\sqrt{2})^n(1-\sqrt{2})^n=(-1)^n$$

以及 $(1+\sqrt{2})^n$ 的展开式, 有 $a_n = 1+$(偶数), $b_n = 1+$(偶数). 因此取 n 为偶数, 则 $a_n - 2b_n = 1$, a_n 为奇数而 b_n 为偶数. 于是令 $y = \frac{a_n-1}{2}$, $x = \frac{b_n}{2}$, 便使得 $(2y+1)^2 - 2(2x)^2 = 1$.

第一章

1.1 答案: O, $(0,\pm 1)$, $(-\sqrt[3]{4},\pm\sqrt{-3})$, $(-\sqrt[3]{4}\zeta_3,\pm\sqrt{-3})$, $(-\sqrt[3]{4}\zeta_3^2,\pm\sqrt{3})$ 共 9 个 (ζ_3 为 3 次本原单位根). 所要求的是: $3P=O \Leftrightarrow 2P=-P$. 一般地记 $P\in E(\mathbb{C})$, $P\neq O$ 的 x 坐标为 $x(P)$. 对于 $P,Q\in E(\mathbb{C})$ 有

$$x(P)=x(Q)\Leftrightarrow \mathbb{Q}=\pm P.$$

因此,

$$3P=O, P\neq O \Leftrightarrow x(2P)=x(P)\text{且 } P\neq O.$$

对于 $E(\mathbb{C})$ 的点 P 使得 $2P\neq O$, 因为 $x(2P)=\frac{x(P)^4-8x(P)}{4(x(P)^3+1)}$ (§1.2(1.4)), 故 $x(2P)=x(P) \Longleftrightarrow x(P)=0,-\sqrt[3]{4},-\sqrt[3]{4}\zeta_3,-\sqrt[3]{4}\zeta_3^2$.

1.2 设 m,n 为互素的整数, 令

$$A=|(m^3+32n^3)m|,\ B=|4(m^3-4n^3)n|.$$

设 D 为 A 与 B 的最大公因子. 要证明问题中的不等式只要证明 D 为 144 的约数即可. 之所以这样说是因为, P 的 x 坐标为 $\frac{m}{n}$ $(n\neq 0)$, 并设 m, n 互素,

$$\begin{aligned} H(2P\text{的 } x \text{ 坐标}) &= H\left(\frac{A}{B}\right)=\frac{1}{D}\max(A,B)\\ &\geqslant \frac{1}{D}\max(m,n)^4=\frac{1}{D}H(P\text{的 } x \text{ 坐标})^4. \end{aligned}$$

设 p 为素数. 我们有 $\mathrm{ord}_p(D)=\min(\mathrm{ord}_p(A),\mathrm{ord}_p(B))$. ($\mathrm{ord}_p$ 表示恰好被 p 的多少次幂除尽的幂次.) 如果 p 为 D 的素因子则 p 不能除尽 n (如果 p 除尽 n, 则 p 不能除尽 m, 从而不能除尽 m^3+32n^3, 因此 p 不能除尽 A.) 如果 p 为 D 的素因子且 $p\neq 2$, 则 p 不能除尽 m (如果 $p\neq 2$ 且除尽 m, 则 p 不能除尽 B). 因此倘若 p 为 D 的素因子且 $p\neq 2$, 则

$$\begin{aligned} \mathrm{ord}_p(D) &= \min(\mathrm{ord}_p(m^3+32n^3),\mathrm{ord}_p(m^3-4n^3))\\ &\leqslant \mathrm{ord}_p((m^3+32n^3)-(m^3-4n^3))=\mathrm{ord}_p(36n^3)=\mathrm{ord}_p(36). \end{aligned}$$

因此 $p=3$ 且 $\mathrm{ord}_3(D)\leqslant 2$.

下面考察 $\mathrm{ord}_2(D)$. 如果 m 为奇数则 $\mathrm{ord}_2(A)=0$. 如果 m 为偶数, 由于 n 为奇数, 故 $\mathrm{ord}_2(m^3-4n^3)=2$, 因此 $\mathrm{ord}_2(B)=4$.

综上所述, D 为 $2^4\times 3^2=144$ 的约数. 因而问题中的不等式得证.

因为“若 $r \geqslant 6$ 则 $\frac{1}{144}r^4 > r$”, 如果该椭圆曲线的有理点 P 满足 $H(P\text{的 } x \text{ 坐标}) \geqslant 6$, 则成立 $H(2P\text{的 } x \text{ 坐标}) > H(P\text{的 } x \text{ 坐标})$. 如同在正文中那样, 该椭圆曲线具有使得 $H(P\text{的 } x \text{ 坐标}) \geqslant 6$ 成立的有理点. 对于这个点 P, 由于点 P, $2P$, $4P$, $8P$, $16P, \cdots$ 的 x 坐标高全都不同, 从而是不同的点, 因此有理点为无限多个. (另外, 我们可以更加仔细地考虑上面的证明: “ m, n 为整数, 若 $m \not\equiv 0 \mod 3$ 或者 $n \not\equiv 0 \mod 3$, 则 $m^3 - 4n^3 \not\equiv 0 \mod 9$” 这个断言实际上对于 $0 \leqslant m \leqslant 8$, $0 \leqslant n \leqslant 8$ 通过实际验证可确认. 于是由上面的 D 知为 $2^4 \times 3 = 48$ 的约数, 从而有

$$48 \cdot H(2P\text{的 } x \text{ 坐标}) \geqslant H(P\text{的 } x \text{ 坐标})^4.$$

由于 “若 $r \geqslant 4$ 则 $\frac{1}{48}r^4 > r$”, 故如果 P 为 $(5,11)$, 则 P, $2P$, $4P$, $8P, \cdots$ 的 x 坐标的高全不相同, 那么仅在知道了存在有理点 $(5,11)$ 时便知道了有无限多个有理点.)

1.3 对于 $(x,y) \in X$ 有 $\left(\frac{1}{x+y}, \frac{x-y}{x+y}\right) \in Y$, 这由

$$\left(\frac{x-y}{x+y}\right)^2 + \frac{1}{3} = \frac{4}{3} \cdot \frac{x^2 - xy + y^2}{(x+y)^2} = \frac{4k}{3} \cdot \frac{1}{(x+y)^3}$$

得到. 这是一个满单射, 其逆映射 $Y \to X$ 由 $(x,y) \mapsto \left(\frac{y+1}{2x}, \frac{1-y}{x}\right)$ 给出. (对于 $(x,y) \in Y$ 证明 $\left(\frac{y+1}{2x}, \frac{1-y}{x}\right) \in X$ 可由复合映射 $X \to Y \to X$, $Y \to X \to Y$ 均为恒同映射得到, 证明从略).

1.4 逆映射 $Y \to X$ 由 $(x,y) \mapsto \left(\frac{y}{2x}, \frac{x}{4} + \frac{k}{x}\right)$ 给出.

1.5 我们对 1.3, 1.4 的证明给出了大体的描述, 而此 1.5 的证明只要弄清即可, 故而略去.

1.6 (i) 解答: $(x,y) = (0,0), (2,\pm 4)$. 方法: 如果 $(x,y) \neq (0,0)$ 为 $y^2 = x^3 + 4x$ 的有理点, 考虑上面习题 1.5 在 $k = -1$ 的情形, 那么 $g(x,y) = \left(\frac{x}{4} - \frac{1}{x}, \frac{y}{8}\left(1 - \frac{4}{x^2}\right)\right)$ 是 $y^2 = x^3 - x$ 的有理点. 由命题 1.2, 它等于 $(0,0), (\pm 1, 0)$, 故 $\frac{y}{8}\left(1 - \frac{4}{x^2}\right) = 0$, 因此 $y = 0$ 或者 $x = \pm 2$.

(ii) 解答: $(x,y) = (\pm 1, 0)$. 方法: 如果 (x,y) 为 $y^2 = x^4 - 1$ 的有理点, 考虑在 1.4, 1.5 在 $k = -1$ 的情形, 它按照 $X \to Y \xrightarrow{g} E(K) : (x,y) \mapsto (x^2, xy)$ 的像是 $y^2 = x^3 - x$ 的有理点. 因此得到 $xy = 0$.

(iii) 解答: $(x,y) = (0, \pm 2)$. 方法: 与 (ii) 相同. 如果 (x,y) 为 $y^2 = x^4 + 4$ 的有理点, 则 (x^2, xy) 为 $y^2 = x^3 + 4x$ 的有理点. 因此根据 (i), (x^2, xy) 等于 $(0,0), (2, \pm 4)$ 中任一个.

第二章

2.1 例如, $\dfrac{2^n}{2^n+1}$ 在 $\mathbb{R}$ 中收敛于 1, 而在 $\mathbb{Q}_2$ 中收敛于 0. $\dfrac{2^n}{2^n+3^n}$ 在 $\mathbb{Q}_3$ 中 (由于 $3^n \to 0$) 收敛于 1, 而在 $\mathbb{Q}_2$ 中收敛于 0.

2.2 把 $\mathrm{Hom}\left(\mathbb{Z}\left[\frac{1}{p}\right]\Big/\mathbb{Z}, \mathbb{Z}\left[\frac{1}{p}\right]\Big/\mathbb{Z}\right)$ 的元 f 在对各个 $n \geqslant 1$ 的 $\left(\frac{1}{p^n}\mathbb{Z}\right)\Big/\mathbb{Z}$ 上的限制记为 f_n. 这时, $f_n : \left(\frac{1}{p^n}\mathbb{Z}\right)\Big/\mathbb{Z} \to \mathbb{Z}\left[\frac{1}{p}\right]\Big/\mathbb{Z}$ 的像 (由于定义域 $\left(\frac{1}{p^n}\mathbb{Z}\right)\Big/\mathbb{Z}$ 被 p^n 倍消去), 含在 $\mathbb{Z}\left[\frac{1}{p}\right]\Big/\mathbb{Z}$ 的 p^n 倍映射的核 $\left(\frac{1}{p^n}\mathbb{Z}\right)\Big/\mathbb{Z}$ 中. 因此, f_n 是从 $\left(\frac{1}{p^n}\mathbb{Z}\right)\Big/\mathbb{Z}$ 到 $\left(\frac{1}{p^n}\mathbb{Z}\right)\Big/\mathbb{Z}$ 的同态. 它与以 $\mathbb{Z}/p^n\mathbb{Z}$ 的某个元 a_n 的 a_n 倍映射相一致. 于是得到了环同态

$$\varphi : \mathrm{Hom}\left(\mathbb{Z}\left[\frac{1}{p}\right]\Big/\mathbb{Z}, \mathbb{Z}\left[\frac{1}{p}\right]\Big/\mathbb{Z}\right) \to \varprojlim_n \mathbb{Z}/p^n\mathbb{Z} : \ \varphi(f) = (a_n)_{n\geqslant 1}.$$

反向地, 标准同态

$$\psi : \varprojlim_n \mathbb{Z}/p^n\mathbb{Z} \to \mathrm{Hom}\left(\mathbb{Z}\left[\frac{1}{p}\right]\Big/\mathbb{Z}, \mathbb{Z}\left[\frac{1}{p}\right]\Big/\mathbb{Z}\right)$$

按下面的方式得到. 设 $(a_n)_{n\geqslant 1} \in \varprojlim_n \mathbb{Z}/p^n\mathbb{Z}$. 对 $x \in \mathbb{Z}\left[\frac{1}{p}\right]\Big/\mathbb{Z}$, 因为 $\mathbb{Z}\left[\frac{1}{p}\right]\Big/\mathbb{Z} = \bigcup_{n\geqslant 1}\left(\frac{1}{p^n}\mathbb{Z}\right)\Big/\mathbb{Z}$, 取使得 $x \in \left(\frac{1}{p^n}\mathbb{Z}\right)\Big/\mathbb{Z}$ 的 $n \geqslant 1$, 则令 $f(x) = a_n x$, 以此定义 $f = \psi((a_n)_{n\geqslant 1}) \in \mathrm{Hom}\left(\mathbb{Z}\left[\frac{1}{p}\right]\Big/\mathbb{Z}, \mathbb{Z}\left[\frac{1}{p}\right]\Big/\mathbb{Z}\right)$. 容易弄清, $\psi\circ\varphi$, $\varphi\circ\psi$ 各自为 $\mathrm{Hom}\left(\mathbb{Z}\left[\frac{1}{p}\right]\Big/\mathbb{Z}, \mathbb{Z}\left[\frac{1}{p}\right]\Big/\mathbb{Z}\right)$ 和 $\varprojlim_n \mathbb{Z}/p^n\mathbb{Z}$ 的恒同映射. 因此,

$$\mathrm{Hom}\left(\mathbb{Z}\left[\frac{1}{p}\right]\Big/\mathbb{Z}, \mathbb{Z}\left[\frac{1}{p}\right]\Big/\mathbb{Z}\right) \cong \varprojlim_n \mathbb{Z}/p^n\mathbb{Z} \cong \mathbb{Z}_p.$$

2.3 设 $n \neq 0$, 并令 $k = \mathrm{ord}_3(n)$. 应用命题 2.14(4), 则知如下事实. 由于 4 属于 $1+3\mathbb{Z}_3$ 而不属于 $1+9\mathbb{Z}_3$, 故 $\log(4)$ 属于 $3\mathbb{Z}_3$ 而不属于 $9\mathbb{Z}_3$. 因此, $n\log(4)$ 属于 $3^{k+1}\mathbb{Z}_3$ 而不属于 $3^{k+2}\mathbb{Z}_3$, 于是, $4^n = \exp(n\log(4))$ 属于 $1+3^{k+1}\mathbb{Z}_3$ 而不属于 $1+3^{k+2}\mathbb{Z}_3$. 因此 4^n-1 属于 $3^{k+1}\mathbb{Z}_3$ 而不属于 $3^{k+2}\mathbb{Z}_3$, 从而 $\mathrm{ord}_3(4^n-1) = k+1$.

2.4 (1) 由命题 2.18, p 为奇素数时

$$\left(\frac{-2}{p}\right) = 1 \Leftrightarrow p \equiv 1, 3 \mod 8$$

而得知. 下面是 (2) 的 $x^2+y^2=-2$, 即考察 $-\frac{1}{2}x^2 - \frac{1}{2}y^2 = 1$, 存在 $x, y \in \mathbb{Q}_p$ 满足它的充要条件, 根据命题 2.20, 是 $\left(-\frac{1}{2}, -\frac{1}{2}\right)_p = 1$. 但如果 $p \neq 2$ 则 $\left(-\frac{1}{2}, -\frac{1}{2}\right)_p = 1$,

而 $\left(-\frac{1}{2},-\frac{1}{2}\right)_2=-1$. 要证明 (3) (因为如果 $p\neq 2$ 则 $x^2+y^2=-2$ 的解满足 $x^2+y^2+0^2=-2$) 只要证明存在 $\mathbb{Q}_2$ 的元 x,y,z 满足 $x^2+y^2+z^2=-2$ 就可以了. 在 $\mathbb{Q}_2$ 中 -2 非常靠近 14, 我们有 $1^2+2^2+3^2=14$. 由于 $\frac{14}{-2}=-7\equiv 1 \mod 8$, 故由命题 2.18, 存在 $a\in\mathbb{Q}_2^\times$ 使得 $a^2=\frac{14}{-2}$. 因此, $-2=\frac{14}{a^2}=\left(\frac{1}{a}\right)^2+\left(\frac{2}{a}\right)^2+\left(\frac{3}{a}\right)^2$.

第三章

3.1 (1) Dirichlet 特征 $\chi:(\mathbb{Z}/8\mathbb{Z})^\times\to\mathbb{C}^\times$ 定义为: $\chi(1 \mod 8)=\chi(3 \mod 8)=1$, $\chi(5 \mod 8)=\chi(7 \mod 8)=-1$. 问题便是要求 $L(1,\chi)$. 由于 $\chi(-1)=-1$, 由定理 3.4 有

$$L(1,\chi)=-\frac{2\pi i}{8}\cdot\frac{1}{2}\cdot(h_1(\zeta_8)+h_1(\zeta_8^3)-h_1(\zeta_8^5)-h_1(\zeta_8^7))=\frac{\pi}{2\sqrt{2}}.$$

(2) Dirichlet 特征 $\chi:(\mathbb{Z}/8\mathbb{Z})^\times\to\mathbb{C}^\times$ 定义为 $\chi(1 \mod 8)=\chi(7 \mod 8)=1$, $\chi(3 \mod 8)=\chi(5 \mod 8)=-1$. 问题便是要求 $L(2,\chi)$. 由于 $\chi(-1)=1$, 由定理 3.4 有

$$L(2,\chi)=\left(-\frac{2\pi i}{8}\right)^2\cdot\frac{1}{2}\cdot(h_2(\zeta_8)-h_2(\zeta_8^3)-h_2(\zeta_8^5)+h_2(\zeta_8^7))=\frac{\sqrt{2}}{16}\pi^2.$$

3.2 (1)

$$(1-2^{1-s})\zeta(s)=\sum_{n=1}^{\infty}\frac{1}{n^s}-2\sum_{n=1}^{\infty}\frac{1}{(2n)^s}=1-\frac{1}{2^s}+\frac{1}{3^s}-\frac{1}{4^s}+\frac{1}{5^s}-\frac{1}{6^s}+\cdots.$$

(2)

$$\lim_{s\to 1+0}(s-1)\zeta(s)=\lim_{s\to 1+0}\frac{s-1}{1-2^{1-s}}\cdot\left(1-\frac{1}{2^s}+\frac{1}{3^s}-\frac{1}{4^s}+\cdots\right)=\frac{1}{\log 2}\log 2=1.$$

3.3 取 $s_1-s_3-s_5+s_7$, 则

$$-\log\left\{\frac{(1-\zeta_8)(1-\zeta_8^7)}{(1-\zeta_8^3)(1-\zeta_8^5)}\right\}=(\zeta_8-\zeta_8^3-\zeta_8^5+\zeta_8^7)L(1,\chi),$$

这里的 χ 为 3.1(2) 所给出的那个. 它可改写为

$$-\log\left(\frac{1}{(1+\sqrt{2})^2}\right)=2\sqrt{2}L(1,\chi).$$

因此 $L(1,\chi)=\frac{1}{\sqrt{2}}\log(1+\sqrt{2})$.

3.4 略去关于绝对收敛的问题，我们来叙述有关解析延拓以及不大于 0 的整数上取值的解答. 以简单的一个 Σ 记按 $n_1, \cdots, n_k \geqslant 0$ 的求和，那么

$$\begin{aligned}\Gamma(s)\zeta(s,x;c_1,\cdots,c_k) &= \int_0^\infty e^{-t}t^s\frac{dt}{t}\cdot\sum\frac{1}{(x+c_1n_1+\cdots+c_kn_k)^s}\\ &= \int_0^\infty \sum e^{-(x+c_1n_1+\cdots+c_kn_k)u}u^s\frac{du}{u}\\ &= \int_0^\infty \frac{e^{-xu}}{(1-e^{-c_1u})\cdots(1-e^{-c_ku})}u^s\frac{du}{u}.\end{aligned}$$

取 $a \geqslant 0$，将此积分分为 $\int_0^\infty = \int_0^a + \int_a^\infty$. 由于当 $u \to \infty$ 时 e^{-xu} 急剧地趋向于 0，故 $\int_a^\infty$ 可解析延拓为整个复平面上 s 的全纯函数. 又，当取 a 充分小时，在 $0 < |u| \leqslant a$ 中 $1 - e^{-c_iu}$ $(1 \leqslant i \leqslant k)$ 没有零点，于是在 $0 < u \leqslant a$ 可使得

$$c_1\cdots c_k\cdot\frac{e^{-xu}}{(1-e^{-c_1u})\cdots(1-e^{-c_ku})} = u^{-k}\sum_{n=0}^\infty A_nu^n,$$

(A_n 为可写成为 $x, c_1, \cdots, c_k$ 的多项式形式的数) 从而

$$c_1\cdots c_k\int_0^a = \sum_{n=0}^\infty A_n\frac{a^{s+n-k}}{s+n-k}.$$

因此 $\zeta(s,x;c_1,\cdots,c_k)$ 被解析延拓为整个复平面上的亚纯函数，除去 $1, 2, \cdots, k$ 均为全纯. 在不大于 0 的整数 m 处有

$$c_1\cdots c_k\cdot\zeta(m;x,c_1,...,c_k) = \lim_{s\to m}\frac{1}{\Gamma(s)}\cdot A_{k-m}\cdot\frac{a^{s-m}}{s-m} = A_{k-m}\cdot(-1)^m\cdot|m|!.$$

第四章

4.1 由 $x^2+xy+y^2 = \left(x+y\frac{1+\sqrt{-7}}{2}\right)\left(x+y\frac{1-\sqrt{7}}{2}\right)$ 知

$$\text{(i)} \Leftrightarrow \text{存在 } \alpha \in \mathbb{Z}\left[\frac{1+\sqrt{-7}}{2}\right] \text{ 使得 } p = \alpha\bar{\alpha}.$$

按照在 §4.1 中对命题 0.2, 0.3, 0.4 证明的同样做法，得到当 $p \neq 2, 7$ 时有

$$\text{上面的条件} \Leftrightarrow \left(\frac{-7}{p}\right) = 1 \Leftrightarrow p \equiv 1, 2, 4 \mod 7.$$

4.2 如果满足 (ii)，则 $n = m^2\prod_{j=1}^r p_j$，其中 m 为自然数，$r \geqslant 0$，p_j 为除以 4 余 1 的素数或者 2. 由于有了 $p_j = \alpha_j\bar{\alpha}_j$，$\alpha_j \in \mathbb{Z}[\sqrt{-1}]$，我们记 $m\prod_{j=1}^r \alpha_j$ 为 β 并令 $\beta = x + yi$ $(x, y \in \mathbb{Z})$，于是 $n = \beta\bar{\beta} = x^2 + y^2$.

如果不满足 (ii), 则存在素数 $p \equiv 3 \mod 4$ 使得 $\mathrm{ord}_p(n)$ 为奇数, 那么由于有 $(-1,n)_p = \left(\frac{-1}{p}\right) = -1$, 故不存在 $x, y \in \mathbb{Q}$ 使得 $n = x^2 + y^2$.

4.3 令 $p = \alpha\bar{\alpha}$ (α 为 $\mathbb{Z}[i]$ 中的素元), 以及令 $\alpha^{2n} = x + yi$, 于是 $p^{2n} = \alpha^{2n}\bar{\alpha}^{2n} = x^2 + y^2$. 由于素元分解的唯一性, $x \neq 0, y \neq 0$, 因此 p^n 为以 x, y, p^n 为三边的直角三角形的斜边. 因为 α^{2n} 不被 p 除尽, 三边长的最大公约数为 1. 我们来证明满足此条件的三角形是 (在全等意义下) 唯一的. 由 $p^{2n} = x^2 + y^2$, x, y 是自然数, 考虑两边的素元分解 $p^{2n} = (x+yi)(x-yi)$, 于是有 $x + iy = \alpha^r\bar{\alpha}^s\beta$, $x - yi = \alpha^s\bar{\alpha}^r\bar{\beta}$, $r \geqslant 0, s \geqslant 0$, $r + s = 2n$, $\beta \in \{\pm 1, \pm i\}$. 如果 $r \neq 0, s \neq 0$, 那么 $x + yi$ 被 p 除尽, 从而 x, y, p^n 全都被 p 除尽. 在 $r = 0$ 或者 $s = 0$ 的情形, $x + iy = \alpha^{2n}\beta$ 或者 $x + iy = \bar{\alpha}^{2n}\beta$, 这给出了与前面所得三角形全等的三角形.

4.4 采用命题 4.27 的记号. $(2,1) \in P_3'$, 显然其 y 分量是 P_3' 的元中最小的. 那么由命题 4.27 得到结论.

4.5 根据附录的定理 A.2 知, $\prod_{\boldsymbol{p}} \boldsymbol{p}^{c_p}$, $\prod_{\boldsymbol{p}} \boldsymbol{p}^{d_p}$ 分别是包含在 $\boldsymbol{a}$ 和 $\boldsymbol{b}$ 中的 A 的分式理想集合里的最大者, 以及包含了 $\boldsymbol{a}$ 和 $\boldsymbol{b}$ 的 A 中分式理想集合中的最小者. $\boldsymbol{a} \cap \boldsymbol{b}$, $\boldsymbol{a} + \boldsymbol{b}$ 各自具有这些性质.

4.6 $x^3 = (y + 2\sqrt{-5})(y - 2\sqrt{-5})$. 来证明 $y + 2\sqrt{-5}$ 在 $\mathbb{Z}[\sqrt{-5}]$ 中是一个 3 次幂. 能除尽 $(y + 2\sqrt{-5}), (y - 2\sqrt{-5})$ 两者的素理想 (即包含了两者的素理想) 必包含了 $(y + 2\sqrt{-5}) - (y - 2\sqrt{-5}) = 4\sqrt{-5}$. 理想 (2) 的素理想分解为 $(2) = \boldsymbol{a}^2$, 其中 $\boldsymbol{a} = (2, 1 + \sqrt{-5})$, 表明 $(\sqrt{-5})$ 是个素理想. 因此

$$(y + 2\sqrt{-5}) = \boldsymbol{a}^m(\sqrt{-5})^n\boldsymbol{b},\ (y - 2\sqrt{-5}) = \boldsymbol{a}^m(\sqrt{-5})^n\boldsymbol{c},\ m \geqslant 0, n \geqslant 0,$$

其中 $\boldsymbol{a}, (\sqrt{-5}), \boldsymbol{b}, \boldsymbol{c}$ 的任意两个都不被共同的素理想除尽. 由 $(x)^3 = \boldsymbol{a}^{2m}(\sqrt{-5})^{2n}\boldsymbol{bc}$ 知 m, n 均为 3 的倍数, 而 $\boldsymbol{b}, \boldsymbol{c}$ 为某个理想的 3 次幂. 因此 $(y + 2\sqrt{-5})$ 为某个理想 $\boldsymbol{d}$ 的 3 次幂. 因为类数 2 不被 3 除尽, 按照 §4.4 中同样的讨论知, $\boldsymbol{d}$ 的 3 次幂为主理想表明 $\boldsymbol{d}$ 自身是个主理想. 令 $\boldsymbol{d} = (\alpha)$, $\alpha \in \mathbb{Z}[\sqrt{-5}]$. 由于 $(y + 2\sqrt{-5}) = (\alpha^3)$, 故 $y + 2\sqrt{-5} = \pm\alpha^3 = (\pm\alpha)^3$. 于是 $y + 2\sqrt{-5}$ 为 $\mathbb{Z}[\sqrt{-5}]$ 中的一个 3 次幂元.

$$y + 2\sqrt{-5} = (a + b\sqrt{-5})^3,\ a, b \in \mathbb{Z}[\sqrt{-5}].$$

因此, $y = a^3 - 15ab^2$, $2 = 3a^2b - 5b^3 = (3a^2 - 5b^2)b$. 由最后面的式子知 $b = \pm 1, \pm 2$. 以后的讨论是容易的.

第五章

5.1 通过对 $(\mathbb{Z}/8\mathbb{Z})^\times$ 的子群的讨论, 可以了解 $\mathbb{Q}(\zeta_8)$ 的子域如下图表所示. 每个域的右侧的对应位置表示了在该域中完全分解的素数的条件 (例如, (1 mod 8) 表

示在对应的域中为完全分解的素数 p 的充要条件是 $p \equiv 1 \mod 8$ 的意思). 这些均由定理 5.7 所判明.

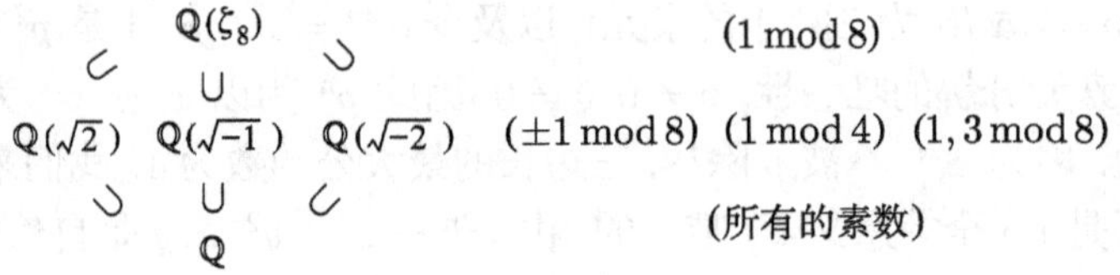

5.2

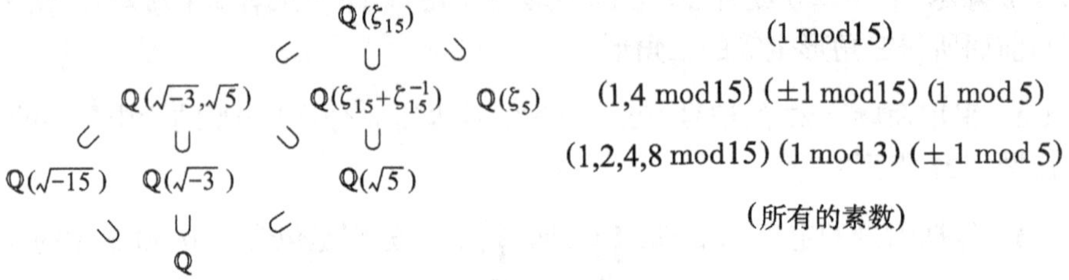

5.3 像在例 5.28 所说过的那样, 使得 $p \equiv 3, 7 \mod 20$ 成立的素数 p 不能写成 $p = x^2 + 5y^2 (x, y \in \mathbb{Z})$ 的形式, 并在 $\mathbb{Q}(\sqrt{-5})$ 中是两个非主理想的素理想的积. 设 p_1, p_2 是这两个素数, 于是在 $\mathbb{Z}[\sqrt{-5}]$ 中 $(p_1), (p_2)$ 有素理想分解 $(p_1) = \boldsymbol{p}_1\bar{\boldsymbol{p}}_1, (p_2) = \boldsymbol{p}_2\bar{\boldsymbol{p}}_2$. 因为 $\mathbb{Q}(\sqrt{-5})$ 的类数为 2, 故 $\boldsymbol{p}_1\boldsymbol{p}_2$ 为主理想. 令 $\boldsymbol{p}_1\boldsymbol{p}_2 = (\alpha)$, $\alpha = x + y\sqrt{-5}$, $x, y \in \mathbb{Z}$, 于是

$$(p_1p_2) = \boldsymbol{p}_1\boldsymbol{p}_2\bar{\boldsymbol{p}}_1\bar{\boldsymbol{p}}_2 = (\alpha\bar{\alpha}) = (x^2 + 5y^2).$$

因此 $p_1p_2 = x^2 + 5y^2$.

5.4 (1) 设 u 为循环群 $\mathbb{F}_p^\times$ 的生成元, 由于 u 的阶为 $p-1$, 那么如果 $p \equiv 1 \mod N$ 则 $u^{(p-1)/N}$ 的阶为 N, 即为 N 次本原单位根.

其逆的证明. 若 $\mathbb{F}_p$ 具有 N 次本原单位根, 那么 $\mathbb{F}_p^\times$ 具有 N 阶的元. 这便证明了 $\mathbb{F}_p^\times$ 的阶数 $p-1$ 为 N 的倍数, 因此 $p \equiv 1 \mod N$.

(2) 对于特征非 2 的域的元 a, a 为 4 次本原单位根 $\Leftrightarrow a^2 = -1$. 因此对于奇素数 p 有

$$\left(\frac{-1}{p}\right) = 1 \Leftrightarrow \text{存在 } a \in \mathbb{F}_p \text{ 使得 } a^2 = -1$$

$$\Leftrightarrow \mathbb{F}_p \text{ 具有 4 次本原单位根} \Leftrightarrow p \equiv 1 \mod 4.$$

第六章

6.1 设 p 为非 5 的素数, 并设 $\boldsymbol{p}$ 为 p 之上在 $L = \mathbb{Q}(\sqrt{5})$ 中的素理想. $\boldsymbol{p}$ 的剩余类域或为 $\mathbb{F}_p$ 或为 $\mathbb{F}_p$ 的二次扩域 $\mathbb{F}_{p^2}$ (命题 6.22). $\boldsymbol{p}$ 的剩余域的非零元 α 满足

$\alpha^{p^2-1}=1$, 且若 $\boldsymbol{p}$ 的剩余域为 $\mathbb{F}_p$, 则满足 $\alpha^{p-1}=1$. 这些可由 $\mathbb{F}_{p^2}^\times$ 是 p^2-1 阶群而 $\mathbb{F}_p^\times$ 为 $p-1$ 阶群得到. α 取为 $\dfrac{1+\sqrt{5}}{2} \bmod \boldsymbol{p}$ 以及 $\dfrac{1-\sqrt{5}}{2} \bmod \boldsymbol{p}$ 时, $u_n \bmod \boldsymbol{p}$ 在将 n 换做 $n+p^2-1$ 时不变, 而如果 $\boldsymbol{p}$ 的剩余域为 $\mathbb{F}_p$ 时, 则将 n 换做 $n+p-1$ 不变.

如果 $p\equiv \pm 1 \mod 4$, 则由于 p 在 $\mathbb{Q}(\sqrt{5})$ 中为完全分解 (表 5.2), $\boldsymbol{p}$ 的剩余域便是 $\mathbb{F}_p$ (推论 6.23).

6.2 (1) 由于如果 $x\in O_L^\times$ 则 $N_{L/K}(x)\in O_K^\times$, 故而 $\nu_K(N_{L/K}(x))=0=\nu_L(x)$. 对于一般的 $x\in L^\times$, 设 e 为 L 对于 K 的分歧指数, 存在 $y\in K^\times$, $u\in O_L^\times$ 使 $x^e=yu$. 要证明 $\nu_K(N_{L/K}(x))=\nu_L(x)$, 只要证明其两边的 e 倍成立即可, 从而最终只要证明对于 $y\in K^\times$ 有 $\nu_K(N_{L/K}(y))=f\cdot\nu_L(y)$. 这时其左端 $=\nu_K(y^{[L:K]})=[L:K]\nu_K(y)$, 而右端 $=fe\nu_K(y)=[L:K]\nu_K(y)$.

(2) 利用 (1) 及引理 6.19(3), 有

$$|N_{L/K}(x)|_K=q^{-\nu_K(N_{L/K}(x))}=q^{-f\nu_L(x)}=|x|_L.$$

6.3 对于有理数域情形的乘积公式, 容易由素因子分解得到证明. 考虑一般数域 K 的情形. 设 $a\in K^\times$. 当 λ 为 $\mathbb{Q}$ 的素点时,

$$|N_{K/\mathbb{Q}}(a)|_\lambda=\left|\prod_{v|\lambda}N_{K_v/\mathbb{Q}_\lambda}(a)\right|_\lambda=\prod_{v|\lambda}|a|_{K_v}.$$

这里的 $\prod\limits_{v|\lambda}$ 表示遍历 λ 上 K 的素点 v 的积. 第一个等式由引理 6.74 得到, 第二个等式则根据了前面的习题 6.2(2). 因此

$$\prod_v|a|_{K_v}=\prod_\lambda|N_{K/\mathbb{Q}}(a)|_\lambda=1.$$

6.4 (1) 由定义就看出. (2) 为 (3) 的特殊情形 ($\boldsymbol{b}=O_K$ 的情形).

对于 (3) 的证明, 我们通过对 $\boldsymbol{a}\boldsymbol{b}^{-1}$ 的素理想分解时素理想的个数 (算上重复的数) 使用归纳法, 故只要对于 $\boldsymbol{a}=\boldsymbol{p}\boldsymbol{b}$, $\boldsymbol{p}$ 为素理想情形证明即可. 这时, $\boldsymbol{b}/\boldsymbol{a}$ 为域 $O_K/\boldsymbol{p}$ 上的一维线性空间 (因为不存在理想 $\boldsymbol{c}$ 使得 $\boldsymbol{b}\supsetneq\boldsymbol{c}\supsetneq\boldsymbol{a}$, 从而不具有除 0 和自身以外的 $O_K/\boldsymbol{p}$ 线性子空间.) 因此这种情形下成立 $[\boldsymbol{b}:\boldsymbol{a}]=\#(\boldsymbol{b}/\boldsymbol{a})=N(\boldsymbol{p})=N(\boldsymbol{a})N(\boldsymbol{b})^{-1}$.

6.5 略去 $K=\mathbb{R},\mathbb{C}$ 这两个简单情形. 设 K 为以有限域为剩余域的完备离散赋值域.

(1) 设 $\boldsymbol{p}$ 为 O_K 的极大理想. 取 $i\geqslant 1$ 充分大, 再取 j 使得 $\boldsymbol{p}^j\subset n\boldsymbol{p}^i$. 令 $W=\mathrm{Ker}(O_K^\times\to(O_K/\boldsymbol{p}^j)^\times)$. W 为 $K^\times$ 的开子群.

$$W=\exp(\boldsymbol{p}^j)\subset\exp(n\boldsymbol{p}^i)=(\exp(\boldsymbol{p}^i))^n\subset(K^\times)^n.$$

因此, $(K^\times)^n$ 包含了开子群, 从而自己也是开子群. 另外由于 $O_K/W \cong (O_K/\mathfrak{p}^j)^\times$ 为有限群, 以及 $K^\times \cong \mathbb{Z} \oplus O_K^\times$, 故 $K^\times/(K^\times)^n$ 同构于有限群 $\mathbb{Z}/n\mathbb{Z} \oplus (O_K/\mathfrak{p}^j)^\times$ 的商群, 从而有限.

(2) 设 H 为 $K^\times$ 的指数为 n 的子群, 则 $H \supset (K^\times)^n$, 从而由 (1) 知 $(K^\times)^n$ 为开, 因而 H 也为开.

第七章

7.1 如果素数为有限个, 则 $\zeta(2)$ 为有限个 $(1-p^{-2})^{-1}$ 的积所表示的有理数.

7.2 设 K 为对应于 χ 的二次域, 由 $\widehat{\zeta}_K(s) = \widehat{\zeta}(s)\widehat{L}(s,\chi)$ 与 $\widehat{\zeta}_K(s) = \widehat{\zeta}_K(1-s)$, $\widehat{\zeta}(s) = \widehat{\zeta}(1-s)$ 得到 $\widehat{L}(s,\chi) = \widehat{L}(1-s,\chi)$, 因此 $W(\chi) = 1$.

7.3 计算每个留数便清楚了. 我们写出 (1) 的计算步骤. 对于 $\mathrm{Re}(\alpha) > 0$, 令

$$f(\alpha) = \frac{1}{2\pi i}\frac{1}{\log x}\int_{c-i\infty}^{c+i\infty}\frac{d}{dx}\left[\frac{\log(1-\frac{s}{\alpha})}{s}\right]x^s ds.$$

现在令

$$g_+(\alpha) = \int_{C_+}\frac{u^{\alpha-1}}{\log u}du, \qquad g_-(\alpha) = \int_{C_-}\frac{u^{\alpha-1}}{\log u}du$$

(参看图表)

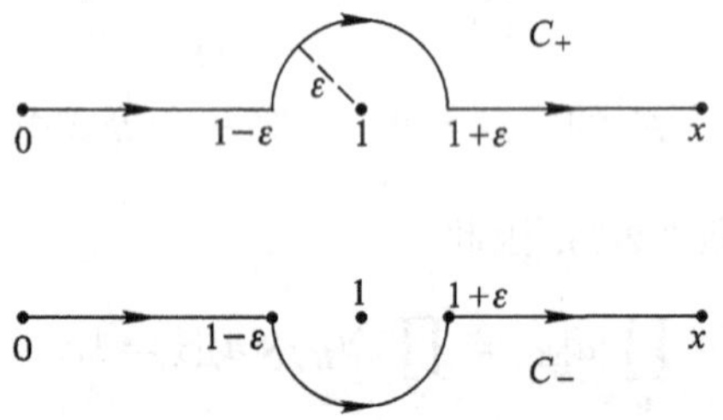

则有

$$f(\alpha) = \begin{cases} g_+(\alpha) & \mathrm{Im}(\alpha) \geqslant 0 \\ g_-(\alpha) & \mathrm{Im}(\alpha) \leqslant 0, \end{cases}$$

这可由如下方式得出. 首先取微分, 得

$$f'(\alpha) = \frac{x^\alpha}{\alpha}, \qquad g'_\pm(\alpha) = \frac{x^\alpha}{\alpha}.$$

因此 $f(\alpha) - g_\pm(\alpha) =$ 常数, 又当 $\mathrm{Im}(\alpha) \to \pm\infty$ 时, 可看出 $f(\alpha) \to 0$, $g_{\pm 1}(\alpha) \to 0$. 所以得到了断言. 特别地取 $\alpha = 1$, 有

$$f(1) = g_+(1) = \int_0^{1-\varepsilon}\frac{du}{\log u} + \int_{1+\varepsilon}^{x}\frac{du}{\log u} + \int_{1-\varepsilon \curvearrowright 1+\varepsilon}\frac{du}{\log u}.$$

让 $\varepsilon\downarrow 0$, 则有

$$f(1)=\mathrm{Li}\,(x)-i\pi.$$

另一方面, 由于

$$f(1)=\frac{1}{2\pi i}\frac{1}{\log x}\int_{c-i\infty}^{c+i\infty}\frac{d}{du}\left[\frac{\log(s-1)}{s}\right]x^s ds-i\pi,$$

从而得到了 (1). 而 (2), (3) 是同样的.

7.4 应用 $\widehat{\zeta}_K(s)=\widehat{\zeta}_K(1-s)$ 与 $\zeta_K(s)$ 在 $s=1$ 的留数公式即可.

7.5 取对数微分则

$$\frac{\zeta'}{\zeta}(s)=\frac{\gamma+\log\pi}{2}-\frac{1}{s-1}+\sum_{\rho}\frac{1}{s-\rho}+\sum_{n=1}^{\infty}\left(\frac{1}{s+2n}-\frac{1}{2n}\right).$$

在此取 $s=0$, 利用 $\zeta(0)=-\frac{1}{2}$, $\zeta'(0)=-\frac{1}{2}\log(2\pi)$ 求出

$$\sum_{\rho}\frac{1}{\rho}=\frac{\gamma}{2}-\frac{\log\pi}{2}-\log 2+1.$$

再取微分并取 $s=0$ 则得到

$$\sum_{\rho}\frac{1}{\rho^2}=1-\frac{\pi^2}{24}+(\log(2\pi))^2+2\zeta''(0).$$

7.6 将 $\log(\sin x)=-\sum\limits_{n=1}^{\infty}\dfrac{\cos(2nx)}{n}-\log 2$ 代入该积分中进行计算即可.

7.7 令 $\varphi(s)=\sum\limits_{n=1}^{\infty}(-1)^{n-1}n^{-s}$. 我们首先有

$$\begin{aligned}\varphi(s)&=\left(\sum_{n=1}^{\infty}n^{-s}\right)-2\left(\sum_{n=1}^{\infty}(2n)^{-s}\right)\\&=\zeta(s)-2\cdot 2^{-s}\zeta(s)=(1-2^{1-s})\zeta(s).\end{aligned}$$

Euler 函数方程说的是

$$\frac{\varphi(1-s)}{\varphi(s)}=-\frac{(s-1)!}{(2^{s-1}-1)\pi^s}(2^s-1)\cos\left(\frac{\pi s}{2}\right),$$

对于 $s=2,3,4\cdots$ 成立

$$(s-1)!=\Gamma(s),$$

故而可写为

$$\frac{(1-2^s)\zeta(1-s)}{(1-2^{1-s})\zeta(s)}=-\frac{\Gamma(s)}{(2^{s-1}-1)\pi^s}(2^s-1)\cos\left(\frac{\pi s}{2}\right).$$

因此可改变形式为

$$\zeta(1-s)=\Gamma_{\mathbb{C}}(s)\cos\left(\frac{\pi s}{2}\right)\zeta(s).$$

另一方面, Riemann 函数方程为

$$\Gamma_{\mathbb{R}}(1-s)\zeta(1-s)=\Gamma_{\mathbb{R}}(s)\zeta(s),$$

可写为

$$\zeta(1-s)=\frac{\Gamma_{\mathbb{R}}(s)}{\Gamma_{\mathbb{R}}(1-s)}\zeta(s).$$

因此对于所说的等价性只要证明

$$\frac{\Gamma_{\mathbb{R}}(s)}{\Gamma_{\mathbb{R}}(1-s)}=\Gamma_{\mathbb{C}}(s)\cos\left(\frac{\pi s}{2}\right)$$

即可. 为此只要看出

$$\begin{cases}① \ \Gamma_{\mathbb{C}}(s)=\Gamma_{\mathbb{R}}(s)\Gamma_{\mathbb{R}}(s+1)\\ ② \ \Gamma_{\mathbb{R}}(s+1)^{-1}\Gamma_{\mathbb{R}}(1-s)^{-1}=\cos\left(\dfrac{\pi s}{2}\right).\end{cases}$$

其中 ① 为 Γ 函数的 "二倍角公式", ② 为在 Γ 函数与正弦函数的关系式

$$\Gamma(x)\Gamma(1-x)=\frac{\pi}{\sin(\pi x)}$$

中, 令 $x=(s+1)/2$ 得到的.

第八章

8.1 (1) 令 $L=K(\sqrt{p_1},\cdots,\sqrt{p_n})$. 设 $\boldsymbol{p}$ 为 O_K 的非零素理想, 而 $\boldsymbol{p}$ 之下的素数如果不是 $2,p_1,\cdots,p_n$ 中任何一个, 那么, 根据命题 5.2 知, $\boldsymbol{p}$ 在 L 中非分歧. 如果 $\boldsymbol{p}$ 之下为某个素数 p_i, 那么因为 L 也是由 K 添加 $\sqrt{p_j}$ $(j\neq i)$ 和 $\sqrt{-1}$ 生成的, 按照命题 5.2, $\boldsymbol{p}$ 在 L 非分歧. 再有, 如果 $\boldsymbol{p}$ 之下的素数为 2, 那么 $\boldsymbol{p}$ 在 L 中非分歧由 $L\subset K(\zeta_{p_1},\cdots,\zeta_{p_n})$ 以及命题 5.2 得到, 对于此断言也可从以下得知. 设 K' 为数域, $a\in O_{K'}, a\equiv 1 \mod 4$, 又设 $\boldsymbol{p}'$ 为 $O_{K'}$ 中在 2 之上的素理想, 那么 $\boldsymbol{p}'$ 在 $K'(\sqrt{a})$ 中非分歧, 这是因为 $\dfrac{\sqrt{a}+1}{2}$ 为 $f(T)=T^2-T+\dfrac{1-a}{4}\in O_{K'}[T]$ 的根, 而 $f'(T)=2T-1\equiv -1 \mod \boldsymbol{p}'$. 由命题 6.39 得到断言.

(2) 由 (1), $K(\sqrt{p_1},\cdots,\sqrt{p_n})$ 包含在 K 的绝对类域 $\widetilde{K}$ 中. 因此, $\#(Cl(K))=[\widetilde{K}:K]$ 为 $2^n=[K(\sqrt{p_1},\cdots,\sqrt{p_n}):K]$ 的倍数.

8.2 令 $K=\mathbb{Q}(\sqrt{3})$. 根据 $Cl(K)=\{0\}$ 与命题 6.114, $Cl(K,O_K)$ 同构于 K 的两个实素点所给出的同态 $O_K^\times=\{\pm\}\to(\mathbb{R}^\times/\mathbb{R}_{>0}^\times)^{\oplus 2}$ 的余核. 因此 $Cl(K,O_K)\cong\mathbb{Z}/2\mathbb{Z}$. 于是 $K(O_K)$ 为 K 的二次扩域. 另一方面, $K(\sqrt{-1})=K(\zeta_3)$, 故由命题 5.2 知, O_K

的所有非零素理想在 $K(\sqrt{-1})$ 中非分歧. 于是 $K(\sqrt{-1}) \subset K(O_K)$ (§8.1(g)(三)). 因此, 对于素数 $p \neq 2, 3$ 有

$$\begin{aligned}\exists\, x, y \in \mathbb{Z} \text{ 使得 } p = x^2 - 3y^2 &\Leftrightarrow p \text{在 } K(\sqrt{-1}) = \mathbb{Q}(\zeta_{12}) \text{ 中完全分解} \\ &\Leftrightarrow p \equiv 1 \mod 12.\end{aligned}$$

这里的第一个 $\Leftrightarrow$ 由命题 5.27 得到.

8.3 计算 Hilbert 符号时, 因为 $(p_i, a_i)_{p_i} = -1$, 故 $A(p_i, a_i, \mathbb{Q})$ 为可除代数. 另外, 当 $i > j$ 时, 由于 $(p_i, a_i)_{p_j} = 1$, $(p_j, a_j)_{p_j} = -1$, 故 $A(p_i, a_i, \mathbb{Q})$ 与 $A(p_j, a_j, \mathbb{Q})$ 不同构.

索　　引

A

B

C

D

E

F

G

H

J

K

L

M

N

P

Q

R

S

T

W

X

Y

Z

现代数学基础图书清单

序号	书号	书名	作者
1	9787040217179	代数和编码（第三版）	万哲先 编著
2	9787040221749	应用偏微分方程讲义	姜礼尚、孔德兴、陈志浩
3	9787040235975	实分析（第二版）	程民德、邓东皋、龙瑞麟 编著
4	9787040226171	高等概率论及其应用	胡迪鹤 著
5	9787040243079	线性代数与矩阵论（第二版）	许以超 编著
6	9787040244656	矩阵论	詹兴致
7	9787040244618	可靠性统计	茆诗松、汤银才、王玲玲 编著
8	9787040247503	泛函分析第二教程（第二版）	夏道行 等编著
9	9787040253177	无限维空间上的测度和积分 —— 抽象调和分析（第二版）	夏道行 著
10	9787040257724	奇异摄动问题中的渐近理论	倪明康、林武忠
11	9787040272611	整体微分几何初步（第三版）	沈一兵 编著
12	9787040263602	数论 I —— Fermat 的梦想和类域论	[日] 加藤和也、黑川信重、斎藤毅 著
13	9787040263619	数论 II —— 岩泽理论和自守形式	[日] 黑川信重、栗原将人、斎藤毅 著
14	9787040380408	微分方程与数学物理问题（中文校订版）	[瑞典] 纳伊尔 • 伊布拉基莫夫 著
15	9787040274868	有限群表示论（第二版）	曹锡华、时俭益
16	9787040274318	实变函数论与泛函分析（上册，第二版修订本）	夏道行 等编著
17	9787040272482	实变函数论与泛函分析（下册，第二版修订本）	夏道行 等编著
18	9787040287073	现代极限理论及其在随机结构中的应用	苏淳、冯群强、刘杰 著
19	9787040304480	偏微分方程	孔德兴
20	9787040310696	几何与拓扑的概念导引	古志鸣 编著
21	9787040316117	控制论中的矩阵计算	徐树方 著
22	9787040316988	多项式代数	王东明 等编著
23	9787040319668	矩阵计算六讲	徐树方、钱江 著
24	9787040319583	变分学讲义	张恭庆 编著
25	9787040322811	现代极小曲面讲义	[巴西] F. Xavier、潮小李 编著
26	9787040327113	群表示论	丘维声 编著
27	9787040346756	可靠性数学引论（修订版）	曹晋华、程侃 著
28	9787040343113	复变函数专题选讲	余家荣、路见可 主编
29	9787040357387	次正常算子解析理论	夏道行
30	9787040348347	数论 —— 从同余的观点出发	蔡天新

续表

序号	书号	书名	作者
31	9787040362688	多复变函数论	萧荫堂、陈志华、钟家庆
32	9787040361681	工程数学的新方法	蒋耀林
33	9787040345254	现代芬斯勒几何初步	沈一兵、沈忠民
34	9787040364729	数论基础	潘承洞 著
35	9787040369502	Toeplitz 系统预处理方法	金小庆 著
36	9787040370379	索伯列夫空间	王明新
37	9787040372526	伽罗瓦理论 —— 天才的激情	章璞 著
38	9787040372663	李代数（第二版）	万哲先 编著
39	9787040386516	实分析中的反例	汪林
40	9787040388909	泛函分析中的反例	汪林
41	9787040373783	拓扑线性空间与算子谱理论	刘培德
42	9787040318456	旋量代数与李群、李代数	戴建生 著
43	9787040332605	格论导引	方捷
44	9787040395037	李群讲义	项武义、侯自新、孟道骥
45	9787040395020	古典几何学	项武义、王申怀、潘养廉
46	9787040404586	黎曼几何初步	伍鸿熙、沈纯理、虞言林
47	9787040410570	高等线性代数学	黎景辉、白正简、周国晖
48	9787040413052	实分析与泛函分析（续论）（上册）	匡继昌
49	9787040412857	实分析与泛函分析（续论）（下册）	匡继昌
50	9787040412239	微分动力系统	文兰
51	9787040413502	阶的估计基础	潘承洞、于秀源
52	9787040415131	非线性泛函分析（第三版）	郭大钧
53	9787040414080	代数学（上）（第二版）	莫宗坚、蓝以中、赵春来
54	9787040414202	代数学（下）（修订版）	莫宗坚、蓝以中、赵春来
55	9787040418736	代数编码与密码	许以超、马松雅 编著
56	9787040439137	数学分析中的问题和反例	汪林
57	9787040440485	椭圆型偏微分方程	刘宪高
58	9787040464832	代数数论	黎景辉
59	9787040456134	调和分析	林钦诚
60	9787040468625	紧黎曼曲面引论	伍鸿熙、吕以辇、陈志华
61	9787040476743	拟线性椭圆型方程的现代变分方法	沈尧天、王友军、李周欣

续表

序号	书号	书名	作者
62	9787040479263	非线性泛函分析	袁荣
63	9787040496369	现代调和分析及其应用讲义	苗长兴
64	9787040497595	拓扑空间与线性拓扑空间中的反例	汪林
65	9787040505498	Hilbert 空间上的广义逆算子与 Fredholm 算子	海国君、阿拉坦仓
66	9787040507249	基础代数学讲义	章璞、吴泉水
67.1	9787040507256	代数学方法（第一卷）基础架构	李文威
68	9787040522631	科学计算中的偏微分方程数值解法	张文生
69	9787040534597	非线性分析方法	张恭庆

图字：01-2009-1457 号

数論 I —— Fermat の夢と類体論
加藤和也，黒川信重，斎藤毅

SURON, I: FERMAT NO YUME TO RUITAIRON
by Kazuya Kato, Nobushige Kurokawa, and Takeshi Saito

Originally published in Japanese by Iwanami Shoten, Publishers, Tokyo, 2005.
This simplified Chinese language edition published in 2009
by the Higher Education Press, Beijing
by arrangement with the proprietor c/o Iwanami Shoten, Publishers, Tokyo

图书在版编目（CIP）数据

数论. 1, Fermat 的梦想和类域论 /（日）加藤和也,（日）黑川信重,（日）斋藤毅著；胥鸣伟，印林生译. —北京：高等教育出版社，2009. 6（2023. 12 重印）

ISBN 978-7-04-026360-2

Ⅰ. 数… Ⅱ. ①加…②黑…③斋…④胥…⑤印… Ⅲ. 数论 Ⅳ. O156

中国版本图书馆 CIP 数据核字（2009）第 042791 号

策划编辑 赵天夫　　责任编辑 蒋　青　　封面设计 张　楠　　责任绘图 尹文军
版式设计 余　杨　　责任校对 王　超　　责任印制 赵义民

出版发行	高等教育出版社	咨询电话	400-810-0598
社　　址	北京市西城区德外大街 4 号	网　　址	http://www.hep.edu.cn
邮政编码	100120		http://www.hep.com.cn
印　　刷	北京中科印刷有限公司	网上订购	http://www.landraco.com
开　　本	787×1092 1/16		http://www.landraco.com.cn
印　　张	22	版　　次	2009 年 6 月第 1 版
字　　数	450 000	印　　次	2023 年 12 月第 5 次印刷
购书热线	010-58581118	定　　价	49.00 元

本书如有缺页、倒页、脱页等质量问题，请到所购图书销售部门联系调换

物 料 号　26360-00